LES QUATRE SAISONS

Jean Provencher

LES QUATRE SAISONS

dans la vallée
du Saint-Laurent

BORÉAL

© Les Éditions du Boréal, Montréal
Dépôt légal: 4ᵉ trimestre 1988
Bibliothèque nationale du Québec

Diffusion: Dimedia
Distribution en Europe: Distique

Données de catalogage avant publication (Canada)

Provencher, Jean, 1943-
Les quatre saisons dans la vallée du Saint-Laurent
Comprend un index.

ISBN 2-89052-251-2

1. Saint-Laurent, Vallée du – Mœurs et coutumes.
2. Québec (Province) – Conditions rurales.
3. Québec (Province) – Mœurs et coutumes.
4. Saisons. I. Titre
FC2918.P76   1988   971.4   C88-096429-4
F1052.P76   1988

Avant-propos

La rotation régulière de la terre autour de son axe et sa révolution autour du soleil ont imprimé à la vie un caractère fondamental: le rythme, la périodicité. Invariablement, après le jour vient la nuit et après la nuit revient le jour. Ainsi en est-il de l'été qui sitôt arrivé s'en va vers l'hiver, et vice versa. Comme si l'un des pôles ne pouvait exister que du fait de sa négation périodique par l'autre, processus continu de l'être qui se maintient par le renouvellement, l'alternance.

Le cycle des saisons qui provoque des variations diverses du milieu naturel existait bien avant l'apparition de la vie sur la terre. L'homme, comme toutes les autres espèces, n'a pas eu d'autres choix que de vivre en concordance avec lui. Le calendrier de la société traditionnelle, celle d'avant le monde industriel, est composé de manifestations périodiques (travaux, fêtes et cérémonies diverses) qui reviennent année après année et ont la couleur de la saison où elles se déroulent. Leur caractère essentiel est déterminé par la façon dont le soleil réchauffe et éclaire le pays. Il y a les jours courts de l'hiver qui obligent à vivre à l'intérieur; il y a les jours longs de l'été vécus presque entièrement en plein air. Périodique recommencement sur lequel vient se superposer un autre cycle qui a aussi son printemps, son été et son hiver, celui que tout être vivant accomplit de la naissance à la mort.

Les saisons dont il est question dans ce livre sont celles de la vallée du Saint-Laurent au cours du dix-neuvième siècle, avant l'avènement du chemin de fer, du catalogue et du magasin à rayons. Nature et culture se conjuguaient alors plus intimement. Les sociétés humaines étaient à la veille d'un décollage technique qui devait complètement bouleverser l'organisation de l'espace et du temps, mais leur pression sur le milieu, leur activité prédatrice, était encore tout artisanale.

Le livre s'ouvre sur une introduction au milieu physique et à l'habitat, qui constituent la toile de fond et le décor. Suivent dans l'ordre le printemps, l'été, l'automne et l'hiver. Chacune des saisons avait fait l'objet d'un ouvrage distinct aux Éditions du Boréal entre 1980 et 1986. Une iconographie renouvelée, l'ajout de pages couleurs, la mise à jour de la recherche sur certains sujets, la réécriture de plusieurs passages et une nouvelle mise en pages font que cet ouvrage est plus qu'une simple refonte des quatre originaux.

La démarche est cependant demeurée la même: les thèmes sont explorés suivant des approches variées, n'excluant au départ aucune piste de recherche et tirant parti de toutes les disciplines. La présentation reflète la diversité à la fois des sujets abordés et des méthodes d'approche. Ainsi, ce livre tient-il plus de la mosaïque aux multiples touches que de la thèse au lent développement. Le lecteur est donc convié à tourner, au gré de ses intérêts et de son plaisir, les pages du grand calendrier de la vie traditionnelle.

Remerciements

À Jean Hamelin, historien, Paul-Louis Martin, ethnologue, Pierre Morisset, biologiste, Marcel Moussette, archéologue et Jean O'Neil, écrivain, qui ont relu, commenté, annoté et, au besoin, corrigé une large partie de cet ouvrage à travers ce qui s'en trouvait dans les quatre précédents.

À Johanne Blanchet qui, au début du projet, en 1978-1979, a travaillé à la recherche.

À Ginette Joly Laroche, qui a mené une nouvelle recherche iconographique pour cette édition.

Au Conseil de recherches en sciences humaines du Canada, au Conseil des Arts du Canada, à la Direction générale des arts et des lettres du ministère des Affaires culturelles du Québec et au Fonds FCAR pour l'aide et le soutien à la recherche, qui ont bien voulu m'accorder une subvention au moment où chacune de ces saisons a fait l'objet d'un ouvrage distinct.

J.P.

Aussi loin que la vue peut porter, sauf quelques exceptions..., on aperçoit de toutes parts un archipel de bosses d'une altitude sensiblement la même et qui ne dépasse guère 1500 pieds au-dessus du niveau de la mer. C'est ainsi que le géographe Pierre Dagenais décrit le plateau laurentien, l'une des trois grandes régions naturelles du Québec[1]. C'est là une très vieille région du monde. L'absence de fossiles dans les formations rocheuses nous permet d'affirmer qu'elle date du précambrien, cette période mal connue qui va des débuts de la formation de la Terre jusqu'à l'apparition de la Vie.

Au sud-est, depuis les Cantons de l'Est jusqu'à l'Atlantique, se trouve la région des Appalaches, au paysage moins rude et plus accidenté. Il s'agit d'une partie de ces petites chaînes de montagnes qu'on suit à travers tout l'est du continent, de l'État de l'Alabama jusqu'à Terre-Neuve. De formation plus récente que le plateau laurentien, puisqu'elles datent de la fin de l'ère primaire, elles sont le résultat des plissements de l'écorce terrestre dus à la dérive des continents et sont venues faire barrière contre les incursions en sol américain de l'océan Atlantique.

Entre les deux s'intercalent les basses terres du Saint-Laurent, une zone affaissée, fertile et plane qui se poursuit des Grands Lacs jusqu'au golfe. Géologiquement, cette dernière région, constamment livrée au jeu du flux et du reflux de la mer, est de formation contemporaine. Il y a 12 000 ans encore, l'océan Atlantique se prolongeait en une vaste mer intérieure qui s'étendait jusqu'au lac Champlain. Le fleuve Saint-Laurent et le cours inférieur de ses tributaires sont les derniers vestiges de ce bras de mer; les savanes et les marécages, ce qui reste de ses bas-fonds.

Autour du pôle se forme régulièrement un tourbillon allant d'ouest en est qui affecte, il va sans dire, le climat des contrées où il souffle. Situé à l'est du continent nord-américain, à des latitudes moyennes, le Québec se trouve à la limite méridionale de ce tourbillon, là où les vents froids du nord et les masses d'air chaud du sud s'entrechoquent. Il en résulte un climat variable, contrasté, aux précipitations abondantes.

La ville de Québec, à la latitude de La Rochelle, en France, est aussi froide en janvier que le port de Mourmansk en Russie. La température moyenne du mois de juillet à Montréal est égale à celle de Marseille, sur la Méditerranée. La durée moyenne de l'hiver varie de 120 à 160 jours. Quel que soit le lieu, la neige est abondante: chaque hiver en apporte une couche rarement inférieure à sept pieds, soit plus de deux mètres. Il tombe annuellement un mètre d'eau sous forme de pluie ou de neige. Il

Page précédente:
Le village de Matane en 1875
(MTLB).

pleut légèrement plus en été qu'il ne neige en hiver et les précipitations estivales sont plus intenses que fréquentes. Bon an,
mal an, quatre journées et demie sur dix sont ensoleillées.

Un pays d'eau...

À tant pleuvoir et neiger et de manière aussi régulière, la vallée du
Saint-Laurent est le pays de l'eau. Et d'une eau de surface, car le
sol est quasi imperméable de par la nature de ses roches et la présence du manteau morainique. Mais il y a plus. La retraite encore
récente du glacier vers le nord a modifié la morphologie du sol,
remblayant les anciens lits de cours d'eau, les pavant souvent de
verrous, amenant ainsi la formation d'un très grand nombre de
lacs.

Photo: MLCP.

    L'abondance des précipitations se retrouve dans le volume
des cours d'eau. Les rivières sont bien alimentées. En hiver, de
janvier à mars, la neige réduit les débits, mais sa fonte au printemps
impose des crues puissantes. L'été, l'intense évaporation provoquée
par les chaleurs entraîne une seconde baisse, moins importante
cependant que celle d'hiver. Tandis que l'automne on note une
légère recrudescence due aux pluies, à la fusion précoce des premières neiges et à une évaporation moindre. C'est le régime des
plaines russes, mais avec des crues moins brutales au printemps et
des débits plus étoffés en été.

    L'égalisation des débits tient bien sûr à la régularité des
précipitations, mais aussi à la présence des nombreux lacs qui

Les marées

Chaque jour, sous l'attraction de la lune et du soleil, les eaux du monde, comme une grande pulsation, sont soulevées de leur lit, puis se replacent. L'eau de la mer refoule alors dans les fleuves, puis se retire. C'est le rythme des marées.

    Dans la vallée du Saint-Laurent, le courant réversible des eaux du fleuve s'observe jusqu'à Grondines. La marée, elle, se fait sentir jusqu'au lac Saint-Pierre, où elle atteint une amplitude de 30 centimètres. Con-trairement à ce que l'on croit habi-tuellement, elle continue de se mani-fester jusqu'à Montréal, où elle se confond avec le clapotis de la vague (15 cm). Les marées mettent dix heu-res à franchir la distance de Sept-Îles au lac Saint-Pierre, soit 400 milles (environ 640 kilomètres). Les plus fortes se remarquent en aval de Qué-bec à cause de l'étranglement du fleuve à cet endroit. Elles atteignent alors une amplitude deux fois plus grande que celles du golfe et ont amené la formation de grandes grèves décou-vertes à marée basse, les «battures», qui hébergent une faune et une flore originales.

    En amont de Pointe-au-Père, la marée suit un rythme semi-diurne, c'est-à-dire qu'elle monte et baisse deux fois par jour. Deux fois par mois, le niveau de la marée montante atteint une plus grande hauteur que les jours précédents. Ce sont les «grands mers» du mois, ou marées de vives eaux, qui se produisent à la pleine lune et à la nouvelle lune. Et deux fois par année, en mai et en novembre, les marées sont les plus fortes en chiffres absolus.

Voir Jacques Rousseau, «Pour une esquisse biogéographique du Saint-Laurent», *CGQ*, 11 (1967-1968): 192-200.

Les vents

Les vents sont un phénomène naturel qui fait bien sentir sa présence dans la vallée du Saint-Laurent. Les bilans météorologiques montrent qu'ils sont constants tout au long de l'année; seule leur vélocité augmente pendant les mois d'hiver.

Le noroît. Aussi appelé «noroua». C'est le vent dominant en hiver. Dès 1805, des expériences faites avec des girouettes le prouvent, selon le journal *Le Canadien*. Il souffle du nord-ouest et on le dit venir des steppes du nord. Sec et frais, hiver comme été, il est synonyme de beau temps. «Seulement, il a cela de perfide en hiver, écrit Volney, un écrivain français qui consacra au début du 19ᵉ siècle un ouvrage aux vents de l'Amérique du Nord, que, tandis qu'un ciel pur et un soleil éclatant réjouissent la vue et invitent à respirer l'air, si en effet on sort des appartements, l'on est saisi d'une bise glaciale dont les pointes taillent la figure et arrachent les larmes et dont les rafales impétueuses et massives font chanceler sur un verglas glissant.»

Le noroît aurait été «le principal tourment» des coureurs des bois qui pratiquaient dans le Nord-Ouest la traite des fourrures. Le ciment ou le mortier d'un mur exposé au noroît est toujours plus dur, plus difficile à démolir, que sur toute autre face de la maison. On répète aussi que l'écorce des arbres, plus épaisse et plus résis-tante du côté de ce vent, permet aux Amérindiens de se guider à travers les bois par les jours de brume. En été, beaucoup moins rude, le noroît est toujours le bienvenu. Après les orages consécutifs aux fortes poussées de chaleur, il s'amène souvent en compagnie de l'arc-en-ciel et son retour marque celui d'un temps plus supportable.

Le surouêt. Aussi appelé «saroît» ou «soroît». Il vient du sud et du sud-ouest du continent et marque toujours, hiver comme été, un réchauffement du temps. Cependant, comme il donne lieu à la formation de zones de basse pression, il est le premier facteur responsable du grand nombre de précipitations dans la vallée du Saint-Laurent. Lorsqu'en hiver il soulève en poudrerie les bancs de neige précédemment accumulés par le nordet, on dit que «le vent a tourné», que c'est «le revers de la tempête». Souvent humide et chaud en été, il cause alors les oppressantes vagues de chaleur et crée des ciels ternes, lourds et gris que seul l'orage peut briser.

Le nordet. Aussi appelé le «vent d'en bas». Il vient du golfe et des eaux glacées de la zone septentrionale de l'Atlantique, souffle du nord-est et «refroidit toujours le temps». L'hiver, les tempêtes de neige poussées par le nordet sont les plus violentes; au printemps et à l'automne, ses pluies sont les plus froides et les plus cinglantes. Le voyageur suédois Pehr Kalm, de passage en 1749, assure que tout le mur intérieur d'une maison se couvre d'une gelée blanche quand souffle le nordet en hiver. On prévoit sa venue lorsque, dans le «savonnier», le pain de savon n'arrive plus à s'assécher entre deux lavages. La ménagère remarque: «Il va faire nordet, la barre est encore trempe.» D'autres disent que le sel et le sucre s'humidifient, s'alourdissent, quand il y a apparence de nordet.

Les auteurs ont exagéré l'importance du nordet qui, somme toute, est rare de juin à octobre et épisodique en hiver. Certaines localités abritées, par exemple dans Charlevoix, ne le connaissent pas. On a aussi écrit qu'il causait une certaine dégradation du mur nord-est des édifices. À la vérité, l'absence d'ensoleillement direct et le jeu des vents dominants, qui assèchent la face ouest, mais qui par un effet de retour, de tourbillon, maintiennent l'humidité sur la face est, occasionneraient cette détérioration.

Voir *La Bibliothèque canadienne*, mai 1828; *Le Canadien*, 22 nov. 1806; Camille Pacreau, «Vents d'En-Bas, vents d'En-Haut», *Concorde*, 7 (août 1956): 15 s. ; C. V. Wilson, *Le climat du Québec. Mise en application des renseignements climatologiques*, Études climatologiques nº 11, Environnement Canada (1973): 12, 56.

avalent les crues pour ne les restituer qu'avec lenteur. Cet élément modérateur n'est nulle part plus manifeste que sur le fleuve. Le Saint-Laurent dispose du réservoir des Grands Lacs, une mer intérieure de 93 000 milles carrés (155 000 km²) qui corrige tout écart un peu vif. En effet, mai, le mois au plus fort débit, ne dépasse que du tiers la moyenne annuelle, alors que février, le mois le plus pauvre, ne lui est inférieur que de 18%.

«Ni crues désastreuses, écrit le géographe Raoul Blanchard, ni étiages calamiteux: le Saint-Laurent est un géant de tout repos[2].»

. . . et de forêts

Sur la Terre, les climats humides qui résultent soit d'une pluviosité abondante, soit d'un faible coefficient d'évaporation conduisent à l'établissement d'une végétation forestière. C'est ce qui explique l'absence presque totale de prairies naturelles et l'omniprésence de la forêt.

Dans la vallée du Saint-Laurent, la forêt est dite mixte. Les arbres à feuilles caduques, c'est-à-dire ceux dont les feuilles se détachent et tombent à l'automne, occupent la majeure partie du territoire. Mais certaines espèces de résineux s'y glissent. «Cette forêt méridionale est splendide, écrit Blanchard; elle participe au gigantisme américain par la puissance et la densité des arbres, par l'opulence du sous-bois. À l'automne, elle illumine le paysage de ses ocres et de ses rouges, parfois aussi vifs que des flammes. Beaucoup plus que le relief, toujours un peu mince, elle est avec les eaux la véritable beauté de la terre canadienne[3].»

Le passage de la forêt mixte à la forêt boréale s'opère plus au nord, sur le plateau laurentien, là où la température quotidienne moyenne des quatre mois les plus chauds de l'année (habituellement juin, juillet, août et septembre) n'atteint plus 60 °F (15,5 °C). C'est la limite de la pruche, de la plaine, du tilleul, de l'orme d'Amérique, du peuplier à grandes dents et des frênes blanc et noir. L'essence caractéristique de cette forêt boréale est l'épinette noire. L'épinette blanche se rencontre partout, mais toujours dispersée localement. Et de tous les arbres à feuilles caduques, ne restent plus dans cette forêt boréale que le bouleau blanc et le faux-tremble.

À l'arrivée des premiers Européens, c'était partout la forêt, sans autre éclaircie que le fleuve, les rivières et les tourbières. La luxuriance de la végétation était telle que seules les rives des cours d'eau pouvaient être habitées. Il faudra attendre près de 150 ans pour qu'un premier chemin de terre relie Québec à Montréal. Et longtemps encore, les habitants préféreront les eaux ou les glaces du fleuve pour se rendre chez le troisième voisin ou quelques paroisses plus bas. Il arrivait néanmoins qu'à certains endroits, sur une plus courte distance, on disposât d'une route de terre pour voyager. De Bic à Saint-Roch-des-Aulnaies, par exemple, on empruntait le «chemin des grèves», une route que les riverains devaient entretenir, car à cette hauteur les naufrages étaient fréquents sur le fleuve et il fallait secourir les survivants rapidement.

On occupa donc en premier lieu les rives du fleuve; puis la colonisation se poursuivit le long des rivières et aussi sur le territoire situé entre elles. Le patron est classique. Prenons le cas de Montréal, fondé en 1642. Au cours du demi-siècle qui suit, des hameaux se forment à proximité: Boucherville, Varennes, Verchères, Contrecœur, Repentigny, Saint-Sulpice, Lachenaie, Laprairie. De 1700 à 1760, les colons s'installent sur le haut Saint-Laurent (Châteauguay, île Perrot, Soulanges, Beauharnois) et remontent la rivière Richelieu (Saint-Charles, Saint-Antoine, Chambly et Saint-Jean). Terrebonne apparaît sur la rivière des Mille-Îles, puis Sainte-Anne-des-Plaines, Mascouche, L'Assomption. En 1757, les colons de la Yamaska touchent presque à Saint-Hyacinthe. Ainsi toute cette partie de la vallée du Saint-Laurent est en voie de peuplement avant 1760.

Après la victoire anglaise, d'autres éléments ethniques se joignent au contingent français. Mais ce dernier, grâce à une très forte natalité, ne sera pas mis pour autant en minorité. De 1800 à 1850, le nombre total d'habitants fait plus que quadrupler, passant de 200 000 à 890 261. En 1851, les meilleures terres sont toutes occupées. Sur la rive nord, le peuplement se heurte à la barrière des Laurentides. Ainsi le nord de Montréal et la Mauricie ne sont pas encore ouverts. On signale cependant des premières percées. Sur la Gatineau et la Lièvre, des bûcherons travaillent pour des entrepreneurs forestiers. Plus à l'est, de petites colonies irlandaises ou britanniques se forment à Shawbridge, Rawdon, Saint-Ambroise-de-Kildare, Saint-Gabriel-de-Brandon, Valcartier, Stoneham et Lac-Beauport, tandis que les francophones empruntent surtout la vallée de la Batiscan. En 1838, une poignée de citoyens de La Malbaie et Baie-Saint-Paul, regroupés en société, gagnent la baie des Ha!Ha!, amorçant ainsi la colonisation du Saguenay.

Sur la rive sud, des Américains de la Nouvelle-Angleterre, aidés d'immigrants anglais et écossais, sont installés depuis la fin des années 1790 dans les Cantons de l'Est. Mais, durant le demi-siècle qui suit, ils se retrouvent vite encerclés par les francophones originaires des vieilles paroisses. Les comtés limitrophes de Shefford et Missisquoi voient leur population de langue française constamment augmenter. Drummondville est peuplée d'une majorité française en 1840. De 1830 à 1850, des citoyens des comtés de Nicolet et Lotbinière quittent les rives du fleuve, traversent les «savanes», pour prendre pied sur les bonnes terres des Bois-

Francs. Plus à l'est, on remonte les rivières Chaudière et Etchemin jusqu'à leur terme. Au milieu du siècle, les francophones occupent le sud-ouest du bassin de la Chaudière jusqu'aux rives du lac Aylmer.

Les vieilles paroisses de la Côte-du-Sud et du Bas-du-Fleuve, allant du comté de Bellechasse à celui de Matane, une distance de 215 milles (360 kilomètres), n'ont pas encore commencé à essaimer sur les plateaux arrières. En 1851, on ne dénombre que 4000 habitants «sur les hauteurs» contre 80 000 sur

Photo: OFQ.

les basses terres de l'estuaire. En fait, le trop-plein de ces paroisses se déverse du côté de la Gaspésie. Au début, ce sont des pêcheurs saisonniers qui partent s'installer sur la côte, le temps d'un été. Au fil des années, ils y prennent goût, décident de rester sur place, font venir leur famille et fondent à leur compte des postes de pêche permanents qui deviendront par la suite des villages. Le chapelet de hameaux, de Cap-Chat à Cap-des-Rosiers, sera ainsi formé d'habitants originaires de l'estuaire. Certains même se joindront aux populations d'ascendance acadienne, amérindienne, anglaise et jersiaise qui occupent le pourtour de la baie des Chaleurs.

Cette population est fort jeune. Selon le recensement de 1851, près de 56% des habitants n'ont pas 20 ans, 26,3% ont de 20 à 39 ans, 12,2% ont de 40 à 59 ans et seulement 4,3% ont plus de 60 ans. On dit cette forme de pyramide des âges typique des populations de l'Ancien Régime, celles qui n'ont pas encore connu la révolution industrielle. Les trois quarts sont de langue française. Le secteur primaire occupe 75% de la main-d'œuvre active; il compte en particulier 78 437 agriculteurs, 63 365 ouvriers agricoles, 1242 pêcheurs et 974 bûcherons. Il faudrait cependant nuancer ces derniers chiffres, car un nombre difficilement estimable d'agriculteurs et d'ouvriers agricoles pratiquent en hiver le métier

Les déplacements de populations

De 1800 à 1850, chaque père de famille se prend encore à rêver d'établir quelques-uns de ses enfants auprès de lui. Mais cela n'est plus possible. À proximité du fleuve, toutes les devantures sont occupées. Les vieilles paroisses ont fait le plein et les terres, déjà subdivisées, ont rendu les fermes exiguës. Il lui faut donc se résigner à voir partir presque tous ses enfants.

Se produisent alors de grands transferts de population. On assiste en fait à un premier morcellement des liens familiaux. Dans les vieux «districts», de nouvelles paroisses se fondent, ce qui permet pour un temps d'absorber le surplus démographique. En 1823, les jeunes gens de Maskinongé, de Louiseville et de Yamachiche gagnent la seigneurie de la rivière David et le canton d'Aston sur la rive-sud, où déjà une centaine de familles se sont établies sans titre. Le prix moins élevé des terres des régions de Montréal et de Trois-Rivières pousse les habitants des environs de Québec à vendre tous leurs biens pour s'installer dans les paroisses de Châteauguay, L'Acadie, Sainte-Marie-de-Monnoir, Saint-Constant, Saint-Jacques, Saint-Roch-de-Richelieu, Saint-Esprit et Saint-Elphège. D'autres partent s'engager comme journaliers dans les villes ou garçons de ferme à la campagne. Et plusieurs se font colons défricheurs sur des terres nettement plus éloignées du fleuve.

Voir Fernand Ouellet, *Histoire économique et sociale du Québec, 1760-1850* (1966): 273s.

de bûcheron. Le secteur secondaire, lui, n'occupe que 7% de la main-d'œuvre et le tertiaire 18%.

Au milieu du 19e siècle, le Québec ne possède que deux villes: Montréal (57 715 habitants en 1851) et Québec (42 052 habitants). On ne trouve pas de villes moyennes; Trois-Rivières (4936 hab.), Sorel (3424 hab.), Saint-Hyacinthe (3313 hab.) et Sherbrooke (2 998 hab.) émergent tout au plus comme de gros villages. Au premier coup d'œil donc, la vallée du Saint-Laurent offre l'image d'un monde rural très homogène. Mais ce n'est qu'une apparence. La variété des lieux, des climats locaux et des sols a entraîné une diversité des manières de vivre. Les particularités régionales abondent.

La région dite «du bord de l'eau», par exemple, qui va de Champlain à Saint-Augustin sur la rive nord du fleuve et de Bécancour à Saint-Nicolas sur la rive sud, a une vie propre à elle. «C'est le fleuve ici qui domine tout, note le géographe Raoul Blanchard. Les deux rives étaient comme deux rues d'un même grand village, unies par des transactions régulières, des liens de parenté, des habitudes de réunions joyeuses. Une vie fluviale très intense s'est créée, qui a fait de chaque village un petit entrepôt de commerce qui dessert son arrière-pays[4].» Et à l'intérieur de cette région, le village de Deschaillons, grâce à d'importants dépôts de schistes, fabrique de la brique qu'il exporte en grande quantité. Pointe-aux-Trembles de Portneuf fait de même avec la pierre de ses carrières.

Beaucoup de localités semblent s'être trouvé une vocation originale. Dans la vallée de la rivière Richelieu, les riches dépôts d'argile laissée par la mer Champlain au moment de son retrait permettent au village de Saint-Denis de devenir de 1810 à 1840 le plus important lieu de production de poterie. L'état de la recherche laisse supposer que cette production est écoulée partout dans la vallée du Saint-Laurent, de même qu'en Nouvelle-Angleterre. Saint-Denis possède également une manufacture de chapeaux, celle de Gazaille, dit Saint-Germain, qui fournit les marchands de Montréal et ceux des paroisses environnantes. Saint-Aimé, sur la Yamaska, est réputé pour son élevage de chevaux et le commerce qu'on en fait. Trois-Rivières est la capitale mondiale de la fabrication de canots. Les fonderies des Forges du Saint-Maurice travaillent à plein rendement. À l'exposition universelle de Paris en 1855, aucune huile animale n'égale celle de la maison Charles-Hilaire Têtu, de Rivière-Ouelle. Là, on prépare des huiles purifiées de marsouin, de loup-marin, de baleine et de capelan.

On note aussi certaines spécialités alimentaires: les fromages de Boucherville, de Varennes et de l'île d'Orléans, le beurre de Kamouraska, les eaux minérales de Saint-Léon, les pommes, les poires et le melons de la région de Montréal, les prunes et les cerises de la Côte-de-Beaupré et de la Côte-du-Sud.

On remarque également l'émergence de villages champignons, créés de toutes pièces par une poignée d'individus. Ainsi celui d'Industrie, qui portera à compter de 1863 le nom de son fondateur, Joliette, situé le long de la rivière l'Assomption, à une vingtaine de kilomètres du fleuve. Alors qu'en 1823, ce lieu n'est encore que forêt vierge, on y retrouve, six ans plus tard, 35 maisons et 29 bâtiments. Mais ce qui frappe surtout les contemporains, c'est la «modernité» du grand édifice de trois étages abritant une scierie, une fabrique de bardeaux et de clous et un moulin à carder et à fouler, de même qu'un moulin à farine à deux moulanges avec toutes ses dépendances, le tout actionné par les eaux de la rivière. Le moulin à moudre l'avoine deviendra à ce point populaire en ces temps de cherté du blé que des habitants de la rive sud (de Sorel et de Sainte-Victoire entre autres), désireux d'économiser, s'y rendront pour acheter de la farine. Mais l'expansion d'Industrie s'expliquera surtout par le commerce du bois et l'intérêt qu'y porte l'Angleterre jusqu'en 1846. À la même époque, à l'instar de ce village, Beauharnois, Napierville et Saint-Césaire connaissent un développement très accéléré.

Le village industriel de Saint-Anselme de Dorchester, fondé en 1827 le long de la rivière Etchemin, dans la seigneurie de Lauzon, doit son essor rapide au talent inventif et à l'habileté manuelle de Siméon Gautron dit Larochelle, un cardeur originaire de Saint-Vallier de Bellechasse. En quinze ans, de 1829 à 1844, il y construit un moulin à carder, une scierie «à chasses verticales alternatives» à laquelle il joint un atelier de menuiserie, une forge qu'il transforme rapidement en fonderie et un moulin à moudre «les avoines et autres grains que les habitants étaient dans la nécessité de substituer au blé pour leur consommation». En 1848 et 1849, il travaille à la construction d'un pont sur la rivière, afin de relier Saint-Anselme à la vallée de la Chaudière. Et, en 1853, il ouvre une fabrique d'étoffe, de toile et de flanelle.

Le système seigneurial

Au temps de la Nouvelle-France, pour favoriser la venue de colons français, leur assurer le minimum nécessaire à leur arrivée et contraindre les grands propriétaires terriens à établir le plus d'habitants possible dans leurs domaines, on a recours au système seigneurial, une version édulcorée du vieux régime féodal français. En recevant ses terres, le seigneur doit faire «acte de foi et hommage» devant l'intendant, s'engager à produire régulièrement un «aveu et dénombrement» touchant ses propriétés et verser à l'État une taxe qui équivaut au cinquième de la valeur du fief. On l'oblige de plus à habiter sa seigneurie, à concéder des terres, à construire et entretenir un moulin à farine et, comme tout le monde, à contribuer aux cotisations de l'Église et à participer aux corvées de voirie.

En revanche, le contrat qui le lie à ses censitaires prévoit qu'il recevra de chacun une rente annuelle équivalant à 20 sols par arpent de front concédé, le quatorzième minot de grain moulu, le vingtième ou le onzième poisson pêché sur la devanture de la seigneurie et une redevance sur l'utilisation du terrain de la commune. Il peut aussi s'approvisionner en bois sur toutes les terres de sa seigneurie et exiger de chaque censitaire trois ou quatre jours de corvée par année. Son titre de seigneur lui assure un banc gratuit à l'église, des prières au prône pour lui et sa famille, la préséance sur le peuple lors des cérémonies religieuses ou tout simplement officielles et la plantation du mai devant son manoir.

En 1760, à la fin du régime français, le domaine seigneurial occupe une surface qui ne connaîtra plus d'expansion. Il s'étend alors sur la rive nord du fleuve, de La Malbaie à la presqu'île de Vaudreuil-Soulanges, et sur la rive sud, de Pointe-au-Père à Beauharnois. De 1800 à 1850, le régime seigneurial agonise. «Il ne convient plus à une société qui a dépassé depuis longtemps le stade de la colonisation, encore moins à une vie économique qui se fonde de plus en plus sur l'industrie.» La plantation du mai devant la maison du seigneur est devenue un geste purement symbolique. À Montréal, on ne l'exige pas. Ailleurs, contre ceux qui passent outre, le seigneur n'a pas d'autres recours que de les dénoncer publiquement. Finalement, le 18 décembre 1854, le Parlement du Canada-Uni abolit les titres de seigneur et de censitaire.

Voir R.C. Harris, *The Seigneurial System in Early Canada* (1968); E.-Z. Massicotte, «La plantation du mai dans le bon vieux temps», *BRH*, 26 (1920): 154-156; Marcel Trudel, *Introduction à la Nouvelle-France* (1966): 183-196.

La ville

En 1851, Montréal est anglophone à 54% et Québec à 35%. Tout le commerce est anglais ou écossais. En fait, la ville est le point de rencontre de deux civilisations. Elle rend la comparaison possible, apporte le changement, les modes, les goûts. À la ville, on se lasse de l'étoffe grise du pays. Au magasin de tissus de Pierre Dasilva, rue Notre-Dame à Québec, la toile du pays est mise en balance avec une cinquantaine de variété de «draps» importés. Rien n'y manque: «basin, batiste, bombazil, bombazine, cambleau, camblotine, camelot, cantoon, carisé, casimir, cazenil, chambray, coton, coutil, crêpe, drill, flanelle, flushing, futaine, gingham, lasting, malmolle, merinos, mousseline, nanquin, padoue, plaid, ratine, satin, serge, shirting, soie, tavelle, velours, etc.[5]». Depuis la fin du 18e siècle, l'Angleterre, à l'échelle du monde, est devenue la plus grande exportatrice de tissus et dans les villes de la vallée du Saint-Laurent elle possède le monopole de ce commerce, qui ne fait sans doute qu'une place bien mince aux toiles, dentelles, soies et passementeries de l'industrie textile française. Dans les maisons huppées de Québec et de Montréal, on remplace aussi le rhum par le vin et le whisky, le sucre d'érable, dit «du pays», par la cassonade, les mitaines de laine ou de cuir par les gants fins. Au contact des anglophones, on en vient à préférer le verre de bière à la soupe au début d'un repas, ce qui soulève l'indignation d'un journaliste: «Une assiettée de soupe ne coûte pas plus, croyons-nous, qu'un verre de bière et un homme fait avec cette soupe une grande partie de son repas. La soupe est un mets français et de tous les usages que nous tenons de nos pères, il est encore un de ceux qui ont les plus fortes racines. On dénonce comme une mauvaise ménagère la femme qui ne fait que rarement la soupe; et dans les maisons canadiennes où il y a le plus d'économie, on voit de la soupe à dîner et à souper, quelques fois à déjeuner[6].»

La rivalité entre Montréal et Québec est grande. Montréal, ville neuve et en pleine expansion, s'enorgueillit de ses immenses progrès matériels. L'architecture de ses édifices publics fait preuve, dit-on, de beaucoup plus de goût et de magnificence que celle de Québec. Les villages environnants ne sont pas sans subir son attraction. En 1810, un rapport statistique sur la paroisse de Boucherville note, au sujet des prix des denrées, que «la proximité où est Boucherville de Montréal et la facilité de communication entre les deux places sont cause que nos habitants, journellement instruits des prix de la ville, nous vendent ici leurs denrées aussi chèrement, quelquefois même à un plus haut prix, que vous ne les payez à Montréal[7]».

La ville de Québec, elle, avec ses quinze chantiers maritimes, peut, à juste titre, se prétendre l'un des plus grands centres de construction navale du monde. De 1820 à 1860, période qualifiée d'âge d'or, on produit 50 navires par année et 2200 ouvriers y travaillent en permanence. Sa position géographique lui permet d'être le point de départ ou le terminus de la navigation maritime. Aussi jusqu'au milieu du 19e siècle, alors que le dragage du fleuve et l'utilisation de la vapeur plutôt que de la voile permettront aux navires à fort tirant d'eau de se rendre jusqu'à Montréal, c'est de Québec que partiront le bois, la potasse, la perlasse, le poisson et les fourrures à destination de l'Angleterre.

Le village

Contrairement à la commune de France, véritable regroupement fortifié des habitations au cœur des exploitations, l'occupation du sol dans la vallée du Saint-Laurent s'est faite de manière étendue, précisément parce que le besoin de se replier se fit moins grand à partir de 1701, année de la signature d'un pacte de paix définitif avec la nation iroquoise. L'étalement du peuplement le long des cours d'eau, les concessions du sol favorisant la dispersion, la faiblesse relative du poids démographique, la structure même de la famille, qui compte généralement deux ou trois générations sous un même toit, le mauvais état des routes terrestres et les

Photo: ANQ.

difficultés de s'approvisionner à l'étranger, alors que le fleuve est fermé à la navigation pendant cinq mois, sont autant de facteurs qui ont retardé l'avènement du village populeux. En fait, au 18e siècle, le village québécois ne tranchait guère sur la campagne; il s'élevait à peu près au centre de la partie cultivée de la paroisse. Une longue tradition d'autarcie se développait. L'habitant devait apprendre à tout produire et fabriquer lui-même, sans attendre de secours de l'extérieur.

Cette tradition se maintiendra longtemps. Mais dès le premier quart du 19e siècle, alors que commence à se développer une économie de marché et que la population se fait plus importante, les villages se densifient et peuvent jouer le même rôle que partout ailleurs dans le monde. Là, se concentrent les artisans et les hommes de profession. En 1831, par exemple, le petit village de Louiseville compte dix marchands, cinq cordonniers, quatre forgerons, trois notaires, deux menuisiers, deux aubergistes, deux médecins, un maître de poste, un huissier, un bedeau, un boulanger, un boucher, un tanneur et un tonnelier qui disent tous pratiquer leur métier à temps plein. Il s'y trouve aussi une meunerie, un moulin à scier et une fabrique de potasse et de perlasse.

La paroisse

La cadre institutionnel le plus familier, celui dont on se réclame le plus facilement, est la paroisse. Tous se connaissent au sein d'une paroisse; beaucoup ont un surnom, le plus souvent un diminutif courant et pittoresque du nom de baptême de l'individu ou de celui de son père. Et les services funèbres, même des plus humbles, attirent toujours une nombreuse assistance à l'église du village.

La vallée du Saint-Laurent, possession française jusqu'en 1760, puis colonie anglaise, a hérité d'institutions qui lui sont venues de Paris et de Londres. Au 19e siècle, le cadre de vie reflète souvent cette dualité culturelle. On peut être, par exemple, de foi catholique ou protestante. Le code civil est français, mais le criminel est anglais. L'attribution des sols, faite en premier lieu selon les normes du régime seigneurial, s'est poursuivie selon le système du «township».

Le pouvoir civil est assuré par un gouverneur, qui assume souvent le titre de commandant des troupes, un lieutenant-gouverneur, des conseils exécutif et législatif, et une chambre d'assemblée. Le gouverneur et le lieutenant-gouverneur exercent leur autorité en vertu d'une commision royale. Les membres du conseil exécutif reçoivent leur nomination de Londres et ont la direction des affaires de la «province». De tout-puissants qu'ils sont en 1800, le gouverneur et les conseils exécutif et législatif verront leur pouvoir s'amenuiser peu à peu au profit de la chambre d'assemblée, formée des élus du peuple. C'est la naissance de la démocratie, bien que beaucoup des premiers députés soient de grands propriétaires terriens.

Au début du siècle, la municipalité, une institution britannique, n'existe pas. Québec et Montréal ne connaissent leur premier conseil de ville élu que durant les années 1830. Dix ans plus tard, quand le gouvernement cherche à généraliser la formule aux localités les plus importantes, il se bute à l'indifférence générale de la population. Le sentiment d'appartenance est d'abord paroissial et on ne voit pas l'utilité d'un nouvel organisme qui aurait compétence sur un territoire sensiblement identique à celui de la paroisse. D'autant plus qu'on a encore l'habitude de régler à l'amiable devant le curé et les notables la plupart des petits conflits qui peuvent s'élever au sein d'une communauté. Aussi, les fonctions de la corporation municipale se limiteront longtemps à la construction et à l'entretien des chemins.

Le rang ou le canton

Jusqu'en 1760, le peuplement se fait par rang. Chaque nouvel arrivant se voit attribuer un lot, une parcelle de terre très étroite et très allongée d'une superficie moyenne de 40 hectares (environ 40 arpents de profond sur trois ou six de large). Tous ces lots sont parallèles au fleuve ou à un de ses tributaires, alors les seules voies de communication. Le colon installe sa maison près du rivage. Quand toutes les rives sont occupées, on trace un chemin à l'arrière de la première série de lots pour y concéder de nouvelles terres ayant la même orientation. Les lots et les maisons qui s'y trouvent s'alignent en «rang», d'où ce nom donné à la route et à la bande de terre correspondante. Ce procédé se répète aussi souvent que le nécessite l'arrivée de nouveaux colons. Plus le rang est éloigné du cours d'eau principal, plus son origine est récente. Ce mode d'implantation par rangs et par lots assure une certaine équité, une égalisation des conditions. La voie d'eau demeure accessible pour se déplacer et pêcher. La partie basse du lot, souvent argileuse ou limoneuse, donc très fertile, est défrichée et mise en culture. Le riverain exploite aussi abondamment le foin de grève et les pâturages naturels lorsqu'ils existent. Le fond

Photo: ANQ.   du lot, souvent plus élevé et de nature plus pierreuse, donc plus difficile à labourer, est laissé en friche. Ce boisé de ferme fournit à chacun sa part de bois de construction ou de chauffage, son sucre d'érable, ainsi que son gibier. Par ailleurs, dans les Cantons de l'Est, dans les Bois-Francs, le long de l'Outaouais, sur les terres limitrophes des Laurentides et sur les rives de la baie des Chaleurs, des régions où le peuplement se fait après 1760, le lotissement s'opère selon la méthode anglaise du «canton». Tel que prescrit par les ordres d'arpentage, le canton est généralement une étendue de terre de dix milles (16, 6 km) de long sur dix de large.

L'état des routes

En 1800, les grandes routes sont pour ainsi dire inexistantes. «Ce n'est que lorsqu'elle atteint une certaine densité, écrivent les historiens Jean Hamelin et Yves Roby, qu'une agglomération en bordure d'un cours d'eau commence à tisser un filet de chemins vers l'intérieur. La communauté peut alors croître, tout en restant en contact avec le fleuve, générateur de civilisation. La route est donc un phénomène local.»

Dans la première moitié du siècle, les rares routes terrestres sont dans un état pitoyable et font pester ceux qui les empruntent. La fréquence des pluies et le jeu du gel et du dégel les abîment lourdement. Sans compter que, jusqu'en 1841, toute construction de chemin relève entièrement des usagers. «Et comme tout le monde est obligé d'y travailler, personne n'y travaille, écrit un voyageur en 1836. Je crois qu'en aucun lieu du monde il n'existe de chemins aussi mal entretenus qu'en Canada. Il est vrai qu'il existe aussi peu de pays où les pluies soient aussi fréquentes et les gelées aussi considérables. Mais il me semble que plus la nature nous a été contraire sur ce point, plus aussi nous devrions faire d'efforts pour la vaincre. Il ne faut pas oublier, poursuit ce même voyageur, que des chemins bien entretenus sont une grande source de prospérité chez un peuple. Ils exigent moins de bêtes de somme, économisent le temps des voituriers, facilitent les transports et conséquemment le commerce. D'après une comparaison que l'on a faite de quelques-unes des principales routes de France et d'Allemagne, on a trouvé que le prix moyen du transport du roulage ordinaire pour 50 livres et par lieue est de 9 1/3 centimes en France et de 18 centimes en Allemagne. Le marchand paie donc près du double plus cher en Allemagne qu'en France pour faire transporter ses effets et c'est le consommateur qui paie cette différence.»

Un autre voyageur anonyme remarque en 1829 que les voies navigables demeurent à ce point primordiales que le tracé des routes terrestres, plutôt que d'aller en droite ligne à l'écart des descentes et des ravins, longe les cours d'eau et épouse leurs moindres sinuosités. Ainsi le long de la rivière Yamaska, entre Saint-Hyacinthe et Saint-Césaire, «une distance de cinq lieues», il a fallu construire une cinquantaine de ponts, ce qui aurait pu être évité «en quittant les bords de la rivière ou plutôt en ne la suivant pas dans tous ses détours». Ce voyageur suggère également la mise en place de poteaux indicateurs et bornes milliaires pour venir en aide aux égarés. «Ne serait-il pas aussi à propos, écrit-il, qu'il y eût à toutes les fourches de chemin des écriteaux indiquant que celui-ci conduit à tel endroit et celui-là à tel autre. Faute de cette précaution, le voyageur est très souvent obligé de s'arrêter sur la route et quelquefois de revenir sur ses pas. Des pierres et des poteaux indiquant le nombre de lieues ou de milles parcourus ou à parcourir, en allant d'un endroit à un autre, ont encore leur utilité. Il y a de ces deux sortes d'indices sur quelques-unes de nos routes publiques; il devrait, suivant moi, y en avoir partout et dans la langue de la majorité du pays.»

Voir *La Bibliothèque canadienne*, juil. 1829; *Le Glaneur*, déc. 1836; Jean Hamelin et Yves Roby, *Histoire économique du Québec, 1851-1896*, (1971): 142.

Bien que le village acquière une plus grande importance au début du 19ᵉ siècle, le gros de la population habite toujours dans les rangs, les cantons ou les «chemins de concessions»: celui des Envies ou des Belles-Amours, le Lichepain, la Miche, le Monte-à-Peine, le Chiguère, le Pain-Sec, le Brûlé, la Grillade, l'Hermitage, le Fort, le Brise-Culottes, le Vide-Poche, le Pis-Sec, le Bois-de-l'Ail, le Trompe-Souris, le Ventre-Mou, le Vire-Crêpe, le Trou-de-la-Moutonne, la Mouille-Pieds, le Mille-Roches, le Bel-Automne ou le Bout-du-Monde. Il suffisait d'un accident géographique, d'un fait social, d'une légende locale ou simplement de la beauté d'un vallon au soleil pour que le nom soit tout trouvé.

Souvent, par un effet du cadastre primitif et à cause de l'orientation du fleuve, le rang se retrouve tracé dans le sens des vents venant du nord-est ou du sud-ouest. Cela présente un grand avantage, les jours de tempête en hiver. Le nordet ou le surouêt balaie le rang et ne laisse pas les neiges s'y accumuler. Les «chemins de pénétration», ceux qui relient les rangs entre eux, qu'on appelle aussi «montées» ou «chemins de traverse», sont ensevelis quand il fait tempête. Quand une montée entre deux rangs est fermée par la neige, on organise une corvée de chemin pour rouvrir la route. Mais généralement, personne n'habite une montée; la division des terres ne le permet guère et on risquerait l'isolement en hiver.

Comme les chemins sont sans cesse menacés par la neige et que leur entretien incombe à ceux qui y habitent, on s'efforce toujours d'occuper complètement un rang avant d'en ouvrir un second. Au milieu de ce peuplement en rangées uniformes, l'emplacement de l'église le long de tel ou tel rang amène souvent des «chicanes de paroisse». Habiter le «rang de l'église» ou «grand rang» ce n'est pas comme appartenir à un autre rang; le premier, hiver comme été, est toujours droit et bien entretenu. Sans compter qu'il regroupe souvent la population la plus riche de la paroisse, parce qu'établie sur place depuis beaucoup plus longtemps.

La solidarité du rang est plus forte que celle de la paroisse, réservée aux occasions exceptionnelles. Les grandes corvées, comme le levage de la charpente d'une grange, regroupent souvent ceux qui habitent le même rang. D'autres formes de travaux se prêtent à cette solidarité. En avril, quand le vieux Dauphinais, de Saint-Justin, perd sa jument et se retrouve incapable de faire ses semailles, cinq ou six de ses voisins s'entendent pour l'aider à ensemencer son champ[8].

Chaque rang pourvoit à l'assistance de ses pauvres. Une fois par année au moins, les fruits d'une collecte, celle de la guignolée, vont aux plus démunis. Dans le Trompe-Souris, on quête pour le vieux Dubé et la veuve Crochetière; dans l'Ormière, pour le «père Lafontaine». Les habitants espèrent ainsi que leurs pauvres seront assez bien nantis pour ne pas avoir besoin d'aller mendier dans les rangs voisins.

Le voisin

Si la solidarité de ceux qui habitent le même rang est grande, plus étendue encore est celle des voisins immédiats. Ici, comme chez les familles quasi patriarcales de la vallée d'Ossau, dans le Béarn français, le premier voisin fait pour ainsi dire partie de la famille. Lors des réunions, aussi bien que lors des repas de noces, les deux voisins, celui de droite et celui de gauche, sont invariablement invités. Un habitant de Saint-Justin, sur le point de marier sa fille, à qui le curé demande s'il organisera une noce bientôt, répond: «Je ne fais pas de noces; de mon côté, j'invite seulement mon frère et mes deux voisins[9]».

Il est permis d'imaginer comment la vie quotidienne se trouve modifiée lorsque la brouille s'installe entre deux voisins, car les voisins en bons termes se rendent beaucoup de services. On se prête des instruments de travail, des voitures, des chevaux. On va veiller les malades. Pour le voisin, on attelle son meilleur cheval quand il est nécessaire d'aller chercher le prêtre. On a la garde des enfants de la voisine pour l'aider à se relever de couches. Lors des grandes boucheries de décembre, on prévoit toujours le «morceau du voisin». Et après la cuisson hebdomadaire du pain, il y a le «pain du voisin», en échange de celui qui a permis d'attendre sans privation le moment d'une nouvelle cuisson.

La «terre»

On appelle «terre» la portion de terre concédée à un habitant pour qu'il y vive avec sa famille. La localisation de l'habitation tient d'abord aux contraintes topographiques (qualités du sol assurant solidité et étanchéité des fondations, possibilité d'y creuser un puits ou proximité d'une source d'eau) et à l'économie agricole en général, qui conserve à la culture les «bons morceaux» et réserve au bâti les parties incultes, rocheuses ou élevées. Des facteurs locaux, forçant l'homme à s'adapter et à diversifier son génie, jouent également. Sur la Côte-de-Beaupré et sur la rive sud de l'île d'Orléans, par exemple, on tient compte, dans le choix de l'emplacement de la maison, de l'étroitesse de la terrasse inférieure.

À proximité du domicile familial se trouvent les dépendances. Suivent les clos qui constituent la partie de la terre cultivée, où poussent le foin, les céréales, le lin et les pommes de terre. Les animaux, bien sûr, ne vont jamais paître dans les clos. On leur réserve plutôt les prés ou pacages à foin, plus ou moins bien dessouchés et situés au-delà des clos. Enfin, tout au fond, se trouve la forêt, soit la partie de la terre dite «en bois debout». La forêt occupe toujours plus du tiers de la superficie totale d'un établissement. Et la valeur globale d'une terre est souvent estimée d'après sa partie «en bois debout».

La grange-étable

Le cultivateur au niveau de vie modeste ne possède souvent qu'une seule dépendance, la grange-étable. Au fil des ans, il pourra peut-être multiplier les constructions, mais à l'origine, il ne s'en tient qu'à celle-ci. Parmi les facteurs intervenant dans la localisation d'une grange-étable, se trouvent l'emplacement projeté du tas de fumier et le sens des vents dominants. Il ne faut

Photo: APC.

pas que la maison soit constamment livrée aux odeurs dégagées par les excréments des animaux. Pour le choix du lieu, on tient compte aussi du besoin d'ensoleillement de l'étable. Il ne semble guère que l'habitant ait cherché à se servir de dépendances comme coupe-vent afin de protéger la maison des vents dominants. Dans les campagnes, les bâtiments écrans sont rares, à cause de l'ombrage qu'ils occasionnent et de la formation, en hiver, des «bancs de sillage» et du ravalement de la neige.

Une grange à toit de chaume,
dans la région de Yamachiche
(ANQ, IBC).

Cela dit, c'est l'hiver qui a imposé à la grange-étable une telle grandeur. Elle frappe tellement par ses dimensions que le géographe Pierre Deffontaines compare sa haute charpente intérieure aux voûtes des cathédrales. Si elle est si vaste, c'est que les animaux doivent y séjourner six mois, parfois sept, et qu'il faut y emmagasiner le fourrage propre à leur alimentation. Un bœuf peut hiverner avec 40 bottes de paille et 50 de foin, mais un bon cheval de travail consomme 300 bottes de foin et 25 minots d'avoine.

La longueur de l'hiver contraint l'habitant à ne garder que le nombre de bêtes à cornes suffisant pour la consommation familiale de lait et de viande. Le journal *Le Canadien* écrit en 1807 que, faute de fourrage suffisant, «ce pays ne saurait jamais être abondant en viande de boucherie[1]». Trente ans plus tard, *Le Glaneur* reprend cette assertion: «Le cultivateur canadien s'occupe à peine de l'éducation des animaux, qu'il n'a presque nulle part en grand nombre, de vaches surtout, dont il ne tire que le parti le plus médiocre. Il n'imagine même pas qu'il lui soit possible d'en avoir davantage parce qu'il ne voit pas comment il pourrait les nourrir[2].»

La laiterie

Pas très loin de la maison et près d'une source d'eau fraîche, comme le puits ou le ruisseau, se trouve la laiterie. Une bonne laiterie est bâtie d'une manière telle que sa température se maintient à peu près égale tout au long de l'année, plus précisément entre 8° et 10° Réaumur[3]. Trop chaude, le lait caille et donne peu de crème; trop froide, la crème met trop de temps à surnager et devient amère. Construire une bonne laiterie dans la vallée du Saint-Laurent constitue donc tout un défi.

On choisit d'abord son emplacement avec soin, à l'ombre de la maison, d'un bâtiment plus grand ou d'un bouquet d'arbres. «Les uns la placent dans une cave, les autres au centre d'un vaste bâtiment, et quelques-uns au-dessus d'un ruisseau[4]». Quoiqu'il s'en trouve faites de bois, la meilleure laiterie est de pierre blanchie à la chaux. En été, on dit que la pierre est plus fraîche que le bois et le blanc réfléchit la lumière. Pour l'isoler davantage, on laisse parfois courir des plantes grimpantes sur les murs extérieurs ou on la recouvre de «sapinages». Pour éviter que ne se développent l'humidité et la moisissure, il faut l'aérer de temps à autre. L'été, la nuit, pendant les grandes chaleurs, on garde ouvertes la porte et la petite fenêtre, en prenant soin cependant de couvrir les plats contre les insectes.

Laiterie en pierre, dans le rang de la Petite-Prairie à Varennes (ANQ, IBC).

La laiterie est le domaine de la femme. Chaque jour, elle s'y rend pour couler le lait, l'écrémer ou préparer le beurre. Le lait frais est versé dans les terrines, elles-mêmes déposées sur les nombreuses tablettes fixées au mur. Ces contenants sont tous largement évasés, afin que la crème s'élève plus facilement à la surface. La crème des terrines de la veille est recueillie dans des jarres, des pots de terre profonds et dont la bouche est assez étroite pour être facilement couverte. Il vaut mieux cependant ne pas attendre pour préparer le beurre, car plus la crème est fraîche, plus le beurre est délicat.

De 1800 à 1850, la majorité des contenants utilisés dans la laiterie comme dans la cuisine sont faits de terre cuite par les potiers locaux. Mais le règne de la céramique artisanale s'achève. L'Angleterre a commencé à exporter massivement sa faïence, qu'on appellera ici «vaisselle blanche». En 1828, à Baie-Saint-Paul, un bail à ferme spécifie que la laiterie est garnie «de bolles blanches pour le lait au lieu de terrines habituellement utilisées[5]». La ferblanterie commence également à concurrencer la poterie. En 1831, un spécialiste agricole, Joseph-François Perrault, déconseille l'utilisation de contenants de terre dans la laiterie. «On aura attention, écrit-il, de ne point se servir de terrines vernissées du pays, de s'en procurer de fer-blanc, dont le fond n'excédera pas six pouces (15 cm), et quinze dans le haut[6].» Le journal *Le Glaneur*, de Saint-Charles-sur-Richelieu, insiste par contre pour que la poterie locale soit conservée: «Les terrines sont bien mieux en terre qu'en fer-blanc; les vases métalliques étant sujets à s'oxyder et à produire des accidents facheux.» Mais, à compter de 1840, faute de pouvoir écouler leurs produits en quantité suffisante, les potiers commencent à délaisser leur métier, car il deviendra de plus en plus difficile d'en vivre.

Conserver le lait tient souvent de la plus grande habileté. L'hiver, il cherche à surir; l'été, à cailler. En juillet et août, dans les villes du Québec, quand reviennent les temps chauds, la mauvaise qualité du lait cause un grand nombre de morts d'enfants, particulièrement de ceux âgés de moins d'un an. Plus tard, au cours du siècle, les travaux du savant français Louis Pasteur le démontreront: un lait de vache vieilli peut contenir des micro-organismes capables de transmettre les maux les plus graves, dont la diarrhée et la gastro-entérite.

Le hangar à bois et le fournil

* On ne trouve pas de laiterie sur chaque ferme. Certains conservent le lait dans une dépense froide, sous la margelle du puits ou dans le ruisseau.

** Il s'agit ici de la «petite» corde de bois, celle mesurant huit pieds de long, quatre de haut et un de large. La véritable est quatre fois plus large.

Outre une grange-étable et une laiterie*, la ferme possède aussi un hangar à bois qui doit pouvoir contenir les 25 à 30 cordes de bois nécessaires pour passer l'hiver**. À mi-chemin entre la maison et la grange se trouve le fournil, ce petit bâtiment où les membres de la famille souvent déménagent à la fin du printemps pour y vivre tout l'été. C'est la maison d'été. L'hiver, il sert d'atelier pour le cultivateur ou de remise. On le remplace parfois par la «cuisine d'été» ou «bas-côté», petit bâtiment rattaché au corps principal du logis par un mur mitoyen. Cela dit, le fournil s'est avéré une dépendance si pratique qu'on le retrouvera souvent au village dans chaque fond de cour.

Le four à pain

Le four à pain est tantôt construit à l'écart, dans la cour, par crainte des incendies, tantôt carrément dans le fournil, adossé à l'âtre des gros travaux. On le fait le plus souvent d'argile, car ce matériau dégage une chaleur «plus égale», dit-on, que la brique ou la pierre. Et là où il n'y a pas de poêle à deux ponts, c'est dans ce petit four à dos rond que, le beau temps revenu, une fois la semaine, la ménagère cuit son pain.

À Berthier, Saint-Cuthbert et Saint-Barthélemy, sur la rive nord du lac Saint-Pierre, la construction des fours à pain, comme celle des puits, d'ailleurs, donne aux habitants l'occasion de faire preuve d'un esprit d'imitation qui ne laisse pas d'étonner les voyageurs. «Pendant une certaine distance, écrit l'un d'entre eux, tous les fours sont couverts et tous les puits sont entourés de la même manière; plus loin, cette manière pour les puits, les fours, etc., est différente de la première; plus loin encore, vous voyez une autre méthode généralement suivie[7].»

Photo: MAPAQ,
Magella Chouinard.

Des études plus poussées nous montreraient peut-être que ces variantes locales ou régionales dans les manières de construire les fours à pain tiennent aussi au travail des «faiseurs de fours». Des artisans faisaient profession de construire des fours, étaient connus à la ronde et acquéraient parfois une renommée régionale. Peut-être faut-il alors se garder de prendre pour de l'esprit d'imitation ce qui ne serait que la simple répétition d'une technique, d'un style, de la part d'un même artisan, à l'échelle d'une région?

Le rucher

Rares sont les fermes qui possèdent quelques ruches. Il ne s'en trouve qu'à Montréal, à Longueuil et à Boucherville[8]. Ce sont surtout des ruches de paille ou de bois, que tout habitant peut faire chez lui. Les journaux s'étonnent de voir l'apiculture aussi peu répandue. «Les enfants et les femmes suffisent pour tous les travaux qu'elle exige. Rien n'est plus facile et moins dispendieux. En Angleterre, on s'applique depuis longtemps à les multiplier. Dans l'Empire de la Chine, une quantité prodigieuse de familles

Cultivateur ramassant un essaim à Saint-Elphège de Yamaska (ANQ, fonds Communications).

n'ont d'autres ressources pour vivre que le produit de leurs ruchers établis sur des bateaux le long des fleuves. Ces familles elles-mêmes n'ont point d'autres demeures, ni d'autres propriétés. On dira peut-être que notre climat est trop dur et on se trompe. On élève des abeilles en beaucoup d'endroits plus septentrionaux que le Canada, en particulier dans des parties de la Russie, où l'hiver est encore plus long et plus rigoureux que le nôtre. Nous en avons déjà assez communément dans nos bois qui résistent à nos hivers, se propagent, se multiplient et s'établissent dans le creux des arbres où nos bûcherons les trouvent souvent pendant l'hiver et profitent de leurs dépouilles[9].»

Le cheval

La longueur de l'hiver force le cultivateur à ne garder que bien peu de bêtes à cornes. Mais on trouve toujours un grand nombre de chevaux. On aime mieux se servir du cheval que de tout autre animal domestique. Sauf dans les territoires de colonisation, où l'on préfère recourir à la force supérieure du bœuf, le cheval est omniprésent. Il est de toutes les circonstances. On l'attelle pour la moindre sortie. Il accompagne, par exemple, ceux qui courent la guignolée ou le Mardi gras. Le curé l'utilise pour porter le viatique ou faire sa visite de paroisse; l'habitant, lui, pour aller à la veillée ou faire son bois de chauffage en hiver. Le cheval sert aux labours, au hersage et à la récolte. Il tire la calèche des nouveaux mariés ou le «chariot» (corbillard) du dernier repos. Il aide à la récolte de la glace. Avec les hommes, il monte dans les chantiers. À Rivière-Ouelle, lors de la pêche aux marsouins, des chevaux hissent sur le rivage les marsouins morts. À Saint-Denis-de-Richelieu, ils actionnent le moulin à carder. Dans les Bois-Francs, le cheval pétrit et mélange sous ses sabots l'argile qui servira à la construction du four à pain.

Le cheval des Perron à Cap-aux-Oies (MLCP).

Sans enlever au bœuf ses qualités de force, d'économie de soins et d'aliments, le cheval, à la vérité, est le seul animal de trait vraiment adapté au climat de la vallée du Saint-Laurent. En hiver, il peut se déplacer même dans les hautes neiges molles, alors que le bœuf, aux pattes trop courtes, «flotte» et se retrouve immobilisé.

Le Québécois a la passion du cheval. «Il n'y a point d'habitants, écrit le journal *Le Canadien*, qui n'aient trois ou quatre chevaux.» Certaines familles en comptent même cinq ou six. On n'hésite pas à payer le prix fort pour acquérir un bon trotteur et chacun rêve de posséder le cheval le plus rapide de la paroisse.

L'utilité du cheval

Au 19e siècle, le cheval est le grand moyen de déplacement dans les villes. Il suffit pour s'en convaincre de voir jusqu'à quel point la vie s'en trouve paralysée lorsqu'une grave épizootie frappe les chevaux. Ce fut le cas à Montréal à l'automne de 1872. Le 24 octobre, la *Gazette des campagnes* décrit la scène: «Depuis sept ou huit jours, une épidémie s'est déclarée parmi les chevaux à Montréal. Elle a fait de tels progrès que la très grande majorité de ces animaux sont malades. Hier surtout les rues étaient désertes et l'on ne voyait qu'à de rares intervalles un petit nombre de voitures faisant les trajets accoutumés. Il était presque impossible de se procurer des voitures pour transporter le bois de chauffage, mouvoir les marchandises, etc. Les étables du Grand Tronc (la grande compagnie de chemin de fer) sont restées fermées, en sorte que le fret destiné au chemin de fer est resté à s'accumuler dans les entrepôts. La compagnie des chars urbains a cessé le service ce matin, plus de cent de ses chevaux étant atteints de l'épidémie. Les rues présentent aujourd'hui un aspect absolument désert et il faut chercher longtemps pour trouver un cocher. Nous savons qu'un bon nombre de chevaux sont déjà morts, surtout ceux appartenant à la classe pauvre, ce qui est encore plus malheureux, puisque les moyens d'existence manquent au moment où ils vont être plus nécessaires. Il doit y avoir aujourd'hui plus de mille chevaux atteints de la maladie en ville. Elle se répand aussi dans les campagnes d'alentour. »

«Chaque garçon qui a la force de manier un fouet a le sien. Il n'est point de garçon d'habitant qui ne vole son père pour donner de l'avoine ou d'autres grains à son cheval, afin qu'il soit gras et vif[10].» Le dimanche après-midi, les habitants des rangs d'en arrière prennent plaisir à descendre fièrement le grand rang avec un cheval bien attelé. Les lieux ne se comptent plus où, hiver comme été, sur glace comme sur terre battue, on organise des courses de chevaux.

Cette «manie» du cheval, plusieurs dirigeants politiques s'en plaignent. Pour eux, il s'agit là d'un luxe, d'une vanité, qui coûte fort cher et il vaudrait mieux se préoccuper d'élever plus de bêtes à cornes de race améliorée. Mais le cheval est arrivé pour rester. À Montréal et à Québec, chaque fond de cour a son écurie. Le cheval devient le meilleur allié de l'épicier, du laitier, du boulanger et des marchands. On ouvre des marchés à foin aux quatre coins de la cité et d'immenses voyages de foin sillonnent quotidiennement les rues dans tous les sens. Dans les villes, le foin a précédé le pétrole.

Photo ci-contre: ANQ, fonds Communications.

Photo ci-dessous: MAPAQ, Jacques de Varennes.

Le porc et le mouton

Le cultivateur élève aussi quelques porcs, car la viande qu'ils produisent, d'une haute teneur en calories, est celle que l'on préfère à toute autre. On la consomme rôtie, bouillie ou sous forme de lard salé, de jambon, de boudin, de saucisse et autres charcuteries réputées, comme les «cretons» et la «tête fromagée». Le cochon se mange de la tête à la queue, y compris les oreilles et les pieds. Et pas une once de graisse ne doit se perdre; on n'en connaît pas de meilleure pour donner du goût aux beignes et aux croquignoles. Lors des grandes boucheries du début de décembre, il se tue sans doute plus de porcs que d'animaux de toute autre espèce.

Par ailleurs, lorsque l'habitant élève le mouton, ce n'est pas tant pour s'en nourrir, car il n'a jamais raffolé de sa viande, que pour s'habiller de sa laine. Pour la lutte contre le froid, le mouton devient ainsi un auxiliaire précieux.

La maison

La maison québécoise de la première moitié du 19ᵉ siècle atteint un certain état de perfection. Après 200 ans de tâtonnements, d'expériences, d'échecs et de réussites, on semble avoir trouvé une demeure appropriée au climat de la vallée du Saint-Laurent. Comme on habite une contrée humide aux précipitations abondantes, on creuse une cave, on surélève les fondations, on incline fortement le toit et un larmier plus long protège de l'eau les fondations et abrite la galerie. Contre le froid, on lambrisse les murs, on double les portes et les fenêtres et surtout on chauffe au moyen d'un poêle en fonte à feu fermé.

De 1800 à 1850, à la ville, l'utilisation du fer-blanc et de la tôle pour recouvrir les toits se généralise. Durant les années 1830, certains commencent même à enduire leurs toits de «coaltar», un goudron provenant de la distillation de la houille, au moyen d'un procédé mis au point par les Anglais. Les journaux du temps vantent ce nouveau produit. «Cet enduit est peu cher, très propre et même préférable à la peinture à l'huile et à l'ocre, soit pour la beauté, soit pour la durée. Quelques-uns après avoir posé ce goudron y saupoudrent du sable qui s'y incorpore tant bien que mal[1].» Mais ces manières de couvrir n'ont pas encore vraiment gagné la campagne et on continue partout de recourir aux planches à couvre-joints ou aux bardeaux de cèdre ou de pruche. La forte inclinaison du toit empêche la neige de s'y accumuler l'hiver et permet au revêtement de bois, l'été, de s'assécher plus rapidement.

Pour recouvrir le toit des dépendances, on préfère souvent utiliser la paille, un matériau plus économique que le bois. La paille de blé coiffe les versants du toit, alors que celle du seigle, plus longue et plus souple, est ordinairement réservée aux larmiers. Le long du Saint-Laurent, particulièrement autour du lac Saint-Pierre, on se sert aussi de l'«herbe-à-liens» (spartine pectinée), une plante qui pousse abondamment sur la portion des rivages sujette aux crues du printemps; cette plante sert également pour lier les bottes au temps de la moisson. Deux bons «couvreurs

La maison Gosselin, à Saint-Jean-Chrysostome (MLCP).

de paille» mettent dix heures à coiffer le versant d'une grange long de seize mètres et large de six. «Exposé aux intempéries, le chaume ne tarde pas à verdir et à se couvrir d'une mousse qui le protège de la pluie et de la neige[2].»

Mais les toits en paille ont mauvaise presse. On les juge peu durables et sujets à l'incendie. En plein été, en temps d'orage, ils seraient de véritables appels à la foudre. «Ne devrait-ce pas être une raison pour les habitants aisés, écrit un voyageur, de couvrir leurs granges en planches dans tous les endroits où ils peuvent s'en procurer, surtout le long des rivières où cela doit être plus facile et où on est plus souvent exposé à ce malheur. Cette précaution pourrait les garantir d'accidents qui se renouvellent presque tous les ans, dans un endroit ou dans un autre, et ruinent souvent des particuliers ou au moins font un tort considérable à leur fortune[3].»

Contrairement aux maisons de nombreux pays froids, comme l'Islande et les régions montagneuses de l'Europe, où l'on a réduit les portes et les fenêtres en nombre et en grandeur, la maison québécoise est largement ouverte sur l'extérieur et la lumière du jour y entre à profusion. Une maison bâtie en 1800 est plus grande et compte deux fois plus d'ouvertures que celle construite un siècle auparavant. «On peut affirmer, après observation, que le nombre de baies de la maison d'esprit français, limité entre 8 et 10, passe dans le modèle québécois de la première moitié du 19e siècle à 20, pour atteindre une trentaine vers 1880 (en incluant les portes)[4].» C'est là l'indice d'un confort qui va s'accroissant malgré les hivers rudes. L'amélioration des techniques de construction et du mode de chauffage ont permis l'augmentation du volume de la maison et la multiplication des fenêtres.

Dans la région de Québec, la maison et les dépendances sont blanchies à la chaux. «Cet usage allie la propreté à l'économie et donne aux demeures de ces habitants et à la campagne en général un aspect beaucoup plus riant et beaucoup plus agréable[5].» Sur la Côte-de-Beaupré, la couleur blanche tranche d'autant plus qu'on peint de noir les linteaux de porte et de fenêtre. L'été, on suspend «des pots de fleurs, entourés de lianes grimpantes qui rappellent, dit un voyageur anglais, les provinces d'Italie ou de la France méridionale[6]».

Plus à l'ouest, de Berthier à Lachenaie, sur la rive nord du Saint-Laurent, les maisons et les dépendances sont rouges ou jaunes[7]. C'est que plusieurs habitants délayent dans l'eau, le lait et le lessi, un sable jaune, commun dans cette région et riche en oxyde de fer. Selon que l'oxyde est précédemment chauffé ou non, le produit prend une couleur «rouge agréable» ou «approchant le jaune». En 1829, le village de Saint-Paul de Lavaltrie «commence déjà à être décoré des couleurs de cet ingrédient peu coûteux, qui tient fortement aux bâtisses et préserve bien le bois des injures et des rigueurs du temps».

La plupart des façades principales donnent au sud pour bénéficier du maximum d'heures d'ensoleillement durant une journée. Cette recherche d'ensoleillement est si vraie que même certaines habitations bordant un chemin de pénétration se plient

à cette nécessité et s'alignent perpendiculairement à la route. À Saint-Didace de Maskinongé, à Mont-Carmel de Kamouraska, de Saint-Flavien de Lotbinière à Dosquet, on trouve de nombreux exemples de cette manière de faire.

La porte avant, l'entrée principale, ne sert qu'exceptionnellement. C'est par cette porte qu'on sort le corps des personnes décédées ou qu'entre le curé pour sa visite de paroisse. Le plus souvent, on la condamne en hiver. La porte du bas-côté ou la porte arrière est celle de la vie quotidienne, de l'amitié. Faire entrer un visiteur par la porte de côté ou arrière est le signe d'une hospitalité parfaite. Le nouveau venu, ignorant de ce protocole, qui se sera présenté par la porte avant, sera plus tard invité à repartir par l'autre. S'il fait fi de cette invitation et persiste à vouloir sortir par la porte avant, c'est qu'il aura lui-même voulu établir ses distances et sera jugé comme un simple étranger. Il est vrai cependant que, d'après l'adage, il est de mauvais augure d'entrer par une porte et de sortir par l'autre. Certaines maisons, par ailleurs, n'ont même pas de porte avant. L'écrivain américain Henry David Thoreau, de passage sur la Côte-de-Beaupré en septembre 1850, le laisse entendre. «Dans une maison près de la

Magnifique aquarelle de James Peachy datée de 1785 et intitulée «A view of the bridge built over the Berthier river by order of General Haldimand in 1781». Beaucoup de ces petits ponts ont été construits dans la vallée du Saint-Laurent entre 1780 et 1820. À noter à gauche de l'illustration deux petits bâtiments couverts de chaume. Dans la région du lac Saint-Pierre, il s'agissait là d'une manière courante de couvrir les dépendances (APC).

frontière ouest de Château-Richer, écrit-il, nous fûmes hébergés pour la nuit. Comme à l'ordinaire, il nous fallut cheminer dans un passage pour parvenir du côté sud de la maison, où se trouvait la porte qu'on ne pouvait voir de la route. Car ces maisons canadiennes n'ont pas de porte de devant proprement dite... La porte du Canadien s'ouvre seulement sur l'arrière-cour et la ferme[8].»

La cuisine

Quoi qu'il en soit, qu'on entre par une porte ou par l'autre, on pénètre directement dans la pièce principale, la cuisine. C'est la salle commune, le lieu de séjour du plus grand nombre en hiver. Elle occupe au moins la moitié de la surface du rez-de-chaussée. Ici, se prennent les repas et se passent les heures de repos. Les femmes filent, tissent, tricotent et cousent. Les voisins viennent jaser le soir et fumer la pipe. Véritable chantier alimentaire après les grandes boucheries du début de décembre, alors qu'on doit préparer toute la nourriture du temps des fêtes, la cuisine accueille par la suite la parenté et les amis qui s'amènent à la veillée pour chanter, danser, rire et boire.

Le poêle

Le meuble le plus important est le poêle en fonte, le plus grand progrès technique depuis 1700. À l'origine, les colons français, qui ignoraient tout de ces feux fermés en usage dans des pays du nord de l'Europe, se chauffaient avec un foyer à tirage. Mais la chaleur d'un foyer, très localisée quand elle n'est pas tout simplement aspirée par le tirant d'air de la cheminée, ne suffit pas pour pallier les rigueurs du climat. Un foyer ne réchauffe pas vraiment; seul un poêle peut le faire.

Les premiers poêles sont de tôle, de brique ou de pierre surmontés d'une plaque de fonte. On les monte chaque automne au centre de la pièce, pour les enlever le printemps suivant. À compter de 1750, alors que les Forges du Saint-Maurice peuvent assurer un approvisionnement continu, l'usage du poêle en fonte se généralise. Dans une pièce, celui-ci irradie la chaleur par toutes ses faces. Et plutôt que de laisser l'air chaud s'engouffrer immédiatement dans la cheminée, on fait courir des tuyaux dans d'autres pièces de la maison, ce qui répartit mieux la chaleur. Cette innovation modifie les manières de vivre. La maison s'agrandit,

La maison Firmin Asselin, à Sainte-Famille de l'île d'Orléans. Aujourd'hui disparue (ANQ, coll. initiale).

les fenêtres se font plus nombreuses. En hiver, les membres de la famille n'ont plus à se regrouper tous devant le foyer pour dormir; l'habitant qui avait fait de la cuisine son atelier, peut maintenant, grâce à un poêle, travailler dans la «boutique», le fournil ou la cuisine d'été. L'homme apprend à domestiquer l'hiver.

Néanmoins, la ménagère utilise toujours le foyer pour préparer les repas. Puis de 1770 à 1780, on met en vente les premiers poêles à deux ponts, qui sont en fait des poêles à chauffer à six plaques surmontés d'un four où s'effectue la cuisson des aliments*. Au cours du demi-siècle qui suit, il se produit probablement une révolution dans la manière de cuisiner. Fini le temps du gril, des landiers, de la broche à rôtir et de la crémaillière. Marcel Moussette, spécialiste du chauffage domestique, écrit: «On peut supposer aisément que le passage de la cuisson dans l'âtre à la cuisson sur un poêle a eu des conséquences énormes sur la façon d'apprêter les aliments. Et il se pourrait bien que ce changement technologique explique le fait que si peu de mets préparés durant le régime français aient survécu dans notre tradition culinaire jusqu'au 20e siècle[9].»

* Il s'en trouvera à trois ponts à partir des années 1850. Mais on répétera dans les campagnes que ce type de poêle, une invention typiquement québécoise, qui comprend un foyer et deux fours superposés, chauffe mal. Quant aux cuisinières à bois, apparues aux États-Unis vers 1815, elles passeront dans les villes québécoises au cours des années 1840 et ne gagneront réellement la vallée du Saint-Laurent qu'au tournant du siècle.

Bien qu'il soit possible d'en importer, ces poêles à deux ponts sont presque tous fabriqués aux Forges du Saint-Maurice ou à la fonderie de Batiscan. Leur prix élevé fait que beaucoup préfèrent les louer à l'automne pour les rendre au printemps, plutôt que d'en être propriétaires. On les dit de bonne qualité, «beaucoup moins sujets à se casser par l'effet du feu que ceux qui s'importent d'Angleterre ou d'Écosse». À la vérité, à l'heure où il devient plus facile de se livrer à des comparaisons, la beauté d'un objet commence à compter au même titre que son utilité. Joseph-Charles Taché, secrétaire du comité canadien à l'exposition universelle de Paris en 1855, ne comprend pas qu'on se soit si peu soucié d'embellir les articles de fonte. «La plupart des dessins d'ornements de nos objets de fonte, écrit-il, sont affreux, et le poids de nos articles est, en termes généraux, trop considérable. Si on dépensait la valeur surabondante de matière de première employée à metttre un peu de goût dans les dessins d'ornementation, on produirait des articles supérieurs de tous points et à meilleur marché... En fait de fonte, il ne coûte guère plus de faire du beau que de produire du très laid. On a fort bien senti cela partout. Savoir joindre l'utile à l'agréable est le dernier mot des progrès matériels[10].»

D'autre part, le chauffage central à vapeur, au moyen de calorifères, apparaît d'abord à Québec durant les années 1830. À Place-Royale, un aubergiste et fabricant de dragées, John Hendry, fait alors installer dans son établissement de trois étages deux chaudières à vapeur et un certain nombre de calorifères pour chauffer son édifice[11]. La vapeur produite par les chaudières est acheminée aux différents endroits de la maison grâce à un réseau de tuyaux. Hendry, bien sûr, fait figure de pionnier. Sa grande auberge et ses activités de fabricant de dragées l'obligeaient sans doute à une pareille installation. Mais ce système, plus complexe que le simple poêle à bois, mettra du temps à gagner les faveurs populaires.

L'habitant de la vallée du Saint-Laurent, lui, quand vient l'hiver, met son poêle à deux ponts à rude épreuve et surchauffe sa maison. La femme du gouverneur du Canada, Lady Aylmer, écrit en 1831 que la chaleur dans les maisons atteint «un degré supportable par peu d'Européens». L'arpenteur Joseph Bouchette ajoute que la température peut s'élever jusqu'à 90 °F (32 °C). Vingt ans plus tard, on répète que les maisons sont gardées très chaudes et très fermées en hiver. Il faut donc beaucoup de bois et la boîte à bois, près du poêle, contient la ration quotidienne de combustible. Souvent, c'est le «cabanon», sous les marches de l'escalier montant à l'étage supérieur, qui sert à cet effet. Certaines familles rangent là aussi le quart-à-drague où sûrit la pâture des cochons à l'engrais. En hiver, la tâche de rentrer le bois revient aux garçons. Ils s'y prêtent d'ailleurs avec beaucoup de joie, farauds qu'ils sont de pouvoir faire la navette entre le hangar à bois et la maison, les bras chargés de bûches.

La table

Dans une cuisine québécoise, une longue table rectangulaire ne serait que pur embarras, car il faut pouvoir disposer de beaucoup d'espace pour mener certains travaux domestiques ou faire la fête. Aussi la table est à trétaux, à abattants ou à panneaux et on peut facilement la ranger le long d'un mur, l'heure du repas terminée. Les plus jeunes enfants ne mangent pas toujours à la table principale. Il arrive même qu'ils ne peuvent le faire avant d'avoir franchi l'étape de la première communion. Souvent, les enfants s'attablent à un panneau fixé au mur près de la fenêtre ou prennent leur repas à une table plus basse ou sur le «billot».

L'armoire

Dans le coin, la grande armoire à deux portes est le lieu de rangement de la vaisselle en céramique ou en étain. Chez les plus riches, on y retrouve de la faïence blanche ou bleue importée d'Angleterre et des ustensiles d'argent. Sur les tablettes du bas reposent les nappes de toile, les linges de vaisselle, les serviettes, les draps et les taies d'oreiller. Il arrive que la grande armoire soit construite de toutes pièces à l'intérieur de la maison, sans égard à la dimension des portes et des fenêtres. Alors, quand vient le temps de déménager, comme il n'y a pas d'issue assez large pour la sortir de la maison, on la laisse sur place. D'autres fois, on l'assemble au moyen de chevilles de bois, ce qui permet de la démonter en panneaux, s'il faut partir. Chaque maison ne possède pas son armoire. Une étude menée sur l'état de dix-sept maisons de l'île d'Orléans au début du 19e siècle montre que seulement cinq d'entre elles disposent d'un tel meuble[12]. En fait, à la campagne, on remplace souvent l'armoire par un buffet à deux vantaux surmontés de deux tiroirs. À la ville, c'est plutôt la commode qui connaît ses premières heures de gloire. Apparue à la toute fin du régime français, elle en vient à remplacer le coffre et bientôt l'armoire. Grâce à ses tiroirs, elle permet l'espacement et la sélection. À la basse-ville de Québec, de 1840 à 1859, la commode est le meuble de rangement par excellence dans trois domiciles sur quatre[13].

La berçante

Fauteuil berçant datant de 1850 (WCM).

Dans la maison québécoise, les sièges sont divers. On peut s'asseoir sur la chaise, le banc, le «billot», le coffre et même la huche à pain. Mais le plus aimé est la «chaise berçante» ou «berceuse», un nouveau meuble apparu aux États-Unis vers 1780 et introduit dans la vallée du Saint-Laurent par des émigrants américains. «Jusqu'en 1830, elle ne se trouve surtout qu'en milieu urbain, mais par la suite, elle connaît une diffusion plutôt phénoménale: dans chaque maison rurale, dans chaque foyer on en compte plusieurs spécimens[14].» En fait, il semble que nul siège n'ait mieux répondu aux attentes de la population de la vallée du Saint-Laurent. Dans la région de Charlevoix et sur la Côte-du-Sud, où les hivers sont rudes et longs, il n'est bientôt pas rare d'en retrouver une dizaine dans la maison: trois ou quatre dans la cuisine, les autres dans les chambres.

C'est le fauteuil, pour ainsi dire le véhicule de la vie domestique. Les vieux y passent le plus clair de leur temps. D'autres l'empruntent pour peler les pommes de terre, écosser les pois, confectionner les chapeaux de paille, recoudre un harnais ou foncer une raquette. À propos de tout et de rien, on se tire une chaise berçante «au ras du poêle». Quand surgit le conteur, le soir, à la veillée, on rassemble vitement les chaises berçantes autour de lui.

Certaines berçantes ont des fonctions spéciales; ainsi y a-t-il celle du curé, de la «visite» et celle de la mariée. Parfois une seule chaise remplit toutes ces fonctions, parce qu'elle est plus belle que les autres. Dans les familles de condition modeste, on laisse la berçante la plus neuve dans la grande chambre, pour ne la sortir qu'en de rares occasions. Il arrive que l'on ait recours au voisin et qu'on lui emprunte sa plus belle berçante pour y faire asseoir la mariée, le jour de ses noces. D'ailleurs, au moment des fréquentations, la jeune fille a souvent soin de choisir pour son amoureux une chaise mal équilibré qui se déplace en berçant; c'est ainsi qu'à la fin de la soirée, le «berçage» aidant, les chaises se sont rapprochées l'une de l'autre.

Des bruits courent dans les campagnes au sujet de la berçante. On répète que plus d'un mort s'en sert pour communiquer avec les vivants. On a souvent vu un défunt ayant besoin de prières mettre en mouvement la berçante qu'il utilisait de son vivant. Et elle prédit même l'avenir. Si elle craque, c'est signe de temps froid le lendemain. Si elle se déplace en berçant, des visiteurs s'amèneront la journée même.

Le «banc à sciaux»

Tout près de la porte que l'on «barre» le soir avec un «coin» de bois, il y a le «banc à sciaux», où sont déposés les seaux d'eau fraîchement puisée au puits, à la source ou à la rivière. C'est la réserve d'eau potable de la journée et, chaque matin, on la renouvelle. Elle sert aussi à la toilette personnelle et à la lessive. Mais on préfère encore l'eau de pluie, recueillie dans un tonneau au coin de la galerie, pour se laver la tête ou cuire les légumes. Plus tard, vers 1870, dans la paroisse de Sainte-Scholastique, une des manières de fêter les quatre jours gras précédant le Carême sera de remplacer l'eau fraîche des seaux par de la bière, chacun pouvant y puiser à plein gobelet[15].

Le balai

Bien qu'il s'en trouve parfois faits de branches de sapin, les meilleurs balais sont de cèdre. «Un balai de cèdre* ne soulève pas la poussière et sent la forêt.» Le voyageur Pehr Kalm note qu'on emploie le cèdre, «parce que ses aiguilles très serrées et ses branches en font un instrument commode[16]». Pour fabriquer un balai, on enserre d'abord les branches avec une corde. On cherche ensuite à y faire entrer le bout pointu d'un manche, toujours le même, qui sert de fois en fois. Il faut prendre soin de bien l'enfoncer, de peur de se retrouver le manche à la main, le balai plus loin. Puis on écrase avec un maillet le bout des branchettes pour les rendre chevelues et souples. La fabrication et la vente de balais constituent une source de revenu pour des familles vivant à proximité des villes. Ainsi les Hurons de Lorette et les habitants de «Carpharnaüm», un faubourg de Charlesbourg, se présentent toutes les semaines aux marchés de Québec avec un lot de balais à vendre.

* À noter qu'on nomme «cèdre» ou carrément «balai» le Thuya occidental. Le véritable cèdre est un arbre tout différent qui n'appartient pas à la famille du Thuya.

Les chambres

Outre la cuisine, le rez-de-chaussée compte quelques chambres, la plus grande étant celle des parents. Il y a place également pour une ou deux chambres mansardées à l'étage. Mais les enfants ne vont dormir «en haut» que l'été; ce n'est que vers 1880 qu'on procédera à l'occupation définitive de l'étage.

Une chambre bien garnie comprend un lit, une chaise en guise de table de chevet, une grande armoire ou une commode à plusieurs tiroirs et un coffre. On utilise une grande variété de matières végétales pour bourrer le matelas: paille, «coton» de quenouilles, aiguilles de pin, aigrette d'aspléciade, enveloppes d'épis de maïs ou feuilles de zostère marine. Le «lit de plumes», matelas fait de plumes d'oie, de poule ou de perdrix, est loin d'avoir les faveurs de toutes les familles, car beaucoup le trouvent trop chaud en été. Sans compter qu'il n'est pas bon pour un malade d'y dormir, car la plume, dit-on, retient la fièvre. La literie se compose de deux draps de lin, remplacés en hiver par des draps de laine; un édredon, une douillette, un couvre-pied, une catalogne ou une courtepointe sert de couverture.

Au fil des siècles, le Québécois ne semble pas faire grand cas de sa couche. L'historien archéologue Michel Gaumond et l'ethnologue Paul-Louis Martin notent qu'«il n'y a pas lieu de qualifier d'indigence ou de pauvreté l'absence de lit dans une maison», ajoutant que «l'ancien Canadien souvent s'enroulait dans une peau de bison (bœuf d'Illinois) pour dormir près du poêle[17]». Au début du 20e siècle, un traité d'hygiène laisse croire que certains se couchent «tout ronds» et met en garde contre une telle pratique. «Les vêtements que l'on a portés pendant la journée de travail sont imprégnés des sueurs qu'ils ont absorbées durant la journée; il est donc absolument nécessaire de les enlever tous les soirs avant de se mettre au lit[18].»

Le grenier

Même si les enfants vont dormir à l'étage pendant l'été, l'espace réservé au grenier ne s'en trouve que peu réduit et celui-ci conserve sa vocation de dépense et de remise. C'est le lieu de l'étrangeté. Meubles, vêtements et ustensiles hors de service y finissent leurs jours. On y reconnaît, épars, les pièces démontées de l'ourdissoir et du métier à tisser, des paniers pleins de pelotes de guenille taillée en fins rubans et destinée à faire la trame des

L'heure

À partir de 1820, l'usage de l'horloge ou de la montre de poche gagne les campagnes; mais ce n'est là, pour l'instant, qu'un signe extérieur d'une certaine aisance rurale, car les instruments de mesure du temps ne sont pas encore fabriqués en série et se vendent donc toujours à des prix élevés. De toute manière, dans la première moitié du 19e siècle, il n'est pas nécessaire de savoir l'heure exacte. On est son propre patron et le chemin de fer qui imposera le respect fidèle de l'horaire, la royauté du temps, «ce bourreau implacable», n'est pas encore arrivé. Aussi, pendules, horloges et montres ne sont à la campagne que fantaisies de luxe. Bien sûr, Michel-Hyacinthe Bellerose à Trois-Rivières, Joseph Balleray à Longueuil, ainsi que les frères Joseph et Russel Twiss à Montréal fabriquent des «horloges grand-père», mais leur clientèle est d'abord citadine.

L'habitant, lui, qui se lève à «l'heure des poules», s'en remet à la marche du soleil. Des marques faites au couteau sur le chambranle des fenêtres ou le pas de la porte d'entrée lui permettent, par exemple, d'affirmer qu'«il est midi moins deux doigts». La maison elle-même sert de cadran, puisque la lumière du soleil entre par les ouvertures du côté sud pendant la première moitié du jour et du côté ouest pendant l'autre moitié. Quand le temps est couvert, par habitude d'observation, on se trompe peu et rarement. Sans compter que le bedeau qui, lui, dispose d'une montre sonne l'angélus du matin, du midi et du soir. Cela suffit.

L'éclairage à l'huile de loup-marin

En 1800, il n'y a que la lumière blafarde des bougies aux fenêtres des maisons pour éclairer, le soir, les rues de Montréal et de Québec. Celui qui sort a soin de se munir d'un fanal ou d'un falot dont la lueur, cependant, n'éclaire que sa foulée. En 1818, une centaine de lampes, activées à l'huile de loup-marin, de baleine, de morue et de marsouin, sont mises en place dans les deux villes et un nouveau métier voit le jour, celui d'allumeur de réverbères. Cet homme, agent du guet également, a pour mission d'allumer et de nettoyer les lampes. Chaque soir, sa courte échelle sur l'épaule, son barillet d'huile à la main, il va de réverbère en réverbère, avec une lenteur méthodique, éclairer la nuit. De grand matin, dans les rues à peine éveillées, à l'heure où chante le coq, il reprend sa ronde, éteignoir en main, pour laisser place au jour.

Jusqu'en 1847, moment où Montréal et Québec se dotent d'un système d'éclairage au gaz, on consomme de grandes quantités d'huile. Mais ces huiles, sauf dans les régions où on se livre à la chasse à ces animaux, ne sont guère utilisées pour éclairer l'intérieur des maisons. Elles coûtent trop cher, fument beaucoup, encrassent les plafonds et répandent une odeur nauséabonde. Aussi leur préfère-t-on la bougie de suif, dite chandelle à l'eau, fabriquée à la maison après les grandes boucheries de décembre.

Ægidius Fauteux, «Comment on s'éclairait il y a un siècle», *Canadiana*, mars-avril 1940: 36-41.

Catalogne et courtepointe

La catalogne, généralement une étoffe née de l'assemblage d'une trame de tissus de couleurs variées sur une chaîne de coton, se retrouve dans toutes les paroisses du pays, en particulier sur la Côte-de-Beaupré et l'Île d'Orléans. L'habitude de recourir à la catalogne pour couvrir les lits ou revêtir les parquets viendrait d'Espagne et aurait été apportée à Lyon, puis en

Photo: *Musée du Québec.*

Normandie, par des mercenaires français guerroyant sous la bannière des rois espagnols. La courtepointe, grande couverture piquée faite de plusieurs morceaux de tissus de différentes couleurs, viendrait de France. Dans la première moitié du 19e siècle, les courtepointes dites «à pois» et «à grains d'orge» fabriquées par les femmes de Berthier seraient parmi les belles produites dans la vallée du Saint-Laurent.

Voir Johanne Debien, *La maison: lit et literie* (1978): 12. Société Radio-Canada, Présence du passé, cahier n° 5; *La Bibliothèque canadienne*, fév. 1826.

La brouette

Toute ferme possède une brouette, souvent appelée «barouette». Jusqu'au 16e siècle, la brouette portait deux roues. De là son nom signifiant «double roue». Dans les diverses régions de France, elle s'est aussi appelée barouette, berouette, birouette, et borouette. Il s'agit du véhicule d'été le plus simple que l'homme se soit donné. Y a-t-il quelques menus travaux à faire aux alentours qu'on y va avec la barouette. Faut-il transporter plus d'une brassée de bois qu'on se sert de la barouette. Et les enfants «se poussaillent» pour être du voyage. Pour un enfant «faire un tour de barouette» a quelque chose de magique. Petite voiture à bras, roulant sur une seule roue et soutenue à l'arrêt par deux pieds, elle sert à transporter le fumier au jardin et en ramener les pierres, les racines et les mauvaises herbes. Pendant la saison, l'unique roue de la barouette lui permet de circuler dans les allées du potager sans endommager les plants. À la fin de l'été, la récolte de légumes se fait souvent si abondante qu'il faut s'aider de la barouette pour tout apporter à la maison.

Le magasin général

Un certain nombre d'ouvriers agricoles et de rentiers habitent aussi le village. Les vieux aiment passer de longs après-midi à la boutique de forge où l'artisan transforme le fer en différents objets de consommation courante. Quand le printemps revient, qu'il faut ferrer les chevaux à neuf pour l'été, une âcre odeur de corne brûlée empeste l'atmosphère. Mais qu'importe. Les deux bancs de l'atelier sont occupés et l'on y devise entre hommes. Le local s'enfume vite, car rares sont ceux qui n'ont pas la pipe à la bouche. Et tout y passe: le mariage de la belle Bérangère, la maladie d'un des leurs, la progression des semailles et le temps qu'il fait sur le pays. On donne écho aux nouvelles et aux renseignements les plus divers. Et les plus fins conteurs y vont d'histoires à dormir debout.

On s'attarde aussi chez le marchand à suivre la dernière partie de dames. Le magasin général aura été la première vraie tête de pont de la société de consommation en milieu rural. Au début, le marchand vendait de menus articles que les habitants ne pouvaient produire ou fabriquer eux-mêmes: thé, riz, sel, poivre, mélasse, peintures, teintures, cotonnades. Avec le temps, il offrira à sa clientèle une gamme de plus en plus variée de produits manufacturés d'usage domestique.

Photo: ANQ, fonds Gariépy.

catalognes, des sacs remplis de tissu coupé en pointes pour la confection des courtepointes, des pains de savon, un baril de sel, un autre de pois, du blé qui sèche en tas avant la mouture, la paillasse du quêteux, ou plusieurs coffres renfermant du linge inutilisé. Des «paquets de filasse» et des tresses d'oignons et d'épis de maïs y sont suspendus. «On ne restait pas longtemps dans le grenier, son aspect faisait peur. Tous ces objets disloqués, branlants, d'un autre âge, enveloppés de silence et d'ombre, paraissaient là comme dans leur tombeau. Il ne fallait pas grand effort d'imagination, surtout aux jeunes, pour que ces formes étranges, indécises, qui semblaient sourdre de tous côtés, ne nous missent en pleines scènes de 'loups garous' et de 'revenants', si souvent dépeintes dans les contes de grand-mère au coin de la cheminée[19].»

Les latrines

On s'étonne du mutisme quasi absolu de la documentation touchant les latrines. Comme il s'agit d'un lieu lié à une activité naturelle et quotidienne, peu de témoins ont jugé important d'en faire mention. Mais ce silence peut s'expliquer aussi du fait que les cabinets d'aisance n'existaient pas à proprement parler et que le lieu des latrines était laissé à la convenance de chacun. Le voyageur suédois Pehr Kalm écrit qu'«il n'en existe nulle part en campagne, dans les fermes, sinon là où habite une personne de qualité». D'ailleurs, même au début du 20e siècle, on affirme que «leur emplacement dans l'habitation n'a jamais pu être fixé d'une manière absolument satisfaisante[20]».

Dans les maisons, il semble que l'usage du seau, du pot de chambre ou de la chaise percée soit généralisé. L'une des corvées du matin pour les enfants de la maison consiste d'ailleurs à aller vider les pots sur le tas de fumier derrière la grange. Pour beaucoup cependant, le meilleur lieu d'aisance reste le dalot de l'étable. La «catherine», aussi appelée «bécosse*», n'apparaît sous la forme d'un bâtiment séparé qu'à la fin du 19e siècle. Il s'agit d'une petite cabane étroite, couverte en planches, au toit en appentis, placée à une cinquantaine de pas de la maison. En hiver, peu d'occupants oseront braver le froid ou la neige pour aller à la bécosse, préférant le pot de chambre commun ou le voisinage des animaux.

* Déformation des termes anglais «back house».

Le printemps

Pages précédentes:
Photo: MTLB.

Le printemps dans la vallée du Saint-Laurent, n'est que la mort lente de l'hiver. L'abondance de la neige et les vents froids du nord retardent jusqu'en avril le véritable réchauffement de la température. Ainsi, bien que le soleil de mars soit le même que celui de septembre, la température moyenne du 21 mars, début officiel du printemps, atteint à peine −1 °C, alors que celle du 21 septembre s'élève à 13 °C. La neige de mars réfléchit les rayons, alors qu'en septembre la terre les absorbe.

Si la fonte des neiges débute lentement avec le mois de mars, elle s'accélère durant les semaines qui suivent. Fin mars, début avril, le paysage est en perpétuel changement. On distingue des trouées sur le tapis de neige qui couvre les champs. À mesure que le temps se réchauffe, ces percées s'agrandissent, si bien que, de jour en jour, on observe la marche rapide de la fonte. Bientôt, il ne reste plus que des bancs de neige dans les «coulées*», le long des clôtures, à l'orée du bois ou près des bâtiments, tous des endroits où pendant l'hiver, sous l'action du vent, la neige s'accumule.

* Appellation populaire donnée aux petits ravins, au lit encaissé d'un ruisseau, par exemple.

Les premiers oiseaux

La femme s'empresse de terminer la courtepointe ou la pièce qu'elle a sur le métier; elle sait bien qu'une période d'intense activité l'attend. La nervosité des animaux dans l'étable s'explique du fait que les femelles, grosses des petits à naître, sont sur le point de mettre bas. Une première corneille fait son apparition et s'amuse à narguer le temps gris, perchée sur les hautes branches d'un orme ou quelque piquet de clôture**. L'arrivée de cet oiseau réjouit le cœur de l'habitant. Elle annonce la venue d'une tempête, celle dite «des corneilles», une des dernières de l'hiver; mais elle signifie surtout l'arrivée prochaine du printemps. D'ailleurs le premier qui voit une corneille se hâte d'avertir les autres membres de la famille***.

Avec la corneille revient l'alouette cornue. Par volées, elle regagne les terrains vagues et les rivages découverts, où les mauvaises herbes desséchées percent la neige. Partie de la Nouvelle-Angleterre, elle retrouve le lieu où elle est née et s'apprête à revivre la saison des amours. Gardant peut-être le souvenir d'un continent plus chaud, la femelle entreprend parfois dès le début d'avril sa laborieuse couvée. Aux quatre vents, sur un lit de duvet végétal, de poils et de plumes, elle demeure couchée de longues

** Au 20e siècle, l'ornithologue Victor Gaboriault nota pendant 42 ans les dates d'arrivée au printemps d'une centaine d'oiseaux migrateurs. Dans la région de Québec, la corneille, premier oiseau revenu du sud, arrive vers le 8 mars. Elle parvient dans la région de Montréal une semaine plus tôt, mais elle est là devancée par l'alouette cornue.

*** Si presque toutes les corneilles émigrent au sud à l'automne avancé, quelques-unes d'entre elles, lorsqu'elles arrivent à trouver la nourriture voulue, hivernent au Québec. En plein hiver, on a noté leur présence un peu partout dans la vallée du Saint-Laurent.

Le moulin Lachevrotière aux Grondines (OFQ).

heures, durant quatorze jours, à couver ses œufs. Souvent cette première livrée est un échec, les œufs gelant ou les petits mourant de froid. Mais née dans de semblables conditions et faisant preuve d'une sorte d'acharnement à se reproduire, elle recommence jusqu'à ce que la survivance des petits soit assurée.

L'alouette cornue est un oiseau si bien adaptée à la terre ferme que, souvent, elle préfère marcher plutôt que de voler ou sautiller. Si un danger la menace, elle sait se cacher dans les brins d'herbe, se dérober derrière les mottes de terre, se confondre avec le milieu. Ce n'est qu'à la dernière extrémité qu'elle s'envole et encore est-ce pour revenir se poser à la même place. Au temps de la fenaison, plus d'une alouette est victime du faucheur qui marche par mégarde sur son nid. Les enfants l'attrapent au trébuchet pour la mettre en cage, car son chant est fort doux et elle s'apprivoise facilement. L'homme la chasse, tout comme le bruant des neiges, avec qui elle voyage en bandes, et la déguste sous forme de ragoût d'ortolans.

La naissance des animaux

Un bon matin, une vache se plaint dans l'étable. Elle a commencé à vêler durant la nuit. Le paysan et son épouse l'assistent pour la circonstance ou recourent à un voisin plus habile qu'eux. Et, en quelques minutes, un premier veau voit le jour. Bien que le petit de l'animal puisse naître à n'importe quel moment de l'année, il arrive souvent que, naturellement, les premières parturitions à l'intérieur du petit cheptel coïncident avec le printemps. Alors quelques femelles, l'une après l'autre, mettent bas.

La jument, qui termine sa grossesse de onze mois*, s'est vue déferrée, puis placée seule, sans attache, dans une stalle. «Une jument pleine ne doit pas être attelée dans un brancard; elle doit être placée à l'écurie de manière qu'elle ne puisse être tourmentée par d'autres chevaux ou en recevoir les ruades[1].» À quelques minutes du poulinage, elle devient «inquiète», tourne autour de sa stalle, gratte le sol de ses pattes de devant, se couche et se relève fréquemment, éprouve des coliques, et enfin le part commence. Il y a des juments qui mettent bas debout, mais la plupart se

* On croit que les poulains mâles sont ordinairement portés quelques jours de plus que les femelles.

Photo: MAPAQ, Réal Thériault.

La corneille

Bien qu'elle gobe un grand nombre d'insectes et qu'elle débarrasse l'homme d'une foule de déchets, la corneille fut toujours intensément chassée et identifiée à un oiseau de malheur. Le prophète Mahomet l'a maudite. Le poète Virgile l'associa aux mauvais présages. Aux États-Unis, sa tête fut mise à prix, comme celle du loup et du puma. Et l'homme l'adjoignit à la sorcière des histoires pour enfants. Mais jamais l'espèce ne s'en trouva menacée.

Les naturalistes classent la corneille parmi les plus intelligents des oiseaux. Elle s'adapte à une grande variété d'habitats et peut manger tout ce qui est comestible. Elle cherche habituellement sa nourriture dans des endroits à découvert (champs cultivés, dépotoirs), mais niche et se repose dans les grands arbres qui bordent la forêt.

Au mitan de l'été, quand les petits sont élevés, les corneilles se regroupent en sociétés. Il n'est pas rare alors d'être témoin de ce que les cultivateurs appellent les «noces de corneilles». Par centaines, volant en tout sens au-dessus d'un arbre, elles se livrent à des cris qui deviennent vite assourdissants. Puis, après quelques minutes de ce manège, la bande entière se pose sur les branches. Les enfants de la vallée, témoins de ce spectacle, ont coutume alors de s'écrier: «Un mariage pour moi!»

Capturé au nid, le petit de la corneille se domestique facilement. Il devient, dit-on, amusant et espiègle, enclin à dérober les moindres petits objets qui lui tombent sous le bec. Au 19e siècle, on attrape l'adulte au moyen d'un cornet de fer-blanc ou de carton, enduit à l'intérieur de colle, de résine ou de goudron et dans lequel on a pris soin de déposer un morceau de viande ou de poisson. L'oiseau, dans sa voracité, plonge le bec dans le cornet qui l'encapuchonne et l'immobilise. Il ne reste plus qu'à s'en saisir.

Le langage populaire a également retenu la corneille. Ainsi une affaire à régler avec quelqu'un devient une corneille à plumer avec lui. En agriculture, l'épouvantail est appelé le «bonhomme» ou «peureux à corneilles». Et, par extension, celui qui s'habille d'une manière bigarrée se vêt d'une façon à effrayer les corneilles. Quinze entités géographiques québécoises portent le nom de corneille et cinquante-quatre, celui de corbeau.

Bien que tous deux portent sensiblement la même vêture, la corneille est plus petite que le corbeau et n'en n'est point la femelle. Celui-ci, contrairement à la corneille, délaisse le voisinage de l'homme et préfère la solitude des régions montagneuses ou fortement accidentées. Au 19e siècle, les cimes du Cap-au-Diable et de Baie-des-Rochers, dans le comté de Charlevoix, sont renommées pour les corbeaux qu'elles hébergent. Et dans la Passe-des-Monts, sur le chemin du Saguenay, leurs cris rauques ont plus d'une fois inspiré la terreur aux voyageurs.

J.M. LeMoine, *Ornithologie du Canada* (1860): 281-291; Paul Lemonde, *La corneille* (1954); *RTQ* (1979): 260 s., 263 s.

---

couchent, comme les autres femelles. Le poulinage est très rapide: de quatre à cinq minutes. Le veau, lui, peut en mettre trente, parfois plus, à naître. Il faut donc à l'occasion se lever la nuit pour constater la progression du travail et souvent aider l'animal d'un tourniquet.

Au début de juin, le cheptel a parfois doublé. L'habitant garde le plus beau des veaux et vend les autres ou les envoie à la boucherie. Il fait souvent de même avec les porcelets. Mais pas un seul poulain n'est abattu, car «parmi les chevaux, tout ce qui naît s'élève». On juge excellente la race des chevaux du pays. «Quoique petits, ils sont robustes et pleins de feu[2].» La demande est forte d'ailleurs. Des marchands du Connecticut en achètent de grandes quantités qu'ils revendent à bon prix dans les Antilles. Et nulle race chevaline des États-Unis ne supporte mieux les chaleurs et les travaux qu'on exige du petit cheval canadien dans les pays du sud.

Le temps des minous

Le saule, dont le nom d'origine celtique signifie «près de l'eau», est fort répandu au Québec. Il comprend une quarantaine d'espèces allant de l'arbuste à l'arbre. Celui dit fragile, un grand arbre pouvant atteindre vingt-cinq mètres de haut, est remarquable par la facilité avec laquelle il «retige». C'est de lui qu'on dit «retiger comme un saule». Un piquet de ce saule planté à l'automne en guise de balise donne souvent un arbre au printemps. Et on l'utilise surtout le long des rivières pour empêcher l'érosion des rivages.

Une autre espèce de saule, celle dite de l'intérieur, petit arbuste n'habitant que les rivages longtemps inondés au printemps, joue un rôle très important dans l'écologie du Saint-Laurent. Flexible, il est le seul de tous ses congénères à résister à l'action puissante des glaces lors de la débâcle sur le fleuve. S'étendant en de vastes saulaies, il contribue par ses racines à fixer les bancs de sable récemment formés. À la fin du mois de mars, les chatons d'une autre espèce de saule, le discolore, éclosent. «C'est, dit-on, le temps des minous», un autre signe de l'arrivée du printemps. L'enfant, dans sa promenade en bordure de la route ou près de quelque lieu humide, cueille ce qui sera le premier bouquet de la saison. En enlevant l'écorce du bois et avec les encoches appropriées, il sait aussi se faire un sifflet ou une flûte d'une branche de cet arbrisseau.

La débâcle

Pendant l'hiver, le fleuve est «le chemin qui glisse». La glace est si forte qu'elle peut porter des troupeaux de bœufs. Toute la gamme des voitures circulent d'une rive à l'autre. Mais, au début d'avril, sous l'action des rayons du soleil, la glace se ramollit et ne peut plus porter de lourds fardeaux. On répète alors qu'elle est «pourrie». Pour traverser entre L'Ange-Gardien et Saint-Pierre de l'île d'Orléans, on attelle désormais le chien plutôt que le cheval. Les plus audacieux ne craignent pas de s'y hasarder. Pourtant la débâcle n'est plus loin. Le soleil se fait plus insistant. Les rivières du versant sud n'arrivent plus à se contenir. Le printemps, pour elles, arrive quelques jours plus tôt, car elles prennent leur source dans des régions méridionales couvertes de feuillus, où le soleil printanier pénètre bien plus aisément que parmi les boisés de résineux, plus au nord. Gorgées de cette eau

nouvelle et se butant en aval à des sections non encore dégelées, elles débordent.

Le Richelieu sort de son lit; la Yamaska, la Bécancour et la Chaudière font de même. Le moindre ruisseau se donne des allures de rivière. Mais le lit de glace du fleuve est toujours immobile. Partout, on se rend sur ses rives, deux ou trois fois par jour, espérant que cette fois-ci sera la bonne. Mais la débâcle tarde. L'eau monte à Berthier et Verchères, deux villages situés quasi au niveau du fleuve. Les basses terres de Batiscan, celles de Baie-du-Febvre, sont inondées. À Québec, de jeunes téméraires s'amusent au prix de leur vie à défier le fleuve. Chacun d'entre eux voudrait se faire gloire d'être la dernière personne à franchir le pont de glace à pied sec avant le retour des flots.

Soudain, vers la mi-avril*, habituellement entre midi et 19 heures, un bruit sourd que l'on dit ressembler à celui du tonnerre au loin ou de l'avalanche, se fait entendre sur le fleuve. Dans un fracas puissant et aux cris et aux acclamations de centaines de personnes parfois, l'immense tapis de glace se morcèle et se met

Une embâcle à Québec en 1874 (ANQ, IBC).

* La débâcle, bien sûr, ne se produit pas à date fixe. Certaines années, le pont de glace entre Québec et Lévis, par exemple, reste en place jusqu'aux premiers jours de mai. Par contre, d'autres années, il ne se forme même pas.

La soudaineté et la puissance de la débâcle sont ici personnifiées par l'artiste Henri Julien sous les traits de ce vieil homme, «Saint-Laurent», à l'allure d'Hercule, secouant ses entraves devant le marché Bonsecours à Montréal.
Sans doute pour qui voudra étudier les structures passées de l'imaginaire québécois, la débâcle apparaîtra parmi les thèmes symboliques importants (ANQ, IBC).

La débâcle devant Québec

En 1817, un jeune officier anglais, Frederic Tolfrey, perché sur les hauteurs de la Citadelle, est témoin du phénomène de la débâcle devant Québec. Il nous livre l'une des plus belles descriptions qui soient sur le sujet. «Je dois rendre hommage, écrit-il, au pont de glace de 1817, que je traversai à plusieurs reprises, du début du gel jusqu'à trois jours de sa dislocation. Pour l'Européen, ce bris de quelques milles de glace compacte représente un spectacle bouleversant et inoubliable.

Le matin du 4 mai, un messager me prévint que le pont allait bientôt céder. En descendant dans la rue, j'entendis un grondement sourd, comme le tonnerre au loin. Les habitants se dirigeaient tous vers les hauteurs de la ville pour admirer le spectacle. Je courus aussi vite que possible au grand bastion d'où je ne pouvais rien manquer... Le fracas des énormes masses de glace projetées les unes sur les autres par le courant était terrifiant. De la plaine gelée réunissant les deux rives provenait un bruit d'enfer que l'écho amplifiait encore. La nature engageait une lutte mortelle et c'est avec terreur et admiration que nous voyions la glace aux prises avec l'eau. Je n'ai jamais revu spectacle aussi impressionnant; je passais des heures sur la batterie, pénétré par la grandeur de la scène.

Grondements, fracas et luttes des icebergs d'eau douce durèrent tout l'après-midi. Le soir, dans la quiétude de la garnison, pendant que les citoyens se reposaient, nous entendions distinctement à l'intérieur de nos casernes fermées les grondements sourds et profonds. Ni matelas, ni traversins, ni oreillers, ni bonnets n'empêchaient le bruit de se faire entendre. Le lendemain matin, je fus l'un des premiers curieux à monter sur la batterie. Toute communication avec la rive sud était coupée; il ne restait rien de la route artificielle et symétrique, pas un sapin. On ne voyait plus que des blocs et des morceaux de glace disloqués, chassés de part et d'autre du fleuve et balayés par la marée montante.»

Tolfrey, un aristocrate au Bas-Canada (1979): 137 s., présentation de P.-L. Martin.

en marche. Plus rien ne peut désormais le retenir. Tout ce qui se trouve sur son passage cède. Maisons, granges, ponts, clôtures et arbres, rien ne résiste. Et, sur les hauteurs, chacun y va de son commentaire. À Boucherville, on voit passer les «chemins d'hiver» balisés d'épinettes: la traverse Racicot, la traverse Desrochers, puis celles de Longueuil et de Laprairie. Le «chemin de fête» qui reliait Sainte-Croix de Lotbinière et Les Écureuils est emporté. On reconnaît la glace des battures aux picrres qu'elle a arrachées au lit du fleuve. On remarque une carcasse de vache, abandonnée par un cultivateur.

Cela dure près d'une semaine. Les riverains du Saint-Laurent, particulièrement les insulaires, craignent alors la formation d'embâcles. Ces amoncellements de glace où le fleuve se rétrécit ou modifie sa course provoquent une rapide montée des eaux et en-

Photo: ROM.

traînent de grandes inondations. Les agglomérations qui ont eu à subir les méfaits de la crue ne se comptent plus. Le fleuve n'est pas «fiable», dit-on, dans les Cent-Îles du lac Saint-Pierre. De 1862 à 1891, la cote d'alerte de quatre mètres est dépassée une année sur deux[3]. Mais, dans ces îles, la débâcle est une incommodité moins grave pour les habitants par le fait même qu'elle est habituelle. Sans compter que l'eau, en se retirant, laisse sur les terres de cet archipel un dépôt produisant les mêmes effets qu'un engrais. «Au temps des grandes inondations, remarque-t-on, le foin pousse tout seul.» Grâce à la crue printanière, la vocation de terres à foin de ces îles du lac Saint-Pierre est toute trouvée.

La débâcle charrie aussi des épaves de toutes sortes et beaucoup d'entre elles se retrouvent dans l'archipel de la Côte-du-Sud, ce dépotoir naturel du haut et moyen Saint-Laurent. Dans les îles de même qu'à Lauzon et à Montmagny, on met tout en œuvre pour recueillir ces débris. À l'île aux Grues, on appelle cette moisson le «rapport de l'eau». Les hommes et les garçons arpentent les berges du fleuve et ramassent tout le bois de grève. D'autres prennent les devants et en canot ou en chaloupe partent à la recherche de la moindre pièce de bois à la dérive. Une grosse branche, un arbre tout entier, une planche, une longue poutre équarrie échappée de quelque chantier naval sont remorqués sur la rive et mis à sécher avant d'être débités. À l'île aux Grues, ce travail importe d'autant plus que le bois est rare et qu'il faut l'acheter à prix élevé des navigateurs de Petite-Rivière-Saint-François et de Baie-Saint-Paul.

Les fêtes

Chaque saison comporte un certain nombre de fêtes, de rites, comme si l'homme s'obligeait au fil des jours à une liturgie très précise pour obtenir la protection de quelque divinité. Au 19ᵉ siècle, dans la vallée du Saint-Laurent, on perpétue sur ce plan d'anciennes coutumes françaises, elles-mêmes héritées souvent de vieilles pratiques païennes. Et, au printemps, avant de répéter les gestes propres à ce temps de l'année, il faut d'abord régler les comptes avec la saison précédente.

L'enterrement des morts de l'hiver

L'hiver apporte avec lui son cortège de décès. Mais à la différence des autres saisons, il ne permet guère l'ensevelissement des morts, le sol étant trop gelé. On conserve donc dans le charnier ou la cave de l'église le corps des disparus jusqu'à ce que, le printemps revenu, la terre plus meuble permette de procéder aux enterrements. Le curé, de concert avec les familles éprouvées, des voisins et le fossoyeur, organise alors la corvée de l'inhumation des morts de l'hiver. Pelles et pioches sont réquisitionnées pour creuser autant de fosses qu'il y a de cercueils. Certains hivers, comme celui de 1820 à Cap-Santé alors que «des fièvres très malignes» font périr surtout les jeunes filles, le nombre de décès est plus élevé qu'à l'accoutumée. Aussi, ces enterrements massifs, paradoxaux en ce début de saison où la vie renaît, ont de tristes allures. Mais ils réjouissent quand même les familles des défunts, heureuses de savoir qu'un être cher a cessé d'attendre dans le charnier et a pu gagner le lieu définitif de son dernier repos.

Le temps pascal

Puis vient le temps de Pâques. Au cours des trois premiers siècles après la naissance du Christ, les Églises chrétiennes ne s'entendaient pas sur la date de Pâques. En 325, le concile de Nicée statua que, désormais, Pâques se célébrerait le premier dimanche suivant la pleine lune de l'équinoxe du printemps. C'est donc une fête mobile qui se retrouve toujours entre le 22 mars et le 25 avril. Les grandes fêtes mobiles de l'Église catholique sont toutes fixées d'après la fête de Pâques. Le mercredi des Cendres vient 46 jours avant Pâques; la Quasimodo, sept jours après; l'Ascension, 39 jours; la Pentecôte, 49 jours; la Trinité, 56 jours et la Fête-Dieu, 60 jours.

Le samedi précédant le dimanche des Rameaux, premier jour du temps pascal, les hommes, revenant de l'érablière, rapportent à la maison des branches de sapin, de cèdre ou de saule. Parfois ce sont plutôt les enfants qui ont charge d'aller quérir ces branchages, qu'on apporte à l'église le lendemain. Ce jour-là, durant la messe, le curé bénit les palmes; puis, de concert avec les enfants de chœur et pour rappeler l'entrée triomphale de Jésus à Jérusalem, il fait procession dans la nef.

De retour à la maison, on enlève les vieux rameaux que l'on fait brûler pour les remplacer par les nouveaux. Chaque pièce de la maison, même le grenier, a son rameau, souvent placé en évidence au-dessus du linteau de la porte. Dans les dépendances, le rameau voisine avec le fer à cheval, l'un fournissant protection, l'autre la bonne fortune. On prend grand soin des rameaux bénits. Ils protègent contre la foudre, les ouragans et les incendies, on les emploie comme goupillons pour asperger d'eau bénite le corps d'un mourant et ils rappellent la présence de Dieu dans la maison*.

Le rite religieux des rameaux est le prélude à la Semaine sainte qui contient un ensemble de cérémonies fortement dramatisées, surtout pour les jours du jeudi au samedi. Cette semaine où le jeûne est de rigueur rappelle l'agonie, la mort et la mise au tombeau de Jésus. Beaucoup de coutumes populaires y sont associées. Ainsi, après la récitation du Gloria à la messe du Jeudi saint, cloches et clochettes retentissent pour la dernière fois. Une très vieille croyance veut qu'elles partent pour Rome. Les raisons de leur voyage sont diverses. Certains affirment que toutes les cloches du monde se retrouvent au Vatican pour rendre visite au pape; d'autres, qu'elles sont allées chercher les clefs du saloir, ce qui permettra à tous de manger gras à leur retour.

* Les ethnologues français ne s'entendent pas sur l'origine de la coutume des rameaux. Dans l'Église catholique, elle date du 8e siècle. Mais peut-être serait-elle issue de quelque fête païenne préchrétienne associée à la végétation renaissante.

*«La cueillette de l'eau de Pâques»
d'E.-J. Massicotte (Almanach
Rolland, 1927).*

L'absence de cloches ne signifie pas pour autant que les cérémonies religieuses se retrouvent baignées de silence. On les remplace par des instruments de bois, tels le claquoir ou la crécelle, que manient les enfants de chœur aux moments désignés.

Le Vendredi saint, tout travail cesse, en signe de respect pour la mort du Christ. On évite d'entailler les érables, car il y coulerait du sang. Pleut-il pendant la lecture du texte de la Passion, il «mouillera» durant les quarante jours qui suivent. Et la mère qui aimerait voir son nourrisson porter les cheveux bouclés, choisit ce jour pour les lui couper, «parce que ça les fait friser».

Avant la messe du Samedi saint, le curé procède à la bénédiction de l'eau et du feu nouveau, une des cérémonies les plus hautes en couleurs de la religion catholique. Pendant la lecture du Gloria, les cloches reviennent de Rome et se mettent de nouveau à sonner à toute volée. Immédiatement la mère qui les entend, qu'elle soit à l'église ou à la maison, dépose par terre son enfant sur le point de marcher, pour lui permettre de faire ses premiers pas.

Le retour des cloches réjouit les populations. Il marque la fin d'un Carême de quarante jours et l'arrivée de Pâques, la plus grande fête de l'année, tant parce qu'elle s'identifie bien à la renaissance printanière annuelle qu'elle rappelle la résurrection du Christ. Dans les villes, il y a foule aux «marchés fleuris» du Samedi saint. On laisse courir des fleurs de papier sur les étals et les produits qui s'y trouvent. On en attache à la crinière et au harnais du cheval. On lie les pièces de viande de rubans multicolores. Et les enfants reluquent les friandises de sucre du pays.

Le matin de Pâques, on se lève dès l'aube pour aller recueillir l'eau de Pâques. Cette eau, puisé dans un ruisseau, une rivière ou le fleuve a, dit-on, des propriétés particulières. Elle ne se corrompt pas, guérit les maladies de la peau, les troubles de la vue et les indispositions bénignes. En boire sur place assure une bonne santé pour l'année à venir*. Et, phénomène singulier, ce jour-là, à son lever, le soleil danse. À Québec et Montréal, on se rend au bord du fleuve pour le voir sauter à l'horizon.

* Cette croyance a cours également pour la première pluie de mai et l'eau de la Saint-Jean. Son intégration dans le cycle de Pâques n'est donc qu'épisodique, due partiellement au caractère sacré de la période. On peut y voir une pratique de lustration et de purification à la fin d'une période de mortification. Voir Nicole Belmont, *Mythes et croyances dans l'ancienne France* (1973): 83.

Par ailleurs, une des plus vieilles célébrations attachées à la fête de Pâques est sans doute l'œuf. Trois mille ans avant que les premiers chrétiens n'y voient le symbole de la résurrection du Christ, les Phéniciens avaient fait de l'œuf la représentation du principe même de toutes choses, le symbole de la fécondité et de l'éternité. À la même époque, les Celtes ne fêtaient jamais le retour de l'an nouveau sans manger des œufs. Dès le début du christianisme, on apportait à l'église des œufs pour les faire bénir par le prêtre, le jour de Pâques, avant de les distribuer à ses proches. Puis, lentement, la tradition se transforma pour ne plus devenir qu'une joyeuse manifestation en faveur de l'œuf, aliment dont on a été privé pendant tout le carême.

Le bedeau, en compensation de son travail bénévole, peut passer par les maisons de la paroisse faire «la quête des œufs de Pâques**». On offre aux enfants des œufs cuits dur et teints, ou en sucre d'érable. Et par tradition l'omelette est de rigueur au repas du midi. On la prépare avec des grillades de lard prises à même le plus beau morceau de saloir. On consomme aussi de la viande, puisqu'il est de nouveau permis d'en manger. Sur certaines tables de la région de Québec, on trouve le ragoût de bruants des neiges. Quand le repas pascal se tient le soir, il est suivi d'une «veillée», la première depuis la mi-carême.

** On lui donne aussi des produits de la terre. Cette pratique, d'autre part, est sans doute d'origine française car là, outre le bedeau, le garde-champêtre, le postillon, le fossoyeur et les enfants de chœur se voient ainsi remerciés de leurs services.

Le dimanche de la Quasimodo, aussi appelé Pâques closes, marque la fin du temps pascal. Ceux qui depuis le mercredi des

Cendres n'ont pas encore fait leurs Pâques voient là la dernière occasion d'accomplir ce devoir religieux. Comme en Normandie et en Bretagne, on dit d'eux qu'ils font alors des Pâques de renard. Quant à ceux qui passent outre à cette prescription de l'Église, ils risquent de «courir le loup-garou», une vieille superstition européenne répandue dans la vallée du Saint-Laurent.

Le loup-garou est une personne condamnée par le diable à prendre la forme d'un animal effrayant, couvert de longs poils et aux yeux flamboyants comme des tisons. Il passe ses nuits à errer de-ci, de-là, dans les champs et les bois. On raconte que les chiens lancés à sa poursuite reviennent rapidement à leur point de départ en proie à une terreur profonde. En présence d'un loup-garou, il faut, dit-on, d'abord se signer dévotement, tenter de tracer sur le front de la bête un grand signe de croix et chercher à lui tirer une goutte de sang. Ce n'est qu'au prix d'une telle audace que l'on peut libérer un malheureux de son châtiment. Et encore faut-il se garder de parler de cet incident à qui que ce soit, car on risquerait à ce moment un mauvais sort.

La Saint-Marc et les Rogations

Dès le 25 avril, jour de la fête de saint Marc, une messe est chantée dans chaque paroisse pour demander le concours de la Providence en vue des semailles. Parfois le curé choisit ce moment, plutôt que celui des Rogations, pour bénir les graines de semences. Mais la Saint-Marc inaugure surtout un cycle de processions qui se poursuivra jusqu'à la Fête-Dieu. Les Rogations, elles, qui arrivent trente-six jours après Pâques, consistent en trois jours de jeûne, de processions, de bénédictions et de prières pour obtenir d'abondantes récoltes et éloigner les fléaux naturels. Elles furent instituées en 469 par saint Mamert, l'évêque de Vienne (France), à la suite d'une année d'épouvante au cours de laquelle cette petite ville du Dauphiné dut faire face à plusieurs cataclysmes (tremblement de terre, incendies, etc.). Pour faire cesser le Mal, Mamert promit à Dieu des «rogations» solennelles, accompagnées de jeûnes et de prières publiques. L'idée de tenir des Rogations se répandit peu à peu dans toute la France, avant d'atteindre les rives du Saint-Laurent.

Lors des grandes processions des Rogations, l'itinéraire permet de parcourir tout le territoire de la paroisse, soit en empruntant successivement tous les chemins du village, soit en se rendant aux points culminants de manière à pouvoir embrasser du regard toutes les parties cultivées. On s'arrête devant chaque croix de chemin pour prier et chanter. Quant aux fidèles, hommes et femmes séparés, ils ferment le défilé. Tout au long de la marche, on récite les litanies et on prie à voix haute.

Après les Rogations, fort de ces nombreuses prières, on peut maintenant semer. En bordure des champs, on plante des petites croix, formées de brindilles de bois bénites, qu'on appelle précisément «croix de semences», pour favoriser les récoltes. De plus, on demande souvent aux enfants, en quelque sorte des promesses d'hommes, de semer les premières graines. Ces semences sont lancées aux quatre points cardinaux ou enfouies une à une soigneusement dans la terre.

Une chapelle de procession, à Saint-Pierre de l'île d'Orléans (ANQ).

La plantation du mai

Du plus profond des âges, depuis la plus haute antiquité, fêter l'arrivée du mois de mai, le renouveau de la végétation, est un impérieux besoin humain. Or, de toutes les coutumes attachées à cette fête, aucune n'est plus vieille ni plus répandue que celle de planter le «mai». Chinois, Égyptiens, Phéniciens et Chaldéens plantaient le mai.

Apportée de France, la coutume s'est perpétuée dans la vallée du Saint-Laurent. Le matin du premier mai, souvent à l'aube, des hommes se rendent dans la forêt couper le plus haut sapin. Ils l'ébranchent, puis l'écorcent en prenant soin de conserver à la cime ce qu'ils appellent le bouquet*. Ils parent ce bouquet de fleurs de papier, de rubans et de brimborions de toutes sortes. Tous les habitants de la paroisse se joignent à eux. Armés de longs fusils, la corne à poudre en bandoulière et la hache à la ceinture, ils forment cortège pour se rendre élever ce mai devant le manoir seigneurial**.

* Touffe de branches toujours proportionnée à la hauteur de l'arbre.

** Au 19e siècle, on élève le mai non seulement devant la maison du seigneur, mais aussi de toute personne que l'on veut honorer, comme le capitaine de milice ou le curé de la paroisse.

Le seigneur et sa famille feignent de tout ignorer de la fête. Ils la savent cependant inévitable, car souvent, lors d'une concession de terre, le seigneur l'exige de ses censitaires. Sur les lieux, on creuse un trou profond dans lequel on descend le mai. Un coup du fusil tiré devant la porte d'entrée annonce que tout est prêt. À ce signal, la famille du seigneur s'empresse de se réunir dans le salon, afin de recevoir les représentants du groupe. Le seigneur prend place sur un fauteuil, entouré des siens. Deux vieillards s'amènent, souvent les plus vieux de la paroisse, le saluent avec politesse et lui demandant permission de planter le mai devant sa porte. Ce dernier bien sûr acquiesce, car c'est pour lui une occasion de fierté.

À l'extérieur, les émissaires font part à la foule du succès de leur mission. Alors quelques minutes suffisent pour consolider le mai. Un second coup de feu annonce une nouvelle ambassade. On présente au seigneur un fusil et un verre d'eau de vie pour l'inviter à venir recevoir le mai qu'il a eu la bonté d'accepter. La foule crie:«Vive le seigneur!». Celui-ci trinque, s'amène à l'extérieur et fait feu sur le mai. Puis, pendant une demi-heure, les femmes tout autant que les hommes déchargent leur fusil sur l'arbre ébranché. Plus il se brûle de poudre, plus le compliment est flatteur pour celui à qui le mai est présenté*.

Au moment où la fusillade ralentit, le seigneur invite tout le monde à déjeûner. D'immenses tables regorgeant de mets variés accueillent les convives à l'intérieur du manoir et la boisson coule à flots. À chaque toast élevé, les jeunes hommes courent à l'extérieur décharger à nouveau leur fusil sur le mai. Une succession ininterrompue de chansons et de contes termine le tout.

Certaines années, quand le printemps tarde et que la débâcle ne se produit qu'en mai, on fête également le 1er mai en élevant sur le pont de glace des mais sur lesquels on tire plusieurs décharges de fusil. La population, masquée et costumée, forme alors sur le fleuve une longue et joyeuse parade, les uns à pied, vêtus d'habits grotesques, les autres montés sur de vieilles carrioles tirées par des haridelles. Il semble que cette coutume de planter des mais sur le pont de glace est plus fréquente dans la région de Trois-Rivières (L'Isle, Pointe-du-Lac, Baie-Jolie), car en raison du lac Saint-Pierre la débâcle est plus lente à venir.

L'enfant

Nulle famille dans l'histoire de l'humanité, semble-t-il, ne fut plus prolifique et de manière aussi soutenue que celle de la vallée du Saint-Laurent. L'homme de cette région a même fait preuve d'une sorte d'acharnement à se prolonger, à se reproduire. Proverbiale, la fertilité des femmes a permis ce qu'on qualifiera de «revanche des berceaux». Le nombre moyen d'enfants par femme est de huit. En un siècle, de 1780 à 1880, la population passe de 70 000 à deux millions d'habitants. On augmente de 30 fois le nombre, alors que la France parvient à peine à doubler le sien. De 1800 à 1850, jamais le taux de natalité ne s'abaissera, si ce n'est pendant quelques années, sous le plancher de 50 naissances pour

* La coutume de la salve est très ancienne. L'homme a toujours fait du bruit pour éloigner les mauvais sorts et les maléfices. Dans la vallée du Saint-Laurent, il arrive qu'on fasse la salve après un mariage, la construction d'une maison ou d'une grange, au moment des Rogations, de la Fête-Dieu, de la Saint-Jean et au jour de l'An. Au 20e siècle, après un mariage, les klaxons des voitures perpétueront cette très vieille tradition.

La famille Leclerc, à Saint-Jean-Port-Joli, en 1912 (Le Mérite agricole, *1913*).

1000 habitants. C'est un record mondial*. On ne connaît nulle part ailleurs une coutume voulant que le vingt-sixième enfant d'une même famille soit élevé à la charge du curé de la paroisse.

Si le père souhaite un fils comme premier enfant, la mère, elle, ne préjuge point. Elle se sait tout entière à la maison. Comme le déroulement de l'acte sexuel appartient à un domaine de la nature sur lequel l'homme n'a pas encore imaginé qu'il peut intervenir, c'est sur elle que repose cette société de «démographie naturelle» galopante. Les naissances se succèdent au rythme de ses périodes de lactation, d'aménorrhées et de fausses couches. Les filles à naître, surtout la première, seront appelées à seconder leur mère dans les travaux ménagers dès qu'elles le pourront. Il y a d'autant plus à faire que les enfants sont nombreux et les hommes ne prêtent jamais main-forte à la maison. Les filles font les lits, servent à table et surtout s'occupent des plus jeunes enfants. Au temps de la moisson, alors que tous, y compris la mère, vont travailler aux champs, l'aînée demeure à la maison pour avoir soin des petits. On en voit de ces plus vieilles de famille passer droit l'âge du mariage pour remplacer auprès de leurs frères et sœurs leur mère morte en couches.

Dans cette société où il est fréquent de se retrouver devant une femme enceinte, tous, elle la première, feignent d'ignorer son état. On ne parle pas de ces choses-là et les enfants sont attendus dans le secret et le silence. Certains estiment même la femme «malade» et évitent de la visiter. Celle-ci cependant main-

* La Serbie (45 pour 1000) et la Hongrie (43 pour 1000) suivent dans l'ordre.

Le moine

Au printemps, les enfants jouent en particulier au «moine». Toupie de bois pleine, souvent peinte en rouge ou en vert, le moine est un jouet très ancien apporté de France. Chaque année, il réapparaît quand le temps doux revient. Sur les sols durs, les garçons s'amusent à le faire dormir ou ronfler. Propulsé par une ficelle, le moine tourne sur la pointe ou sur la queue. «Les experts le font aussi évoluer obliquement suspendu par la pointe, puis d'un geste brusque et mesuré, le reçoivent dans leur main droite où il achève de tourner: c'est de l'art... à ficelle! Sans viser à d'aussi merveilleux résultats, les enfants sont satisfaits quand leurs moines dorment avec une complaisante paresse, en dévidant longuement un léger bruit de soie harmonieuse.»

On pratique aussi le jeu du rond qui consiste à faire tourner le moine sur sa pointe à l'intérieur d'un cercle tracé à l'avance sur le sol. On dit de celui qui échoue qu'il fait «pétaque» ou encore «poche». Mais le jeu le plus populaire est celui «à la poque». Armés d'un gros moine de bataille dont le pivot est fait d'une alène ou d'un clou de fer à cheval, les joueurs cherchent alternativement à détruire le jouet de l'autre. Dans ces joutes, l'éraflure que reçoit le moine lorsqu'il est atteint est appelée «poque». Autant de chocs, autant de poques. Et la plus grande satisfaction va à celui qui réussit à faire éclater le moine de son adversaire.

Voir Albert Lozeau, *Billets du soir* (1912): 18 s.

tient ses habitudes de vie comme si de rien n'était. Quand vient le temps «d'acheter», on envoie tous les enfants chez la voisine en leur disant que «les Sauvages» ou «le corbeau» vont passer et qu'à leur retour, ils auront «un petit frère ou une petite sœur». La mère de celle qui accouche ou une vieille tante assiste la «pelle-à-feu*» ou le médecin. Tout se déroule sans énervement; les femmes ont depuis longtemps apprivoisé cet événement et d'ailleurs le vivent souvent exclusivement entre elles. Après la délivrance, chaque intervenant s'offre un petit verre de vin, histoire de célébrer cette naissance.

Le lendemain ou le surlendemain, «quand tout est rétabli», les enfants reviennent à la maison, heureux d'y retrouver un poupon qui deviendra vite un nouveau compagnon de jeu. Le «compérage**» a lieu le plus tôt possible, souvent la journée même; tellement que la mère, alitée, ne peut jamais y assister. Tirés à quatre épingles, le père et l'enfant, ses parrain et marraine et la porteuse empruntent la voiture la mieux astiquée et le plus beau cheval pour se rendre à l'église. On court aux fenêtres pour voir passer un compérage. «Tiens, c'est Alphonse qui fait baptiser encore une fois! Rodolphe et Rose sont dans les honneurs.» La marraine fournit la robe baptismale, à moins qu'elle n'ait été tirée de la robe de mariage de la mère. Et le bedeau sonne la cloche

* Nom populaire donné à la sage-femme.

** Appellation ancienne du baptême et de tout ce qui l'entoure. Le compère, un vieux terme originant du latin, désigne le parrain, celui qui tiendrait lieu de père à l'enfant si le premier venait à disparaître; la commère, c'est la marraine.

*Croquis d'E.-J. Massicotte
(Musée du Québec).*

avec d'autant plus d'entrain que le montant dont le parrain l'a gratifié est important. De retour à la maison, une petite fête intime, agrémentée d'un goûter et de boissons (fournies par le parrain) réunit les participants.

Le dernier-né dort toujours dans la chambre conjugale et il est délogé lorsque sa mère donne naissance à un nouvel enfant. Il perd alors son statut de benjamin pour entrer dans le groupe des autres enfants, ce qui parfois ne va pas sans heurts d'ordre émotif. Dans la famille nombreuse, les relations personnalisées ne sont souvent que le privilège de l'aîné et du benjamin. Les autres, à moins de faire preuve de déviance, sont vus par groupes ou sous-groupes. Mais l'enfant n'est pas abandonné pour autant. Maintenant qu'il a cessé de «chatonner*» et qu'il peut marcher, le groupe de ses frères et sœurs l'adopte. «Souvent, même à cet âge peu avancé, il fera partie des jeux des autres; il jouera le rôle du bébé. On le protège ou l'aide; il peut passer bien des heures en compagnie de ce groupe[1].» En réalité, dans cette famille, l'enfant apprend bien plus par mimétisme que par éducation formelle. La

* Se dit d'un enfant qui se déplace en se traînant.

mère n'a guère le temps de lui montrer le pourquoi et le comment des choses. À l'intérieur du groupe, il écoute donc, prend note des faits et gestes, puis imite. Une poupée de chiffons, quelques bouts de corde, un jouet de bois et des ustensiles de cuisine lui suffisent pour s'amuser.

Le premier enfant à naître est le plus important de la famille. Fille ou garçon, il se verra confier avec le temps d'importantes responsabilités. Après les parents, il sera le seul à pouvoir disposer d'une certaine autorité sur ses frères et sœurs. Dans cette société où, bien plus que les travaux de la terre, les valeurs mêmes sont masculines, le père est fier d'avoir un fils comme premier enfant. Pour lui, cet enfant de sexe mâle constitue la preuve parfaite de son talent de géniteur. Sans compter que, quoi qu'il advienne, il s'assure un successeur. Il y a des pères «qui font le jars*» le jour du baptême de leur fils aîné. Au fil des ans, le père souhaitera établir une complicité particulière avec ce fils. Aussi lui permettra-t-il, par exemple, après sa première communion, de prendre, comme il le fait lui-même, «trois ou quatre coups de rhum» par jour[2].

* Se pavaner comme le mâle de l'oie domestique. Le baptême est l'un des nombreux événements publics où l'homme se fait plus «ostensible» que la femme.

Durant la petite enfance, soit de la naissance à quatre ans, la discrimination entre petite fille et petit garçon n'intervient pas encore. L'un et l'autre, par exemple, peuvent porter la même robe. Le jour, ils ne sont pas forcés de demeurer à la maison ou «dans la cour». Ils peuvent aller de maison en maison et jouer où bon leur semble, pourvu qu'ils soient sous la surveillance constante des plus vieux. Dès les premiers temps chauds, au printemps, les jeunes enfants sortent pieds nus. Des voyageurs étrangers le notent. L'un d'entre eux écrit: «Sur les portes de chaque habitation s'ébat une foule d'enfants rayonnant de fraîcheur et de santé. Et Dieu sait s'ils sont nombreux, les enfants, en ce pays! Les plus jeunes courent pieds nus pour la plupart, mais la propreté et la qualité de leurs vêtements, aussi bien qu'un coup d'œil jeté dans l'intérieur des maisons autour desquelles ils se livrent à leurs jeux, montrent bien que ce n'est point par misère. Obligés pendant l'hiver de se couvrir d'habillement épais et de lourdes chaussures fourrés, ils aiment, comme nos enfants d'Alsace, à se dédommager de cette contrainte aussitôt que reparaît le soleil du printemps[3].»

Le temps de l'insouciance se termine vers 7 ou 8 ans. Jusqu'à ce qu'il se marie et quitte le domicile familial, l'enfant doit maintenant contribuer à la subsistance de la famillle. Les parents attendent beaucoup de son travail. Ils ont tant besoin de lui que, souvent, ils négligeront de lui faire fréquenter l'école. S'ils y consentent, c'est pour mieux le retirer sitôt qu'il a fait sa première communion. Filles et garçons se voient confier des tâches de soutien. Les filles mettent la table, préparent la soupe, lavent la vaisselle, voient au nouveau-né, époussettent et balaient. Leur mère les initie aux travaux de lin et de la laine. Les garçons apprennent de leur père les travaux de la terre. Ils vont chercher les vaches, puis les mènent au «clos». Ils rentrent le bois de chauffage, travaillent aux moissons et aident à «faire le train», c'est-à-dire assurer les soins quotidiens que requièrent les animaux à l'étable. Sans leur aide, la charge de travail des parents s'en trouverait alourdie de beaucoup.

Au fil des ans, les enfants tiennent de leurs père et mère les avis et conseils qui leur permettront à leur tour, le temps venu, de fonder une nouvelle famille.

La première communion

En général, le temps des semailles est aussi le temps de la première communion, un événement important dans la vie des fillettes et des garçons qui s'apprêtent à quitter l'enfance pour devenir pubères*. Dans l'histoire de l'homme, chaque société a tenu à souligner ce passage à sa manière. Dans la vallée du Saint-Laurent, de tradition chrétienne, c'est la forme française de la première communion, imaginée par Vincent de Paul au 17e siècle, qui sert de rite.

Déjà, en 1215, le quatrième concile de Latran avait promulgué, pour pouvoir communier, la nécessité d'avoir atteint «les années de discrétion», soit entre 7 et 16 ans. L'usage voulut par la suite que cet événement survienne vers 12 ans. Au 17e siècle, Vincent de Paul et ceux qui œuvrèrent avec lui, responsables de missions d'apostolat et de charité auprès des pauvres des campagnes françaises, invitèrent les populations visitées à rassembler annuellement les enfants de la paroisse qui étaient aptes à communier à une grande démonstration de piété populaire. Cet effort nouveau de catéchisation connut immédiatement beaucoup de succès et n'eut aucune peine à se maintenir.

Le long du Saint-Laurent, comme en France d'ailleurs, la première communion termine quelques années d'instruction religieuse assurée par la mère, le curé ou l'instituteur de la petite école. Puis, en mai, pendant une semaine au moins, le curé convoque les enfants à l'église pour des exercices préparatoires. C'est ce qu'on appelle «marcher au catéchisme». N'y sont admis que les enfants de 10 ans et plus ayant une bonne connaissance

* Le moment de l'année pour la première communion est laissé au libre choix du curé de la paroisse. Généralement elle a lieu en mai; mais ce moment peut varier. À Cap-Santé, elle se tient parfois en juillet ou en août.

*«Souvenir de 1ᵈᵉ Communion», image pieuse fabriquée à Paris vers
1880, qui a abondamment circulé au Québec (Coll. université Laval,
Archives de folklore, fonds Larouche-Villeneuve).*

du petit catéchisme, y compris les prières. Maître d'œuvre de l'événement, le curé sonde l'état des connaissances religieuses des enfants. Et, selon son jugement, il admet ou refuse un enfant à la communion. Les «cabochons», les «malcommodes» et les «bons à rien» doivent se reprendre jusqu'à trois fois avant d'y accéder.

En fait, dans les paroisses où il n'y a point d'école, les enfants ne sachant pas lire, il leur est d'autant plus difficile d'apprendre le catéchisme. Les curés en viennent donc à souhaiter la mise sur pied d'écoles primaires. «Ainsi, répètent-ils, on ne sera peut-être plus obligé, au moins aussi souvent, de renvoyer les enfants quand ils se présentent à la première communion pour cause d'ignorance de leur catéchisme, ce qui est presque général chaque année[4].»

Le jour de la cérémonie, qui se tient à l'église, les garçons prennent place à droite et les filles à gauche. Plus à l'arrière, la parenté les accompagne. Tenant un cierge à la main, symbole de pureté, ils font profession de foi, renoncent à Satan, «à ses œuvres et ses pompes», et renouvellent les promesses de leur baptême. Au moment de la communion, ils s'approchent deux par deux de la «sainte table» pour recevoir l'hostie. De retour à la maison, le premier communiant est l'objet d'une fête, doublée d'un grand repas réunissant tous les membres de la famille.

Le plus ancien souvenir connu de première communion; c'est celui de Denis-Benjamin Viger qui a fait sa première communion en 1786 (ANQ, fonds famille Papineau).

La Fête-Dieu

La Fête-Dieu, d'abord appelée fête du Saint-Sacrement, est celle qui dans l'esprit des gens clôt le printemps. Elle a lieu soixante jours après Pâques et quatre jours après le dimanche de la Trinité. C'est l'évêque de Liège, en Belgique, qui en eut l'idée en 1246, et le pape Urbain IV, pendant son siège de 1261 à 1264, la consacra fête universelle et obligatoire. Au début, on célébrait seulement une messe qui accordait des indulgences à tous ceux qui y assistaient. En 1317, le pape Jean XXII recommanda de l'accompagner d'une procession solennelle au cours de laquelle une hostie consacrée, représentant le corps du Christ, serait offerte à l'adoration des fidèles.

Cette pratique se perpétuait avec beaucoup de ferveur trois siècles plus tard sur les rives du Saint-Laurent. On rapporte, par exemple, qu'aux premiers temps de Montréal, «il y a plusieurs processions autour de l'église, mais celle du jour du Saint-Sacrement est un grand moment. Les habitants nettoient les rues, 'arborant la façade de leurs maisons aux us et coutumes du

Calvaires et croix de chemin

La coutume d'ériger des calvaires et des croix de chemin s'apparente à celle de la plantation du mai. Chez les hommes, la croix et le mai ont toujours représenté des paratonnerres capables d'évacuer les forces du Mal. Aussi plongent-ils leurs racines très loin dans la nuit des temps. Le 24 juillet 1534, en disant prendre possession du Canada au nom du roi de France, le premier geste de Jacques Cartier fut de planter une croix. Beaucoup, par la suite, l'imitèrent. Tellement qu'en 1750 chaque paroisse de la vallée du Saint-Laurent compte deux, parfois trois croix de chemin. Le Suédois Pehr Kalm écrit: «Durant tout mon voyage à travers le Canada, j'ai rencontré des croix dressées ici et là sur la grand-route. Elles ont une hauteur de deux à trois toises et sont d'une largeur en proportion; bien des gens disent qu'elles marquent la limite entre les paroisses, mais il y a plus de croix que de frontières.»

On ne plante jamais la croix au hasard. On cherche toujours l'endroit le plus propice, celui qui convient le mieux aux habitants d'un rang, par exemple. On érige la croix au bout d'une montée, sur un «button» ou à un croisement de chemins, afin qu'elle puisse être aperçue de loin. Elle devient point de repère pour le voyageur, démarcation d'un territoire. On habite «à une lieue, dit-on, passée la croix». Le site est sacré; pour le protéger des bêtes, on l'entoure d'une clôture. Devant la croix, on s'incline, on se signe ou on se décoiffe. Elle assure protection à ceux qui la voisinent, la fréquentent et l'entretiennent. D'ailleurs, elle voisine souvent la maison d'un habitant qui pourvoit à son entretien.

Photo: MLCP.

Les grandes processions de la Saint-Marc, des Rogations et de la Fête-Dieu font toujours une halte importante devant la croix. Mais pour prier plus simplement, on peut s'y rendre à volonté et aussi souvent que le besoin l'exige. Quand se profile une menace, un fléau, tels une sécheresse ou un excès de pluie, une recrudescence d'incendies, une invasion de chenilles ou de sauterelles ou une épidémie de choléra, on se regroupe autour de la croix pour demander protection. Les premières années d'un territoire ouvert à la colonisation, la croix est en quelque sorte la première chapelle. Faute de messe, on s'y rassemble le dimanche matin pour faire la prière.

De 1800 à 1850, les croix de chemin continuent de proliférer dans la vallée du Saint-Laurent. Par ailleurs, on construit tout autant de calvaires. La plupart du temps, les croix comme les calvaires naissent de l'initiative d'individus qui veulent conjurer les fléaux naturels ou commémorer un événement. Le calvaire de Baie-Jolie, près de Trois-Rivières, rappelle la mort en 1820 de trois enfants dans un incendie; celui du rang des Mines à Saint-Augustin-de-Portneuf, le site de la première chapelle. Quant à celui de Saint-Antoine-de-Tilly, il est l'œuvre d'un habitant qui voulait remercier le ciel. Il était l'un des rares survivants de cette chaloupe pleine à craquer qui, revenant du marché de Québec un samedi soir de tempête, chavira en face de Saint-Nicolas.

De 1830 à 1845, on note, telle une mode, la construction de petites chapelles de chemin, dites «chapelles de procession». Il s'en bâtit une dizaine, surtout dans la région de Québec, mais également à Saint-Constant et à Laprairie, au sud de Montréal. Ces chapelles, faites de bois ou de pierres des champs, servent de lieu de culte et de rassemblement pendant les grandes processions. Comme leur construction exige des déboursés plus élevés que pour la croix ou le calvaire, elle nécessite une souscription populaire ou un don important d'une riche famille.

Léopold Désy et J. R. Porter, *Calvaires et croix de chemin du Québec* (1973); *Voyage de Pehr Kalm en Canada en 1749* (1977): 430, traduction de Jacques Rousseau et de Guy Béthune, avec le concours de Pierre Morisset; Gérard Morisset, «Chapelles de procession», *Concorde*, 11 (juil.-août 1960): 3-5.

Le calvaire de Saint-Augustin, eau-forte de H. Ivan Neilson, datée de 1916 (Musée du Québec).

pays' et les soldats tirent fusils et arquebuses pour ponctuer ces élans de dévotion[5].»

Au 19e siècle, la coutume se maintient et on met beaucoup de soins à la préparation de la fête. Deux semaines avant, les marguilliers, de concert avec le curé, s'entendent sur les derniers arrangements. Puis ce dernier, au prône de la messe du dimanche, rappelle aux fidèles le trajet emprunté par la procession, l'ordre du défilé et le lieu d'érection des reposoirs. En général, lorsque cela est possible, on dispose les reposoirs de manière qu'une bonne partie du territoire paroissial soit visitée. Bien que la croix de chemin ou la chapelle de procession tiennent souvent lieu de relais, il arrive que l'emplacement des reposoirs varie d'une année à l'autre et que l'on ait à en ériger un chez soi, ce que l'on considère comme un grand honneur. Les familles décorent la façade de leur demeure; on érige au-dessus de la route des arcades de verdure, véritables monuments architecturaux de pin, de sapin et de cèdre; on balise tout le parcours de la procession.

Le jour de la fête, les paroissiens se rassemblent à l'église. Chacun «s'est mis sur son trente-six*». Après la célébration de la messe, on forme le cortège à l'extérieur, sur la place de l'église. La déception est générale, lorsque le mauvais état des routes ou le temps maussade oblige à renoncer à la procession. On interprète d'ailleurs ce fait comme un signe de mauvais présage. S'il pleut à la Fête-Dieu, il pleuvra les quatre dimanches à venir et il faut s'attendre à de mauvaises récoltes. Mais s'il fait beau, la joie est à son comble. Par delà le caractère religieux de cette manifestation populaire, tous semblent aimer son faste et son décorum.

Le porte-croix et deux acolytes ouvrent la marche. Suivent les petites filles, les petits garçons, les femmes, puis les hommes, chaque groupe étant séparé par un paroissien tenant une bannière. Derrière les hommes, viennent les enfants de chœur avec l'encensoir et les fanaux. Le curé suit, portant à la hauteur des yeux l'ostensoir. Ce sont les marguilliers qui ont l'honneur d'être les porteurs attitrés du dais. Le corps des miliciens ferme le défilé. Chemin faisant, on prie et on chante. Les cloches de l'église sonnent à pleines volées. De petites filles, appelées «fleuristes», laissent tomber sur le sol des pétales de fleurs qu'elles apportent dans un panier. Certains voient à ce que les enfants évitent le pas de course ou la distraction.

Au premier des reposoirs, le curé dépose l'ostensoir, entonne le Tantum ergo, que les fidèles reprennent en chœur, récite une oraison et procède à l'encensement. Puis tous adorent le saint sacrement et les miliciens tirent une salve, ce qui met un terme à la halte. Le cortège se reforme et reprend la route vers le prochain reposoir, où se répète la même cérémonie. Toute la procession se passe ainsi. De retour à l'intérieur de l'église, le curé bénit les fidèles au moyen de l'ostensoir, ce qui conclut cette manifestation de piété.

Comme le dimanche matin, on se retrouve, satisfait, à bavarder sur le perron de l'église. Certains hommes discutent

* Expression populaire pour désigner le fait de revêtir ses plus beaux habits. Elle viendrait peut-être d'une vieille expression française, «se mettre sur son trente et un», qui aurait elle-même été la déformation de «se mettre sur son trentain», du nom d'un drap de luxe que seuls les riches portaient.

La parole et l'écrit

Dans la vallée du Saint-Laurent, l'habitant ne tient guère en haute estime l'instruction. De 1801 à 1830, un enfant sur vingt fréquente l'école. «On y voit des paroisses où il n'y a pas d'école; on dit que dans quelques autres il y a des maîtres sans écoliers et il est certain qu'il y a des maisons d'école sans instituteur ni écoliers.» En 1829, un voyageur anonyme constate qu'il y a dans la région de Trois-Rivières «de grandes paroisses, des villages considérables, sans une école élémentaire». Le témoignage est le même pour la Côte-du-Sud et la vallée du Richelieu. Les parents se désintéressent de l'école, souvent s'en méfient.

«On y est généralement persuadé que les habitudes contractées dans les écoles et dans les collèges font perdre le goût du travail, celui surtout des occupations de l'agriculture. On croit que les individus élevés dans les collèges, au sein des villes, y puisent trop souvent des sentiments de vanité, qui les font ensuite rougir de leur condition. Les enfants de la campagne qui ont été au collège croiraient, dit-on, s'abaisser et s'avilir en embrassant la profession de leurs pères.» Cette civilisation, tournée depuis 200 ans vers les travaux de la terre et le rythme des saisons, est toute orale et la parole bien plus que l'écrit véhicule les connaissances. Le journal montréalais *La Minerve* écrit en 1827: «Ce qui nous fait croire qu'une éducation courte et pratique serait avantageuse au peuple de ce pays, c'est que chez les Canadiens tout est pratique et habitude; il y a une espèce d'éducation orale et une logique naturelle, qui se transmet d'une génération à l'autre, qui forment le spectacle d'un peuple sensé et policé sans la connaissance des lettres.»

Dans les agglomérations importantes, les quelques collèges et couvents sont fréquentés par les enfants dits «de bonne famille». Cependant, des laïcs philanthropes, convaincus du bien-fondé d'une instruction générale et pratique, fondent des écoles. À Québec, Joseph-François Perrault, surnommé familièrement «le grand-père Perrault», en ouvre deux au début des années 1830. Plus de 600 élèves y suivent des cours dont la durée est proportionnée à l'âge de chacun. On montre d'abord aux enfants à écouter, à ne pas parler sur un ton élevé, à ne pas voler la parole ni crier à tue-tête pour «enterrer» les autres. Les commençants apprennent à écrire sur le sable. Leur table est munie d'une tablette noire avec un rebord sur laquelle l'enfant étend une couche de sable blanc. Puis avec l'index il reproduit les lettres tracées au tableau noir par le professeur.

L'avant-midi, on enseigne la lecture, l'écriture, le calcul et la religion. L'après-midi, les activités diffèrent. À l'école des filles, équipée de métiers propres à confectionner les toiles et les étoffes, on apprend à échiffer, carder, filer, tisser, tricoter et coudre. À l'école des garçons, pourvue d'outils de menuiserie et de charronnerie, on acquiert des notions d'agriculture et de jardinage et on fabrique des instruments aratoires. Ce n'est que dans les années 1840 que le gouvernement instaurera un système d'écoles publiques.

L'Abeille canadienne, nov. 1832; *La Bibliothèque canadienne*, janv. 1828, 1er juil. 1829; *La Minerve*, 5 juil. 1827; P. -B. Casgrain, *La vie de Joseph-François Perrault, surnommé le père de l'éducation du peuple canadien* (1898): 110-126.

d'une voix tonitruante. Nombre de femmes étrennent avec fierté leur nouvelle robe. Les enfants entourent les miliciens pour voir de près leurs fusils. Un peu à l'écart, un jeune couple d'amoureux se conte fleurette. Au loin s'en vont deux vieux qui préféraient ne pas s'attarder.

Les activités domestiques

Tout au long de l'année, le paysan se livre à un certain nombre d'activités domestiques. Par simple foi ou par obligation, par commodité ou par réalisme, il s'adonne à chacun de ces travaux à un moment bien précis. Il serait impensable, par exemple, qu'il procède à de grandes boucheries en plein cœur de juillet, alors qu'aucune technique de conservation ne lui permet de garder la viande plus que quelques jours. Aussi, à chaque saison son labeur et au printemps sa «couleur».

Le fendage du bois

Pendant l'Avent ou après les fêtes, l'habitant s'était rendu sur sa terre en bois debout pour abattre puis ébrancher les arbres qui lui serviraient de combustible. Il les avait par la suite «hâlés du bois*» et appuyés debout, l'un contre l'autre, sur le mur de la grange. Maintenant il lui faut démembrer ces «longères» et scier chaque arbre, un à un, en bûches de 45 ou 60 centimètres, selon le feu auquel il est destiné.

* Sortis de la forêt.

À mesure que le travail progresse, les bûches jetées à peu de distance s'accumulent pêle-mêle et en viennent à former une pyramide. Puis chaque bûche est fendue à la hache en deux, quatre, six ou huit quartiers, suivant son volume. Plus le bois est gelé, mieux il se fend. C'est la raison pour laquelle, début mars au plus tard, le cultivateur doit achever cette besogne. Les rondins qui n'ont que six à huit centimètres de diamètre sont laissés dans cet état. Mais ils font le désespoir de la ménagère qui prétend qu'un rondin «étouffe» souvent le feu. Peu à peu donc, sous les coups de hache de l'habitant, la pyramide de bois rond disparaît

La corvée du bois de chauffage à Saint-Pierre de l'île d'Orléans (ANQ, fonds Gariépy).

pour faire place à deux tas de bois, l'un de bois franc, l'autre de bois mou. On ne tarde pas corder ce bois car il est sujet à pourrir au centre du tas.

Le sucre du pays

Sitôt qu'arrive la fin du mois de mars, que la température durant la journée s'élève régulièrement au-dessus du point de congélation et que le soleil réchauffe l'écorce des arbres, une sève toute spéciale, riche des sucs de l'hiver, se met à courir dans le tronc et les branches. Plus sucrée que la sève de l'été, elle alimente l'arbre dans ses moindres rameaux pendant les trois ou quatre premières semaines du printemps, lui apportant une vigueur toute nouvelle. L'habitant sait depuis que l'Amérindien le lui a appris, que l'érable à sucre et l'érable rouge, vulgairement appelé «plaine», sont les arbres de la forêt qui regorgent le plus de cette sève. Le moment venu, accompagné de ses fils lorsqu'ils sont en âge de lui prêter main-forte, il gagne son érablière.

Les sucres à Beaupré en 1914
(Coll. privée).

Sur place, «à côté d'un campement passager», on installe d'abord de grands bacs suspendus à des perches, sous lesquels on fera le feu. Puis, c'est l'entaillage. À une hauteur raisonnable du sol, on pratique une incision sur chacun des arbres choisis au moyen de la hache ou de la gouge. La sève s'égoutte le long d'une goutterelle de cèdre dans une auge de sapin placée au pied de l'arbre. Pour obtenir une bonne récolte d'eau d'érable, il ne reste plus à l'entailleur qu'à souhaiter des nuits de gel alternant avec des jours de dégel. Le froid durant la journée, la bise du nordet et la pluie sont des grands ennemis.

L'habitant s'aide du joug et de deux tonneaux pour «courir les érables», la besogne la plus harassante de la saison des sucres. Raquettes au pied, à la merci du moindre ruisseau caché sous la neige, il fait quotidiennement la tournée des arbres pour alimenter d'eau les bacs qui servent de bouilloires. On chauffe le liquide jusqu'à ce qu'il soit si épais «que la cuiller ne puisse plus y tourner». «Lorsque cette épaisseur est obtenue, on transvase la pâte dans un moule ou un vase, à volonté, et lorsqu'elle est refroidie, le sucre est prêt[1].»

Deux personnes peuvent au cours d'une saison fabriquer sans difficulté 200 livres de sucre. Pendant les quinze derniers jours d'avril, alors que le rendement des érables diminue, on profite des heures libres pour préparer le bois de chauffage de l'an prochain. Mais le sol imbibé d'eau ralentit le travail et il faut souvent revenir à l'automne pour achever cette besogne. Les dernières coulées servent à fabriquer «un sirop excellent pour la poitrine et pour l'estomac et qui peut être en outre utilisé pour la confection de toutes les confitures et des fruits confits[2]». Un

«Les sucres» d'E.-J. Massicotte (ANQ, IBC).

villageois de Saint-Hyacinthe en tire même du vinaigre. «Voici la méthode, écrit-il: faites bouillir l'eau d'érable jusqu'à ce qu'elle réduise de moitié; mettre ensuite cette eau réduite dans un baril, dans un endroit pas trop froid; au bout d'un mois et demi, vous aurez un vinaigre passable et, au bout de trois ou quatre mois, ou aussitôt que l'eau est calée, vous aurez du vinaigre supérieur au meilleur vinaigre d'Europe[3].» Et le journal qui reproduit le procédé d'ajouter qu'une livre de sucre d'érable dissous dans un gallon d'eau donne le même résultat.

Le sucre d'érable est le seul sucre consommé dans les campagnes. Grâce à l'écoulement de ce produit sur les marchés de la ville, l'acériculture peut même représenter pour la cultivateur un important revenu d'appoint, à l'heure où le blé servant à faire le pain se vend de plus en plus cher. Un journal écrit: «On doit considérer comme un grand avantage les terres où il croît beaucoup d'érables et de plaines; un cultivateur laborieux en retire presque toujours un produit assez considérable. Si les travaux qu'il faut faire pour exploiter une sucrerie sont durs et pénibles, on en est presque toujours indemnisé par un revenu annuel, qui souvent répare une mauvaise récolte et avec lequel on peut se procurer le pain de ménage ou autres nécessités et besoins qui peuvent survenir dans le cours d'une année par des pertes et des accidents imprévus[4].» Dans les années 1830, période de récession économique, même s'il est fait mention qu'à la ville la cassonade des Antilles remplace souvent le sucre du pays, la production de ce dernier monte en flèche[5]. Et tout laisse croire qu'elle n'ira qu'en augmentant puisqu'en 1851 elle atteint 10 millions de livres[6].

La production du sucre d'érable connaît de lentes transformations techniques au cours du 19e siècle. Ce n'est que vers 1830 que des baquets de bois remplacent les auges au pied des arbres et, une vingtaine d'années plus tard, on installe des bouilloires sur des voûtes en pierre, sous lesquelles on fait le feu. En 1865, on commence à utiliser la bouilloire de tôle de Russie à fond plat. Le chalumeau, le baquet et la bouilloire étamés ne sont adoptés qu'à partir de 1870 et les premiers évaporateurs datent de 1875.

À noter que le passage du sucre au sirop se fait avec le tournant du siècle. En 1890, on ne produit encore que du sucre d'érable pour le marché, alors que, quinze ans plus tard, il se fait autant de sirop que de sucre[7].

Le savon et le lessi

Rien ne se perd dans la maison d'un habitant. Pendant l'hiver, même les restes de table, la graisse de porc ou de bœuf et les os qu'on prend soin de broyer sont conservés. Ils forment le «consommage» ou «consommé», premier ingrédient à entrer dans la composition du savon domestique. Le retour des premiers beaux jours du printemps force la ménagère à fabriquer son savon, car le consommage commence à sentir mauvais. Alors, au grand air ou dans l'âtre du fournil, elle fait bouillir ces déchets de cuisine dans le plus grand chaudron de fonte, pour en extraire toute la graisse. Les résidus de ce mélange qu'elle coule sont répandus sur l'emplacement du potager et enrichiront le sol.

L'extraction du gras n'est que la première étape. Le lendemain, commence la fabrication même, qui exige de l'attention et une surveillance de chaque instant. Des erreurs dans la durée de l'ébullition du liquide, dans l'intensité convenable du feu, peuvent faire perdre complètement la brassée ou donneront un produit trop dur ou trop mou. Une bonne brassée nécessite 20 livres de gras, 30 pintes d'eau, 10 livres de résine, cinq livres de

«Le brassin de savon», gravure sur bois de Rodolphe Duguay (Musée du Québec, Patrick Altman).

gros sel et deux pintes de lessi*. On obtient le lessi, ou lessive de cendres, en versant de l'eau bouillante sur de la cendre de bois franc dans une grande cuve. L'eau, filtrée par la cendre, s'écoule très lentement par un petit trou percé sous la cuve.

Il est important de bien nettoyer le chaudron de fonte dans lequel on verse les divers ingrédients; la rouille, les déchets, les restes d'une brassée précédente ne feraient qu'entacher le savon. On amène d'abord l'eau à ébullition, avant d'y verser le lessi et d'y faire fondre la résine. Puis tout le gras est mis à bouillir dans ce mélange pendant 45 minutes. À ce stade de la saponification, il faut brasser sans arrêt avec la palette de bois pour empêcher le gonflement et le débordement. Un peu de neige à portée de la main permet aussi de réduire le bouillonnement. À la fin, graduellement, sur un feu ralenti, le sel est ajouté au mélange «pour faire prendre le savon». Lorsque le liquide «s'attache à la palette et tombe lentement en nappe» — certains disent: «Lorsqu'une goutte flotte dans l'eau froide» —, on retire le chaudron du feu pour le laisser reposer pendant 24 heures.

Ce n'est que le lendemain qu'on peut être certain de la réussite de l'opération. La ménagère découpe le mélange refroidi en bandes rectangulaires de grosseur irrégulière. Un grain fin, une bonne consistance et une couleur tirant sur l'or permettent de laisser échapper un soupir de soulagement: la provision familiale annuelle est assurée. Et jusqu'à ce qu'elles servent, les nombreuses «barres» de savon sont entreposées au grenier.

* Une livre équivaut à 454 grammes et une pinte à 1 1/8 litre.

La tonte des moutons

Produit d'une importance capitale, la laine est, avec le lin, le matériau le plus utilisé pour la confection des vêtements. Presque toute la garde-robe d'hiver est de laine: chaussons, chemises, jupes, culottes à la bavaloise, vestes à longues manches, capots, bougrines, crémones, capuches, tuques et mitaines. En cette saison, on dort même dans des draps de laine. Conséquemment chaque ferme possède quelques moutons. Et quand reviennent la corneille et l'alouette, quand fond la neige autour des arbres, il faut penser à les tondre. Dans la région de Montréal, au climat plus chaud, les cultivateurs de Longue-Pointe et de Pointe-aux-Trembles attendent pour ce faire que soit passé «le vent des moutons», un gros vent du nord-est qui arrive fin mars, dure quelques jours et annonce l'arrivée définitive du printemps[8]. À Rivière-Ouelle, cela ne va pas avant la mi-avril. On juge alors qu'on peut déshabiller les moutons de leur laine sans qu'ils risquent le coup de froid, puisqu'ils sont encore à l'étable. De toutes manières, répète-t-on, «à brebis tondue, Dieu mesure le vent».

Tondre un mouton n'est pas chose aisée. Travail fait indifféremment par l'homme ou la femme, à moins qu'on ne s'y mette à plusieurs, il faut d'abord attacher les pattes de l'animal et le coucher par terre. Puis au moyen de ciseaux, appelés «forces», on tond un premier côté. L'animal est par la suite tourné sur le dos, tâche que la femme arrive à faire seule, si la brebis a déjà mis bas. Cependant si la moutonne est pleine, on se met à deux pour la déplacer, car le poids de sa portée peut amener la congestion et la faire mourir. Il faut mettre une heure pour tondre un mouton et la production de laine de six ou sept bêtes comble les besoins annuels de la famille.

La tonte achevée, le traitement de la laine débute. Il y a long de la brebis à la bougrine. La laine est d'abord liée avec de la paille, puis tenue en bottes dans un endroit sec à l'abri du soleil et de la poussière. Beaucoup la montent au grenier ou à la tasserie* et la laissent ainsi reposer dans son état originel jusqu'en mai. La laine se conserve plus longtemps «en suint» que dégraissée. Sans compter qu'une laine fraîchement tondue se laisse moins bien nettoyer qu'une autre qui a reposé un certain temps.

Un beau jour de mai, la ménagère apporte les ballots de laine à la rivière. Après avoir trié les diverses sortes de laine qui composent une toison, elle les place séparément dans des paniers qu'elle plonge dans l'eau courante. Sinon elle recourt à une cuve ou un grand chaudron de fonte plein d'eau fraîche qu'elle

* Partie de la grange qui surplombe souvent l'étable, où on entasse le foin.

renouvelle constamment jusqu'à ce que le liquide ne soit plus brouillé par le lavage*. La femme ne peut laver plus qu'une tonte par après-midi, car elle doit voir aussi aux travaux réguliers de la maison. Et la laine sera d'autant mieux disposée à recevoir la teinture que le dégraissage aura été plus complet.

* On déconseille l'utilisation d'eau chaude qui ferait fouler la laine, et celle du savon du pays qui en abîmerait les fibres.

Ce nettoyage terminé, la laine est mise à sécher au soleil. Puis on convoque les voisines à l'écharpiller, c'est-à-dire à en démêler les fibres et à enlever les brins de paille et autres corps étrangers. Pour cette corvée, on étend au milieu de la cuisine un drap de lin et on dispose les chaises tout autour. Chaque femme prend une poignée de laine, la place sous son bras et la démêle avec les doigts. Bien entendu, on jase beaucoup et on chante souvent pendant cette corvée. Pour chacune, c'est l'occasion d'échanger les dernières nouvelles. Et à la fin de la journée, un amas de belle laine repose sur le drap de toile.

Il restera l'étape du cardage, où l'on peignera la laine pour la rendre plus soyeuse. Le filage, lui, consistera à tordre les brins au moyen d'un rouet pour en former un fil continu. Et c'est ce fil de laine qui, l'hiver suivant, sera tricoté ou tissé.

Le grand ménage

Le mois de mai qui achève signifie la fin des contraintes imposées par l'hiver. La longue saison du chauffage des maisons se termine comme elle avait commencé, par des «attisées**». Le poêle cesse d'être le centre de la vie. Le temps s'est tellement radouci qu'il ne s'agit plus maintenant que de «casser l'humidité» ou de se prémunir contre la fraîcheur du sol. On finit ainsi de brûler les vingt-cinq cordes de bois. Le «tambour», ce vestibule de bois qui empêchait de «geler la maison» chaque fois que quelqu'un entrait, n'est plus nécessaire. Le père le démonte donc pour le remiser jusqu'à l'automne. La porte condamnée est rouverte.

** Bon feu produit par une quantité de bois qu'on ne renouvelle pas.

La mère et ses filles entreprennent le grand ménage du printemps. On roule les tapis et les catalognes pour les battre à l'extérieur. On enlève les tuyaux «au moyen desquels la chaleur pénétrait dans tous les appartements[9]». On lave le poêle et on le polit d'une couche de mine de plomb. Armé de brosses de soie de cochon ou de crins de cheval, on nettoie les planchers, les plafonds et les murs. Toutes les pièces y passent. On aère les matelas de plumes et les couvertures de laine. On renouvelle parfois la paille des paillasses. On range les vêtements d'hiver dans les coffres, en prenant bien soin d'y intercaler quelques branches de cèdre, qui leur donneront bonne odeur, tout en les préservant des mites.

Puis, lorsque le beau temps semble arrivé pour quelques jours, les voisines se retrouvent à un endroit convenu le long du ruisseau, de la rivière ou du fleuve pour exécuter la corvée du grand lavage. Là, on installe de larges chaudrons pour le «bouillage du linge». On dresse aussi de longs «bancs à laver» faits de madriers, sur lesquels pendent les draps, les toiles, les nappes, les rideaux et les tapis. On frappe les pièces les plus résistantes avec le battoir pour en déloger la «manivolle», cette fine poussière qui, au fil des jours, s'incruste dans les fibres du tissu. Puis on met le tout à bouillir dans une solution d'eau courante et de lessi, avant de battre à nouveau. Le battage du linge est important; il remplace le frottage à la main. On bat toujours en chantant et en cadence, car, dit-on, le rythme fait oublier la fatigue. Battues, récurées et rincées, les pièces sont mises à sécher sur l'herbe, les arbustes et les pagées de clôture.

Le grand ménage terminé, on ne réhabite pas la maison; on déménage dans la cuisine d'été. C'est là un autre dédoublement provoqué par les variations climatiques extrêmes. Annexée à la maison, la cuisine d'été est bâtie sans fondation, ni doubles portes et fenêtres. Lorsqu'il faut descendre une ou deux marches pour y accéder, on la dit «bas-côté». Le mur intérieur n'est jamais lambrissé et le mobilier n'est guère soigné. La table est à tout usage; aussi porte-t-elle les injures du temps. En hiver, le bas-côté sert de chambre froide aux provisions alimentaires et de remise aux pelles, raquettes, traînes et traîneaux. En été, toute la vie s'y transporte; on ne regagne la maison que pour se coucher le soir.

Souvent la cuisine d'été forme un bâtiment séparé de la maison, «distant de vingt ou trente pas». On l'appelle alors «fournil» ou «hangar». Pièce unique mais spacieuse, au centre de laquelle s'élève une cheminée monumentale faite de pierres des champs blanchies à la chaux, le fournil sert en hiver de remise ou de «boutique» où travaillent les hommes. Au printemps, on range les outils et la famille y trouve refuge. «Du moment qu'il faisait beau, on prenait une bonne journée que les hommes ne travaillaient pas; j'envoyais chercher ma mère pour avoir soin des enfants dans la maison, puis là, on s'en allait dans le fournil[10].»

La famille est heureuse; le décor est nouveau. On s'y retrouve chaque jour avec délice. L'intérieur non lambrissé laisse voir la charpente rugueuse de tout l'édifice. Près de la porte, des «frocs*» et des chapeaux de paille pendent au mur. Par terre, les sabots de «bois blanc**» pour les jours de pluie. On a tiré la

* Tunique ample que porte l'habitant pour travailler.

** Nom populaire du tilleul, un bois mou et léger qu'utilisent beaucoup les sculpteurs. Il sert aussi à la fabrication des jouets d'enfant, des pelles à neige et des canots creusés dans un tronc d'arbre.

vieille table, apporté les chaises droites, les berçantes et le seau d'eau. Un vieux buffet sert de range-vaisselle. Près de la fenêtre, une petite table porte le panier à ouvrage. Tout près tourne le rouet lors des moments libres de grand-mère. Parfois, on entend chanter le grillon à travers les fentes du plancher mal ajusté.

La sortie des animaux

Le premier juin marque la date officielle de la sortie des animaux. On estime la terre assez sèche, les nuits suffisamment chaudes et l'herbe assez longue pour que les bêtes vivent à l'extérieur. Déjà, depuis un mois, afin de leur permettre de profiter des premiers jours chauds, on les sortait pendant quelques heures. Mais le soir, elles devaient rentrer à l'étable. Les six mois de stabulation auxquels l'hiver oblige sont si coûteux en foin qu'à la sortie des animaux, la provision de fourrage est épuisée. En 1837, on note que, si les vaches sont si rares sur la rive nord du Saint-Laurent, entre Sainte-Anne-de-la-Pérade et Saint-Augustin de Portneuf, c'est qu'on manque surtout de moyens de les nourrir pendant des hivers encore plus longs que ceux de la région de Montréal. Certaines années, la misère est grande au printemps. Le 29 avril

Photo: ANQ, coll. EOQ.

1841, la seigneuresse de Saint-Hyacinthe, Émery Papineau, écrit à son fils: «Cette année, ce printemps, il est impossible de décrire la pénurie qu'il y a partout dans toute l'étendue de la province par rapport à la nourriture des animaux; le foin ne se vend pas moins de 20 à 25 piastres par cent bottes, la paille moitié prix et encore on n'en trouve pas comme on veut; de bons cultivateurs sont obligés de découvrir leurs granges et de donner à leurs animaux ces pailles sèches depuis six ou sept ans. D'autres donnent les patates qu'elles avaient conservées pour leur semences, d'autres leur avoine, orge, sarrasin, pois et même blé et néanmoins à peine la neige est-elle partie la terre est encore très molle, il se fait encore du sucre; puis nous sommes pourtant au mois de mai après demain. Il est encore heureux que tous les labours aient été faits l'automne dernier sans cela la moitié des animaux seraient tombés sous le travail. Ils auront encore trop de hersage. Tous les jours, on nous rapporte qu'il en meurt de faim ou de maladies causées par la mauvaise nourriture. Assurément si l'année n'est pas meilleure pour les grains que ces années passées, il y aura une véritable famine l'hiver prochain[11].»

On place généralement tous les animaux dans le même champ. Matin et soir, les enfants vont chercher les vaches pour la traite, puis les reconduisent. Il arrive qu'on réserve les prés les plus riches aux bêtes à cornes et aux chevaux. Les moutons, moins exigeants, se satisfont alors de sols pauvres. Les terrains marécageux ne reçoivent que les porcs et les oies.

Dans un bon pâturage, on trouve toujours une bonne source d'eau fraîche destinée aux animaux. Une vache boit seize litres d'eau par jour; un bœuf ou un cheval, près de huit. Lorsque le clos ne jouxte pas un cours d'eau, si petit soit-il, il faut installer de grands bacs ou des citernes qui serviront d'abreuvoirs et qu'on remplira régulièrement. À Sainte-Victoire, à Saint-Robert et à Saint-Aimé, un pays plat et fertile, mais peu «sourceux», situé à quelques kilomètres au sud de Sorel, chaque ferme possède deux puits assez profonds: l'un près de la maison, l'autre dans le champ.

Dans un pâturage, les animaux doivent pouvoir trouver refuge contre les chauds rayons du soleil d'été, sinon ils peuvent être frappés d'insolation grave. L'abri le plus naturel est certainement la protection de quelques arbres qu'on a évité de couper. À ce titre, l'orme, qui est «sans contredit le plus bel arbre de l'Amérique septentrionale», figure fréquemment en solitaire dans les champs. «L'arbre porte souvent son feuillage très haut; il en résulte une ombre mobile, selon les heures du jour, suffisante pour fournir un abri aux bestiaux et qui n'exerce pas d'action nocive sur la végétation environnante. Aussi le respecte-on dans la plaine laurentienne où sa tête, déployée contre le bleu du ciel, est un objet de grande beauté[12].»

Mais défricher, «faire de la terre», lutter jour après jour contre la forêt pour maintenir cette prairie artificielle, et cela pendant des générations, voilà qui a souvent amené à l'éradication systématique de tous les arbres. On coupe tout, la plupart du temps. En 1807, le journal *Le Canadien* écrit: «On ne trouvera pas dix habitants qui aient la précaution de ménager des taillis sur leurs terres. Le présent seul occupe chaque individu[13]. » Six ans plus tard, un voyageur demande: «Pourquoi ne voit-on pas plus communément des arbres plantés sur nos grands chemins, et particulièrement sur ceux qui sont sur le bord des rivières? Pourquoi les maisons de nos particuliers aisés n'en sont-elles pas partout ombragées? Pourquoi surtout les avenues de nos églises n'en sont-elles pas ornées? Pourquoi les cimetières qui les avoisinent n'en sont-ils pas entourés? Pourquoi nos champs en sont-ils généralement si dénués, que les moissonneurs et tous ceux qui pendant l'été sont occupés à fertiliser la terre ou à recueillir ses productions n'en puissent le plus souvent trouver un, pour y venir quelques instants se reposer sous son ombrage et se dérober aux rayons du soleil brûlant qui les pénètre de ses feux? Que les animaux... ne puissent eux-mêmes trouver un abri capable de rafraîchir leur sang et leurs humeurs[14]?»

En 1819, survient dans la vallée du Saint-Laurent un été torride et certains doivent payer cher leur négligence à construire des abris ou laisser croître quelques grands arbres dans leur pâturage. On rapporte le cas d'un habitant qui, «bien qu'attentif et soigneux», perd un certain nombre d'animaux de ferme dont la valeur s'élève à 125 louis. «Le cultivateur dont il s'agit, comme beaucoup d'autres surtout dans les anciennes paroisses où l'on n'a point ménagé les bois, a une de ses terres dénuée d'arbres. C'est sur celle-ci qu'il avait établi son pacage cette année; ses animaux ont passé l'été exposés aux rayons d'un soleil ardent. Il n'y avait pas dans toute l'étendue de la portion de terrain destinée à les nourrir un seul bosquet, ni un seul bâtiment ou autre abri que ce soit où ils puissent trouver de l'ombre et respirer un air moins brûlant. Est-il surprenant dès lors qu'il en ait perdu un aussi grand nombre[15]?» Et le journal qui rapporte l'incident d'ajouter que «de semblables malheurs se renouvellent chaque année».

La «commune»

Il arrive encore, selon les régions, qu'un groupe d'habitants bénéficie d'un terrain libre et public où il est permis de faire paître les animaux en commun durant un certain temps de l'année. C'est le terrain de la «commune», prévu par le régime seigneurial et pour l'usage duquel chaque censitaire paie au seigneur une légère redevance. Généralement on choisit des îles en guise de terrains communaux. Elles présentent l'avantage de ne pas nécessiter de clôtures et constituent une garantie contre les fraudeurs qui ne peuvent alors opérer qu'au moyen de chalands. Sans compter qu'inondées au printemps, ces îles s'enrichissent d'un limon qui donne durant l'été une herbe plus grasse.

Chaque commune a ses règlements. Pour certaines d'entre elles, comme celles des Cent-Iles du lac Saint-Pierre, il n'est pas permis de récupérer ses animaux avant la fin de l'été. Seul un berger s'y rend à toutes les semaines pour voir à ce que les animaux «méchants, nuisibles, vicieux ou malades» soient évacués par leur propriétaire[16]. Pour d'autres, plus facilement accessibles, comme celle de Trois-Rivières, de jeunes garçons s'engagent comme vachers pour ramener matin et soir les vaches laitières à leur propriétaire, afin que ceux-ci puissent les traire.

«L'été, raconte l'un d'eux, la commune s'ouvrait pour recevoir les vaches au pacage. C'était un plaisir pour nous, petits bonshommes de cinq à dix ans, que d'aller ainsi conduire la lourde et lente bête à la commune et de l'en ramener, le pis gonflé à éclater, paresseuse. Sans doute pensions-nous aux quelques sous que ces quatre voyages quotidiens nous procuraient à la fin de la semaine et il était bien entendu qu'à chaque début d'été, nous savions discuter, avec toutes les rouereies de notre âge, les conditions auxquelles devaient se soumettre les parties contractantes. Nous nous engagions à mener et ramener notre esclave à des heures bien déterminées et nous devions recevoir en paiement, à chaque semaine, une somme sur laquelle on ne devait pas tricher. Songez aussi qu'il fallait se lever à bonne heure le matin pour aller, dans la rosée jusqu'aux genoux, chercher notre vache perdue au milieu d'un troupeau que nous ne pouvions dénombrer mais qui paraissait formé de centaines de bêtes et la ramener sans encombre à la maison. Pour aller la reconduire, c'était peu de choses. Le gardien de la commune ouvrait la barrière et la mouvante masse s'engouffrait lourdement[17].»

C'est le crieur public qui, un dimanche matin de mai, sur le perron de l'église après la messe, annonce la date d'ouverture de la commune. Quelques jours plus tard, les bêtes à cornes, les cochons, les moutons et les chevaux commencent à défiler vers leur lieu estival de paissance. La scène est pittoresque; jamais peut-être au cours de l'année ne se trouvent réunis un aussi grand nombre d'animaux. Ils arrivent des quatre coins de la seigneurie et les propriétaires improvisent souvent ce qu'ils appellent la «fête de l'ouverture».

Les premières communes datent de 1660. Quarante années plus tard, près de la moitié des seigneuries en possèdent une et les plus grandes en comptent même deux ou plus. Mais elles ont été une occasion constante de litige. Richard Colebrook Harris, historien du régime seigneurial, parle de «centaines de disputes» à leur sujet[18]. Comme la commune, croit-on, appartient à tout le monde, elle n'appartient finalement à personne et «chacun y va au plus fort la poche».

Certains prétendent avoir droit d'y laisser leurs animaux sans payer de redevance. D'autres, pour éviter d'acquitter les frais relatifs à chaque tête de bétail, jouent au chat et à la souris avec le seigneur et retirent une partie de leurs animaux au moment du dénombrement officiel. On refuse aussi de payer pour l'installation de clôtures. Des censitaires s'intentent des actions entre eux, l'un accusant la bête de l'autre d'avoir engrossé la sienne. Des communes sont rasées du bois qu'elles contiennent à cause de l'imprécision touchant les droits de propriété sur ce bois. C'est le cas de la commune Baie-du-Febvre, sur la rive sud du lac Saint-Pierre. Ailleurs, on tarde à marquer les animaux au moment de leur entrée sur le terrain; il s'ensuit, à la sortie, un fouillis indescriptible.

Dans la première moitié du 19e siècle, devant le besoin de terres nouvelles, on va jusqu'à mettre en question le principe même de la commune. Pourquoi laisser en pâturages des sols aussi riches? En 1833, par exemple, les habitants de Contre-cœur exigent le partage de la commune locale[19]. Sous la pression démographique, des communes disparaissent. Celles qui demeu rent ne le doivent qu'à la formation d'une «corporation de la commune», dirigée par un certain nombre de «syndics» élus, qui voit à ce que chaque usager se conforme aux règlements. De toute manière, un grand nombre d'entres elles y perdront en étendue.

Le travail de la terre

Avec le mois de mai s'ouvre la période de l'année où l'homme vit immédiatement de la terre. Dans tous les sens et de toutes les manières, il la marchera pour l'épierrer, l'engraisser, l'ameublir, la semer, la sarcler, la rechausser et récolter. Pendant les six mois à venir, les heures passées au champ ne se compteront plus. Souvent l'habitant sera aidé de son épouse et de ses enfants. D'autres fois, il sera seul ou avec son «engagé». Certains jours, le temps sera gris et il y aura apparence de pluie; d'autres jours, le soleil sera de plomb. Qu'importe, l'homme devra vivre en symbiose avec la terre.

L'épierrement

Tout commence avec l'«érochage» ou l'épierrement des champs. «Les pierres poussent en hiver», disent les cultivateurs. Les gels et dégels successifs provoquent à l'intérieur du sol des resserrements et des desserrements qui font monter les pierres à la surface. Il est donc fréquent, après chaque hiver, de voir des champs parsemés de gros cailloux, surtout dans les terres hautes. En fait, ces blocs erratiques et ces traînées de cailloux de toutes dimensions ont été abandonnés sur place de manière irrégulière par le glacier qui recouvrait la partie nord du continent.

À bras d'homme, parfois avec une charrette mais sans montant, les pierres sont amassées par les enfants et les adultes, puis transportées vers un lieu convenu à l'avance. Jetées pêle-mêle sur une longue ligne droite imaginaire, par exemple, elles servent de clôture pour séparer un champ d'un autre. On les utilise aussi pour consolider les rives sujettes à l'érosion en raison des crues du printemps et de l'automne. Elles sont le matériau tout trouvé pour solidifier un chemin ou construire un petit bâtiment, comme la laiterie. Souvent, on les enfouit tout simplement dans le sol à une profondeur suffisante pour que la charrue ne les atteigne. Il

Page suivante:
Photo: MLCP.

On empile les roches chez les Moreau à Saint-Rosaire d'Arthabaska (ANQ, coll. EOQ).

arrive que les pierres soient si grosses, si nombreuses et si enfoncées dans la terre qu'il devient impossible de les déloger, même en cherchant à les faire éclater avec de la poudre à fusil. Alors on les laisse en place et on abandonne cet îlot de roches à son sort. Plus d'un bosquet ainsi lentement créé devient le refuge de nombreux animaux. Crapauds, couleuvres, mulots et oiseaux y trouvent un domicile à leur mesure.

Dans la région de Montréal, les clôtures de pierre ont été le point de départ d'une «biocénose» relativement complexe, où les relations sont nombreuses entre l'animal et la plante. En effet, les écureuils et les «suisses» (tamias rayés) ont pris l'habitude, l'automne venu, d'y établir leur terrier et ils y accumulent de grandes quantités de noix provenant du noyer tendre. Il s'agit là d'un grand arbre pouvant atteindre quarante mètres qui pousse surtout

«Le printemps (allégorie)»
de Clarence Gagnon
(Musée du Québec, 78.100).

«Les draveurs» de Henri
Masson, aquarelle, 1940 (Musée
du Québec, 78.354).

«Migration de pigeons sauvages au fort Érié» de E. Walsh (ROM, 952.218).

«Dégel de mars dans le ravin
Gosselin» de Marc-Aurèle de
Foy Suzor-Côté, huile
sur toile, 1921
(MBAM, 931.628,
Brian Merrett).

«Vieillard aux sucres» de Octave
Henri Julien, huile sur carton,
1908 (MBAM, 929.488).

«Paysage d'été»
de William Brymner
(MBAM, 968.1591).

«Le brassin de savon»
de J.-C. Franchère,
huile sur toile,
v. 1910
(Musée du Québec,
A 51 63 P).

à l'ouest de Trois-Rivières et qui produit, tous les deux ans, de deux à trois boisseaux de noix tendres, mais difficiles à extraire.

Avec le temps, ces rongeurs ont favorisé la reproduction de cet arbre qui maintenant se retrouve partout dans les clôtures de pierre aux environs de Montréal. Lorsque l'arbre atteint vingt-cinq centimètres de diamètre, il commence à desquamer, c'est-à-dire à perdre lentement de longues bandes verticales d'écorce qui ne semblent plus tenir au tronc que par quelques minces fibres. C'est à ce moment et à l'intérieur de ces bandes d'écorce que de nombreuses espèces de papillons trouvent refuge pour l'hiver.

La fertilisation du sol

Le ramassage des pierres terminé, il faut maintenant engraisser la terre. C'est là une idée nouvelle, car on a toujours cru les sols si riches qu'ils n'avaient pas besoin d'engrais. En 1803, un voyageur américain remarque que les fermiers ne font aucun cas de leur fumier, «au point de le faire charrier sur la glace du fleuve pour se débarrasser de ce qu'ils considéraient comme une nuisance[1]». Mais des journalistes, des spécialistes en agriculture et des voyageurs ne ratent jamais l'occasion d'encourager les habitants à enrichir leur terre parfois fort appauvrie par de nombreuses années de culture. Il est vrai cependant que le petit nombre de bêtes composant le troupeau domestique fournit bien peu de fumier et plusieurs le reconnaissent. Tout de même, lentement, l'usage du fumier à fins agricoles se répand.

En 1825, le même voyageur américain note que la situation a beaucoup changé depuis son passage au début du siècle. «Actuellement, écrit-il, il n'est aucun fermier qui soit plus soigneux du fumier que les cultivateurs canadiens[2].» Chacun l'utilise à sa manière. Certains le répandent sur la neige dès les premiers signes du printemps, d'autres après l'épierrement, le hersage ou les semailles. Des régions résistent. Dans les paroisses de Berthier, Saint-Cuthbert et Saint-Barthélemy, déjà remarquées pour leur esprit d'imitation, «d'assez grands tas de fumier restent aux portes des étables, sans doute pour y pourrir inutilement[3]».

Par contre, les habitants de Cap-de-la-Madeleine et de Champlain, aux prises avec des sols pauvres et arides, ont recours à la pratique du glaisage pour les fertiliser. «On sait que le sol de ces paroisses est généralement léger et sablonneux; qu'on y voyait ci-devant peu d'habitants jouir de l'abondance et posséder des richesses qu'un grand nombre de cultivateurs possèdent ailleurs. Fatigués de toujours cultiver sans recueillir assez pour payer leurs peines et leurs travaux et pour se procurer toutes les nécessités de la vie, il se sont mis, depuis plusieurs années, à glaiser leurs terres, dans l'espoir d'un profit qui devait leur procurer les aisances communes à toutes les classes des cultivateurs. Les premières expériences ont si bien réussi qu'à présent chaque habitant qui entend ses intérêts passe une partie de l'été à glaiser ou faire glaiser les parties de sa propriété qui sont les plus en besoin de ce favorable et productif bienfait. Leurs produits ont considérablement augmenté; ces paroisses reprennent insensiblement une apparence d'aisance et de fortune qui leur fait un grand honneur et qui démontre bien combien les habitants qui les composent sont diligents et industrieux[4].»

Après le village de Champlain, il semble que la pratique du glaisage des terres ait gagné Batiscan, la paroisse voisine. Parlant des habitants de cette dernière localité, l'écrivain québécois Henry Taylor note en 1840: «Ces gens se sont retrouvés, il y a quelques années, avec des terres si appauvries par leur propre méthode de culture qu'ils ne pouvaient plus récolter le blé en quantité suffisante pour nourrir leur famille. Mais — et je ne pourrais dire si c'est par hasard ou parce qu'on les a informés — ils se sont mis à répandre sur leurs terres des bancs de glaise à portée de la main dans la paroisse et les belles récoltes de blé n'ont pas tardé à venir[5].»

Glaiser une terre de sable consiste à y répandre une couche de glaise «la plus mince possible». «Il ne faut que du temps et la patience, car c'est un ouvrage long. Un cultivateur qui a une nombreuse famille peut employer quelqu'un à ce genre d'ouvrage, sans que les autres travaux puissent en souffrir; ou s'il n'a dans sa famille personne de capable de faire cette besogne, s'il en a les moyens, un homme qu'il engagera au mois, ou pour l'été, lui glaisera plusieurs arpents de terre, dont les revenus et les produits de l'année suivante lui vaudront des sommes considérables et l'indemniseront largement des déboursés qu'il aura faits pour faire ce très utile ouvrage[6].»

En aval de Québec, à partir de Baie-Saint-Paul sur la rive nord et de Rivière-Ouelle sur la rive sud, on profite des richesses de la mer pour engraisser la terre. Deux fois par année, au printemps et à l'automne, quand le hareng, le capelan et l'éperlan remontent, une partie de ceux qu'on pêche sont répandus dans les champs. Sur presque toutes les côtes, on récolte aussi le varech ou goémon. «Il se trouve en quantité considérable sur le rivage, surtout à la suite d'un fort coup de vent d'Est[7].» À l'île aux Cou-

Page suivante:
Pour extraire l'argile d'un «banc» de glaise, l'un des hommes pioche au moyen d'un boyau et l'autre remplit le tombereau à la pelle. L'été, on se sert du tombereau sur roues, l'hiver, du «banneau-glaiseur», une boîte de bois déposée sur des patins, qui bascule à volonté. Le glaisage des terres fournit un très bel exemple de la progression d'une nouvelle technique pour enrichir le sol. Après Cap-de-la-Madeleine et Champlain vers 1820, puis Batiscan 20 ans plus tard, on le signale à Sainte-Anne-de-la-Pérade vers 1880 et à Saint-Raymond de Portneuf en 1900 (J.-C. Magnan, «Le 'glaisage' des terres ou l'amendement des sols sablonneaux, 1923»)

dres, on installe même des pêches à fascines pour recueillir ces plantes marines en plus grande quantité.

Comme dans le cas du fumier, les manières d'utiliser le varech varient. Certains l'étendent immédiatement. D'autres le font brûler et en répandent les cendres sur le sol. D'autres, enfin, en font des tas, hauts de deux mètres, dans lesquels ils incorporent de la terre en partie égale. Puis ils battent les faces extérieures de ces tas pour les rendre unies. Ainsi l'eau de pluie, fort utile à la décomposition, ne s'évapore pas. Au bout d'un an, surtout s'ils ont pris soin d'arroser ces monticules pendant les chaleurs de l'été pour exciter la fermentation, ils disposent d'un excellent fumier.

Le labourage

Après avoir engraissé la terre, il faut l'ouvrir pour l'aérer, la rendre plus meuble, plus perméable, afin de la bien disposer à recevoir la semence. Si l'automne précédent, l'habitant a pris soin de faire des labours profonds et que le froid de l'hiver a pulvérisé la terre retournée, il ne lui reste plus qu'à pratiquer un labour de surface, histoire d'enfouir le fumier dans le sol. Sinon il faut un labour profond. Pour labourer, certains utilisent la paire de chevaux; d'autres, la paire de bœufs. On couple aussi le cheval au bœuf, en souhaitant allier l'intelligence à la force brutale.

Labourer exige constance et patience. Conduire une charrue, si facile qu'il en paraisse d'abord, est un talent qui ne s'acquiert que par une longue pratique. Il faut l'œil juste pour tracer les raies droites et ne pas les hacher. De la raie dépend l'égouttement. On laboure habituellement dans le sens de la plus grande dimension du terrain pour éviter des pertes de temps à tourner. Sur les terrains inclinés, on laboure de biais à la pente, pour que l'eau ne s'écoule pas trop vite. Si la dénivellation est trop prononcée, on laisse cette portion de terre en friche.

Dans la vallée du Saint-Laurent, le genre de labour pratiqué par les cultivateurs est celui dit «en planches». Selon la nature de sol, l'habitant divise sa terre en planches plus ou moins larges qu'il doit labourer une à une. Quand le sol est perméable, donc facile à égoutter, la planche est large (entre 12 et 18 mètres). Pour les terres plus humides et plutôt planes, où l'eau doit être évacuée plus rapidement, on préfère la planche étroite (entre cinq et sept mètres). Mais on prend garde aux planches trop étroites,

La charrue à rouelles

Dans la vallée du Saint-Laurent, le laboureur utilise la charrue dite «à rouelles», car elle repose sur deux roues attachées à une poutre. C'est même la seule forme de charrue que l'on connaisse. On s'en sert depuis les premiers jours de la Nouvelle-France. Champlain, tentant de convaincre ses compatriotes d'émigrer en ce pays, souligna même à sa manière l'événement du premier labour à la charrue à rouelles. «La terre, écrit-il, fut entamée avec le soc et les bœufs le 27 d'avril 1628. Ce qui montre le chemin à tous ceux qui auront la volonté et le courage d'aller habiter, que la mesme facilité se peut espérer en ces lieux comme de nostre France, si l'on veut prendre la peine et le soing... »

Le versoir de la charrue, appelé «oreille», est fait de chêne ou d'orme, des bois qui peuvent résister à de multiples labours. On doit recourir à un ouvrier spécialisé pour fabriquer l'oreille, car la qualité du labour dépend de sa forme. Chaque paroisse ne compte pas nécessairement un artisan capable d'exécuter ce travail. Souvent on s'en remet à un cultivateur dont la dextérité manuelle est connue à des kilomètres à la ronde.

Jugée «assez convenable» par un expert anglais en 1816, la charrue à rouelles n'est pas d'un maniement facile. Elle est à elle seule presque un équipage et il lui en faut long pour tourner. Dès lors, il n'est pas rare que les bœufs et les chevaux s'empêtrent dans leurs «cordeaux». De plus, quand la terre est lourde et boueuse, elle colle à l'oreille; il faut donc s'arrêter de temps à autre pour nettoyer cette dernière.

Georges Bouchard, *Vieilles choses, vieilles gens* (1926): 143; Nora Dawson, *La vie traditionnelle à Saint-Pierre(Île d'Orléans)* (1960): 55; Louise Dechêne, *Habitants et marchands de Montréal au XVII* siècle* (1974): 307; R.-L. Séguin, *La civilisation traditionnelle de l'habitant aux 17* et 18* siècles* (1967): 152-155.

parce qu'elles occasionnent un encombrement pour tourner et entraînent un rendement inférieur par suite du trop grand nombre de raies. Le spécialiste agricole de *La Bibliothèque canadienne*, quant à lui, favorise les grandes planches. «C'est principalement, constate-t-il, sur cette excellente pratique, de tailler de grandes planches, qu'est fondé le succès, comparativement plus grand, des cultivateurs écossais parmi nous[8].»

Après le labourage, il faut à nouveau ramasser les pierres mises à jour cette fois-ci par la charrue. Puis on passe une lourde herse triangulaire qui brise les mottes et nivelle le sol. On ne retarde guère le hersage, autrement le sol perdrait une trop grande quantité d'eau par évaporation. Si la terre est argileuse, il faut s'y reprendre par quatre ou cinq fois pour la rendre bien meuble.

Les semailles

Les gelées tardives de mai comme celles hâtives de septembre étant responsables de la brièveté relative de la saison de végétation (entre 120 et 145 jours), il n'est guère étonnant de retrouver plusieurs croyances se rapportant au temps des semailles. Chacun a tenté d'en préciser la date; on cherchait un point de repère annuel fiable. C'est pour ainsi dire au choix tellement, certaines années, les faits sont concomitants. Ainsi, on sème après le vent de l'Ascension ou les grandes marées de mai, quand les pruniers sont en fleurs ou que chantent les grenouilles.

Les semences du cultivateur proviennent d'un coin de son champ qu'il a laissé mûrir parfaitement l'été précédent. On l'encourage d'ailleurs à produire ses propres graines, car celles vendues chez les marchands sont de mauvaise qualité. «Vous n'avez qu'à voir plusieurs terres cultivées par de bons cultivateurs dans ce pays, écrit le journal agricole *Le Glaneur*, et vous verrez qu'ils ne prennent pas leurs semences chez les marchands de graines, à moins que ceux-ci ne soient cultivateurs et jardiniers qui élèvent eux-mêmes les semences qu'ils vendent[9].»

L'habitant n'ensemence que les terres nécessaires aux besoins de sa famille et des animaux. Avant de semer, il se signe. Puis il retrousse au-dessus du coude une de ses manches, pour lui permettre de mieux fouiller dans le semoir. Une «poche» tenue en bandoulière ou une petite auge de bois, à fond cintré, lui tient lieu de semoir. Le semeur répand une poignée de graines à tous les deux pas. «La main dépassait un peu le corps, puis, dans son mouvement de retour, laissait le grain s'échapper en pluie légère à travers les doigts[10].» Dans l'air frais du matin, n'étaient le frottement léger des «bottes sauvages» l'une sur l'autre, le crépitement des graines tombant sur le sol, le chant des oiseaux et celui des grenouilles, la campagne serait silencieuse. Un bon semeur ensemence cinq à huit arpents en une journée.

En 1830, les agriculteurs ne s'entendent pas sur les moyens à prendre pour obtenir de belles récoltes. Certains sèment les céréales l'automne, d'autres le printemps. Dans tel coin, on «sème fort»; dans tel autre, clair. Et chacun dit tenir sa science de l'expérience. Bien malin qui pourrait tout concilier. Mais on s'accorde sur un point, celui de «faire les semences le plus tôt possible au printemps, afin de donner aux grains le temps de profiter[11]».

Photo: ANQ, fonds Communications.

L'épouvantail

Dans les champs et les potagers victimes des oiseaux, on plante l'épouvantail. «Technique douce» utilisée depuis 9000 ans, soit depuis l'époque où l'homme apprit à cultiver des plantes sélectionnées pour leur qualité, l'épouvantail est un personnage folklorique éphémère qui réapparaît chaque année au temps des semailles. Sous les traits d'un homme ou d'une apparence d'homme, avec pour toute ossature deux bâtons en forme de croix, le «bonhomme» ou «peureux à corneilles» monte la garde, jour et nuit, beau temps mauvais temps, jusqu'aux premières gelées de l'automne. Sa vêture est toujours simple; un chapeau mité, une vieille veste trouée suffisent. Durant l'été, sous l'action alternée du soleil et de la pluie, elle se délave et se patine pour prendre, l'automne revenu, les couleurs de ce qui l'environne.

Les oiseaux que l'épouvantail a charge d'apeurer sont divers. En aval de Québec, en Gaspésie et aux Îles-de-la-Madeleine, mouettes et goélands s'empiffrent du hareng et du capelan répandus dans les champs en guise de fumure. Partout, des corneilles, des carouges à épaulettes, des quiscales bronzés et des vachers à tête brune peuvent fondre sur un champ ensemencé pour y manger les graines ou dévorer les jeunes pousses. Au temps des cerises et des prunes, les jaseurs des cèdres s'en repaissent goulûment. Dans la région de Québec, les corneilles font tant banquet de graines que la «Gazette» de la ville recommande une solution plus radicale. «Pour chasser les corneilles d'un champ nouvellement semé, conseille-t-on, prenez une corneille, arrachez les grosses plumes des ailes, creusez un trou de cinq pieds de tour et d'un pied de profondeur, au milieu de votre champ. Plantez les plumes sur le bord du trou à l'entour et jetez la carcasse dedans. Pas une corneille ne se portera dans le champ, jusqu'à ce que la semence soit hors de danger[12].»

Les cultures

Le blé

De toutes les céréales, le blé est semé le plus tôt, car il lui faut une longue saison de végétation. Le blé d'automne, semé au début de septembre et récolté au commencement d'août, ne se cultive plus que dans la région de Montréal. Les cultivateurs de la région de Québec, entre autres ceux de Cap-Santé, ont bien essayé de pratiquer cette culture de 1814 à 1829, mais les gelées qui tuent plus souvent qu'autrement les jeunes pousses les en ont découragés. Le blé de printemps se sème dès que la terre est prête et on ne le récolte que dans la première quinzaine de septembre. Il arrive que, sous leur propre poids et la poussée de la pluie et des grands vents, les tiges du blé s'affaissent et s'abattent sur le sol; c'est ce qu'on appelle «la verse» qui arrête le développement de la plante et gâche donc la récolte. Des semailles plus clairsemées, un fumage moins excessif et la rotation des cultures préviennent de telles avaries.

De 1800 à 1850, la culture du blé disparaît presque de la vallée du Saint-Laurent. Après avoir joué un rôle économique très important dans la vie de l'habitant aux 17e et 18e siècles, constituant bon an mal an de 65% à 73% des récoltes, le froment n'occupe plus que 20% de la moisson en 1830. Quatorze ans plus tard, il ne formera plus que 4,4% des récoltes de céréales. Les raisons sont multiples. Cette céréale exige beaucoup. De toutes celles cultivées en plein champ, elle est, après le maïs, la plus épuisante pour le sol. Elle demande de plus une saison de végétation presque trop longue pour le climat de la vallée. Au cours des années 1810, la rouille, une maladie végétale consécutive à l'épuisement des sols, et l'apparition de la mouche hessoise ou «puce des blés» accéléreront le déclin de cette culture. Les paroisses de Saint-Denis-de-Richelieu, Saint-Hyacinthe, La

Présentation et Soulanges seraient particulièrement touchées par les ravages de la «mouche». Des phytogénéticiens confirment aussi l'existence à cette époque du piétin, un champignon parasite du blé qui sera identifié plus tard et qui donne un plant maladif, aux épis vides et sans force de résistance aux accidents climatiques.

Ce changement est très important dans la vie de l'habitant qui doit délaisser une pratique agricole plus que centenaire, pour laquelle il touchait parfois de bons revenus, et diversifier ses cultures. Il lui faut aussi transformer son alimentation. Il recourt alors à d'autres céréales panifiables, comme le seigle et le sarrasin. La culture de l'orge se généralise. L'avoine se maintient. La culture des pois, une production traditionnelle, augmente. On y ajoute celle des fèves. Enfin, plus que tout, la pomme de terre devient la principale culture de remplacement du blé. Bien sûr, l'habitant continuera de faire son pain de blé. Mais il le mélangera maintenant à des pommes de terre ou à du seigle. Il achètera son froment à bon prix au magasin du village ou aux marchés de la ville. Non seulement alors n'en tirera-t-il plus de revenus comme auparavant, mais il lui en coûtera cher désormais pour s'alimenter en blé. Dans toutes les familles, la farine se fera donc précieuse.

Le seigle

Après le froment, le seigle donne la meilleure farine pour le pain. Il complète bien le blé, prospérant dans des terres où ce dernier ne peut croître. De même, il craint moins les gelées et arrive à maturité plus vite. On sème le seigle plus fort que le blé; le blé talle bien, le seigle pas du tout. Chaque grain de seigle ne produit qu'une seule tige. Toutes les céréales semées à la volée demandent par la suite un hersage; celui du seigle doit être si léger qu'un fagot d'aubépine peut tenir lieu de herse. La paille de seigle sert à recouvrir les dépendances, à lier les bottes de froment, d'orge et d'avoine, à attacher les arbrisseaux tels les gadeliers et les groseillers et à former des litières pour les animaux. «Ses grains servent à faire de la bière et de l'eau-de-vie, à nourrir les hommes dans les potages et en bouillies, et les animaux en pâtées ou en grains[1].»

On sème le seigle au printemps, sauf à Sorel où l'on se spécialise dans la culture du seigle d'automne. Là, on le sème en septembre pour le recueillir à la fin de juillet ou au commencement d'août. À vrai dire, cependant, la culture du seigle n'est guère répandue. Peut-être craint-on l'«ergot», cette maladie végétale qui rend le seigle vénéneux et à laquelle les journaux font parfois

* Déformation du terme «éclampsie», synonyme de convulsion.

écho. Il s'est vu des gens tomber «dans les clampsies*» après avoir mangé du pain fait de farine de «seigle ergoté». De toute manière, on ne s'oblige à manger du pain de seigle que lorsque le prix du blé devient prohibitif. Une citoyenne de Rivière-Ouelle raconte: «Chanceux ceux qui pouvaient toujours manger du pain de blé! Il y avait des années de disette et, l'Ouest n'étant pas ouvert à la culture, la misère était grande. Une année entre autres (je l'ai souvent entendu raconter par mon grand-père), la farine se vendait seize piastres le quintal. Alors on mangeait du pain de seigle ou d'orge. Les plus pauvres n'en avaient pas et pour ne pas mourir de faim ils se nourrissaient d'une sorte d'herbage appelé passe-pierre[2].»

L'orge

«L'orge est une graminée cultivée en Canada depuis son établissement, écrit Joseph-François Perrault, et il n'y a guère de fermes où l'on n'en voit un petit champ.» On la cultive pour la soupe. On la donne en nourriture aux animaux qui deviennent gras plus rapidement qu'avec toute autre céréale. On vend le surplus aux brasseries qui en font du malt pour la bière, le «vin des pays froids». L'orge a sur les autres l'avantage de la brièveté de la croissance. Semée en mai, elle se coupe en juillet. Pendant sa croissance, le cultivateur prend soin de briser la croûte qui se forme à la surface du sol. L'orge souffre beaucoup quand cette croûte emprisonne son collet; son mûrissement s'arrête aussitôt et si cet état se prolonge la récolte est en jeu.

L'avoine

L'avoine est la céréale la moins exigeante que l'on connaisse. Elle pousse aussi bien dans les sols argileux et sur les terrains fraîchement défrichés que dans les terres marécageuses asséchées. Seuls les sables lui répugnent. Dans certains sols, elle peut même croître plusieurs années consécutives dans le même champ, sans que sa productivité diminue d'une façon sensible. Cependant ce champ, une fois épuisé par cette culture prolongée, reprendra bien difficilement son ancienne fécondité. On utilise l'avoine surtout comme nourriture à cheval et moulée à bétail.

Le sarrasin

Le blé, le seigle, l'orge et l'avoine appartiennent à la famille des graminées. Bien que le sarrasin fasse partie d'une autre famille, les polygonacées, on le considère en culture comme une autre céréale, le «blé noir». On ne fume presque jamais le sol où poussera le sarrasin. Il nécessite si peu que c'est souvent lui qui sert d'engrais. Alors on ne le cultive que pour l'enterrer par un labour au moment de la floraison. Mais cette céréale est tellement sensible aux conditions atmosphériques qu'il n'y a guère de climat où la récolte est assurée. La sécheresse, la chaleur excessive, les gelées blanches et les vents froids lui sont toujours fatals. On ne le sème jamais avant les premiers jours de juin. «Si on le semait plus tôt, il fleurirait à l'époque de la plus grande chaleur, qui le brûlerait et priverait le cultivateur de la récolte des grains. Ou les gelées blanches du mois de mai ne manqueraient pas de le faire périr[3].»

On cultive surtout le blé noir pour nettoyer les champs des mauvaises herbes, car il pousse avec vigueur, et pour enrichir la terre. De 1831 à 1851, le sarrasin ne représente que 4% des récoltes céréalières. Avec la pomme de terre, il constitue tout de même la base de la nourriture dans les paroisses de colonisation. Dans un même champ, on alterne d'ailleurs les deux cultures. Dans les lieux de défrichement au climat souvent plus froid, il arrive qu'on élève des croix de chemin pour demander à la Providence de préserver de la gelée les semences de sarrasin.

Le méteil

Parfois, dans le but d'obtenir une récolte plus abondante sur un terrain de médiocre qualité, on mélange les céréales semées: blé et seigle, blé et orge, avoine et orge ou avoine et sarrasin. Selon la région, on appelle «méteil» ou «gaudriole» ces mélanges de céréales. Ainsi, pour obtenir une meilleure récolte de blé sur une terre impropre à la culture, on mélange le blé au seigle. La gaudriole qu'on sert aux porcs en guise de «bouette» est composée d'avoine, de pois et de sarrasin. Dans les villes de Québec et de Montréal, à l'époque où l'habitant destinait son blé à l'exportation, les commerçants se plaignaient beaucoup de se voir refiler de la gaudriole au lieu de «blé net». Ils ne savaient que faire de ces céréales bâtardes sans aucune valeur sur le marché international.

Le maïs

La maïs est une des plantes les plus épuisantes que l'on connaisse. Sa culture nécessite les meilleurs engrais. Surtout adapté aux climats chauds, il lui faut plus de chaleur qu'au blé pour mûrir. On ne le sème jamais avant les derniers jours de mai, car les gelées tardives lui sont mortelles*. Quand vient l'heure de semer, le cultivateur qui, l'automne précédent, avait fait sécher ses plus beaux épis dans un endroit sec les égraine. Mis dans l'eau pendant douze heures, les grains de bonne qualité coulent, les autres surnagent. On rejette alors ces derniers. Puis on sème à la volée.

Mais ce type de semis désordonné nuit grandement aux sarclages et aux «renchaussages» nécessaire à la plante. Les cultivateurs les plus avisés sèment donc en lignes, plutôt qu'à la volée. On s'y prend à deux. Le laboureur trace d'abord un sillon. Le semeur le suit, s'agenouille, jette quatre à six grains dans la raie, se relève, fait quelques pas, s'agenouille à nouveau, y laisse quelques grains, et ainsi de suite jusqu'au bout de la planche. En second lieu, le semeur couvre les grains de terre avec un râteau, pendant que le laboureur ouvre de nouveaux sillons.

Bien qu'il s'agisse d'une céréale indigène découverte par les Amérindiens, qui avaient su sélectionner les grains à meilleur rendement, le maïs ne constitue que 4% des récoltes de 1831 à 1851[4].

* À noter que, depuis ce temps, on a mis au point de nouvelles variétés de maïs plus résistantes aux gelées et nécessitant une saison de végétation plus courte. Cela vaut également pour de nombreuses autres variétés de semences.

Les pois

La culture des pois est d'origine française. Dans la première moitié du 19e siècle, chaque ferme a son champ de pois, généralement plus grand que ceux de seigle, de maïs et de sarrasin mis ensemble. Le pois est le légume qu'on a hâte de récolter pour en manger à satiété. On le sème donc très tôt. D'autant que les gelées tardives ne le font pas souffrir. D'ailleurs, on répète qu'au printemps les pois prennent force avant les chaleurs.

Un sol pauvre, mais bien égoutté et mélangé à du sable grossier, suffit à la culture des pois. Immédiatement avant de semer, on procède au battage des cosses pour en extraire les pois. On sème à la volée et on enterre à la herse. On mange les pois nature ou bouillis. En hiver, dans les chantiers, les bûcherons consomment une grande quantité de soupe aux pois. Des cultivateurs réduisent les pois en farine grossière et les donnent en «bouette» aux cochons et aux moutons. Mais on remarque que les vaches nourries aux fanes de pois tarissent beaucoup.

La routine

L'habitant de la vallée du Saint-Laurent s'en est longtemps tenu à une sorte d'approche naturelle de la vie. Au 19e siècle, pour l'exploitation de ses terres, par exemple, il continue souvent simplement de recueillir ce que la nature lui offre, plutôt que de chercher à agir sur elle par des procédés énergiques de culture. Quelle que soit la région qu'il habite, il mise avant tout sur la productivité naturelle du lieu. La terre, à son avis, jouit d'un grand pouvoir autogénérateur et chaque récolte vient de cette fertilité première et spontanée.

En 1837, un journaliste agricole remarque que cette conception passive de l'agriculture a pris naissance «à l'époque même de l'établissement du pays». Les premiers colons, venant d'une contrée vieille de plusieurs siècles, arrivaient fort bien avertis des derniers progrès agricoles. Mais ils trouvèrent dans la vallée du Saint-Laurent un sol si riche qu'ils n'avaient qu'à semer pour que tout vienne à foison. Nul besoin de préparer et d'entretenir la terre pour lui redonner sa fertilité première et autant de temps de gagné pour se consacrer «aux travaux de défrichement nécessaires quand on ouvre des terres nouvelles». De là, les témoignages selon lesquels jusqu'aux années 1800 on ne porte guère intérêt au fumier.

Pendant près de 200 ans, de génération en génération, on a semé du blé et les récoltes ont suffi généralement à faire vivre la famille. Lentement, au fil des ans, à bénéficier d'un sol si riche, à refaire les mêmes gestes, l'habitant, souvent coupé de toute information technique nouvelle, en est venu à oublier la vieille science agricole française. À preuve, ce complet retour à l'assolement biennal (on accorde une année de repos seulement à une terre ensemencée en blé), tandis que l'assolement triennal (deux années de repos), la principale découverte agricole avec la charrue et le collier de cheval, se pratique en France depuis les années 1300. Et le journaliste de conclure: «Pendant que le sol s'épuisait graduellement, la connaissance des moyens de lui rendre la fécondité, comme des ressources de l'espèce d'industrie qui se lie d'une manière intime à la culture et sans laquelle elle ne peut prospérer, s'est affaiblie; les souvenirs même s'en sont effacés.»

Au début du 19e siècle, deux conceptions opposées de l'agriculture s'affrontent dans la vallée du Saint-Laurent. Les francophones en ont fait un état de vie, relativement frugal, visant d'abord à l'autosuffisance de la famille en biens et en vivres. Les anglophones, de leur côté, arrivés maintenant depuis quarante ans, se font l'écho d'un effort de raison, d'une nouvelle science agricole qu'on est à mettre au point dans des pays comme l'Angleterre, l'Écosse et les États-Unis. On réussira sans peine à convaincre les plus «éclairés» de la société québécoise du bien-fondé d'une agriculture conçue comme moyen de production dans une économie de marché. D'autant plus facilement que les sols des vieilles paroisses n'offrent plus souvent qu'un piètre rendement. Un peu partout, la culture du blé n'est que désolation. À Québec et à Montréal, des sociétés d'agriculture se fondent et dénoncent la routine paysanne. Des premiers traités s'écrivent. Les journaux se donnent des chroniqueurs agricoles. On juge les labours superficiels, les engrais insuffisants et le mode d'assolement archaïque. On invite à la diversification des cultures. Et, le temps passant, se dégage l'impression d'une conversion lente et généralisée des cultivateurs francophones à ces nouvelles idées. En 1831, par exemple, le président de la société d'agriculture de Beauharnois note que le labourage s'est beaucoup amélioré, l'emploi du fumier se généralise et l'intérêt pour la science agricole se développe.

Voir Joseph Bouchette, *Description topographique de la province du Bas-Canada* (1815): 65-70; *La Bibliothèque canadienne*, 1er août 1829; *Le Glaneur*, avril, juin 1837; Fernand Ouellet, *Histoire économique et sociale du Québec, 1760-1850* (1966): 339.

La pomme de terre

Bien qu'on fasse mention de la pomme de terre dans les documents officiels un peu avant 1760, ce sont les Anglais qui l'ont véritablement introduite dans la vallée du Saint-Laurent. Les habitants l'ont d'abord connue et appréciée durant les années de disette; elle constituait alors un substitut nutritif au pain. Puis, les mauvaises récoltes de blé se multipliant avec régularité, on commença

Le doryphore

Au début du 19ᵉ siècle, un petit insecte coléoptère presque inconnu qu'on devait plus tard baptiser du nom de doryphore ou chrysomèle vivait en sol américain sur les flancs orientaux des montagnes Rocheuses. Il se nourrissait de morelle, une plante sauvage de la même famille que la pomme de terre, la tomate et le tabac. Doryphores et morelle vivaient en équilibre. Les doryphores proliféraient-ils trop qu'ils provoquaient la disparition de la morelle et, par voie de conséquence, la leur.

Dans les années 1850, le colon américain, dans sa longue marche vers l'ouest, arrive dans cette région. Invariablement il apporte avec lui un sac de pommes de terre et en sème dès qu'il s'installe. Cela pousse bien dans ces terres nouvellement défrichées. Mais les doryphores ont tôt fait de repérer les feuilles de cette nouvelle plante, nettement plus tendres et plus savoureuses que celles de la morelle sauvage. Ils délaissent donc leur nourriture originelle pour les champs de pommes de terre et commencent à se reproduire en un temps record. Au cours d'un été, près de trois générations de doryphores voient le jour, de sorte qu'à l'automne chaque femelle laisse une descendance d'environ 80 millions d'individus. À un tel rythme, le Colorado ne peut suffire et les doryphores se sentent vite à l'étroit. Ils entreprennent donc la longue marche de la pomme de terre, allant vers l'est, à l'inverse de l'homme.

En 1860, ils dévorent les feuilles de pommes de terre de l'Omaha et du Nebraska. En 1865, ils franchissent le Mississippi et se répandent dans l'Illinois, l'Ohio et la Pennsylvanie. Beaucoup d'agriculteurs, non prévenus de cette invasion, ne savent comment interpréter ce fléau. Et les

doryphores continuent. Partout où ils passent, les récoltes s'en trouvent diminuées et on ne connaît aucun moyen de les arrêter. En 1875, voilà qu'on signale l'insecte à Lacolle, à la frontière occidentale du Québec. En juin 1877, les habitants de Saint-Anselme-de-Dorchester remarquent dans leurs champs des nuées de petits insectes jaunes et noirs, à reflets métalliques, qui dévorent les jeunes pousses. Ce sont les doryphores. Il y en a tant que cela tient de la calamité. Le curé Odilon Paradis, bien porté à la lutte contre l'ivrognerie et le jeu d'argent, «deux plaies de sa paroisse», recommande à ses ouailles d'ériger des croix de chemin le long des routes pour s'attirer les bonnes grâces de Dieu. La croix du rang Saint-Philippe est bénie le 8 juillet 1877.

Pendant tout l'été, après leur journée de travail, les citoyens de Saint-Anselme se retrouvent au pied de la croix pour implorer le ciel de conjurer ce mal.

Une partie des doryphores s'installera dans la vallée du Saint-Laurent et on les appellera «bêtes à patates». Mais l'insecte ne cessera pas sa course pour autant. En Europe, il met d'abord pied en Allemagne, qui interdit aussitôt l'importation de pommes de terre d'Amérique. Des milliers de fantassins et de sapeurs creusent de profondes tranchées autour des champs contaminés. On met le feu aux prairies après les avoir arrosées de pétrole. Chacun utilise les moyens du bord pour combattre le fléau. On laisse des champs en jachère. On inspecte les convois de chemin de fer qui franchissent les frontières. Grâce à ces mesures, on réussit dans certains pays à retarder de quelques années la marche de l'insecte. Mais ce n'est toujours que temporairement, car finalement toute l'Europe y passe, même celle de l'Est. Jusqu'à ce qu'en mai 1956, cent ans plus tard, une conférence internationale visant à mettre au point un programme commun de lutte contre le doryphore se tienne à Moscou.

Voir Igor Akimouchkine, *Où et comment* (1968): 191-196; *La petite histoire des paroisses de la Fédération des Cercles de Fermières du district régional nᵒ 4 (Comtés de Lévis, Bellechasse, Dorchester et Lotbinière)* (1950): 522-524; Benjamin Sulte, «La pomme de terre», *La Revue canadienne*, 29 (1893): 92.

sérieusement à délaisser cette céréale au profit de la pomme de terre. La famille québécoise du 18ᵉ siècle consommait deux ou trois livres de pain par jour; celle de la première moitié du 19ᵉ siècle n'en mange plus qu'une[5]. Elle se rattrape avec la pomme de terre. Les journaux l'en encouragent d'ailleurs: «C'est de toutes les cultures sarclées celle qui rapporte le plus et aussi qui a le moins à craindre des variations atmosphériques... Comme un champ planté de patates peut nourrir trois ou six fois autant d'individus qu'ensemencé de blé et que la récolte de ce tubercule a plus de chances de succès que celle des céréales, la culture n'en doit pas être négligée. L'emploi de la patate doit être un objet important d'économie domestique, lorsque le prix du blé étant très élevé, les patates se donnent presque pour rien[6].» On la cultive de Hull à Gaspé, et il semble que nul climat ne lui convienne mieux. De 1827 à 1844, elle représente à elle seule 46% des récoltes[7]. On en produit généralement entre 50 et 200 minots par ferme.

Tous les habitants s'entendent sur le fait que la meilleure manière de semer les pommes de terre est de semer le tubercule lui-même. Mais alors que les uns prétendent que les «patates rondes» valent mieux que les «patates coupées», d'autres affirment que les «patates coupées» suffisent. Toujours est-il que plus le morceau est gros, plus nombreuses seront les pommes de terre. Le germe qui se nourrit à un tubercule bien portant donnera un plant plus robuste qu'un autre moins bien alimenté. Mais vient un temps où il faut recourir aux véritables semis pour régénérer sa plantation, sinon les récoltes s'appauvrissent. En 1837, on note une certaine dégénérescence dans les champs de quelques cultivateurs. «Chacun a pu observer que les espèces de patates qu'on cultive depuis longtemps, qui produisaient d'abord beaucoup de fleurs et de baies, ont cessé graduellement d'en produire: ceci est, suivant nous, un signe de dégénération. Il faudrait pour le régénérer avoir recours au semis[8]. »

Pour les semailles, tous les membres de la famille sont réquisitionnés. Là où l'on sème des «patates coupées», on les coupe plusieurs jours d'avance, afin que les plaies sur les morceaux se cicatrisent. On a soin aussi de bien couper les morceaux, de sorte que chacun porte un germe. Lorsque les risques de gel ont disparu, on apporte les semences au champ par pleins paniers. La charrue ouvre d'abord un profond sillon. Des semeurs suivent et déposent les tubercules. D'autres enterrent le tout avec des râteaux. Cette plante croît mieux lorsqu'elle est bien enfouie; on la recouvre donc de 10 à 15 centimètres de terre. Pendant la croissance, il faudra la sarcler et la rechausser sous peine de la voir végéter misérablement.

Le lin

Le lin est la plante textile aux mille usages. «On en sème partout; chaque paysan possède son champ de lin[9].» Il est si important que, souvent lors d'une donation, l'habitant qui abandonne ses biens à son enfant prévoit des semences de lin pour son usage personnel. Au 19e siècle, quand tout coûte cher, qu'on n'a pas l'argent pour acheter des tissus manufacturés en Angleterre, on produit encore plus de lin.

De cette plante on tire «la toile du pays». Toute la lingerie de la maison — draps, taies, linges à vaisselle, serviettes, linges de table, nappes, essuie-mains — est de lin, de même que la garde-robe d'été de chacun des membres de la famille. Écrue, la toile de lin sert à confectionner les «poches» destinées au transport des céréales nature ou en farine. Le fil de lin, tressé à trois brins, ferme ces sacs. Tressé plus serré, à deux brins et enduit de poix, c'est le «ligneux», un fil à coudre assez résistant pour être utilisé en cordonnerie. Avec l'étoupe du lin, on calfeutre les fenêtres et on calfate les navires. Avec la filasse, on bourre les sièges des voitures et les colliers de cuir des animaux.

Hors de toute considération pratique, la petite fleur bleue ou blanche du lin contribuera à composer une des plus belles images du paysage annuel de l'habitant. Durant la floraison du lin, de grandes nappes bleues ou blanches semblent étendues dans des champs autrement verts et quand les travaux permettent de tirer une pipe sur la galerie au coucher du soleil on se prend à penser que cette beauté valait bien des sueurs... et qu'elle en promet autant quand viendront la récolte, le rouissage, le brayage, le filage et le tissage.

La liniculture, pratiquée d'abord dans les zones tempérées à climat maritime, nécessite un sol ni trop lourd, ni trop sablonneux et bien drainé. Sur les bords de la mer, le varech utilisé comme fumure augmente la qualité et la quantité de lin. Dans la vallée du Saint-Laurent, au climat humide, le lin vient bien et la quantité de semence répandue à la volée est fonction de l'usage qu'on entend faire de la récolte.

Pour une filasse fine et longue permettant le tissage d'un vêtement délicat, on sème fort. Pour obtenir une toile plus résistante, mais plus grossière, on sème clair. Il faut prendre garde de toujours semer égal. Là où il y a trop de semence, le lin pousse fin, ne donne que peu de graines et mûrit plus tard. Par contre, des semis clairsemés donnent de grosses tiges, beaucoup de graines, mais une filasse nettement plus grossière. Le lin craint les grands vents qui font se frapper les tiges les unes contre les autres. Il en résulte alors de nombreuses contusions qui diminuent beaucoup la quantité de la filasse. C'est pourquoi on cherche à semer le lin dans des champs abrités. Une plantation d'arbres, par exemple, tient souvent lieu de coupe-vent.

Le potager

L'agriculture est le domaine de l'homme, le jardinage, celui de la femme. Bien sûr, il arrive à l'épouse, de même qu'aux autres membres de la famille, de prêter main-forte aux travaux des champs. Elle aide, par exemple, à trier les grains, à répandre le fumier et à semer les pommes de terre. Elle travaillera beaucoup à la récolte. Mais il revient à l'homme de prévoir les surfaces à ensemencer, de tenir la charrue et de manier la faux. En fait, ce partage des tâches est ancien. Dès le 12e siècle, en France, les travaux ruraux sont strictement répartis entre les sexes. Au champ, la femme ne fait que sarcler et faner. Mais elle est maîtresse du potager.

*Photo: **Horace Miner**, St. Denis, a French Canadian Parish, 1939.*

Dans la vallée du Saint-Laurent, le potager est de toutes les demeures. En 1811, le village de Boucherville compte 71 «jardins» sur 91 domiciles[10]. Les étrangers de passage à Montréal notent que la ville est truffée de potagers. Le potager est le lieu-dit de la variété alimentaire. Il n'est guère possible d'imaginer combien serait terne sans lui l'alimentation en ce pays. Il permet nombre de petites cultures impossibles sur une vaste étendue et prolonge de ce côté de l'Atlantique certaines habitudes alimentaires des ancêtres de France. Il est permis de supposer qu'au début, précisément à cause du potager, le dépaysement dut être moins grand.

Au printemps, alors que l'homme est tout occupé aux champs, la femme entreprend de cultiver son jardin. Elle sait l'importance de ce travail pour toute la maisonnée. Pendant l'été, elle y reviendra chaque jour pour surveiller la croissance, protéger les jeunes plants et promener l'arrosoir. Parfois, fière, elle y conduira la voisine pour lui faire admirer ses primeurs, deviser sur les maléfices de la lune et supputer les chances d'une belle récolte. Sitôt que les jours se mettront à raccourcir, son potager sera le premier coin de terre à se dépouiller au bénéfice de toute la famille.

Lorsque la ménagère choisit l'emplacement du potager, elle cherche toujours à concilier les critères suivants: il doit être à l'abri des vents dominants, comprendre un point d'eau à proximité, être exposé au soleil et avoisiner la maison. La proximité de la maison permet l'éloignement des rongeurs et l'entretien constant du jardin. C'est comme si on l'avait sous la main. Sans compter qu'il se trouve ainsi moins exposé aux méfaits des maraudeurs. On le dispose du côté du soleil levant, parce qu'en plein été, dit-on, le soleil du matin, succédant à la nuit fraîche, est toujours le meilleur.

L'eau, quant à elle, est très importante. Pour subvenir aux besoins du potager, il faut s'assurer d'avoir constamment de l'eau sous la main, quel qu'en soit le coût. Si l'eau manque «aux temps chauds», la croissance des plantes s'arrête, les légumes deviennent fibreux et coriaces et parfois les récoltes sont ratées. Il arrive qu'une rivière ou un ruisseau coule tout près; la place du potager est alors toute trouvée. Sinon, il occupe un espace près du puits. Mais ces eaux sont trop froides et on conseille de les tirer une douzaine d'heures avant l'arrosage pour qu'elles aient le temps voulu pour se réchauffer[11]. La meilleure eau est encore l'eau de pluie recueillie dans le «quart» placé en permanence sous la gouttière de la galerie. Riche de principes fertilisants, croit-on, elle présente aussi l'avantage de toujours être à la température ambiante.

Les moments propices à l'arrosage du potager varient selon la saison. Au printemps, quand les gelées blanches sont encore à craindre, on arrose le matin afin que la terre puisse s'assécher avant la nuit suivante. En été, on doit préférer le soir, parce que l'eau s'évapore moins vite durant la nuit; ainsi les plantes profitent mieux de l'arrosage. On n'arrose jamais en plein soleil.

Pour préserver efficacement les choux et les carrés d'oignons contre la gourmandise des vaches et des poules, on clôture le potager. Cela rappelle également aux enfants qu'il leur est toujours défendu d'y pénétrer à moins d'une permission expresse. Au nord, on l'abrite parfois des vents froids par un rideau d'arbres. Certaines ménagères ajoutent des «talles» de gadeliers rouges, blancs ou noirs, groseilliers à maquereau, «cerisiers à grappes», «seneliers», framboisiers ou «pimbina». Avec les fruits de ces arbustes, on fabrique des confitures, des gelées et même de petits vins maison que l'on dit n'être «pas piqués des vers».

Au printemps, la première tâche à accomplir dans le potager est de le labourer de part en part. La femme laisse ce travail épuisant à l'homme qui, occupé durant la journée aux travaux des champs, profite de ses temps libres du matin et du soir pour retourner la terre du jardin. Il utilise la bêche ou la houe. On connaît deux sortes de bêches dans la vallée du Saint-Laurent: l'une dite «ferrée», faite d'un fer large, plat et tranchant, adapté à un manche de bois plus ou moins long, et l'autre, franchement appelée «bêche», formée de trois dents de fer montées sur un manche de bois. La houe, nommée surtout «pioche», diffère des bêches en ce que la partie de fer forme un angle aigu avec le manche. La labour à la bêche se fait de côté, alors que celui à la houe se pratique par-dessus la tête. «La houe donne beaucoup de force à l'ouvrier pour soulever d'énormes mottes de terre, mais elle l'oblige à travailler plié en deux, genre de fatigue à laquelle tout le monde ne peut pas s'habituer[12].»

Quand tout le jardin est «retourné», la femme prend la relève de l'homme pour égaliser la terre, enlever les cailloux et les racines et briser les mottes. Elle utilise le râteau, la herse des potagers, pour faire ce travail. Puis, avec la «gratte*», elle forme de chaque côté d'une allée centrale des planches sur lesquelles elle creuse de petits sillons. Pour les tracer droit, elle s'aide d'un bout de corde tendue entre deux piquets. À ce stade, le jardin atteint sa forme finale. Il ne reste plus qu'à semer.

* Nom donné à la binette.

Bien que le potager doive fournir à toute la famille une bonne partie de son alimentation annuelle et qu'il occupe ainsi une surface proportionnelle à ses besoins, on le dit généralement petit. Tellement qu'on ne croirait jamais, notent les observateurs, qu'il peut y pousser tant de choses. Mais tout est prévu. Sur certaines planches, la femme sème les légumes à feuilles, tels le chou, la laitue, le cresson et le poireau, qui exigent tous un fumier abondant. Sur d'autres, les plantes-racines, comme la betterave, la carotte, le navet, le radis, l'échalote, l'oignon et l'ail. Dans un autre coin, mais un peu plus en arrière, car il peuvent porter ombrage aux plants plus petits, les légumes à grains secs (fèves, haricots et pois), qui nécessitent un sol plus riche en potasse. C'est à cet endroit que la mère de famille prie parfois un de ses enfants d'aller jeter les cendres du poêle. Le concombre, la citrouille, la courge et le melon sont semés en buttes plutôt qu'en lignes pour qu'ils soient bien aises de courir. Les fines herbes (thym, sarriette, persil, ciboulette et cerfeuil) ont leur place également, souvent permanente à l'exemple des plants de fraises. Pendant l'été, la ménagère mijote-t-elle un plat qu'elle court au jardin couper quelques tiges de fines herbes pour en rehausser le goût.

Le tabac

Le repiquage des plants de tabac à Berthier au début du 20ᵉ siècle. Souvent, pour l'exécution d'une tâche qui demandait patience et longueur de temps plutôt que force physique, on mobilisait les femmes et les enfants (ANQ).

Un potager ne serait pas complet sans quelques planches de tabac. La surface ensemencée est plus ou moins considérable selon que la famille est plus ou moins nombreuse. Car tous fument, hommes et femmes, du plus petit à la plus grande. Des voyageurs disent que c'est là une habitude qui se contracte dès la plus tendre enfance. Même les femmes vont au champ, la pipe à la bouche. Aussi est-il de première importance de s'assurer de bonnes provisions de tabac.

Les fleurs

«Le goût des fleurs parmi toutes les classes de la société cana-
dienne-française est presque généralisé[13].» Chaque demeure possède un massif floral sur le parterre avant ou dans l'enceinte du
potager. Pour la femme, une maison ne va jamais sans fleurs.
Tellement qu'en territoire de colonisation un de ses premiers
gestes est de fleurir les alentours de son domicile. Toutes d'importation européenne, mais depuis longtemps acclimatées, les
fleurs qu'elle sème ne le sont que pour l'œil. On ne les coupe
presque jamais pour orner en bouquets le centre de la table ou le
rebord de la cheminée, à moins d'un événement spécial telle une
noce. La saison des fleurs cultivées est trop courte pour qu'on
l'abrège de cette manière. La seule exception tolérée est la gerbe
de fleurs coupées le samedi par la grand-mère pour orner l'autel
de l'église ou de la chapelle. Mais, règle générale, muguet, lilas,
roses, géraniums, hémérocales fauves, «gueules-de-lion», «quatre-
saisons», «vieux-garçons», «queue-de-rat», pavots, pensées, pivoi-
nes et résédas s'ouvrent, s'épanouissent et se fanent dans le jardin. À la flambloyance des couleurs succède l'éparpillement des
pétales dans les allées.

La chasse et la pêche

Le bruant des neiges

Deux fois par année, tard à l'automne et tôt au printemps, le bruant des neiges, un oiseau qui vit ses étés le long de la baie d'Ungava, est de passage pour quelques semaines dans la vallée du Saint-Laurent. On le voit alors folâtrer dans la campagne enneigée, le plus souvent en volées très nombreuses. Il se nourrit des graines de mauvaises herbes, voletant d'une touffe à l'autre, sautillant même pour atteindre les plus hautes. Une volée de bruants des neiges a les allures d'une bourrasque de neige. À distance, sous les rayons inclinés du soleil hivernal, «ils semblent disparaître et réapparaître par groupes au-dessus de la neige, selon qu'ils offrent à la vue de l'observateur les parties blanches ou noires de leur plumage[1]». Sur la Côte-de-Beaupré et l'île d'Orléans, on l'appelle l'«oiseau blanc» ou «petit oiseau des neiges»; sur la Côte-du-Sud, l'«oiseau de misère». Lorsqu'en mars et avril le bruant fait provision de graines avant de regagner le lieu de ses amours, le cultivateur s'embusque et lui fait la chasse.

Le mode le plus en usage de le tuer est de le tirer au fusil après l'avoir attiré avec une longue traînée de graines sur la neige. À l'île d'Orléans, il abonde tellement que l'habitant le capture vivant. Des graines répandues sur la neige, entourées d'un «cercle de quart» auquel sont attachées une dizaine de «lignettes*», suffisent. L'oiseau qui mange en piétinant à l'intérieur du cercle se retrouve soudain pris à ces crins par les pattes ou le cou. De grandes quantités de ces petits oiseaux sont ainsi tués chaque année au printemps. On va même jusqu'à en faire des couronnes regroupant 12 ou 24 bruants des neiges et à les vendre aux divers marchés de Québec, car, assure-t-on, leur chair est délicate et savoureuse. On les mange principalement sous forme de ragoût, en les faisant bouillir tout entiers, sauf les pattes, les entrailles et le bec.

* Lacets à nœuds coulants faits de crins de cheval.

Le loup-marin

Au moment où le cultivateur de la région de Québec se livre à la chasse du «petit oiseau des neiges», les habitants des Îles-de-la-Madeleine se préparent à l'abattage des phoques. Dès le 10 mars, des guetteurs se postent sur les falaises de la Butte-Ronde, du Cap-Nord, du Cap-de-l'Est, et de la Colline de la Demoiselle, fouillant l'horizon dans l'espoir de repérer des troupeaux de phoques à la dérive sur les glaces. En cette saison de l'année, les

Retour de la pêche à la morue en Gaspésie (ANQ, fonds Communications).

* La naissance des petits a lieu environ une semaine après l'arrivée de la femelle sur la banquise, soit entre le 25 février et le 10 mars.

** Nom familier du phoque. Plusieurs espèces de phoques fréquentent les eaux du golfe du Saint-Laurent: le phoque du Groënland, le plus commun de tous, le phoque gris, le phoque commun, le phoque annelé et le phoque à capuchon.

phoques mâles et femelles, accompagnés de tous les nouveau-nés, se prélassent sur les banquises*. Les mères allaitent leurs petits fréquemment et le troupeau se prépare à la mue qui doit survenir fin mars. On préfère alors se chauffer au soleil plutôt que vivre sous l'eau.

Tout à coup, grande nouvelle qui se répand dans les îles comme une traînée de poudre: les loups-marins** sont découverts! On les a vus à la Pointe-du-Loup, à la Pointe-du-Ouest et au Grand-Étang. Des escouades de huit à dix hommes sont formées: celles des David, celle à grand Jean, celle à Edmond. Et une heure sonnant, on saute dans les traîneaux pour être sur les glaces à la barre du jour. On tire le «canotte» qui sert à franchir les mares et qui sera la ressource suprême en cas d'accident ou d'une saute du vent. L'air est vif, les hommes vont vite, blancs de givre, courant presque, s'aidant du long bâton qui est leur seule arme[2]. Lorsque paraît le soleil, les chasseurs sont déjà à une dizaine de kilomètres sur la banquise et, en moins de temps qu'il n'en faut pour le dire, fondent sur le troupeau de phoques, abattant tous ceux qui sont à portée de leur gourdin.

On dépèce les animaux sur place, conservant à la fois le lard de l'animal et sa fourrure. Chaque homme ramène généralement sur le littoral une charge égale à celle de son propre poids, soit quatre ou cinq dépouilles. Les peaux, attachées les unes aux autres et portées sur l'épaule, présentent la forme d'un seul et énorme phoque. Et il faut reprendre la chasse quotidiennement jusqu'à ce que les glaces soient passées et, avec elles, la richesse du loup-marin.

La peau, tannée puis exportée, sert à la confection de vêtements d'hiver (manchons, capots, chapeaux, souliers et bottes) et au recouvrement de meubles. Bien tannée, on dirait du maroquin, un fin cuir de chèvre ou de mouton, qui cependant se défraîchit plus vite. L'huile, un produit très recherché, tient lieu de combustible pour l'éclairage des rues dans les villes; on l'utilise aussi pour nourrir le cuir et l'imperméabiliser. Il semble d'ailleurs que, pour travailler dans l'eau, rien ne vaut une paire de «bottes sauvages» graissées à l'huile de loup-marin.

L'exploitation du loup-marin constitue une source de revenus pour les Madeliniens. Après chaque saison de chasse, c'est jour de vive allégresse et de grande liesse. Chacun fait ses comptes et on va de maison en maison porter les bonnes nouvelles. Cependant les quantités d'huile exportées montrent bien le caractère artisanal de l'opération. En 1852, les insulaires vendent 8000 gallons d'huiles, alors que, vingt ans plus tôt, des armateurs canadiens, à l'aide de cinq ou six navires, en retiraient 250 000 livres pour le commerce[3].

Il y a lieu de croire que cette chasse aux phoques, moins intensive cependant et plus occasionnelle, se pratiquait dans tout l'estuaire du Saint-Laurent jusqu'en aval de l'île d'Orléans. Plusieurs traditions locales, sans compter la toponymie, en font foi.

Le rat musqué

Le retour du printemps marque aussi celui de la chasse au rat musqué. Petit mammifère rongeur habitant les marais, le bord des lacs et les rives des cours d'eau à faible courant, le «rat d'eau» est le plus prolifique et le plus répandu de tous les animaux à fourrure de la vallée du Saint-Laurent. Il est également le plus chassé. Le temps doux revenu, quand la glace recouvre encore les étendues d'eau, le rat se pratique une ouverture pour mieux respirer. L'homme l'ayant repéré n'a qu'à faire feu dès que l'animal se montre le nez. Quelques semaines plus tard, à l'époque des crues, on délaisse le fusil pour le piège ou la nasse qu'on installe à l'entrée de l'abri de l'animal, sous le niveau de l'eau.

Bien que certains le chassent pour sa viande*, le rat musqué l'est surtout pour sa fourrure, «rapport, dit-on, qu'elle est d'un bon rapport». En effet, de 1800 à 1827, alors que toutes les fourrures canadiennes connaissent de fortes baisses de prix sur les marchés internationaux, celle du rat musqué ne cesse d'accroître sa valeur[4]. Et les États-Unis en sont les plus forts acheteurs. Pour ses peaux, l'habitant trouve donc facilement preneur chez les marchands de la ville ou ceux qui passent par les campagnes. La chair, que l'Église permet de consommer les jours maigres, se vend bien sur les petits marchés publics.

Dans les Cent-Îles du lac Saint-Pierre, ce plat pays où le Saint-Laurent s'égare en de multiples chenaux, le rat musqué abonde. Il se creuse aisément des abris dans les matériaux meubles qui constituent les berges des îles et arrive à se nourrir grassement des racines des plantes aquatiques. Là, la chasse au rat musqué est une activité printanière importante et les peaux sont vendues à bon prix à Sorel.

* La chair du rat musqué (ondatra) est excellente, sauf au printemps alors que des glandes sécrètent un musc fort odorant.

L'oie blanche et l'outarde

Un matin de la fin de mars, l'habitant de la région de Québec est distrait de sa besogne par un cri qui provient du ciel, semblable à un aboiement rauque. C'est le retour des oies blanches. Voilà des siècles qu'elles répètent ainsi cette migration avec la régularité du pendule. Parties quelques jours plus tôt de leur territoire d'hiver de Knotts Island et de Pea Island, près du cap Hatteras en Caroline du Nord, elles arrivent en survolant les vallées du Richelieu et de la Chaudière, comme si elles se servaient de voies d'eau pour s'orienter. Parvenues au Saint-Laurent, en volées considérables, à l'altitude élevée de 600 mètres, elles tournent vers l'est et suivent le fleuve ou le bord des Laurentides jusqu'au cap Tourmente.

Puis, soudain, reconnaissant leur aire de repos, elles se mettent toutes à tomber comme des feuilles mortes. Le chasseur dit alors qu'elles «cassent les ailes». Près du sol, elles se redressent, reprennent leur vol régulier et se posent délicatement. On croirait un ballet. Pendant des semaines, elles s'y amènent jusqu'à ce que la colonie entière soit arrivée*. Le troupeau est protégé contre tout danger par des sentinelles qui se tiennent à l'entour, surtout du côté de la terre ferme. Celles-ci, la tête haute, immobiles, prêtes au signal d'alarme à la moindre alerte, guettent l'approche de l'intrus.

Les oies blanches, viennent ici se reposer longuement, pendant près de deux mois, avant le début de la saison des amours. Elles ne partiront pour gagner l'est de l'Arctique canadien et la côte occidentale du Groënland que lors des derniers jours de mai. Le territoire qu'elles occupent est fort restreint, car là seulement pousse en grande quantité le scirpe américain**; il s'étend, selon le biologiste Louis Lemieux, sur «une bande presque continue de Montmorency au cap Tourmente sur la rive nord du fleuve, de Sainte-Pétronille à Saint-François sur la rive nord de l'île d'Orléans et de Saint-Vallier à Saint-Roch-des-Aulnaies sur la rive sud du fleuve[5]». Les oies semblent particulièrement friandes des racines du scirpe, car elles plongent la tête entière parfois à une profondeur de 30 centimètres dans la vase pour sortir ces tubercules. Elles coupent de leur bec la tige qu'elles laissent tomber sur le sol. On dit qu'une grève est comme un terrain labouré après le passage de l'oie blanche.

Parfois, au sein de la colonie d'oies blanches, se glisse l'outarde. Ces deux oiseaux se connaissent bien, car ils hivernent souvent ensemble sur la côte américaine. Mais contrairement à l'oie, l'outarde est fort répandue en Amérique. Ses couloirs de

* On suppose que les oies devaient être très nombreuses à l'arrivée des Européens en Amérique. Néanmoins, en 1860, elles ne sont plus que 3000. Le biologiste Louis Lemieux croit que, bien plus que la chasse, une grave épizootie aurait décimé le troupeau. Aujourd'hui, des mesures sévères préservent les oies dont le nombre pourrait maintenant s'élever à 300 000.

** Sorte de foin de grève qui, grâce à ses rhizomes profondément enfouis, résiste à l'action des vagues et des glaces et dont l'oie raffole. Le scirpe pousse surtout dans l'estuaire du fleuve, où s'opère la transition entre la mer et l'eau douce.

migration sont nombreux et ses aires de nourriture diverses. Au printemps et à l'automne, on la retrouve depuis Montréal jusqu'au golfe. C'est même un abondant visiteur saisonnier aux Îles-de-la-Madeleine*.

L'outarde vole en bandes nombreuses aussi bien la nuit que le jour. Si le vol est de longue durée, les oiseaux prennent place à la file indienne et les plus vieux viennent en tête. Le mâle, qui dirige le voyage, lance de temps en temps un cri sonore qui peut être entendu de très loin. Lorsqu'il est fatigué, il cède sa place à un autre et en gagne une à l'arrière.

Cet oiseau à l'ouïe très fine ne se laisse guère approcher. Circonspect, il passe habituellement la journée dans des lieux où il peut facilement voir venir le danger et, sitôt la nuit tombée, il gagne les marécages ou les champs cultivés pour y chercher sa nourriture. Il occupe ainsi ses nuits à manger.

L'homme utilise toutes les ruses pour chasser l'oie blanche et l'outarde. Il organise de grandes chasses nocturnes souvent couronnées de succès, car il est facile de les repérer la nuit, grâce aux caquetages qu'elles émettent en cherchant leur nourriture. Caché dans des trous creusés sur la grève, embusqué derrière un buisson ou quelque rocher, le chasseur tue l'oiseau au passage.

Mais le mode de chasse à l'outarde le plus commun consiste à utiliser des outardes domestiquées**. Dans un bon nombre de fermes le long du Saint-Laurent, particulièrement chez les insulaires et ceux qui habitent à proximité de battures, on élève de ces outardes dont on a pris soin de couper quelques rémiges et de casser le bout de l'aile pour les empêcher de s'envoler. Ces oiseaux sont estimés très précieux. Nourris et logés avec grand soin, ils ne servent que «d'appelants vivants» lors du passage des outardes sauvages. On n'en fait guère le commerce, préférant les garder «dans la famille» jusqu'à leur mort***.

* La famille de l'outarde comprend deux espèces notables. La Bernache du Canada, qui par son poids et l'envergure de ses ailes est la plus grande, fréquente les rives du Saint-Laurent et les champs herbeux en amont de Québec surtout. La Bernache cravant, plus petite et n'ayant pas les joues blanches de sa consœur, visite le littoral de l'estuaire et du golfe où pousse sa nourriture principale, la zostère marine.

** De tout temps, en France et en Angleterre, on a facilement domestiqué l'outarde.

*** Une outarde peut vivre plus de 20 ans en captivité.

La morue

La mer, à l'image de la terre, offre une grande variété de paysages. Des déserts succèdent à des zones densément peuplées et des plateaux s'effondrent soudain vers les grands fonds. Dans le golfe du Saint-Laurent, le lit de la mer, formé de vastes plaines où vit le plancton en suspension, descend en pente douce. Et plus l'on s'abaisse, plus le plancton se raréfie. Au printemps, le réchauffement de l'eau occasionne une explosion considérable de vie nouvelle dans le plancton, ce qui attire le poisson, qui, par bancs entiers,

Des pêcheurs de Paspébiac, habillés de vareuses ou de salopettes, préparent la morue. Ces opérations vieilles de plusieurs siècles se déroulent ici sous l'oeil intéressé de vieux fumeurs de pipe, sans doute eux-mêmes anciens pêcheurs (Coll. privée).

vient s'y alimenter. Jamais, au cours de l'année, moment ne sera plus favorable à la pêche dans le golfe. Le hareng, le capelan et l'éperlan arrivent par milliers dans les anses et les baies.

Le Gaspésien et le Madelinien s'en trouvent beaucoup réjouis. Si ces poissons montent à pleines «mouvées», la morue n'est assurément pas loin à leur poursuite, car ils sont, après le lançon, sa nourriture préférée. Au moyen de filets ou de verveux, les pêcheurs s'empressent de recueillir cette manne qui leur servira d'appât, de «bouette», pour la morue. Puis ils mettent la «barge*» à l'eau et partent, à la voile ou à la rame, s'ancrer à quelques kilomètres de la côte. La morue étant un poisson surtout de fond, il faut, pour la pêcher, tendre à la main de longues lignes au bout desquelles sont attachés deux hameçons. «Le pêcheur descend sa ligne près du fond où se tient la morue et y imprime quelques coups secs. Puis il attend que le poisson morde. Il utilise ordinairement deux lignes en même temps, mais certains en utilisent jusqu'à quatre qu'ils laissent pendre de chaque côté de l'embarcation[6].» On pêche tout le jour, depuis l'aube jusqu'à la fin de l'après-midi. Le soir on tranche, puis on sale les 300 kilos de morue rapportés sur la rive. Souvent même, ce travail se termine au fanal. Le lendemain matin, les plus âgés repartent à la pêche, alors que les plus jeunes sortent la morue du sel pour l'étendre sur les «vigneaux**». Cela dure six mois, jusqu'en novembre, quand les eaux côtières se refroidissent et que la morue regagne d'autres lieux plus chauds.

En Gaspésie, on ne vit que de la morue. En 1836, un voyageur observe:«Par les yeux et par les narines, par la langue et par

* Grosse chaloupe propre à la pêche en mer. Certains la nomment «berge».

** Aménagement en forme de table, recouvert de branches, où l'on fait sécher la morue à l'air libre.

la gorge, aussi bien que par les oreilles, vous vous convaincrez bientôt que sur la côte gaspésienne, la morue forme la base de la nourriture et des amusements, des affaires et des conversations, des regrets et des espérances, de la fortune et de la vie, j'oserais dire de la société elle-même[7].» Malgré une population peu élevée et des techniques traditionnelles, les pêches étonnent par leur abondance. Bon an, mal an, on exporte 35 000 quintaux de morue, 5000 de saumon, 10 000 à 12 000 de hareng, de sardine et de maquereau[8]. Mais le Gaspésien vit misérablement. De grandes compagnies à capitaux étrangers, établies sur le pourtour de la péninsule, monopolisent le commerce de la morue. Elles offrent aux pêcheurs des montants dérisoires et ne les paient qu'en nature. L'endettement est grand. C'est «le temps des Robin», du nom de cette riche famille jersiaise qui détient les comptoirs les plus importants. Et si des Gaspésiens montrent quelque velléité de s'affranchir et de vendre ailleurs leurs poissons, on menace de les traduire pour dettes devant les tribunaux.

La pêche à fascines

Comme celles du golfe, les eaux du fleuve, au printemps, regorgent de poissons, alors que de nombreuses espèces de la mer viennent frayer dans les eaux douces qui les ont vus naître. De Saint-Fidèle de Charlevoix à Sainte-Anne-de-la-Pérade sur le rive nord et de Sainte-Flavie de Rimouski à Deschaillons sur la rive sud, aussitôt les glaces parties, le cultivateur se rend à marée basse installer sa pêche à fascines. Il ne fait pas chaud pour «monter une pêche» à ce temps de l'année. Chaudement vêtu donc, il apporte une bonne provision de piquets d'érable* et de harts d'aulne, de saule ou de coudrier. Sur la rive, du point de la plus haute marée à celui de la plus basse, il plante d'abord en ligne droite les piquets de bois-franc, puis commence à y entrelacer les harts de manière à ne laisser aucun espace suffisant. Le travail est long. Un seul homme peut mettre cinq jours à tresser cette clôture, parfois longue de 100 mètres. Et le jeu des marées l'empêche de travailler quand bon lui semble. Puis il dispose le long de cette haie d'osier des coffres de bois qui ont un verveux pour entrée**. La technique est à la fois primitive et ingénieuse. À marée haute, les poissons qui aiment arpenter les rives riches en nourriture se butent à ces barrières et entrent dans les coffres où ils se retrouvent prisonniers.

Dans l'estuaire du Saint-Laurent où l'écart entre deux marées atteint parfois cinq mètres, il faut prévoir des perches de cette

* On choisit surtout des piquets d'érable, mais aussi de bouleau, de merisier et de hêtre. L'important est de trouver un bois résistant aux coups du maillet ou de la masse et de faible dimension, afin qu'il s'enfonce profondément dans la vase et glisse le long des cailloux qui pourraient se trouver sur son chemin.

** Certains remplacent le verveux par la «bourrole», un large entonnoir d'osier invitant le poisson à pénétrer dans le coffre. D'autres attachent à quelques perches des bouquets de verdure qui simulent à marée haute les plantes inondées de la berge.

*Pêches à fascines à l'île aux
Coudres et à Sainte-Luce de
Rimouski (MLCP et ANQ,
coll. EOQ).*

Le hareng, le capelan et l'éperlan

Dans le golfe du Saint-Laurent, ces trois espèces de poisson à livrée métallique voyagent ensemble. Peut-être n'en existe-t-il pas de plus grégaires. Par générations entières, ils forment des myriades errantes, couvrant plusieurs kilomètres carrés, qui poursuivent la même course. Ils naissent, mangent, voyagent, se reproduisent et meurent en groupes.

Au printemps et à l'automne, ils gagnent les eaux douces pour frayer à l'abri de l'eau salée qui tue les embryons. Au 19e siècle, le hareng et l'éperlan remontent jusqu'à la hauteur de Deschaillons, alors que le capelan s'arrête à Québec. Les bancs sont si denses qu'ils opposent parfois de la résistance aux rames plongées à l'eau. Dans les frayères, les œufs sont pondus par millions. Si un seul de ces poissons pouvait sauver sa progéniture entière et que celle-ci jouisse du même privilège pendant dix ans, les mers du monde ne seraient plus qu'une masse grouillante de ces espèces. Les alevins tout comme les adultes sont donc beaucoup chassés dans les profondeurs de la mer. Fait à noter, le hareng et son prédateur naturel, la morue, constituent la plus importante source d'alimentation en poisson de l'humanité. Quant au capelan, qui a la curieuse habitude de frayer dans les brisants, sur les fonds de sable, c'est par milliers parfois qu'il se rend sur le rivage. L'habitant dit alors qu'il «roule» et le ramasse à la fourche, à la pelle ou à l'épuisette.

hauteur pour la construction des fascines. On organise des corvées de cinq ou six hommes, qui mettent une semaine à tendre chaque pêche. De véritables enclos en forme de «C» où s'amasse le poisson terminent ces palissades. Une famille ne possède pas toujours une pêche; souvent on s'associe entre voisins pour exploiter une seule installation.

Deux fois par jour, à marée basse, il faut se rendre quérir le poisson immobilisé dans les coffres ou les enclos. En mai ou en juin, on y retrouve des quantités incroyables de harengs, d'éperlans, de capelans et de sardines*. Partout à l'île aux Coudres, à Rivière-Ouelle, à La Malbaie, à l'île Verte, chaque marée apporte des dizaines de «banneaux**» de poissons que l'on répand dans les champs pour engraisser la terre. On raconte qu'il n'y a pas meilleur fumier pour la culture de la pomme de terre. Les goélands ne sont alors pas dupes du stratagème et délaissent la mer pour se repaître dans les champs fumés au poisson. De là la tradition de les chasser ou de les attraper pour les pendre bien en vue dans les champs de Charlevoix. On nourrit également les porcs de ces poissons; l'homme mange l'éperlan frit et le hareng fumé ou saumuré.

* Appellation populaire du sprat. On appelle également sardine les petits harengs de moins de 15 centimètres.

** Tombereau. C'est le banneau d'été, celui sur roues, qu'on utilise pour la récolte des poissons. Celui d'hiver, sur patins, sert, entre autres, à transporter la neige.

Le fumage du hareng

Fumer le hareng est une pratique vieille de plusieurs siècles, puisque dès le milieu du 12e siècle des documents français font allusion aux harengs saurs. L'abbaye de Fécamp, un important port de pêche de la Normandie, cède alors à la commune de Colleville un ou deux arbres pour saurir le hareng[9].

C'est là un art délicat. On choisit d'abord les harengs les moins gras, car, au fumage, la chair des plus gros reste molle. Les meilleurs harengs à fumer sont ceux que l'on pêche huit jours après leur arrivée. Ils ont alors eu le temps de frayer et se sont notablement amaigris*. On place ce poisson pour six heures durant dans une saumure fortement salée. Il faut prendre garde cependant de ne pas trop saler; autrement le poisson viendrait d'un blanc terne au fumage. Aussi, dès que les ouïes commencent à blanchir, signe que le poisson est assez salé, on le retire de la saumure. Un à un, en rangs serrés, chaque poisson est enfilé sur des perches de bois que l'on suspend dans la «boucannerie». Le fumage dure une journée et demie. Comme il importe que le feu

* Au rebours de la majorité des autres poissons, c'est au temps du frai que le hareng est le plus savoureux.

Fumoir de harengs aux Îles-de-la-Madeleine (MLCP).

soit sans flamme, qu'il laisse échapper beaucoup de fumée, on choisit de la sciure humide de hêtre ou de chêne ou de bois de grève encore imbibé d'eau. La sciure de conifère, si abondante, est à proscrire pour le goût de résine qu'elle donne au poisson. D'argenté qu'il est en rentrant au fumoir, le hareng devient lentement brun, puis doré. Sur la côte, au temps des boucanneries, tout l'air ambiant s'imprègne de cette odeur de hareng fumé.

La chasse au marsouin

Quand le hareng, l'éperlan et le capelan commencent à remonter l'estuaire, la morue cesse de les pourchasser à la hauteur de Sainte-Flavie. Mais le marsouin blanc*, qui aime tant s'en repaître et ne craint pas les eaux plus douces pourvu qu'elles demeurent froides, continue à les poursuivre. En fait, il se rend surtout près de ces frayères de poissons que sont les environs de la rivière Ouelle et de l'île aux Coudres. Là, du début de mai à la mi-juin,

* Son véritable nom, «béluga», est d'origine russe et signifie «de couleur blanche». Dans la vallée du Saint-Laurent, on appelle l'adulte «marsouin» ou «marsouin blanc», car il est tout blanc, alors que les jeunes individus de différents âges portent le nom de «veau».

Marsouins dépouillés de leur lard, à Rivière-Ouelle durant les années 1930 (ANQ, fonds Communications).

tant que dure le frai, c'est pour lui l'euphorie. Amaigri par le jeûne relatif de l'hiver, il se gorge de petits poissons avec un tel appétit qu'en huit ou dix jours, il prend de 15 à 20 centimètres de graisse. Il en bouffe tant qu'il en vient à ressentir une certaine langueur, un état de bien-être qui le rendrait insouciant[10].

Les habitants de Rivière-Ouelle connaissent bien ce retour du marsouin. Aussi, prenant exemple de la pêche à fascines, ils édifient annuellement une gigantesque pêche à marsouins formée de 7200 perches, longues de six mètres et plantées à un mètre l'une de l'autre. Il n'est pas nécessaire de fermer l'espace entre chaque perche, car le marsouin, se dirigeant grâce à un sonar, ne perçoit pas, semble-t-il, cet espacement. Cette barrière de perches de deux kilomètres se termine par un vaste enclos formant un demi-cercle de deux kilomètres de large*. À marée haute, les marsouins gavés et indolents se butent à cette barrière et s'engagent dans l'enclos. Lorsqu'ils réalisent leur état de prisonnier, ils s'agitent, mais il est déjà trop tard, car la marée baissante a laissé la porte d'entrée presque à gué. Alors les dix hommes qui faisaient le guet sur la rive, armés d'espontons et de harpons, descendent en canots à la poursuite des captifs. S'ils se hâtent, c'est que les marsouins sont nombreux et qu'il ne faut pas être surpris par la marée montante. Il se trouve de 20 et 40 bêtes selon les marées, parfois même une centaine. Les hommes se montrent d'autant plus audacieux que le marsouin, une bête inoffensive, songe toujours à la fuite plutôt qu'à l'attaque.

Dès qu'ils sont à bonne portée, les harponneurs lancent leurs dards. Les marsouins piqués au flanc plongent, se roulent, bondissent à la surface de l'eau pour se débarrasser de ce trait qui lentement les affaiblit. Les canots emportés avec violence portent à peine sur l'eau. Lorsque l'animal montre quelque signe d'épuisement, on lui lance l'esponton qui le transperce parfois de part en part. Il gémit. Mais à moins que les blessures n'aient atteint la moelle épinière, l'agonie dure encore une trentaine de minutes.

La chasse aux marsouins est d'une rare violence. Un observateur écrit: «Qu'on se figure, si l'on peut, l'animation que présente la chasse aux marsouins, lorsqu'il y en a une centaine dans les mares, que 25 ou 30 hommes sont à leur poursuite, que cinq ou six canots traînés par les marsouins sillonnent la pêche en tous sens, que les espontons sont lancés de toutes parts et que les hommes sont tous couverts de sang qui jaillit à flots. Au milieu des clameurs des combattants et des 'silements' plaintifs que poussent les marsouins blessés, quelques harponneurs sautent sur leur dos, d'autres s'élancent à la mer jusqu'aux épaules et brandissent

* Tout comme ceux de Rivière-Ouelle, les habitants de l'île aux Coudres chassent également le marsouin. Mais leur pêche est de dimension deux fois moindre. D'ailleurs on répète que ce sont les habitants de Rivière-Ouelle qui ont appris aux insulaires de la rive nord le mode de pêche au marsouin.

les espontons, semant partout le carnage et la mort. L'enceinte de la pêche ressemble, à la fin de cette lutte, à un lac de sang[11].»

Aussitôt que toutes les bêtes sont mortes, un signal convenu est fait du large aux hommes du rivage pour leur indiquer le nombre de marsouins abattus, afin qu'ils expédient les chevaux nécessaires pour ramener les dépouilles sur le littoral. Il faut faire vite; déjà la marée recommence à monter. Les marsouins sont hissés, puis attachés sur de grosses «menoires*» que tirent les chevaux. Si l'on ne dispose pas de chevaux ou que le temps manque pour rapporter tous les marsouins, on a recours à un ancien mode d'ancrage appelé «barbe de chatte» qui consiste à fixer dans la vase huit à dix perches, formant une croix de Saint-André à laquelle sont attachés les marsouins jusqu'à la marée suivante.

* Timon, brancard habituellement fixé au devant d'une voiture, auquel on attelle le cheval.

Le dépeçage se fait sur la rive. Ventre en l'air, le marsouin est ouvert de la queue à la tête par quatre dépeceurs armés de longs couteaux. En un tournemain, on le déshabille de son manteau de lard. Dans un hangar à proximité, des hommes détachent le lard de la peau que l'on replie autour d'un rouleau. Les techniques d'extraction de l'huile de marsouin sont identiques à celle des Madeliniens pour l'huile de loup-marin. Si la température est particulièrement clémente, il suffit d'exposer le lard au soleil et il dégorge de lui-même. Mais les impuretés, telles que le sang et les morceaux de peau qui coulent avec l'huile dans les barriques de bois, contaminent le produit à la longue et le rendent nauséabond. Il vaut mieux alors faire chauffer la graisse sur un feu ni trop doux ni trop ardent, et l'huile vient beaucoup plus pure.

Un marsouin donne 400 litres d'huile; un individu exceptionnellement gras, 500. À Rivière-Ouelle, on se fait une spécialité de purifier cette huile et de traiter les peaux. En 1855, à l'exposition universelle de Paris, aucune huile animale n'égale celle produite par la maison Charles-Hilaire Têtu de cet endroit. On en vend de grandes quantités aux tanneries de Québec pour le corroyage des peaux. On s'en sert pour l'éclairage des rues dans les villes, car c'est une des huiles animales qui se consomme le plus lentement. Des ménagères l'utilisent pour la cuisson domestique.

Contrairement aux animaux terrestres dont la surface de la peau est réduite à cause du cou et des quatre pattes et le cuir beaucoup plus épais sur le dos que le ventre, la peau du marsouin, d'une grande surface, est d'épaisseur uniforme et de texture égale d'une extrémité à l'autre. Salée, elle se conserve plusieurs années sans se détériorer. Tannée à la pruche et assouplie à l'huile de marsouin, elle forme un des cuirs les plus résistants pour la fabrication des ceintures, des courroies, des hauts de chausse, des souliers et des vestes. On en recouvre aussi les coffres, les malles, les sièges et le toit des voitures. Comme ce cuir n'a pas de grain, il acquiert un poli superbe. Une paire de bottes en peau de marsouin est inusable et dure facilement «le règne d'un homme et de son fils». Les meilleures courroies pour les animaux de trait sont de marsouin; ce cuir cependant se déforme à l'eau. Aussi, si par malheur la pluie prend au moment des labours, par exemple, les attelages deviennent fort extensibles, se déforment et il faut cesser immédiatement les travaux jusqu'à ce qu'ils soient asséchés.

À partir de la mi-juin, moment où le hareng, l'éperlan et le capelan redescendent à la mer, les marsouins ne s'aventurent plus sur le littoral. Les captures se raréfient donc. On ne démantèle pas pour autant ces «pêches», car elles serviront encore à l'automne. Les petits poissons qui remonteront alors pour frayer une seconde fois et les anguilles en route pour la mer des Sargasses attireront à nouveau les marsouins dans ces vastes enclos.

La pêche en eau douce

Les variétés de poissons pêchés en amont de l'île d'Orléans diffèrent sensiblement de celles de l'aval. Ce sont toutes des espèces bien adaptées à l'eau douce. Barbottes, barbues, perchaudes, achigans, carpes et crapets voisinent avec le corégone, la lotte, le brochet, le maskinongé, l'esturgeon jaune, le doré, l'alose, le poisson-castor et le poisson armé. Des localités ont leurs dictons, leurs points de repère saisonniers, pour connaître le moment le plus propice à la pêche. À Sainte-Croix de Lotbinière, on pêche l'alose quand les pruniers sont en fleurs. On se fait une tradition familiale de consommer en son temps chaque espèce de poisson.

Des fosses sont bien connues. Les grandes pêches à l'esturgeon jaune se pratiquent en face de Deschambault et de Trois-Rivières. Le brochet abonde à la rivière Godefroy. On cueille l'écrevisse à pleins paniers entre Saint-Lambert et Laprairie. Avec des légumes, ces poissons composent les «gargottes» de la région de Montréal et les «gibelottes» des Cent-Îles du lac Saint-Pierre. Le poisson le plus répandu est l'anguille, que l'on pêche à l'année, mais surtout à l'automne au moment où elle redescend vers la mer.

Les techniques de pêche varient beaucoup. Jusqu'à Deschaillons, on utilise les pêches à fascines, car le jeu des marées est encore important. Pendant l'été, le corégone et la lotte s'y

Photo: MLCP.

prennent en abondance. Plus en amont, on a recours au filet, au verveux, au rets, à la seine et à la ligne dormante. En été, la pêche nocturne au dard et au fanal, apprise des Amérindiens, est connue de tous. Chacun sait que, le soir venu, un poisson ne résiste jamais à l'attrait d'une source lumineuse. S'approchant pour caracoler, il prête ainsi flanc au dard et on ne le rate pas. Cette pêche se pratique aussi en plein jour, le fanal en moins, bien sûr.

La navigation

La débâcle, violente et impétueuse, purge des restes du long hiver et redonne au fleuve sa vocation première. De carrossable, celui-ci redevient navigable. Sur les côtes, de l'île aux Coudres à Montréal, de Gaspé à Sorel, le moindre chantier naval, la plus petite cale sèche se fait fébrile. À Québec, l'arrivée du premier vaisseau d'Angleterre occasionne chez les marchands une journée de réjouissances et «elle est aussi sensationnelle que l'apparition d'un Hindou dans le paradis insulaire de Sainte-Hélène[1]».

Mai est le mois des lancements de bateaux et les navires de quelque importance, fraîchement construits, sont toujours l'objet d'une cérémonie officielle. À Québec, lorsque l'événement se produit, c'est jour de congé pour les employés de chantier et avec les membres de leur famille ils assistent à l'événement avant de faire la fête. Selon la vieille coutume païenne utilisée pour conjurer le mauvais sort, des ouvriers ont fixé un mai à la proue du navire. Le vaisseau porte un nom choisi par le propriétaire. Quand vient l'heure de la mise à l'eau, le chef des ouvriers fait sauter la «clef», soit le dernier billot à retenir le bateau sur son lit de poutres. Le bateau s'ébranle. La foule se tait, car l'opération comporte des dangers. La rampe grince. Parfois elle cède. Il faut alors la réparer et attendre une nouvelle marée. Mais lorsque le lancement est réussi et que le navire touche l'eau, les spectateurs y vont d'un tonnerre d'acclamations. Plus de doute maintenant sur la qualité de sa construction. Mais s'il verse en touchant l'eau, on le croit promis à la malchance.

La goélette

Sur le fleuve, la «voiture d'eau» la plus courante est la goélette à voiles à fond plat, conçue pour répondre aux difficultés de la navigation. Contrairement aux gros navires retenus souvent au large par l'absence de quai, la goélette, forte d'un fond plat et

Page suivante:
Construction navale à Lévis
(ANQ, coll. Livernois).

Petit chantier de construction navale à Saint-Siméon (ANQ, fonds Communications).

d'un faible tirant d'eau, peut accoster n'importe où. On la charge et la décharge à l'ancre, en eau plus ou moins profonde. On peut même le faire à l'échouage, ce qui permet aux charrettes tirées par les chevaux de s'approcher tout près, évitant ainsi le transbordement des marchandises dans de plus petites embarcations.

La goélette n'est pas vieille. La toute première est construite à Québec en 1729[2]. Au 19e siècle, toute la batellerie, dont le cabotage, repose sur elle. Chaque localité a ses goélettes. En 1852, dans le comté de Portneuf, on estime à 150 le nombre de goélettes et de bateaux appartenant au comté, ce qui fournit de l'emploi à 700 hommes[3]. Des goélettes font la navette entre

L'Anse-aux-Foulons à Sillery au 19e siècle (ANQ).

Deschambault et Québec, Sainte-Croix de Lotbinière et Deschaillons, Grondines et Trois-Rivières, Louiseville et Montréal. C'est par goélette que les habitants de Kamouraska apportent aux marchés de Québec leur beurre si estimé, que ceux de l'île aux Coudres livrent leurs barriques d'huile de marsouin ou leurs «poches» de pommes de terre.

Le bac

Pour le transport de lourdes charges sur de courtes distances et partout où une rivière fait obstacle à une route terrestre, on utilise le bac, un gros radeau rudimentaire fait de troncs d'arbres. En 1796, sur «le chemin du roy», on franchit ainsi les rivières Cap-Rouge, Jacques-Cartier, Sainte-Anne, Batiscan, Champlain, Saint-Maurice et des Prairies. Le bac glisse le long d'un câble relié à chacune des deux rives et un homme, toujours le même, fait office de passeur. À Cap-Rouge, c'est Nicolas l'aîné; aux Écureuils, Grenon; à Sainte-Anne-de-la-Pérade, Boisvert; à Batiscan, Périn; à Champlain, Duval, et au Cap-de-la-Madeleine, Corbin[4]. Le passeur reçoit d'ailleurs son salaire des voyageurs qui empruntent son bac. Un bac est si lourd qu'au printemps il est nécessaire d'organiser une corvée de tous les habitants du voisinage pour aider le passeur à le remettre à l'eau, ainsi qu'à l'automne pour l'en sortir. Et il ne peut naviguer que là où l'eau atteint une profondeur d'un mètre.

En 1820, la construction d'un pont sur la rivière Jacques-Cartier par Jérôme Demers, de la paroisse des Écureuils, devait beaucoup réjouir les vieux usagers du bac. Le curé de Cap-Santé écrit, onze ans plus tard: «Ce pont a procuré depuis un moyen de communication beaucoup plus commode et plus sûr que n'était celui du bac. Quand il n'y avait que ce bac, pendant plusieurs mois, le printemps et l'automne de même, il devenait impossible de passer la rivière avec le bac ou la chose se faisait avec beaucoup de danger. Dans le cours de l'été même, après de grandes pluies, la rivière grossissait tout à coup de manière à empêcher le passage[5]...»

La chaloupe

Pour aller individuellement d'une paroisse à l'autre, on emprunte la chaloupe, faite de bordages de pin. Quand se forment les glaces à l'automne et qu'elles se rompent au printemps, c'est le véhicule le plus sûr. On ose même traverser le fleuve en chaloupe, ce qui comporte cependant un certain risque. Alors pour ne pas être entraîné par le courant, on va toujours en remontant, pour mieux dériver par la suite à l'endroit où on veut mettre pied à terre.

Le «rabaska»

Les plus beaux canots d'écorce, ceux précisément qu'on emploie pour se rendre dans les Pays-d'en-Haut et qu'on appelle «rabaskas» ou «maîtres-canots», sont fabriqués à Trois-Rivières. Ce village, la troisième agglomération en importance, même s'il ne compte en 1815 que 2500 habitants, tient son secret des Amérindiens et des coureurs de bois qui, cent ans auparavant, faisaient de lui la seconde capitale de la fourrure au Canada. Avec le temps cependant, Montréal devait drainer tout le commerce des pelleteries. Néanmoins la fabrication du rabaska se poursuivit à Trois-Rivières, et chaque printemps les grandes compagnies de fourrures viennent y faire provision de nouveaux canots qu'elles font mener un à un jusqu'à Lachine. Là, les voyageurs des Pays-d'en-Haut, ceux qui doivent se rendre à Michillimakinac ou Grand-Portage, d'importants centres de traite des fourrures de l'Ouest, y prennent place, apportant avec eux des aliments, de la marchandise de troc, des armes de chasse, de la poudre à fusil et du rhum.

Il y a loin de Lachine à Michillimakinac: 1500 kilomètres, trente-six «portages». Par beau temps, le voyage dure un mois. Mais la pluie et le vent qui lèvent forcent à l'arrêt, car ces grands canots pleins à ras bords ne peuvent supporter de fortes vagues. Bien que très légers, car ils sont faits de pièces d'écorce de bouleau blanc cousues de radicelles d'épinette blanche, ces canots ne versent jamais. Mais au contact d'une pierre, ils peuvent facilement s'endommager. Aussi n'est-il pas rare de voir de hardis canotiers préférer se jeter à l'eau quelques secondes avant la collision pour alléger le poids de leur embarcation et réduire d'autant les dommages à la paroi.

Si d'aventure le canot se perce, on bouche l'orifice avec de la gomme d'épinette fondue qui durcit rapidement et assure l'étanchéité. Si la brèche est trop ample, on trempe et broie, comme du mortier, du bois d'aubier d'un bouleau blanc que l'on applique sur l'ouverture. On recouvre le tout d'une guenille imbibée de gomme d'épinette liquide. C'est pourquoi les avironneurs apportent toujours avec eux un bon contenant de gomme d'épinette et un rouleau d'écorce de bouleau. À l'automne, tout juste avant la formation des glaces, quand reviennent à Lachine ces rabaskas qui ont parcouru 3000 kilomètres dans les Pays-d'en-Haut, plus d'un présente, sur la «pince» avant et les côtés, des balafres cicatrisées avec de la gomme d'épinette.

La cage

En 1800, Philemon Wright, Américain d'origine, commerçant de bois et fondateur de Hull, imagine le principe de la «cage» pour envoyer à Québec tout le bois équarri dans les chantiers de la rivière Outaouais. La technique n'est pas nouvelle. On y recourt couramment en Europe depuis au moins le 16e siècle. Le Flamand Pieter Bruegel la fait apparaître dans un de ses tableaux documentaires. Sous le régime français, on se sert aussi de la cage pour apporter le bois à Québec[6]. Au début du 19e siècle, le bois de l'Outaouais n'est guère davantage ouvré, car l'Angleterre, qui l'importe, juge plus rentable de le transformer chez elle[7]. Les longues poutres sont assemblées de manière à former des radeaux.

«Québec vu du milieu du Saint-Laurent», aquarelle de W. S. Hatton, 1860 (Musée du Québec, Patrick Altman).

Puis, attachés les uns aux autres, ces radeaux en viennent à former une très grande plate-forme de bois flottant qu'on appelle cage. Il se voit des cages de plusieurs arpents de superficie portant jusqu'à une trentaine d'hommes d'équipage. De mai à octobre, presque sans interruption, les cages défilent de la vallée de l'Outaouais jusqu'à Québec. Il y en a tant sur le fleuve qu'en 1845 on adopte une loi obligeant les «cageux» à entretenir un feu brillant pour signaler leur présence la nuit. Sur place, les cages sont démontées et les poutres qui les formaient hissées une à une dans les flancs des navires.

Le métier de cageux n'est pas de tout repos. Affronter les rapides de Lachine, alors que la cage gémit et risque à tout instant la dislocation, tient de la plus grande audace. S'engager sur le lac Saint-Pierre, qui, long de 38 kilomètres et large de 11, peut au moindre vent se transformer en une mer houleuse, commande la prudence. Par les grosses saisons, au gré des vents et des courants, un cageux effectue jusqu'à vingt voyages. Il vit à la dure, dort à la belle étoile, sous des tentes ou des abris de fortune.

Le navire à vapeur

Parfois, sur sa route, le cageux croise le dernier-né des navires, celui mû à la vapeur, une découverte aussi importante que la poudre à canon, la boussole et l'imprimerie. Ce petit bateau, s'il est appelé à révolutionner les transports sur le Saint-Laurent, impressionne peu pour l'instant. En fait, bien que l'on sache appliquer la vapeur à la navigation à compter de 1807, la mécanique n'est guère au point. En 1818, il faut mettre 36 heures pour franchir la distance de Québec à Montréal. Aussi les armateurs, peu impressionnés par de telles performances, continuent de miser sur le voilier qu'ils tiennent pour supérieur. Et ce n'est pas avant la seconde moitié du siècle que le navire à vapeur, plus

Un commerce lucratif

Lorsqu'en 1763 l'Angleterre, après la guerre de Sept Ans, peut prendre possession du Canada, elle acquiert surtout une des plus grandes forêts du monde. La richesse, la variété et la qualité des bois qui la composent sont telles que seules les grandes forêts russes lui sont comparables. À l'exposition universelle de Paris de 1855, on juge qu'elle fournit les meilleurs bois du monde pour la construction.

La France avait toujours négligé l'exploitation de cette forêt; mais l'Angleterre y verra son profit. Pendant 40 ans, de 1806 à 1846, elle trouve tout le bois qu'il lui faut dans ses colonies nord-américaines et particulièrement dans la vallée du Saint-Laurent. C'est l'époque de la révolution industrielle, des grandes constructions de chemins de fer, de canaux, de ports et d'usines. Au Québec, des régions entières sont rasées. C'est à pleins bateaux que le bois équarri de la vallée de l'Outaouais et de la Gatineau quitte le port de Québec à destination de la métropole anglaise. Une poignée d'entrepreneurs deviennent propriétaires des réserves de la colonie. À Québec, des

Anglais et des Écossais accumulent des fortunes colossales dans la construction navale. Et tous les moyens sont bons pour exporter du bois. En 1824 et 1825, un jeune Écossais fait bâtir à l'Anse-du-Fort, sur l'île d'Orléans, les deux plus grands vaisseaux à être construits à ce jour, le *Colombus*, jaugeant 3700 tonneaux, et le *Baron of Renfrew*, de 5300 tonneaux. Ces navires quittèrent Québec chargés de bois à ras bords et «on les avait construits dans le but de les défaire dès leur arrivée en Écosse ou en Angleterre, s'exemptant ainsi les droits sur le bois dont ils étaient faits».

Mais il y a plus. Comme en 1850 l'Angleterre produit à elle seule près de la moitié de tous les tissus de coton qui se vendent dans le monde, soit 18 millions de broches de coton brut et 600 millions de livres de coton filé annuellement, il lui faut des quantités fabuleuses de potasse pour nettoyer et surtout blanchir les fibres, sans quoi les grandes filatures deviennent inopérantes. Ce produit ne s'obtient que des cendres de vastes étendues de forêts brûlées. Voilà pourquoi on incite les colons de la vallée du Saint-Laurent à prendre l'habitude, en arrivant sur une nou-

velle terre, d'y mettre le feu. Des régions entières, comme celles des Cantons de l'Est et des Bois-Francs, vivent maigrement, pendant un certain temps, du commerce de la potasse. Et cela devient avec le bois la principale matière exportée.

L'Angleterre avait incarné le «monopole blanc» au siècle dernier et en plusieurs domaines jusqu'en 1939. Elle régentait le plus vaste empire jamais connu: 27% des terres émergées, un quart de la population mondiale, des Blancs, des Jaunes et des Noirs; toutes les religions, toutes les variétés imaginables de produits. La vallée du Saint-Laurent a contribué de sa forêt à cet empire.

L.-E. Bois, *L'île d'Orléans* (1895): 125-129; René Dabernat, «L'Angleterre et la fin du 'monopole blanc'», *Le Monde*, 6 mars 1979; Jean Hamelin et Yves Roby, *Histoire économique du Québec, 1851-1896* (1971): 207-227; Fernand Ouellet, *Histoire économique et sociale du Québec, 1760-1850* (1966): 391; J.-C. Taché, *Le Canada et l'exposition universelle de 1855* (1856): 171, 343, 351.

puissant et moins sujets aux aléas des vents et des courants, assurera des liaisons régulières entre les villes et les villages.

Le «horse-boat»

De 1820 à 1846, on a souvent recours à la force chevaline pour franchir de courtes distances sur le fleuve. De Longueuil à Montréal, de l'Isle (Sainte-Angèle-de-Laval) à Trois-Rivières, le service de traversier est assuré par quatre à six chevaux qui, tournant autour d'un cabestan, actionnent ainsi deux roues à aubes. Mais ces horse-boats, aussi appelés barques à chevaux, particulièrement exposés au roulis et au tangage, sont lents et instables, et plus d'un passager craint de les emprunter. Entre Saint-Nicolas, Lévis et Québec, il s'en trouve trois en opération de 1826 à 1846. Là encore, les hasards de la traversée, alors que par mauvais temps les passagers doivent prêter main-forte aux chevaux sous peine de se retrouver à l'île d'Orléans, feront disparaître ce type de traversier. Mais certains osent recourir à ce navire pour parcourir des distances encore plus longues. En 1842, Robert Blair, un agent de la compagnie Price nouvellement établi le long du Saguenay, s'y rend en horse-boat. «Ce monsieur partit de Québec et arriva à la Grande-Baie en horse-boat, invention que le père Alexis Tremblay (Picoté) avait cru devoir lui rendre service (sic) pour touer tous les bâtiments et surtout pour louvoyer lorsque le vent serait contraire. Ce vaisseau, outre ses roues, avait sa mâture et ses voiles que l'on déployait pour courir la bordée la plus favorisée par le vent et que l'on abattait ensuite pour courir de l'autre bordée en faisant fonctionner les roues. Mais l'inventeur ne fut pas longtemps sans s'apercevoir que ce système ne pourrait pas rendre les services que l'on attendait[8].»

Le pilotage

Sur le fleuve, tous les modes de transport se côtoient. La vapeur chemine tout à côté de la voile, du cheval et de l'homme. Or, piloter un navire sur le Saint-Laurent, un des cours d'eau les plus difficiles au monde, au dire des capitaines les plus expérimentés, demande beaucoup d'adresse. En effet, le chenal est tortueux, les courants sont variables et les marées sont capricieuses. À Grondines, au temps des grandes marées, l'eau monte d'un à quatre mètres; au temps des petites, de 60 centimètres à 2,7

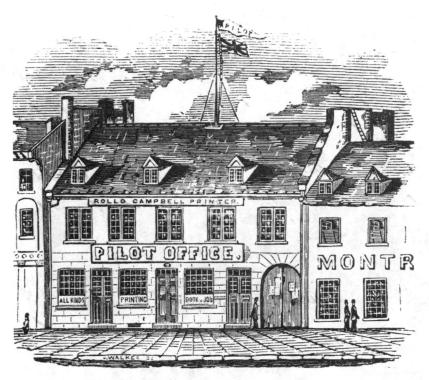

Le bureau des pilotes à Montréal en 1853. L'institution en 1860 de la Corporation des pilotes marque un changement radical de l'organisation du pilotage: à la demande des pilotes eux-mêmes, on élimine désormais la concurrence, pour la remplacer par l'affectation des pilotes à tour de rôle et la mise en commun des recettes (ANQ, IBC).

mètres. Des centaines de pièges jalonnent le chenal: le passage du cap du Corbeau, la barre à Boulard, la traverse de Rivière-du-Loup, les éboulis de Champlain, les hauts-fonds de Cap-Santé, etc. Seuls les pilotes audacieux et habiles peuvent triompher de ces obstacles. Ils n'utilisent ni compas, ni autre instrument pour se guider. Des phares, des bouées et des centaines de points de repère, tels un clocher d'église, un moulin à vent ou un cap, les orientent dans les endroits dangereux. À Champlain, sur la terre des Massicotte qui borde le fleuve, des grosses bonnes femmes appelées «béguines», faites de perches assemblées de telle manière qu'on dirait bien des géantes, tiennent lieu de phares de jour ou de sémaphores[9]. Le pilote est important. Comme depuis le début de la colonie les renseignements touchant la navigation sur le fleuve se transmettent oralement et secrètement, il tient la clef du pays et assure en quelque sorte les échanges économiques.

Lorsqu'il prend charge d'un vaisseau à Montréal, il est de 12 à 15 heures sur la passerelle. Il peut, dit-on, à peine répondre à qui lui parle. Il ne prend même pas de repas. Et ne s'improvise pas pilote qui veut. Une réglementation sévère régit le pilotage et la profession est bien organisée. La Trinity House de Québec,

Scènes d'une cale-sèche, début mai 1876, le long du canal Lachine. Des ouvriers procèdent aux réparations d'usage avant la saison de navigation. L'un repeint la figure de proue, un second répare le treuil et les autres, munis de maillets, calfatent (MTLB).

fondée en 1805, et celle de Montréal, ouverte en 1839, décernent les certificats de pilotage, fixent les règles de l'apprentissage, gèrent le fonds de secours des pilotes à la retraite et voient à l'entretien de certains phares et bouées. Chaque paroisse compte un certain nombre de pilotes agréés, mais ils sont plus nombreux sur la Côte-du-Sud et dans le Bas-du-Fleuve, sur le littoral de Charlevoix et dans les paroisses allant de Champlain à Québec.

Avant 1851, Québec est le grand port de mer. C'est là que tous les océaniques s'arrêtent, car seuls les navires de moins de 400 tonneaux et d'un tirant d'eau inférieur à 3,3 mètres peuvent se rendre à Montréal. À l'occasion de l'ouverture de la navigation, les citoyens de Lévis et de Québec se pressent sur les rives du fleuve pour assister à l'arrivée des voiliers d'outre-mer. Les navires s'amènent les uns après les autres au nombre de 30 ou 40 par jour; en juin 1840, 116 arrivent à Québec en une seule journée.

Et il leur faut 40 jours en moyenne pour faire la traversée de l'Atlantique et remonter le fleuve Saint-Laurent jusqu'à Québec.

Il va sans dire qu'à tant fréquenter le fleuve beaucoup y laissent leur vie. En douze ans, de 1832 à 1844, quarante-huit pilotes et caboteurs de Saint-Jean de l'île d'Orléans meurent noyés. Le 8 août 1847, un samedi soir, une chaloupe ayant à son bord vingt et une personnes de Saint-Antoine-de-Tilly, revenant du marché de Québec, est surprise par une tempête et chavire en face de Saint-Nicolas. Dix-huit passagers, en grande majorité des femmes, se noient.

Les métiers ambulants

Le fleuve et les rivières sont maintenant libres de leurs glaces. Le temps des sucres, après la coulée abondante qui coïncide avec la débâcle, tire à sa fin. Les routes de terre sont par endroits glacées, par d'autres, boueuses. On ne sait plus s'il faut utiliser le véhicule à patins ou celui à roues. Les carrioles traînent le fond, alors que les voitures à roues s'embourbent. Les chemins défoncent. Entre Québec et Montréal, par le chemin du Roy, le voyage est beaucoup plus long qu'à l'habitude. À ce temps de l'année, une journée chaude est une journée de mauvais temps. Après la messe du dimanche, sur le perron de l'église, le crieur public, cloche en main, annonce que les chemins devront être ouverts au plus tard le premier mai*. Le paysan sait alors qu'il ne dispose plus que de quelques jours pour rendre carrossable la portion de chemin qui passe en face de chez lui, car, si un accident survient sur un chemin mal entretenu, il peut être tenu responsable et, dans ce cas, doit payer le coût des dommages.

Jusqu'en 1841, le métier de cantonnier n'existe pas dans la vallée du Saint-Laurent. Il incombe à l'habitant d'enlever la neige, de casser la glace, d'aplanir les dos-de-cheval, de combler les ventres-de-bœufs et de faire disparaître les bourbiers et les ornières. Souvent un hersage répété suffit, d'autant plus que les hauts fossés de chaque côté de la route parviennent facilement à contenir les eaux du printemps. Mais lorsqu'un ruisseau impétueux a miné la route, il faut la remettre en état. Néanmoins, on accorde parfois la permission spéciale de retarder les travaux de réfection jusqu'après les semailles, si le chemin est trop endommagé.

Au plus tard au début de mai donc, on remise les voitures d'hiver au profit de celles d'été. Désormais on roulera plutôt que de glisser. Dans la boutique du forgeron de la paroisse, l'enclume résonne du matin au soir. C'est une grosse saison pour cet homme de métier. À titre de charron souvent, il cercle les roues des voitures et les remet en état de rouler. À titre de maréchal-

* Le crieur public tient cet ordre du capitaine de milice de la paroisse. Celui-ci, depuis le régime français, est chargé en particulier de faire respecter tous les règlements concernant l'entretien des chemins. Il est à l'emploi du grand-voyer, un fonctionnaire régional qui voit au bon état du réseau routier.

ferrant, il remplace les fers à crampons des chevaux par des fers plats. Cette tâche est importante, car, à présent qu'il n'y a plus de neige, les chevaux peuvent se blesser avec les fers d'hiver. Un bon forgeron peut ferrer une quinzaine de chevaux par jour. Certains cultivateurs font eux-mêmes ce travail. Il est mieux, dit-on, de ferrer dans le croissant de la lune parce que la corne du sabot de l'animal pousse plus vite.

Avec la belle saison, ceux qui pratiquent des métiers ambulants reprennent la route. Tous plus bigarrés les uns que les autres, ces «oiseaux de passage» défileront dans les campagnes jusqu'au retour des neiges. D'où viennent-ils? Où vont-ils? On ne le sait guère. Eux, probablement pour bénéficier de la réputation mystérieuse qu'on leur fait, n'en parlent jamais. Chose certaine, ils ont le monde écrit sur leur visage. Quelques-uns vont à pied; d'autres sur de vieilles voitures tirées par des picouilles*. Ils ont pour métier de faire du neuf avec du vieux.

* On appelle également haridelles ou rosses les chevaux de peu de valeur.

Le fondeur de cuillers

Le fondeur de cuillers passe par les maisons avec sa boutique sur le dos. Il emprunte les rangs d'en arrière, où les gens sont souvent de condition modeste. Heureuse de le voir revenir, la ménagère lui donne à réparer les cuillers d'étain abîmées. Malléables, elles plient, se bossèlent et cassent même. Seul le fondeur peut les remettre à neuf. Il dispose d'une variété de moules dont la valeur tient avant tout aux dessins, fleurons ou arabesques d'une qualité artistique variable que la matrice imprime en relief sur le manche de la cuiller. Un d'entre eux possède même un moule orné d'un ostensoir. Aussi se présente-t-il en disant: «Ma cousine, prenez le Saint-Sacrement; ce n'est pas beaucoup plus cher et c'est la bénédiction des familles; avec des cuillers comme celle-ci, on n'a presque pas besoin de dire le Benedicite[1].» Fait à noter, le fondeur a soin de donner un poids fixe aux cuillers qu'il fabrique, car l'habitant les utilise par la suite comme étalons pour peser la laine et la filasse dans les balances de bois.

Adulé des enfants à qui il sait raconter de longues histoires et qui le paient de l'attention qu'ils mettent à suivre son travail, cet artisan qu'on loge et nourrit gratuitement voyage parfois avec sa famille. À l'occasion, il vend de menus objets d'étain qui lui rapportent un certain bénéfice. Il sait aussi confectionner des épinglettes et des boutons et rafistoler les vieux chaudrons.

Le raccommodeur de faïence

Tout aussi habile de ses mains, le raccommodeur de faïence utilise une technique bien particulière. Ingénieux, il fore la pièce de vaisselle cassée de chaque côté de la brisure, puis enfile dans les trous une grosse ficelle. Il recouvre cette corde d'un mastic et la retire par un des trous. Alors il coule l'étain dans le conduit laissé ouvert par la corde. L'étain refroidi, le mastic s'enlève et laisse voir un petit lien qui, avec ses deux bouts rivés l'un à l'autre, permet à l'objet raccommodé de durer autant qu'un neuf.

Le «crampeur» de poêles

Sorte de forgeron habillé comme un ramoneur, car il manie la ferraille et la suie, le crampeur de poêles raccommode les plaques de poêle brisées par l'action du feu. Il utilise une tige de fer pliée en forme de «crampe» qu'il insère dans les trous percés dans la fonte, de chaque côté de la fissure, à l'aide d'un vilebrequin de foreur. Fortement rivée au revers de la plaque, cette tige redonne au poêle sa solidité première.

Véritable bénédiction pour une population n'ayant parfois que peu de rapport avec la ville et forcée de rafistoler le moindre objet brisé, le fondeur de cuillers, le raccommodeur de faïence et le crampeur de poêles sont les trois principaux artisans ambulants. À la ville, avec le temps, s'ajouteront le rémouleur, ou aiguiseur de couteaux, et le raccommodeur de parapluies qui, lui, pour signaler son arrivée, voyagera avec sa cloche sous le bras.

Le maître ambulant

Le maître ambulant, surnommé «le colporteur de l'intelligence», voyage à petite journée avec pour tout arsenal un alphabet et une ardoise. Il élit domicile chez le seigneur ou quelque cultivateur pour donner aux enfants du voisinage les rudiments de la lecture, de l'écriture et du calcul. Et lorsqu'il a épuisé son bagage de connaissances, après quelques semaines ou quelques mois, il quitte les lieux pour reprendre ailleurs son enseignement.

Le notaire ambulant

L'instituteur ambulant mène généralement une vie rangée. Comme beaucoup ne savent pas écrire, il a parfois pour tâche de rédiger des lettres d'amour ou quelqu'autre message pour un être cher. Il en va de même pour le notaire, qui parcourt les paroisses, son encrier de corne sur la hanche et son sac de loup-marin sur l'épaule, en quête de contrats de mariage, d'actes de ventes, d'obligations, de «donaisons*» ou d'autres documents à rédiger. Toujours âgé, dit-on, bien mis, il passe à date fixe et on le paie à la pièce.

Pour tout dire, la profession de notaire de 1800 à 1850 est à son plus bas niveau. Ce n'est qu'en 1847 que l'on pose de véritables exigences à l'admission à la cléricature. Il y a tant de notaires dans la vallée du Saint-Laurent que tous se sont appauvris. En 1837, dans chaque village de la vallée de la Richelieu, deux, trois et même quatre notaires doivent se partager le peu d'actes offerts par une population rarement supérieure à 2000 habitants. Et la situation est la même partout. Dans les villes, certains vont parfois de porte en porte offrir leurs services à prix d'aubaine. D'autres, véritables bohémiens du notariat, prennent la route à la recherche d'une clientèle qui leur permettrait de mieux vivre. Le prestige de toutes les professions dites libérales est à son plus bas: dans l'esprit populaire, les médecins, les avocats et les notaires ne sont que des ignares, des ivrognes et, qui plus est, de moralité douteuse[2].

* Appelées aussi donations. Lorsqu'un habitant juge qu'il est trop vieux pour administrer son bien, il le donne à l'un de ses fils, moyennant quoi celui-ci s'engage à héberger et faire vivre ses parents jusqu'à l'heure de leur mort.

Le marchand ambulant

Au temps de la Nouvelle-France, des colporteurs, appelés «coureurs de côtes», parcouraient les campagnes pour offrir à l'habitant des marchandises de toutes sortes ou lui acheter des produits de la terre. Même si les dirigeants politiques leur faisaient la chasse, les accusant d'acheter à bas prix des denrées nécessaires comme le blé et de les thésauriser jusqu'à la disette, le métier s'est toujours maintenu. Au 19e siècle, il constitue une technique d'échange importante.

Des potiers, des chaisiers, des ferblantiers, des poissonniers font du porte à porte pour vendre. Des Indiennes passent pour offrir des paniers, des balais, des mocassins. D'autres achètent des peaux, de la lingerie, du sucre d'érable, de la viande, des œufs et des céréales. Parfois pour s'attirer les faveurs d'une population ou

«Violoneux aveugle» par Duncan
(ROM, 951.158.10).

la remercier de son concours, des colporteurs font œuvre de bienfaisance. Ainsi à l'été de 1842, André Cimon, «marchand de la Baie-Saint-Paul qui venait tous les ans au Saguenay avec un assortissement de marchandises», paie le coût de la cloche de la chapelle de Grande-Baie, geste qui réjouit beaucoup les nouveaux colons de l'endroit[3]. Mais les marchands ambulants n'ont pas tous bonne presse. En 1837, le journal agricole *Le Glaneur* met en garde ses lecteurs contre les acheteurs de potasse. «Il est bon, écrit-il, d'avertir les Canadiens qui se livrent à cette exploitation que ceux qui les visitent dans leurs humbles demeures pour acheter se servent souvent de noms à eux inconnus, mais qui ne signifient absolument pas autre chose que 'potasse'... L'habitant qui répond qu'il n'a pas l'article demandé, mais seulement de la potasse, est requis de montrer sa marchandise, pour laquelle on offre un moindre prix parce que ce n'est pas ce que Monsieur a demandé et que la potasse n'a pas de prix cette année. L'habitant, de peur de ne rien obtenir de la potasse, très reconnaissant de la bonté qu'a Monsieur de l'avertir du prix du marché, lui laisse la marchandise à vil prix, au moins à un prix inférieur à celui du marché. On voit donc qu'il est bon quelquefois de connaître les différents noms donnés à un objet. Or la potasse se nomme encore sel d'absinthe, sel de centaurée, sel de tartre, sel de charbon bénit, cendres gravelées, salin, pierre à cautère, protoxide hydraté de potassium[4].»

Les villes aussi comptent un certain nombre de vendeurs

ambulants. À Québec, par exemple, avant 1854, date de l'inauguration du premier aqueduc, les «charrieurs d'eau» assurent la distribution de l'eau potable à travers la ville. «Sur leur petit banneau à deux roues, traîné par une rosse, ces derniers, en équilibre instable, devaient poser une barrique pleine d'eau, hermétiquement fermée par un couvercle en métal, en bois et en grosse toile à voiles, de manière à n'en pas répandre une goutte sur leurs parcours. Les taux fixés étaient plus que raisonnables et sur leur perron de porte les ménagères, entourées d'une montagne de vases disparates, guettaient le son de cloche annonçant le messie[5].»

Le bon et le mauvais quêteux

Dans la vallée du Saint-Laurent, on se méfie souvent de l'étranger qui vient demander l'aumône. Un viel adage veut que «chaque paroisse peut nourrir ses pauvres». Néanmoins il est de ces quêteux qui n'habitent pas les environs et pourtant savent s'attirer la sympathie. Les tournées du «bon quêteux» sont réglées comme la marche des saisons et chaque année, presque à date fixe, il repasse solliciter la charité «pour l'amour du Bon Dieu». Vêtu de haillons et portant besace au dos, il s'aide pour marcher d'un bâton de bois noueux. «Rapport aux chiens, dit-il, rapport seulement aux chiens, car Dieu merci la jambe est bonne.»

Son itinéraire est tracé à l'avance. Le quêteux de Saint-Grégoire, s'il arrive de Nicolet par le Quarante-Arpents ou de Sainte-Monique par le Grand-Saint-Esprit, emprunte d'abord le rang du village; puis, dans l'ordre, le Vide-Poche, le Pointu et le Beauséjour. Il n'arrête pas partout cependant et connaît les demeures où on l'a déjà bien reçu. S'il délaisse les gros villages au profit des petits et des rangs d'en arrière, c'est que les moins fortunés le portent sur la main. Il dîne chez l'un, soupe et couche chez l'autre. Celui qui l'héberge prévient ses voisins et les invite à la veillée en sa compagnie. Véritable journal ambulant, très habile conteur, il les entretient de mille et une anecdotes glanées tout au long de sa route. Ce soir-là, les enfants se font tirer l'oreille pour aller au lit.

Le quêteux couche dans le banc-lit, dit «banc de quêteux». À moins qu'il ne dorme sur une paillasse, une peau de carriole ou le tapis du chien près du poêle. Au petit matin, après le déjeûner, il repart en remerciant ses hôtes, plus riche d'un peu de farine, d'un «tapon» de laine, d'un pain de savon ou d'un œuf. Quand son sac sera trop lourd, il vendra le produit de sa quête pour quelques sous qu'il conservera dans son grand mouchoir rouge noué. On fait beaucoup confiance au bon quêteux. Remettre une missive à Bellerive, par exemple, lorsqu'il passe à Baie-du-Febvre, est un geste sûr, car rien de ce qui lui est confié ne se perd.

Des hommes, des femmes, des familles entières même quêtent. Et pour un quêteux bien accueilli, il est impossible de savoir combien se voient refuser l'aumône. Car il en passe de sombres, de taciturnes, qui jettent la terreur dans un rang. C'est le cas des quêteux de Saint-Gervais de Bellechasse qui, regroupés en familles, vivent dans un faubourg à l'écart du village. «Ils partent tous ensemble et vont mendier dans les campagnes et dans les villes. Ils font des levées considérables de blé, de farine, dont ils font des dépôts qu'ils vendent. Ils ont aussi de l'argent. Ils n'ont point de billets de leur curé, ou ils lui en imposent pour en obtenir. Ceux qui en obtiennent les prêtent ou les louent aux autres.» Les quêteux de Saint-Gervais parcourent de grandes distances pour mendier. On signale leur présence depuis Québec jusqu'à Saint-Fidèle de Charlevoix sur la rive nord et de Sainte-Croix de Lotbinière à Rivière-du-Loup sur la rive sud. En juillet, ils regagnent leur faubourg «de crainte qu'on ne leur demande de travailler aux récoltes». «De retour chez eux, ils font des repas et des divertissements entre eux dans leur concession. Ils passent la journée à fumer à l'ombre avec de longues pipes, pendant les récoltes. Si on leur demande de travailler, ils disent qu'ils gagnent plus à quêter[6].»

Ils savent intimider les populations en les menaçant de maux de toutes sortes. Quand ils jettent un sort ou maudissent une maison, tout peut arriver. Les blés ne forment plus d'épis, le pain ne lève plus, la truie meurt en «cochonnant», les rats envahissent le grenier, les moutons naissent sans «margoulette», les chevaux meurent de «chique*» et les enfants sont couverts de poux. On aurait même vu des pourceaux ensorcelés, droits comme des cierges, la tête en bas, tourner sur leur groin comme un essieu. Des couleuvres s'attacheraient à téter les vaches toutes les nuits, ne leur laissant au matin que du lait sanguinolent. Bref, le passage de ces mendiants risquerait de perturber l'ordre de la Nature.

Même si, au début, les mendiants des autres paroisses ont compris qu'il pouvait être avantageux de quêter sous l'appellation de «pauvres de Saint-Gervais», le comportement de ce groupe finit peut-être par jeter le discrédit sur cette activité. Et lors des années de crise économique, alors que le nombre de quêteux augmente, les populations se montreront d'autant plus réfractaires à venir en aide aux étrangers qu'elles s'estimeront échaudées. En 1836, une année de mauvaises récoltes, seuls les

* La «chique» est une maladie des chevaux causée par l'œstre, une grosse mouche dont les larves vivent en parasites sous la peau et dans les fosses nasales de l'animal. Elle désigne aussi la quantité de tabac que le chiqueur se met dans la bouche.

habitants du comté de Rimouski acceptent de secourir les pauvres d'ailleurs. Les autres s'en tiennent aux mendiants de leur propre paroisse. On craint trop de croire pour pauvreté ce qui ne serait que vagabondage et fainéantise.

Le quêteux de la paroisse, lui, est connu. Il loge habituellement au bout d'un rang dans quelque cabane. On le nomme toujours par un sobriquet. L'Anguille trouve facilement les meilleures raisons pour ne pas travailler. Jos-la-Galette n'accepte que de la galette de sarrasin. La Bienséance prétend donner aux enfants des leçons de savoir-vivre. Si ses maigres provisions s'épuisent, il rend visite aux voisins et tout rentre dans l'ordre. Il arrive que l'on lui confie de menus travaux: secouer les tapis, écosser les pois, peler les pommes de terre, effilocher la laine ou mettre le tabac en «torquettes». Ainsi gagne-t-il son dû.

Voilà. C'était le printemps, la saison du retour du soleil, de la remise en marche après l'arrêt imposé par l'hiver. Du dedans, on est passé au dehors. Ce qui n'était fin mars-début avril que la mort lente de l'hiver est devenu fin mai-début juin les prémices de l'été. C'est la Fête-Dieu, le temps des lilas. L'été s'en vient!

Fin mai, début juin, c'est déjà l'été. Si, invariablement, le 21 mars, le printemps retarde, souvent, début juin, l'été s'installe. Les jours rallongent. On a terminé les semailles. On a remis les bateaux à l'eau. Les animaux couchent dehors. La semaine dernière encore, on recevait la visite d'un quêteux. Colporteurs, «crampeurs» de poêles, fondeurs de cuillers, raccommodeurs de faïence ont repris la route.

Les oiseaux sont revenus. Les bosquets s'animent. La grange est maintenant occupée par les hirondelles. C'est la saison des nids. On note encore quelques absents de marque: le moineau domestique, importé à Québec en 1868 et l'étourneau sansonnet, qui, depuis le port de New York en 1890, se répandra dans toute l'Amérique. Parfois le cultivateur se plaint d'être réveillé trop tôt par les oiseaux. Et en effet on a remarqué que jamais ces derniers ne sont plus bruyants qu'au lever du jour, soit durant les quatre premières heures qui suivent l'aurore[1]. Après une accalmie au cours de la journée, ils se manifestent de nouveau lors des deux dernières heures précédant le coucher du soleil. Et les espèces les plus matinales seraient celles qui chantent le plus tard.

Les matins sont roses. Les arbres déploient chacun leur vert: celui du hêtre plus vif, celui du bouleau plus cendré, celui du tilleul plus moite. Le noyer ne montre encore que quelques pousses couleur de giroflée. Les floraisons se succèdent. Après le prunier, le pommier, le merisier, voici la renoncule âcre, le fraisier, le framboisier, la viorne trilobée, le bleuet, le trèfle rouge, l'aronia noir, la stellaire graminoïde, la vesce jargeau, la marguerite, le tabouret des champs et ainsi de suite. Certaines de ces plantes sont d'importation récente. La marguerite, commune dans la région de Boston en 1785, se répand au Québec au début du 19ᵉ siècle. En 1813, on la dit abondante autour de Québec. D'autres espèces sont absentes, comme l'épervière orangée. Plus tard seulement, au cours de la seconde moitié du siècle, on remarquera cette dernière, d'abord aux environs de New York (1875), puis du lac Magog (1889). Il faut comprendre qu'au cours des décennies, des siècles, les couleurs du paysage de la vallée du Saint-Laurent se sont modifiées, en particulier à cause de la présence humaine. Ceux qui sont venus ont apporté dans leurs bagages, la plupart du temps par mégarde, des graines de nouvelles herbes, en quelque sorte une partie des couleurs de leur paysage d'origine. Ces graines ont trouvé le long du Saint-Laurent une terre de prédilection et se sont implantées à demeure. D'ailleurs, cette prolifération de «mauvaises herbes» s'est accentuée après 1860, quand le commerce des semences, de local qu'il était, devient mondial.

Pages précédentes:
Photo: MLCP.

Le cultivateur fait des plans. En juin, il lui faut curer les fossés, réparer les clôtures, nettoyer et blanchir ses dépendances à la chaux. Il devra peut-être aussi inviter ses voisins à une corvée de construction. Puis viendra le temps des récoltes, qui ne se terminera qu'avec les labours d'automne. Sa femme, elle, s'occupera de la maison, du fournil, de la basse-cour. Elle s'attachera aussi à traiter les aliments en vue de leur conservation. Et toutes ces activités seront entrecoupées de fêtes, de rites, de célébrations, qu'on retrouve été après été. Si le temps le permet, on assistera à la foire aux chevaux, on ira se baigner à la rivière ou y jeter sa ligne pour y attraper quelques poissons. Peut-être rendra-t-on visite également à un parent, un voisin, un ami nouvellement installé dans un territoire de colonisation.

On espère un bel été. Mais nul ne peut dire s'il sera chaud ou froid, sec ou humide, calme ou venteux, ensoleillé ou nuageux. Toute la chronique depuis Jacques Cartier souligne la variabilité du climat québécois, en particulier l'été. Le cultivateur vit ses grands travaux constamment préoccupé par la température du lendemain. À tout moment, la pluie, le vent, le soleil à l'excès, la grêle, la gelée et la tornade peuvent tout gâcher. En 1807, des changements subits de température retardent considérablement la végétation dans la région de Québec. En plein cœur de l'été, un journaliste écrit que «les bleds sont à peine épiés, et les arbres fruitiers, tels que les pruniers et les cerisiers n'ont pas pu donner de fleurs, faute de chaleur convenable[2]». L'été suivant, en revanche, se révèle remarquablement chaud.

À l'été 1816, il continue de neiger jusqu'à la fin de juin. Dans son journal personnel, un capitaine de milice, Augustin Labadie, dépeint dans un style laborieux la situation en Beauce. «Il est de mon devoir, écrit-il, de dire la vérité que le 7 juin, les vents au nord toute la journée et gros vent et beaucoup de froid. Il a neigé presque toute la journée, que ce jour là mêmes les montagnes au nord était blanche. Ce jour même à Ste. Marie, St-Joseph, St. François de la Beauce, les habitants ont traîné du bois avec leur traines pour se chauffer. La nège du long des clôtures étoit d'un pied et demis d'épaisseurs. Les habitant qui descendoit pour Québec était en capot et rodingode et mitenne. Il ont rapporté que la nège poudroit comme dans janvier et février. Beaucoup de maison ont été obligé de remonter leur poêle. On geloit dans les maisons. On a beaucoup consommé du bois ces derniers jours... Il a fait un gros mauvais temps, le sept de juin dans la nuit en venant au huit de juin au matin; il avoit negé toute la nuit. Les maisons, les terres, les montagnes étoit toutes blanches

Saint-Henri de Lévis, le long de
l'Etchemin (ANQ, coll. EOQ).

de nège comme dans l'hiver... Les vents sont au nord. Il a vanté
beaucoup. Le soleil n'a point paru depuis douze jours. Il y a une
tache sur le soleil qui le couvre, qui fait qu'il ne parait point. On
ne peut sortir de la maison qu'on est gelé du vent et du froid[3]. »
Cet été-là, à la mi-juillet, les lacs situés en arrière de Baie-Saint-
Paul sont toujours recouverts de glace.

À vrai dire, il s'agit d'un été exceptionnel, tout l'hémisphère
nord vivant sous une vague de froid inattendue. En Europe, les
conditions climatiques entraînent presque la famine. On avance
les explications les plus diverses. Certains hommes de science
supposent que le phénomène est dû aux taches solaires. Ernst

Chladni, un physicien allemand, attribue le froid à la présence de glaces polaires dans la zone septentrionale de l'Atlantique. D'autres pensent qu'une quantité de chaleur surgit de l'intérieur de la terre, mais que l'installation des paratonnerres inventés par Benjamin Franklin en interrompt le flux naturel, causant ainsi tout ce froid. On mettra du temps à faire le lien entre cette «année sans été» et l'éruption, l'année précédente, du Tambora, un volcan des Indes néerlandaises[4]. Pendant des semaines, celui-ci avait craché dans l'atmosphère des tonnes de dioxyde de soufre qui, après un certain nombre de réactions chimiques, ont formé un voile à la lumière solaire et provoqué cette vague de froid sur la terre. On pense qu'il s'agit de la plus grande éruption volcanique depuis celle de 1601[5].

L'habitant des basses terres du Saint-Laurent dispose en moyenne de 120 à 145 jours de culture sans gel. Mais il existe de ces étés, comme celui de 1816, où les gelées tardives réduisent considérablement la saison de végétation et affectent gravement les céréales. Tout à l'inverse, les étés trop secs et trop chauds de 1825, 1831 et 1842 tarissent les puits, les ruisseaux, les sources et compromettent les récoltes de légumes et de petits fruits.

En règle générale, bien que les variations des précipitations soient particulièrement sensibles d'une année à l'autre, l'été demeure tout à la fois la saison des plus fortes averses et du plus grand nombre d'heures d'ensoleillement[6]. À l'ondée ou à l'orage, succède un soleil éclatant, comme si le temps gris n'était pas de mise. De toute manière, il n'existe pas «un» climat, mais toute une gamme de climats variant selon la latitude, le relief, la répartition des terres et des nappes d'eau, les courants marins, la végétation et les mouvements atmosphériques. Et les conditions topographiques locales viennent souvent nuancer sensiblement les données régionales ou nationales.

Les menus travaux

L'été, parce que le climat le permet, est la saison où il y a le plus de besogne à abattre. À tel point qu'on a pu dire, en forçant un peu la note, que l'habitant fait son année l'été. En juin, par exemple, alors qu'il dispose de quelque temps libre avant la fenaison, le paysan s'occupe à curer les fossés, réparer les clôtures, remplacer un contrevent avarié, un poteau de galerie pourri ou quelque bardeau qui cède. Il passe à l'ocre les portes et les châssis, remonte la margelle du puits qui s'effrite ou couvre la laiterie de «sapinages» pour la conserver fraîche. Il n'est pas seul cependant pour mener à bien ces travaux. Sa femme, ses enfants le secondent. Il s'allie à l'occasion à un groupe de voisins pour une corvée, chez lui ou chez les autres. Et, s'il a pu amasser quelque pécule, il embauche un «engagé», c'est-à-dire un ouvrier agricole.

L'engagé

Au 19e siècle, la population d'ouvriers agricoles est très importante. Malheureusement, on ne possède aucune donnée sérieuse pour la première moitié du siècle. Mais, au grand recensement de 1851, elle compte 30% de toute la main-d'œuvre québécoise. À la campagne, presque autant d'hommes se disent engagés (63 365) qu'agriculteurs (78 437). Pourtant on observe un mutisme relatif à leur sujet. Ce silence vient sans doute du fait qu'il s'agit ici d'un prolétariat rural inorganisé, très diversifié et donc difficile d'approche.

C'est finalement un très vieux métier que celui de ne pas en avoir, d'être homme à tout faire. Sur 10 000 Français qui passèrent en Nouvelle-France de 1630 à 1760, près de 4000 étaient des engagés. Ces gens constituent la part la plus importante de tous les immigrants. Bien qu'ils se disent de tel ou tel métier lors de leur embarquement, la plupart se révèlent être de simples journaliers, des domestiques ou des apprentis encore jeunes. Au

Photo: *ANQ, coll. EOQ.*

départ, le propriétaire du navire leur remet une somme de 30 livres pour acheter des hardes; cette somme, ainsi que le prix de la traversée, lui sera remboursée à l'arrivée par ceux qui prendront en charge ces nouveaux immigrants.

Sur place, on s'engage par contrat pour une durée de trois ans, soit à la ville, soit à la campagne. Le salaire annuel s'élève à 75 livres, mais on doit rembourser au maître le coût des hardes et le prix de la traversée à même ses gages. On comprend que pareil système ne permette guère à un ouvrier de s'enrichir et de pouvoir facilement travailler à son compte après trois ans. Dès lors, son contrat expiré, celui qui n'arrive pas à se faire concéder une terre dans une seigneurie devient journalier.

Sous le régime français, un engagé peut être «toute per-

sonne tenue de servir un maître pendant une période de temps
déterminée». Au 19ᵉ siècle, on désigne ainsi les ouvriers agricoles
et parfois les domestiques. Les romanciers québécois d'alors
décrivent l'engagé comme une personne pittoresque, à l'allure
bonhomme, à la fidélité de bon chien, apparemment sans souci et
désintéressé. Mais cette définition qui tient beaucoup du cliché
masque la très grande variété des types d'engagés. Car il se trouve
autant d'engagés que de maîtres ou de patrons. Les communautés
religieuses, par exemple, recourent beaucoup aux engagés, de
même que le seigneur, le col blanc détenteur de terres et le
cultivateur aisé. Les conditions de vie de chaque engagé varient
selon son employeur. On peut travailler pour son voisin ou pour
un parfait inconnu. On s'engage à la journée, à la semaine, au
mois, à l'année ou à la tâche.

En général, l'engagé habite sous le même toit que son
maître qui doit l'habiller, le nourrir, lui fournir un peu de tabac et
lui verser un maigre salaire. Sur la Côte-du-Sud, entre Saint-
Roch-des-Aulnaies et Sainte-Anne-de-la-Pocatière, les engagés
travaillent pour des cultivateurs qui demeurent dans les paroisses
du bord de l'eau; pour être plus près de leur travail, les ouvriers
habitent de petites maisons de bois, dans le deuxième rang,
derrière les côteaux. Dans la seconde moitié du 19ᵉ siècle, quand
on disposera de machines pour remplacer les hommes, plusieurs
de ces masures seront rachetées par les cultivateurs, déménagées
dans les vieilles paroisses, avant d'être transformées en fournil, en
remise ou en «boutique». D'autres, réparées, agrandies et em-
bellies, en viendront à former de «petits faubourgs», puis des
villages, comme Sainte-Louise et Village-des-Aulnaies.

On réserve à l'engagé les travaux les plus durs: le labour à la
pioche, le glaisage des terres, le creusage des fossés, le charriage
des pierres, le défrichage, l'essouchement, le battage du blé, etc.
Il doit aussi seconder son patron dans des tâches moins astrei-
gnantes, mais il ne touche pas aux travaux domestiques réservés
aux femmes. En hiver, l'engagé voit son maigre salaire réduit du
tiers à cause du peu de travail qu'il a à effectuer.

Ordinairement, l'engagé est d'âge adulte. Il arrive cependant qu'il soit beaucoup plus jeune, comme en témoigne un
contrat passé devant notaire à Sainte-Marie-de-Beauce en 1813.
Cette année-là, Louis-Joseph Laflamme et sa femme louent leur
fils de sept ans pour une période de quatorze ans. L'habitant qui
l'engage promet de le «nourrir, loger, coucher, entretenir, blanchir
et raccommoder» et de lui «montrer tout ce dont l'engagé sera
susceptible d'apprendre en sa qualité de laboureur». Le maître

assure également «de le traiter humainement, de l'élever, l'instruire comme un de ses enfants dans la religion catholique, apostolique et romaine, de le mener et ramener du service divin autant qu'il sera possible[1]». Les parents du jeune garçon promettent en son nom de «travailler constamment au service de l'employeur, sans pouvoir s'absenter ni de jour ni de nuit sans la permission expresse de son maître». Le garçon devra aussi «avertir son maître des dommages qui parviendront à sa connaissance et des personnes qui pourront lui faire tort dans ses biens ou sa personne».

Dans les années 1830, l'engagé du seigneur Pierre-Elzéar Taschereau de Sainte-Marie-de-Beauce, un adulte du nom de Laberge, est marié et père d'un fils. En consultant le livre de comptes de son maître, on apprend qu'il travaille huit mois par an, qu'il touche un salaire équivalent à 250$ par année, en sus du logis, du chauffage et du lait d'une vache. Cependant il ne touche réellement que l'équivalent de 30$, le reste étant payé en nature[2]. Ce mode de paiement permet au maître d'orienter les dépenses de son engagé et de veiller à ce qu'il fasse bon usage de son pécule. De toute manière, la totalité des avoirs des Laberge va à l'achat de nourriture et de vêtements pour lui et sa famille. Bien plus, on remarque que d'une année à l'autre il s'endette à l'égard de son employeur.

Photo: ANQ, coll. EOQ.

Ces deux exemples d'engagés — un garçon de sept ans et un adulte avec sa famille — montrent bien la variété des ouvriers agricoles. Tous ensemble, ils vont vendre leur force de travail, parfois même leur personne, pour une sécurité frugale, une sorte de minimum vital. Bien qu'ils soient presque aussi nombreux que les cultivateurs, les engagés n'ont pas bonne presse. Quand les périodiques agricoles parlent d'eux, c'est souvent pour recommander la prudence et la méfiance à leur égard: il s'en trouverait tant de paresseux, de lâches, de négligents et d'insoumis qu'il faut ruser quand on les engage.

Quoi qu'il en soit, après 1850, en ce siècle de progrès où tout est de plus en plus considéré en fonction du rendement, mieux vaut remplacer l'ouvrier agricole par la machine. «Imitons les industriels qui économisent considérablement en remplaçant les bras par des machines», conseille la *Gazette des campagnes* en 1865. «Voyez comme tous les corps de métier progressent sous ce rapport. Aujourd'hui on a des moulins pour tout: le moulin du couturier, le moulin du cordonnier, etc. Que les cultivateurs en fassent autant; et si les 'engagés' les ruinent, qu'ils aient recours à des instruments qui simplifient le travail et le rendent moins coûteux[3].»

La réparation des clôtures

En juin, un des premiers travaux de l'habitant et de son engagé est la réparation des clôtures. L'hiver précédent, des travées ont été couchées par la neige, des piquets ont cédé, une barrière est sortie de ses gonds. Il faut donc passer en revue toutes les clôtures. Beaucoup de cultivateurs jugent ce travail détestable car sans attrait. Les clôtures sont démesurément longues et nombreuses: clôtures de ligne, clôtures de pacages, clôtures de refend*, clôtures de clos ensemencés. Mais «un cultivateur soigneux et attentif à ses intérêts, affirme *La Bibliothèque canadienne*, fait des clôtures un des ses principaux ouvrages. Il veille sans cesse à leur confection et à leur entretien[4]».

* On dit aussi clôture de refente. Elle subdivise un lot en deux parties.

Pourquoi porter attention à ses clôtures? Principalement à cause des bêtes. En quelques instants, elles peuvent ruiner une récolte. Quel cultivateur un jour n'a pas eu le désagrément de voir arriver au champ son enfant, tout essoufflé, lui dire que les animaux «ont passé», qu'ils «pacagent» maintenant dans le champ d'avoine ou de blé d'Inde? Une chicane dite «de clôture» survient immanquablement s'il faut aller quérir ses bêtes chez le voisin.

«Une seule heure qu'un nombreux troupeau passe dans la moisson peut devenir très préjudiciable.» Il s'est vu des voisins vivre en froid parce que les bêtes de l'un «avaient passé» chez l'autre. Et cela se répétera, dit-on, parce que «les animaux qui ont passé une fois repasseront».

Un matin de juin donc, on sort la charrette. On la charge de perches, de pieux et de harts. On apporte les outils nécessaires: la hache, la masse, la tarière; on prévient les enfants, et la caravane se met en marche pour le fin fond du champ. Rendu sur place, on inspecte. Des «pagées» de clôture tiennent bien; d'autres chancellent. La charrette se vide de ses pièces neuves; les perches rompues, les piquets brisés prennent aussitôt leur place. Ils serviront à réparer la clôture du potager ou à chauffer le poêle pour la cuisson. À chaque fois qu'on enfonce un pieu, la forêt à proximité renvoie l'écho des coups de masse ou des exhalations de celui qui frappe. Les enfants sont heureux; le décor est nouveau. À distance, la maison familiale semble toute petite.

On utilise parfois le frêne pour les clôtures de perche, mais le meilleur bois est le thuya occidental, populairement appelé cèdre. «Presqu'exempt de la corruption à laquelle tous les autres bois sont sujets, sa durée est longue et infiniment profitable. Toutes les autres espèces de bois ne fournissent que de médiocres clôtures qui ne résistent pas longtemps aux injures du temps et à la corruption[5].» Une clôture de cèdre dure «le règne d'un homme».

Dans la première moitié du 19e siècle, comme depuis les premiers temps du régime français d'ailleurs, une législation oblige le cultivateur à porter attention à ses clôtures. Des inspecteurs parcourent les paroisses pour enregistrer les plaintes et chacun peut forcer son voisin à remettre en état sa clôture chancelante. Certains journaux, du reste, jouent sur la fierté de leurs lecteurs pour les amener à se doter de bonnes clôtures. *La Bibliothèque canadienne*, par exemple, écrit: « À l'aspect d'un champ et des clôtures qui l'environnent, on peut presque toujours et d'une manière certaine juger quel est le soin, l'industrie, la vigilance et la capacité du propriétaire, auquel le tout appartient. Car presque toujours un cultivateur paresseux et négligent a de mauvaises clôtures; sa terre paraît comme si elle n'appartenait à personne... Chaque partie offre à l'œil la ruine et la décadence du propriétaire. C'est toujours une marque infaillible d'un cultivateur oisif et nonchalant. C'est la première pensée qui vient à l'esprit du passant, qui contemple avec peine et regret une terre dont les clôtures sont en mauvais état.» Nul ne peut dire cependant si ce plaidoyer pour de bonnes clôtures eût quelque influence.

Le curage des fossés

C'est en juin aussi qu'il faut curer les fossés. Maintenant qu'ils se sont passablement asséchés, le cultivateur diligent, chaussé de bonnes bottes, muni d'une simple pelle et toujours accompagné de son engagé, entreprend ce nettoyage. Les raies et les rigoles tracées lors des labours ne peuvent produire leur effet complet que si les fossés dans lesquels elles se jettent sont bien curés. Le travail est facile pour qui y revient annuellement; on se contente alors de nettoyer le fond de la largeur d'une pelle, sans toucher aux talus qui se sont solidifiés en se garnissant de gazon. Souvent les herbes qui poussent tout au fond suffisent à gêner l'écoulement de l'eau et à la faire refluer dans les rigoles.

Le travail terminé, il faut s'assurer pendant l'été et l'automne que rien ne gêne le passage de l'eau. Après les pluies abondantes, les fortes averses, il est bon de visiter ses fossés, car il peut se former des amas de terre qui empêchent l'eau de s'écouler. Une simple pierre, une branche suffisent parfois à obstruer le canal et il peut s'ensuivre des dégâts importants. D'ailleurs le cultivateur qui n'a cure de ses fossés et omet de les nettoyer chaque année s'oblige le temps venu à des travaux très éreintants qui peuvent durer plusieurs jours.

Le blanchiment à la chaux

Un travail auquel l'habitant ne saurait renoncer, sous peine de perdre rapidement une partie de son cheptel, est le nettoyage et le blanchiment des dépendances à la chaux. En mai, on avait fait le ménage de la maison; en juin, on fera celui de l'étable. Déjà, depuis que les bêtes ne rentrent que pour le «train», on laisse ouvertes les portes et les fenêtres de cette dépendance pour l'aérer. Mais cela ne suffit pas à assainir complètement la place; l'odeur d'ammoniaque demeure fort persistante. Un matin, la fermière, son époux et ses enfants se lancent dans le grand ménage du «bâtiment». On balaie, on racle et on brosse les murs et le plancher. On lave tout à grande eau et au «lessi». On cure les abreuvoirs, les auges, on nettoie les râteliers; on solidifie les stalles des chevaux. On répare les crochets de bois où pendent les harnais et les attelages.

On fait la chasse à la moindre vermine, d'abord dans le coin des volailles. La maladie se déclare chez les oiseaux quand le poulailler est malpropre, que l'eau fraîche manque et que la

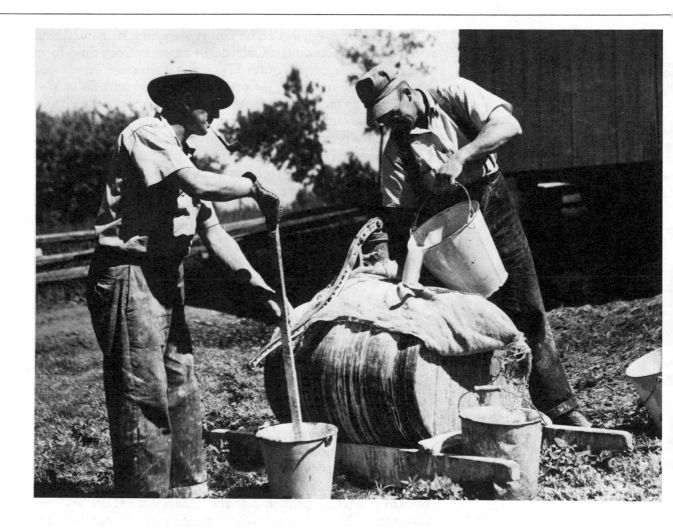

Photo: ANQ, coll. EOQ.

vermine abonde. Les poux, les acariens font cruellement souffrir les poules. Ils viennent vite à pulluler dans leur plumage. Alors il faut bien nettoyer les perchoirs et prévoir une aire de sable fin pour que les oiseaux puissent s'y vautrer. Hiver comme été, on mélange à ce sable quelques poignées de soufre ou de cendre lessivée, deux puissants insecticides qui empêchent la multi-plication des parasites. On repère les trous de rats, dans lesquels on répand du camphre liquéfié ou du chlorure de chaux arrosé de vinaigre. Les émanations de ces désinfectants font fuir les ron-geurs. À ce cultivateur de Charlesbourg, dont l'étable est infestée de rats tellement «robustes et vigoureux» que les chats craignent de les attaquer, on conseille de jeter «quelques petits morceaux de potasse» dans tous les trous; cela devrait suffire à faire place nette[6].

Après le ménage de l'étable, on la blanchit à la chaux. Dans certaines régions comme la Côte-de-Beaupré, la Côte-du-Sud et le Bas-du-Fleuve, on passe tout à la chaux: maisons, dépendances et clôtures, «ce qui rend, dit-on, le coup d'œil plus flatteur[7]». Entre Rivière-Ouelle et Saint-André-de-Kamouraska, on chaule même le mur intérieur des maisons, plutôt que de le crépir. La chaux utilisée pour le blanchiment provient du calcaire, la roche sédimentaire la plus courante dans les basses terres du Saint-Laurent et en bordure du lac Saint-Jean. Dans des fours aménagés à cet effet, on chauffe le calcaire pendant trois jours et trois nuits et il en résulte une poudre blanche, légère et sans odeur, la chaux vive. Selon Pehr Kalm, la chaux extraite du calcaire noir au lieu du gris «possède cet avantage qu'au contact de l'eau ou d'un mur humide, elle s'y attache si bien qu'elle devient presque aussi dure que de la pierre, et qu'elle est alors plus dure et plus résistante que l'autre[8]».

Le lait de chaux s'obtient en mélangeant de la chaux vive, de l'eau bouillante et du sel. L'inconvénient du simple lait de chaux est de s'écailler assez rapidement sous l'influence des agents atmosphériques. C'est la raison pour laquelle on ajoute du sel, un ingrédient qui permettrait à l'enduit de sécher sans craqueler. Pour obtenir un blanc encore plus éclatant, certains joignent de la craie, dite «blanc d'Espagne». Pour une meilleure adhérence, on y mêle de la farine de riz et de la colle forte. Certains vont jusqu'à y faire fondre du gras; il faut alors brasser le liquide pendant toute l'opération, car le gras remonte facilement en surface.

On choisit toujours une belle journée pour chauler. Un temps humide et pluvieux empêcherait le lait de chaux de s'assécher rapidement. Bien plus, une forte pluie, poussée par un vent violent, délaverait l'enduit. Le matin du chaulage, on installe à l'extérieur ou dans l'âtre du fournil le grand chaudron de fonte qui servira à faire bouillir le mélange. On s'habille en conséquence: longues bottes, salopettes et chapeau, car — qu'on le veuille ou non — le liquide éclabousse. On applique le lait de chaux bouillant au blanchissoir*. À l'intérieur de l'étable ou du poulailler, on blanchit tout et dans les moindres recoins. La chaux sert en quelque sorte de désinfectant. À l'extérieur, on monte des échafaudages, qu'on promène d'un endroit à un autre, pour permettre d'atteindre les plus élevés.

Quoique généralement on laisse le lait de chaux de couleur blanche, il est possible de le colorer avec des ocres et du noir de fumée. L'emploi de l'ocre jaune, comme celui provenant de dépôts alluviaux de L'Ancienne-Lorette et de Saint-Augustin,

* Brosse de crin.

donne une couleur crème. La terre d'un brun cannelle, s'apparentant à la terre d'ombre et provenant de Baie-Saint-Paul, mélangée à du noir de fumée, fournit une couleur pierre. Et la terre «rouge brûlée» des Îles-de-la-Madeleine, se rapprochant du sulfate de fer appelé «rouge indien» et mélangée à de la terre d'ombre et du noir de fumée, donne une couleur faon. Quant aux citoyens de l'est de Montréal, de Lachenaie à Berthier, ils n'utilisent même pas le lait de chaux pour colorer les édifices. Une glaise bleue et un sable jaune, communs dans la région et délayés dans de l'eau, du lait et du lessi, permettent la fabrication d'enduits qui adhèrent aussi bien au bois que la chaux.

La corvée de construction

Il est un travail qui exige beaucoup plus que le concours de la maisonnée pour être bien mené: celui de la construction d'une grange. Un homme seul, sa famille, son engagé, n'auraient pas assez de tout l'été pour l'accomplir. Dès lors, pour ce faire, il faut une corvée, appelée «courvée» ou «bi». Longtemps en France, chez les paysans, la corvée fut synonyme de travail forcé réclamé injustement par un suzerain à ses vassaux. Dans la vallée du Saint-Laurent, il s'agit plutôt d'un mode généralisé d'entraide qui, grâce à la mise en commun des efforts et parfois des biens de chacun, permet de résoudre rapidement un problème ou d'achever une besogne avec célérité.

Les corvées sont de tout ordre. Dans les années 1820, à Saint-Denis-de-Richelieu, on recourt à la corvée pour construire l'école des religieuses de la congrégation de Notre-Dame. «Encouragés par les exhortations et l'exemple de leur digne pasteur, les habitants y contribuèrent par des corvées et en charroyant ou fournissant des bois, de la pierre et autres matériaux[9].» Plus tard, en 1860, à Roberval, les colons fournissent 90 jours de corvée, ainsi que le bois et les vitres pour la construction du presbytère de l'abbé Charles-Augustin Bernier, leur curé. En 1863, six étudiants de l'école d'agriculture de Sainte-Anne-de-la-Pocatière acceptent volontiers la corvée pour vider les latrines de la maison. Ils travaillent tant et si bien qu'en deux jours, ils extraient «200 voyages de matières fécales, dont l'odeur, précise-t-on, avait été presque entièrement détruite par la chaux qui y avait été mêlée[10]».

Ce sont là des corvées spectaculaires, des corvées dont on parle, des corvées que les journaux et les études retiennent. Pourtant il s'en organise annuellement un grand nombre aux quatre coins du pays, souvent anonymes mais tout aussi utiles. Des corvées de femmes, des corvées d'hommes; des corvées pour les semailles, des corvées pour les récoltes; des corvées d'été, des corvées d'hiver. Elles regroupent sept, huit, dix personnes.

Juin est le mois des corvées de construction. Qui veut bâtir une nouvelle grange ou simplement agrandir celle qu'il a organise une corvée. Déjà, il en a causé avec sa famille, ses voisins, son engagé peut-être. Il en conçoit le plan. Un habile menuisier, prêt à diriger les travaux et reconnu comme tel dans la paroisse, le conseille et évalue la variété et la quantité de matériaux qu'il faudra rassembler, car on ne peut à cette époque courir au magasin général à tout moment pour un quelconque oubli. Pour sauver du temps, l'habitant fait «tailler» sa grange, c'est-à-dire préparer chacune des pièces de la charpente selon la fonction à laquelle elle est destinée. L'emplacement des mortaises, des tenons, des onglets est indiqué au ciseau à bois en chiffres romains. Il se pourvoit de planches, de madriers, de portes, de fenêtres et de ferrures en nombre suffisant. Par temps perdu, durant l'hiver, il a déjà fabriqué ses bardeaux de cèdre pour la toiture, à moins qu'il n'ait prévu une couverture de paille et ne recoure à un chaumier*. Tout est prêt. Ne lui reste plus qu'à trouver du monde, car «c'est vite levée une grange, quand on est fort de monde».

La semaine précédant la corvée, il passe dans le rang pour s'informer des disponibilités de chacun. À moins d'un empêchement majeur, on accepte de participer à la corvée; refuser sans raison valable serait volontairement s'isoler et on risquerait l'ostracisme des autres membres de la communauté. L'inverse est aussi vrai; il est fort choquant de ne pas être invité à la corvée du voisin et cela dénote des relations tendues. Pour compléter les effectifs, l'habitant poursuit son recrutement le dimanche matin, après la messe, sur le perron de l'église. On lui promet d'apporter une scie, un marteau, un fil à plomb, moyennant quoi il s'engage à bien recevoir son monde.

Le jour venu, de grand matin, chacun se présente, tel qu'entendu. Baptiste arrive avec ses trois fils. Alphonse a son violon sous le bras; Sébastien, sa «ruine-babines» en poche, et Ferdinand, sa «bombarde**». Si le temps est nuageux, on suppute la probabilité de pluie. Si le soleil s'est levé brillant et orangé, on a pris soin de se munir d'un chapeau de paille. Après les taquineries d'usage, le menuisier en chef produit le plan de l'édifice, donne ses directives, explique les étapes du travail et procède à une répartition des tâches selon l'habileté de chacun. Bien sûr, tous ne peuvent être des charpentiers hors pair; mais il n'empêche que les Canadiens

* Officiellement, le métier de chaumier semble disparaître au cours de la première moitié du 19ᵉ siècle. Le recensement de 1831 est le dernier à signaler un chaumier. Celui-ci habite Trois-Rivières.

** On appelle l'harmonica «ruine-babines» ou «musique à bouche» et la guimbarde «bombarde».

excellent généralement dans les travaux manuels, en particulier dans les métiers du bois. De nombreux voyageurs le signalent.

On se met rapidement à l'ouvrage, car la corvée en principe ne dure qu'une journée. On dispose d'abord les soles, ces longues pièces de bois qui serviront d'assise à la grange, puis les lambourdes. Et lentement le châssis s'élève. Les coups de marteau répondent aux va-et-vient de la scie. Il faut empêcher les enfants les plus jeunes de s'approcher trop près. La blague à tabac et la cruche de rhum ou de whisky circulent. Lors de ses invitations, le propriétaire s'était d'ailleurs engagé à fournir aux participants tabac et boisson; ainsi le veut la tradition. Les farces fusent; on «s'étrive». Ferdinand a les mains «pleines de pouces». Alphonse doit se charger du travail de soutien; avec sa peur des hauteurs, il serait bien incapable de prendre place à califourchon sur le

Au 20e siècle, le cultivateur des Îles-de-la-Madeleine recourt à la «baraque» pour entreposer le foin. Celle-ci répond bien aux besoins d'une région où le bois se fait rare. Son toit mobile, qui par un jeu de poulies s'élève et s'abaisse à volonté, permet d'abriter la quantité de fourrage disponible (ANQ, coll. EOQ).

faîtage. Le temps se passe ainsi, jusqu'à ce qu'un des garçons vienne annoncer que la soupe est servie dans le fournil. Alors, on s'amène. La cuisinière met le nez dehors pour crier aux «lambineux» de presser le pas. «Hé, là-bas! Il y a une escousse que la table est gréyée et que le manger fige dans les plats. Il y a toujours des limites pour tanner le monde en vie!»

Le dîner se passe rapidement; on mange avec appétit. Au menu: soupe aux pois, lard salé, lait caillé, crème sûre, sucre d'érable et «pain de ménage». Après le repas, on tire une pipe. Michel à Antoine raconte quelques histoires. Sébastien, étendu dans l'herbe, somnole. Une heure s'écoule à peine qu'on reprend l'ouvrage. Le chantier se réanime. On élève maintenant les murs en pièce sur pièce, en madriers ou en planches. D'autres travaillent au comble. Si l'un des ouvriers se coupe ou s'écorche un doigt, on écrase une ou plusieurs feuilles de géranium sur un linge qu'on applique ensuite sur la plaie. Ce remède a la réputation de favoriser la cicatrisation. Si un autre se blesse en marchant sur un clou rouillé, on place une «couenne de lard» ou de la betterave râpée sur la plaie pour lui permettre de dégorger.

L'après-midi avance; le «levage» s'achève. Là où le matin il n'y avait qu'herbe à brouter, s'élève quasiment une cathédrale, fleurant le bois coupé. On décore de fleurs artificielles et de brimborions multicolores la tête d'un jeune sapin, et l'un des garçons de la maison grimpe au sommet de l'édifice pour fixer ce bouquet. Si un fusil est disponible, on tire une salve. Et la journée de travail se termine ainsi. Il ne restera plus au maître de céans que les finitions et le chaulage, tâches qu'il peut accomplir avec l'aide de ses fils ou de son engagé.

On ramasse les outils, les retailles et les copeaux. Certains ouvriers partent rapidement pour «faire le train». D'autres effectuent un brin de toilette, se reposent en fumant et attendent, avec impatience d'ailleurs, le moment de souper et la veillée. Car un jour de corvée ne se termine jamais sans veillée; ainsi remercie-t-on ceux qui s'y sont prêtés. Le repas se prépare. L'activité va bon train dans le hangar ou le fournil. Parfois l'hôte a tué un jeune cochon pour nourrir tout son monde. Ceux qui s'étaient absentés reviennent. Les femmes se joignent à leurs époux. On s'exclame devant la beauté de l'édifice; on vante les talents du maître d'œuvre. L'heure est à la détente.

Bientôt, la table est mise. On a sorti les panneaux et les chevalets pour l'allonger. On cherche à offrir aux invités autre chose que l'éternel lard salé. Aussi pourra-t-on se rassasier de ragoûts, de saucisses, de boudin, de «tête en fromage» et de «cretons». Pour dessert, des «catinages»: biscuits, confitures et gelées. La maîtresse de maison sert des assiettées combles. «Mangez votre besoin, qu'elle dit, et buvez votre soûl. Faites comme chez vous. Quand il n'y en aura plus, il y en aura encore.» Celles et ceux qui ont de la «parlotte» ou de la «jasette» tardent à vider leur assiette, s'exposant ainsi aux «pataraphes», aux platitudes des gros mangeurs, mais on sait riposter du tac au tac.

Longtemps après que les plats sont vidés, on demeure autour de la table. Les conversations sont diverses. Les éclats de rire couvrent les voix, qui déjà étaient montées de quelques tons. C'est à qui racontera la plus drôle. On achève de vider la cruche. À un moment donné, les femmes se passent le mot pour mettre tout le monde dehors, le temps de «dégréyer» la table et de laver la vaisselle. Les hommes vont fumer une pipe devant la grange. Les garçons «font leur Ti-Jean l'Évêque*», en jouant «à la jambette», au tir au poignet et en «fessant» sur le mur à s'en «plumer» les jointures. Mais c'est déjà la brunante. Les soirées sont encore fraîches. On rentre donc pour la veillée. Alphonse jouera du violon; Sébastien, de la ruine-babines, et Ferdinand de la bombarde.

* Expression populaire pour «faire le faraud».

Les activités domestiques

Au mois de mai, après le grand ménage, souvent la famille ne réhabite pas la maison, préférant gagner la «cuisine d'été», le bas-côté, le fournil ou le hangar. Cette aire de vie estivale, à l'écart du logis principal, était déjà une caractéristique de l'habitation ouest-européenne au Moyen Âge. Après la monotonie des jours imposée par le long hiver, alors que la vie était toute intérieure, ce lieu oblige au changement et se prête beaucoup mieux à une vie devenue toute extérieure. Son caractère fruste libère la femme des travaux d'entretien et de propreté et permet une disponibilité constante des membres de la famille aux récoltes. Sans compter que, l'été, dans la maison, chauffer le poêle pour les besoins alimentaires rendrait la vie insupportable. On cuisine dès lors dans l'âtre du fournil avec le chaudron pendu à la crémaillère.

C'est là que la mère de famille boulange une fois la semaine, fait le beurre, nettoie les légumes du potager avant de les préparer pour la conservation. C'est dans l'âtre qu'elle fait bouillir les petits fruits pour les gelées et les confitures, qu'elle cuit les aliments des animaux, boucane les viandes après les petites boucheries d'août. En Gaspésie, où on ne vit que de la morue, on bâtit le fournil sur la rive, près des tables où se tranche et s'évide le poisson. Pieds mouillés, lourds de vase ou empoussiérés, on peut y circuler à l'aise sans faire tempêter quiconque. Le soir, quelle qu'ait été l'activité du jour, tout le monde se rassemble autour de la grande cheminée, où l'on cause, à moins que l'on préfère s'asseoir aux fenêtres ou devant la porte pour respirer les odeurs montant de la terre et compter les étoiles. Et les parfums sont particulièrement prononcés quand le temps est très sec et très chaud. Les sous-bois, en particulier, deviennent fort odorants.

L'entrée du fournil est le lieu d'observation d'un certain nombre d'événements naturels, comme la tombée du jour, le

passage de la chauve-souris, la danse des lucioles, les pluies d'étoiles filantes, la course des comètes ou l'apparition d'une aurore boréale. Conscient ou pas, l'habitant en reçoit des impressions sensorielles passagères qui, ajoutées les unes aux autres, contribuent à former son «paysage» intérieur.

«La fournée du bon vieux temps», de E.-J. Massicotte (ANQ, fonds Gariépy).

La brunante

Souvent, au début d'une soirée d'été, le vent tombe: c'est un moment d'accalmie que chacun apprécie. Le poète Alfred Desrochers, paraphrasant Victor Hugo, parle de «l'heure où le chevreuil vient boire à la rivière». On dirait alors le jour repu. Tout est en équilibre. Les oiseaux se font plus silencieux. L'heure est à la pause. Mais, sitôt que le déclin du soleil s'accentue, l'activité reprend une dernière fois chez les bêtes de jour.

Le crépuscule, qu'on appelle la «brunante», commence dès l'instant où le soleil disparaît et dure jusqu'à ce qu'il forme un angle de 18° avec la ligne de l'horizon. Alors, seulement, on atteint la pleine obscurité. C'est à la brunante que se produit le taux maximal de refroidissement durant une journée. Cela occasionne la tombée du serein; la vapeur d'eau contenue dans l'air se condense alors sur tout objet se refroidissant. Le jour va bientôt basculer dans la nuit. La plupart des oiseaux se sont tus. Seuls le merle américain, dit «rouge-gorge» ou «grive», et l'engoulevent criard, dit «bois-pourri», reprennent inlassablement leur mélopée. La bécassine, volant haut dans les airs au-dessus des basses terres, produit un chevrotement grave, entendu à de grandes distances et qui vient du passage de l'air à travers les plumes rigides de ses ailes et de sa queue. L'araignée prend place au cœur de sa toile. Le crapaud part à la chasse. «Près de 65% de ses déplacements se déroulent au crépuscule, surtout entre 20 et 22 heures. Les risques de rencontrer ses prédateurs sont alors minimes, ses ennemis nocturnes, le raton laveur et la mouffette, étant encore inactifs, et ses prédateurs diurnes, la couleuvre et le corbeau, déjà au repos[1].»

La chauve-souris

La petite chauve-souris brune. Des huit espèces qu'on trouve au Québec, de loin la plus répandue (Québec Science, *1976*).

Soudain, l'un des membres de la famille aperçoit l'ombre de la chauve-souris, dite «souris-chauve», qui volette. Elle a dormi tout le jour, à la «noirceur» et en sécurité. Maintenant que la brunante est venue, elle se met à la recherche de sa nourriture, se dirigeant, comme le marsouin, à l'aide de l'écho-location; elle émet des ultra-sons sous forme de cris inaudibles à l'oreille humaine, et qui lui reviennent. Elle repère ainsi sa proie et peut facilement la distinguer d'un obstacle. Très résistante, elle passera la nuit à chasser et ne rentrera qu'au crépuscule du matin, une demi-heure avant le lever du soleil. La chauve-souris inspire une terreur irraisonnée à l'habitant, qui craint faussement qu'elle ne s'agrippe à ses cheveux et ne le morde.

La mouche-à-feu

Au mois de juin et dans les premiers jours de juillet, les enfants de la famille, le soir, préfèrent porter attention à la «mouche-à-feu», plus spectaculaire que la chauve-souris. À cette époque de l'année, les lucioles se cherchent, mâles et femelles. Dès la brunante, les champs, les buissons, les fossés s'allument de feux minuscules et périodiques. La plupart des éclairs sont émis par des mâles qui désirent attirer l'attention d'une femelle. Chaque espèce a son code d'appel et de réponse qui se distingue des autres par la durée des signaux, le nombre des impulsions lumineuses qui composent l'éclair, et la fréquence de ces impulsions. Les enfants sont joyeux et cherchent à en attraper quelques-unes pour observer le phénomène de près.

Le voyageur John Lambert s'est laissé captiver lui aussi en 1807 par l'originalité de la mouche-à-feu, «remarquable par la brillante étincelle de lumière qu'elle émet, en volant en l'air, durant une soirée d'été». «Elle est de la classe des escarbots, ajoute-t-il, de couleur brune claire et d'un demi pouce à trois quarts de pouce de longueur. La lumière, autant que j'ai pu m'en apercevoir, jaillit de l'abdomen, qui, jusqu'à la queue, est d'un jaune paille clair et composé de jointures [...]. J'en ai pris quelques-unes, que j'ai mises dans des phioles avec de l'herbe et elles ont donné exactement la même lumière que lorsqu'elles volaient dans l'air. Il paraît donc que la lumière est émise à la volonté des insectes ou quand il respire. Le soir, en plein air, ces mouches sont extrêmement jolies, leur lumière phosphorique paraissant comme des étoiles éloignées ou de vives étincelles[2].»

L'étoile filante

La nuit, en observant le ciel par temps clair, on peut soudain être témoin de la chute d'une étoile filante. Le premier membre de la famille à l'apercevoir fait un vœu, qui, croit-on, se réalisera, à la condition d'en taire la teneur aux autres. On dit que la Voie lactée est peuplée de myriades d'âmes qui attendent leur entrée au paradis. Et l'étoile filante, affirme-t-on, est l'une d'entre elles, qui se libère des affres du purgatoire et entre au paradis dans un jet de lumière. À vrai dire, ce sont des corps solides, ayant habituellement la taille d'un grain de sable, tout au plus d'un caillou, qui pénètrent régulièrement dans l'atmosphère terrestre, s'enflamment et se consument, laissant derrière eux une traînée lumineuse. On appelle ces météorites des «étoiles filantes». La terre reçoit ainsi 1000 tonnes de poussière cosmique par jour et un très faible pourcentage (1%) donne lieu à des manifestations lumineuses visibles à l'œil nu.

Avec un peu de chance, on peut voir de quatre à six étoiles

filantes à l'heure. Mais, à certains moments de l'année, leur nombre beaucoup plus considérable donne l'impression d'une véritable pluie. L'essaim des Perséïdes, visible surtout les 11 et 12 août, est le plus brillant et le plus connu de tous les passages périodiques de météorites. Les premières mentions remontent au 10ᵉ siècle; l'Église en parlait alors comme des «pleurs de saint Laurent», dont c'est la fête le 10 août. Le physicien hollandais Peter Van Musschenbroek fut le premier, au milieu du 18ᵉ siècle, à vraiment porter attention aux Perséïdes, cherchant à en préciser la périodicité et l'intensité. Le naturaliste allemand Alexandre de Humboldt et l'astronome belge Adolphe Quételet devaient par la suite poursuivre ses travaux et démontrer qu'on peut en voir jusqu'à cinquante à l'heure, en particulier durant la seconde moitié de la nuit.

La comète

Beaucoup plus rare que l'étoile filante, la comète est un astre qu'on présume de glace ou de roche, entouré de poussières et de gaz congelés. Comme les planètes, l'ensemble des comètes tourneraient autour du soleil, mais suivant des orbites très excentriques et pour la plupart assez mal définies.

De tout temps et chez tous les peuples, la vue d'une comète fut considérée comme un mauvais présage. Dans la première moitié du 19ᵉ siècle, les Canadiens n'échappent pas à cette croyance. Ainsi, le passage d'une comète à l'automne de 1807 jette un froid parmi les populations des campagnes. Le Journal *Le Canadien* écrit, dans un français laborieux: «Les écrivains disent que l'apparition extraordinaire des comètes a été de tout tems un sujet de terreur au peuple qui les a uniformément considérées comme des mauvais augures et des avant coureurs de la guerre, de la peste &c. Il paroît que beaucoup de nos habitants de campagnes ne sont pas exempts de ce préjugé; ils ont apperçu la comete presente long-tems avant qu'on en ait eu connoissance à Québec & ils en augurent mal; ils observent qu'il a paru une comete en 1759 & 1774[3].» Ces deux dernières dates sont celles, bien sûr, précédant la capitulation de la France en Amérique et l'invasion du Canada par les Américains. Il est intéressant de noter que la comète remarquée en 1759 est celle précisément identifiée par l'astronome anglais Edmund Halley, qui possède une période de 76 ans, et se manifestera à nouveau en 1835, 1910 et 1986.

Page suivante:
Saint-Henri de Lévis, le long de l'Etchemin (ANQ, coll. EOQ).

L'aurore boréale

Souvent, la nuit venue, on peut aussi observer des aurores boréales, un phénomène céleste qu'on explique encore difficilement. Elles seraient le résultat de réactions physico-chimiques entre des particules de plasma solaire et les gaz atmosphériques de la terre. Au fil des ans, à court d'explications, on utilisera pour les qualifier les mots de baldaquin, drapeau, draperie, pavillon et manteau. Dans la première moitié du 19e siècle, on parle aussi de «marionnettes», de «flocons» et de «tirans». Le 27 août 1827, un quidam de Saint-Benoît affirme avoir observé une aurore boréale dont les tirans «avaient entre eux un mouvement semblable à celui que l'on imprime aux feuillets d'un livre que l'on tient de la main gauche, lorsque de la main droite on fait successivement passer les feuilles sous l'ongle du pouce[4]». Le romancier Pierre Chauveau en décrit une, vue de la Côte-du-Sud. «Un segment de cercle noir couronnait les montagnes du nord et fesait ressortir un arc d'une blancheur éblouissante, de tous les points desquels s'élançaient comme des fusées parées de toutes les couleurs du prisme d'innombrables jets de lumière[5].» Quant au voyageur Edward Allen Talbot, il s'estime choyé d'avoir été fréquemment témoin de cette manifestation nocturne. «Je me suis souvent assis en plein champ, dit-il, pour admirer les mouvements constamment variables de cet étonnant phénomène, qui me paraissait toujours nouveau et toujours sublime[6].»

Mais l'observation de tous ces phénomènes, si intéressante soit-elle, surtout pour les enfants, ne peut faire oublier que l'heure du repos est maintenant venue. Demain matin, il faut se lever tôt, car le travail ne peut attendre. Quand la fatigue se manifeste au point où certains, repus, commencent à «cogner des clous», on se résigne à gagner la demeure principale pour aller dormir, à moins qu'on n'ait loué la maison à des touristes venus passer l'été dans la région. Alors on dort dans le fenil sur des paillasses ou sur le foin.

Page suivante:
Saint-Louis de Pintendre (ANQ,
coll. EOQ).

L'alimentation

L'alimentation estivale est plus variée qu'à l'habitude, principalement à cause des primeurs qu'apporte le potager. Le matin, pour déjeuner, on mange des crêpes faites de farine, d'œufs, de lait et de graisse de porc, saupoudrées de sucre du pays ou de mélasse. Souvent, la ménagère propose aussi du lard salé, servi avec des pommes de terre et de la «sauce blanche», un lait épaissi de farine dans lequel elle fait chauffer un oignon. Les repas du midi et du soir s'ouvrent invariablement avec une soupe, le plus souvent aux pois. Le dîner se compose de plus de grillades de lard salé, agrémentées de pommes de terre. Le soir, pour souper, la mère réchauffe les restes du dîner. Selon la saison, on mange aussi des radis, de la laitue, des haricots, des raves, du concombre ou du maïs. Pour dessert: des fraises, des framboises, des bleuets, de la gelée de mûres ou, plus simplement, du «caillé» (en quelque sorte, du yoghourt) ou du pain, saupoudré de sucre d'érable ou arrosé de mélasse. Le vendredi, comme l'Église défend la consommation de viande, on se rabat sur le poisson. Dans les familles qui continuent d'habiter le logis principal, on n'utilise que le petit bois mou ou les restes de piquets de cèdre pour la cuisson des aliments. Autrement, on surchaufferait la maison.

Les menus reviennent jour après jour et peuvent s'intervertir, tant les aliments qui les composent sont les mêmes. Sauf pour le gibier et quelques oiseaux de basse-cour, le lard salé aura été la seule viande consommée depuis la fin du Carême jusqu'aux petites boucheries du mois d'août. On le mangera froid, chaud ou en grillades. Les enfants s'en tanneront tant qu'ils préféreront souvent se bourrer de soupe et de dessert, plutôt que d'y goûter. Plus tard, dans la seconde moitié du 19e siècle, des bouchers iront, de porte en porte, une fois la semaine, vendre de la viande fraîche, ce qui réduira peu à peu l'usage du lard salé.

On note également l'absence quasi complète de beurre et de fromage durant l'été. Cela tient aux difficultés de conservation. Si le mois de mai et le commencement de juin sont la saison par excellence des beurres fins et délicats, le beurre produit en été est souvent mou, huileux, difficile à délaiter, et se conserve mal. Aussi préfère-t-on s'en passer ou le saler fortement.

On remarque aussi l'absence, sur les tables, de tomates, ces fruits verts ou rouges originaires du Mexique. À vrai dire, on les croira longtemps impropres à la consommation, et ce n'est que dans la seconde moitié du siècle qu'on commencera à s'adonner réellement à cette culture. À Saint-Barthélemy, en 1870, la tomate apparaît toujours comme un objet de curiosité, une plante ornementale que les voisins viennent admirer[7]. Et souvent, aussi tard qu'en 1900, on évitera de servir des tomates au repas.

Dans l'arrière-pays et en Gaspésie, l'alimentation se révèle plus frugale. On mélange le froment au seigle ou à l'orge ou on le remplace par le sarrasin. Dans la région des Bois-Francs, on mange de la «tire-liche», un ragoût de tranches de lard, d'oignons, de citrouille et de mélasse. Dans la région de Gaspé, des bourgs complets vivent toute l'année de patates et de morue. Devant pareille uniformité, on comprend la joie des familles qui disposent d'un potager et dont les premiers légumes arrivent à maturité. Le naturaliste Léon Provancher y fait d'ailleurs allusion. «Ces salades, ces raves, ces légumes si appétissants, écrit-il, qui n'aime pas les rencontrer sur les tables, surtout à la campagne, où, à part le lait, on a rien autre chose, en été, pour tempérer l'âcreté des viandes salées dont on est forcé de faire usage[8].»

La joie est encore plus grande quand, en août, entre la fenaison et la moisson, le père de famille procède aux «petites boucheries». Comme s'il fallait trouver un supplément d'énergie pour achever les récoltes, on tue le «notureau», un cochon de quatre mois environ, qu'on transforme, comme en hiver, en jambon, ragoût, boudin, saucisse et autres charcuteries. On s'empresse de vendre le surplus de viande maigre, car on serait bien incapable de la conserver longtemps fraîche.

La mort

Il est fréquent, l'été, qu'il faille compter avec la mort. Celle-ci prend d'ailleurs une couleur toute particulière. C'est le moment de l'année, notamment, où, en ville, les enfants apparaissent les plus vulnérables. En plein cœur de juillet, beaucoup sont emportés par la gastro-entérite et la «diarrhée verte». Les brusques changements de température, l'absorption de fruits verts et d'eau impure, la sous-alimentation chronique sont des causes favorisant le développement du bacille dysentérique et exaltant sa virulence. On arrive mal à conserver les aliments, qui développent des toxines.

Malheureusement, l'état de la recherche ne permet pas d'avancer des taux de mortalité infantile pour le 19e siècle. Chose certaine cependant, il meurt, bon an mal an, plus d'enfants que d'adultes. À Saint-Antoine-de-Tilly, de 1802 à 1863, on compte 2700 sépultures d'enfants pour 1500 adultes[9]. À Québec, de

1814 à 1819, meurent 2016 enfants et 970 adultes[10]. Soixante ans plus tard, en 1880, parmi les 801 personnes inhumées au cimetière Saint-Charles, à Québec, 448 ont moins d'un an et 93, d'un à quatre ans[11]. C'est là un bilan annuel coutumier.

La mort d'un enfant apparaît comme un fait d'autant moins grave qu'il est familier. À cette occasion, les rites funéraires sont réduits à leur plus simple expression. On ne sonne pas le glas pour souligner le décès d'un enfant de moins de sept ans et on ne lui aménage pas de chambre mortuaire. Au lieu de trois jours, l'exposition du corps ne dure que quelques heures. La mort d'un enfant de moins d'un an passe inaperçue. Personne ne porte alors le deuil, pas même le père, qui va parfois seul, cercueil sur la hanche, le faire enterrer, après la cérémonie dite «des anges».

La gastro-entérite et la diarrhée ne sont pas les seules causes de décès pendant l'été. Régulièrement, la typhoïde frappe. En 1809 et 1810, on signale des épidémies localisées dans tout le Bas-Canada, en particulier dans la région du Bas-Richelieu. Dix ans plus tard, à Cap-Santé, la maladie tue un grand nombre de jeunes filles[12]. Durant les mois de juin, juillet et août 1847, à Montréal, 1462 personnes meurent lors d'une épidémie de typhoïde[13]. En 1857, la maladie frappe les Irlandais arrivés de fraîche date, laissant 400 orphelins[14].

La typhoïde surgit sans qu'on soit capable d'en expliquer les causes. On remarque qu'elle se trouve à l'état endémique partout en Occident et qu'elle atteint surtout les grands centres de population entre juillet et novembre. Dans la vallée du Saint-Laurent, on l'appelle «les grandes fièvres», car elle se caractérise d'abord par de fortes fièvres, qui se prolongent pendant 21 jours. Les personnes les plus gravement atteintes sont victimes de lésions intestinales et meurent après quelques jours.

Les médecins anglais, les premiers, auraient apporté l'explication pertinente de la maladie. Selon eux, toute fièvre typhoïde proviendrait d'abord d'une eau potable devenue impure et contaminée. Dans plusieurs pays, on contestera cette affirmation pendant un temps, l'estimant trop simpliste pour expliquer un phénomène aussi meurtrier. Mais, bientôt, il faudra bien se rendre à l'évidence: là où l'eau est pure, on ne meurt pas de typhoïde. Dès lors, le plus souvent au début du 20e siècle, les villes occidentales se résoudront à filtrer et à «chlorer» l'eau des aqueducs.

Dans la première moitié du 19e siècle, il fut en particulier un été où tous ne parlèrent que de mort: celui de 1832. L'année précédente, des dépêches d'Europe et du Proche-Orient faisaient état des ravages terrifiants d'un nouveau mal, le choléra. Partout, à Moscou, à Pest, à Sébastopol et ailleurs, on mourait en grand nombre. Les Nord-Américains se doutaient bien que ce n'était qu'une question de temps pour que la pandémie gagne le continent. Comme une sourdine aux appréhensions de chacun, l'hiver de 1831-1832 fut «un des plus gais et des mieux fêtés» à la haute-ville de Québec. «Le terrible fléau qui ravageait alors l'Europe, raconte Pierre Chauveau, jetait bien comme un pressentiment de sa venue; mais cela même servait à augmenter la soif des plaisirs. On s'étourdissait à l'envi sur un avenir que l'on ne connaissait pas encore dans toute sa hideuse réalité. Je ne sais qui, d'ailleurs, avait inventé une théorie du choléra à l'usage des salons, la plus rassurante du monde. Il ne devait y avoir absolument que les gens pauvres, malpropres, intempérants, vicieux, la canaille enfin, qui seraient emportés par l'épidémie. Le choléra 'n'oserait' certainement pas s'attaquer aux gens 'comme il faut'. Ce n'était donc que bals, festins, 'pic-nics' et amusements de tout genre[15].»

La côte de la Montagne, à Québec, vers 1860 (ANQ, coll. IBC).

En février 1832, on forme à Québec un comité de santé pour prévenir le choléra. Chaque navire provenant d'Europe devra s'arrêter à Grosse-Île pour une visite sanitaire. On demandera cinq «chelins» à chaque immigrant pour l'établissement temporaire d'un hôpital, rue Saint-Jean. Et on ouvrira un nouveau cimetière, chemin Saint-Louis. Le 1er mai, s'amorce la période de navigation avec l'arrivée d'un premier voilier d'Europe. On est prêt. Tout le mois se passe sans aucun incident. Soudain, le 8 juin, une rumeur épouvantable traverse la ville: un Irlandais, parti de Dublin sur le *Carricks*, un navire qui s'était pourtant arrêté à Grosse-Île, vient de mourir, foudroyé, à la maison de pension de chez Roche, rue Petit-Champlain. C'est le choléra. Le lendemain, on compte sept morts. La presse, qui s'était empressée de nier la rumeur la veille, est contrainte de reconnaître les faits et d'avertir les citoyens. Mais il est déjà trop tard.

On ne connaît aucun remède. On a beau manger plus de fruits et de légumes, boire du brandy épicé, respirer du camphre, rien n'y fait. Le 11 juin, il y a déjà 42 personnes de mortes. Le lendemain, 119. Le surlendemain, 189. Jamais, dit-on, la ville n'a été aussi triste depuis le bombardement de 1759, qui l'avait pourtant laissée pantelante. Un médecin témoigne: «Ils meurent bien tous du choléra, mais chacun d'une manière différente. Les uns, c'est la faiblesse, la prostration qui les emporte, toutes leurs forces vitales se sont écoulées. Les autres meurent d'une congestion du cerveau: ceux-ci ont des convulsions effrayantes, ceux-là meurent dans très peu de temps, sans présenter autre chose que la diarrhée et des symptômes ordinaires[16].»

«De cent à cent cinquante victimes succombaient chaque jour, raconte Pierre Chauveau. Prêtres et médecins ne pouvaient suffire à remplir leur ministère. Les émigrés et les pauvres gens tombaient frappés dans les rues et on les conduisait aux hôpitaux entassés dans des charrettes, où ils se débattaient dans des convulsions effrayantes... Les décès des gens riches et considérables étaient devenus si fréquens, que les glas funèbres tintaient continuellement à toutes les églises. L'autorité défendit de sonner les cloches et leur silence, plus éloquent que leurs sons lugubres, augmenta la terreur au lieu de la diminuer. Toutes les affaires étaient interrompues, les rues et les places publiques étaient vides de tout ce qui avait coutume de les animer, presque toutes les boutiques étaient fermées: la mort seule semblait avoir droit de bourgeoisie dans la cité maudite... L'autorité épuisait dans son impuissance tous les caprices de son imagination. Un jour vous sentiez partout l'odeur âcre et nauséabonde de chlorure

Page suivante: La rue Sous-le-Cap, à Québec, qui jusqu'au 20e siècle abritera une population reliée à l'activité maritime. Plusieurs petits ports français de la côte atlantique ont connu un développement semblable (ANQ, coll. IBC).

de chaux, le lendemain on fesait brûler du goudron dans toutes les rues. De petites casseroles posées de distance en distance sur des réchauds, le long des trottoirs, laissaient échapper une flamme rouge et une fumée épaisse. Le soir tous ces petits feux avaient une apparence sinistre et presque infernale. Quelques officiers qui avaient été dans l'Inde s'avisèrent de raconter qu'après une grande bataille le fléau avait cessé et que l'on attribuait sa disparition aux commotions que les décharges d'artillerie avaient fait éprouver à l'atmosphère. De suite on traîna dans les rues des canons, et toute la journée on entendit retentir les lourdes volées d'artillerie, comme s'il se fut agi de dompter une insurrection.»

La maladie s'est déclarée le 8 juin; à la Saint-Jean, on compte 1248 morts. «Les enterrements de 'cholériques', poursuit Chauveau, se fesaient régulièrement chaque soir à sept heures, pour toute la journée. Les morts de la nuit avaient le privilège de rester vingt-quatre heures ou à-peu-près à leur domicile. Ceux de l'après-midi n'avaient que quelques heures de grâce. On les portait au cimetière à la hâte pour 'l'enterrement' du soir... À toutes les heures du jour, les chars funèbres se dirigeaient vers la nécropole; mais le soir c'était une procession tumultueuse; une véritable course aux tombeaux semblable aux danses macabres peintes ou sculptées sur les monuments du moyen âge. Des corbillards de toutes formes, de grossières charrettes, contenant chacune de quatre à six cercueils symétriquement arrangés, se pressaient et s'entreheurtaient confusément dans la 'grande allée', ou chemin St. Louis. Les Irlandais étaient à-peu-près les seuls à former des convois à la suite des dépouilles de leurs parents ou de leurs amis... C'étaient de longues files de calèches pleines d'hommes, de femmes, et d'enfants entassés les uns sur les autres, comme les morts dans leurs charrettes; tandis que les cercueils des Canadiens se rendaient seuls ou presque seuls à leur dernière demeure. Au reste, la plupart de ceux qui avaient parcouru ce chemin la veille en spectateurs, faisaient eux-mêmes le lendemain les frais d'un semblable spectacle.»

* On estime alors la population de Québec à 20 000 habitants.

Jusqu'à la fin de septembre 1832, à Québec, on ira de cette manière enterrer 3300 personnes*, le plus souvent dans la fosse commune, «un sillon long et profond, creusé au milieu de la nécropole, rempli d'un bout à l'autre des nouvelles victimes». Depuis Québec, la maladie gagnera toute l'Amérique. Montréal, notamment, déplorera 2000 morts. De toutes nouvelles paroisses, comme celle de Saint-Anselme-de-Dorchester, fondée en 1827, seront touchées. À cet endroit, «la famille Mercier, par exemple, fut presque éteinte, le père, la mère, la fille, la bru et Paul Blouin, voisin, moururent en 6 jours. Un nommé Pouliot, revenant de Québec, mourut dans la grange de Ignace Dorval; personne ne voulait l'aborder. Le curé, qui par hasard passait par là, le confessa et l'administra dans un pénible état, il mourut presque aussitôt et fut enterré de suite. J.-B. Mercier ne fut malade que six heures. Paul Blouin avait le soir même chanté le libéra de J. Carbonneau et le lendemain on chantait le sien[17].»

Le choléra reviendra. En 1834, 1849, 1851, 1852 et 1854. Mais il frappera généralement avec moins de virulence, comme si, au fil des crises épidémiques, l'être humain acquérait une plus grande immunité, alors que la bactérie du choléra s'affaiblissait. Par ailleurs, on remarquera qu'en 1832, 1834, 1854, le choléra pénétrera en Amérique par le port de Québec, alors qu'en 1849, 1851 et 1852, la maladie gagnera le continent par le port de New York.

Les foires

En 1800, dans la vallée du Saint-Laurent, il n'existe pas encore de foires annuelles semblables à celles qui se tiennent depuis le Moyen Âge en Europe. On se rend bien au marché une fois la semaine; mais aucune trace de ces grands rassemblements de la fin de l'été où l'on marchande les bestiaux, où l'on étale les produits agricoles. L'absence de pareilles manifestations s'explique peut-être par la faiblesse numérique de la population et les longues distances à parcourir. Mais après 1815, afin de vaincre la routine paysanne, stimuler l'intérêt pour les bêtes de race, les nouvelles techniques et les travaux agricoles, les sociétés d'agriculture de Québec et de Montréal imaginent de primer les cultivateurs les plus méritants à l'occasion d'un rassemblement annuel. L'Angleterre et l'Écosse tiennent de semblables «exhibitions» et on n'y voit que des avantages, l'amélioration naissant de l'émulation. Finalement, en 1818, on organise dans les deux villes une première exposition agricole, doublée d'un «concours de labours».

À Québec, l'événement prend place sur les Plaines d'Abraham et dure deux jours. Tout compte fait, le journaliste de la *Gazette de Québec* en semble assez satisfait. Il écrit: «Les chevaux et les taureaux qui ont été montrés étaient en petit nombre et indifférens. Les juments et les vaches à lait étaient plus nombreuses et d'une meilleure qualité. Il y avait peu de moutons et ce qu'il y en avait n'était pas de la meilleure race. Les cochons étaient meilleurs. Il est évident qu'il y a dans les environs de Québec une amélioration dans la race de ces animaux dont la chair est tant en usage dans ce pays... Plusieurs messieurs ont apporté de beaux échantillons de grains, de fèves, de pois, de navets et autres légumes, dont plusieurs auraient fait honneur à quelque pays que ce fût. Il y a eu un très bel échantillon de chanvre du nouvel établissement allemand de la Beauce... Il a été produit une machine à battre le grain, des vans, des charrues et des herses, des brouettes à semer des navets et autres petites graines en sillons et plusieurs autres instruments... On espère que ces assemblées seront continuées et s'étendront dans tout le pays[18].»

Le souhait exprimé par le journaliste de la *Gazette* se réalise rapidement. L'année suivante, en 1819, des expositions se tiennent dans huit comtés environnant Montréal, avant la grande exposition régionale de la fin de l'été. Dans la région de Québec, les membres de la Société d'agriculture se rendent, le dimanche 11 juillet, à Cap-Santé, pour organiser avec deux notables de la place, le capitaine Jacques Marcotte et Georges Allsopp, une première exposition locale. Quelques semaines plus tard, on fait de même à Saint-Antoine-de-Tilly; 400 personnes assistent à l'événement. Et, comme à Montréal, une exposition régionale tenue à la fin de l'été couronne ces foires locales.

À partir de 1823, devant la popularité de ces expositions agricoles et sous la recommandation des promoteurs du progrès en agriculture, la Chambre d'assemblée du Bas-Canada encourage désormais l'organisation de foires agricoles dans les principaux comtés du pays. Cette année-là, un témoin raconte la foire de Montréal tenue «à la Plaine Sainte-Anne». «Il s'y est rendu beaucoup de monde de la ville et des campagnes, dit-il, mais la fête n'a pas été aussi splendide qu'on avoit lieu de s'attendre, vu la nouveauté de l'institution. Quelques farces insignifiantes, plusieurs querelles, des coups de poing, des courses à pieds ou sur une vieille rosse, un cochon auquel on avait graissé la queue et qui étoit destiné à qui pourroit l'attraper et le saisir par cette extrémité, tels ont été les plus beaux faits et les principales exhibitions qui ont illustré cette journée dont on anticipoit des résultats si utiles et si avantageux[19].»

Cette même année, si la foire de Montréal tient presque de la fête grivoise, celle de Québec apparaît exemplaire. «Le concours était très nombreux; c'étaient principalement des agriculteurs des paroisses voisines. Il avait été amené à l'exhibition un grand nombre d'animaux vivants, surtout de vaches à lait des meilleures

Le joug à cornes

La pratique de faire tirer les bœufs par les cornes remonte aux Égyptiens. Quatre mille ans avant Jésus-Christ, des bas-reliefs laissent voir un joug ayant la forme d'une mince barre de bois, lié aux cornes de deux bovins. C'est le joug à cornes, le plus vieil attelage connu. En Espagne, au Portugal, dans le centre de la France et sur les rives de la Baltique, il subsistera jusqu'au 19ᵉ siècle. Ailleurs, cependant, on le remplacera petit à petit par le joug à garrot, s'apparentant au carcan et s'appuyant à la base du cou sur le renflement de l'épine dorsale. Le joug à garrot permet à l'animal une plus grande force de trait.

Jusqu'en 1760, dans la vallée du Saint-Laurent, l'habitant préfère le mode égyptien pour atteler ses bœufs. L'ethnologue Robert-Lionel Séguin affirme que les nombreuses mentions de jougs relevées dans les actes notariés s'accompagnent invariablement de mentions de courroie à bœuf, «ce qui indique bel et bien des jougs à cornes». Le Suédois Pehr Kalm écrit en 1749 que «les bœufs, ici, tirent par les cornes, tandis que, dans les provinces anglaises, c'est par le poitrail». Ce seront finalement les Anglais, après 1760, qui feront la promotion du joug à garrot. Et au début du 19ᵉ siècle, dans les foires agricoles, un habitant se présentera-t-il au concours de labour avec des bêtes attelées à un joug à cornes, qu'il sera pointé du doigt et s'exposera aux quolibets.

Histoire générale des techniques, dir. Maurice Daumas, I (1962): 93 s.; R.-L. Séguin, *La civilisation traditionnelle de l'«habitant» aux 17ᵉ et 18ᵉ siècles* (1967): 609-611; *Voyage de Pehr Kalm au Canada en 1749* (1977): 446. Séguin mentionne qu'il s'est trouvé dans la région de Charlevoix, en particulier à Cap-aux-Corbeaux, des jouguiers qui, jusqu'à la fin du 19ᵉ siècle, ont fabriqué des jougs à cornes, qu'ils donnaient le plus souvent aux cultivateurs des environs.

races du pays. Les moutons étaient plus nombreux et de meilleure qualité que de coutume. Il y avait un bélier et des brebis de la race de South-Down, appartenant à John Macartney, de Valcartier, pour lesquels a été adjugé le prix de cinquante piastres offert pour l'importation d'animaux de race, à condition qu'ils seraient gardés dans le district pour l'amélioration de la race des moutons. Parmi les instruments produits à l'exhibition, était une baratte de construction simple et ingénieuse, faite par M. J.-B. Dubeau et qui excita une attention particulière. Quelques chapeaux de paille, faits à Beaumont, furent considérés comme presque égaux à ceux qui s'importent. Des échantillons de toile faite à l'établissement de M. Hanna, à la Belle-Alliance, furent universellement admirés. L'exhibition de racines, de légumes et de fruits a été abondante et n'aurait peut-être pu être surpassée dans aucun pays. Quarante-six charrues disputèrent les prix pour labour. L'ouvrage a montré une amélioration considérable pour cette opération essentielle,

À Berthier, en 1900, de jeunes ruraux mènent leurs cousins de la ville au moyen d'un boeuf attelé d'un joug à cornes fort probablement fabriqué localement.

Ci-contre, un bel exemple de joug à garrot (ANQ, coll. initiale et W. P. Greenough, Canadian Folklife and Folklore, 1897).

quoique la sécheresse et la nature du terrain dussent nuire beaucoup à son apparence. La pratique d'atteler les bœufs par les cornes a été très généralement abandonnée, sur la recommandation de la Société, en faveur de celle de les atteler par le cou[20].»

Au fil des étés, les expositions agricoles se poursuivront. Chaque année, elles attireront une foule nombreuse, quel que soit le lieu. Cependant, les agriculteurs les plus pauvres se plaindront du fait qu'invariablement on attribue les prix aux plus riches d'entre eux. Comment briser pareil cercle? La *Gazette des campagnes*, qui se livre à un bilan des foires agricoles, près de 50 ans plus tard, évoque le problème sans apporter de solution. «Tout le monde l'avoue, y écrit-on, les exhibitions ont été créées dans un but très louable et patriotique; elles étaient destinées à produire les plus heureux résultats; et dès leurs commencements elles ont fait faire un pas immense à la cause agricole. Cependant nous croyons que les exhibitions de comté sont loin de toujours atteindre leur but, et que ce n'est pas trop d'avancer que, dans certaines localités, les résultats sont à peu près nuls[21].»

Quoi qu'il en soit, de toutes les foires, les plus populaires sont encore celles à chevaux. On sait la passion de l'habitant pour cet animal domestique. La romancière anglaise Frances Brooke raconte en 1763 qu'«il y a une quantité prodigieuse de chevaux» dans la vallée du Saint-Laurent. En 1825, un voyageur américain reprend la même affirmation. «Les chevaux y fourmillent, écrit-il. Je croirais que le nombre de ces animaux y est au moins trois fois plus grand en proportion que dans les États-Unis[22].» Dès lors, on comprend le succès des foires à chevaux qui se tiennent à la fin de l'été dans certains villages, comme à Terrebonne et à Saint-Aimé. Pendant deux, trois, quatre jours, des centaines de personnes se retrouvent au champ de foire, qui pour vendre un cheval, qui pour en acheter un, qui pour simplement y faire un tour et deviser sur l'allure des bêtes qu'on y offre.

La foire à chevaux est d'un pittoresque achevé. De petits groupes d'hommes se forment autour de chacune des bêtes à vendre, dont la crinière et la queue sont ficelées de bandelettes colorées. Dès qu'un marché est conclu, on dénoue ces rubans pour laisser voir que le cheval a trouvé preneur. Les journées se passent à trafiquer, à marchander. C'est le haut lieu de la ruse et de la crédulité. Aussi les périodiques agricoles ne cessent de mettre en garde les habitants contre les astuces des maquignons, surtout appelés «matillons». Par une série d'artifices, ces derniers arrivent à vieillir les poulains, à rajeunir les «picouilles», et bien malin qui ne s'y laisse prendre.

Pour vieillir un poulain, le matillon lui arrache les dents de lait, afin de hâter la venue des dents de remplacement et de le vendre «comme un cheval fait». Lorsqu'un cheval est mou et sans énergie, on lui donne quotidiennement de nombreux coups de fouet «en sorte que l'acheteur attribue à la vigueur du cheval ce qui n'est que l'effet de la crainte». Le garçon d'écurie, lors du «coup de peigne», peut aussi lui introduire adroitement dans l'anus un morceau de gingembre ou une autre substance irritante, ce qui amène l'animal à porter la queue haute, à prendre l'allure d'un cheval vigoureux. Les maquignons approchent ou éloignent les oreilles d'un cheval au moyen de quelques points de suture. Ils insufflent d'air les salières trop creuses au moyen d'une petite incision et d'un chalumeau. «À force d'eau et de son, ils produisent chez un animal étique et épuisé une sorte de bouffissure qui lui donne l'apparence de l'embonpoint. Enfin, ils suppriment momentanément les symptômes de la morve et les apparences extérieures des eaux aux jambes[23].»

On conseille à celui qui veut acheter un cheval dans une foire de suivre un connaisseur, de prendre note de ses faits et gestes et au besoin de l'interroger pour en apprendre davantage. Quand on aperçoit une bête à fière allure qui vaut qu'on s'y attarde, on demande de l'examiner sans bride, ni selle, ni couverture. On la regarde d'abord immobile pour voir comment elle se tient sur ses pattes. On porte attention à la ganache, aux yeux, à la bouche, aux naseaux. L'inspection de la bouche est importante; l'état de la dentition permet de déterminer l'âge de l'animal. Beaucoup de matillons, pour rendre ce travail malaisé, font manger au cheval du gingembre ou du pain salé, ce qui augmente la salivation et porte l'animal à refuser de se laisser ouvrir la bouche. On fait alors boire la bête et quelques gorgées d'eau suffisent à briser sa résistance.

Après l'examen de la bouche, on touche les salières de l'animal, ces dépressions situées au-dessus de l'arcade sourcilière. Chez les jeunes chevaux, ces cavités sont très peu prononcées; en revanche, chez les vieux, elles sont franchement creusées. Là encore, on prétend que les matillons arrivent à insuffler de l'air sous la peau des salières, ce qui a pour effet de combler la dépression et donc de rajeunir la tête des vieux chevaux. L'acheteur qui se sera laissé prendre à pareille ruse se rattrapera en examinant attentivement les tempes de la bête de chaque côté de son large front. Car, comme chez l'homme, c'est là qu'apparaissent les premiers poils blancs, indice certain d'un vieillissement.

Après cet examen à l'arrêt, il faut voir l'animal en mouvement, au pas et au trot. Il est bon de mener soi-même un cheval ou de le faire mener par quelqu'un en qui l'on peut avoir confiance. Est-il «franc dans le collier», c'est-à-dire tire-t-il de manière régulière? Se montre-t-il «dur de gueule», au point de résister au cri qui commande l'arrêt? Faut-il constamment l'empêcher d'«encenser», de battre de la tête pour se libérer des harnais? Seule une promenade, cordeaux en main, permet de le savoir. D'ailleurs on se méfie grandement du matillon qui refuse d'atteler un cheval pour une virée. On le soupçonne alors de mettre en vente une bête qui «tire au renard». Par peur, par manie ou pour toute autre raison, un cheval, de manière inattendue, peut se laisser choir sur son postérieur à la façon d'un chien assis et exercer de la tête des tractions violentes pour se libérer de l'attelage: il tire alors au renard. On imagine la surprise du conducteur. Il s'est vu des charretiers être couverts de honte par un cheval qui se mettait à tirer au renard, un bon dimanche matin, sur la place de l'église.

La promenade, la villégiature

L'été, quand le temps et les travaux le permettent, que la famille n'est pas trop nombreuse, qu'un voisin assure le «train», il arrive qu'on se laisse tenter par une balade ou un voyage un peu plus loin qu'habituellement. N'est-ce pas le meilleur moment de l'année pour rouler ou naviguer? On se rend à Québec ou à Montréal, par bateau ou en voiture. On visite les eaux de Boucherville et de Varennes, les chutes de la rivière Chaudière, celles de Lorette. En Gaspésie, les sites pour flâner ne manquent pas. Près de Percé, notamment, il y a «un beau coteau, appelé Mont-Joli, d'où la vue peut s'étendre de tous côtés à une distance raisonnable». «Comme ce coteau est sur les bords de la mer, plusieurs personnes, dans les beaux jours de l'été, viennent y faire des parties de plaisir et y prendre le thé, pour jouir de la salubrité de l'air. C'est une promenade bien agréable que les jeunes garçons et les jeunes demoiselles fréquentent le dimanche[24].»
   S'il se trouve des sites de prédilection pour ceux qui voyagent l'été, ou simplement s'y arrêtent pour flâner, il y a des régions entières, comme la Côte-du-Sud et le Bas-du-Fleuve, qui, elles, hébergent un grand nombre de villégiateurs. Pierre-Joseph-Olivier Chauveau raconte qu'au début des années 1830, les campagnes de la Côte-du-Sud «sont, tous les étés, le rendez-vous de nombreux émigrés de la meilleure société de Québec et de Montréal».

368 "ON THE BEACH" CACOUNA

La plage de Cacouna au début du 20e siècle, haut lieu de villégiature. Une image s'apparentant tout à fait à celles du photographe Jacques-Henri Lartigue le long de la côte méditerranéenne à la même époque (ANQ, coll. Livernois).

«Réunis aux familles les plus considérables de ces endroits, ces visiteurs citadins forment des cercles, pas aussi brillans sans doute que la brillante cohue qui s'entasse à Saratoga, à New-Brighton et aux autres 'eaux' et 'bathing places' de l'Amérique, mais assurément plus gais et plus agréables. Ce sont des fêtes champêtres, des 'pic-nics', des excursions en chaloupe dans les îles du fleuve, de longues cavalcades d'une paroisse à l'autre, des promenades dans les bois, tout cela avec le spectacle des plus beaux paysages du nouveau monde[25].»

Pendant la première moitié du 19e siècle, Kamouraska demeure le village le plus fréquenté. «C'est la principale place d'eau du Canada, écrit Joseph Bouchette. Durant l'été, ce village devient vivant par le grand nombre de personnes qui s'y rendent pour rétablir leur santé, ayant la réputation d'être un des endroits les plus sains de toute la basse province; on y prend aussi les eaux, et il s'y rend beaucoup de personnes pour l'avantage des bains de

mer[26].» Un contemporain précise: «Kamouraska est un village dans le goût moderne. Il a ses hôtels et ses restaurants, ses boutiquiers et ses 'boutiques', ses notaires, ses médecins, ses avocats. Il a ses boxeurs et ses 'boxes', ses buveurs et ses buvettes, ses Faust et ses Marguerite, ses Roméo et ses Juliette, ses Pâris, ses Ménélas, ses Hélène, et il a failli avoir sa guerre de Troie. Il y manque un journal; mais il y a des commères qui le remplacent avantageusement[27].» Paraphrasant le poète français André Chénier, l'historien James LeMoine invoque ces essaims de belles baigneuses blanches qui vont à l'eau. En guise de costume de bain, elles portent «une ample et rude robe de nuit de flanelle rouge». «Un grand chapeau de paille tressée, comme en portent les habitants, servait de coiffure, raconte une de ces naïades. Nous nous donnions la main et entrions dans l'eau huit ou dix à la fois[28].»

Il est certain qu'un tel afflux de villégiateurs, qui quintuple

Au début du 20e siècle, des Montagnais campent tout l'été à La Malbaie pour vendre aux touristes de la vannerie et de menus objets faits d'écorce de bouleau (ANQ, coll. Livernois).

peut-être la population d'un village le temps d'un été, ne va pas sans causer de dérangements ou même faire médire. Mais il semble que les populations locales y trouvent leur profit. Partout, le long de la côte, on cherche à louer sa maison aux citadins pour aller vivre plus ou moins à l'étroit dans le fournil ou la cuisine d'été. Moyennant rétribution supplémentaire, on fournit à ces visiteurs le lait, la crème, le beurre, les œufs et les légumes. On s'offre aussi à tirer l'eau, couper l'herbe ou rentrer le bois.

D'ailleurs, même les Malécites, des Amérindiens du Témiscouata, y trouvent leur compte. Dans la seconde moitié du siècle, quand Cacouna supplante Kamouraska comme rendez-vous des étrangers en été, «grâce [...] aux annonces pompeuses dont il abuse», un chroniqueur fait reproche aux Amérindiens de s'y trouver. «L'hiver, écrit-il, les hommes font la chasse dans la profondeur des forêts et, l'été, ils descendent, avec leurs familles, se camper à la 'fontaine claire', sur la grève de Cacouna, pendant 'le temps des étrangers'. Les hommes vont de temps à autre faire un tour 'au large' pour y rencontrer une 'pourcie' ou un loup-marin; la plupart du temps, voyage infructueux; et les femmes restent à la cabane pour y tresser des paniers, des corbeilles, des éventails, etc. Ces objets, il est vrai, se vendent assez bon prix aux étrangers; mais tout est dépensé à la mesure. Après le départ de MM. les étrangers, nos sauvages plient bagage et retournent à leurs foyers, dans le township, aussi pauvres qu'au moment de leur arrivée à la 'fontaine claire'... La vie oisive qu'ils mènent à Cacouna, leur contact continuel, journalier avec les étrangers, les occasions qu'ils rencontrent ici et qu'ils ne trouvent pas chez eux, tout ce qui se passe chaque jour, sous leurs yeux, surtout lorsque les heures des 'baignades' arrivent, tout cela ne contribue pas peu à démoraliser beaucoup ces pauvres sauvages et surtout leurs enfants qui, eux, n'ont d'autre occupation qu'à errer sur le rivage[29].»

La vie de colon

On profite aussi de l'été pour visiter un parent, un ami nouvellement installé dans un territoire de colonisation. Dans la première moitié du 19ᵉ siècle, les cadres géographiques du Bas-Canada éclatent. Les terres à proximité du fleuve ne suffisent plus. Bien sûr, jusqu'en 1850, il s'en trouve encore un certain nombre de libres, mais on les dit de moins bonne qualité. Il faut donc partir à la conquête de nouveaux milieux naturels. Alors que, dans les vieilles paroisses, on assiste à l'épanouissement d'un savoir accumulé depuis 200 ans, des habitants et des émigrants arrivés de fraîche date devront recommencer presque à neuf sur des terres éloignées.

C'est un état de vie exigeant que celui de colon, et le rythme des saisons ne se module pas de la même manière dans l'arrière-pays que le long du Saint-Laurent. Celui qui a choisi de s'expatrier en forêt se rend d'abord reconnaître un terrain propre à la culture. Une terre où l'érable, l'orme et le frêne dominent est une terre de première qualité. Une terre couverte de conifères est de moins bonne qualité. L'endroit trouvé, le colon doit choisir la place où il construira sa première maison, sa «cabane». Il recherche la proximité de l'eau, des voisins et des chemins. L'éloignement de l'eau et des chemins peut entraîner de grandes dépenses, et une trop grande distance des voisins isolerait davantage. Avant d'élever sa cabane, il importe de la mettre immédiatement à l'abri du feu, le plus grand allié et le plus grand ennemi des paroisses de colonisation. Aussi faut-il raser les arbres aux alentours, couper les plantes et nettoyer le sol des branches, des brindilles et des herbes séchées qui s'y trouvent. De toute manière, «quels que soient vos moyens, conseille la *Gazette des campagnes*, bâtissez toujours cette première maison avec la plus grande économie, car elle courra toujours, malgré vos précautions, le danger d'être consumée avec les arbres que vous abattrez[1]».

«Les cabanes, écrit l'historien des Bois-Francs, C.-E. Mailhot, étaient faites avec des pièces de bois rond et recouvertes d'un toit

Après avoir élevé sa «cabane», le colon travaille à la construction de sa première maison (MTLB).

plat que l'on garnissait de terre. Elles étaient toutes assez petites, et d'un seul compartiment. La porte, faite en madriers ou en planches, avait pour serrure une planchette de bois qu'on pouvait mouvoir à volonté. Les pentures étaient des morceaux de bois troués qu'on ajustait sur des nœuds d'épinette ou de pruche, en guise de gonds. On voyait aussi des pentures faites avec des lanières de vieux cuir ou d'écorce d'orme. Les planchers étaient faits de morceaux de bois fendus à la hache. Les cavités entre les pièces des murs étaient remplies avec de la glaise[...]. Le poêle en usage était le poêle français à un seul pont, surmonté d'un tuyau [...]. À défaut de poêle, en attendant, on confectionnait des cheminées avec de la terre. Un gros feu allumé dans ces cheminées donnait la chaleur et la clarté[2].» Cette cabane n'est pas spécifique à la région des Bois-Francs. On la retrouve partout, dans tous les territoires de colonisation, depuis les débuts du régime français jusqu'au 20e siècle.

Quand il a construit sa première demeure, le colon cesse d'habiter chez le voisin et invite son épouse à le rejoindre avec veau, vache, cochon, couvée. Certains hésitent à convier si tôt leur «créature» et préfèrent attendre une autre année, le temps de lui assurer un meilleur confort. C'est désormais le printemps; le

Les insectes piqueurs

Pendant l'été, lorsqu'une épidémie de chenilles, de sauterelles ou de mouches du blé fait rage, on entreprend des processions à travers la paroisse, s'arrêtant au pied des croix de chemin et des calvaires pour demander protection. C'est là un domaine de la nature sur lequel l'homme n'a pas encore imaginé qu'il puisse intervenir. On mettra au point en 1868 seulement, aux États-Unis, le premier insecticide chimique connu, le «vert de Paris», un arséniate de cuivre, contre la «bête à patate». Du reste, la toxicité de ce produit suscitera de nombreux débats. En revanche, s'il fallait organiser des processions contre la présence des insectes piqueurs, tout l'été passerait en prières.

On dénombre dans la vallée du Saint-Laurent une centaine d'espèces de «brûlots», 75 de mouches noires et 52 de maringouins, sans compter la variété des taons, qu'on appellera «frappe-à-bord», mouche à cheval et mouche à chevreuil. L'insecte piqueur est le grand ennemi du colon. Comme ses larves se développent en milieu aquatique, les berges inondées au printemps et les nombreuses savanes deviennent, l'été, de véritables terres à moustiques. Évoquant la période de colonisation le long de la rivière du Chêne, un historien raconte le pénible voyage des colons à travers des nuées de mouches. «Eux seuls, écrit-il, peuvent nous dire toute l'horreur de ces

De haut en bas: Le maringouin. La mouche à chevreuil. La mouche noire.

horribles voyages de trois ou quatre lieues qu'ils étaient obligés de faire dans ces précipices, au temps des mouches, pendant lesquels il leur fallait couvrir leurs bœufs et les

chevaux de feuillage pour les préserver des taons et d'où ils sortaient ensanglantés, boursoufflés, défigurés, aveuglés, altérés.» Mis bout à bout, les textes des voyageurs se rapportant aux moustiques formeraient une longue plainte.

On ne connaît aucune substance répulsive active contre les insectes piqueurs, sinon le lard salé dont il faut s'enduire. Et encore, son efficacité est toute relative. L'Anglais Frederic Tolfrey, en voyage de pêche le long de la Jacques-Cartier en 1816, doit recourir la nuit à de petits feux, tout autour du campement, pour éloigner les moustiques, «car, sans cette précaution, écrit-il, en dépit de l'onguent de lard et de térébenthine qui couvrait toutes nos parties 'comestibles', ils nous auraient molestés durant notre sommeil». Contre les piqûres de taons, d'abeilles ou de guêpes, on recommande d'appliquer immédiatement sur la plaie une motte de terre, ce qui empêche la douleur d'irradier. Certains courront au potager pour en tirer un oignon ou un poireau afin d'en frotter la blessure.

F.-L. Lemay, *Monographie de Saint-Jean-Baptiste de Deschaillons* (1934): 82 s.; Alain Maire et Antoine Aubin, «Les moustiques du Québec. Essai de synthèse écologique», Société d'entomologie du Québec, *Mémoires*, 6 (1980): 7-67; *Tolfrey, un aristocrate au Bas-Canada* (1979): 89.

colon est sur place depuis l'automne précédent. Avant même d'avoir essouché, il laboure à la pioche et sème, entre les souches, de l'orge, du sarrasin et des pommes de terre.

Puis commence le défrichement proprement dit en vue de la constitution des «abattis». On n'abat pas de manière désordonnée tous les arbres à portée de hache. Il faut plutôt chercher à sauver du temps et s'épargner des fatigues. «Dans un cercle d'une soixantaine de pieds de diamètre, écrit la *Gazette des campagnes*, attaquez-vous à l'arbre le plus gros et le plus élevé. Aussitôt qu'il sera étendu à vos pieds, dépouillez-le de toutes ses branches, ensuite, partagez le tronc en pièces de douze à quinze pieds environ de longueur. Quand ce travail est terminé, vous devez être plein de courage, car vous avez vaincu un des chefs de vos ennemis, et ceux qui vous restent sont bien moins redoutables. Mais ne leur accordez aucune trêve, abattez-les aussi et traitez-les comme le premier, c'est-à-dire, dépouillez-les de leurs branches et divisez leur tronc. Si nous conseillons d'abattre les gros arbres les premiers, c'est pour éviter au défricheur, quand il mettra son 'abattis' en tas, le transport des grosses pièces[3].»

Les premiers jours consacrés au défrichement sont les plus durs de tous. Le découragement point; on se demande dans quel pétrin on est allé se jeter. Aux quatre coins, l'horizon est bouché par la forêt. Tout l'univers mental s'en trouve coloré. Bien qu'à chaque nuit, épuisé, on arrive à dormir tout son soûl, les courbatures ne semblent que s'accentuer. On recherche les mots d'encouragement du voisin.

Les jours qui suivent s'écoulent de la même manière. On abat les arbres, on les coupe et on les dépouille de leurs branches. À vrai dire, moustiques ou pas, tout l'été se passe ainsi. Aux États-Unis, en 1860, on estime qu'un homme met trente-trois jours à défricher un acre de forêt et qu'il ne peut, compte tenu de ses autres occupations, nettoyer plus de cinq acres annuellement. L'historienne Louise Dechêne, qui a travaillé sur le défrichement dans la région de Montréal entre 1650 et 1720, affirme qu'au 19e siècle la méthode n'a pas beaucoup progressé, mais que l'homme est plus vigoureux et ses outils de meilleure qualité[4].

L'automne venu, certains colons quittent les lieux pour aller passer l'hiver dans leur patelin d'origine; d'autres restent. On recommande à ces derniers d'interrompre leur travail pendant deux ou trois semaines, le temps de sarcler la forêt avant les neiges. «Consacrez quelques jours à ce sarclage, faites disparaître les broussailles, les arbustes et les branches les plus rapprochées de la terre. En agissant ainsi, quand la neige aura couvert le sol, vous pourrez reprendre votre hache et vous attaquer de nouveau à tout ce qui fera obstacle[5].»

Le printemps suivant, si le colon a encore le cœur à l'ouvrage et s'il a mis le temps nécessaire à préparer les «casseaux», les «gaudilles», les seaux et l'abri pour bouillir, il interrompt son travail de défrichement pour exploiter l'érablière qui se trouve sur

sa terre. Gonflant les chiffres, la *Gazette des campagnes* s'exclame: «Fussiez-vous seul, si la saison est favorable, vous pourrez faire deux à trois cents livres de sucre dans l'espace de trois à quatre semaines et quelques pots d'un délicieux sirop pour vos jours solennels.»

La première année est quasiment toute occupée à bûcher; les activités de la seconde sont plus variées. Le colon prépare d'abord la terre et puis sème, toujours entre les souches. Il équarrit ou envoie au «moulin à scie» les billots qu'il a mis de côté pour sa maison permanente, un petit logis de «pièce sur pièce», blanchi à la chaux, avec cheminée de bousillage, plancher en madrier et toit en pignon, de bardeau ou de planche. D'autres colons, au cours d'une corvée, l'aideront à construire sa maison. Quand celle-ci est prête, la cabane, sa première maison, est vidée de son contenu et transformée en étable. C'est un moment heu–reux que celui de l'ouverture d'une maison. Manifestement la communauté s'agrandit, et le colon, lui le premier, est fier d'emménager. Voilà une étape de franchie. Bien sûr, l'ameublement demeure rudimentaire, mais l'habitant se prend désormais à espérer retrouver quelques-unes des manières de vivre du bord du fleuve.

Des «squatters» installés sur des terres publiques sans permis (ANQ, coll. Livernois).

Le second été se passe aussi à brûler les abattis. En s'aidant d'un levier ou du petit bœuf, on forme de place en place des tas de billots, qu'on recouvre de branches avant d'y mettre le feu. Quand on brûle les abattis en territoire de colonisation, on dirait à distance un incendie de forêt. Parcourant, un jour, la route entre Chicoutimi et Roberval, un voyageur étranger s'est soudain trouvé en plein brûlage et décrit la scène. «Vers dix heures, une forte odeur de bois brûlé nous arrive et des nuages de fumée, qui s'épaississent progressivement et se compliquent de flammes, semblent avancer sur nous. 'On défriche là-bas, nous dit notre charretier. Nous avons vent debout, mais le chemin est large, et nous pourrons passer.' Lançant aussitôt son cheval au galop, il nous fait traverser le brasier sur une longueur d'une demi-lieue. L'incendie qui gagne de tous côtés, le fracas du feu dans les branches, la vue des arbres qui craquent et se fendent, tout cela réuni produit un effet fantastique. Chemin faisant, nous croisons le paisible colon dont l'allumette a créé cet enfer. 'Peste, lui crie le charretier, vous nous faites passer un joli quart d'heure! — Il n'y a pas de soin*, répartit le brave homme, c'est correct!'[6]»

«Au printemps 1806, raconte Joseph Bouchette, les navigateurs de l'estuaire passant au large du Bic voyaient le ciel obscurci par les abattis qu'on y brûlait[7].» À la même époque, dans certaines parties de la Gaspésie, tout l'été se passe à brûler les forêts. Parfois, cela tourne à la tragédie. En juin 1821, près de Gaspé, «lorsqu'il faisoit très chaud et que l'air étoit très sec, des personnes allumèrent imprudemment des feux dans différents bois afin de défricher leurs terres; et les conséquences en furent des plus terribles. Le feu consuma environ une lieue et demi à la ronde et de plus cinq maisons; et l'incendie étoit si violente, qu'elle menaçoit de priver de bois toutes les terres de la Baye de Gaspé. L'église protestante fut entièrement brûlée quatre heures après que les habitans durent sortis de l'office et, sans le travail des habitans, un vaisseau qui étoit sur les chantiers auroit eu le même sort. Tout le ciel sembloit en feu et plusieurs croyoient que l'élément destructeur aurait étendu ses ravages bien plus loin, si la pluie n'étoit heureusement venue le lendemain, pour continuer de tomber pendant une semaine[8].»

On brûle les abattis dont les cendres contiennent de la potasse, un alcali fort en demande en Angleterre. Dès que le tas de bois s'est consumé, on abrite les cendres de la pluie. Une simple ondée les appauvrirait beaucoup, tant la potasse est soluble dans l'eau. Le défricheur fait bouillir cette cendre qu'il décante par la suite. Il obtient ainsi un sel de potasse, appelé «sall» ou

* Expression populaire utilisée couramment soit pour rassurer une personne, soit pour simplement la remercier.

«salin», qu'il porte à la potasserie ou au magasin de l'endroit. Un arpent carré de forêt d'arbres à feuilles caduques donne généralement un «quart» de potasse, que le colon, en 1862, arrive à vendre pour une vingtaine de dollars. Ce sel sera lessivé à la chaux, puis brûlé dans un «four à réverbère», ce qui donnera la potasse. Blanchi davantage à l'occasion d'un second traitement, on l'appellera perlasse. À l'occasion, on utilisera l'eau qui a servi à blanchir la potasse pour laver et jaunir les planchers de bois, les galeries, les escaliers et surtout le seau à eau.

L'essouchage sur une terre de colonisation (ANQ, coll. EOQ).

La potasse

La potasse est un alcali à consistance de sel, caustique, très soluble dans l'eau, qu'on retrouve dans les cendres de la plupart des végétaux. Mais toutes n'en contiennent pas une égale quantité. Les herbes donnent plus de cendres que le bois et ces cendres sont beaucoup plus riches en potasse. «De plus, écrit *Le Glaneur*, l'expérience démontre que les parties les plus jeunes des arbres, et surtout les feuilles, fournissent le plus de potasse... Le tronc des arbres donne moins d'alcali que les branches, celles-ci moins que les fruits, et ces derniers moins que les feuilles. Les arbres à moëlle l'emportent sur les arbres durs; les plantes qui transpirent le plus sont aussi celles qui en fournissent une plus grande quantité; l'écorce donne plus que l'aubier et celui-ci plus que le bois; enfin les arbres toujours verts sont moins riches en potasse que ceux qui perdent leurs feuilles en hiver.»

En 1828, on connaît cinq espèces de potasse en Occident: celles d'Amérique, de Russie, de Dantzig, de Trèves et des Vosges. On utilise la potasse pour le blanchiment des fibres, mais aussi pour la fabrication du bleu de Russie, dans l'industrie du verre et en teinturerie.

La Bibliothèque canadienne, avril 1828; *Le Glaneur*, mars 1837.

Au temps de la Nouvelle-France, quelques intendants, dont Jean Talon, avaient bien tenté d'implanter l'industrie de la potasse, mais sans trop de succès. L'intérêt pour la potasse ne se développera vraiment que sous le régime anglais. Dès 1762, le général James Murray constate que «le pays abonde partout en chêne, en frêne, en noyer, en bouleau, en hêtre, en érable et autres bois durs qui, l'expérience le démontre, contiennent une grande quantité de sels. On pourrait peut-être fabriquer facilement au Canada la potasse dont on a tant besoin pour nos manufactures et qui deviendrait bientôt un article important[9].» Murray avait vu juste. En 1770, un premier colon d'origine anglaise expédie en Europe 50 tonneaux de potasse fabriquée avec des cendres d'érable, de hêtre et de bouleau. En Angleterre, on juge le produit plus pur et par conséquent de meilleure qualité que celui fourni jusqu'alors par les forêts de la Baltique.

L'idée fait son chemin, à tel point qu'en 1800 on fabrique de la potasse sur les deux rives du Saint-Laurent; la production augmentera continuellement. À vrai dire, les manufactures anglaises sont insatiables. Comme en 1850, par exemple, l'Angleterre produit à elle seule près de la moitié de tous les tissus de coton vendus dans le monde, soit 18 millions de broches de coton brut et 600 millions de livres de coton filé annuellement, il lui faut des quantités fabuleuses de potasse pour nettoyer et, surtout, blanchir les fibres, sans quoi les grandes filatures deviennent inopérantes.

En 1831, le Canada exporte 8000 tonnes de potasse en Angleterre, soit les trois quarts de la consommation anglaise. À la même époque, dans son *Dictionnaire topographique du Bas-Canada*, l'arpenteur Joseph Bouchette dénombre 553 potasseries ou perlasseries au Québec. Ce nombre, bien sûr, est discutable, car il arrive que, dans son calcul, Bouchette compte deux fois le même établissement, une fois au nom de la paroisse et une autre fois au nom de la seigneurie ou du comté. Mais il n'empêche que cet ordre de grandeur est révélateur d'une industrie considérable. La production atteint en 1850 le chiffre record de 12 000 tonnes exportées. Ce sera là cependant un plafond. Dans la seconde moitié du siècle, le commerce de la potasse n'ira qu'en déclinant. Le développement de la chimie permettra de mettre au point de nouveaux agents de blanchiment, moins coûteux et plus simples à fabriquer. On cessera complètement la production de potasse en 1914, au moment où les prix chutent et qu'elle ne se vend plus que sept sous la livre.

Le colon peut toucher jusqu'à 20$ le tonneau de potasse, mais on estime qu'il lui en coûte 15 pour le produire. Sans compter qu'il n'arrive pas toujours à l'écouler facilement. De 1830 à 1845, par exemple, dans les Bois-Francs, un territoire nouvellement ouvert à la colonisation et très mal pourvu de chemins, le marchand de Saint-Calixte-de-Somerset (Plessisville) ou de Saint-Eusèbe-de-Stanfold (Princeville), qui a l'habitude de recevoir la potasse «en échange de provisions de bouche et de vêtements», ne peut fournir à la demande. Un témoin raconte: «La manufacture du marchand était pleine de potasse ou de perlasse et son magasin était vide de provisions. Le manque absolu de chemins pendant l'été ne lui permettait pas d'expédier ses alcalis au marché et par la même raison de renouveler ses provisions. Une grande partie de cette population se trouvait alors aux prises avec la faim... C'était des moments terribles d'épreuve et de découragement. Prisonniers au milieu des bois, comme sur une île au milieu de la mer, ils ne pouvaient attendre de secours de personne[10].»

«Un des marchands actuels de Somerset, poursuit le témoin, commis dans le temps chez un autre marchand de la même paroisse, m'a raconté lui-même qu'il fut envoyé un jour par son bourgeois pour faire la recette chez ces nouveaux colons et qu'il entra dans une petite maison où la femme était seule avec ses petits enfants. Pour toute réponse à la demande d'argent qu'il lui fit, celle-ci se mit à pleurer, et ouvrant un chaudron où cuisait à gros bouillons verts un mélange d'herbes et de racines: 'Venez voir, dit-elle, ce que nous mangeons depuis plus d'un mois et jugez vous-mêmes si nous pouvons vous payer.'»

Les chemins sont terribles pour se rendre dans les «concessions». Vers 1820, de Rivière-du-Loup au lac Témiscouata, il fallait aux nouveaux colons «un courage plus qu'ordinaire pour franchir une distance de douze lieues, sans chemins, à travers une épaisse forêt dans un pays de montagnes. Pendant de longues années, le seul moyen de transport était une simple menoire traînée par un cheval à travers les roches et les grosses racines des arbres. Ce qui augmentait la misère des voyageurs, c'était les côtes qu'il fallait monter et descendre sans cesse dans un étroit sentier[11] ...»

Ailleurs, pour se rendre dans les Bois-Francs, par exemple, il fallait d'abord traverser la savane de Blandford, qui sépare la paroisse de Gentilly des nouveaux établissements de la rivière Bécancour. Mais cela n'était rien comparé à l'affreuse savane de Stanfold, que l'on ne pouvait passer qu'à pied pendant près de sept mois de l'année; car il n'était possible aux voitures d'y passer que du mois de décembre au mois d'avril, lorsque le froid avait consolidé les eaux bourbeuses de ce vaste marais*.

* Ces savanes, bien sûr, sont ce qui reste des bas-fonds de la mer de Champlain.

«Les premiers colons avaient frayé dans cette savane, depuis la chapelle de la rivière Bécancour jusqu'à l'endroit où est aujourd'hui l'église de Saint-Eusèbe de Stanfold, un chemin sur lequel ils avaient jeté des branches, qui leur donnaient le moyen de se soutenir au-dessus des bourbiers sans fond qu'ils rencontraient à chaque instant. Pour rendre ce sentier praticable aux voitures d'hiver, on était obligé d'aller, par corvées de quinze à vingt hommes, battre la neige avec les pieds pour la détremper avec l'eau, sans quoi la glace ne se serait pas formée. Cela ne se faisait pas ordinairement sans que l'on vît plusieurs enfoncer jusqu'aux genoux et souvent jusqu'au milieu du corps dans cette eau fangeuse et à demi gelée. Si deux voitures se rencontraient, il n'était pas rare de voir les chevaux, qui mettaient le pied hors du chemin battu, disparaître presque entièrement dans les ornières, d'où on ne les retirait qu'au moyen de cordes et de leviers. Quelques-uns de ces pauvres animaux et plusieurs bêtes à cornes y ont même péri. Ce fut là le chemin par lequel, pendant près de onze ans, des milliers de colons, hommes, femmes et enfants, ont dû passer pour se rendre dans les Bois-Francs[12].»

Quand la disette, parfois même la famine, survient dans un pays comme celui des Bois-Francs, quand le marchand général ne peut accepter davantage de potasse, faute de provisions en échanges, il faut se résigner à porter soi-même, sur son dos, le «sall» à Gentilly. On fabrique alors avec de l'écorce d'épinette blanche une boîte appelée «casseau» que l'on coud de la manière la plus étanche possible avec des radicelles du même arbre*. On emplit cette boîte de «sall», substance fort corrosive qui peut brûler les tissus et surtout la peau rendue humide par la transpiration, et on la charge sur son dos. «On vit donc partir en différents temps, de Somerset et Stanfold, des colons portant sur leurs épaules du 'sall' enveloppé dans des écorces et des feuilles d'érable. Mais toutes ces précautions n'empêchaient point cet alcali de leur faire sentir son effet corrosif. Après avoir brûlé une partie du sac qui le contenait et de leurs vêtements, il pénétrait dans la chair et, quand ils arrivaient à Gentilly, leur dos était tellement brûlé que quelques-uns, dit-on, ne purent en être parfaitement guéris[13].»

À Gentilly, ces colons ne sont pas au bout de leurs peines. Il leur faut maintenant se charger de provisions à rapporter dans l'arrière-pays et reprendre la route des marécages. «On les voyait revenir portant sur leur dos soixante à quatre-vingts livres de farine et quelquefois bien davantage, souvent un sac de provisions sur leur tête et dans leurs mains les ustensiles de cuisine les plus nécessaires. Quelques-uns ne craignaient point de se mettre en route avec des plaques de poêle sur les épaules. Ainsi chargés, ils allaient l'un devant l'autre, le cou tendu, le corps penché en avant, ruisselant de sueurs, dévorés par les moustiques et les maringouins, le visage en feu, les veines enflés, l'œil rouge et les lèvres bleuâtres [...]. Quand ils avaient fait sept ou huit arpents, ils tombaient de lassitude et c'était souvent l'œuvre de toute une journée de faire ce périlleux trajet. Si la nuit les surprenait en chemin, il leur fallait se résigner à attendre le jour pour continuer; c'était s'exposer à périr que d'y marcher sans lumière. L'un de ces voyageurs, après m'avoir raconté d'une voix émue tout ce qu'il avait enduré lui-même, ajoutait: 'Lorsqu'on sortait de ce marécage, on n'avait pas 'formance' d'homme; la vase nous couvrait des pieds à la tête et il ne nous restait que des habits en lambeaux.' Au retour de ces voyages, on les voyait quelquefois trembler de tous leurs membres pendant un temps assez considérable; plusieurs avaient les jambes enflées une semaine et davantage.»

Le journaliste irlandais Edward Allan Talbot, qui séjourne au Canada de 1818 à 1823, remarque que tous les territoires de colonisation, qu'ils soient du Bas ou du Haut-Canada, se ressemblent. «De hautes forêts, écrit-il, des haies en bois, des cabanes construites également en bois, des troncs d'arbres morts sont les objets inanimés qui se présentent en groupes diversement variés.

* C'est avec la radicelle de l'épinette blanche qu'on cousait l'embarcation appelée «rabaska», un procédé appris des Amérindiens.

Pour faire diversion à cette perspective, vous entendez de temps en temps les coups de bec du pivert, les hurlements de l'ours, le cri monotone du geai ou quelqu'autre musique aussi attractive.» Cette description ne rend pas compte des grandes difficultés qui assaillent le colon. Ce dernier doit constamment se colleter avec la nature, poursuivre ses défrichements, en espérant plus d'aisance. Les travaux de déboisement se ralentiront petit à petit à mesure que les tâches agricoles proprement dites prendront plus d'importance.

«Bien des années passeront avant que le colon ne devienne un cultivateur, c'est-à-dire un homme installé qui a des biens: une maison blanchie à la chaux, des bâtiments, 'un roulant*', des terres améliorées. Pendant ces années difficiles, le corps à corps avec la nature laisse des traces: il rétrécit la vision du monde, chambarde le système de valeurs, réintroduit dans la vie quotidienne la présence du Grand Manitou. Les charismes qu'on attribue aux prêtres et aux religieuses, les superstitions qui imprègnent la pratique religieuse, les présages que l'on tire des événements fortuits, l'exaltation de la force et de l'adresse physique que dénotent les concours de sciage et de levée de poids, autant d'indices qui devraient nous amener à nous interroger sur la psychologie du colon, et sur son univers mental[14].»

«À sa mort, trente ans après avoir reçu sa concession, le colon possède 30 arpents de terre arable, une pièce de prairie, une grange, une étable, une maison un peu plus spacieuse, un chemin devant sa porte, des voisins, un banc à l'église. Sa vie a passé à défricher, à bâtir[15].» Il est devenu un habitant.

* Ensemble de biens qui servent à une exploitation agricole: le bétail, la basse-cour, les instruments et les voitures.

Les récoltes

Durant l'été, les balades en pays éloigné ont beaucoup de charme, mais ces visites loin du bien ne s'éternisent guère. Le temps est plutôt à l'ouvrage. Les fruits, les herbes, les céréales parvenus à maturité ne peuvent attendre. Les récoltes qui préoccupent le plus le cultivateur sont encore celles des foins et des grains, comme si toute la vie en dépendait. Le foin manque-t-il un été, l'avoine est-elle échaudée, qu'il faut réduire le cheptel ou se procurer le supplément de nourriture à fort prix.

Le temps des foins

À la fin de juin, l'heure est aux foins. Le cultivateur s'assure d'abord du nombre de bras nécessaire pour que le travail se fasse à temps. Après le fanage notamment, le foin n'attend pas. Il faut deux personnes pour râteler, une pour charger et une autre pour fouler. Rendu à la grange, pour décharger la charretée, on compte trois hommes. Mais, généralement, comme l'exploitation agricole ne vise qu'à l'autosuffisance de la famille en biens et en vivres et que l'habitant n'élève que peu de bêtes, à cause de la longueur de l'hiver, les surfaces à récolter ne sont guère étendues et l'aide d'un engagé et des membres de la famille suffit souvent pour mener ces travaux avec diligence.

Le cultivateur doit porter une attention particulière à son cheval de trait, appelé à tirer de lourdes charges. Il ne convient pas de mettre à l'ouvrage un cheval mal entraîné. Quelques jours avant les travaux, on augmente sa ration de foin et d'avoine, on l'expose graduellement à la chaleur du soleil et on le fait marcher dans le champ, histoire de lui délier les muscles.

Il faut passer en revue tout le gréement* que requiert la rentrée des foins et des grains. Les harnais sont raccommodés, les moyeux de la charrette sont graissés, les faux et les faucilles sont affilées, les râteaux et les fourches sont solidifiés. Même le fenil

* Un des nombreux termes du vocabulaire québécois emprunté à la navigation. Celui-ci a le sens de matériel agricole.

est nettoyé. Sa toiture est visitée, au besoin réparée. Si, faute de fenil, on entasse le foin par terre dans la grange, on le protège de l'humidité en disposant d'avance un lit très épais de paille recouverte de branchages. De plus, pour éviter qu'un animal ne se blesse, qu'une charrette ne verse, on voit à réparer les chemins les plus fréquentés. On examine, par exemple, les ponceaux des fossés qu'empruntera la charrette. Le cultivateur qui omet semblable réparation paie parfois cher cette négligence. L'écrivain Joseph-Charles Taché rapporte qu'il a vu des habitants, «pour n'avoir pas réparé les ponts des fossés de traverse durant la 'morte-saison', jeter dans le fossé la première charge de gerbes pour passer les autres par-dessus[1]».

En raison des différences locales très notables dans la reprise de la végétation au printemps, le temps des foins ne commence pas à la même date selon qu'on habite le sud-ouest de Montréal ou l'est du Bas-Canada. Quand on s'affaire aux foins au début de juin à Montréal, il faut compter presque un mois pour commencer à faire de même à Rimouski. Quoi qu'il en soit, comme dit le proverbe, juin fait le foin. On a remarqué que les abondantes récoltes de foin sont consécutives à un mois de juin humide.

Le meilleur temps pour faucher le foin est au moment de sa floraison. Riche de toutes ses substances nutritives, il arrive à la fin de sa croissance et supportera mieux qu'à tout autre moment les diverses manipulations qu'on lui fera subir. Eugène Casgrain, un agriculteur de L'Islet, écrit: «Beaucoup de nos cultivateurs tiennent encore à attendre que le foin soit tout à fait mûr pour le récolter, sous prétexte qu'il faut laisser tomber la graine pour que les prairies continuent à pousser. En agissant ainsi, on épuise la terre de même que si l'on exigeait une récolte de grain et on ne récolte que de la paille au lieu de bon foin[2].»

On souhaite toujours du temps sec et chaud pour les foins; rien n'est pire que la pluie. Quand le beau temps semble arrivé, que le soleil se couche rose ou orangé, que l'horizon est dépourvu de nuages, qu'il ne souffle aucun vent, sinon celui du nord-est, on choisit le lendemain pour entreprendre la besogne. Le jour venu, on se lève de grand matin. Rapidement, souvent sans même avoir avalé un premier repas, on charge les outils dans la charrette, on attelle le cheval pour gagner le champ. Le «bardas*» mené par les travailleurs a tôt fait de réveiller ceux qui dormaient encore; les jeunes enfants piaffent d'impatience de se retrouver eux aussi aux champs.

Si on se lève si tôt, c'est pour profiter de la «fraîche». Le travail avant le «fort» du soleil est «autant de sauvé» pour la suite

* Synonyme de bruit, tapage, remue-ménage.

On s'apprête à entrer les foins à Saint-Prime, sur les bords du lac Saint-Jean. À noter la grange recouverte d'herbe à liens (ANQ, coll EOQ).

du jour, sans compter qu'on fauche avec plus de perfection et moins de fatigue lorsque les herbes sont encore couvertes de rosée. Pour savoir s'il fera beau, le faucheur consulte sa faux. Celle-ci est nette et luisante, la journée sera belle. Mais si elle est terne et que le manche glisse mal dans la main, alors gare aux «bouillons de grenouilles».

Une bonne faux, suspendue par le talon et frappée à un corps dur, rend un son clair et uniforme. Le tranchant doit être d'égale épaisseur sur toute la longueur de la lame; on s'assure de l'uniformité de la trempe en promenant un morceau d'acier sur le tranchant. La couleur de la lame et son poli sont des indices non négligeables pour juger d'une bonne faux. Les couleurs jaune, rouge, gorge-de-pigeon, violet et bleu foncé indiquent la dureté; le bleu clair et le gris cendré marquent l'élasticité. Si le tranchant est trop dur, il s'ébrèche facilement; trop tendre, il s'use vite et nécessite un aiguisage fréquent. L'essentiel est d'arriver à un taillant uniformément fin et doux.

Photo: ANQ, coll. EOQ.

La faux doit être adaptée à la surface fauchée. Si celle-ci est plane et libre d'obstacles, la faux est longue et presque droite. Si la surface est inégale, raboteuse et hérissée de pierres et de souches, on recourt à une faux courte et courbée. Autrement on laisserait beaucoup de foin sur pied ou on perdrait un temps précieux à le couper. Dans les creux, une faux longue et droite ne coupe que la tête des herbes. Le manche de la faux ne doit pas être trop mince, sinon celle-ci vibre continuellement, ce qui finit par agacer et nuit à la coupe. Pour couper le foin plus court, il faut parfois «harber sa faux», c'est-à-dire rendre plus aigu l'angle formé par le manche et la faux.

À la ferme, il n'est pas d'outil qui demande autant d'entretien et de soins que la faux. Entre le travail fait avec une bonne faux et celui avec une mauvaise, on compte une différence de

Quelques épidémies d'insectes de 1791 à 1837

Outre les changements brusques de température, l'habitant doit se colleter régulièrement avec des proliférations d'insectes. Voici quelques épidémies d'insectes recensées de 1791 à 1837.

1791	Sainte-Marie de Beauce	Chenilles et sauterelles
1793	Montmagny	Sauterelles
1802	Cap-Santé	Chenilles
1808	Le sud du Saint-Laurent	Mouche hessoise
1811	Cap-Santé	Sauterelles
1812	La vallée du Saint-Laurent	Chenilles, mouche hessoise et sauterelles
1821	La région de Montréal	Sauterelles
	La région de Québec	Chenilles et sauterelles
1822	La région de Montréal	Chenilles
1828	La vallée du Saint-Laurent	Mouche hessoise
1834	Saint-Jean-Chrysostome	Sauterelles
1835-1837	La vallée du Saint-Laurent	Mouche hessoise

100 à 200 livres par arpent*. Une mauvaise faux oblige à travailler moins vite et épuise beaucoup plus rapidement. Les vrais faucheurs savent très bien apprécier la différence; lorsqu'ils possèdent une bonne faux, ils la conservent précieusement et ne l'emploient que là où ils ne courent pas de risque de rencontrer des pierres.

Le matin de la fauchaison, les travailleurs se partagent le champ à faucher, chacun se rendant responsable d'une planche. «C'est un honneur que d'avoir la première planche au bord du champ; on la réserve au meilleur homme de la bande, celui qui sait le mieux manier son outil, qui abat le plus de besogne; il est en quelque sorte le chef de file sur qui les autres peuvent régler leur pas et qui ne doit jamais se laisser dépasser. Chacun ayant pour ambition de faire mieux et plus vite que son voisin et d'arriver avant les autres au bout du champ, celui qui tient la planche du bord a souvent une rude tâche à accomplir, s'il veut garder son rang et sa réputation. Aussi reçoit-il, outre l'honneur, un plus fort salaire[3].»

Bien qu'il se développe une émulation naturelle entre les faucheurs, on recommande à chacun d'y aller à son rythme. L'heure n'est pas aux gageures sur le rendement de chacun. Il importe surtout de pouvoir tenir jusqu'à la fin du jour. On se garde aussi de se trouver trop près l'un de l'autre; cela nuirait au grand élan qu'il faut imprimer à la faux et augmenterait les risques de blessures. D'ailleurs, «faucher de compagnie est une chose qui

* L'arpent, mesure de superficie valant près de 34 ares, est aussi utilisée comme mesure de longueur valant environ 58 mètres.

doit être évitée par ceux qui ne sont pas très forts, qui sont peu accoutumés à ce travail ou dont les outils ne sont pas en bon état. Les jeunes gens qui ont l'ambition de vouloir passer pour de bons faucheurs se trouvent souvent très mal pour avoir voulu faucher de compagnie[4].»

On fauche aussi près de la terre que possible, «car, dans les bonnes prairies, c'est le bas de la tige qui donne le foin le plus abondant et le meilleur». Les coups de faux doivent se suivre régulièrement et surtout se croiser exactement, «ce qui n'a point lieu lorsque le faucheur embrasse un trop grand espace à la fois». Le faucheur doit fréquemment affûter sa faux. «Tirant de sa 'jambe de botte' une pierre à aiguiser, il la trempait dans l'eau de la rigole voisine ou il lui crachait à la figure, sans mépris toutefois. Alors, par une série de gestes à la fois alertes et savants, il faisait glisser cette pierre de l'un et de l'autre côté du 'taillant', lequel, avec un son de grelot fêlé, reprenait sa coupe dans le temps de rien[5].»

La matinée se passe à faucher, non sans que ceux qui étaient à jeun depuis l'aube n'avalent un premier repas. «Les faucheurs, le front ruisselant sous leurs grands chapeaux de paille du pays, les manches de leurs chemises relevées, laissant à nu, jusqu'aux coudes, leurs bras bronzés, se ruent avec une sorte de furie sur le pré roux... Courbés et solides sur leurs jambes ouvertes, ils accélèrent comme avec rage le mouvement rythmé du torse, de droite à gauche, et à chaque élan la faux vole au bout des bras tendus[6].» Les herbes tombent. Le pré change d'allure. Occasionnellement, on aperçoit un mulot, un bruant des prés, une alouette prenant la fuite.

Les enfants se voient confier les «rapâillages», ces foins à l'orée du bois qu'il faut faucher doucement, par petits andains, à la petite faux, à cause des pierres et des souches. L'historien Lionel Groulx a chanté cette besogne. «Dans ce foin des rapâillages, il y a des herbes de senteur, du baume, du thé des bois, du trèfle d'odeur, de la fougère, et tous ces parfums secoués par la faux vous montent délicieusement à la figure. Il y a aussi des fruits, des fraises des champs, belles et juteuses, qui ont crû à l'ombre; il y a des frambroises, des catherinettes*, quelquefois même les premières mûres, quand il n'y a pas, dans le feuillage au-dessus de votre tête, des cerises, des étrangles et des petites merises. Dans les rapâillages, il y a encore des chants d'oiseaux; il y a des nids bien cachés que vous mettez à vue en coupant l'herbe, et voici de petits œufs gris, blancs ou bleus, enveloppés de crin et de duvet, et voici encore des oisillons frileux qu'il est si

* Fruit de la ronce pubescente, un arbrisseau qui pousse dans les marais, les bois humides.

Les foins à Alma, en bordure du lac Saint-Jean (ANQ, fonds Dubuc).

doux de tenir dans la main. Dans les rapâillages du bois de par chez nous, il y avait aussi un vieux puits abandonné, recouvert d'une margelle de bois. Chaque année, en fauchant, nous levions le couvercle. Penchés sur le bord, nous écoutions les gouttes d'eau qui, des pierres humides des parois, tombaient avec rythme sur la surface du fond, immobile et noire[7].»

Midi sonne: l'heure de la pause! Il était temps. Déjà cinq ou six heures qu'on travaille. Le soleil est à son zénith. La «chienne» prend un faucheur et «lui monte sur le dos*». Sous les quolibets des autres, ce dernier rejoint le pied de l'arbre le plus proche pour s'étendre. Il n'est plus d'humeur à trimer et fait la sourde oreille aux remarques narquoises. Les autres le rattrapent rapidement, heureux qu'ils sont de déposer la faux. On leur apporte un repas préparé par l'épouse de l'habitant responsable de la fenaison. Au menu: une soupe aux pois, du pain, du beurre, du lard salé, de la salade et des radis; pour ceux qui ne peuvent terminer un repas sans sucré: du pain et du sirop d'érable ou, parfois, un pâté aux fraises. Les appétits sont robustes; le repas est vite avalé. Alors on tire une pipe. Puis, quand ce n'est déjà fait, on se débotte pour

* Expression populaire signifiant qu'on est soudain gagné par la nonchalance, la paresse.

piquer un somme, le chapeau sur le nez. Et il n'est pas sitôt une heure de l'après-midi, selon la course du soleil, qu'il faut reprendre le collier.

Il est important que le foin ne soit ni trop humide ni trop sec lorsqu'on le remise. Trop humide, il fermente, moisit et peut même s'enflammer dans le fenil. Trop sec, il perd une grande partie de ses qualités alimentaires et devient de la vulgaire paille. Après le repas du midi, l'équipe de faucheurs se scinde en deux. Les plus costauds reprennent la faux; les autres, accompagnés des femmes et des enfants qui le peuvent, commencent le fanage. On retourne le foin, on le disperse le plus également possible sur le champ pour le faire sécher. On utilise pour ce faire le râteau ou la fourche de bois, faite d'une seule venue, de frêne, d'orme ou de charme. Si le temps est frais et humide, on étend l'herbe en couches minces, afin qu'elle puisse mieux s'assécher; si le soleil est de plomb, on laisse les couches épaisses pour prévenir une trop forte évaporation. Exposé une heure de trop à l'action dévorante du soleil, le foin peut perdre jusqu'à vingt pour cent de sa valeur alimentaire.

Quoi qu'il en soit, sous ce climat humide, variable, caractérisé par la fréquence des averses et leur violence, c'est tout un défi que de sauvegarder la richesse des fourrages. En Gaspésie, par exemple, lors d'un été de pluies et de brouillards comme celui de 1866, alors que «le vent du nord-est n'a pour ainsi dire pas cessé de souffler», il faut recourir à des techniques spéciales pour sauver le foin. Un agriculteur écrit: «Presque tout le foin a dû être tourné et retourné, amassé et étendu de nouveau, pour beaucoup, deux à trois fois, vu les fréquentes averses. Pour cette raison, sa qualité laisse un peu à désirer, quoique la manière de l'arranger par ici pare à cet inconvénient. On le met généralement en 'berges', grosses 'mules' qui ont de 16 à 20 pieds de haut; on les foule à mesure avec soin et la partie supérieure qui ressemble à une tuque est 'peignée' au râteau et recouverte en paille façonnée en forme de toit circulaire. Jamais la pluie pénètre au-delà de deux pouces. En quelques jours, le tout forme une masse compacte; et quand on veut y prendre du foin, on coupe des 'menées' verticales avec la hache, tout comme on le ferait sur le dos d'une baleine. C'est l'opinion par ici que le foin est de bien meilleure qualité, arrangé de cette manière; et les acheteurs font même une différence dans le prix[8].»

L'herbe bien fanée se reconnaît à sa couleur verte, à sa souplesse et à son parfum particulier. Le foin jaunâtre, gris-fauve, qui dégage une odeur de moisi, doit être rejeté. Il est ordi-

Photo: ANQ, fonds Dubuc.

nairement cassant et couvert de poussière. Aussitôt qu'on s'aperçoit que la couche superficielle de l'herbe est assez fanée, on la retourne de manière à remplacer le dessous par le dessus. Lorsque toute l'herbe paraît suffisamment desséchée, on forme avec des râteaux de bois à doubles dents de longues lignées de foin, ce qui achève la dessiccation tout en réduisant l'évaporation.

On travaille ainsi jusqu'au milieu de l'après-midi, moment de la collation. Tous, plus ou moins fourbus, souhaiteraient que la journée se termine là-dessus. Mais le repos est bref. «Au temps des foins, on travaille de la 'barre du jour*' aux étoiles.» Il faut maintenant mettre tout le foin en veillotte avant la tombée du jour. C'est la seule manière de le protéger du serein. Alors, de place en place, avec les râteaux de bois, on forme de petites meules de foin imperméables à l'humidité de la nuit.

Le lendemain, une nouvelle journée harassante attend les ouvriers; on cherche d'ailleurs à en augmenter le nombre. Tout comme pour le fanage et la mise en veillotte de la veille, les femmes et les enfants peuvent être d'un précieux secours. On fait même appel aux neveux et aux nièces de la ville. À Saint-Justin,

* On dit que le soleil, le matin, lorsqu'il commence à paraître, tire une ligne de lumière à l'horizon. C'est la «barre du jour».

chez Louis Casaubon, «la mère, la bru, Philomène, Eulalie et même la tante Julie, munies de fourches et de râteaux, ont prêté main-forte aux hommes[9]». De grand matin, un premier groupe, les faucheurs, retournent à l'ouvrage. Puis, dès que le soleil a asséché la rosée, les râteleurs, à leur tour, gagnent le champ. Ils défont les veillottes une à une et étendent à nouveau le foin çà et là.

Après le repas du midi, aux allures de pique-nique, on se partage les tâches pour la rentrée des foins. Il faut quatre ramasseurs pour deux chargeurs et un fouleur. Un cheval, qui avait passé la matinée à l'ombre sous un arbre, est de nouveau attelé à la charrette. Les râteleurs s'appliquent à mettre le foin en meules. Dès qu'il s'en trouve une d'une hauteur appréciable, les chargeurs et le fouleur s'amènent avec la charrette, une plate-forme à deux roues à laquelle on ajoute des échelettes à l'avant et à l'arrière et parfois des ridelles sur les côtés pour retenir le foin. La charrette se manœuvre mieux que le chariot, une voiture à double train, sur les routes sinueuses et dans les champs à peine essouchés. Il n'est pas facile de bien «fouler» un voyage de foin sur une charrette. Non seulement faut-il savoir se tenir debout, mais encore fouler dur, fouler large et fouler haut. Il faut compter l'équivalent de 50 à 60 bottes de foin pour une bonne charretée.

Les gens de la ville arrivent à grand-peine à bien fouler un voyage. «Eux qui n'ont jamais pris une fourche dans leurs mains, ils vous font des voyages étroits, à la largeur des échelettes, éclanchés comme des harengs, ou bien encore des voyages ventrus, tout d'un côté et qui tout-à-l'heure débouleront au passage de la première rigole[10].» Les enfants également trouvent difficile de bien fouler. Au début, ils s'offrent avec entrain; mais, après un premier voyage, «c'est à qui n'ira pas». D'ailleurs, comment les contraindre à un travail soutenu? «Nous avions cent autres choses à faire, dira l'un deux. La clôture à sauter, [...] des framboises à manger, des petites merises à cueillir, des papillons à attraper, des mulots à dénicher, des poissons à pêcher; nous les 'seinions' avec nos chapeaux de paille, lesquels en étaient tout rafraîchis[11].»

Le soleil tape dur. Il fait chaud, dit-on, à faire cuire un œuf sur une pierre. La chemise, détrempée, colle à la peau et l'eau pisse au bout du nez. Tous portent le chapeau de paille de forme conique à larges bords. Celui du cheval est percé de deux trous pour laisser passer les oreilles. Avant de s'abreuver à l'eau de la source, on attend de s'être refroidi quelque peu ou on plonge les mains dans l'eau «jusqu'au-dessus des poignets» pendant quelques instants. Chaque été, les journaux rapportent la mort subite de

Photo: APC.

cultivateurs buvant une eau trop froide, alors qu'ils étaient tout en nage. On recommande aux travailleurs des champs de s'abreuver d'une eau fraîche, légèrement coupée de vinaigre ou de whisky et conservée à l'ombre dans une cruche de grès. Si l'on prend un temps de repos, on évite les sols humides, les courants d'air et même les bancs de pierre, sinon gare à la fluxion de poitrine.

Quand le voyage de foin sur la charrette repose d'aplomb, on l'immobilise au moyen d'une perche tendue entre les deux échelettes; il ne reste plus qu'à gagner la grange. L'historien Lionel Groulx raconte le dernier voyage. «Quand au bout des dernières planches on peut compter le reste des javelles, les donneurs se mettent à travailler fiévreusement. Enfin, Albert, le grand frère, passe sa fourche sous la dernière, la balance quelque temps au bout de ses bras, puis la fait voler sur le milieu du voyage avec un énergique 'Ça y est'. Tous ensemble alors nous jetons un coup d'œil à droite et à gauche, dans les champs voisins. Les Landry, les Saint-Denis, les Campeau chargent toujours. Trois

Photo: ANQ, coll. EOQ.

vigoureux hourras, nos chapeaux au bout de nos fourches, annoncent aux gens du Bois-Vert que nous avons fini les premiers. En un tour de poignet, l'un de nous casse de hautes branches de feuillage et les fixe en guise de panache à la 'frontière' des brides. Puis, tout le monde sur le voyage, les trois fourches plantées droit dans les javelles ainsi que des mâts, nous descendons à la grange en chantant. De temps à autre, Albert criait aux Landry narquoisement: Dépêchez-vous, la pluie s'en vient. Charles, lui, les mains en porte-voix, criait de l'autre côté aux Campeau: Vous faut-il un coup de main[12]?»

Rendu à la grange, il faut décharger les voyages dans le fenil, au-dessus de l'étable. Comme en France, on ne voit que des avantages à utiliser ainsi les combles surplombant le logement des bêtes. C'est un abri sûr, à l'épreuve du vent, des courants d'air, du soleil et de l'humidité du sol. L'hiver, le foin constitue un isolant pour l'étable et réduit les pertes de chaleur, sans compter qu'en tout temps la nourriture du bétail est à la portée de la main. Il suffit de percer une trappe pour laisser tomber dans l'étable la quantité de foin nécessaire au repas des animaux. L'entrée du fenil est une porte carrée «de la grandeur de quatre vitres» pratiquée dans le mur avant de la grange, au-dessus de l'étable. Il faut compter trois ouvriers pour décharger un voyage de foin, un au sommet de la charretée, un autre dans l'embrasure de la porte et un troisième à l'intérieur.

Le foin est étendu uniformément et foulé également, afin d'éviter les espaces vides où se concentrent l'humidité et la moisissure. Bien foulé alors que le fenil est fermé, le foin peut bien s'échauffer et «suer», mais il se desséchera bientôt. Pour réduire la fermentation et faciliter sa conservation, on recommande aussi de le saler légèrement. De toute manière, durant les deux premiers mois, le foin fermente toujours un peu et cela se manifeste par une odeur très particulière. L'habitant dit alors que «le foin jette son feu».

Voilà. On reprend ainsi le travail jour après jour, pendant deux, trois ou quatre semaines, prévoyant la quantité de foin nécessaire pour nourrir le petit cheptel. Quand les étés sont trop secs ou trop pluvieux et qu'on se retrouve sans foin, on se résigne à tuer les bêtes ou on cherche à les vendre au pied. À moins que les insulaires du Saint-Laurent, ceux du lac Saint-Pierre et de l'estuaire, qui récoltent bon an, mal an, leur foin sur des terres vaseuses ou inondées au printemps, ne viennent à la rescousse des plus démunis. Ainsi, en 1868, après un été sec et sans foin, les cultivateurs de l'île aux Grues et de l'île aux Oies vendent abon-

«Au crépuscule»
de Horatio Walker, huile sur
toile, 1915 (Musée du Québec,
G 59 632 P, C. Bureau).

«Les battures de l'Île-aux-Grues»
de Horatio Walker, aquarelle sur
papier collé sur toile (Musée du
Québec, 34.536 D,
Patrick Altman).

«La gardienne de dindons» de
Horatio Walker, huile sur toile,
1932 (Musée du Québec,
G 59 620 P).

«La pêche au flambeau»
de Cornelius Krieghoff
(Musée du Québec, 34.267P).

«L'église de Château-Richer»
par J. P. Cockburn, aquarelle,
1830 (ROM, 955.20.10).

«Québec vue de l'Île
d'Orléans», de H.E. Baines,
aquarelle, v. 1830 (ROM,
964.196.2).

«Montréal vue de Longueuil»
de J. Duncan, aquarelle, 1883
(ROM, 960.59.2).

«Le marchand de baies»
de Cornelius Krieghoff, huile
(ANC, C-10698).

Récolte des pommes de terre à Papineauville (ANQ, coll. EOQ).

damment leur foin aux habitants des paroisses de la Côte-du-Sud. Ils trouvent aussi preneurs à Petite-Rivière-Saint-François et à Baie-Saint-Paul, en échange de bois de chauffage.

Jusqu'en 1820, on ne compte guère de prairies cultivées dans la vallée du Saint-Laurent. L'habitant récolte son foin sur des prés non entretenus où poussent la flouve odorante, les pâturins, les fétuques et les agrostis. Ces plantes cependant n'arrivent pas à maturité au même moment. Il s'ensuit que, si on fauche de bonne heure, on perd la richesse de celles qui fleurissent plus tard; en revanche, si l'on attend que les dernières soient à maturité, les premières n'offriront plus qu'un foin sec, fibreux et sans valeur alimentaire. Ce n'est qu'au début des années 1820 qu'on assiste à la mise en place de prairies cultivées. Pour rajeunir les sols et stimuler l'élevage, on encourage le cultivateur à semer du trèfle et du mil pour les bêtes. Il faudra attendre la seconde moitié du siècle pour que la culture du foin fasse des progrès remarquables grâce à la diffusion des connaissances agricoles, la faucheuse à cheval, la croissance des marchés urbains locaux et la demande américaine.

Le temps des grains

Il n'y a pas de date précise pour la récolte des grains. Elle peut facilement être retardée par la sécheresse, une vague de chaleur ou des pluies froides et continuelles. Mais, en général, le foin n'est pas sitôt engrangé qu'il faut se mettre à la moisson. «Les foins faits, écrit Nicolas-Gaspard Boisseau, en 1789, les habitants commencent à couper leurs grains, ce qui dure cinq ou six semaines, suivant le beau ou le mauvais temps[13].»

Il revient à l'habitant de fixer le moment exact de la moisson. Tout champ de céréales ne mûrit pas également. Des endroits plus exposés que d'autres à la pluie, au vent, au soleil brûlant, des portions de terre moins riches ou plus délavées font que certains plants ne lèvent pas aussi bien que d'autres. Seule une visite du champ permet alors d'évaluer l'état de la maturation. Le problème se complique avec le sarrasin du fait que la floraison se déroule pendant un mois et demi. Les premières graines tombent avant même que les dernières ne soient formées. Dans ce cas, l'habitant choisit le point de maturité du plus grand nombre de graines.

Première céréale semée, l'avoine est aussi la première à atteindre la maturité. Souvent, l'orge l'accompagne, car cette dernière a sur toutes les autres céréales l'avantage de la brièveté de sa croissance. Semée en mai, elle se récolte en juillet. Suivent le sarrasin, qu'on a pris soin de mettre en terre à la fin de juin pour éviter qu'il n'arrive en fleur durant les grandes chaleurs, le seigle, le blé et le maïs. À Sorel, le seigle d'automne, une spécialité locale, semé en septembre, se récolte à la fin de juillet ou au commencement d'août. Il en va de même pour le blé d'automne cultivé dans la région de Montréal.

L'avoine, comme le blé, se récolte avant la maturité. Le grain de ces céréales achève sa maturation en puisant dans la tige et les feuilles les sucs qui lui sont nécessaires. Mais, en général, les habitants attendent trop tard pour couper leur blé, espérant ainsi obtenir plus de farine. «Mais on se trompe. Les grains coupés six à huit jours avant une complète maturité sont plus gros, contiennent moins de son, sont moins exposés à s'égrainer et donnent une farine plus abondante et de meilleure qualité[14].» Au rebours de l'avoine et du blé, on fauche l'orge lorsqu'elle cesse de végéter, «quand elle devient blanche et que son épi s'est recourbé». On fait de même avec le seigle dont l'épi s'égraine moins facilement que celui du blé.

Quoi qu'il en soit, peu importe la céréale fauchée, on se réveille à l'heure des poules les matins de moisson. Il vaut mieux faucher par temps humide, avant que la rosée ne s'évapore. Le travail est plus facile et l'épi demeure plus ferme. Tous les membres de la famille vont au champ, sauf l'aînée qui demeure à la maison pour prendre soin des plus jeunes. On se dirige d'un pas alerte, la faucille sur l'épaule, le repas du midi dans un seau porté à la main.

Il faut de l'endurance et des reins solides pour travailler à la faucille. Tantôt à genoux, tantôt debout, chacun sur sa planche, on fauche sans perdre un instant. Le secret d'une «bonne faucille», écrit Fortunat Bélanger, «réside dans la façon de rouler sa poignée à chaque 'coutelée', ou coup de faucille, afin de la grossir le plus possible sans s'engorger le poignet[15]». Le coupeur ceinture les tiges de céréale avec le fer de sa faucille qu'il tient d'une main, les empoigne de son autre main, recouverte d'une mitaine de cuir pour éviter les éraflures, et les coupe à ras de terre en imprimant à sa faucille un mouvement brusque et légèrement circulaire. Qui maîtrise bien sa faucille arrive à un «balancement gracieux» des bras de gauche à droite, puis de droite à gauche.

Photo: ANQ, coll. EOQ.

Au 19e siècle, voilà déjà 12 000 ans que l'homme recourt à la faucille. Mais le «règne» de cet instrument achève. Depuis quelques décennies, dans certains pays européens, on utilise la faux, munie d'un «javelier*», pour moissonner. Elle permet dans le même temps de couper deux fois plus de céréales. Mais, plutôt que la faux, c'est la moissonneuse à cheval, une «machine» inventée par l'Américain Cyrus McCormick en 1831, qui rendra la faucille désuète. Là, il n'y a plus de commune mesure entre les deux instruments. Dans la section des outils agricoles à l'exposition universelle de Paris en 1855, les visiteurs n'ont d'attention que pour la moissonneuse à deux chevaux de Cyrus McCormick. Les agriculteurs mettront peu de temps à se laisser convaincre des «bienfaits» d'un tel progrès et, petit à petit, au cours de la seconde moitié du siècle, remiseront leurs faucilles. C'est ce que constate, en 1878, la *Gazette des campagnes*. «La faucille, y écrit-on, est l'instrument primitif qui tend à disparaître chaque jour pour la moisson des céréales; elle n'a d'autre avantage que de pouvoir être mise dans les mains des femmes, des enfants et des vieillards... Par suite du développement que l'agriculture prend de jour en jour, de la rareté des bras et de la nécessité d'opérer plus activement et plus économiquement, les cultivateurs reconnaissent que la faux et la faucille sont devenues insuffisantes et doivent céder la place aux machines plus puissantes qui activent le travail et l'exécutent plus économiquement[16].» Néanmoins la faucille ne disparaîtra pas complètement. Les familles les plus

* Longues tiges de bois qui garnissent la faux à la manière d'un râteau et permettent de couper et de ramasser les céréales au cours de la même opération. En France, on l'appelle râtelot.

pauvres, celles habitant des «terres de roches», où les surfaces à moissonner sont peu étendues, préféreront encore la faucille à la machine.

Une «bonne faucille» coupe en moyenne les trois quarts d'un arpent carré par jour. À tous les quatre ou cinq coups, le faucheur dépose sur le sillon sa brassée de céréales coupées, afin qu'elles sèchent en attendant l'engerbage. Bien que tous les traités agricoles lui conseillent de cesser sa besogne et de rentrer le grain coupé si le temps tourne à la pluie, celui-ci, avec les membres de la famille, n'en continue pas moins son travail jusqu'à ce que tout le champ soit fauché. On peut laisser la récolte couchée sur le champ pendant quinze jours, la retournant après chaque ondée pour qu'elle sèche. À vrai dire, l'habitant pratique le javelage prononcé, c'est-à-dire qu'il évite d'engranger avant que les pluies ne soient venues gonfler les graines et mouiller les tiges. Pour l'avoine, certains attendent carrément qu'elle soit devenue noire. «C'est l'usage, disent-ils. L'avoine javelée est meilleure pour nos chevaux.» Mais, comme l'écrit un commentateur agricole, si les bêtes acceptent d'avaler pareille nourriture, c'est que «la faim triomphe de la répugnance qu'affaiblit d'ailleurs l'habitude[17]».

Sitôt que tout le champ est fauché, on se rend au bois ou dans les broussailles chercher des harts de noisetier pour l'engerbage. Cet arbrisseau, aux tiges très flexibles, appelé aussi coudrier, sert également aux sourciers pour repérer les eaux souterraines. Occasionnellement, on préférera la paille de seigle au noisetier pour lier les céréales; elle permet de former de plus petites gerbes. Les riverains du lac Saint-Pierre, eux, recourent à la spartine pectinée, «l'herbe-à-liens», qui pousse en abondance dans la région.

Faire des gerbes vite et bien, de même grosseur, aux tiges égales et au lien solide, n'est pas une opération aussi facile qu'on pourrait le croire. Il faut d'abord tordre — on dit souvent «teurdre» — la branche du coudrier sur toute la longueur, jusqu'aux feuilles, afin de lui donner le plus de souplesse possible. On garde cependant un bout non tordu, le moignon, qu'on casse à demi. Il servira de boucle. «On est alors prêt à engerber. On étend la hart, puis on y place dessus trois brassées de blé. On tord ensuite une autre brassée dans les feuilles pour lui donner une certaine rigidité, puis on encercle la hart sur elle-même, le moignon fermant le tout solidement comme une boucle[18].» Le lien de la gerbe se place sous les épis, aux deux tiers des tiges, en prenant garde de trop le serrer.

«Quel travail fastidieux que l'engerbage! raconte Alice Lévesque-Dubé. Dans la plupart des fermes, les femmes devaient aider [...]. Mon grand-père allait chercher bien loin des harts de coudrier indispensables à cette opération et, tous les jours de beau temps, on engerbait. Assis sur la 'levée' du fossé au bout de la pièce, mon grand-père tordait les harts. Nous, les enfants, nous ramassions les brassées de grain et mon père liait les gerbes. Et ça durait des jours et des jours[19].» On engerbe toute céréale qui devra être battue pour ses grains. Plus tard, sur l'aire de battage, la «batterie», il ne restera plus qu'à dénouer la hart et placer la gerbe de manière que seuls les épis puissent être frappés. Quand tout le champ est mis en gerbes, on charge celles-ci une à une sur la charrette. Il est beaucoup plus épuisant d'être chargeur que lieur. Aussi s'échange-t-on le travail en cours de journée. On a pris soin de tapisser d'une toile le plancher de la charrette. Ce coutil fait se perdre moins de grains, surtout lorsque les céréales sont très mûres. De toute façon, il en reste toujours sur le champ. Alors, immédiatement après la récolte, on envoie les volailles, en particulier les dindons, y picorer.

Le temps des récoltes en est un de durs labeurs et une grande partie de l'été y passe. On comprend la joie des moissonneurs quand, après l'avoine, l'orge, le sarrasin, le seigle, on s'apprête à en finir avec le blé. Déjà, la récolte presque entière est sous le toit de la grange. Ne reste plus qu'une gerbe sur le champ. Certaines familles se livrent alors à un rite que l'on dit remonter aux temps préhistoriques: la rentrée triomphale de la dernière gerbe. Il proviendrait plus immédiatement de France. L'écrivain québécois Léon-Pamphile Lemay, originaire de Lotbinière, en donne les détails: «Il ne reste plus qu'une gerbe à faire, c'est la dernière, c'est la grosse gerbe. Tous les travailleurs redoublent de zèle. Deux harts des plus longues lui font une ceinture qui fait gémir sa taille souple. On la met debout; on noue des fleurs à sa tête d'épis et des rubans à sa jupe de paille. Puis, en se tenant par la main, l'on danse autour des rondes alertes. On épuise le répertoire des vieux chants populaires et l'on remplit le ciel de rires, de murmures, de cris [...]. Enfin la gerbe est placée au milieu d'une grande charrette, tous les moissonneurs s'entassent alentour, et le cheval, orné de pompons [...], se dirige à pas lents [...] vers la grange [...][20].»

Les gerbes de céréales sont entreposées une à une dans la grange, en attendant la battage qui aura lieu en automne ou en hiver. On prend soin de les isoler des rongeurs de tous poils qui seraient tentés de s'en nourrir. La fermière met de côté les tiges de blé les plus belles pour la fabrication des chapeaux de paille. Et on regagne la maison pour la veillée des moissons. «Les douces odeurs et les éclats de rire qui courent à la rencontre des retardataires annoncent déjà que la fête est commencée. On se précipite vers les tables où attendent les voisins, sans prendre la peine de changer de toilette. Aux jeunes fermières qui s'excusent, les vieux rétorquent: Ce n'est pas le temps de vous mettre sur votre trente-six; ne fafinez pas pour vous mettre à table, car on fête la grosse herbe en habit d'ouvrage... La mère s'est encore surpassée par ses exploits culinaires. Les beignets aux pommes, les tartes à la merluche, les crèmes fouettées ferment la voie largement tracée par la soupe aux pois, les patates jaunes, les viandes rôties et les omelettes au jambon. Souvent la citrouillette, espèce de compote de citrouille, met le bouquet au festin avec encore une petite larme de rhum [...]. Une petite sauterie familiale, cotillon, salut de dames ou quadrille, couronne la fête. Danseurs et violoneux savent prouver que les rudes travaux champêtres n'ont pas tari la source de leurs énergies. Toutes les fatigues sont noyées dans le plaisir, l'allégresse règne partout[21].» Repu et épuisé, on se couche tard le soir de la fête de la grosse gerbe.

Les récoltes du potager

Le potager est le domaine de la maîtresse de maison. Elle le clôture pour le protéger des bêtes et rappelle aux enfants qu'il leur est défendu d'aller y jouer. Chaque jour, elle s'y rend pour surveiller la croissance des plants, les sarcler, les éclaircir, les arroser, les butter au besoin et chasser les insectes. Sitôt qu'arrive la Saint-Jean, que les jours se mettent imperceptiblement à raccourcir, le potager commence à rapporter. On cueille d'abord le radis, le légume le plus hâtif. Ses pousses sortent de terre au bout de trois jours et on le mange au bout de trois semaines. Puis, on passe à la laitue en feuilles, aux pois, aux échalotes, aux cornichons, aux concombres, aux haricots, aux betteraves et aux carottes.

On mange ces légumes sans délai, nature, en salade avec une vinaigrette ou cuits dans un bouilli. On raffole du concombre servi avec de la crème sûre. Mais la ménagère met un holà aux appétits voraces, car il faut en garder pour l'automne et l'hiver. Aussi, elle fait sécher les pois et les haricots. Elle place les carottes à la cave ou au caveau à légumes, sur un lit de sable fin, les cornichons dans le sel et les betteraves dans le vinaigre. Ce faisant, elle réussira à prolonger l'été jusqu'à l'année prochaine.

Page suivante:
Le potager a été longtemps un domaine réservé aux femmes (ANQ, fonds Communications).

Les petits fruits

Les récoltes de petits fruits sauvages n'ont pas l'importance vitale de celles des foins, des céréales ou du potager et apparaissent même accessoires. Il n'empêche qu'elles ajoutent grandement à la variété alimentaire. Quand la famille de l'habitant se livre au ramassage des baies qui poussent à l'état naturel, elle reprend un geste plusieurs fois millénaire qui remonte au temps où une large part de l'alimentation humaine reposait sur cette quête. Le géographe français Pierre Deffontaines écrit que la tradition ne s'est jamais perdue. «Beaucoup de peuples, bien que cultivateurs, font encore appel aux plantes et fruits sauvages de la forêt; une inclination atavique attire les hommes vers ces récoltes obtenues par simple trouvaille; ils y satisfont un très vieil instinct de libre possesseur de tous les biens de la nature[22].»

Dans la vallée du Saint-Laurent, la saison des petits fruits commence avec la Saint-Jean. Fraises, framboises, bleuets, mûres, groseilles et gadelles se succèdent jusqu'à la fin de l'été. Cependant, les différences climatiques très notables — Québec retarde de quinze jours sur Montréal, et Tadoussac d'un mois — font que cet étalement dans le mûrissement des petits fruits est sensible surtout à Montréal. Dans les régions plus boréales, la brièveté de la saison et la longueur du jour obligent les plantes à parcourir leur cycle vital plus rapidement, ce qui fait que tous ces fruits arrivent à maturité à peu près simultanément.

La fraise. Le premier des fruits à mûrir est la fraise de Virginie, la «fraise des champs». Elle pousse bien dans les terrains légèrement humides, dans les champs, sur les levées de fossés ou près des bois. À la fin de juin, si le travail des champs et la température le permettent, la mère réunit ses marmots et tous s'en vont aux fraises. Même les plus jeunes suivent. S'il s'en trouve en très bas âge, l'aînée demeure à la maison pour les garder. Il arrive que la cueillette des petits fruits mette la patience des enfants à rude épreuve. Rendus au champ, ils exultent, tant le décor et l'activité diffèrent de l'ordinaire. Mais la cueillette n'est pas sitôt commencée qu'un des enfants trouve fastidieux de remplir son vaisseau et exprime le désir de s'en retourner. Alors, de guerre lasse, un plus vieux se résignera à le raccompagner à la maison.

La famille cueille autant de fraises qu'elle le peut: il y en a toujours beaucoup dans les champs de la vallée du Saint-Laurent. Avant l'arrivée des Européens, l'abondance des fraises donnait lieu à un «festival» chez les Iroquois. Dans la première moitié du

19ᵉ siècle, bien peu de cultivateurs voient la nécessité de cultiver les fraises, car les variétés plantées donnent un fruit qui n'est guère plus gros que la fraise sauvage. On conseille d'ailleurs à la ménagère qu'une telle culture intéresse, de tirer ses plants d'un terrain laissé en friche pour les repiquer dans son potager. Ce n'est pas avant les années 1860-1870 que des croisements répétés entre le fraisier-ananas (*Fragaria grandiflora*) et le fraisier des champs (*Fragaria vesca*) donneront le fraisier à gros fruits cultivé par la suite. En 1880, les catalogues des grands horticulteurs américains offrent en vente plus de 400 variétés de ces fraisiers issus de croisements.

Les fraisiers cultivés demandent une terre légère, bien drainée et des engrais décomposés. On plante le fraisier au printemps ou en août, en utilisant un plant formé la saison précédente. Dès que les fleurs apparaissent, on dispose autour des plants un paillis pour protéger les fruits du contact de la terre. Les soins qu'on y apporte sont le sarclage, le binage et les arrosages lors des grandes sécheresses. À l'automne, on couvre les fraisiers d'une couche de fumier léger et pailleux qui, selon l'expression courante, doit les préserver de la gelée. À vrai dire, cette couverture est plutôt destinée à empêcher la plante, le printemps suivant, de reprendre son cycle vital, alors que des gelées sont encore à craindre. Une plantation de fraisiers dure de trois à cinq ans; après quoi, il vaut mieux la renouveler.

Après 1850, la récolte des fraises dans le potager demande plus de soin que celle en plein champ. On donne d'ailleurs à la ménagère des conseils d'usage à ce sujet. «On se figure généralement, écrit-on, que rien n'est plus facile que la cueillette des fraises. Dans beaucoup de maisons, c'est tantôt une personne, tantôt une autre qu'on charge de cette besogne et n'importe l'heure du jour. Il arrive qu'une femme fait cette récolte en plein midi, par un soleil ardent, piétine la plante en tout sens, frotte les feuilles avec sa robe, les plantes se fanent. À leur piteux état on pourrait croire qu'elles ne se relèveront pas de cet assaut. Ce n'est pas tout; les fraises cueillies ainsi, au fort de la chaleur, restent souvent exposées à un air brûlant jusqu'au moment où on les sert sur la table; alors la plupart sont à moitié décomposées. Si l'on tient à manger des fraises dans toute leur fraîcheur, fraîcheur qui s'altère si vite, il faut prendre la précaution que nous allons indiquer. Faire faire la cueillette toujours par la même personne habituée aux plantes. Le moment le plus favorable est le matin, même pendant la rosée; elle sera toujours terminée entre huit et neuf heures. La fraise doit être choisie parfaitement mûre, rouge sur toute sa surface et sans être avancée, prise avec le calice. On coupe avec les ongles la queue qui la supporte; on dépose les fraises dans un panier à cet usage. La récolte terminée, on la place à la cave ou dans un garde-manger très frais[23].»

La framboise et la mûre. Après le temps des fraises, arrive le temps des framboises, puis celui des mûres. Ces petits fruits poussent si bien à l'état sauvage dans la vallée du Saint-Laurent qu'au 19e siècle rares sont les ménagères qui les cultivent. On les récolte le long des clôtures, dans les lieux incultes, les jeunes bûchers, les pâturages ou à l'orée du bois. Le Suédois Pehr Kalm écrit qu'en forêt, «dès que le sol a été brûlé en un endroit ou que l'on a abattu des arbres, ces plantes y viennent aussitôt et, peu de temps après, si on ne les empêche pas, elles recouvrent toute la surface. Tout se passe, ajoute-t-il, comme si elles se plaisaient au voisinage et en compagnie des hommes[24]». Si la framboise arrive à maturité trois ou quatre semaines après la fraise, la mûre, elle, retarde souvent jusqu'aux pommes hâtives.

On conseille à celles qui voudraient cultiver les framboises de procéder de la même manière que pour les fraises, c'est-à-dire de prélever des rejetons sauvages pour les replanter dans le potager, «en rayons tirés au cordeau, dans des planches ou des bordures, à deux pieds l'un de l'autre». Un sol léger, bien ameubli et plutôt humide, leur convient. Début août, la récolte terminée, il faut supprimer les rameaux ayant porté fruits. Ce sont les scions qui assureront la fructification de l'année suivante. Ceux-ci doivent être forts et abondants, car un certain nombre peuvent être brisés par les gelées ou le poids de la neige. Contrairement aux fraisiers, on déconseille les applications de fumier après la récolte, car elles occasionnent une pousse d'automne qui donne un bois tendre et peu résistant aux gelées. Le printemps suivant, on écime les rameaux, ce qui a pour effet de favoriser la mise à fruit sur toute la longueur et de donner un fruit plus gros.

Le bleuet. En juillet — parfois avant la framboise, souvent en même temps —, le bleuet arrive à maturité. Il pousse abondamment dans les terrains acides ou tourbeux. Après un feu de forêt, tout comme la framboise et à un moindre degré la mûre, il est l'une des premières plantes à réoccuper l'espace. Ce n'est pas avant le 20e siècle qu'on songera sérieusement à mettre au point des variétés cultivées de bleuets. Néanmoins le succès de ces recherches horticoles n'ira pas de soi. Les botanistes découvriront que le bleuet est bien adapté au climat québécois, mais qu'il n'offre pas pour autant une bonne résistance à la gelée. Sa protection contre le froid lui vient de l'épaisseur de la neige et de sa petite taille, plutôt que de conditions physiologiques. Aussi il s'avérera beaucoup plus difficile que pour les autres petits fruits de produire des variétés rustiques.

Les confitures. Il est bien certain qu'en plein cœur de l'été on consomme les fraises, les framboises et les bleuets nature: c'est le dessert tout trouvé. On en mange d'autant plus «à la gogâille*» que la saison des petits fruits est courte. On en vend de grandes quantités aux marchés de Québec et de Montréal. Chez les populations des rangs d'en arrière, à la nourriture souvent plus frugale, un panier de ces fruitages apparaît comme un bienfait du ciel. On les mange alors mélangés à du lait ou cuits dans de la pâte.

* Expression populaire synonyme d'à profusion.

Mais la récolte des petits fruits signifie surtout que le temps des confitures est arrivé. Dans le fournil, la mère dirige les opérations. Ses enfants les plus vieux, surtout les filles, l'assistent. On cuit les fruits avec un poids égal de sucre. Ils ne peuvent se conserver autrement. La ménagère, qui veut les garder entiers, prépare un sirop chaud avec un peu d'eau et du sucre. Lorsque celui-ci commence à bouillir, elle ajoute les fruits qu'elle remue lentement ou laisse mijoter à feu doux pendant 15 à 20 minutes, jusqu'à ce qu'ils deviennent tendres. Elle prend soin d'écumer durant la cuisson. Les fruits préparés avec un sirop clair se conservent moins bien que ceux confits dans un sirop épais, mais ils gardent mieux leur saveur naturelle. Pour des confitures économiques, la *Gazette des campagnes* conseille de placer les fruits dans des pots de terre, de les saupoudrer d'une quantité égale de cassonade et de les faire chauffer ainsi dans le four à pain ou dans un chaudron d'eau[25]. On range par la suite les pots dans un lieu sec.

Les confitures sont précieuses. Elles prolongent l'été tout au long de l'année. On trouve toujours une excellente raison pour en ouvrir un pot: un mariage, une première communion, l'anniversaire d'un membre de la famille ou le temps des Fêtes. Certains couchent même les confitures sur leur testament. En 1809, le seigneur de Vaudreuil et de Rigaud, Michel-Eustache Chartier de Lotbinière, touchant annuellement des redevances sur de grandes sucreries, lègue à sa femme «les rentes en sucre que l'on retirera chaque année des seigneuries de Vaudreuil et Rigaud pour faire ses confitures, et cela tant qu'elle sera veuve de moi[26]».

Dans la première moitié du 19e siècle, si chaque famille consomme les petits fruits nature ou confits, on ne les mange pas

«Les confitures» d'E.-J. Massicotte (Almanach du peuple, *1921).*

encore en pudding, comme le font les Anglais et les Américains. Peut-être en ignore-t-on la recette? En 1850, de passage à Québec, une ville tout de même anglophone à 35%, l'Américain Henry David Thoreau, à son grand déplaisir, n'arrive pas à trouver du pudding. Il raconte lui-même l'incident: «Il n'y a pas à Québec ou à Montréal de restaurants comme il y en a à Boston. J'en ai cherché un en vain pendant une heure ou deux dans cette ville jusqu'à ce que je perde l'appétit. Dans une maison appelée restaurant où des annonces disaient qu'on servait à déjeuner, je ne trouvai que des tables couvertes d'innombrables bouteilles et de verres contenant apparemment un échantillon de tous les liquides que la terre a connus depuis qu'elle s'est asséchée après le déluge, mais je ne reconnus aucune odeur de cuisine assez forte pour exciter l'appétit d'une souris affamée. En résumé, je n'y vis rien qui pût me tenter, sauf une grande carte du Canada sur le mur. Dans un autre endroit, je me rendis encore jusqu'aux bouteilles et demandai alors le menu. On me répondit d'aller en haut. Il n'y avait pas de menu, il n'y avait que de la nourriture. 'Avez-vous des tartes ou des pudding?' demandai-je, car je suis obligé de faire échec à mon tempérament féroce pour un régime débilitant. 'Non, monsieur, mais nous avons de bonnes côtelettes de mouton, du rôti de bœuf, du steak de bœuf, des escalopes' et ainsi de suite. Un grand gaillard d'Anglais qui était en train de mettre le siège à un rôti de bœuf et que je n'avais encore jamais vu de face, se tourna à demi et la bouche à demi pleine dit: 'Vous ne trouverez ni tartes ni puddings à Québec, monsieur. On n'en fait pas[27].'»

La groseille et la gadelle. Les «gadelles» et les groseilles arrivent à maturité à la mi-juillet. Bien que les forêts de la vallée du Saint-Laurent abritent certaines espèces de gadelles et de groseilles, les premiers colons ont préféré dès le début importer de France des variétés cultivées, plutôt que de chercher à domestiquer les variétés locales. Parlant du gadellier rouge*, par exemple, Pehr Kalm écrit: «On en plante en abondance dans tous les jardins, aussi bien à Montréal qu'à Québec et que partout ailleurs au Canada. À l'origine, ils ont tous été importés d'Europe, mais ils se portent merveilleusement bien ici, au moins aussi bien que sur le vieux continent; les arbustes sont rouges de baies à foison. C'est une plante qui paie largement la peine que donne un jardin[28].»

Au 19ᵉ siècle, les Anglais, en particulier ceux de la région du Lancashire, sont passés maîtres dans la culture du groseillier.

* L'appellation de gadelle n'existe pas en France. On nomme groseillier à maquereau le groseillier épineux, groseillier rouge ou à grappes le gadellier rouge et cassis ou groseillier noir le gadellier noir. Selon le naturaliste Léon Provancher, le nom de groseillier à maquereau viendrait de ce que, pendant longtemps en France, on ne mangeait le maquereau qu'assaisonné de groseilles.

Partout, dans les expositions et les foires, leurs variétés rustiques à très gros fruits étonnent. Par croisement, ils ont réussi à mettre au point des plantes-souches qui font l'admiration des horticulteurs des autres pays. Et bientôt, au Québec comme ailleurs, les variétés de groseilliers cultivées seront toutes d'origine anglaise. On plantera la Crown Bab, la Floughton Seedling, la Rouge du Lancashire, la Roaring Lion, la Smiling Beauty et la Wineberry.

Gadelliers et groseilliers requièrent une terre légère, sablonneuse et plutôt humide. Pour éviter que les fruits ne dégénèrent, on engraisse la plante annuellement. Laissée à elle-même, elle donnerait d'abondantes récoltes pendant deux ou trois ans, puis ne fournirait plus que des fruits rares et chétifs. Le gadellier se distingue du groseillier par des rameaux sans épine et des fleurs en grappes. Il se propage encore plus facilement. Léon Provancher recommande de ne pas laisser ces arbrisseaux pousser en buisson. Le groseillier, par exemple, est porté à produire des rejetons au collet de sa racine. Après peu d'années, ces nouvelles pousses épuisent la plante mère et se multiplient tellement qu'elles n'arrivent plus à porter fruits. «Il vaut donc beaucoup mieux traiter les groseilliers comme des petits arbres et enlever, aussitôt qu'ils paraissent, tous les bourgeons qui se développent à leur collet, afin de ne leur laisser qu'une seule tige[29].»

Groseilles et gadelles étant des fruits aigres-doux, il est rare qu'on les consomme nature. La groseille sert d'abord de condiment nature. On l'utilise le plus souvent comme assaisonnement pour les viandes et les poissons. On la mange aussi en confiture. La gadelle rouge, elle, est très appréciée pour les gelées qu'elle permet. Voici d'ailleurs la recette de gelée de gadelle d'une lectrice du journal agricole *Le Glaneur* en 1837: «Prenez quatre livres de miel commun et une pinte d'eau. Faites bouillir sur un feu doux. Quand le syrop commence à prendre consistance, passez-le à travers un linge blanc pour en séparer l'écume. Remuez-le sur le feu pour finir de le cuire. Vous aurez un syrop clair, agréable au goût et absolument semblable au syrop de sucre. Prenez ensuite des gadelles égrenées, quatre livres, et mettez-les dans le syrop bouillant. Quand les gadelles seront crevées et auront rendu tout leur suc, passez-les à travers un tamis pour en séparer le marc, que vous laisserez égoutter sans exprimer, ce qui troublerait la liqueur, que vous remettez cuire jusqu'à consistance de confiture[30].» La gelée se conserve dans un endroit éclairé, frais et sec.

Au cours de la première moitié du 19e siècle, apparaît le petit vin de gadelle. C'est ce que laisse croire le naturaliste Léon

Provancher. «Depuis quelques années, écrit-il en 1862, on s'est mis à fabriquer avec la gadèle en ce pays une espèce de vin qui n'est certainement pas sans mérite et qui devient surtout très capiteux avec le temps. Voici son mode de fabrication. Ayant exprimé à froid le jus de gadèles, vous ajoutez à ce jus le quart de sa quantité d'eau, avec une demi-livre de sucre par chaque gallon de mélange, puis renfermant le tout dans un vase bien bouché vous attendez 4 à 5 mois avant d'en faire usage et vous avez lors une boisson claire, transparente, d'une belle couleur de vin blanc et tout au moins aussi capiteuse[31].» Bien que connue en France, la recette du vin de gadelle pourrait provenir d'Angleterre ou des États-Unis. Dès le 18e siècle, l'Angleterre fabrique un tel vin. Et, en 1771, la Société philanthropique de Philadelphie publie une recette de vin de gadelle tel que préparé dans le village voisin de Bethlehem[32].

Les «petites poires», le «pimbina», la «pomme de terre» et l'«atoca». D'autres petits fruits, poussant à l'état sauvage et arrivant à maturité à la fin de l'été, sont l'objet d'une cueillette et souvent d'un commerce. On récolte, par exemple, les «petites poires» de l'amélanchier, des fruits rouges ou pourpres, agréables au goût et qui fondent dans la bouche. On vend le «pimbina», le fruit de la viorne trilobée, aux marchés des villes. Dans le Bas-du-Fleuve, on ramasse le fruit de l'«airelle vigne-d'Ida», nommé pomme de terre ou graine rouge. D'ailleurs, il s'en trouve tant sur une île en aval de l'île Verte qu'on l'a dénommée l'île aux Pommes.

Dans les marécages peu profonds bordant le lac Saint-Pierre, on récolte l'atoca ou airelle à gros fruits. Cette plante pousse bien dans les terrains tourbeux ou les dépressions voisinant les cours d'eau; elle trouve facilement preneur sur les marchés publics. En confiture ou en gelée, c'est l'assaisonnement par excellence pour les volailles et la venaison. Durant la première moitié du 19e siècle, les Américains entreprennent avec beaucoup de succès la domestication de cette plante. Rapidement, on en arrive à des rendements de 300 à 400 minots* l'arpent. Chaque année, on en exporte des milliers de barils en Angleterre. Après 1860, les pépiniéristes québécois, tel Louis Morisset, de Portneuf, offriront aux agriculteurs des plants d'atoca cultivés, aux fruits plus gros et plus charnus que ceux des plants sauvages.

Il est difficile d'évaluer la quantité annuelle de petits fruits produits par le milieu naturel au Québec. On ne connaît aucune étude à ce sujet. Mais, en Suède, une recherche menée de 1974 à 1977, visant à déterminer la quantité de framboises, de bleuets et

* Unité de mesure de capacité d'abord utilisée pour les céréales, la farine, le sel et les pois. Elle équivaut à huit gallons ou trente-six litres.

d'airelles vigne-d'Ida produits naturellement, en arrive à une conclusion étonnante. La forêt suédoise donne annuellement 500 millions de kilogrammes de petits fruits[33]; on estime que seulement 5% de cette production est cueilli par l'homme. Comme l'étendue de la forêt québécoise dépasse celle de la Suède, une étude semblable, appliquée au Québec, présenterait sans doute des chiffres supérieurs.

Les thés du Canada

Il est une autre cueillette d'ordre alimentaire: celle des thés du Canada. Cependant leur consommation semble assez récente. Au temps de la Nouvelle-France, on buvait du café ou du chocolat chaud plutôt que du thé. Pehr Kalm dit que le thé n'est pour ainsi dire pas en usage. «Je n'en ai pas encore vu servir une seule fois... Cela tient peut-être au fait que l'on peut se procurer du café et du chocolat dans les provinces françaises de l'Amérique du Sud, tandis que le thé vient seulement de Chine.»

La situation s'inverse après 1760. Si la France est au café, l'Angleterre est au thé. Twinings, le grand importateur de thé de Londres, a déjà cinquante-quatre ans d'expérience. À leur arrivée à Québec, les Anglais apportent du thé dans leurs bagages. Des études montreraient peut-être qu'il devient facile alors pour le moindre marchand général de s'approvisionner en thé; car l'habitude se répand. On se met au thé, non seulement à la ville, mais aussi à la campagne. Cent ans après Pehr Kalm, Henry David Thoreau, de passage à Sainte-Anne-de-Beaupré, par un beau dimanche matin de septembre, n'a aucune difficulté à se faire servir une tasse de thé pour son petit déjeûner; et dire que, trois ans plus tôt, en 1847, dans son œuvre maîtresse *Walden ou la vie dans les bois*, Thoreau dénigre encore l'usage du thé...

On boit diverses sortes de thés chinois et indiens, importés d'Angleterre, tels le Souchong, le Lapsang, l'Earl Grey et le Darjeeling. Quand ces thés coûtent trop cher, on se rabat sur une infusion fournie par des plantes locales, les thés du Canada. En 1837, en période de crise, le journal *Le Glaneur* écrit au sujet de ces thés canadiens: «L'on voit avec plaisir l'usage de cette boisson salutaire se répandre de plus en plus en ce pays, tellement qu'un grand nombre de maisons sur la rivière Chambly ont abandonné entièrement le thé des Indes[34].» Aux marchés des villes, on trouve du thé de trèfle rouge, de gaulthérie, de chiogène et de lédon. Mais le meilleur thé, celui dont on dit qu'il «a une telle analogie avec le thé de Chine que dans plusieurs circonstances on en fait prendre à plusieurs personnes qui sans être averties n'auraient pu soupçonner une telle substitution», est le thé obtenu de la spirée à larges feuilles, le «bois des Indes», un arbuste assez commun qui pousse dans les lieux incultes et humides. Des marchands peu scrupuleux le vendent même sous l'appellation de «thé chinois».

Cette plante à thé, qui fleurit blanche ou rose, pousse en abondance le long des rivages, sur les terres basses ou les levées de fossés. En juin et juillet, quand les feuilles de l'arbuste sont encore tendres, l'adepte du «thé du Canada», ou celui qui en fait le commerce, procède à une première récolte. Les feuilles sont cueillies une à une, puis plongées dans l'eau bouillante pendant une demi-minute. On les égoutte avant de les mettre à la chaleur sur une tôle dans le four. Les Chinois ne font pas autrement. Quand le soleil est de plomb, plutôt que de les chauffer au four, certains préfèrent étendre les feuilles sur un drap, en plein air, entre dix heures du matin et trois heures de l'après-midi, précise-t-on. L'effet serait le même. Il revient souvent à la maîtresse de maison de cueillir les feuilles de spirée et de les préparer pour le thé.

À en croire le naturaliste Léon Provancher, la spirée à larges feuilles, quoique à feuilles caduques, peut subir plusieurs dépouillements au cours de l'été, «sans presque en souffrir»; il n'en reste pas moins que les premières feuilles donnent le meilleur thé.

Au cours de la seconde moitié du 19e siècle, le thé, qu'il soit chinois ou canadien, ne fera que gagner des adeptes. Les journaux affirment que c'est là pour plusieurs une panacée, un breuvage capable de porter remède à tous les maux. Et les médecins éminents de l'époque, comme Séverin Lachapelle, partageront en partie cette croyance. «Nous emportons du toit paternel, écrit-il, des souvenirs et des habitudes; et parmi celles-ci est bien celle enseignée par la mère et qui est de boire et boire encore du thé et toujours du thé. Le thé est le breuvage quotidien et le remède à bien des maux[35].»

L'écorce de pruche

Les récoltes en forêt ne sont pas toutes d'ordre alimentaire. En juin, par exemple, le cultivateur qui a des peaux à tanner se rend abattre quelques pruches. Assez riche en tanin, l'écorce de ces grands arbres se laisse plus facilement enlever à ce moment de l'année. La sève est si abondante qu'une large incision permet d'«ouvrir» l'arbre et de le déshabiller. Et le paysan rapporte à la maison la quantité de «croûtes» nécessaire au tannage. Pour ce travail, l'écorce est séchée, broyée et, autant que possible, réduite en poudre.

Tanner une peau, c'est enlever l'eau et la graisse naturelle qu'elle contient, rendre ses tissus plus compacts et augmenter la force de ses fibres. Tout d'abord, le tanneur la racle, rogne les lambeaux inutiles et la nettoie jusqu'à ce que l'eau de lavage demeure bien limpide. Le gonflage des peaux à l'eau favorise la pénétration du tan. Les peaux sont par la suite mises à tremper dans une fosse ou une cuve remplie d'eau et d'écorce de pruche pulvérisée. Ce trempage dans le tanin peut durer plusieurs mois, selon la qualité des peaux. L'opération terminée, on obtient un cuir imputrescible, mais fort rigide. Il faut désormais corroyer ce cuir, c'est-à-dire l'assouplir en le passant à l'huile de marsouin, de baleine ou de morue, en le battant, en l'étirant et en le foulant.

Dans la première moitié du 19e siècle, des colons font commerce de l'écorce de pruche. Celle-ci, levée durant la saison de la sève et mise en paquets de grosseur convenue, est expédiée dans les tanneries de Québec et de Montréal, car c'est presque le seul tanin employé au pays. Le chêne — aussi riche en tanin, mais beaucoup moins abondant — apparaît alors trop précieux pour qu'on le dépouille de cette manière.

En 1842, la ville de Québec compte trente-deux petites tanneries, presque toutes établies au bas du cap Diamant et au pied du côteau Sainte-Geneviève. Les premiers tanneurs s'y seraient installés en raison de la proximité de l'eau et de la facilité d'y creuser des puits. Originellement d'ailleurs, les rues Arago et Saint-Vallier portaient le nom de rue des Tanneries. Ces tanneries s'approvisionnent en peaux chez les bouchers de la ville et fournissent elles-mêmes les cordonneries. L'âge d'or de la tannerie dans la vallée du Saint-Laurent s'étend de 1861 à 1881. De 200 000$ en 1861, la production annuelle passe à 4 400 00$ en 1871 et à 9 700 000$ en 1881[36]. À Québec même, le nombre de tanneries s'élève à 35 en 1862, puis à 46 en 1872. La demande internationale, l'abondance de la pruche, le coût peu élevé des huiles animales pour le corroyage et la main-d'œuvre bon marché expliquent ce succès.

L'écorce de pruche, brute ou transformée, prend surtout la direction des États-Unis. Les vastes forêts de pruche au sud du Saint-Laurent disparaissent; on parle même d'abattage massif. Malheureusement, on ne possède aucun chiffre à ce sujet pour la première moitié du 19e siècle. L'on sait qu'en 1868 on rase 10 000 acres de forêts de pruche et que le Québec exporte 23 000 barils de tanin aux États-Unis. En 1876, on vend aux Américains 29 000 barils de tanin et 43 000 cordes d'écorce de pruche. Quatre ans plus tard, on abat 1 500 000 arbres dans les Cantons de l'Est, ce qui permet de produire 150 000 cordes d'écorce de pruche, dont les deux tiers seront exportés aux États-Unis.

Comme la pruche est un arbre à croissance très lente, qui commence à fructifier entre la vingtième et la soixantième année et peut vivre de cinq cents à six cents ans, cet abattage massif non sélectif en vue de l'exportation soulève l'ire des premiers sylviculteurs québécois. «La manière dont on détruit les forêts de cette essence, écrit l'un d'entre eux, Henri-Gustave Joly, pour fournir des sucs tanins à la consommation étrangère doit exciter la plus énergique protestation [...]. La pruche devient de plus en plus utile à mesure que disparaît le pin et nous devons faire en sorte d'arrêter cette grande destruction[37].» Joly, alors même premier ministre du Québec, ne réussira pas à modifier le cours des choses.

Au 20e siècle, au lieu de tanner les peaux à l'écorce de pruche, on les mégira à l'alun de chrome. L'effet sera le même, mais beaucoup plus rapide.

L'écorce de bouleau

Sans la présence du bouleau à papier, dit bouleau blanc ou bouleau à canot, il semble bien que jamais l'Amérindien ni l'Européen n'aurait conquis la forêt boréale. Les usages de son écorce ne se comptent plus. Légère, imperméable, quasi imputrescible et peut-être même antiseptique, l'écorce de bouleau servait de matériau de base pour la confection d'un grand nombre d'objets avant même l'arrivée de Jacques Cartier. Les Autochtones en faisaient des canots, des wigwams, des huttes à vapeur, des assiettes, des louches et des cornets à sucre d'érable. Le van, le «bourgot», ce porte-voix dont on se servait pour appeler l'orignal, l'éventail, les torches et l'amorce pour les feux étaient faits d'écorce de bouleau. Il en allait de même de l'«ouragan», un panier à ouvrage aussi appelé «oragan», de la «nâgane», une hotte dans laquelle une mère portait son enfant, et parfois du linceul[38]. On gardait également les aliments dans l'écorce de bouleau. Le botaniste Jacques Rousseau affirme qu'un poisson à peine fumé, ainsi enveloppé, se conserve beaucoup plus longtemps que celui enroulé dans un papier journal[39]. Un grand nombre de ces usages, transmis à l'Européen par l'Amérindien, se perpétueront longtemps après 1534.

C'est en juin et juillet, «au temps de la sève», qu'on se rend dans les bois «lever» l'écorce de bouleau. On y va parfois «à reculons», assuré d'«être mangé tout rond» par les moustiques. Mais c'est le moment de l'année où l'écorce se détache le mieux. Cet arbre forme rarement des forêts pures et pousse plutôt en compagnie du peuplier faux-tremble et des conifères. On choisit les troncs les plus gros et les plus droits. Muni d'une hache, on pratique à la hauteur voulue les incisions nécessaires pour déshabiller l'arbre de son manteau d'écorce. Pehr Kalm dira qu'un canot tout entier se compose ordinairement de six plaques d'écorce, deux pour le fond et deux pour chacun des côtés. L'écorce se présente d'une seule venue, assez épaisse, et peut être utilisée comme telle. On la défait aussi en couches, plus ou moins minces, s'apparentant au papier-parchemin. Un «piqueur de gomme» raconte qu'il avait l'habitude d'envelopper son goûter d'une fine feuille d'écorce de bouleau. «La première écorce sous l'aubelle, dit-il, c'est comme un papier de soie, c'est souple, souple, c'est imperméable[40].» Ces feuillets d'écorce, d'épaisseurs variées, sont le résultat de la croissance annuelle irrégulière de l'arbre, qui fait se succéder les couches fines aux plus consistantes, selon les années de mauvais temps ou de beau temps.

Comme il s'agit d'un matériau très léger, un homme peut facilement rapporter à la maison, sur son dos, cinq ou six grandes «feuilles» d'écorce, l'une dans l'autre. Chauffées, elles deviennent légèrement malléables et conservent ensuite la forme donnée. «Travaillée à froid, raconte un Beauceron, l'écorce se fendait; mais chauffée devant la flamme de la cheminée ou sur le poêle, elle devenait molle comme du cuir[41].» Durant la première moitié du 19e siècle, la Mauricie, une région où le bouleau blanc constitue les trois quarts des forêts de feuillus, vit encore du commerce de son écorce. Il en faut de grandes quantités aux femmes et aux filles de Trois-Rivières pour fabriquer le «rabaska», ce long et large canot que les grandes compagnies de fourrures achètent

Photo: ANQ, coll. Livernois.

pour le voyage dans l'Ouest. Et, avant l'arrivée sur le marché vers 1870 des récipients de fer-blanc pour les produits de l'érable, des marchands «jusque d'en bas de Québec» viendront annuellement à Trois-Rivières faire provision de «cassots» d'écorce.

Ailleurs, les usages sont multiples. À Deschaillons, par exemple, on fait en écorce de bouleau des sabots très légers, des sandales de même que des balais. En Beauce, pour recueillir l'eau d'érable au pied des arbres, on préférera les «macas» en écorce de bouleau plutôt que les auges de bois. On avait remarqué que les récipients de bois se fendillaient au soleil à chaque fois que les érables cessaient de couler. Aussi, durant leurs loisirs d'hiver, les cultivateurs se fabriquaient des «macas». «À la feuille de bouleau, découpée en rectangle, on donnait la forme d'une boîte, solidifiée aux deux bouts par une cheville [...]. La chaleur du soleil ne pouvait endommager les 'macas'; par contre la gelée les faisait éclater et leur légèreté les défendait mal contre les coups de vents. Autre inconvénient: à mesure que la neige baissait, les 'macas', reposant sur une butte, menaçaient de verser, même en temps de calme! À chaque tournée, les 'ramasseurs' prenaient donc la précaution de poser leurs 'macas' dans un lit creusé avec leurs pieds[42].» Fréquemment, depuis Québec jusqu'en Gaspésie, on lambrisse la maison de bois d'écorce de bouleau avant de disposer le bardeau. Ainsi en est-il, en particulier, du grand entrepôt des Le Bouthillier construit à Paspébiac en 1815. Une telle utilisation de l'écorce de bouleau, à titre de coupe-vent ou de coupe-vapeur, apparaît là aussi comme une survivance des coutumes amérindiennes dans la vallée du Saint-Laurent.

L'écorce d'orme

Les documents sont rares en ce qui concerne la récolte de l'écorce de l'orme d'Amérique, dit orme blanc, cet arbre que *La Bibliothèque canadienne* présente comme «le roi des forêts du Bas-Canada». Tout de même, on sait qu'en juin certains cultivateurs prélèvent le liber de l'arbre, c'est-à-dire l'écorce interne, pour le fonçage des chaises ou la fabrication des paniers. Les contenants tressés d'orme, largement évasés et garnis d'une anse, se révèlent à l'usage les meilleurs pour la cueillette des petits fruits. Ils permettent une circulation d'air et empêchent les fruits de s'abîmer sous leur propre poids. Dans la région de l'Outaouais, au milieu du 19e siècle, on fabrique aussi en fibres d'écorce d'orme, des lignes à pêche pour l'esturgeon, la barbotte, l'anguille et le doré. Un témoin raconte que «plusieurs semaines avant le temps de pêche, le vieux se rendait au bois pour y lever de l'écorce d'orme qu'il faisait bouillir pour en faire une cablière, ce qui lui prenait des jours et des jours suivant la longueur de la ligne dormante qu'il voulait tendre[43]». Ces quelques mentions, donc, laissent penser qu'on recourt occasionnellement à l'écorce d'orme pour la fabrication d'articles d'usage courant.

L'aviculture

Sur une «terre», si c'est l'homme qui est responsable des champs et des travaux qu'on y mène, c'est la femme qui est la maîtresse de la maison et de ses aires environnantes. Elle a charge, par exemple, du potager, des «talles*»de framboisiers, de groseilliers, de gadelliers. Elle doit voir à fleurir les alentours de son domicile. À ce sujet, l'état présent de la recherche ne permet pas de connaître de manière exhaustive les espèces florales cultivées dans la première moitié du 19e siècle. Mentionnons toutefois qu'en 1862 il est courant de trouver devant une maison de campagne la rose, l'œillet, la giroflée, la violette, la capucine, la belle-de-nuit, le lys-d'un-jour, la tulipe, l'impatiente, le pois-de-senteur ou le chèvre-feuille[1]. En 1864, le catalogue de Louis Morisset, un pépiniériste de Portneuf, offre 130 espèces de fleurs vivaces, dont la pivoine, le cœur-saignant, le glaïeul et le dahlia[2]. Au milieu du 19e siècle, donc, la maîtresse de maison qui veut se livrer à la floriculture semble avoir l'embarras du choix — mais elle n'a pas que ça à faire!

Elle doit voir aussi à la laiterie. Chaque jour, elle s'y rend pour couler le lait, l'écrémer ou préparer le beurre. Pour éviter l'humidité et le moisissure, elle l'aère; pendant les grandes chaleurs, la nuit, elle garde ouvertes la porte et la petite fenêtre, prenant soin cependant de couvrir les plats contre les insectes. Ces tâches accomplies, il lui faut s'occuper de la basse-cour. Voilà longtemps qu'on élève des oiseaux domestiques le long du Saint-Laurent. Les archéologues ont retrouvé des os de poulets, de canards et d'oies domestiques sur le site même de l'Abitation de Champlain, au pied du cap Diamant[3]. «L'introduction de la volaille au Canada, selon Jacques Rousseau, ne comporte guère de problèmes. Le transport en est plus facile que celui du gros bétail[4].» Sur place, il revient à la femme, comme en France, de prendre soin de la basse-cour. D'ailleurs la dot qu'une fille apporte en mariage comprend souvent la vache laitière, une brebis et son agneau et quelques volailles.

La poule

On ne dispose pas de statistiques complètes sur le nombre et la variété des oiseaux de basse-cour durant la première moitié du 19ᵉ siècle. Les recensements de 1831 et 1844, par exemple, demeurent muets à ce sujet. Il est permis de croire, tout de même, qu'aucune espèce propre à la ferme n'est plus répandue que la poule. La ménagère élève de quinze à vingt poules, soit le nombre suffisant pour répondre à la demande familiale. Il y a des directives à suivre pour la fermière qui veut acheter des poules. «Au lieu de les prendre au hasard, sans distinction des bonnes et des mauvaises, lui conseille-t-on en 1878, tu feras un choix et, pour bien le faire tu sauras d'abord que les meilleures races sont les poules communes ou villageoises [...]. Tu adopteras celles de ta localité qui pondent le plus [...]. Choisis-les couleur foncée, car les blanches ou à plumage clair pondent moins longtemps, se fatiguent plus vite que les noires, les brunes et les rousses. Recherche celles qui ont la tête grosse, la crête vive et pendante, l'œil vif, le cou gros, la poitrine large, le corps trapu et lourd, les jambes et les pieds jaunâtres, les ongles courts et gros. Évite celles qui imitent le chant du coq, non parce qu'elles portent malheur à la ferme, au dire des gens crédules, mais parce qu'elles sont d'un caractère taquin, batailleur et ne conviennent ni pour pondre ni pour couver[5].»

Pour féconder jusqu'à vingt-cinq poules, un seul coq suffit; mais il faut le sélectionner avec autant de soin que les poules. «Tu le choisiras de taille moyenne, à plumage brillant, hardi dans ses allures, portant la tête haute, ayant l'œil vif, la crête large, la queue à deux rangs et formant bien la courbe. Celui qui, en outre de ces qualités, aura le bec fort, l'oreille grande, la poitrine bien développée, les cuisses longues, la voix forte et sonore, l'ergot solide, celui qui enfin grattera bien la terre et se montrera plein de sollicitude pour les poules, méritera la préférence.»

C'est vers l'âge de 12 à 15 mois que la poule commence à pondre. Comme la dinde, elle n'a besoin d'être fécondée qu'une fois pendant toute la durée de sa ponte. D'ailleurs, dès qu'elle est devenue fertile, il est important d'éloigner le coq, pour prévenir la fécondation des œufs que l'on destine au marché ou à la conservation. De taille moyenne plutôt que grosse, une bonne pondeuse produit plusieurs douzaines d'œufs tout au long de l'année, sauf en hiver et à l'époque de la mue. Pour disposer les poules à pondre, un peu d'orge, d'avoine ou de sarrasin suffit. Il faut éviter de les nourrir au point de les faire engraisser, car elles pondent moins et les quelques œufs qu'elles donnent sont alors «hardés», c'est-à-dire sans coquille. Les premiers œufs sont toujours plus petits que les suivants. Quand la poule veut pondre ou couver, elle laisse aller «un cri sourd et langoureux», le gloussement. Quand elle a pondu, elle produit un cri «plus aigu et plus gai», le «crételement».

Pour renouveler le cheptel, la fermière place des œufs de jeunes poules dans un panier garni de vieille paille, de balle de grain et d'étoupe, et cherche à y faire couver la poule qui ne craint ni l'homme, ni les animaux. Au bout d'une vingtaine de jours, les œufs couvés éclosent et les poussins ne tardent pas à sortir du nid. Le lendemain, les oisillons commencent à manger. La fermière leur prépare une pâte de mie de pain, de lait et de jaune d'œuf. C'est là le menu pour les cinq ou six premiers jours. Par la suite, de l'orge bouillie, des pommes de terre, du blé d'Inde, de la farine de sarrasin délayée dans de l'eau de vaisselle, un peu de lait caillé et quelques herbes hachées, comme du poireau et de la ciboulette, leur conviennent. Si le temps est froid et humide, on ne se presse pas de laisser sortir la couvée; les poussins profitent bien, même s'ils demeurent à l'intérieur de quinze à vingt jours.

Au bout de trois ou quatre mois, maintenant que les plumes ont poussé, le femme choisit les plus belles poulettes pour remplacer les vieilles et les coqs les plus vigoureux pour succéder à ceux qui montrent des signes de fatigue*. Le surplus est vendu ou chaponné. Le chaponnage, ou l'art de châtrer les animaux mâles, soit pour adoucir leurs mœurs sauvages, soit pour rendre leur chair plus tendre et plus savoureuse, remonterait à la haute antiquité. On parle de la castration des poulets dans le Lévitique des Hébreux. Des auteurs affirment que cette technique viendrait plutôt de la Gaule celtique et, de là, se serait répandue dans les autres parties du monde grâce aux nombreuses colonies celtes. Quoi qu'il en soit, le chaponnage est pratiqué en France depuis des siècles et on y a aussi recours dans la vallée du Saint-Laurent. Une coutume générale en Nouvelle-France veut qu'une partie de la rente seigneuriale soit payée chaque année, le 11 novembre, en «chapons vifs en plumes».

Bien chaponner un coquelet est un art; ne chaponne pas qui veut. Il faut d'abord éviter de nourrir l'animal 24 heures avant l'opération, afin que les intestins se vident. On le prive aussi de liquide 12 heures avant le travail; ainsi perdra-t-il moins de sang. La fermière choisit un endroit bien éclairé et immobilise le poulet sur une table en lui liant les pattes et les ailes. Après avoir enlevé les plumes vis-à-vis les deux dernières côtes et humecté les

* Coqs et poules vivent de dix à douze ans, mais on ne conseille pas de les garder au-delà de six ou sept ans.

voisines pour qu'elles ne nuisent pas, elle pratique une incision longue de trois centimètres, ce qui découvre le péritoine, une peau mince qui tapisse la paroi intérieure de l'abdomen. Elle coupe cette membrane pour trouver enfin le testicule, un organe souvent de couleur jaunâtre de la grosseur d'un haricot, placé près des reins. Alors, avec l'ongle de l'auriculaire qu'elle a laissé pousser à cette fin, elle saisit le testicule en prenant bien soin de ne pas toucher l'artère qui se trouve à l'arrière; car, si celle-ci venait à se rompre, ce serait la mort de l'animal. Il y a des fermières à ce point habiles qu'elles arrivent parfois à extraire les deux testicules par le même côté, ce qui évite une seconde opération. La plaie est cousue, frottée d'huile et saupoudrée de cendre. On termine l'opération en coupant la crête de l'animal.

Au 20e siècle, l'expérience montrera qu'il est préférable de chaponner un poulet de six à huit semaines après sa naissance plutôt qu'à trois ou quatre mois. À quelques semaines, la peau de l'animal se referme d'elle-même et la cicatrisation est rapide; alors qu'à trois mois la plaie suppure, l'oiseau est atteint d'une certaine langueur et souvent la nourriture l'indiffère pendant plusieurs jours. Si le chaponnage est réussi, sa crête et ses barbillons cessent de croître. Sa tête, au lieu de conserver la couleur rouge vif de celle du coq, commence à pâlir et restera petite. Les éperons croissent, mais ne deviendront jamais aussi longs que ceux du coq. Il porte la queue basse et les plumes longues et abondantes. Bien qu'il vive avec les poules, c'est un être à part. Lui, si turbulent avant la castration, est devenu paisible, effacé. Il ne cherche plus jamais à courir. Il n'a qu'une seule envie: manger. Il n'ira donc qu'en engraissant. Et ses chairs, à l'abri du vieillissement habituel, demeureront aussi tendres que celles d'un jeune poulet. Si l'habitant ne le donne pas au seigneur le 11 novembre, on le mangera au réveillon de Noël, après la messe de minuit.

Qui élève des volailles en été doit suivre un certain nombre de conseils d'usage. On ne conserve pas, par exemple, de poules maraudeuses et vagabondes; elles exposeraient la famille à toutes sortes d'inconvénients. Des voisins peuvent se brouiller si les poules de l'un vont picorer dans le potager de l'autre. Les bonnes poules ne sortent pas de la ferme. On ne tolère pas non plus que les volatiles grattent de la patte et éparpillent le fumier, comme ils aiment souvent le faire, à moins que les vers et les graines nuisibles n'y fourmillent. On s'efforce aussi de distribuer la nourriture à heure fixe, afin que les bêtes ne s'inquiètent pas. On donne deux rations de graines ou de criblures par jour: l'une le matin au soleil levant, l'autre le soir avant la tombée du jour. Faute de graines ou de criblures, elles apprécient des pommes de terre cuites, du blé d'Inde, des vesces ou encore des feuilles de laitue, de navet, de choux et de betterave cuites avec du son. Comme les volailles boivent plus en été qu'en hiver, il est sage de renouveler l'eau fraîche le matin et l'après-midi. La cour qu'on destine aux ébats des poules doit aussi être constamment pourvue de deux types de sable: l'un fin, afin qu'elles s'y vautrent, l'autre plus grossier dont elles se rempliront le gésier. Ce dernier sable, autant que possible de nature calcaire, permet la trituration des aliments dans le gésier et solidifie la coquille des œufs. Il faut voir à ce qu'aucun plant de jusquiame, de vératre vert, dit «tabac du diable», et de cicutaire maculée, dite «carotte à Moreau», ne pousse aux alentours. Ces mauvaises herbes sont des poisons violents qui pourraient tuer non seulement les volailles, mais aussi les bestiaux et même, par accident, un enfant.

L'oie

Au 19e siècle, on pratique l'élevage de l'oie domestique dans la vallée du Saint-Laurent. Joseph-François Perrault écrit en 1831: «Quoiqu'il y ait des oies dans ce pays, où elles ne sont que sauvages, on n'élève que celles d'Europe, parce qu'elles sont apprivoisées; on en connaît deux qualités, la grande et la petite; on ne s'occupe guère que de la première, parce qu'elle est d'une meilleur rapport. Quiconque désire en élever doit faire choix d'un jars d'une grande taille, d'un beau blanc, avec l'œil gai, et de six femelles brunes, cendrées ou panachées[6]».

On dit l'élevage de ces oiseaux de basse-cour des plus faciles. Il suffit de les placer dans un pâturage avoisinant une rivière, un ruisseau, un lac ou un marais; ils y trouvent aisément leur subsistance. On assure même que leur chair est meilleure quand ils se nourrissent de plantes aromatiques des terrains maigres, incultes et arides. Les oies vivent de 15 à 20 ans, parfois jusqu'à 30. Dérangées, sous le coup de l'affolement, elles peuvent se montrer très agressives, voire même dangereuses pour les enfants. On recommande de les parquer à l'écart des autres oiseaux de basse-cour, sauf des canards «avec lesquels elles vivent en bonne intelligence». Prisonnières dans un enclos, elles n'arrivent pas à vivre avec les poules et les dindes. Elles les maltraitent et détruisent tout ce qui se trouve sur leur passage.

L'oie s'accouple difficilement; mais, une fois unie, elle l'est pour la vie. Bien que généralement monogame, le jars se joint

Photo: ANQ, coll. EOQ.

parfois à deux, trois et même cinq femelles. Chaque troupeau se tient à l'écart. Pour amener les oies à couver, on leur prépare une retraite chaude, obscure et éloignée du bruit, où elles disposent de paille pour aménager leur nid. On leur sert deux fois par jour une pâtée humide de blé d'Inde, d'orge, de sarrasin et surtout d'avoine; on tient à leur portée de l'eau et du sable en abondance. L'oie pond généralement tous les deux jours, et la quantité d'œufs produits pendant la pondaison varie de vingt à cinquante.

On élève les oies pour les plumes qu'elles fournissent. Deux fois par année, en juillet d'abord, puis au commencement de la mue à l'automne, on prélève sur l'animal quantité de plumes. Même les oisons de trois mois et demi peuvent être dépouillés dans le cou, sous le ventre et sous les ailes. Le plumage automnal doit être moins sévère que l'estival, car il y aurait imprudence à trop déshabiller l'oiseau à l'approche de l'hiver. Chaque oie donne facilement quatre onces de plumes à chaque plumaison. La plume de l'oie vivante est préférable à celle de l'oie morte, car la plume de cette dernière a tendance à friser rapidement et se gâte plus vite. Pour débarrasser les plumes de la graisse, des saletés et surtout des acariens qu'elles contiennent, on recommande de faire sécher dans le four à pain les petites plumes et les moyennes, une demi-heure après la dernière fournée. Quant aux grandes plumes, il importe de les «hollander» avant de s'en servir pour écrire.

Le «hollandage» est le traitement des plumes d'oie destinées à l'écriture mis au point par les Hollandais. Le journal agricole *Le Glaneur* fournit d'intéressantes précisions à ce sujet. «On paie les plumes hollandées bien cher et l'on ne sait pas qu'à peu de frais on peut en préparer d'aussi bonnes. Il est même étonnant qu'on ne songe pas à établir ici quelque manufacture pour cela. C'est en Hollande que ce procédé a pris naissance; il a été longtemps un secret, mais à présent on le suit dans presque tous les pays de l'Europe. Tout cet art consiste à débarrasser la plume tant intérieurement qu'extérieurement d'une humeur graisseuse dont elle est naturellement imprégnée. Les Hollandais employèrent avec succès les cendres chaudes pour arriver à ce but. On peut pareillement faire un bain de sable très fin qu'on tient constamment à une température convenable (50 degrés Réaumur environ*);

* Soit environ 62 °C ou 144 °F.

on y plonge la plume dans toute la longueur du tuyau et on l'y laisse quelques instants. On la sort et on la frotte de suite fortement avec un morceau d'étoffe de laine; la plume sort de cette opération blanche et transparente. Voici comment on parvient à lui donner cette couleur jaunâtre qui la fait souvent rechercher comme annonçant la vétusté: on la fait tremper dans l'acide muriatique très affaibli et on la fait ensuite sécher parfaitement. Cette opération ne se fait qu'après qu'elle a été dégraissée comme nous avons dit plus haut. Quelquefois les plumes hollandées sont cassantes et se fendent en écrivant; ceci est dû à un mode vicieux de préparation. C'est qu'on les a fait tremper dans une dissolution de potasse, dans de l'acide sulfurique ou nitrique affaibli[7].»

Cela dit, le Québécois du 19e siècle n'étant pas un grand «écriveux», les plumes servent plus souvent qu'autrement à bourrer les matelas, les édredons, les oreillers et les coussins. Il faut, par exemple, 40 livres de plumes de volaille pour faire un «lit de plumes». On utilise seulement les plumes du corps et non celles trop rigides des ailes et de la queue. Après la cuisson du pain dans le four, on y place la poche de plumes sur un trépied et on ferme les portes. On répète l'opération deux ou trois fois, afin d'être certain que les plumes sont bien sèches. Quand la poche est dans le four, il faut prendre garde au feu, car, de retour pour chercher les plumes, on ne trouverait que des cendres! Par la suite, la fermière fabrique à l'aide de huit verges de toile le matelas qu'elle bourre elle-même.

On n'élève pas seulement l'oie pour les plumes qu'elle fournit. À vrai dire, tout peut servir chez cet animal: les plumes, la chair, la graisse, les œufs et même les excréments comme engrais. «Sa graisse est d'une finesse sans pareille et est fort recherchée dans plusieurs cas de maladie[8].» Quant à l'oiseau, il se mange principalement rôti avec une marmelade de pommes ou de la gelée de gadelles. On conserve dans des pots de grès les cuisses d'oie à demi cuites dans de l'eau salée et recouvertes de saindoux, de la même manière que les poitrines de tourte.

Le dindon

Contrairement à la poule et à l'oie domestiquées depuis plusieurs millénaires, le dindon est une acquisition assez récente de l'élevage européen. Ce serait les Espagnols qui, ayant capturé l'oiseau à l'état sauvage au Mexique, l'auraient les premiers amené en Europe en 1499 pour tenter d'en faire l'élevage. On le signale en Angleterre vers 1524. Et déjà, sous le roi Henri IV, on l'appelle «coq d'Inde*», par opposition au faisan, le «coq de Limoges». En Nouvelle-France, la première mention de dindons domestiques remonte à 1648, alors que le gouvernement fait cadeau de quelques spécimens aux Jésuites de Québec. Cela dit, le dindon subsistera à l'état sauvage, peu différent de la variété domestique. Au 19e siècle, Edward Allan Talbot le signale dans la Haut-Canada. «Le dinde sauvage, note-t-il, est un très bel oiseau; il pèse souvent 40 livres et au-dessus. On le voit fréquemment par nombreux troupeaux dans les différentes parties de la province; mais je n'en ai jamais aperçu plus de huit ou dix ensemble. Dans l'hiver, ils se montrent quelquefois dans les cours de ferme, pour y chercher de la nourriture qu'ils partagent sans crainte avec la volaille du fermier[9].» Avec un tel comportement, on devine qu'il fut facile de le domestiquer, moyennant une nourriture régulière.

Élever le dindon dans la vallée du Saint-Laurent n'est pas chose facile. De tous les oiseaux de basse-cour, c'est assurément celui qui demande le plus de soins. Il craint les grandes chaleurs, la pluie, le froid et les grands vents. Les climats doux sont ceux qui lui conviennent le mieux. Aussi, à mesure que l'on monte vers le nord, les dindons sont moins nombreux dans les cours de ferme, car il est souvent bien difficile de leur faire traverser l'hiver.

* Le terme de dindon proviendrait de la contraction de coq d'Inde ou poule d'Inde. Le long du Saint-Laurent, on dira même un dinde.

Photo: Coll. privée.

On choisit un dindon pour six à dix femelles. Le mâle se distingue par son dos large, son long cou déplumé et couvert de caroncules rouges, le port altier de sa tête et les plumes de sa queue qu'il peut relever en rond. On conseille de ne pas garder les mâles plus de trois ans, parce qu'ils deviennent méchants. D'ailleurs, au 19e siècle, on dit les dindes nettement plus craintives ou carrément plus agressives que les autres oiseaux de basse-cour, comme si elles résistaient à la domestication complète.

La dinde est si assidue à couver qu'elle préférera mourir de faim plutôt que d'abandonner ses œufs. On doit donc une ou deux fois par jour la chasser du nid pour l'obliger à manger et à se vider. «Comme elle peut couver beaucoup d'œufs, écrit *Le Glaneur*, qu'elle est fort patiente et très affectueuse, on l'emploie à couver les œufs de cane, d'oie ou de poule dont on peut élever les petits sans mère [...]. On calcule qu'une dinde peut couver vingt de ses œufs ou une égale quantité d'œufs d'oie, ou trente œufs soit de poule, soit de cane[10].» Après 28 à 30 jours, l'éclosion survient. On donne aux dindonneaux des œufs cuits dur, du pain émietté et des pâtées de pommes de terre et de blé d'Inde. Mais contrairement aux poussins, il convient de les embecquer pour leur apprendre à manger seuls. Au bout de cinq à huit semaines, les oisillons traversent un moment critique. Au duvet qui recouvre la tête, succèdent de petites caroncules rouges. On dit alors qu'ils «prennent le rouge». Abattus, languissants, beaucoup n'en réchappent pas. «On s'en aperçoit quand ils cessent de manger avec la même avidité; il leur faut alors des nourritures légères et faciles à digérer, ainsi que des boissons toniques. En conséquence, on leur donnera de la mie de pain trempée dans du vin, de l'orge, des fèves, des haricots bouillis; on mettra un peu de sel dans leur eau. Cette crise passée, ils deviennent robustes et ne craignent plus les intempéries[11].»

On dit la chair de la dinde plus tendre et d'un goût plus délicat que celle du dindon. On conseille cependant d'abattre le mâle à trois ans; passé cet âge, il n'est plus mangeable tant sa chair est coriace. On utilise les plumes comme bourre pour les lits, les oreillers et les coussins. Pehr Kalm ajoute qu'à Montréal, en 1749, on fabrique des éventails avec la queue des dindons sauvages. «On la prend dès qu'on a tué l'animal, on l'étend en forme d'éventail, on la laisse sécher dans cette position, et elle garde ensuite continuellement la même forme. J'ai vu des femmes, ainsi que des hommes de qualité, en avoir de semblables en main au cours d'une promenade en ville, par temps de grande chaleur[12].»

Le canard

«Il y a beaucoup de canards en Canada, écrit Joseph-François Perrault, et de différentes espèces*; mais comme ils sont sauvages et difficiles à apprivoiser, je me bornerai à ne parler que de ceux privés d'Europe [domestiques] et particulièrement de ceux qu'on nomme 'barboteux', qui sont répandus dans le pays et y réussissent très bien, comme étant les plus aisés à élever et donnant le plus d'œufs[13].» Il y a plus d'avantages à élever le canard domestique que l'oie; il coûte moins cher en nourriture et sa chair est plus tendre et plus savoureuse. Il faut disposer d'un point d'eau: une mare, un étang, une rivière ou un ruisseau. «Si l'eau te manque, conseille-t-on à la fermière, n'en élève point, car ils souffriraient trop et leur chair n'aurait pas la qualité de celle des autres. Il faut que le canard puisse barboter, sans quoi il se tourmente et ne donne guère d'œufs[14].»

* On compte vingt-trois espèces de canards sauvages dans la vallée du Saint-Laurent.

On choisit un canard pour quatre à huit canes. La cane commence à pondre durant le mois d'avril et donne un œuf chaque matin pendant deux ou trois mois. On prolonge la ponte en lui enlevant constamment ses œufs, sauf un. Quotidiennement, avant de lui permettre de sortir du poulailler, on s'assure que l'œuf du jour est pondu, sans quoi elle gagnerait le bord de l'étang, ferait son nid dans les hautes herbes ou les roseaux, et les œufs seraient perdus. On demande à la poule ou à la dinde, des femelles beaucoup plus attentives, de couver les œufs de cane, car cette dernière, d'instinct, mènerait ses petits à l'eau dès l'éclosion et beaucoup périraient. Conduits par une poule ou une dinde, les canetons ne quitteront cette mère adoptive que lorsqu'ils seront capables de se débrouiller seuls, même dans l'eau. Les premiers jours, on évite de laisser circuler librement les canetons dans la cour de la ferme. Le moindre bruit les fait fuir dans toutes les directions et ils risquent d'être écrasés sous les roues des voitures ou blessés par les autres animaux. On les éloigne aussi des canards adultes qui semblent en être jaloux.

Le canard mange de tout: herbes, racines, plantes aquatiques, insectes, déchets de table, etc. Il exige seulement une étendue d'eau et une retraite pour la nuit. Assez robuste, il craint plus le renard que la maladie. Toutefois, comme l'oie, il peut être atteint de diarrhée et de vertige et on le soigne de la même manière.

Dans la vallée du Saint-Laurent, on n'élève pas seulement le canard domestique, mais aussi le canard sauvage. À l'île aux Grues, à l'île aux Oies, dans les Cent-Îles du lac Saint-Pierre, des chiens dressés à cette fin ont pour mission d'aller, au milieu des joncs et des roseaux, s'emparer des canetons qui ne peuvent encore voler et de les rapporter vivants à leur maître. Plus d'un canard noir, l'espèce la plus abondante, se voit ainsi soutirer sa progéniture, qui va enrichir la basse-cour de l'habitant. Parfois, dans le cas du canard malard, l'ancêtre de tous les canards domestiques, l'homme n'attend même pas la naissance des petits, préférant récolter les œufs dans le nid pour les faire couver à la ferme. Selon le naturaliste James LeMoine, les canards nés d'œufs «sauvages» trouvés dans les roseaux demeurent farouches toute leur vie et cherchent sans cesse à reprendre leur liberté. Ce n'est, d'après lui, que lorsque la captivité s'est perpétuée pendant plusieurs générations que l'instinct s'efface, que l'animal oublie et qu'il devient familier[15]. Comme son cousin, le canard domestique, le malard est très facile à élever; on ne lui assure que le gîte et l'eau fraîche et il se nourrit des herbes de son enclos. On prend soin cependant de lui rogner le bout de l'aile, sans quoi il finirait par s'envoler au printemps ou à l'automne avec les canards sauvages.

On plume le canard, tout comme l'oie, en juillet et au moment de la mue à l'automne. On sèche le duvet au four et on hollande les plumes. «Tu sauras, en dernier lieu, et pour ta gouverne, rappelle-t-on à la ménagère, que la chair du canard étouffé est bien plus savoureuse que celle du canard saigné. Pour ton usage donc, tu l'étoufferas; pour la vente, tu le saigneras, car il y a plus d'acheteurs que de connaisseurs et, comme la peau de cette volaille étouffée prend une teinte rose, on la rebuterait au marché[16].»

Le pigeon

Domestiqué depuis au moins 3000 ans avant notre ère par les Égyptiens, le pigeon aurait été apporté en Amérique par les Français. Il s'en trouve à Port-Royal en 1605, puis à Québec à compter de 1608. Au 19e siècle, bien que le journal *Le Glaneur* note qu'«un nombre de personnes assez grand en élèvent», le spécialiste de l'agriculture Joseph-François Perrault trouve ce nombre bien insuffisant et en tient responsables les seigneurs. «Je sais, écrit-il, que plusieurs seigneurs dans le pays prétendent être les seuls qui puissent tenir colombier; mais ils me permettront de douter de ce droit jusqu'à ce qu'ils produisent un titre qui leur accorde, en termes exprès, ce privilège exclusif[17].» En France, jusqu'à la révolution de 1789, seuls les seigneurs pouvaient tenir colombier; les autres ne pouvaient élever que des «fuyes». «On appèle ainsi des colombiers qui n'ont des boulins ou niches que dans le haut, élevés sur quatre piliers ou construits sur les maisons. Avant la révolution, ceux qui n'avaient pas droit au colombier pouvaient avoir des fuyes[18].» Mais peut-être faut-il aussi imputer l'insuccès de l'élevage du pigeon à la présence de la tourte, un «pigeon sauvage» qu'il est possible d'abattre à volonté et en très grande quantité à la fois.

On distingue deux sortes de pigeons domestiques: le «fuyard» et le «privé». Les «fuyards» sont ceux qui trouvent leur nourriture çà et là, à l'extérieur de la ferme. Les autres, les «privés», aussi dits «domestiques», plus gros et à la chair plus tendre, demeurent confinés à la volière. La femelle pond deux œufs par mois, de février à décembre. De mois en mois, elle couve, puis nourrit ses petits conjointement avec le mâle. Et, de mois en mois, l'homme tue ses pigeonneaux sur le point d'être sevrés pour les vendre au marché. C'est le moment où ils sont le plus «tendres», dit-on, et le plus «gras». On les déguste alors rôtis à la broche. Les adultes, eux, qu'on ne garde jamais plus de quatre ans, sont mangés en fricassée, en pâté ou mis au pot.

La chasse et la pêche

La tourte

Chaque année, en mai et juin, dans la vallée du Saint-Laurent, comme ailleurs en Amérique, on se prépare à la chasse aux tourtes, ces gros pigeons migrateurs, au plumage cendré, à la queue longue et pointue, vivant en colonies. «S'il est un gibier qui connut la faveur de nos ancêtres, jeunes et vieux, pauvres et riches, écrit l'ethnologue Paul-Louis Martin, ce fut bien la tourte. On peut qualifier de mobilisation générale, de branle-bas, les préparatifs qui accompagnaient l'arrivée saisonnière des pigeons[1].» Petit à petit, on les voit apparaître, par bandes, en quête de nourriture. Il s'en trouve dès le mois de mai, mais ils ne sont jamais si nombreux qu'en juillet.

Familière des forêts de feuillus, la bête se nourrit surtout de glands, de faînes et de noisettes. Elle ne dédaigne par les baies, les petits fruits et même quelques insectes. Parfois elle s'aventure dans les champs de céréales, mais elle joue alors de malchance. L'homme prétend ainsi avoir toutes les raisons du monde de l'abattre misérablement. On l'attrape aux rets, on la tire à la volée, on l'assomme à coups de bâton, tant elle s'effarouche difficilement, tout occupée qu'elle est à manger. Le théologien Louis-Adolphe Paquet raconte comment, enfant, il chassait la tourte au filet à Saint-Nicolas: «Généralement, dès notre entrée en vacances, nous trouvions la place à tourtes prête; sinon nous la préparions immédiatement, et nous commencions nos opérations qui étaient très bonnes [...]. La place à tourtes demandait des soins assidus. Le soir, au coucher du soleil, lorsque les tourtes s'étaient retirées dans l'épaisseur de la forêt, il fallait la ratisser et arracher les herbes afin de lui conserver toujours l'apparence d'une terre nouvellement hersée et ensemencée [...]. Une cabane faite avec des écorces d'arbres et des branches d'épinettes était établie dans le bois à une centaine de pas de la place. Là aboutissait l'extrémité d'une corde attachée au pieu qui soutenait le rets. C'est de la cabane qu'ordinairement nous surveillions les mouvements des tourtes et que nous faisions nos observations sur leurs habitudes. Leurs cris joyeux, leurs ébats dans le feuillage nous charmaient et nous faisaient trouver le temps court [...]. Quel moment solennel, lorsque frappant vivement l'air de leurs ailes elles se mettaient à descendre des grands arbres en peloton, couvraient les perchoirs et les arbres secs, puis se jetaient sous le rets! Comme le cœur battait alors! [...] Au temps voulu, lorsque nous croyions toutes les tourtes descendues, nous tirions vivement la corde et le rets tombait [...]. Nous ne faisions jamais plus de deux coups par jour, l'un le matin et l'autre le soir[2].»

En 1800, voilà déjà longtemps qu'on chasse la tourte en Amérique. L'Amérindien a vraisemblablement appris à l'Européen à tendre des filets à cette fin. Samuel de Champlain, le futur fondateur de Québec, de passage dans les îles du Maine en 1605, rencontra «un nombre infini de pigeons dont il prit une grande quantité». Par la suite, les mentions de grandes chasses se succéderont; les oiseaux seront toujours dits très nombreux. L'animal

Pointe-Claire, vers 1880 (MTLB).

Une tuerie à l'échelle du continent

Au 19e siècle, partout en Amérique, on s'en prend à la tourte dont les migrations sont conditionnées par la nourriture. C'est là une proie qui attise les fureurs populaires. Les tueries de la vallée du Saint-Laurent font parfois figure de jeux d'enfants tant ailleurs, aux États-Unis par exemple, on systématise l'extermination.

Ainsi, comme des pique-niques, on organise pour tous les membres de la famille des carnages de tourtes. On abat les arbres où elles nichent et les pigeonneaux, impuissants, tombent au sol où on s'en saisit. Comme on les tue en trop grande quantité, on amène des troupeaux de cochons qui dévorent les oisillons se débattant dans leur sang. Le soir, avant le coucher du soleil, des populations entières de chasseurs et de fermiers viennent attendre les tourtes en bordure de la forêt, où elles regagnent leurs juchoirs. Là encore, on arrive à remplir jusqu'à ras bord des chariots apportés à cette fin. Des compagnies chassent les tourtes aux filets, les tuent, les stockent dans des barils, avant de les expédier à pleins wagons dans les villes de la côte atlantique. Des industries en tirent de l'huile fine ou des plumes pour la literie. Des clubs de tir les utilisent comme pigeons d'argile.

L'ornithologue P.A. Taverner écrit: «On comprendra que même ces immenses troupeaux de pigeons voyageurs ne purent pas résister à de pareilles attaques et graduellement ils ont diminué [...]. L'on disait que leur nombre était inépuisable. Leur dernier grand ralliement fut près de Petosley, Michigan. À l'automne de 1878, les pigeons sont repartis sans toutefois revenir en nombre exploitable le printemps suivant. Pendant quelques années, par la suite, on en a aperçu parfois de petits troupeaux et quelques ralliements isolés furent signalés [...]. Ces oiseaux devinrent ensuite de plus en plus rares tous les ans jusqu'à ce que finalement on n'en ait plus aperçu du tout.»

Voir J.M. LeMoine, *Ornithologie du Canada*, 2 (1861): 302; Paul Lemonde, *La tourte*, SZQ, tract n° 8 (1954): 7 s.: P.A. Taverner, *Les oiseaux de l'Est du Canada* (1920): 116.

est prolifique. La femelle ne pond généralement qu'un œuf par couvée, mais la couvaison reprend trois ou quatre fois par été, à des endroits différents. Au 19e siècle, on note des «étés de tourtes», comme celui de 1822, alors qu'il s'en voit un plus grand nombre qu'habituellement. Cette année-là *Le Canadien* écrit: «Nous avons vu plus de tourtes cette année que nous n'en avions vu depuis sept ans. Elles se vendent au marché [de Montréal] depuis vingt sous jusqu'à un chelin la douzaine[3].» En 1831, R. A. Cockburn affirme que la population de la région de Québec mène aux tourtes une lutte acharnée au moyen de fusils et de filets. Les techniques de chasse, en particulier sur la Côte-de-Beaupré, sont fort perfectionnées. Et, comme à Montréal, on vend l'oiseau au marché à des prix dérisoires.

Les habitants raffolent de la tourte. C'est là un mets qui, en plein cœur de l'été, vient faire diversion et tempérer l'âcreté du lard salé. L'oiseau se vend si peu cher qu'on le retrouve sur toutes les tables. On met les oiseaux adultes en pâté ou au pot. On en fait aussi une soupe ou une excellente fricassée à la crème et à l'ail. Le voyageur Edward Allan Talbot écrit que «les Canadiens salent et mettent en barils les poitrines de ces animaux et réservent les autres parties pour les manger immédiatement[4]». Les pigeonneaux, à la chair plus tendre, se mangent rôtis à la broche. Certains ruraux cherchent même à prolonger ce plaisir jusqu'aux neiges. Ils capturent l'oiseau vivant, le gardent et le nourrissent après lui avoir rogné les ailes, et le tuent lorsqu'il est devenu gras. Les habitants des environs de Québec peuvent ainsi approvisionner le marché local longtemps après le départ des migrateurs.

Mais à tant tuer de tourtes, année après année, dans toute l'Amérique, croyant cette population inépuisable, on en vint à réduire de plus en plus le troupeau. Déjà, en 1861, le naturaliste James LeMoine note que le «pigeon de passage» est maintenant moins abondant dans la vallée du Saint-Laurent qu'autrefois. Dix ans plus tard, il écrit que la tourte, jadis nombreuse, est presque disparue[5]. Et, en 1875, on sera témoin des dernières grandes volées de tourtes au Québec, depuis Saint-Nicolas jusqu'à Trois-Pistoles, sur la rive sud du Saint-Laurent. Finalement, le dernier oiseau de l'espèce, prénommé Martha, mourut le 1er septembre 1914 au jardin zoologique de Cincinnati, aux États-Unis. Les tueries répétés avaient eu raison de l'animal.

L'alose

La pêche, tout comme la chasse, est une activité pratiquée tout au long de l'année, depuis l'Atlantique jusqu'à la rivière Outaouais. Sur les terres publiques, en particulier, aucune loi n'oblige l'habitant au respect d'un quota. Et si, au début du régime français, la pêche était une activité importante permettant aux hommes d'obtenir une partie de leur nourriture, elle est devenue au 19e siècle, dans les vieilles paroisses, une occupation de loisir. L'habitant, qui, les jours de la semaine, pourvoit autrement à ses besoins alimentaires, profite du dimanche pour aller jeter une ligne, tendre une perche. Les sites ne manquent pas d'ailleurs; les étendues d'eau sont nombreuses, tant près des villes qu'en pleine campagne. Dans les eaux herbeuses, plus ou moins profondes, on pêche le doré, le brochet, l'esturgeon, le maskinongé, la barbotte, la perchaude, la carpe ou le crapet-soleil. Dans les eaux plus fraîches, qui coulent souvent sur un lit de roches, on attrape la truite ou l'achigan. Dans le fleuve, en aval de Québec, on capture le bar ou le corégone.

Plusieurs font métier de pêcheurs et vendent leurs poissons à la ronde, de porte en porte. Certaines familles prennent l'habitude de consommer en leur temps chacune des espèces. Chez les membres de la bonne société, la plupart d'origine britannique, la mode est aux excursions de courte durée, accompagnées de tout un cortège de guides et de porteurs. On va pêcher le saumon de la rivière Jacques-Cartier, la truite de la rivière Chaude ou le maskinongé du lac Champlain.

À la fin du printemps, au début de l'été, l'habitant se réjouit de voir le saumon et l'alose revenir à nouveau frayer en eau douce. Si le premier remonte jusqu'à la rivière Saint-François, l'alose, elle, file son chemin jusqu'à Montréal. Du reste, il semble qu'avec le temps le lieu du frai de l'alose se soit déplacé. Sous le régime français, les grandes pêches à l'alose se pratiquent à Québec. En 1664, Pierre Boucher raconte qu'à marée basse la rivière Saint-Charles, à Québec, s'assèche quasiment, «ce qui est une belle commodité pour bien prendre du poisson, qui est un bon rafraîchissement aux Habitans de ce lieu-là; surtout le Printemps qu'il s'y pesche une infinité d'aloses[6]». Et il ajoute qu'il n'existe aucun lieu en Canada où la pêche à l'alose soit aussi abondante.

Moins de deux siècles plus tard, la Saint-Charles a été désertée. L'alose, au dos bleuté, aux flancs à reflet métallique, remonte jusqu'à la rivière des Prairies, qui sépare l'île de Montréal de l'île Jésus. C'est là qu'elle laisse, avant de mourir, ses œufs et sa laitance, sur les bancs de sable et de gravier fin. Quand la température de l'eau atteint 17 à 19°C, les alevins naissent, puis gagnent les profondeurs où ils se nourrissent jusqu'à l'automne de crustacés, de larves et d'insectes. Si les habitants de Sainte-Croix de Lotbinière commencent à pêcher l'alose «quand les pruniers sont en fleurs», ceux de Montréal savent qu'il est temps de faire de même «lorsque la tête des pissenlits devient blanche». Le météorologiste montréalais Charles Smallwood, justement campé à la station de l'île Jésus, a remarqué pendant sept ans, de 1850 à 1856, qu'invariablement l'alose apparaissait dans la dernière semaine de mai[7].

Le pêcheur doit parfois bourse délier: ainsi, les rives de la rivière des Prairies sont propriété privée, et les propriétaires monnaient le droit de pêche. En 1811, par exemple, le Séminaire de Montréal loue pour neuf ans à un marchand de Saint-Eustache la pêche du Gros-Sault, «une place très renommée pour le pêche aux aloses». Le preneur «devra recevoir de tous les pêcheurs de l'endroit le quart des aloses et la moitié du poisson d'eau douce qui sortiront des seines. Cela constituera la part du Séminaire et lui sera payé à raison de deux piastres et demie le cent[8].»

Les pêches sont abondantes. «Chaque printemps, raconte un témoin, des myriades d'aloses remontaient le cours de la rivière [...]. Le pêcheur n'avait qu'à les cueillir au passage, et les

filets étaient si remplis et si pesants qu'il devait s'attacher à un arbre pour ne pas être emporté par le poids du poisson[9].» Bon an, mal an, la pêche du Gros-Sault seulement peut rapporter 27 000 aloses, chiffre impressionnant lorsqu'on sait que ce poisson adulte mesure de 60 à 80 centimètres et pèse facilement quatre kilos. On parle même au 19e siècle d'une «industrie régionale florissante».

L'alose est écoulée aux marchés de Montréal, et des poissonniers ambulants parcourent les paroisses environnantes pour l'offrir aux éventuels acheteurs. Il semble d'ailleurs qu'on ne se laisse guère prier. L'alose, surnommée le «saumon du pauvre»,

«Rapides de la rivière Sainte-Anne» croquis de J. P. Cockburn (ROM).

bien que riche en arêtes, est le plus savoureux des poissons de la famille du hareng. On dit sa chair «délicate et délicieuse».

Ce poisson cessera de remonter la rivière des Prairies en 1928, quand la Montreal Island Power Company construira un énorme barrage alimentant une génératrice d'électricité. La mise en place de cette digue eut pour effet de fermer la rivière aux poissons et de faire disparaître les rapides en élevant le niveau de l'eau. Les habitants de l'époque, toujours aussi friands d'alose, parleront par la suite du «grand massacre de 1928». Le poisson reviendra frayer dans la région, mais s'arrêtera toutefois en aval du barrage.

La baleine

Du côté de l'Atlantique, la pêche est la principale activité des populations. Durant l'été et l'automne, en Gaspésie et aux Îles-de-la-Madeleine, tout le temps se passe à pêcher la morue. Par ailleurs, le long de la baie des Chaleurs, on capture le saumon jusqu'à la fin de juin; puis on enlève les rets pour se préparer à la pêche à la morue. En plein cœur de l'été, les Madeliniens pêchent, outre la morue, deux poissons de surface: le hareng et le maquereau. Mais c'est là un travail aux résultats bien aléatoires. D'une année à l'autre, les grandes variations de la température et de la salinité des eaux madeliniennes font s'enfuir ou ramènent le poisson dans les parages. Et les pêches fluctuent en conséquence.

À compter de 1780, des Jersiais et des Écossais s'établissent à Penouille, sur la rive nord de la baie de Gaspé. Rapidement, des Américains les rejoignent. Ils viennent en particulier de New Bedford, alors en passe d'être un des plus grands ports baleiniers du monde. Ces nouveaux arrivants ont tôt fait d'apprendre aux autres tous les secrets de la pêche à la baleine. En 1818, six ou sept grosses goélettes, disposant d'un équipage d'une dizaine d'hommes et de deux grosses chaloupes baleinières, pêchent la baleine dans la baie de Gaspé. En comptant «les personnes occupées à terre à fondre la graisse pour faire l'huile et faire les quarts», cette pêche occupe 90 personnes, hommes et femmes[10]. Annuellement, on fait parvenir à Québec pour l'exportation en Angleterre de 16 000 à 18 000 gallons d'huile.

On pêche la baleine en juillet et en août. «Lorsque la vigie apercevait une baleine, elle criait: 'elle souffle! elle souffle!', à cause du jet d'eau qui jaillit de l'évent de la baleine lorsqu'elle

Baleinier à vapeur rentrant au port (ANQ, fonds Communications).

vient respirer à la surface. On mettait aussitôt les baleinières à la mer et la poursuite commençait, dirigée par le timonier, qui tenait la barre du gouvernail. Le premier rameur, à l'avant, était en même temps le harponneur. Il ne se levait pour lancer son harpon que lorsque la baleine était tout proche [...]. S'il manquait sa cible, il pouvait toujours se servir d'un deuxième harpon attaché à la ligne. La baleine blessée commençait alors sa course folle entrecoupée de plongées sous la surface de l'eau[11].» Malgré les apparences, la pêche à la baleine n'est pas une entreprise hasardeuse. La bête ne charge jamais et rares sont les marins qui frôlent la mort. «Un été, raconte un témoin, le capitaine Fraser se livra à l'agriculture dans une plaine de Californie et il déclara qu'il a été tué plus d'hommes dans son voisinage par les chevaux et les instruments aratoires qu'il s'en perd dans toute la flotte baleinière des États-Unis en vingt ans. Il en meurt de froid parfois, précise-t-il, et il arrive que des chaloupes s'égarent dans les brumes et que leurs équipages périssent, mais ces cas sont très rares. Des fois

*Photo: ANQ, fonds
Communications.*

aussi des chaloupes sont brisées en mille morceaux par des coups de queue de baleines blessées, mais il se perd peu de vies de cette manière. Les hommes sont lancés dans l'air, puis retombent à l'eau, quitte pour un bain froid[12].»

On chasse la baleine «franche» (*Eubalaena glacialis*), une grosse bête de quinze mètres de long, à la peau noire et veloutée sur le dos, blanche sur le ventre. De tous les cétacés, elle est la plus lente et se laisse facilement rattraper par les goélettes à voiles et les petites embarcations à rames. Sitôt piquée au flanc, la baleine entreprend une course qui peut durer une trentaine de minutes. Il ne reste plus aux marins qu'à se laisser entraîner, jusqu'à ce que l'animal s'épuise. Quand la bête est gagnée par la fatigue, l'embarcation peut s'en approcher jusqu'à la toucher. Alors le timonier, aussi appelé le tueur, passe à l'avant de la baleinière et enfonce dans le corps de l'animal une longue lance, taraudant avec force jusqu'à provoquer une hémorragie pulmonaire. La bête, expirant, perd alors du sang par les évents.

«Le dépècement, raconte l'abbé Jean-Baptiste Ferland en 1836, se fait au large ou dans un des havres voisins du lieu où la baleine a été tuée. Après l'avoir solidement amarrée sur un des flancs du bâtiment, les matelots, ayant des crampons fixés sous la semelle de leurs lourdes bottes, descendent sur la masse inerte et glissante. Munis de tranches, de couteaux et de crocs, ils découpent la viande par longues bandes, qui sont enlevées au moyen d'un cabestan et déposées dans la cale. Les barbes de la baleine sont arrachées soigneusement; et lorsqu'on s'est assuré de toutes les dépouilles, à un signal donné, les travailleurs remontent sur le bâtiment, les amarres qui retenaient la carcasse sont larguées et elle descend lentement dans les profondeurs de la mer[13].»

Sur le rive, à Penouille, on amoncelle les longues bandes de lard, qu'on fait fondre dans d'«immenses chaudières», afin d'en extraire les matières grasses et huileuses. Le résidu est employé comme combustible pour alimenter le feu. «Les pêcheurs ne font aucune difficulté de manger le maigre de baleine, écrit Ferland;

Le dépeçage de la baleine (ANQ, coll. Communications).

mais les sauvages seuls ont le courage d'avaler le gras, dont le goût, suivant eux, ressemble à celui du lard. Il en découle une huile abondante, avant même qu'on l'ait soumis à l'action du feu. Cette première huile est bien supérieure à celle qu'on obtient par la chaleur des fourneaux; aussi se vend-elle plus cher que l'autre.»

Le métier de pêcheur à la baleine fait mal vivre son homme. Le prix de l'huile fluctue sur les marchés. C'est ce que constate le jeune médecin Anthony von Iffland, de passage en Gaspésie en 1821. «Le côté ouest du bassin [de Gaspé], écrit-il, est mieux peuplé. Les habitans font principalement métier de pêcher à la baleine; mais depuis ces années dernières, le peu de prix qu'a l'huile, à cause du peu de dépense qui s'en fait, a beaucoup amoindri leur gain; et si les choses ne changent point, ils se trouveront considérablement en dessous; même j'ose avancer que, si les circonstances n'apportent aucun encouragement aux pêcheurs, tous, jusqu'au dernier, seront bientôt débiteurs insolvables[14].»

Si on dénombre en 1818 six ou sept grosses goélettes faisant la pêche à la baleine dans la région de Gaspé, on n'en compte plus que trois en 1836, et cinq en 1850. Au milieu du siècle d'ailleurs, la baleine a déserté la baie de Gaspé. On doit la poursuivre le long du Saint-Laurent, depuis Pointe-des-Monts jusqu'à Tadoussac, sur la rive nord, et de Mont-Louis à Kamouraska, sur la rive sud. On part pour plusieurs jours, sans même avoir la certitude de faire mouche, car les cétacés sont de moins en moins nombreux. Certains, comme la baleine franche, semblent carrément disparus. Pierre Fortin, longtemps chargé de la protection des pêcheries dans le golfe, affirme que les Américains ont fait à la baleine franche une chasse tellement intense qu'ils ont exterminé l'espèce, la dernière ayant été tuée à Kamouraska en 1854[15].

À la vérité, les eaux du golfe ne se prêtent plus guère à la pêche à la baleine. À l'été de 1856, au cours d'une tournée d'inspection, Fortin écrit: «On m'apprend que les troupeaux de baleines sont assez rares dans le golfe du Saint-Laurent, même sur les bancs les plus fréquentés de ces mammifères; en sorte qu'on s'attend que la pêche de la baleine soit très médiocre cette année[16].» En 1860, les chiffres officiels se rapportant à cette activité estivale apparaissent dérisoires. On produit 1198 barils d'huile, pour une valeur marchande de 17 970 $, soit à peine le centième de ce qu'on touche pour la chasse au phoque dans le golfe[17].

C'en sera fini de la pêche à la baleine dans le golfe, du moins jusqu'au début du 20e siècle, lorsque la Quebec Steam Whaling

Company, dotée de baleiniers à vapeur, munis de canons-harpons, recommencera à poursuivre les cétacés. Mais l'entreprise sera de courte durée, n'opérant que six ou sept ans à partir de 1905. Par la suite, on ne pratiquera plus pareille pêche.

Diverses causes seraient à l'origine de la forte diminution de ces grands mammifères, non seulement dans le golfe, mais dans tous les océans. Il est certain que les pêches intensives, quasi industrielles, menées d'abord par les Basques du 13e au 17e siècle, poursuivies par les Américains du 18e au 20e siècle, puis les Norvégiens et les Japonais, combinées au faible taux de reproduction de l'animal, sont largement responsables d'une telle décimation.

Les fêtes

Chaque saison comprend un nombre de fêtes, au cours desquelles la communauté revit les rituels qui y sont attachés. Le respect de ces rites ruraux, de ces échanges codifiés, qui remontent parfois très loin dans le temps, provient d'un désir de vouloir vivre et demeurer ensemble. Par le fait qu'ils se répètent ponctuellement, ils apportent la sécurité, tant à la communauté qu'aux individus qui la composent.

La Saint-Jean (24 juin)

La longueur des jours et des nuits est très variable, suivant la latitude où on se trouve et l'époque de l'année. À l'équateur, le jour est égal à la nuit pendant toute l'année, alors qu'au nord, à la latitude de 70° et au-delà, le jour dure deux mois en été et la nuit deux mois en hiver. Dans l'hémisphère nord, quel que soit le lieu où l'on se trouve, le jour le plus long survient au solstice d'été et le plus court au solstice d'hiver. C'est bien sûr l'inverse dans l'hémisphère austral. À Québec, dont la latitude est de 46° 48' 26" nord, le jour le plus long, au solstice d'été, est d'environ 15 heures 42 minutes et le plus court, de 8 heures 33 minutes.

De tout temps, le jour le plus long a été consacré à la vénération de la lumière, au culte du soleil, principe de vie. Les Perses, les Grecs, les Romains, les Gaulois, les Celtes fêtaient le solstice d'été. Les Germains, les Slaves, les Lithuaniens, les Baltes et les Scandinaves également. C'était en quelque sorte la confirmation du principe de la régénération périodique du temps. Ces divers peuples célébreront d'une même façon ce jour de fête en élevant des bûchers sur les hautes terres, les collines et les bords de mer. On prétend qu'à l'origine il y eut des sacrifices d'êtres humains, mais qu'avec le temps on en vint plutôt à brûler des chats, des serpents, des vipères et parfois des renards.

À ses débuts, le christianisme ne reconnaissait aucune fête

Page suivante:
Défilé de la Saint-Jean, rue Saint-Jacques, à Montréal, en 1874 (MTLB).

particulière: toute fête étant païenne. À partir du 4ᵉ siècle, quand l'Église commence à jouir d'une véritable audience populaire, elle cherche à substituer aux fêtes païennes des fêtes chrétiennes, car la fête est une réalité qu'elle ne peut nier. «Le peuple aime les fêtes», affirme Grégoire de Nazianze, docteur de l'Église. La célébration du soleil au solstice d'été devient alors la fête de la Saint-Jean. Dorénavant, l'Église s'assure qu'un de ses représentants assistera aux réjouissances et que cette manifestation commémorera l'œuvre de saint Jean-Baptiste. «Le christianisme, prudent et habile, écrit l'historien Benjamin Sulte, se basant par occasion sur les habitudes enracinées et les faisant tourner à son profit, ne heurtait point de front ce qui plaisait à l'élément populaire; il se contentait de lui imprimer son cachet religieux, ce qui le rendait doublement cher aux multitudes et relevait les anciennes coutumes en leur donnant un sens mystique. Ainsi, il plaça sous l'invocation de saint Jean-Baptiste les feux du solstice d'été[1]...»

Même si l'Église a cherché très tôt à encadrer la fête de la lumière, de nombreuses pratiques dites païennes et rattachées à cette fête se perpétueront jusqu'à l'avènement de la civilisation industrielle. On retrouvera en Amérique du Nord plusieurs de ces coutumes apportées par les Européens.

La plus vieille mention connue touchant la Saint-Jean en Amérique provient de l'historien et poète Marc Lescarbot. Celui-ci raconte que le 23 juin 1606 le navire *Jonas*, transportant en Acadie des colons recrutés par Jean de Poutrincourt, se trouva sur les bancs de Terre-Neuve. «Le point du jour venu, qui était la veille de la saint Jean-Baptiste, à bon jour bonne œuvre, ayant mis les voiles bas, nous passames la journée à la pécherie des Moruës avec mille réjouissances & contentemens, à cause des viandes freches que nous eumes tant qu'il nous pleut [...]. Sur le soir nous appareillames pour notre route poursuivre, après avoir fait bourdonner noz canons tant à cause de la fête de sainct Jean, que pour l'amour du Sieur de Poutrincourt qui porte le nom de ce sainct[2].»

En 1636, un document fait pour la première fois allusion à une manifestation populaire la veille de la Saint-Jean dans la vallée du Saint-Laurent. Le jésuite Louis Lejeune raconte dans sa *Relation* que le 23 juin au soir, à Québec, à l'occasion de la Saint-Jean et à l'invitation du gouverneur Montmagny, il bénit le bûcher avant que celui-ci ne s'enflamme. On tire par la suite cinq coups de canons et deux ou trois salves de mousquet. Sporadiquement on fera mention que la Saint-Jean se fête en Nouvelle-France et «il est raisonnable [...] de croire que le bûcher de la

Deux chars allégoriques du défilé de la Saint-Jean en 1895 à Québec (ANQ, fonds Philippe Gingras).

Saint-Jean fut dressé chaque année, à Québec tout au moins[3]». On la fêtera peut-être avec plus d'éclat encore après 1694, car monseigneur de Saint-Vallier la place au nombre des fêtes d'obligation et elle le demeurera jusqu'en 1744.

Au 19e siècle, la description des pratiques de la Saint-Jean montre bien que les rites se sont perpétués. Au cours de la journée du 23 juin, souvent sur les ordres du seigneur, les habitants apportent du bois sur la grève, le long du fleuve, à l'endroit où on élève le bûcher. Parfois, comme à Saint-Jean-

Port-Joli, on monte le bûcher sur la place publique devant l'église. À la brunante, la population s'assemble. À Saint-Jean de l'île d'Orléans, on s'y rend à cheval, les femmes, dit-on, en croupe derrière leur mari. Le curé consacre d'abord le bûcher. «Bénissez, Seigneur, ce feu que, pleins de joie, nous allons allumer pour la nativité de saint Jean-Baptiste.» Puis il y met le feu. La foule crie. Les miliciens font la salve. Le bois pétasse*. Les flammes éclairent la nuit, l'excitation est à son comble. Partout, le long du fleuve, des feux se répondent de place en place. Tout le pays est en fête. Et chacun ne regagne son domicile qu'au moment où le bûcher n'est plus que braises fumantes, ayant pris soin auparavant de se saisir d'un bout de bois calciné destiné à se préserver de la foudre.

* Canadianisme utilisé pour désigner le bruit que fait le bois en se consumant.

Le matin de la Saint-Jean, on se livre à la récolte de l'armoise vulgaire, dite herbe Saint-Jean. On baigne les enfants dans de grandes cuves remplies de cette herbe. On frotte ceux souffrant d'eczéma avec une colle épaisse faite de cette herbe bouillie dans l'eau. En 1823, à Cap-Santé, pour préserver les chevaux d'une grave épizootie, on les nourrit en abondance avec de l'herbe Saint-Jean, ce qui donnera «des effets très heureux[4]».

Il est impensable de passer le jour de la Saint-Jean sans se baigner dans l'eau courante. Ainsi que l'eau de Pâques et la première pluie du mois de mai, l'eau de ce jour guérit de tous les maux et assure une bonne santé pour l'année à venir. Partout donc, quel que soit le lieu, on se jette à l'eau. Un grand nombre de chroniqueurs en font état. On porte les enfants qui ne savent marcher, on enfourche les bœufs et les chevaux jusqu'à ce qu'ils aient de l'eau à mi-poitrail, on se précipite avec d'autant plus de joie que le 24 juin est l'ouverture de la saison des bains. Il eût été dangereux de se baigner les jours précédents, et les mères exagéraient à merveille les maux que pouvaient causer ces eaux que n'avait pas encore purifiées la Saint-Jean. «Mais une fois venu le jour tant de fois appelé de nos vœux, raconte un témoin, les eaux du fleuve étaient transformées, elles étaient bonnes, salutaires au baigneur; le fleuve Saint-Laurent devenait comme une grande fontaine de Jouvence où tous, grands et petits, parents et enfants, allaient se plonger[5]...»

Après moult ébats dans l'eau froide du fleuve, on étend les nappes sur l'herbe pour un grand pique-nique. On mange, on rit, on crie. Des rafraîchissements sont offerts. On se passe le cruchon de rhum. Le repas terminé, les vieux gagnent le pied d'un arbre pour fumer et causer. Des jeux sont organisés pour les plus jeunes. Il est permis aux adolescents d'aller se promener en

Photo: MTLB.

chaloupe. Si un paroissien a apporté son violon, on le prie d'exécuter un petit air, ce qui tourne vite à la sauterie. Et la journée se passe ainsi, d'une activité à l'autre. À Saint-Jean-Port-Joli, on assiste en plus à la criée du saumon pour les âmes. «Chaque habitant qui tendait une pêche vendait à la porte de l'église le premier saumon qu'il prenait au bénéfice des bonnes âmes, c'est-à-dire qu'il faisait dire une messe du produit de ce poisson pour le délivrance des âmes du purgatoire. Le crieur annonçant le but de la vente, chacun s'empressait de surenchérir[6].»

On célèbre avec encore plus d'intensité la Saint-Jean dans les paroisses désignées par le vocable de ce saint, car une vieille tradition française veut que toute communauté commémore annuellement dans la joie la fête de son patron. À Saint-Jean-Port-Joli, Deschaillons, L'Isle-Verte, Nicolet, Les Écureuils et Saint-Jean de l'île d'Orléans, on fête donc doublement. Les habitants de la paroisse reçoivent chez eux les parents et les amis des villages voisins. Cela occasionne de grands rassemblements de population, car beaucoup tiennent un calendrier des principales fêtes de paroisse à la ronde et se font un grand plaisir d'assister à chacune.

Mais ces grands ralliements, qui durent parfois deux ou trois jours et où l'on festoie à bouche que veux-tu, soulèvent la colère des évêques. En 1755, monseigneur Dubreil de Pontbriand supprime la fête de paroisse de deux villages qui lui semble excessive. Il s'en prend aussi aux réjouissances des corps de métier, comme la Saint-Éloi, anniversaire du patron des ouvriers du fer, et la Saint-Thibault, fête du patron des faiseurs de charbon de bois. En 1803, monseigneur Denaut condamne la fête de Beauport, non sans qu'une forte majorité de paroissiens se révolte. «Ce fut toute une affaire et comme disait un vieillard on en parla jusqu'à Montréal qui était alors le bout du monde pour les gens de Québec. Les tribunaux se prononcèrent, il fallut obéir, mais les têtes se courbèrent avec lenteur — et il y eut des chansons pour conserver le souvenir de cette épopée[7].» Finalement, monseigneur Signay, intronisé en 1833, abolit purement et simplement toutes les fêtes de paroisse. Désormais la Saint-Jean ne sera plus fêtée que pour elle-même, à plus forte raison dans les paroisses qui ont ce saint pour patron.

La Saint-Jean-Baptiste, «fête nationale des Canadiens», provient de l'initiative d'un journaliste, Ludger Duvernay, qui en 1834 croit qu'il est urgent de regrouper les Canadiens pour leur donner plus de force politique. Les Anglais fêtent la Saint-Georges, les Gallois la Saint-David, les Écossais la Saint-André, les Irlandais la Saint-Patrick; les Canadiens célébreront la Saint-Jean-Baptiste. Le 24 juin, il organise à Montréal un grand banquet auquel assistent plus de 60 personnes. Les convives, francophones et anglophones, sont tous partisans du gouvernement responsable et admirateurs de ceux qui luttent contre l'«absolutisme» anglais, dans la vallée du Saint-Laurent comme ailleurs (Louis-Joseph Papineau, William Lyon Mackenzie, du Haut-Canada, Joseph Howe, de la Nouvelle-Écosse, et Daniel O'Connell, d'Irlande). Les deux premiers des 25 toasts iront «au peuple source de toute autorité légitime» et «à la chambre d'assemblée».

En 1836, plusieurs paroisses de la région de Montréal et de la vallée du Richelieu, notamment Boucherville, Saint-Benoît, Saint-Denis-de-Richelieu et Saint-Ours, célèbrent la Saint-Jean-Baptiste avec banquets, discours et chansons. En 1842, à la suggestion du journaliste Napoléon Aubin, on fonde la Société Saint-Jean-Baptiste de Québec, qui organise à son tour un grand banquet précédé d'un défilé. La mise sur pied d'un défilé, à l'exemple des anglophones, permet à un plus grand nombre de citoyens de participer activement à la fête. Ce sera une pratique qui, au fil des ans, ne fera que gagner les faveurs populaires.

Dans la seconde moitié du 19e siècle, on pavoise beaucoup le jour de la Saint-Jean-Baptiste. Drapeaux, balises de sapin, arches de triomphe, lanternes chinoises suspendues aux arbres, tout concourt à égayer ce jour particulier. Après les bannières et les drapeaux, on utilise à compter des années 1870 le procédé du char allégorique pour varier encore plus les défilés. Les chars sont d'abord inspirés des modèles européens, mais ils acquièrent bientôt une saveur locale. Sur des charrettes garnies de feuilles d'érable, tirées par des chevaux, les scènes se succèdent. Tantôt on voit passer un menuisier entouré de ses jeunes enfants achevant un meuble, pendant que son épouse file la laine, tantôt un groupe de colons travaillant sans relâche à abattre les arbres et à essoucher, à moins que ce ne soit quelques jeunes gens, manches retroussées, battant au fléau à l'entrée d'une grange. Et apparaît, en dernier lieu, durant les années 1880, saint Jean-Baptiste souriant à la foule. Il y aura même des parades qui comprendront jusqu'à trois saints Jean-Baptiste, ce qui obligera en 1902 la Société Saint-Jean-Baptiste à passer un règlement défendant la présence de plus d'un saint Jean-Baptiste à l'intérieur d'un même défilé.

La Saint-Pierre (29 juin)

Le 29 juin, jour de la Saint-Pierre, tous les hommes de la paroisse, âgés de 18 à 60 ans, en état de porter les armes, sont conviés sur la place de l'église pour l'appel nominal. Ils font partie obligatoirement de la milice sédentaire mise sur pied sous le régime français et maintenue par la suite. Chaque paroisse compte au moins une ou deux compagnies de 50 à 80 hommes. C'est le capitaine de la milice, un personnage important, qui les convoque. À l'échelle de la paroisse, cet homme détient une double autorité, à la fois civile et militaire. Il a charge de publier et faire exécuter les ordres des gouvernements supérieurs. Il voit à l'application des règlements touchant la bonne tenue des chemins. Il préside également aux enquêtes en l'absence du coroner et fait conduire sous escorte les personnes arrêtées par ordre du juge de paix. Son titre lui vaut jusqu'en 1838 un banc gratuit à l'église.

L'appel nominal de la Saint-Pierre a pour but de tenir un compte de tous les hommes disponibles en cas de guerre et de repérer ceux qui pourraient participer à des corvées pour l'armée, notamment pour le transport des marchandises. L'événement est haut en couleur. Les officiers présents, s'il s'en trouve, portent un uniforme militaire importé d'Angleterre, souvent trop ample ou trop étroit. Les épaules disparaissent sous de larges épaulettes aux franges d'une longueur démesurée. Les simples paroissiens, eux, s'amènent vêtus de leurs habits de tous les jours. À moins que l'un d'entre eux n'ait récupéré un chapeau, une veste ou un pantalon porté à la bataille de Châteauguay en 1813. Si le capitaine ne procède pas à une distribution d'armes pour la circonstance, on apporte avec soi qui un fusil de chasse, qui un sabre ou une épée.

Au commandement du capitaine, les sergents ont ordre de faire aligner tous les miliciens. À Lévis, la tradition a conservé le cri qu'avait alors l'habitude de lancer d'une voix de tonnerre un de ces majors: «Rangez-vous sur la boutique à Gnace!», désignant par là une misérable forge contiguë appartenant à Ignace Guay[8]. Les paroissiens placés en lignes plus ou moins droites, le capitaine entreprend d'appeler les miliciens un par un. On devine la variété des réponses. Une voix faiblarde, un lapsus, une facétie, un long silence dû à l'absence d'un des miliciens soulèvent inévitablement un fou rire général. Seul un capitaine bon enfant peut venir à bout d'une pareille troupe, d'autant plus que les rires des spectateurs — vieillards, femmes et enfants — disposés tout autour de la place, encouragent les appelés à récidiver. À Terrebonne, un capitaine de milice amuse beaucoup son auditoire lorsqu'il fait l'appel de ses hommes: il ne porte ni plume ni crayon et se sert d'une épingle pour perforer la liste près du nom d'un absent[9].

L'appel terminé, quelques capitaines entreprenants font parader les miliciens et ordonnent certaines évolutions. Cependant les seuls mouvements connus du milicien canadien étant la marche et la volte-face — et encore arrive-t-il difficilement à les exécuter en cadence avec ses confrères — beaucoup de ces capitaines perdent patience. De plus, ils se sont pas toujours bien compris, puisque les commandements se donnent en anglais. Il s'est vu des miliciens peu familiers avec le cri «Halt!», continuer à avancer et obliger le capitaine à un strident «Company, woe!» pour les clouer sur place[10]. Cette marche annuelle de la milice sédentaire ne se prolonge guère plus que cinq ou six minutes.

Mais on ne brise pas les rangs pour autant. Reste la salve. Seuls les officiers sont invités à se regrouper et à tirer en l'air au commandement du capitaine, ce qui doit amener un «Vive la reine!» ou un «Vive le roi!» de la part de la foule. Dans certaines paroisses, le capitaine ordonne aux miliciens de faire feu en même temps que les soldats. Mais à son grand dam, il arrive difficilement à les faire tirer tous ensemble et la salve se transforme en pétarade.

En ville, la Saint-Pierre ne se fête pas autrement. À Montréal, cela se passe en matinée à divers endroits, dont le Champ-de-Mars, la place Viger et la place Papineau. On assiste à des mouvements de foule plus importants qu'à la campagne. Chaque compagnie se met en rang devant son capitaine pour répondre à l'appel des noms. Les hommes sont sans arme. Les ouvriers sont venus en habit de travail. Le sergent, à droite de la première compagnie, tient un bidon de fer-blanc contenant son repas du midi. Plus loin, un caporal porte un paquet sous le bras. Et plus de la moitié des hommes ont pris la précaution d'apporter un parapluie de coton, «vert, jaune ou rouge», parce qu'on répète qu'il pleut immanquablement le jour de la Saint-Pierre.

On fera l'appel nominal annuel de la Saint-Pierre jusqu'en 1864, lorsque, pour la première fois, le Canada cherche à se doter d'une véritable «milice de réserve». Dorénavant, la troupe se composera de volontaires; mais si le contingent fixé n'est pas atteint, on aura recours, à l'exemple de la Prusse, au tirage au sort. Les appelés seront tenus de consacrer six jours par année à des exercices militaires. Du reste, cette mesure soulèvera la réprobation de la population au Québec et on ne voudra rien entendre de pareille obligation.

La Sainte-Anne (26 juillet)

La Sainte-Anne apparaît comme la grande fête religieuse de l'été. Depuis l'arrivée des Européens dans la vallée du Saint-Laurent, jamais culte de dulie ne fut plus important que celui rendu à sainte Anne, mère de Marie et grand-mère de Jésus. Invariablement, on parle d'elle ou on l'invoque sur le ton familier de «bonne sainte Anne».

Ce sont les Jésuites d'abord qui propagent la dévotion à sainte Anne en Amérique du Nord. Très tôt, Micmacs, Montagnais et Hurons apprennent l'existence de cette sainte et acceptent de se placer sous sa protection. La «Madame des Français» devient la «Grand-Mère des Sauvages». En 1658, le territoire de Petit-Cap, entre Château-Richer et Saint-Joachim dans la seigneurie de Beaupré, compte déjà plus de 25 familles. Étienne de Lessard fait don d'une portion de terre le long du Saint-Laurent pour qu'on y construise une église ou une chapelle. Le curé de Québec, l'abbé Gabriel de Queylus, grand vicaire de la Nouvelle-France et supérieur des Sulpiciens au Canada, dédie cette chapelle à sainte Anne.

Rapidement édifiée, celle-ci doit cependant être démolie quelques années plus tard «à cause de l'incommodité des eaux». Et c'est pendant la construction du second édifice en 1661 que se produisent les premiers miracles. Un habitant de l'endroit, Louis Guimond, qui «par souci de dévotion» se rend poser quelques pierres, se retrouve soudainement guéri de maux de reins qui l'affligeaient. Entendant raconter cette histoire, Marie-Esther Ramage, l'épouse d'Élie Godin, atteinte d'une infirmité qui la réduit à marcher péniblement courbée, invoque le nom de la sainte et se redresse subitement. La même année, trois voyageurs, assaillis par une tempête devant le cap Tourmente, chavirent. Accrochés à une épave pendant 24 heures, ils implorent la sainte et s'en tirent. À partir de ce moment, sainte Anne devient la patronne des marins.

La nouvelle de ces miracles se répand et les pèlerinages commencent. En 1665, Marie de l'Incarnation, fondatrice des Ursulines de Québec, écrit à son fils: «À sept lieues d'ici, il y a un petit bourg appelé le petit Cap, où il y a une église de sainte Anne dans laquelle Notre-Seigneur fait de grandes merveilles en faveur de cette sainte Mère de la très sainte Vierge. On y voit marcher les paralytiques, les aveugles recevoir la vue et les malades de quelque maladie que ce soit recevoir la santé[11].» Les faveurs continuent à se multiplier; les ex-voto s'accumulent. En 1668, monseigneur

de Laval obtient du chapitre de Carcassonne, en France, une première relique de la sainte qu'on expose alors à Beaupré.

Bien que Sainte-Anne-de-Beaupré demeure le principal
centre de la dévotion à sainte Anne, le culte se répand et d'autres
populations la choisissent comme patronne: Sainte-Anne-de-
Varennes en 1693, Sainte-Anne-de-Bellevue en 1712, Sainte-
Anne-de-la-Pérade en 1714, Sainte-Anne-de-la-Pocatière en 1721.
Jusqu'en 1760, comme les bateaux venant du golfe empruntent
le chenal nord de l'île d'Orléans, il est coutume de tirer une salve

*«La Fête-Dieu à Nicolet», huile
sur toile de Joseph Légaré (Galerie
nationale du Canada).*

en passant devant Sainte-Anne-de-Beaupré. «Dès qu'un navire de France est parvenu, dans sa remontée du Saint-Laurent, à l'endroit d'où on peut apercevoir à l'œil nu l'église Sainte-Anne, écrit Pehr Kalm, il tire des coups de canon qui signifient sa joie de n'avoir plus rien à craindre désormais de ce voyage sur le fleuve et d'avoir évité tous les dangers représentés par les nombreux bancs de sable qui s'y trouvent[12].»

Au fil des ans, on continue de rapporter des faits dépassant l'entendement à Sainte-Anne-de-Beaupré. En 1768, le curé de la paroisse, Pierre-René Hubert, déclare que jamais depuis le début il ne s'est passé une année sans miracle. Au 19ᵉ siècle, on vient de très loin pour «faire sa Sainte-Anne», le 26 juillet. Une mère porte son enfant malade. Une fille conduit sa mère aveugle. Un fils accompagne son père boiteux. Un pénitent s'avance pieds nus. Les uns demandent, les autres remercient. Les Amérindiens viennent en grand nombre et d'aussi loin que Restigouche, au fond de la baie des Chaleurs. On voit de longues files de canots sur le fleuve, venant de l'est comme de l'ouest, converger vers le rivage de Sainte-Anne. Et, comme par enchantement, tout un village de cabanes se dresse sur la rive pour abriter ces nouveaux pèlerins. Souvent ces derniers franchissent à genoux la distance de la grève à l'église. Ailleurs, dans les paroisses au patronyme de Sainte-Anne, on fête également le 26 juillet avec beaucoup d'éclat et de ferveur.

La Saint-Louis (25 août)

Au début du régime français, la fête de saint Louis, bien que chômée en France, ne l'est pas au Canada. C'est l'évêque de Québec, François de Laval, qui la décrète fête d'obligation en 1684. La Saint-Louis apparaît d'abord comme la fête des milieux officiels. On célèbre l'anniversaire du roi de France qui reçoit ce jour-là l'hommage de sa cour et de ses troupes. À Québec, le gouverneur, à titre de premier représentant du roi de France, se trouve au centre de la fête et les troupes se livrent à certaines manœuvres en son honneur.

En 1693, pour consacrer cette alliance entre la royauté et l'armée, le roi de France institue l'Ordre royal et militaire de Saint-Louis. Divisé en 8 grand-croix, 24 commandeurs et un nombre illimité de chevaliers, c'est le seul ordre militaire auquel la Nouvelle-France eut l'honneur de participer. Pour être admissible à cette décoration, il faut détenir un poste d'officier dans les troupes régulières — ce qui exclut les membres de la milice sédentaire et les simples soldats — et «ne pas servir d'autres princes que le roi de France, à moins d'une autorisation écrite». De 1693 à 1760, 145 hommes furent faits chevaliers de Saint-Louis au Canada. Il y eut tant de lustre et de prestige attachés au fait d'être décoré de la croix de Saint-Louis que le langage populaire l'a retenu. Ainsi dira-t-on d'une personne prétentieuse qu'elle n'est quand même pas «décorée de la croix de Saint-Louis».

La Saint-Louis restera fête d'obligation jusqu'en 1744, lorsque monseigneur Dubreil de Pontbriand renvoie sa célébration au dimanche qui survient entre le 23 et le 29 août. Seize autres fêtes d'obligation connaîtront le même sort. Car l'évêque de Québec cherche à alléger un calendrier annuel lourd de cinq mois de jeûne et d'abstinence et de 87 jours chômés. À l'occasion d'une visite pastorale, beaucoup d'habitants ont reconnu travailler fréquemment les jours d'obligation et lui ont demandé «la suppression de quelques jours de fêtes dont le nombre, en effet, est dans cette colonie plus grand que dans plusieurs diocèses de France[13]».

Cette nouvelle prescription touchant la Saint-Louis ne s'appliquera pas cependant aux paroisses qui ont ce saint pour patron. Pour elles, le jour du 25 août demeurera chômé jusqu'à ce que les fêtes de paroisse soient abolies. Au cours de la première moitié du 19e siècle, la fête de Saint-Louis donnera lieu à Saint-Louis-de-Terrebonne à une importante foire aux chevaux d'une durée de trois à quatre jours. À Québec, de 1824 à 1834, un groupe d'artisans et de commerçants, en particulier du faubourg Saint-Roch, célèbrent annuellement la Saint-Louis et font campagne pour qu'elle devienne la fête nationale des Canadiens. Le temps venu, ils délaissent la Saint-Louis pour la Saint-Jean-Baptiste. Plus tard, dans la seconde moitié du siècle, à Saint-Jérôme, on fêtera joyeusement la Saint-Louis avec une course de «picouilles» quelque peu cruelle. «Le jour de cette fête annuelle, raconte un témoin, toute la population s'empilait au Cordon pour assister à ce spectacle original d'une course de chevaux où le gagnant était le dernier rendu au but. Les juges consciencieux n'admettaient au concours que des rosses, qu'ils déclaraient suffisamment déchiquetées par l'âge et la maigreur. Mais quoi alors? La course à reculons? Pas du tout. Cela revenait à un concours de vitesse parce que chaque rosse était conduite par le propriétaire d'une rival figurant dans la même course, lequel fouettait à force. Il est à l'honneur de notre population d'avoir mis fin à ce répugnant plaisir[14]...» De toute manière, c'est déjà la fin de l'été. Et comme l'adage populaire veut qu'une première gelée se fasse sentir la nuit de la Saint-Louis dans le nord de Montréal, la fête se terminait tôt pour permettre à tous les habitants de revenir à temps à la maison pour «abrier les jardinages».

Le dimanche

L'été, les semaines passent vite, car un travail n'attend pas l'autre. Le dimanche, cependant, tout s'arrête. Le «jour du Seigneur» est sacré. On connaît la légende de ce cultivateur de Rigaud qui, travaillant le dimanche, a vu son champ de pommes de terre transformé en champ de pierres. Ce jour-là, tout travail «servile» est défendu par l'Église, à moins de circonstances spéciales, telle la tenue d'une corvée pour sortir un voisin du pétrin ou une belle journée pour les récoltes après une semaine de mauvais temps. Encore faut-il une permission expresse du curé de la paroisse. De toute manière, c'est là une journée qui plaît bien à l'habitant. Il s'habille «en dimanche», va parfois jusqu'à se vêtir avec luxe, même s'il n'en a pas les moyens. La femme enfile sa jupe, endosse son plus beau chemisier et son mantelet; d'autres fois, elle préfère porter une robe. Elle sort ses «souliers fins*». L'homme, lui, s'il s'habille en semaine d'étoffe grise, revêt le dimanche l'étoffe noire, «pressée au moulin, bien lustrée».

Endimanché, tiré à quatre épingles, on attelle le plus beau cheval pour se rendre à la messe à l'église du village. La mère de famille ou la grand'mère demeure à la maison pour prendre soin des plus jeunes. Les femmes ont chaussé des «souliers de bœuf**» et portent leurs souliers fins sous le bras, pour les ménager davantage. C'est seulement à l'entrée de l'église qu'elles changeront de chaussures. Tous montent dans la «charrette à poche», la voiture de promenade. «Sa charpente était la même que celle de la charrette à foin, mesurant environ sept pieds de longueur, sans échelette et ouverte à l'avant et à l'arrière... La voiture, sans ressorts, reposait par son milieu directement sur l'essieu. Le confort faisait parfois défaut, mais la solidité se moquait d'une lourde charge et du chemin mal nivelé. Le conducteur s'asseyait sur le devant de la charrette, les pieds pendants, tout près du cheval (c'est la mode la plus ancienne), ou sur une simple planche, ajustée sur le milieu des ridelles[1].»

Arrivé à destination, on attache le cheval à un des poteaux

* Souliers de cuir à grain fin, bien vernis, toujours tenus en bon état et portés par les femmes. Appelés aussi «souliers français» ou «souliers des dimanches».

** Chaussure de travail faite de gros cuir de bœuf, qui recouvre le pied jusqu'au-dessus de la cheville. Elle vient du «soulier mou», le véritable «soulier sauvage» fait par les Amérindiens avec de la peau d'orignal, un cuir plus souple, plus tendre que celui du bœuf.

Pèlerins amérindiens se rendant à la première chapelle de Sainte-Anne (ANQ, coll. Livernois).

devant l'église. À Saint-Aimé, «il fut un temps où la partie du carré entre la façade de l'église jusqu'à la rue de Varennes était littéralement couverte de poteaux et de palissades, affectés spécialement à attacher les chevaux[2]». Ce n'est pas là cependant un usage généralisé. En 1795, à Saint-Jean-Port-Joli, l'installation de poteaux et de «limandes» devant l'église, selon le vœu des marguilliers, suscite une importante chicane de paroisse. La majorité des habitants n'en veulent pas et les démantèlent[3]. Ailleurs, on préférera, après entente, laisser la bête chez un villageois ou simplement l'immobiliser à proximité de l'église, avec un poids reposant au sol et attaché à la bride ou à la patte.

Les femmes ont changé de souliers. Les familles entrent, les unes après les autres. Dans l'église, on ne s'assoit pas de manière désordonnée. Chaque famille a son banc. Du reste, elle le paie et on se le passe de génération en génération. Là où le seigneur fait encore valoir ses droits, il prend place à l'avant, du côté de l'épître, dans le premier banc, à l'endroit «le plus honorable»; c'est à l'église qu'on rend au seigneur la plupart des honneurs qu'on lui doit.

La messe commence. Le curé va son train. Ses paroles sont entrecoupées du hennissement des chevaux à l'extérieur. Il termine la lecture de l'évangile, dépose la chasuble, laissant voir l'étole et l'aube attachées d'un ceinturon, et il monte en chaire. Les habitants sont tout ouïe. Voici le prône, le journal paroissial hebdomadaire. Deux «jeunesses» publient les bans; elles veulent bientôt se marier. Une vieille, gravement malade, est recommandée aux prières. Le curé annonce une corvée pour venir en aide à un paroissien éprouvé par le feu. Les communiqués se succèdent. Puis arrive le moment de l'homélie. Généralement, à partir de l'évangile du jour, le curé tire une leçon et la commente. Il est écouté avec d'autant plus d'attention, s'il sait infléchir la voix, varier le ton, renouveler la mimique et imager le propos. L'habitant a beaucoup de respect pour la personne qui manie bien le langage, se montre fin conteur. Mais il devient vite agacé si le curé aborde des sujets non religieux ou condamne de nouveau la danse. Après l'homélie, ce dernier descend de chaire, retrouve sa chasuble et la messe se poursuit. Des chevaux hennissent toujours. On toussote dans l'assistance. Il est défendu de cracher. La cloche rappelle le *Sanctus*. On se prosterne à l'élévation. Viennent le *Pater* et l'*Agnus Dei*. De tous les fidèles, le seigneur est le premier à s'avancer pour communier...

Après l'*Ite missa est*, sans même attendre la lecture du dernier évangile, on se précipite à l'extérieur pour vivre l'un des moments les plus goûtés de la journée. On se retrouve à «placoter*» autour du perron de l'église ou de la tribune rustique élevée à proximité. «L'agent d'une société agricole vient d'y monter, et il est en train d'énumérer les avantages matériels et moraux que la société procure à ses membres pour la modique cotisation de 5 sh. par an. Elle ouvrira prochainement une exposition et un concours, et c'est une question d'honneur pour la paroisse la plus riche et la plus importante du pays d'y être dignement représentée. Cet argument ne paraît pas déplaire aux habitants, mais ils ne semblent pas pressés de lâcher leurs 5 sh. Voici maintenant le crieur public qui vient annoncer les objets perdus et les réclamations de tout genre. Un habitant a prêté une paire de 'bouvats' qu'on ne lui a pas rendus. Il ne se souvient pas de celui à qui il les a prêtés, mais il s'adresse à sa conscience et il le prie de ne pas tarder davantage à les lui restituer. (L'emprunteur

Voici le champ de pommes de terre de ce cultivateur de Rigaud qui, faisant fi du dimanche, l'a vu se transformer en champ de pierres. A vrai dire, cette plage de gravier et de roches a été laissée sur place par le retrait du glacier qui recouvrait une partie du continent. On signale pareil phénomène dans plusieurs régions du Québec à des niveaux aussi élevés que 200 mètres au-dessus de la mer (MLCP).

* Synonyme de converser pour le plaisir.

peu délicat garde l'incognito. Mouvements divers.) Le crieur va descendre; mais, sur un signe parti du groupe féminin, il se ravise — Mamzelle Colette a perdu un de ses gants. (Bruyants éclats de rire.) On demande la couleur du gant de mamzelle Colette, où et quand elle l'a perdu. Heureux qui trouvera le gant de mamzelle Colette[4]!»

On ne «crie» pas seulement lcs objets perdus à la porte de l'église: tout y passe. En juin 1818, les trois moulins de Nicolet, ceux du lac Saint-Pierre, du rang du Grand-Saint-Esprit et du Bellevue, sont ainsi criés à l'issue de la messe[5]. Le maître de poste du village peut aussi crier les rares lettres arrivées durant la semaine et réclamer les frais de port, car il revient au destinataire d'affranchir une lettre. Le sociologue Léon Guérin résume ainsi ce rendez-vous du dimanche: «Quel spectacle curieux c'était, les dimanches et les jours de fête, que cette nombreuse population, hommes, femmes, enfants, venus de tous les points de la paroisse et groupés sur la place de l'église! On attachait les chevaux aux piquets de bois disposés symétriquement sur la place publique. L'habitant rencontrait ici ses connaissances des points les plus éloignés de la paroisse, les grosses têtes du village dont il recherchait les avis; il prêtait l'oreille aux annonces du crieur public et recueillait nouvelles et impressions, de quoi alimenter les conversations au foyer jusqu'au dimanche suivant[6].»

Après la criée, l'auditoire se disperse. Il sera bientôt midi. Certaines paroisses disposent d'une «salle des habitants» où se retrouvent ceux qui attendent l'heure des vêpres, plutôt que de retourner à la maison. À Sainte-Victoire, «bon nombre des gens restaient pour attendre les vêpres. On les invitait tous à dîner et quelques-uns acceptaient. La salle publique, dans la maison du bedeau, ne désemplissait pas. On y bavardait bien un peu, mais on ne s'y ennuyait guère et les jeunes gens s'y contaient fleurette. Ceux qui savaient le mieux tourner un compliment jouissaient d'une grande popularité[7].» Pendant l'après-midi, on se rend aux courses de chevaux ou on prend une marche sur le quai. Certains restent à la maison, à jaser sur la galerie. Chez les Marquis, à Saint-Paul-de-Montminy, l'après-midi se passe à visiter les champs. «Allons, les enfants, déchangez-vous, disait mon père; on va aller faire un tour au 'trait-carré' pour voir si le blé lève 'égal' et si l'avoine a bien tallé... — Et nous allions ainsi, tous ensemble, du clos d''en bas' au clos d''en haut', marchant dans les raies ou sur les 'abouts', en inspectant non seulement les planches mais aussi les rigoles, les fossés et les 'décharges'. Si l'un ou l'autre était obstrué, le lendemain, 'dré le petit jour', quelqu'un était dépêché avec une bêche pour enlever tout obstacle au libre écoulement des eaux. On ne manquait pas, non plus, d'aller visiter les abreuvoirs dans les pâturages, afin de constater si les bestiaux avaient autre chose à boire que de l'"eau morte" [...]. Et c'était ainsi toute la relevé. Il fallait passer la terre en revue pièce par pièce, et l'on trouvait toujours quelque amélioration à inscrire au programme de la semaine[8].»

Après le souper, on reçoit les voisins à veiller dans l'entrée du fournil ou sur la galerie. Un visiteur français de passage dans une riche paroisse du sud de Montréal avait beaucoup aimé un de ses dimanches soirs d'été. Il écrit: «Après avoir suffisamment couru la paroisse, je vais passer la soirée chez mon aimable 'cicerone'. Le salon est rempli d'une jeunesse vivante et bruyante [...]. On chante en chœur des 'rondes' sur les vieux airs du dix-huitième siècle. 'À la claire fontaine, j'allas me promener...' Les fenêtres ouvertes nous montrent les eaux tranquilles du Saint-Laurent, bordées de bouquets d'arbres. Ô l'aimable et fraîche soirée! le bon pays! les braves gens[9]!»

Voilà. C'était l'été, la saison pleine, le midi de l'année. Déjà la fin d'août. Les feuillages tournent au jaune et au rouge. L'hirondelle est partie. Au loin, une corneille s'époumone. Les matins sont frisquets. Le soleil se fait moins généreux; on dirait la lumière plus froide. Il faudra bien se décider à regagner la demeure principale. Que vienne l'automne, la saison transitoire!

L'automne

Dans la vallée du Saint-Laurent, on ne peut jamais dater à l'avance l'arrivée de l'automne. Certaines années, on s'y croirait déjà à la fin d'août, bien qu'astronomiquement il vient avec l'équinoxe de septembre. D'autres années, l'été semble se prolonger jusqu'au début d'octobre. Le 20 septembre 1820, par exemple, le journal *Le Canadien* écrit: «Pendant toute la semaine, le temps a été presque aussi chaud que dans le mois de juillet. Durant une dizaine de jours, le mercure s'est élevé à près de 90 degrés dans le thermomètre de Fahrenheit. Les nuits ordinairement fraîches dans le mois de septembre se ressentoient autant de la chaleur du jour que dans le cœur de l'été.» En 1825, l'été se poursuit jusqu'en novembre. «La saison qui vient de passer, constate *Le Journal de médecine de Québec*, a été remarquable par la sécheresse et la chaleur, et l'automne a eu plus l'apparence d'une continuation de l'été que de l'approche de l'hiver. Le froid qui avait coutume de se faire sentir au commencement de novembre, et quelquefois plus tôt, n'est enfin survenu qu'à la fin de ce mois[1].»

Ces automnes chauds sont tout de même exceptionnels. En général, à compter de la mi-août, des phénomènes qui ne sauraient mentir se succèdent, laissant voir que, de toute manière, l'automne sera là bientôt. Les jours raccourcissent. Les plantes ne poussent plus. Beaucoup se flétrissent. Les matins sont frisquets. L'hirondelle s'en va et l'aster fleurit. Les pommes hâtives ont commencé à tomber. Les mouches prennent d'assaut la maison. Le cultivateur se hâte; sa famille également. Il faut accélérer les récoltes, recourir aux techniques voulues pour bien conserver les produits de la terre. Maintenant, chaque jour qui passe rapproche résolument de l'hiver.

La saison colorée

Dans la vallée du Saint-Laurent, l'été paraît toujours trop court. Trois mois seulement — juin, juillet et août — tiennent véritablement de cette saison. Et encore. Les changements fréquents de température amènent l'habitant à croire que «l'an passé est toujours le meilleur». «Ce proverbe est assez usité dans les campagnes; certains cultivateurs, tant que leur récolte est encore sur pied, sujette aux intempéries de l'air et aux accidents, répètent sans cesse qu'elle vaut moins que celle engrangée, et cela bien que les apparences soient en faveur de la récolte nouvelle[2].»

Quand septembre revient, c'est déjà l'automne. Certains

Pages précédentes:
Photo: MLCP.

Le cap Bon Ami, à l'extrémité de la péninsule de Forillon, en Gaspésie (MLCP).

disent: «Que c'est donc d'valeur, grand dieu, v'là l'automne! Va falloir se réencabaner.» Mais l'on s'y fait. Et on sait même apprécier ce moment de l'année. Le temps est parfois fort doux. Jusqu'à la mi-octobre, le pays est tout en couleurs. Et l'arrivée soudaine de l'été indien, après les premiers jours froids, réussit à charmer invariablement. Le botaniste Marie-Victorin voit là «la plus belle saison, celle où la végétation se déploie davantage». Dans les champs, l'abondance des composées en fleur créerait, selon lui, une illusion de renouveau[3]. Quand la plupart des plantes emploient déjà leur force vitale à mûrir leurs fruits, les composées, jusque-là dissimulées dans la verdure ambiante, se mettent à fleurir. Ce sont des plantes robustes, que n'affecte pas une gelée occasionnelle ou les premiers jours froids. D'abord s'épanouit la verge d'or (ou Solidage). Elle envahit tout ce que la faux oublie de toucher: les lisières des bois et des taillis, le pourtour des tas de pierres, le talus des fossés, les champs laissés en friche. Mais les asters impressionnent davantage. «Elles sont partout, dans les prés, dans les bois, au bord des eaux. Pas de coin désolé qu'elles n'embellissent, pas de roc aride dont elles ne couvrent la nudité[4].» C'est d'ailleurs dans la partie est de l'Amérique, là où le climat est tempéré, que cette plante déploie à la fois le plus grand nombre de ses espèces, la plus grande profusion des individus, la plus grande variabilité, et atteint le maximum de taille et de beauté.

Cette explosion de couleur ne se limite pas aux fleurs; elle gagnera aussi les feuilles. Bientôt la forêt éclate de jaune et de rouge. Le géographe français Raoul Blanchard écrit que la forêt «illumine alors le paysage de ses ocres et de ses rouges, parfois aussi vifs que des flammes». Et il ajoute: «Beaucoup plus que le relief, toujours un peu mince, la forêt est avec les eaux la vraie beauté de la terre canadienne[5].»

On a cru longtemps que le temps froid et de fortes gelées amenaient le changement de couleur des feuilles. À la vérité, la température n'influe guère. Le froid provoque plutôt la mort des feuilles, qui passent alors à un brun terne et ne tardent pas à tomber. Les couleurs jaunes ou rouges du feuillage résulteraient plutôt de la diminution du nombre d'heures de lumière durant le jour. Alors s'achève le travail de la photosynthèse amorcé au printemps. Une partie du pétiole, qui relie la feuille à l'arbre, s'assèche: ses tissus acquièrent la consistance du liège. La feuille est désormais laissée à elle-même. Son alimentation cesse. Elle ne vit plus que de ses réserves. La chlorophylle s'estompe. Et la couleur jaune, qui était là depuis le printemps, mais occultée par le vert, devient apparente. Le feuillage du bouleau blanc et du hêtre passe au jaune. Celui de certains érables passe au rouge. Une accumulation de sucre dans le tissu de la feuille laisse voir une gamme de rouge allant de l'écarlate au grenat, selon que le sol est plus ou moins acide. Certaines feuilles même vont jusqu'au mauve. Le phénomène peut durer de huit à quinze jours. Puis les feuilles se dessèchent et tombent.

Cette explication «classique» de la chute des feuilles, formulée par le botaniste allemand H. Molisch dans les années 1930, est maintenant remise en question. Deux biologistes de l'université Stanford en Californie, Eduardo Zeiger et Amnon Schwartz, croient que l'abaissement de la température et le raccourcissement des jours ne peuvent tout expliquer. L'arbre n'abandonnerait pas nécessairement ses feuilles. Des expériences menées sur diverses essences d'arbres montrent que «certaines cellules chlorophylliennes seraient génétiquement programmées pour dépérir au bout d'un laps de temps limité, tandis que d'autres seraient douées d'une grande longévité[6]». Le biologiste anglais Richard Hardwick pense également que des mécanismes génétiques complexes interviennent dans le vieillissement des plantes, lesquelles sont loin d'être «de simples machines commandées par leur environnement».

Par ailleurs, pour se protéger de l'hiver, quand la plupart des animaux se terrent et hibernent ou préfèrent émigrer, l'arbre, lui, entre en état de repos. Les biologistes d'ailleurs parlent de sa «dormance». Déjà, à la fin de l'été, il fait provision, dans le tronc, les racines et les branches, de réserves amidonnées, en vue de la prochaine poussée printanière. Ses tissus, beaucoup moins lâches qu'au printemps, contiennent moins d'eau. Ainsi la dilatation de l'eau sous l'effet du froid sera moins à craindre. Même l'écorce lui fournit une protection. Formée de cellules cylindriques et sèches, elle crée un coussin d'air qui isole du froid. Ainsi pourvu, l'arbre pourra facilement traverser l'hiver. À moins de changements subits de température.

L'été indien

À l'occasion, en octobre, plus rarement, en novembre, la vallée du Saint-Laurent vit sous une période de temps chaud. Le soleil brille. Une brume diaphane atténue ce que le milieu aurait d'excessif. Les sous-bois tapissés de feuilles sont odorants. Un vent léger souffle du sud-ouest. On dirait l'été revenu, après des gelées sévères et des jours de temps froid. C'est l'été indien, un été de quelques jours en plein cœur de l'automne.

Le phénomène est aléatoire et propre à tout l'hémisphère nord. Lorsqu'il se produit, c'est qu'un air du sud-ouest apporte plus au nord la chaleur et l'humidité des régions méridionales, créant ainsi un réchauffement stable de la température*. Les Américains, les premiers, auraient appelé ce temps de l'année *Indian summer*. En Nouvelle-Angleterre, on répète que l'appellation viendrait des Amérindiens, qui croyaient que ce doux temps leur était envoyé par Coutantowit, une divinité favorable logeant quelque part au sud-ouest[7]. Dans la vallée du Saint-Laurent, on parlera de l'été indien, de l'été des Indiens ou de l'été des Sauvages. L'Angleterre adoptera l'expression américaine,

* Ce réchauffement peut se produire en toute saison. En plein hiver, on dira que c'est le redoux.

Photo: ANQ, coll. EOQ.

tout en l'appelant aussi l'été de la Saint-Luc (18 octobre). La France parlera de l'été de la Saint-Denis (9 octobre), de la Saint-Géraud (13 octobre) ou de la Saint-Martin (11 novembre). L'Allemagne, de l'été de l'aïeule.

Mais les effluves de l'été indien passées, on entre dans un tout autre automne. Celui des pluies froides et des forts vents. Dans la vallée du Saint-Laurent, novembre est le mois noir. Les cartes mensuelles de l'ensoleillement au Québec montrent que «le mois le plus maussade est novembre, alors que l'activité cyclonique est importante[8]». On dirait que le temps ne changera plus. Le jour est gris. On allume les lampes à quatre heures. La pluie bat les vitres. On songe à ceux qui sont dehors. Sur la Côte-de-Beaupré, les chemins sont si affreux que les cultivateurs ne sortent plus pour aller à Québec vendre aux marchés, ce qui rend les produits rares et chers. Tout le pays devient un bourbier, aux couleurs de brun variées. «Novembre est déjà un mois d'hiver, avec des moyennes partout inférieures à 32 °F (0 °C)[9].» Avec un temps pareil, on se prend à souhaiter l'arrivée de la neige.

Les activités domestiques

Le retour à la maison

Durant les premières semaines de l'automne, on continue de vivre comme en été. Le jour, beaucoup de familles habitent toujours la «cuisine d'été», soit le bas-côté, le fournil ou le hangar, à l'écart du logis principal. Mais ce temps achève. On ne saurait tarder à regagner la maison. Le froid se fait sentir davantage. Un matin, l'herbe est blanche de givre. Cela ne ment pas. L'été a donné ce qu'il pouvait. Il faut penser à rentrer. Finalement, quelque part à la fin de septembre, vers la Saint-Michel (29 septembre), on revient à la maison. Tous les enfants sont mis à contribution. Ustensiles, vaisselle et lingerie de table sont rapportés et retrouvent leur place habituelle. Les objets usuels également. Là où on ne peut doubler le mobilier, on ramène les chaises, le buffet et la table. Bien sûr, on déménage un peu à regret en pensant au long hiver qui vient. Mais on tire satisfaction d'aller vivre plus au chaud. Un Américain voyageant dans la vallée du Saint-Laurent en 1825 écrit que «les maisons et les granges des Canadiens sont bien bâties et parfaitement abriées contre la sévérité de leurs saisons... Dans l'intérieur de leurs maisons, on trouve tout ce qui est nécessaire pour leurs jouissances[1].»

Aussitôt rentré, on commence à chauffer le poêle. Bien sûr, il faut d'abord le remonter, quand on l'a démonté le printemps précédent. On ferme les fenêtres à demeure. On les calfeutre avec de longues bandes de vieux tissus. On condamne la porte avant de la même manière. De l'intérieur, la maîtresse de maison ou sa mère promène une main à l'angle des murs pour y déceler les entrées d'air; elle pousse des chiffons ou de l'étoupe de lin dans

*Jour d'automne, en 1867, à la
pointe du Moulin, site du fort de la
Pointe-Claire. Dessin à la plume de
A.-S. Brodeur (ANQ, IBC).*

* Vieille variante française de
rechausser, fort usitée dans la
vallée du Saint-Laurent.

les interstices. À l'extérieur, devant la porte, un des hommes de la maison installe le «tambour» de bois, un petit abri fermé qui fait office d'avant-porte, sert de coupe-froid, où l'on peut secouer ses vêtements et déposer les raquettes. On ne place pas de tambour là où l'on entre par le bas-côté. Plus tard, au début de l'hiver, on «renchaussera*» de neige le pied des murs extérieurs, histoire de couper le froid. Toutes ces mesures prises à se protéger de l'hiver effraient le visiteur. En 1776, un officier anglais nouvellement arrivé n'en revient pas qu'on mette autant de soin à préparer la maison pour l'hiver. À voir ainsi les Canadiens se prémunir à ce point, s'exclame-t-il, comment ne pas s'attendre à un froid terrible[2]!

Après la maison, on prépare aussi ses alentours pour l'hiver. La mère aidée de quelques enfants nettoie le potager, et les hommes retournent la terre à la bêche ou à la houe. On recouvre les fraisiers d'un paillis. On attache les framboisiers, les gadelliers et les groseilliers pour les protéger de la neige. On coupe les tiges de fleurs séchées. On déterre les bulbes des dahlias pour les mettre à l'abri du gel dans un endroit frais.

On transplante les arbres. En septembre et octobre, ils souffrent moins du déplacement, leur cycle végétatif s'étant beaucoup ralenti. On ignore la manière détaillée de planter les arbres dans les campagnes durant la première moitié du 19ᵉ siècle. Mais en 1827, voici ce que conseille J. Donnellan, «sans contredit, selon *La Bibliothèque canadienne*, le premier pépiniériste de Montréal»: «Faites un trou circulaire assez grand pour recevoir librement les racines sans qu'elles touchent aux côtés. Placez les racines convenablement, si quelques-unes se trouvent rompues, trop écartées ou rapprochées. Qu'une personne tienne l'arbre, tandis qu'une autre jette la terre dans le trou, après qu'elle aura été broyée. Il faut secouer l'arbre doucement et fréquemment, pendant qu'on remplit le trou, afin que la terre soit également répartie entre les racines, et se presse contre les radicules et les fibres. Il faut aussi soulever l'arbre graduellement, afin que la couronne ou le sommet des racines ne soit pas plus d'environ trois pouces au-dessous de la surface générale. Lorsque le trou est rempli, marchez dessus légèrement, d'abord au-dehors, ensuite près du tronc de l'arbre, formant une surface un peu concave, afin que l'eau y pénètre, s'il est nécessaire, plus aisément. Répandez sur la surface du trou, du fumier pourri, à l'épaisseur d'environ deux pouces... Plantez un bon piquet auprès de chaque arbre, et attachez l'y, afin que le vent ne les puisse abattre[3].»

La rentrée des animaux

Il faut aussi penser aux bêtes. Déjà, les nuits de fortes gelées, on met les vaches laitières à l'abri. Nulle part cependant il n'y a d'obligation stricte de les rentrer à une date précise. Par endroits, on tient pour bien négligent le cultivateur qui laisse son troupeau dehors après la Saint-Michel. Mais pourquoi le blâmer d'agir ainsi, si le beau temps se maintient? Là où les conditions du climat et de l'agriculture s'y prêtent, il est permis de penser que les bêtes à cornes et les moutons restent à l'extérieur bien après la Saint-Michel. Ils seront déjà si longtemps enfermés dans l'étable. D'ailleurs, avant de rentrer le troupeau, le cultivateur cherche à vendre quelques têtes. L'hiver sera long; mieux vaut ne garder que le nombre de bêtes à cornes suffisant pour la consommation familiale de lait et de viande.

Au plus tard à la Toussaint, tout le troupeau est rentré. À l'étable, les chevaux, les vaches, le bœuf et les moutons ont leur place toute désignée. Mais les oiseaux de basse-cour sont souvent laissés à eux-mêmes. Ils peuvent courir çà et là, picorer où bon leur semble, quoiqu'ils disposent de juchoirs pour dormir. Dès les premières semaines, l'habitant tarit ses vaches, sauf l'une

Aménagement du bâti à Kamouraska. Dessin à la plume d'Herbert Raine (Musée du Québec, Luc Chartier).

* Les premières fabriques de beurre et de fromage voient le jour dans les comtés de Brome et de Missisquoi dans les années 1860.

d'elles qui fournira le lait de la famille durant tout l'hiver. Pour les tarir, il ne leur sert que du foin, diminue le nombre de traites et ne les trait plus à fond. Au cours de la seconde moitié du 19e siècle, les beurreries et les fromageries* devront fermer leurs portes à la Toussaint et cesser d'opérer tout l'hiver, à défaut d'approvisionnement suffisant.

Quotidiennement, la mère et ses enfants, surtout si le mari est parti travailler en ville ou au chantier, se partagent le travail à l'étable: traire la vache, sortir le fumier, rafraîchir les litières, apporter l'eau et la nourriture. Au début et en fin de journée, quand quelqu'un s'approche du bâtiment, les bêtes savent que c'est l'heure de manger. Sitôt que la porte s'ouvre, les vaches meuglent et les moutons bêlent de plus belle. Cela dure tant qu'ils n'ont pas été nourris. Les chevaux, placides, surveillent du coin de l'œil les allées et venues de la personne chargée de soigner les bêtes. Les poules accourent avec force caquetages et gloussements. Seuls les dindes et les dindons, que l'on dirait majestueux et imbus de leur dignité, ne se hâtent point. Ils descendent pas à pas du perchoir et se fraient un chemin à travers la cohue. Les canards tardent à se montrer. Ne se perchant point pour dormir, ils passent la nuit à l'écart, tapis sous quelques planches. Une pareille activité a tout de même tôt fait de les éveiller et, à petits pas, ils sortent finalement de leur cachette.

Comme les poules se montrent les plus impatientes, elles sont les premières nourries. Les plus fortes écartent les plus faibles et les chassent à coups de bec. Celles-ci crient davantage et tentent d'attraper à la dérobée quelque grain oublié. Les canards refusent l'intimidation. Ils s'accroupissent d'abord sur la pâture; puis, inertes et muets, ils se laissent piétiner plutôt que d'en céder une partie. Finalement, l'agressivité tombe, à mesure que chacun s'assouvit. Et le groupe se défait. Bientôt on n'entend plus que le bruit sec de quelques becs frappant le sol, à la recherche des derniers grains.

Après les oiseaux, on nourrit les bêtes. Et le travail va ainsi son train. On garde à l'esprit qu'en cas de feu il faut couvrir la tête des bêtes pour les faire sortir de l'étable. Quand un incendie éclate, en particulier pendant la nuit, les bestiaux s'affolent et se cabrent, plutôt que de chercher à échapper aux flammes. L'expérience montre qu'il faut alors leur couvrir la tête d'un sac, d'un vêtement ou de toute autre pièce de tissu pouvant leur cacher la vue. On peut ainsi les conduire plus facilement à l'extérieur.

Le grand lavage

Après la rentrée des bêtes et la fin des récoltes, la mère et ses filles entreprennent une semaine de lessive, une grosse besogne semblable à celle du printemps. On lave les linges de vaisselle, les essuie-mains, les nappes, les draps, le «linge de corps», les salopettes et les chemises de belle toile. Toute cette lingerie trempe deux jours durant dans une eau froide adoucie de lessi. Après le trempage, on lave le linge au savon du pays dans une grande cuve d'eau chaude. Puis on le frappe au moyen du «battoir» sur une planche ou un banc mis de travers dans la cuve.

Le linge battu est mis à bouillir pendant 30 à 45 minutes dans une eau pure additionnée de lessi. Puis on l'égoutte, avant de le laisser reposer dans l'eau froide durant une nuit, histoire de le rincer. Par la suite, on le pend sur des cordes tendues ici et là, soit dans la maison, soit dans le bas-côté, soit tout simplement à l'extérieur, si le temps s'y prête. Il revient à la plus âgée des femmes de la maison de dépendre le linge sec, morceau par morceau, et de le plier soigneusement.

Le traitement de la laine

Le grand lavage terminé, une nouvelle routine, propre à la vie en dedans, prend place dans la maison. On réduit les espaces vitaux. On se rapproche du poêle. Les garçons, qui couchaient à l'étage, descendent dormir au rez-de-chaussée. Il fait trop froid là-haut.

L'heure est maintenant à la laine. Déjà, au printemps, après l'écharpillage, grand-mère était montée régulièrement au grenier pour séparer patiemment la laine blanche de la noire, besogne qui lui avait demandé beaucoup de temps. Puis, durant l'été, on avait cardé cette laine à la main entre deux planchettes de bois, l'une fixe et l'autre mobile, garnies de tiges de fer. Démêlée et brossée, la laine était prête au filage.

Au 19e siècle, un grand nombre de familles du Bas-Canada travaillent la laine. Au recensement de 1844, par exemple, on déclare avoir produit 1 210 944 livres de laine et 655 000 verges de flanelle ou autre étoffe de laine durant l'année. Le Bas-Canada compte maintenant 169 moulins à carde, la plupart actionnés à eau. Mais les villages n'en sont pas tous pourvus également. Ainsi, alors qu'il s'en trouve trois à Yamachiche, on n'en dénombre

Photo: Coll. Jean Bélisle.

aucun à Lanoraie, à Lavaltrie et à Saint-Félix-de-Valois. La région
la mieux nantie du Bas-Canada est la Côte-du-Sud, s'étendant de
Lévis à Rivière-du-Loup. Là, on compte 32 moulins à carde, ce
qui en fait le pays par excellence de la laine. Par ailleurs, passé
Rivière-du-Loup, on ne remarque plus aucun moulin à carde,
sauf celui de L'Isle-Verte. La Gaspésie, à cette époque, ne connaît
pas encore le cardage au moulin. D'autre part, l'étude des
statistiques nous permet d'imaginer les réseaux d'échange. Ainsi
les colons des Bois-Francs, sans moulin, font carder leur laine à
l'un des trois moulins de Gentilly, à la fois leur débouché premier
pour la potasse et leur centre d'approvisionnement.

À Avant de mener la laine au moulin, on prend soin d'en teindre une partie en bleu marine. Puis on la place dans des sacs de
toile pour la peser, car le cardeur travaille à la livre. Au moulin, la
laine blanche est cardée toute seule ou, pour obtenir du gris, avec
la laine noire et la bleu marine. Le cardeur la passe d'abord au
«piqueur», un gros peigne qui mélange les différents brins de
couleur de manière à donner un gris uniforme. Puis les brins de
laine sont cardés pour les rendre plus soyeux.

La laine cardée au moulin a beaucoup plus belle apparence
que celle travaillée à la maison. «La blanche ressemblait à de
l'ouate, tant elle était soyeuse. Quant à la grise, elle était d'une
belle couleur foncée qui faisait plaisir à voir[4].» Malgré l'établissement de moulins à carder, une partie du cardage continue de se
faire à la maison. Ainsi on carde toujours chez soi les brins de
laine trop courts, qui viennent des oreilles, des pattes et du ventre
de l'animal.

À l'automne, les femmes qui font carder au moulin attendent avec impatience le retour de leur laine. Le temps presse. Il
faudrait pouvoir se mettre au filage. Au moulin, la laine est livrée
selon l'ordre d'arrivée. Premières arrivées, premières servies. La
femme qui maugrée n'a qu'à s'en prendre à elle-même. À moins
que le cardeur, durant l'été, n'ait perdu son temps ou que les
basses eaux, par suite de la sécheresse, n'aient ralenti le travail de
son moulin...

Sitôt que la mère de famille prend possession de sa laine, elle
entreprend de la filer, c'est-à-dire d'en tordre les brins au moyen
du rouet pour en former un fil continu. «Pour le tissage on se sert
de ce fil simple; pour le tricotage on se sert de trois ou quatre
brins filés ensemble, d'où vient l'expression 'laine de deux, trois
ou quatre plis'[5].» Quand la mère doit s'occuper de l'«ordinaire*»,
l'une de ses filles ou la grand-mère s'amène. Le filage ne peut
attendre; il retarderait d'autant le tissage et le tricotage. D'ailleurs

* Vieille expression d'origine française pour désigner tout ce qui a trait à la préparation des repas.

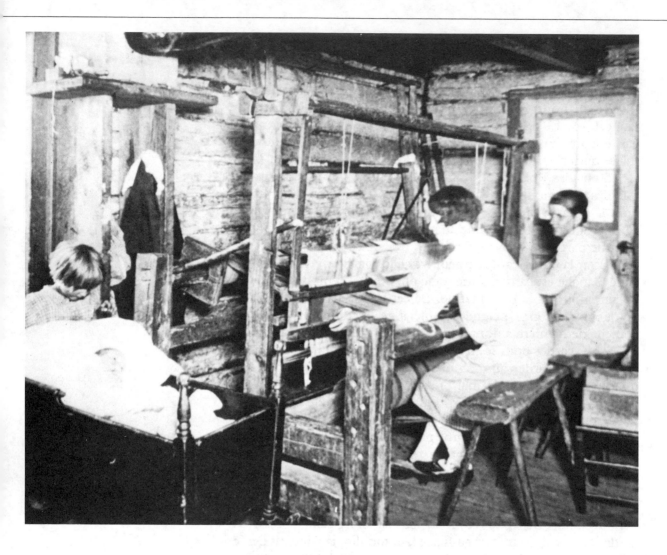

Photo: N. Buebee,
Drifting Down, 1939.

on trouve facilement plus d'un rouet dans les familles où il y a beaucoup à filer.

Jusqu'en 1800, on travaille avec deux sortes de rouets: le petit et le grand. Le premier permet de s'asseoir, mais pas l'autre. On actionne cependant les deux en appuyant de l'index sur les rayons. Selon l'ethnologue Robert-Lionel Séguin, ce n'est qu'au début du 19e siècle qu'on imaginera la pose d'une pédale pour faire fonctionner le rouet[6]. En 1824, à l'occasion du décès de Marie-Anne Mallette, de l'Anse-de-Vaudreuil, le notaire Dubrul, qui fait l'inventaire de ses biens, signale la présence d'«un petit Rouette à pied estimé à deux livres et deux sols». Ce serait là, selon Séguin, la plus ancienne mention connue d'un rouet à pédale.

Dans les régions où l'on produit de la laine, des femmes font métier de fileuse. Elles sont reconnues comme telles et se rendent à domicile «chercher leur ouvrage». Comme le cardeur, elles travaillent à la livre. Lorsqu'elles se présentent, on les invite à monter au grenier pour peser la quantité de laine à filer. La grand'mère prend la balance de bois et les cuillers de plomb, qui servent de poids. Le tout bien pesé, on s'entend sur le prix et on convient d'une échéance. À Rivière-Ouelle, à la fin du 19e siècle, «la mère Hyacinthe» passe par les portes pour s'offrir à filer la laine. «Elle n'était pas riche et l'ouvrage était rare: le père battait au fléau à l'automne chez les cultivateurs. Il faisait aussi des fossés et, au temps de la moisson, il coupait du grain à la faucille... Je la vois encore, en dépit de ses soixante-dix ans, avec sa jupe grise, son mantelet de batiste noire et son grand tablier blanc. S'il faisait un peu froid, elle ajoutait un petit châle carreauté, noir et gris, plié en pointe... Il n'y en avait pas comme elle pour filer la chaîne. Un beau brin uni, égal, bien tordu, et qui ne cassait pas lorsqu'on le montait sur le métier à tisser. Ses deux filles filaient la 'tissure*', ce qui était moins compliqué[7].»

Après le filage, la laine est passée au dévidoir. Invariablement, là où se trouve un rouet, se trouve un dévidoir**. Les deux font la paire. Le dévidoir permet de mettre la laine en écheveaux et de compter la quantité d'aunes*** à monter sur le métier. Par la suite, on teint la laine aux couleurs désirées. Au 19e siècle, les femmes du Bas-Canada, en particulier celles de la Côte-de-Beaupré, de l'île d'Orléans et de la région de Charlevoix, atteignent une certaine perfection dans l'art de la teinturerie. Les recettes varient. Tantôt apprises des Amérindiens au début de la colonie, tantôt importées de France, elles se transmettent toujours de mère en fille. De la pelure d'oignon, de la verge d'or (Solidage), de la savoyane (Coptide du Groenland) et du lessi, provient le jaune. Du jargeau (Vesce jargeau) ou de l'écorce de plaine (Érable rouge) donnent le bleu. L'écorce de pruche (Tsuga du Canada) fournit un brun clair ou foncé. En 1807, le voyageur John Lambert constate que «les Canadiens et les sauvages emploient pour teindre l'ellébore à trois feuilles**** et le *Galium tinctorium* (Gaillet des teinturiers): la première de ces plantes donne un beau jaune et la dernière un rouge brillant[8]». En 1837, le journal *Le Glaneur* de Saint-Charles-sur-Richelieu signale qu'on tire du noir du brou de noix, «un noir assez beau[9]».

Au moment de teindre, on s'assure de tout avoir sous la main. Chez les Lévesque, de Rivière-Ouelle, «c'était connu de tous que l'aulne n'avait pas son pareil pour teindre en noir, mais

* Appellation populaire de la trame, c'est-à-dire de l'ensemble des fils passés au travers des fils de chaîne, dans le sens de la largeur.

** On dit aussi dévidois, dévidoué ou dévidouère. À l'occasion, on se sert du dossier d'une chaise comme dévidoir. Et l'on dira d'un bavard qu'il est un vrai dévidoir.

*** Ancienne mesure française de longueur, supprimée en 1840, valant 1,18 mètre ou 45 pouces.

**** Nous n'arrivons pas à identifier cet ellébore à trois feuilles.

L'habitant à la pipe. Aquarelle de F.J. Lamberet (coll. privée).

* Certaines femmes préfèrent tisser à l'étage, soit au printemps, soit à la fin de l'été, quand la température y est supportable. Dans ce cas, elles laissent leur métier assemblé en permanence.

il fallait l'aller quérir». «Chez nous, raconte une fille de la famille, c'était dans la 'talle' d'épinettes qu'on trouvait la précieuse substance... On traversait la cour. En passant devant la grange, on escaladait la haute clôture de cinq pieux qui séparait 'notre' terre de celle du voisin, on marchait cinq minutes et on entrait sous le couvert des épinettes... Enfin, dans un endroit humide et marécageux, nous trouvions la talle d'aulnes, petits arbres de peu de hauteur. À l'aide de sa hache, grand'père coupait des bâtons de la grosseur d'un manche à balai, ôtait les petites branches et chargeait le tout sur ses épaules. Le 'pire' était fait; il ne s'agissait maintenant que d'enlever l'écorce à l'aide d'un couteau de poche, de la mettre dans le grand chaudron, toujours accroché à la 'potence', d'aller chercher de l'eau à la petite fontaine et de faire bouillir. Ensuite, on coulait; et la laine allait prendre son bain, soulevée constamment dans la teinture, afin d'acquérir une teinte égale. Il me semble bien qu'on y mettait du sel... On laissait mijoter pendant au moins une heure, puis on finissait par la phrase traditionnelle: 'Rincez jusqu'à ce que l'eau sorte claire et faites sécher sans tordre.' Le grenier du 'fournil' était le théâtre de cette opération. On ouvrait le 'chassis' lorsqu'on ôtait le couvercle de la marmite. Il ne s'agissait que de laisser tremper dans le liquide, de brasser deux ou trois fois la semaine. Il me semble que pour bien réussir, ça prenait quinze jours. Il fallait ensuite laver abondamment, faire sécher au grand air et vous aviez une teinte indélébile[10].»

Sitôt teinte et séchée, la laine est mise en pelotons pour le tricotage. On la dévide aussi sur des bobines pour le fil de chaîne et sur des canettes pour le fil de trame. Et on décide de s'y mettre à deux pour monter le métier à tisser, le plus imposant et le plus compliqué des instruments de travaux domestiques. Il sera placé près d'une fenêtre de la salle commune, pour éviter à la tisserande de «s'arracher les yeux» dans la pénombre*. L'assemblage du cadre de bois est rapide: tout tient au moyen de tenons et de mortaises. Mais on met facilement trois heures pour «monter la pièce». L'ensouplement de la chaîne, l'enfilage et le piquage en ros, soit tout le montage de la trame, prennent temps et patience: il faut que la tension des fils soit la même partout, gage premier d'un travail de qualité.

Sitôt que le métier est prêt, on entreprend le tissage qu'on mène rondement. Tous s'y relaient. L'ethnologue Hélène de Carufel écrit que l'activité «passionne les jeunes filles qui se hâtent de terminer la besogne du matin pour travailler au métier. Après les longues étapes de préparation, elles sont enthousiastes de voir un tissu prendre forme sous leurs doigts. Elles peuvent enfin toucher le résultat de leur labeur. Dans certaines familles, où les filles sont peu nombreuses, les garçons prennent part à cette activité. Les enfants aiment tellement tisser qu'il leur arrive quelquefois de se disputer pour prendre place au métier[11].»

Le tissage de la laine se poursuit jusqu'à la toute veille du temps des Fêtes, moment où l'on démonte le métier pour avoir plus d'espace. Certaines familles, faute de temps, préfèrent reporter le tissage et le tricotage après les Fêtes. De toute manière, on arrive ainsi à produire tout le tissu nécessaire à la garde-robe d'hiver, soit les chemises, jupes, pantalons d'étoffe, vestes à longues manches, capots, bougrines, crémones et capuches. Dans ses temps libres, mémère tricotera les chaussons, les mitaines et les tuques.

La conservation des aliments

Quand l'automne arrive, l'heure est toujours aux récoltes. A-t-il trop plu durant l'été, le temps a-t-il été trop sec, que le moment des moissons s'en est trouvé reporté. Et souvent, même en septembre, on travaille encore aux céréales. Chaque jour sans pluie est un jour utile. On souhaite d'ailleurs du beau temps continu. Il faut faire vite maintenant. Tous travaillent, au champ comme au potager. Là où il y a des écoles, pas question pour les enfants les plus vieux d'y retourner maintenant. Certaines paroisses, du reste, retardent l'entrée des classes à la Saint-Michel, soit au 29 septembre.

Mais on a beau récolter rapidement, il faut aussi savoir bien conserver. À leur arrivée en sol américain, les Européens ont fait face à de nombreux problèmes à ce sujet. Les techniques de conservation apportées d'Europe, propres à un climat plus doux, n'étaient pas toujours adéquates. Au 19e siècle, le problème est réglé. Voilà maintenant 200 ans qu'on expérimente divers types de conservation, tenant tantôt de l'Europe, tantôt de l'Amérique. Certes on ne se trouve pas pour autant à l'abri des caprices du temps et des dégels subits; mais la variété des moyens utilisés permet de traverser l'hiver sans trop de heurts. Tout ce service de l'entreposage d'ailleurs est sous la régence de la maîtresse de maison. Selon le produit, elle recourt au gel, au séchage, au fumage, au salage, à la cuisson ou à la macération.

Les fines herbes, par exemple, sont soit séchées et gardées au grenier, soit hachées et mises dans le gros sel. En tout temps de l'année, on garde les œufs dans «un lieu frais et sec, dans de la laine ou du coton, à l'abri du soleil, du grand jour et de l'air libre[1]». On conseille encore de placer dans un baril, entre des couches de sel, les œufs que l'on veut garder longtemps. «Les œufs demi-cuits, enfermés ensuite lorsqu'ils sont refroidis, puis

réchauffés au bout de quelques mois, semblent presque aussi bons que lorsqu'ils étaient frais[2].»

Le poisson est gardé fumé, salé et même congelé. Séjournant au Canada en 1781, la baronne Frederika von Riedesel écrit: «Je fus très surprise quand on vint me demander quelle quantité de poisson je désirais emmagasiner pour l'hiver. Je demandai où je pourrais bien garder le poisson, n'ayant pas de vivier. 'Dans le grenier, me répondit-on, où il se conservera mieux que dans la cave.' Je fis donc provision de trois ou quatre cents poissons, qui se conservèrent frais. Tout ce qu'il y avait à faire quand nous en avions besoin, était de les placer dans l'eau froide le jour précédent[3].»

Les racines se conservent à l'état nature. Pour éviter qu'elles ne gèlent, ne pourrissent ou ne germent, on les place à la cave ou au caveau. Dans ce cas, ce sont précisément les Amérindiens qui ont montré cette manière de faire aux Européens. Dès 1612, Marc Lescarbot signale qu'en ce pays on enterre les aliments pour

La mise en conserve chez les Laberge à Châteauguay. Au 20e siècle, on incitera les maîtresses de maison à se doter de sertisseuses domestiques pour la conservation dans le fer-blanc. Certaines adopteront ce procédé, surtout là où les familles seront nombreuses (ANQ, coll. EOQ).

mieux les conserver. La meilleure description cependant demeure celle du père Joseph-François Lafiteau qui raconte en 1724 que les femmes amérindiennes «font dans leurs champs de ces sortes de greniers souterrains pour y mettre les citrouilles et leurs autres fruits qu'elles ne sauraient autrement garantir de la rigueur de l'hiver. Ce sont de grands trous en terre, de quatre à cinq pieds de profondeur, nattés en dedans avec des écorces, et couverts de terre par-dessus. Les fruits s'y conservent parfaitement bien sans recevoir aucune atteinte de la gelée, dont les neiges qui les couvrent les garantissent[4].»

Prenant exemple de cet usage amérindien, des habitants se mettront à creuser des caveaux pour conserver les aliments. Les premières mentions connues de ces abris de conservation remontent au début du 19ᵉ siècle; mais rien n'empêche de penser qu'il s'en trouvait antérieurement. Pour beaucoup, la cave de la maison fait office de caveau. On se sert aussi du grenier, de la laiterie, du fournil, du fenil, du bas-côté, du puits, du ruisseau et de la cache sous la neige, dans le foin ou le sable.

La cave

Jusqu'à la fin du 18ᵉ siècle, sauf exception, la véritable cave n'existe qu'en milieu urbain. Seules les maisons de ville offrent un tel lieu d'entreposage. Les maisons rurales, elles, reposent sur la dure. On prévoit bien un «espace de rampage» entre le plancher et le sol, mais il s'agit ici du vide sanitaire, de 30 à 50 centimètres de haut, signalé généralement dans les marchés de construction. Plutôt que de cave, la plupart des agriculteurs se satisfont d'un simple caveau creusé sous la cuisine, auquel on accède par une trappe ménagée dans le plancher. Là, on conserve au frais les saloirs de lard, d'anguille et de beurre, quelques légumes, des peaux et, à l'occasion, d'autres denrées.

Toutefois, de 1780 à 1850, un changement notable apparaît dans la construction des nouvelles maisons rurales. On creuse désormais une véritable cave que l'on agrandit et exhausse selon les commodités et les contraintes du site. On y ménage des ouvertures fonctionnelles, soit des soupiraux et une porte semi-souterraine. La mention de ces accès au sous-sol s'ajoute progressivement aux devis de construction. Plusieurs régions font de même: la plaine du Richelieu et du sud de Montréal, où domine pourtant la culture du blé, le Bas-Saint-Laurent, et même la Côte-de-Beaupré, aux pratiques anciennes fortement ancrées.

Pourquoi pareil changement? Quel nouveau besoin ou quelle contrainte pousse l'habitant à prévoir désormais une cave? L'ethnologue Paul-Louis Martin accumule, depuis quelques années déjà, les observations, les relevés architecturaux et les résultats d'enquête à ce sujet. Selon lui, il serait permis d'établir un lien entre ce phénomène et celui, concomitant, du développement de la culture de la pomme de terre.

La pomme de terre est apportée par les Anglais en 1760. Petit à petit, elle gagne toutes les régions du Québec. En 1776, on la signale à Gaspé. En 1806, elle est devenue un élément important de la dîme versée au curé de l'île aux Coudres. En 1817, le journal *Le Canadien* annonce une récolte record de pommes

La maison Savoie, construite en 1824, à Saint-Barthélemy (ANQ, coll. EOQ).

de terre dans la région de Québec. En 1819, les rapports de diverses sociétés d'agriculture mentionnent que la culture de la pomme de terre est très répandue. En 1830, à Rimouski, les patates sont à ce point précieuses que les enfants ratent jusqu'à un mois d'école pour travailler à la récolte.

Certains citoyens — parfois parmi les plus éclairés — résistent à ce changement alimentaire. En 1834, le secrétaire de la Société d'agriculture de Montréal, William Evans, par ailleurs fondateur du *Journal d'agriculture canadien*, dénonce la consommation humaine de patates dans le Bas-Canada: «La pomme de terre pour l'alimentation humaine n'aurait jamais dû être introduite dans un pays comme le nôtre... Même nos immigrants les plus pauvres, s'ils sont travaillants, sobres et savent tirer profit des débouchés qui se présentent à eux, ne peuvent être réduits aux conditions de vie de la classe laborieuse des autres pays, qui n'a guère comme lot que la pomme de terre, la pauvreté et l'extrême misère[5].» Pour appuyer ses dires, Evans reprend les propos d'un médecin français. «Le Docteur Tissot, écrit-il, fut d'opinion que l'usage continuel de la pomme de terre n'était pas nuisible à la santé, mais qu'il diminue les facultés intellectuelles. Il convient que ceux qui mangent du maïs, des pommes de terre ou même du millet peuvent devenir grands et même gros; mais il doute si jamais ils ont produit aucun ouvrage littéraire de mérite[6].» Pareille opposition n'y fera rien. La pomme de terre est arrivée pour rester. De 1827 à 1844, elle représente 46% des récoltes alimentaires du Bas-Canada. On en produit généralement entre 50 et 200 minots par ferme. De Hull à Gaspé, nul climat, semble-t-il, ne lui convient mieux.

Mais où conserver cette récolte? Quel lieu d'entreposage offre les meilleures conditions de température? Sûrement pas le grenier, à cause du froid. Les caveaux extérieurs, construits à l'écart de la maison, ne sont pas légion; on ne les retrouve qu'en certaines régions. Il reste donc la cave, sous la maison. Convenablement creusée et aérée, elle offre l'humidité voulue, l'obscurité recherchée et une température facile à contrôler à la hausse ou à la baisse, suivant qu'on ouvre la trappe de la cuisine ou l'un des soupiraux. D'ailleurs, dès 1717, le petit traité d'agriculture de l'Écossais Charles Evelyn, *The Lady's Recreation*, recommande de conserver les pommes de terre à la cave, avec les carottes et les panais[7].

Dans la vallée du Saint-Laurent, de 1800 à 1850, de plus en plus de constructeurs d'habitations adaptent dorénavant leurs plans à cette nouvelle fonction. Ils prévoient désormais une cave

La conservation du lait

Au 19ᵉ siècle, à la campagne, le problème de la conservation du lait ne se pose pas, sauf en été, au temps de la canicule. C'est plutôt là une préoccupation citadine. En Europe, on se met à la recherche d'une méthode efficace de conservation du lait. Le lait est de plus en plus considéré comme un aliment essentiel, qui permet en particulier aux enfants de se défendre contre certaines maladies. Il est nécessaire, croit-on, que les citadins aussi boivent du lait, de même que les nombreux émigrants qui voyagent en mer et les marins.

Vers 1805, en France, la Société pour l'Encouragement de l'Industrie déclare qu'elle appuiera tout travail visant à mettre au point une technique efficace de conservation du lait. Cinq ans plus tard, l'inventeur Nicolas Appert établit qu'il faut chauffer le lait pour y détruire un grand nombre de germes pathogènes et ainsi pouvoir le conserver. L'idée désormais est acquise et fera son chemin.

En 1837, le journal *Le Glaneur*, de Saint-Charles-sur-Richelieu, recommande à ses lecteurs de conserver le lait à la manière d'Appert. «Prenez des bouteilles bien séchées et parfaitement inodores. Versez-y le lait nouvellement trait. Les bouteilles pleines, bouchez-les solidement avec du liège et consolidez le bouchon avec de la ficelle ou du fil de fer. Placez-les dans une chaudière avec de la paille entre elles. Remplissez la chaudière d'eau froide et mettez-la sur le feu; dès que l'eau commence à bouillir, vous enlevez le feu et vous laissez le tout refroidir lentement. Lorsque les bouteilles seront entièrement froides, on les retirera et on les emballera avec de la paille ou de la sciure de bois pour les mettre dans un endroit froid. Du lait conservé de cette manière a été transporté dans les Indes Occidentales et rapporté en Danemark.»

À la fin du 19ᵉ siècle, le chimiste et biologiste français Louis Pasteur répétera à quelques détails près l'expérience d'Appert, tout en précisant les températures exactes et la durée du chauffage. Il mettra ainsi au point ce qu'on appellera désormais la pasteurisation du lait. Cette opération, guère utile à la campagne, améliorera les conditions de vie à la ville. Elle permettra en particulier aux mères d'être assurées de donner un lait sain à leurs enfants.

Voir A.W. Bitting, *Appertizing, or The Art of Canning; Its History and Development* (1937): 14 s., 730 s.; *Le Glaneur*, août 1837. Le texte du *Glaneur* sera repris 25 ans plus tard dans la *Gazette des campagnes*, de Sainte-Anne-de-la-Pocatière, 27 oct. 1862.

de 4 à 6 pieds (1,2 à 1,8 mètre) de hauteur, y ménagent au moins deux ouvertures, qui servent à la fois à entrer la récolte et à aérer la place. Ils pratiquent même une «descente», sorte de porte basse permettant l'accès de l'extérieur. Conséquence générale, les nouvelles maisons, en particulier celles des pays de colonisation, seront surhaussées de quelques pieds par rapport aux précédentes. D'ailleurs, le journaliste William Evans, bien qu'opposé à la consommation de pommes de terre, n'a que des éloges pour la cave. «Je recommanderais avant tout à ceux qui veulent construire une maison, dit-il, de se ménager une bonne cave; c'est une des parties les plus utiles d'une maison de ferme[8].» Souvent on va jusqu'à soulever les anciennes demeures pour permettre l'aménagement d'une cave. Et quand il faudra déplacer la maison, à la suite d'une correction routière, on profitera de l'occasion pour asseoir l'édifice sur un solage plus élevé. Ainsi la culture de la pomme de terre aurait peut-être davantage contribué que l'abondance des neiges à cette soudaine surélévation des maisons rurales. Et alors l'hypothèse de l'ethnologue Paul-Louis Martin se vérifierait.

Une révolution alimentaire

Au début du 19ᵉ siècle, l'humanité dispose encore de méthodes très anciennes de conservation des aliments. On fume, on sale, on sèche, on sucre ou on gèle ce que l'on tient à conserver. Mais aucun de ces moyens ne permet de garder les denrées sous une forme rappelant l'état frais. Sans compter qu'on se soucie rarement de la qualité des produits conservés et de la propreté des contenants utilisés.

En 1810, après quinze années de recherche, l'inventeur français Nicolas Appert, ancien confiseur et distillateur, publie à Paris un ouvrage qui fera révolution: *L'art de conserver, pendant plusieurs années, toutes les substances animales et végétales*. Il y certifie que toute denrée alimentaire, préalablement chauffée et maintenue dans un contenant hermétiquement fermé, peut se conserver durant plusieurs années. Il rappelle qu'il est essentiel d'utiliser des aliments frais, des contenants d'une parfaite propreté et de mener rapidement les opérations de mise en conserve.

Compte tenu que la chimie n'en est qu'à ses débuts et que la bactériologie demeure une discipline inconnue, Appert ne peut expliquer pourquoi la combinaison de la chaleur et de l'exclusion de l'air ambiant permet une telle qualité de conservation. Tout de même, cette trouvaille devait révolutionner les manières de manger et améliorer grandement les conditions générales d'existence de l'humanité. Fini le scorbut, cette maladie venue d'une carence de la vitamine C! Finies les viandes salées et les galettes séchées servies dans l'armée et la marine! Désormais, par le mode des conserves alimentaires, on peut varier le menu et l'adapter aux besoins de chacun. «M. Appert, écrit *Le Courrier de l'Europe*, a trouvé l'art de fixer les saisons: chez lui, le printemps, l'été et l'automne vivent en bouteilles semblables à ces plantes délicates que le jardinier protège sous un dôme de verre contre l'intempérie des saisons.»

Avec Appert, l'acte de naissance de la conserve était signé. Par la suite, on ne fera que raffiner le procédé. En 1817, les Anglais substituent aux contenants de verre des boîtes rondes en fer-blanc. Celles-ci sont moins fragiles et d'un transport plus facile lors de longs voyages. Mais le verre n'est pas déclassé pour autant. Les familles y recourent encore, puisqu'il est aisément réutilisable. On s'en sert, par exemple, pour les confitures, les gelées, les cornichons, les fruits au naturel et au sirop. Le verre obtient d'ailleurs ses lettres de noblesse en 1858, quand l'Américain W.W. Lyman, du Connecticut, invente le pot Mason, au couvercle de zinc couvrant complètement l'ouverture. Ce procédé, peu coûteux et d'usage facile, garantit la fermeture hermétique du contenant. Dans les années 1860, comme les aliments préservés sous le zinc prenaient un goût métallique, on met au point le couvercle fait d'un disque de verre reposant sur un anneau de caoutchouc et tenu en place par un manchon fileté.

Voir A.W. Bitting, *Appertizing, or The Art of Canning; Its History and Development* (1937): 3-18; François Léry, *Les conserves* (1978): 17-25; H.S. Russell, *A Long, Deep Furrow; Three Centuries of Farming in New England* (1976): 399.

---

* Généralement prononcé «por». À l'étable, on parlera de «por à cochons», «por à moutons», de «por à cheval».

** Ensemble de 12 à 18 feuilles de tabac attachées solidement ensemble au moyen d'une plus grande feuille de qualité médiocre.

La cave est divisée en «parcs*» de bois, dans lesquels sont entreposés les légumes: «parc à patates», «parc à carottes», «parc à betteraves», «parc à navets». On surélève ces compartiments pour éviter que les produits entreposés ne reposent par terre. De cette manière, on se prémunit en partie d'une possible montée des eaux lors de la fonte des neiges au printemps. Près de l'escalier menant au rez-de-chaussée de la maison, on remarque les tonneaux de lard, d'anguille et de cornichons, tous des produits conservés dans le sel. Pas très loin, des barils de pommes. Sur une étagère, les conserves de fruits et de légumes. Certains habitants gardent aussi à la cave plutôt qu'au grenier les «mains**» de tabac.

Habituellement, à la fin de l'été, les parcs sont vides. Alors la maîtresse de maison les balaie soigneusement et parfois les chaule.

Elle lave à la grande eau les «quarts» de saumure et les passe au lessi. La cave elle-même est longuement aérée. Régulièrement, un enfant descend passer le râteau dans le sable fin du parc à carottes, pour que le sable s'assèche davantage. On bouche de guenilles de camphre liquéfié ou de chlorure de chaux vinaigré les trous de belette et de mulot. L'odeur de ces désinfectants fera fuir ces rongeurs, maintenant en quête d'un abri pour l'hiver. La cave fin prête, il ne reste plus désormais qu'à attendre les récoltes.

Le caveau

Dans certaines régions, on recourt au caveau plutôt qu'à la cave pour garder ses légumes. Mais on ne procède pas autrement pour le préparer à l'hiver. Cette petite construction de maçonnerie, légèrement à l'écart de la maison, est ouverte, aérée, nettoyée et passée à la chaux. Pour lui donner bonne odeur, on couvre le plancher de paille fraîche. Sur la Côte-de-Beaupré, on dispose aussi du jonc de cajeu dans le fond des parcs. C'est la mère qui aménage le caveau, et non les enfants, car on craint qu'ils ne prennent un coup de froid dans ce lieu humide.

Caveau à légumes à Château-Richer (ANQ, coll. EOQ).

Le grenier

De la même manière que la cave et le caveau, le grenier de la maison sert à la conservation. Bien sûr, dans la seconde moitié du 19e siècle, il y aura place pour une ou deux chambres mansardées à l'étage et les enfants iront y dormir. Mais l'espace réservé au grenier ne s'en trouvera que peu réduit et celui-ci conservera sa vocation première de dépense et de remise. On range au grenier, dans des «carrés à grains*», le blé, l'avoine, le seigle, le sarrasin, l'orge, le blé d'Inde égrené et les légumineuses. On garde aussi dans des sacs de lin, la farine, dans des barils, le sel et la graine de lin. On suspend aux poutres les tresses d'oignons et d'épis de blé d'Inde, ainsi que les «mains» de tabac.

    À la fin de l'été, le grenier est presque vide. La mère le nettoie et le fait aérer. Contre le charançon qui s'attaque aux céréales, elle répand sur le plancher de la graine de chanvre, des feuilles de sureau et de l'ail broyés. Cette besogne accomplie, la cave, le caveau et le grenier sont prêts à recevoir les récoltes.

* Certaines familles disposent leurs carrés à grains dans la grange, le fournil ou le hangar.

Les récoltes

Le blé d'Inde

Photo: ANQ, coll. EOQ.

Après les récoltes estivales, viennent celles de l'automne. Habituellement, le blé d'Inde est la dernière céréale récoltée. Début octobre, après l'avoine, l'orge, le sarrasin, le seigle et le blé, on s'apprête à en finir avec lui. Il est vrai que certains habitants récoltent leur maïs en plein cœur de l'été, soit à la fin de juillet ou au début d'août. C'est qu'ils préfèrent alors le cueillir frais et le manger comme légume. À moins qu'ils ne cultivent d'anciennes variétés mises au point par les Amérindiens iroquoïens avant même la venue des Européens. Bien adaptées aux caprices du climat québécois, ces variétés donnent des plants de taille médiocre (75 cm environ), produisant des épis de 10 centimètres de longueur, qui mûrissent en 50 jours seulement. Jacques Cartier en voit à Gaspé en 1534. Il s'en cultive à Lorette sur la rive nord du Saint-Laurent, de Québec à Trois-Rivières, en 1749. «Le maïs qu'ils sèment, écrit Pehr Kalm, représente l'espèce de petite taille, qui mûrit hâtivement; elle possède assurément moins de grains que l'autre, mais donne proportionnellement plus de farine, une farine qui aurait davantage de goût que l'autre[1].» Et on en consomme toujours à Saint-André-de-Kamouraska au milieu du 19e siècle. Des «cotons*» de petite dimension trouvés sous le plancher du magasin général de Sifroy Guéret dit Dumont semblent avoir été jetés là par les charpentiers qui construisirent l'édifice au cours de l'été de 1848[2].

* Appellation populaire de la râpe, c'est-à-dire de ce qui reste de l'épi après avoir enlevé les grains.

L'épluchette

Le moment vient de récolter quand le plant se flétrit. Alors on cueille les épis pour les faire sécher durant deux à quatre semaines, selon que les épis sont couverts ou non de leurs feuilles et que l'air ambiant est plus ou moins humide. Alors, si la quantité le

justifie, l'habitant convoque la famille, les voisins et les amis à la
corvée de l'épluchette. Il faut déshabiller les épis de leurs feuilles
et les égrener. Seule l'assistance de plusieurs permet d'accomplir
cette besogne avec célérité.

De nombreux auteurs, reprenant l'assertion du poète Léon-
Pamphile Lemay, affirment que la corvée de l'épluchette remonte au régime français. Cela n'est pas du tout certain. Jusqu'au
19e siècle, les sources semblent muettes à ce sujet. Aussi tard
qu'en 1852, Chauveau parle bien d'une veillée d'automne à rôtir
le maïs, mais on n'y trouve nulle mention d'épluchette. «Dans la
salle des gens, écrit-il, un feu bien nourri remplissait l'âtre et
illuminait de clartés inégales et intermittentes cette chambre, la
plus grande de la maison. Autour du foyer étaient rassemblés tous
les serviteurs de la ferme et quelques-uns de leurs amis. On fesait
rôtir des *blés d'Inde* et vieillards, jeunes garçons et jeunes filles,
avec une gaieté qui semblait narguer la tempête, se livraient à
cette occupation favorite des soirées d'automne[3].»

Le mot épluchette est un canadianisme relevé pour la

*«L'épluchette de blé d'Inde»
d'E.-J. Massicotte* (Almanach du
peuple, *1917*).

première fois seulement au milieu du 19ᵉ siècle. La coutume proviendrait des États-Unis et l'une des descriptions les plus anciennes semble remonter à 1866. Cette année-là, la *Gazette des campagnes* écrit: «Le dépouillement ou l'égrenage des épis est presque toujours l'occasion d'une joyeuse fête de famille, mais la gaieté ne nuit nullement au travail et les bons mots qui se croisent sans cesse font oublier toutes traces de fatigue. Assis autour des tas d'épis, chacun en prend un d'une main, en détache de l'autre les spattres [feuilles] qui l'enveloppent et les frotte entre ses doigts pour en enlever les barbes [les aigrettes et les soies] encore adhérentes aux grains, puis procède à l'égrenage par le frottement réciproque de deux épis. Mais ce procédé, à cause de sa lenteur, ne convient que pour de petites récoltes et pour le blé d'Inde destiné aux semailles. Il est plus expéditif d'employer le procédé suivant: on fixe une lame de fer à un banc sur lequel on s'assied pour racler les épis l'un après l'autre[4].»

Après l'égrenage, le maïs est monté au grenier. On lui réserve un «carré» à côté de ceux des autres céréales et des légumineuses. On garde précieusement les feuilles pour bourrer les paillasses. «Comme elles sont infiniment préférables pour cet usage à la paille des céréales, elles ont une valeur assez élevée dans les cantons où la culture du maïs n'est pas très étendue[5].» À la cuisine, pendant ce temps, on nettoie la place et prépare le réveillon. La corvée de l'épluchette ne se termine jamais sans un repas pris la nuit, agrémenté, bien sûr, de maïs. Les plus beaux épis bouillent dans la marmite, rôtissent au four ou sur la braise. On les mangera en quantité, servis chauds, au sel, à la crème ou au beurre frais.

Plus tard en saison ou pendant l'hiver, on apprêtera de diverses manières le maïs égrené. Réduit en poudre et bouilli jusqu'à ce qu'il atteigne une consistance pâteuse, il donne la «sagamité», un mets d'origine amérindienne servi tantôt salé, tantôt sucré et délayé dans du lait. Broyé et mélangé à deux tiers de farine de froment, il donne un bon pain. Lessivé, c'est-à-dire blanchi et attendri dans une eau de lessi, il perd son enveloppe extérieure et se mélange bien aux pois de la soupe.

D'ailleurs, le maïs lessivé semble être la nourriture par excellence de ceux qui ont de longs voyages à faire, sur l'eau ou en forêt. En 1810, dans une sorte de plaidoyer *pro domo*, un journaliste du *Canadien* vante la résistance des voyageurs des Pays d'en Haut, bien qu'ils ne se nourrissent que de maïs. «Quant à la force physique des Canadiens, écrit-il, elle est à toute épreuve. Témoin les fatigues inouïes qu'éprouvent et supportent les voyageurs Canadiens dans les pays d'en haut. Il n'y a sûrement aucun peuple au monde plus propre à ces sortes de voyages; car, quoique les Canadiens ne se nourrissent que de bled d'Inde ou de Mays durant ces sortes de voyages, ils manifestent une force et un courage qu'on ne rencontre chez aucun peuple connu[6].» Trois ans plus tard, l'administrateur écossais George Heriot, aux propos beaucoup plus nuancés, confirme tout de même l'importance du maïs dans l'alimentation des voyageurs des Pays d'en Haut. Pour accomplir ce travail, écrit-il, on ne prend que les hommes les plus forts et les plus robustes et ces derniers mangent surtout du lard d'ours et de la farine de maïs[7].

Ces quelques mentions peuvent laisser croire à la très grande popularité du maïs au sein de la population du Bas-Canada. Tel ne semble pas être le cas. De 1831 à 1851, il ne constitue que 4% des récoltes de céréales. Et, aussi tard qu'en 1866, la *Gazette des campagnes* déplore le désintérêt pour le maïs. «Il est regrettable, écrit-on, d'avoir à constater que cette plante est trop peu cultivée en Bas-Canada. Il est même beaucoup de cultivateurs qui pourraient trouver dans la culture de cette céréale la richesse ou l'aisance et qui n'en sèment pas un grain. Il faut sortir de cette indifférence fatale et se livrer à la culture en grand qui paie toujours abondamment, pourvu que l'on se donne la peine de bien préparer le terrain et de lui donner les façons qu'elle exige[8].»

Le tabac

Après le maïs, c'est le tabac, «cette plante dont presque tous font usage, écrit Joseph-François Perrault en 1831, et qu'ils cultivent pour leur utilité[9]». Il est grandement temps de le récolter. Sensibles à la gelée, les feuilles se rident et passent d'un vert vif à un jaune pâle et obscur. Des rejetons sortent à la base de la plante qui exhale une forte odeur de tabac. Trop attendre maintenant lui ferait perdre ses principales propriétés.

La maîtresse de maison choisit un jour de beau temps. Récolter le tabac trempé peut rapidement le faire pourrir. Elle détaille les feuilles une à une, les laisse se faner quelques heures au soleil avant de les rentrer. Un hangar bien ventilé, le grenier ou plus rarement la cave, tiennent lieu de séchoir. On souhaite du temps froid, ce qui ralentit l'opération. Un tabac qui sèche trop vite est toujours plus ou moins bon. On suspend les mains de tabac, espacées les unes des autres, aux entraits de la charpente. L'air doit pouvoir y circuler. Souvent, après quelques semaines, le

Récolte de fèves chez A. De Blois, à Sainte-Famille de l'île d'Orléans (ANQ, coll. EOQ).

tabac semble sec. Mais il ne faut pas s'y fier. Au toucher, on voit bien que la nervure centrale de la feuille, le «coton», reste molle, signe que le séchage n'est pas encore terminé. On attend donc encore quelques semaines.

Fin novembre, début décembre, les mains sont décrochées, empilées les unes sur les autres et pressées au moyen de lourdes planches, pendant quatre à huit jours. Cette opération fait perdre au tabac une partie de son âcreté et lui donne son arôme. Par la suite, au cours de l'hiver, pendant ses temps libres, l'habitant passera le tabac au hachoir, avant de le déposer dans des bocaux ou des boîtes de fer-blanc et de le ranger au grenier ou à la cave.

On ne possède aucune donnée sérieuse sur la production domestique de tabac durant la première moitié du 19ᵉ siècle. On peut difficilement arriver à la chiffrer. Signalons seulement qu'en 1851, le Québec produit 433 000 livres de tabac, soit trois livres en moyenne par famille et 36% de toute la production canadienne[10].

La citrouille

Au début de septembre, les soirs de pleine lune, quand le temps est clair, qu'il y a apparence de gelée, la maîtresse de maison, aidée de ses enfants, étend de grandes «couvertes*» sur les citrouilles. Elle casse toutes les feuilles, ne laissant que les fruits, pour hâter le mûrissement. Alors les citrouilles ont l'air d'étranges jouets abandonnés dans le potager.

* Vieille appellation d'origine française de la couverture de lit. On dit aussi «couvartes».

On attend toujours que les citrouilles soient tout à fait mûres pour les cueillir, sinon elles auraient un goût fade. On récolte quand les tiges se racornissent et deviennent noirâtres. On cueille la citrouille avec la tige: elle se conserve plus longtemps. Les citrouilles sont mises à l'abri par étapes. Après la cueillette, on les laisse à l'air libre pendant quelques jours. Puis, jusqu'aux premiers grands froids, on les remise dans la cuisine d'été, «un lieu sec, clos et couvert». Finalement, fin novembre, quand le froid est là pour de bon, on les rentre dans la maison pour les placer sous les lits. À la cave, elles pourriraient; au grenier elles gèleraient.

Si les Français connaissaient certaines variétés de citrouille avant leur venue en Amérique, ils ignoraient tout, semble-t-il, de la petite citrouille iroquoise, «à la chair plus ferme et moins aqueuse, d'un meilleur goût[11]». Dès le 17ᵉ siècle, les Amérindiens leur apprennent à l'apprécier. Marie de l'Incarnation, fondatrice des Ursulines de Québec, s'en réjouit et fait parvenir des graines de semences à son fils en Europe. «Je vous en envoie de la graine, lui écrit-elle, que les Hurons nous apportent de ce pays-là; mais je ne sais pas si votre terroir n'en changera pas le goût. On les apprête en diverses manières; en potage avec du lait et en friture; on les fait encore cuire au four comme des pommes ou sous la braise comme des poires, et de la sorte il est vrai qu'elles ont le goût de pommes de rainette cuites[12].» Les Ursulines arrivent aussi à faire des tartes, des gâteaux, des confitures et des friandises à la citrouille.

En 1749, Kalm mentionne qu'il existe plusieurs manières

en ce pays d'apprêter la citrouille, «mais, ajoute-t-il, la façon ordinaire, actuellement, est la suivante: on coupe la citrouille en deux, on la met près du feu en tournant vers lui les surfaces coupées et on les laisse ainsi jusqu'à ce qu'elles soient grillées. On enlève ensuite la fine pellicule formée par le feu, on détache l'écorce extérieure et on mange le reste; certaines personnes y saupoudrent du sucre et la citrouille a encore meilleur goût; on peut également cuire la citrouille à l'eau, etc., mais les gens disent qu'on la conserve l'hiver confite dans le sucre, car elle ne peut pas subir la moindre gelée sans être gâtée[13].» Au 19e siècle, bien qu'on donne aux bêtes en pâture les citrouilles les plus grosses, il semble bien qu'on continue d'apprécier les plus petites. Le journal *L'Agriculteur* note, par exemple, que «les citrouilles iroquoises sont excellentes cuites au four ou sous la cendre» et que les confitures qu'on en fait sont meilleures «avec de la mélasse ou du sucre du pays[14]».

Les pois

De toutes les cultures de légumineuses, celle des pois, d'origine française, est la plus importante. Chaque ferme a son champ de pois, généralement plus grand que ceux du seigle, du blé d'Inde et du sarrasin mis ensemble. À la fin de septembre 1850, sur la Côte-de-Beaupré, Henry David Thoreau voit des pois amassés en tas dans les champs. «La culture des pois est importante ici, écrit-il, et je suppose que ceux-ci ne sont pas infestés par le charançon comme chez nous[15].» Toujours au milieu du siècle, le long du Saint-Laurent, on remarque l'existence de paroisses à pois. La rive nord du fleuve entre Terrebonne et Trois-Rivières, et quelques localités de la rive sud, dont Varennes, Verchères et Saint-Antoine-sur-le-Richelieu, produisent à elles seules le tiers des pois, alors qu'elles ne représentent que le sixième de la population. Le comté même de Verchères est le plus gros producteur de pois du Bas-Canada.

Photo: MAPAQ.

Dans la vallée du Richelieu, de petits marchands passent par les campagnes pour acheter les pois, les céréales et la graine de lin. Ils revendent le fruit de leurs achats à des commerçants régionaux établis le long de la rivière. Ceux-ci écoulent les produits à Québec. Mais la compétition est grande. Souvent les exportateurs de Québec envoient leurs propres agents par les campagnes pour transiger directement avec les habitants, coupant ainsi l'herbe sous le pied aux marchands régionaux. Ces «traficeurs d'en bas», comme les appelle Wolfred Nelson, font du porte à porte, offrant des prix élevés aux cultivateurs, sans parler des avances souvent consenties et même des bonis en argent ou en rhum[16]. Inutile de dire que les expéditeurs richelois n'ont d'autre choix que d'offrir des conditions similaires.

Quoi qu'il en soit, c'est en septembre que se fait la récolte des pois, quand la plupart des cosses prennent une teinte jaunâtre. Alors, à la faux ou à la faucille, le cultivateur couche les plants sur le champ, avant de les amasser par petits tas qui sèchent ainsi pendant environ une semaine. Puis, par un jour de beau temps, on attelle le cheval à la charrette pour se rendre récupérer les cosses au champ. Le travail est délicat. Il faut prévenir l'égrenage des cosses les plus mûres, car elles contiennent les pois les plus gros. Du reste, on a pris soin de tapisser d'une toile le plancher de la charrette. Ce coutil fait se perdre moins de pois durant le transport à la grange. On bat au fléau les cosses dont les pois sont destinés à la consommation. Celles dont les pois serviront de semences seront battues seulement le printemps suivant, au moment des semailles. De toute manière, pois et cosses garnies sont entreposés au grenier dans des «carrés».

L'automne n'est pas la saison où l'on mange beaucoup de légumineuses, en particulier de pois. C'est plutôt l'hiver venu qu'en ville tout autant qu'à la campagne les légumes secs constituent une partie importante de l'alimentation. Même en forêt, l'hiver, il semble que les bûcherons consomment de grandes quantités de soupe aux pois. À la ferme, des cultivateurs réduisent aussi les pois en farine grossière et les donnent en «bouette» aux cochons et aux moutons.

Les fèves

Dans la première moitié du 19e siècle, les fèves* n'ont pas, comme les pois, la faveur populaire. Bien sûr, en plein cœur de l'été, on raffole des fèves «en palette**» bouillies. Mais il est bien rare qu'on se soucie d'en conserver des quantités appréciables. Hors saison, les repas de fèves se résument à la soupe, à la purée ou à la fricassée. Et il semble qu'on n'apprécie guère ces mets. Plus tard seulement, au cours de la seconde moitié du 19e siècle, viendra la mode américaine d'apprêter les fèves avec du lard salé.

Aussi on ne récolte jamais de grandes étendues de fèves. En 1819, *La Gazette de Québec* laisse entendre qu'on commence tout juste à cultiver les fèves en plein champ[17]. Au recensement

* Appellation populaire de la faséole, nommée haricot en France et en Louisiane.

** Toujours utilisé dans la vallée du Saint-Laurent, palette est un vieux terme dialectal français synonyme de cosse.

de 1844, on ne prend même pas la peine de noter les quantités récoltées, signe qu'elles ne sont guère importantes. On conseille à ceux qui cultivent les fèves en plein champ de procéder de la même manière que pour les pois. On coupe les plants lorsque les gousses deviennent jaunâtres. On les laisse reposer sur le champ pendant quelques jours, avant de les rentrer, de les battre au fléau et de les entreposer au grenier dans des «carrés».

La gourgane

* Vieille appellation française de la fève ou fève des marais.

Dans la région de Charlevoix, beaucoup d'habitants récoltent la gourgane*, une variété de fève qui, pour bien rapporter, nécessite un climat frais. On sait le moment venu quand la plus grande partie des cosses commencent à noircir, ce qui survient généralement vers la mi-septembre. Alors on la récolte. Pour la conserver, on procède de la même manière que pour le pois et la fève, allant jusqu'à l'entreposer au grenier.

Si, en France, on présente la gourgane comme n'étant guère propre qu'à l'alimentation des porcs et des chevaux, dans la région de Charlevoix, par contre, on l'apprête pour la consommation humaine. Ainsi, bouillie à feu doux pendant deux ou trois heures et agrémentée de lard, d'herbes fines et de légumes, la gourgane est servie en soupe. De plus, rôtie dans un poêlon ou sur une tôle, puis moulue et ébouillantée, elle devient un breuvage très nourrissant qui remplace le café dans plusieurs familles. À noter qu'après 1838, quand des colons de Charlevoix gagneront la région du Saguenay, la soupe aux gourganes et la tarte aux bleuets deviendront typiques de ce coin de pays.

Les plantes à bulbe

De toutes les plantes potagères à bulbe comestible, l'oignon est sans doute la plus populaire, car il vient rehausser bon nombre de mets. Aussi lui consacre-t-on une surface importante du potager. Déjà en août, pour permettre aux bulbes de profiter davantage, on couche au sol la queue des plants. Mais on ne les récolte pas alors; ceux qui sont cueillis avant octobre se conservent mal. Quand les feuilles se dessèchent et changent de couleur, on arrache l'oignon à la main, pour le laisser sur le sol, par temps sec, pendant quelques jours. Il perd ainsi une partie de son eau, ce qui favorise sa conservation. Puis on le rentre au grenier avec ou sans la queue, selon qu'on le conserve par tresses ou un à un. On suspend les tresses aux poutres ou on place les oignons pêle-mêle par terre sur un lit de paille sèche.

On ne procède pas autrement pour l'ail. Dès que les feuilles jaunissent, on arrache les bulbes un à un et on les laisse sécher à l'air libre. En les liant par les feuilles, on en fait des tresses que l'on suspend à l'une des poutres du grenier. De cette manière, l'ail se conserve longtemps.

L'échalote jouit aussi, semble-t-il, de la faveur populaire. Le journal *L'Agriculteur* dit qu'il s'en trouve deux sortes: «la petite, l'espèce naturelle du pays, et l'échalote anglaise, plus grosse, plus dodue». «L'une se cultive aussi bien que l'autre et toutes deux peuvent demeurer en terre durant tout l'hiver, ce qui fait qu'on peut en avoir quasiment à l'année. Bien des personnes la préfèrent à l'ail pour son goût plus doux. On en fait grand usage dans les assaisonnements; les pauvres la mangent avec leur pain; elle donne de l'appétit[18].»

D'autre part, les sources sont muettes touchant la culture du poireau durant la première moitié du 19e siècle. Cependant, rien ne laisse supposer qu'on ait abandonné cette culture déjà vieille de deux siècles. D'autant plus qu'un périodique agricole de la seconde moitié du siècle vante la manière dont les cuisinières s'y prennent pour en avoir tout l'hiver. «Pour conserver le poireau, y lit-on, nos ménagères ont adopté une méthode très recommandable; seulement il est impossible de l'adopter sur une grande échelle. Cette méthode consiste à planter le poireau dans des boîtes remplies de terre, de manière que toute la partie blanche du poireau soit enterrée. On met ces boîtes dans des caves à l'abri des fortes gelées et le poireau se conserve parfaitement tout l'hiver. Si ces boîtes sont exposées à la lumière, le produit n'en est que meilleur tant en quantité qu'en qualité[19].»

Les plantes à racines comestibles

En octobre, après la récolte des plantes à bulbe, on passe à celle des plantes à racines comestibles. C'est le gros de la récolte d'automne; la saison avance et il faut y consacrer quelques semaines. Pour peu que le temps soit mauvais, on se retrouve encore en plein champ à la mi-octobre à piocher. Pour accélérer le travail, l'habitant, son engagé et sa famille font corvée. Quand on en aura fini des racines, l'hiver pourra venir.

La pomme de terre. C'est d'abord la pomme de terre qui mobilise les familles; on la cultive sur de grandes étendues, et une part importante de l'alimentation en dépend. À l'automne de 1844, par exemple, les habitants du Bas-Canada en récoltent près de 10 millions de boisseaux, soit plus du double des récoltes de blé, d'orge, de seigle, de pois, de blé d'Inde et de sarrasin mises ensemble[20].

Quand les feuilles commencent à jaunir et se flétrissent, c'est le temps de récolter la pomme de terre. Si on déterre alors les tubercules, on remarque que la peau est épaisse. De grand matin, on sort les pioches, les seaux et le tombereau, on attelle la paire de chevaux ou de bœufs à la charrue à rouelles, et on gagne le champ.

Il faut d'abord bien reconnaître les rangs. La charrue doit passer tout à côté des plants, pour que l'oreille ramène en surface le plus grand nombre de tubercules possible. Les enfants les plus jeunes suivent, ramassent les patates sorties de terre et les jettent en petits tas, de place en place. Sur les sols rocailleux, on maugrée lorsque l'on prend pour une patate ce qui n'est qu'un caillou.

Les garçons plus âgés s'amènent avec des pioches pour remuer la terre le long du sillon. Il faut déterrer les tubercules encore enfouis. Lorsqu'on suppose que toutes les patates sont sorties de terre, les femmes, se déplaçant à genoux, en remplissent des seaux, qu'elles vont vider sur les tas. Et la matinée se passe ainsi, chacun à sa besogne, ici et là. À distance, on dirait un groupe de terrassiers aux vêtements boueux. Tout le pays est couleur terre d'ombre.

Midi sonne l'heure de la pause. On ne se fait pas prier pour regagner la maison. Après s'être brossé les vêtements à l'extérieur, chacun se lave les mains, avant de se mettre à table. La grand-mère a vu au repas: la soupe est fumante. On mange avec appétit. Les garçons se taquinent. Les filles les rappellent à l'ordre. Parfois cela ne suffit pas. Alors le père ou la mère hausse le ton. Et le repas

Photo: MAPAQ.

se passe ainsi, du silence aux exclamations.

On ne traîne pas à table. Il faut bien vite reprendre le travail, car il fait noir de bonne heure maintenant. Après le dessert, quand le père et son engagé se lèvent, on commence à s'activer. Chacun remet ses bottes sauvages ou ses souliers de bœuf, enfile un gros gilet de laine, revêt un «coupe-vent» de cuir et s'en retourne au champ. Le partage des tâches se fait de la même manière qu'en matinée. D'aucuns travaillent debout, d'autres à quatre pattes. Toutefois, au beau mitan de l'après-midi, on cesse de déterrer, pour commencer à trier les patates sorties de terre. Il faut rentrer les meilleures à la cave avant la nuit. Celles qui sont laissées trop longtemps sur le champ prennent mauvais goût. Les femmes font le choix. Les plus petites, celles qui sont malades ou qui ont été fendues par la charrue ou la pioche, sont mises de côté. On les fera bouillir dans l'âtre du fournil pour les donner aux cochons. Les autres, les plus grosses, les hommes les chargent dans le tombereau et les apportent près de la maison. Là, on les laisse glisser à la cave dans un dalot de bois, passé par le soupirail et placé dans un parc. Petit à petit, quatre ou cinq parcs sont ainsi remplis. On reprend le travail jour après jour, jusqu'à ce que tout le champ ait été labouré et pioché. On finit par rentrer à la cave de

50 à 100 sacs de pommes de terre, que l'on espère être la provision annuelle de la famille. Le surplus sera vendu au marché.

La période la plus critique pour la conservation des pommes de terre s'étend du moment de leur entrée à la cave ou au caveau jusqu'à l'arrivée définitive des grands froids de l'hiver. L'automne, les variations de température favorisent la maladie.

La carotte. La récolte des carottes est beaucoup moins fastidieuse, car elle se fait sur de moins grandes étendues. Le plus souvent, la carotte n'est cultivée que dans les potagers. Une grosse journée de travail suffit pour tout amasser.

On récolte durant la dernière quinzaine d'octobre. Si des pluies continuelles obligent à retarder le moment, la carotte se fendille profondément et le cœur devient ligneux. Aussi, dès qu'une journée de beau temps se présente après la mi-octobre, la maîtresse de maison, aidée de quelques-uns de ses enfants, entreprend ce travail. L'arrachage se fait à la main en empoignant les feuilles. Pour peu que le sol soit léger, la carotte vient bien. Si la terre est trop argileuse, on s'aide de la bêche.

Sitôt que les racines sont sorties de terre, on coupe les feuilles et le collet au moyen d'un couteau. L'amputation du collet empêchera la racine de végéter durant l'hiver et de se ramollir. On donne le feuillage aux animaux, de même que les carottes les plus petites. On rentre les plus grosses à la cave, où, contrairement aux pommes de terre, elles sont disposées avec ordre, en couches successives, sur des lits de sable sec. On arrivera bien ainsi à les conserver jusqu'en avril.

Quoique la carotte n'ait pas l'importance alimentaire de la pomme de terre, le journal *L'Agriculteur* signale qu'elle entre dans la composition de la plupart des jus et des ragoûts. «On l'emploie aussi seule, au beurre roux et à la sauce blanche[21].»

Le navet. Tout comme la pomme de terre et la carotte, le navet se récolte les dernières semaines d'octobre. Lisse, blanc, aplati sur le dessus, avec un collet tirant sur le violet, il est plus petit que le rutabaga. Cuit, sa chair demeure blanche et il a une saveur plus douce, plus fine et plus sucrée que le rutabaga. On l'arrache en l'empoignant par les feuilles et on le laisse quelques heures à l'air libre, afin de lui permettre de s'assécher et de se durcir. Puis, on l'entrepose à la cave ou au caveau, comme les autres tubercules.

On cultive le navet dans les potagers depuis le début du régime français. Au 19e siècle, cependant, un certain nombre de journaux agricoles commencent à inciter l'habitant à le cultiver

Chou de Siam ou rutabaga et navet.

sur de grandes étendues pour nourrir son troupeau. Cela se fait un peu partout en Europe où on semble y trouver un profit. Mais les cultivateurs s'y refusent. En 1818, l'un d' eux explique que cette plante pousse mal le long du Saint-Laurent, faute de sols gras. Quatre récoltes sur cinq sont ratées. Mieux vaut, selon lui, se rabattre sur la pomme de terre pour nourrir ses bêtes[22]. La situation est la même aux États-Unis. Les cultivateurs américains ont bien tenté de cultiver le navet sur de grandes étendues, mais sans succès. Aussi l'ont-ils abandonné.

Le long du Saint-Laurent, on ne cultive pas non plus à grande échelle le «chou de Siam*» ou rutabaga. Gros comme le chou, il est de couleur jaune et sa chair est orangée. En 1837, le journal agricole *Le Glaneur* déplore qu'il soit si peu cultivé. «Le navet de Suède acquiert un volume et un poids qui sont au moins des deux tiers plus forts que les autres espèces[23].» Le journal reconnaît cependant que cette culture est toujours aléatoire et qu'on arrive mal à conserver les légumes en grande quantité l'hiver.

* On prononce généralement chouquiam, choutiam ou choutième.

La betterave. La betterave, souvent appelée bette, se récolte en octobre avant l'arrivée des grands froids. On la sort de terre en l'empoignant par les feuilles. Si elle résiste, on s'aide de la bêche, en prenant soin de ne point endommager la racine, car cela la ferait rapidement pourrir. Après l'arrachage, on supprime les feuilles, les radicelles et la terre qui y adhère. Et on la laisse reposer à l'air libre, à l'abri des intempéries, pendant quelques jours. «On ne doit point la serrer qu'elle ne soit parfaitement sèche», écrit Joseph-François Perrault[24].

On compte deux variétés de betteraves: la rouge, «cultivée depuis fort longtemps dans les jardins potagers pour la nourriture de l'homme», et la blanche, cultivée «depuis peu d'années» pour la nourriture des bêtes. On nomme la betterave blanche *racine de disette*. «Les feuilles de betterave se mangent comme celles des épinards. On mange les betteraves cuites et assaisonnées de diverses manières, surtout en salade, au vinaigre[25].»

Le chou

Au début de novembre, après la mise en cave des racines, il ne reste plus que le chou pommé à récolter. Le chou-fleur, lui, très sensible à la gelée et fort difficile à conserver à l'état nature, a été mis en conserve, dans le vinaigre, au fur et à mesure de sa maturation.

Pour conserver les choux pommés, certaines maîtresses de maison les descendent à la cave et les placent dans un parc, sur un seul rang, la tête en l'air, les uns à côté des autres. Les empiler provoquerait une fermentation rapide qui dégagerait une odeur fétide et détruirait la récolte. On peut les suspendre aussi par la tige aux poutres de la cave. Néanmoins la conservation des choux, même faite avec soin, demeure toujours hasardeuse. Invariablement, ce légume se flétrit et finit par prendre un mauvais goût. Il faut alors le faire tremper dans l'eau pendant quelques heures avant de l'apprêter.

La meilleure manière de conserver le chou serait peut-être de le laisser à l'extérieur sous la neige. Cette coutume, signalée d'abord en Acadie, serait ensuite passée en Nouvelle-France. On empile les choux sur un lit de paille et on les recouvre de 15 centimètres de neige. Ils se conservent ainsi gelés, sans prendre mauvais goût, jusqu'à la fonte des neiges. Avant de les apprêter, on les laisse tremper dans l'eau froide; le dégel s'opère alors sans que la pomme ne souffre d'altération sensible.

Le chou, comme la betterave, est censé être un antidote au lard salé. On fait de la soupe au chou et on le sert dans les bouillis. «On le mange aussi en salade et à la sauce blanche. On le marine au sel et au vinaigre... Le printemps, on plante les trognons qui donnent des jets que l'on mange dans la soupe ou avec le lard[26].»

Les fruits

Les récoltes de fruits, commencées en juin, durent tout l'été et une partie de l'automne. L'été, on ramasse des baies sauvages; à partir du mois d'août, on recueille surtout des fruits cultivés. Car beaucoup d'habitants possèdent un petit verger d'arbres fruitiers, composé de pommiers, de cerisiers ou de pruniers.

Il n'est guère facile cependant de cultiver des fruits. La vallée du Saint-Laurent semble être la zone limite pour ce type de culture en Amérique du Nord. Les arbres résistent mal aux hivers rigoureux et aux brusques changements de température. En 1811, un citoyen de Boucherville décrit les difficultés de la culture de la pomme: «Le sol ne paraît pas du tout favorable aux vergers, car, d'une dizaine à-peu-près qu'on a voulu y planter et qui ne datent pas de longtemps, la plus grande partie est déjà détruite. Les arbres, tous couverts de ce qu'en langage de jardiniers on appelle *chancre*, se gâtent rapidement. J'ai été fort surpris, en faisant la récolte de mes pommes, de voir plusieurs de mes pommiers, en apparence bien sains, se rompre facilement sous le poids d'un enfant et d'apercevoir alors sous l'écorce de ces branches cassées un bois sec et vermoulu[27].» D'autres années, comme en 1821 et 1822, des invasions massives de chenilles effeuillent les arbres, les affaiblissant ainsi davantage.

L'habitant reproduit les arbres fruitiers par la transplantation de rejetons venus des racines du plant mère. Cette technique entraîne le développement d'un grand nombre de variétés locales qui, de plant en plant, se modifient et présentent parfois des aberrations génétiques. Au cours de la première moitié du 19e siècle, la pomologie commence à se développer. On apprendra ainsi d'autres méthodes pour reproduire les arbres fruitiers. En 1812, à Abbotsford, dans le comté de Rouville, on pratique la greffe pour la première fois. On raffine le procédé en 1846, alors qu'on en vient à l'écussonnage. C'est-à-dire qu'on prélève sur un arbre un fragment d'écorce portant un œil ou un bourgeon pour l'introduire sous l'écorce d'un autre sujet. Ces travaux poursuivis par la suite apporteront des variétés qui résistent beaucoup mieux aux changements climatiques et aux maladies. Par ailleurs, vers 1835, dans le Haut-Canada, on commence à propager une variété de pommier connue sous le nom de McIntosh. Donnant un fruit d'un rouge prononcé, à la peau mince et unie, à la chair croquante et juteuse et d'une plus grande capacité de conservation, cette variété en viendra au fil du temps à détrôner toutes les autres.

En 1855, à l'occasion de l'exposition universelle de Paris, Joseph-Charles Taché écrit que «les meilleures pommes de tout le continent sont celles de Montréal, qui produit aussi les meilleures poires et les meilleurs melons, ce qui vient probablement de la culture qu'on y donne; les meilleures prunes et les meilleures cerises dites de France sortent du district de Québec, où plusieurs autres fruits ne viennent bien qu'abrités par de hautes futaies contre les atteintes du vent du nord-est en automne[28].» Taché a bien raison de vanter la culture du prunier dans la région de Québec. Le long de l'estuaire du Saint-Laurent, depuis Beauport jusqu'à l'île aux Coudres sur la rive nord et de Montmagny jusqu'à Rivière-du-Loup sur la rive sud, on cultive des variétés européennes de pruniers depuis au moins le milieu du 18ᵉ siècle. Plus à l'est, les froids sont trop grands l'hiver; plus à l'ouest, l'air est trop sec. L'hiver, la grande étendue d'eau que constitue l'estuaire amène une importante humidité de l'air, ce qui rend les grands froids relatifs et convient tout à fait au prunier qui, comme beaucoup d'arbres fruitiers, hiverne mieux dans les zones humides que dans les sèches. Au printemps et à l'automne, cette étendue d'eau tempère les variations de température, ce qui va bien également au prunier qui, comme les autres arbres fruitiers, résiste mal aux violentes fluctuations du temps.

Des facteurs culturels, des techniques précises expliquent aussi le succès de la culture du prunier. On plante l'arbre dans les terres sablonneuses, fraîches et fertiles, les «terres à patate», là où il pousse bien. On le dispose en rangs serrés, ce qui favorise l'accumulation de la neige l'hiver et constitue une protection contre les gelées printanières. Pour maintenir l'humidité du sol pendant les chaleurs estivales, on répand au pied de l'arbre une couche de fumier qu'on recouvre par la suite d'un paillis ou de copeaux de bois. Et on fait la lutte au nodule noir, une maladie de l'arbre causée par un champignon.

Néanmoins, les habitants de la région de Québec possédant des vergers de pruniers ou de cerisiers ne peuvent espérer vendre leur récolte en des endroits éloignés. Seul le marché local et régional compte. La prune et la cerise sont des fruits qui ne se conservent pas longtemps. Il faut les cueillir dès leur maturité et se hâter de les consommer ou de les transformer. Un horticulteur de la Côte-du-Sud arrive cependant à conserver ses prunes dans l'avoine jusqu'au jour de l'An. L'avoine est une céréale qui dégage beaucoup de gaz carbonique, ce qui ralentit le vieillissement. «Il a étendu les prunes dans un sac, sur un simple rang, afin de ne point les accumuler les unes sur les autres et les empêcher de

Photo: APC.

s'entrenuire; puis après les avoir ainsi disposées, il les a placées au milieu d'un tas d'avoine et exposées à une assez froide température[29].» Si les prunes et les cerises se conservent mal, les pommes, elles, sauf les hâtives, se gardent plus facilement dans un tonneau rempli de sciure de bois ou de sable sec. La *Gazette des campagnes* propose même l'utilisation de la fleur de sureau pour entreposer les pommes. Cependant, pour bien réussir l'opération, il faut de grandes quantités de cette petite fleur rouge. «Quand vos pommes sont cueillies, conseille-t-on, choisissez les plus grosses et les plus belles, essuyez-les avec un linge blanc et laissez-les encore sécher pendant quelques heures. Quand les pommes sont ainsi préparées, mettez-les dans une boîte de sapin, de la manière suivante: Prenez de la fleur de sureau bien séchée à l'ombre, mettez-en un lit de deux pouces d'épaisseur au fond de la boîte, ensuite couvrez ce lit d'un rang de pommes, sur ces pommes mettez encore un lit de fleur de sureau, mais plus mince que le premier, puis encore un rang de pommes, et ainsi jusqu'à ce que la boîte soit complètement remplie, de manière que le tout se termine par une couche de sureau. Après ce travail, fermez la boîte avec soin et collez du papier sur toutes les fentes. Si cette opération a été bien faite, et qu'il ne reste aucun vide entre les pommes, elles se conserveront parfaitement, même jusqu'à la fin de l'été[30].»

L'herbe à bernaches

La plupart des produits récoltés en automne servent à l'alimentation humaine. Pour l'année à venir, ils constituent une part importante de la nourriture de la famille. Quand les comptes sont faits, le surplus est vendu sur les marchés ou à quelque marchand ambulant. D'autres produits, cependant, servent à des fins bien différentes. On récolte, par exemple, les plantes médicinales à l'automne, alors que «la racine donne sa saveur*».

Vers la fin de l'été ou au début de l'automne, des cultivateurs récoltent certaines herbes tout le long du Saint-Laurent. De Cacouna à Trois-Pistoles, en particulier à la hauteur de l'île Verte, c'est l'herbe à bernaches; à l'île d'Orléans et à l'île aux Oies, c'est la rouche; sur les bords du lac Saint-Pierre, c'est l'herbe-à-liens.

Dans le Bas-Saint-Laurent, au commencement de septembre surtout, on récolte la Zostère marine, appelée herbe à bernaches, herbe à outardes, mousse de mer ou foin de mer. Celle-ci croît en abondance sur la rive sud de l'île Verte. Comme la cueillette de cette plante ne peut se faire qu'à marée basse, on se rend en mer en équipe, par groupe de six ou de sept, pour que le travail se fasse plus vite. Souvent ce sont trois membres d'une même famille, le père et les fils aînés, qui vont «à la mousse»; quelques enfants moins âgés les accompagnent, pour donner un coup de main. À marée basse, les pieds dans l'eau, on assemble d'abord en demi-cercle, de chaque côté du chaland à l'ancre, un enclos de piquets entrelacés de harts. Cet obstacle empêchera la

* Il s'agit bien sûr de plantes dont on utilise la racine; les herbes médicinales, dont on utilise le feuillage, se récoltent à partir du printemps.

dérive de la récolte. Ainsi prémuni, on peut vraiment se mettre à l'ouvrage.

Les hommes ne fauchent pas au petit bonheur. «Ils se suivent l'un derrière l'autre, chacun entreprenant la coupe d'une bande d'herbes en se dirigeant tout droit vers l'enclos. Une fois l'opération de coupe terminée, une bonne partie des zostères s'était amoncelée dans l'enclos formé par le bateau et les perches[31].» Simplement à bras ou en s'aidant de la fourche, on charge le chaland d'herbe à bernaches. «Il fallait bien répartir la charge pour que le tout se retrouve en équilibre au moment de la flottaison. Il fallait aussi mettre le maximum d'herbes tout en s'assurant que le chargement n'était pas trop abondant, ce qui aurait pu entraîner un naufrage.»

Avant de ramener le chaland au rivage, on défait l'enclos pour récupérer les piquets et les harts. «Dès que la mer montante avait atteint un niveau suffisant pour remettre l'embarcation à flot et assurer la navigation, ce curieux équipage pouvait se diriger lentement vers le quai de débarquement.» Pour laver l'herbe et la dessaler, on l'étend par la suite dans les champs dénudés, là où, durant l'été, on a fait les foins. La mère et ses filles se prêtent aussi à ce travail. Il y en a long à étendre: un chaland peut porter une douzaine de charretées. Le rouissage dure un mois; au bout d'une quinzaine de jours, il faut retourner l'herbe, sens dessus dessous, pour qu'elle s'assèche uniformément.

«Une fois desséchée, elle deviendra brune couleur 'tabac'. Elle perdra aussi son apparence lisse pour devenir frisée et diminuée de volume. Une odeur de salin restera imprégnée et la mousse deviendra propre et légère. Lorsqu'on la serre entre les mains, elle a la propriété de s'aplatir pour reprendre ensuite sa forme initiale.» Par une journée de beau temps, on ramasse au râteau l'herbe séchée, avant de l'engranger.

L'herbe à bernaches sert d'isolant pour les maisons et de litière pour les bêtes. On l'utilise aussi pour rembourrer les colliers de chevaux, les sièges de voiture, les matelas, les paillasses et même les sommiers disposés sous les matelas de laine. On répète dans la région que dormir sur de la zostère guérit du rhumatisme. De plus, on assure que les matelas de mousse ne sont jamais rongés par les souris et ne peuvent servir de retraite aux puces et aux punaises. Il est vrai cependant qu'un matelas de zostère ne dure qu'une vingtaine d'années; petit à petit, la bourre se fait plus mince et laisse percer une fine poussière à travers le coutil.

La rouche

Sur les battures de l'île aux Oies, on fauche la rouche, un groupe de plantes herbacées qui se reproduisent par rhizomes. Ces prairies naturelles ont une lieue de long et une largeur d'environ trente arpents. Comme la marée ne les recouvre qu'une fois par mois, le foin fane sur place comme sur les prés des hautes terres, et le travail des faucheurs s'en trouve facilité d'autant. Dès que le foin est prêt, les hommes se mettent à l'ouvrage.

La journée de travail commence tôt le matin et se poursuit jusqu'à la brunante. Il fait chaud, mais moins qu'en plein été, quand le soleil tape dur. Petit à petit, le pré change d'allure. Des faneurs, souvent des femmes et des enfants, suivent les faucheurs pour retourner le foin. Le travail est long; les prairies sont grandes. «L'on pourra se faire une idée de la superficie de ces prairies quand on saura qu'elles ont déjà donné, dans les années d'abondance, jusqu'à 400 000 bottes de foin. En mettant chaque botte au poids légal de 15 livres, on arrive au chiffre énorme de 6 millions de livres de foin[32].»

Les cultivateurs n'engrangent pas le foin des battures pour le conserver; ils préfèrent le laisser à l'air libre. En bordure des prairies naturelles, ils échafaudent donc de longues tables sur pilotis, appelées «mûles» ou «allonges». L'une après l'autre, ces tables sont chargées de foin au point d'en devenir ventrues. Il faut sans doute rapprocher cette technique de celle du «vigneau», forme de table utilisée par les pêcheurs gaspésiens pour faire sécher la morue. L'automne, quand la température s'y prête, l'habitant se rend à ces allonges en chaland chercher du foin pour nourrir ses bêtes. L'hiver, quand la glace est prise, il utilise plutôt la «traîne», sorte de traîneau sans patins tiré par un cheval.

Mais les troupeaux sont petits et les insulaires disposent toujours d'un surplus de foin de mer. Aussi en vendent-ils de pleines goélettes aux cultivateurs de la rive nord du fleuve, depuis Petite-Rivière-Saint-François jusqu'à Saint-Joseph-de-la-Rive. Dans ce cas, le travail ne va pas sans peine. Il faut d'abord lier le foin en bottes. À une date convenue d'avance, les goélettes viennent à marée haute pour pénétrer le plus profondément possible sur la batture. Le «baissant» fait s'échouer le bateau. Commence alors le chargement. Le cultivateur qui vend son foin doit engager une dizaine d'hommes pour l'aider.

Il faut faire vite; on ne dispose que du temps d'une marée pour charger tout le foin. Les bottes sont apportées au bateau sur des charrettes. Une pleine cargaison peut compter jusqu'à 3000

bottes. Souvent il faut hâter la fin du chargement, car les chevaux ont de l'eau à mi-poitrail et la goélette va bientôt reprendre la mer. Fourbus, les travailleurs donnent un dernier coup de cœur, puis regagnent la rive. Annuellement, les ventes de foin, jointes à celles de la pomme de terre, représentent la principale source de revenu des habitants de l'île aux Grues.

Allonge de foin sur la batture de l'île aux Oies (René Bouchard, Filmographie d'Albert Tessier, *1973).*

Le jonc de cajeu

À l'île d'Orléans, les prairies naturelles se trouvent sur la rive nord, principalement à Saint-Pierre, Sainte-Famille et Saint-François. Toutefois, la plus grande et la plus riche de ces prairies couvre la pointe est de l'île, dite d'Argentenay. Le foin pousse mal sur la rive sud, à cause de la présence de nombreux crans rocheux et de l'absence d'un long estran plat.

Pour ces insulaires, la récolte du jonc de cajeu (ou jonc de Dudley) commence seulement à la Saint-Michel, soit le 29 septembre. À ce moment de l'année, les nuits sont déjà froides et il n'est pas rare que les faucheurs, le matin, marchent sur une pellicule de glace qui craque sous leurs pieds. La fauchaison est beaucoup moins facile à l'île d'Orléans qu'à l'île aux Oies, puisqu'elle se fait dans l'eau. Sitôt fauché — on dit «couché» — le foin est entouré d'un «cajeu», sorte de ceinture de perches assemblées l'une à l'autre par un système d'anneaux et de baculs. Sans ce cajeu, le foin fraîchement coupé dériverait au large à la première marée. Dès que la mer commence à monter, un homme jette du foin à la fourche ici et là sur les perches, pour les empêcher de flotter au-dessus du jonc fauché. Sans cette précaution, toute la récolte gagnerait le fleuve.

Le halage est exténuant. Le cajeu est tiré à bras d'homme jusqu'au dernier «fond». Avant d'y arriver, les faucheurs doivent parfois travailler dans l'eau jusqu'à la ceinture. Pour le transport du foin depuis les «fonds» jusqu'à la grange, on se sert de charrettes tirées par des bœufs, que l'on charge à ras bords. Le sol est boueux; les roues s'enlisent; les voitures s'embourbent. Ce n'est qu'à grand-peine qu'on réussit finalement à récupérer la récolte pour l'engranger.

Le foin de mer amassé à l'île aux Oies et à l'île d'Orléans a goût de sel. Les bêtes semblent le dévorer à belles dents. Toutefois, ce foin séché dégage une poussière blanchâtre qui, l'hiver venu, monte à la gorge de celui qui le remue pour le donner aux bêtes. Sans compter qu'un foin trop couvert de boue provoque chez les animaux des crises de ballonnement.

L'herbe-à-liens

Tout autour du lac Saint-Pierre, pousse la Spartine pectinée, une plante de rivage dite herbe-à-liens ou chaume. On la récolte après la Toussaint. Ainsi, au début de novembre, la plante est gelée, dit-on, et elle ne «chauffera» pas au moment de sa mise en meulons. On la coupe à la faux pour éviter de briser ou d'écourter les tiges. Sitôt fauchée, elle est ramassée en quintaux* sur la rive. Chaque quintal est ensuite lié en botte à l'aide de deux harts tordues et attachées bout à bout. Contrairement au foin de mer récolté à l'île aux Oies et à l'île d'Orléans, on ne donne pas aux bêtes la Spartine pectinée; elle est trop coriace. On utilise plutôt ce matériau, plus économique que le bois, pour recouvrir le toit des dépendances de la région. On s'en sert aussi pour lier les bottes de céréales au temps de la moisson. Et les six petites fabriques de papier qui ouvrent leurs portes entre 1804 et 1850, à Sherbrooke, Portneuf, Montréal et Beauharnois, achètent en particulier de l'herbe-à-liens pour fabriquer la pâte[33].

* Un quintal se compose de trois à cinq fourchées.

Le lin

Le lin est un autre de ces produits récoltés l'automne et qui n'a rien à voir avec l'alimentation humaine. Mais quelle utilité! C'est la plante textile aux mille usages. Dès le 18e siècle, les habitants, en particulier ceux de la région de Québec, se livrent à la culture du lin. En 1749, Pehr Kalm constate qu'on en sème partout! Au 19e siècle, quand tout coûte cher, qu'on n'a pas l'argent pour acheter des tissus manufacturés en Angleterre, on produit encore plus de lin.

Pendant l'été, la première végétation du lin, tout comme celle du chanvre d'ailleurs, est assez lente. Au point où l'on se demande si les semailles ne sont pas ratées. Mais, bientôt, quand l'humidité ne lui fait pas défaut, la plante se développe avec rapidité. Si bien que, cinq ou six semaines après sa sortie de terre, elle fait ses fleurs. Quand celles-ci sont bleues, c'est que la variété ensemencée provient de Riga, sur la mer Baltique; si les fleurs sont blanches, il s'agit d'une variété originaire de Belgique. L'ancien lin canadien à longues tiges, probablement apporté de France, produisait également des fleurs blanches, mais on le dit devenu très rare en 1865[34].

Il y a deux temps pour récolter le lin: peu après sa floraison ou encore à sa maturité. Cueillie en juillet, la plante ne donne aucune graine, bien peu de filasse, mais fournit des fibres semblables à la soie. C'est de ce lin, encore jeune, qu'on fabrique les toiles et les dentelles les plus fines. Par contre, si on attend la fin de l'été, quand la tige jaunit et perd ses feuilles, on obtient toute la graine voulue et une filasse qui donnera une toile grisâtre, plus abondante, plus grossière également et fort résistante. À l'exposition universelle de Paris en 1855, les femmes du Bas-Canada n'obtiennent aucune mention pour la finesse de leurs tissus de lin. Joseph-Charles Taché, le secrétaire du comité canadien, l'explique ainsi: «Les objets n'ont été expédiés à l'Exposition que comme échantillons de l'industrie du pays sous ce rapport. Naturellement, on ne peut pas s'attendre qu'une petite population, qui a tout à faire, s'occupe des industries dont l'objet est de fournir la richesse et le luxe de ces belles étoffes que l'Europe produit. Nous nous contentons de confectionner de bons draps et de bonnes grosses toiles qui sont remarquables, surtout celles que les femmes des cultivateurs font à la maison, par leur solidité, comme propres aux vêtements de travail et par leur bon marché[35].»

Le rouissage

En général, il semble que l'habitant récolte le lin en septembre, à sa complète maturité. Rares d'ailleurs sont les traités agricoles qui lui conseillent de faire autrement. Quand vient l'heure de la récolte, tous les membres de la famille prêtent main-forte, car il faut 90 heures à une personne seule pour arracher et étendre à la main un arpent de lin. «La manière de récolter le lin est de l'arracher par poignées égales, d'en ôter les plantes étrangères, d'en secouer la terre qui se trouve aux racines, et d'étendre ces poignées sur la terre les têtes tournées vers le midi[36].» On prend soin d'étaler le lin sur le champ en couches très minces, afin que l'alternance de vent, de soleil, de rosée et de pluie permette à la plante de rouir également. Comme le chanvre, le lin est enduit de résine et son exposition aux éléments naturels dissout cette matière gommeuse. C'est ce qu'on appelle le rouissage. Cela dure trois ou quatre semaines; aux dix jours, toujours à la main, il faut retourner tout le lin sens dessus dessous.

L'opération du rouissage est d'une grande importance; elle conditionne toutes les étapes subséquentes de la préparation du fil de lin. Menée trop rapidement, elle fera mal se détacher les fibres végétales lors du broyage; par contre, une trop longue exposition sur le champ transformera les fibres en étoupe vulgaire. Sans compter qu'un soleil trop ardent ou des pluies continuelles peuvent carrément gâcher la récolte.

Pour éviter tous ces aléas de la vieille méthode normande du rouissage dit «à la rosée», les conseillers agricoles commencent, à partir des années 1820, à recommander le procédé irlandais du rouissage à l'eau. L'Irlande est déjà reconnue pour la qualité du lin qu'elle produit. La Société d'agriculture de Québec, la première, publie une brochure sur la culture du lin et du chanvre prônant l'installation de «couloirs de bois» dans l'eau courante, pour le rouissage. En 1831, Joseph-François Perrault, dans son *Traité d'agriculture pratique*, écrit que «les eaux dont le cours est lent sont ordinairement préférables pour cet objet aux eaux rapides... On y place les tiges en couches régulières, par un temps chaud; on les assujettit avec des pierres; on les retire aussitôt que les fibres se séparent aisément de la partie ligneuse; on les lave ensuite à l'eau courante, s'il est possible, ou dans d'autres, et on fait sécher promptement[37].» Pareilles directives seront répétées aux agriculteurs jusqu'au 20e siècle; mais il semble que jamais on ne voudra adopter la méthode irlandaise du rouissage à l'eau. En 1897, le sociologue Léon Gérin constatera que «nombre de procédés en usage ont été transmis de père en fils et sont ceux en vigueur dans ces parties de la France d'où nos habitants sont originaires.» Et il ajoutera: «Le rouissage du lin, par exemple, se fait en laissant la plante tour à tour exposée au soleil et à la rosée, ce qui est la manière suivie dans la Normandie, le Maine, l'Anjou[38].» En 1946, plus de 120 ans après le début de la campagne en faveur du rouissage à l'eau, la *Gazette des campagnes* reconnaîtra l'évidence: «Jusqu'à date, le mode de rouissage qui s'impose pour nos conditions, c'est, faute de mieux, le rouissage à la rosée. Ce procédé demande peu de déboursés et donne des résultats satisfaisants lorsque le temps n'est ni trop sec ni trop pluvieux, pourvu que l'on se donne la peine de surveiller le travail des bactéries et de ramasser sa récolte à temps[39].»

Le battage

Le rouissage est complet lorsqu'en cassant une tige par le milieu, la fibre végétale s'en détache facilement depuis le haut jusqu'en bas. Attendre plus longtemps ferait pourrir les tiges et gaspillerait la récolte. On choisit donc la première journée de beau temps pour mettre le lin en bottes et le transporter à la grange. Sur l'aire de battage, on étend les gerbes les unes à côté des autres, de manière que seule la tête des plants puisse être battue. Souvent, on dispose deux rangs de gerbes, tête à tête, ce qui permet d'abattre plus d'ouvrage en moins de temps. On immobilise les gerbes au moyen d'une perche ou d'une lourde planche. Auparavant, on a recouvert le plancher d'une toile, pour éviter que les graines ne tombent dans les entre-deux. Et deux hommes s'amènent, le fléau à bout de bras, pour battre le lin.

En fait, ce ne serait pas là la meilleure méthode pour récolter la graine de lin. En 1832, le mensuel littéraire et scientifique montréalais, *Le Magasin du Bas-Canada*, déplore le peu d'intérêt pour la graine de lin, malgré la forte demande, et suggère aux cultivateurs de modifier leur manière de la récolter. «Cet article qui pourrait être un objet de commerce assez important, par rapport à la grande consommation qui s'en fait dans le pays et la quantité qui en pourrait être exportée, est néanmoins devenu de peu de considération par la faute du cultivateur, qui ne prend pas ordinairement les précautions nécessaires pour en tirer parti et en augmenter le prix. C'est un fait bien connu que le lin est parmi les cultivateurs Canadiens de la plus grande utilité dans les familles et que la graine s'en vend toujours pour la distillation des huiles, à

Moulin à battre le grain, actionné par un boeuf marchant sur un tapis roulant (ANQ, coll. Musée des Grondines).

un assez haut prix pour assurer au propriétaire un tiers de profit sur la graine seule, tous les frais de culture payés... Le meilleur moyen de conserver la graine de lin est d'enlever le lin de dessus le champ, deux ou trois jours après qu'il aura été arraché, aussitôt, en un mot, qu'il paraîtra un peu sec, et de le battre instamment pour en extraire la graine. L'ancienne méthode que l'on suit ordinairement parmi les cultivateurs, de laisser rouir le lin sur le champ pendant quinze ou dix-huit jours, et quelquefois davantage, et de ne le battre qu'après cet espace de temps, fera toujours que les trois quarts de la graine se retrouveront perdus, partie pour être tombée sur le champ et partie pour avoir été mangée par les criquets, qui s'y mettent en quantité. L'expérience a aussi démontré que si le lin n'est battu qu'après avoir été aussi longtemps sur le champ, la graine en est bien moins bonne. Il faut donc d'abord le battre et ensuite le rétendre pour le faire rouir[40].»

Cette méthode permettrait sans doute de récolter plus de graines de meilleure qualité, mais elle allongerait tout le processus de la récolte. Et comme l'habitant cultive généralement le

lin pour sa fibre et non pour sa graine, il continuera, semble-t-il, de ne battre le lin qu'après son rouissage complet sur le champ. La graine récoltée, elle, est entreposée au grenier, à l'abri de la vermine et de la moisissure. Parfois, on la laisse au hangar, mais dans un baril au couvercle bien fermé.

Corvée de broyage du lin en 1912 (ANQ, coll. J.-C. Magnan).

Le brayage

Le lin battu, dépouillé de ses graines, est remis en gerbes. Il faut maintenant attendre l'aide du plus grand nombre pour la corvée du broyage, généralement appelé «brayage». Mais le temps presse: déjà début octobre. Alors les habitants d'un même rang s'informent de leur disponibilité mutuelle, s'assurent des services de la «grilleuse», aussi dite «chauffeuse», et s'entendent sur la prochaine journée de beau temps à venir pour «brayer» le lin en commun. Ce jour-là, chaque famille charge ses gerbes de lin sur la charrette, prend avec soi ses broies et gagne la «brayerie» du rang, sur la terre d'un des habitants. Situé dans un endroit abrité des vents dominants, le plus souvent à l'orée du bois, près d'un

«La braye à lin», fusain de Marc-Aurèle de Foy Suzor-Côté (P.-G. Roy, L'île d'Orléans, 1928).

coteau ou dans un petit ravin, là où coule un ruisseau, ce lieu offre les meilleures conditions possibles pour chauffer le lin.

Sur place, on creuse une fosse large et profonde de 30 centimètres, longue de deux mètres, où l'on fera le feu. Car il faut chauffer le lin pour faciliter le broyage. Au-dessus de ce foyer, parfois entouré d'un muret de pierre sur quelques faces, s'élève le gril de bois, soutenu aux extrémités par de solides perches. «Les piquets, les traverses et les perches du tréteau ou de l'"échafaud" sont toujours faits de branches de bois franc fraîchement coupées. Le bois dur, encore vert, garantit une bonne résistance au feu pendant toute la durée du broyage. On emploie de l'érable, du merisier ou de l'aulne[41].» On dispose les broies en demi-cercle, près du foyer. Et la «grilleuse» se prépare à allumer le feu.

«Pour alimenter douze ou quinze brayes, il faut un bon brasier et une grilleuse alerte. N'est pas grilleuse qui veut; et il n'en est guère qui le soit avant l'âge de cinquante ans. D'ordinaire, il n'y en a qu'une par dix ou quinze maisons. C'est la grilleuse attitrée du canton... Le soin à donner au brasier est de tous les instants. Un feu trop ardent expose à la 'grillade'. Un feu mal nourri ne sèche pas suffisamment.» En fait, tout l'art d'une grilleuse consiste à maintenir une chaleur constante et à empêcher le feu de produire des étincelles. Par précaution, elle garde près d'elle une pelle, un seau d'eau, un balai mouillé et un tas de terre. Ainsi peut-elle modérer le feu et même l'étouffer au besoin.

Une poignée de lin met environ 15 minutes à sécher. De temps en temps, la grilleuse la retourne pour l'exposer sur toutes ses faces à la chaleur du feu. Elle surveille aussi le dessous du gril pour empêcher tout brin de lin pendant d'enflammer la tablée. Mais cette fumée picote les yeux et les rougit. Une odeur de lin chaud embaume toute le brayerie. Chaque poignée prête pour le brayage est remplacée par une autre sur le tréteau.

Rapidement, les brayes s'activent et font entendre le bruit sec et rythmé des longs manches de bois qui claquent sans répit. «Le broyage s'effectue debout, afin que le bras puisse déployer toute sa force de frappe. La poignée de lin se tient dans la main gauche, par une extrémité que l'on place dans la paume et qu'on enroule ensuite une fois autour de la main. On s'assure ainsi une prise solide pour passer les tiges sous les couteaux qui s'abattent et se soulèvent de la main droite.» On est souvent plus «d'avance*» s'il y a autant d'hommes que de femmes à l'ouvrage. On peut laisser aux hommes la première étape du broyage; le lin est coriace et il faut un bras vigoureux pour l'attendrir. Les femmes se chargent du reste. Le lin crie et se tord. La partie ligneuse,

* Synonyme populaire d'expéditif. On retrouvait pareille expression dans le Bas-Maine en France.

réduite en parcelles sous les coups du «brayon», reste souvent coincée dans les fibres. Alors on fouette sa poignée de lin sur le rebord de la broie. Et l'on reprend le broyage jusqu'à ce que le lin soit débarrassé de ses aigrettes de bois, appelées «chèvenotte». Il faut une quinzaine de minutes pour bien broyer une poignée de lin. Il en sort en cordon de filasse que l'on tortille sur toute sa longueur et que l'on dépose sur une grande toile.

La journée se passe ainsi à broyer la récolte de lin de chacun. Les aigrettes retombent en pluie légère sur la tête et les épaules des travailleurs, les couvrant d'une poudre légère. La grilleuse poursuit sa besogne avec attention. Si, par malheur, le lin mis à sécher prend feu, elle s'expose aux pires moqueries et on lui «renotera» longtemps cette «grillade». Au coucher du soleil, les grandes toiles sont toutes couvertes de nattes de lin. Un témoin raconte qu'une journée de brayage se terminait invariablement par une grillade. «Sur le fourneau, quelques poignées de lin achevaient de refroidir, lorsque la chauffeuse, en promenant sa 'gaule' dans la braise, en fit jaillir une gerbe d'étincelles qui mirent le feu au lin; c'était la 'grillade', sans laquelle une journée de 'brayage' n'était pas bien close et qui fut reçue avec des applaudissements. Le firmament était déjà sombre et je revois encore les étincelles voler comme des abeilles d'or dans le ciel noir, tandis que les reflets de la flambée jetaient des touches écarlates sur les arbres, les clôtures, les habits et les traits des 'brayeux'[42].»

On noue ensemble les quatre coins des toiles pour en faire des ballots. La grilleuse étouffe son feu. On prend les broies sur l'épaule. On s'assure que quelqu'un rapporte la pelle, le balai, la hache et le seau. Et l'on retourne à la maison à travers champs, où un souper attend tout le monde. À Rivière-Ouelle, on termine même la journée par une veillée.

L'écochage

La filasse de lin est rangée au grenier ou à la cuisine d'été, en attendant le teillage, surtout appelé l'«écochage» ou l'«écorçage». Comme le brayage, cette opération se mène debout afin d'utiliser toute la force du bras. Sur le haut du dossier d'une chaise, la ménagère frappe d'un long couteau de bois franc chacune des nattes de lin, ce qui fait tomber les dernières aigrettes de bois qui peuvent encore s'y trouver. Ces déchets d'écorce, appelés «étoupe d'écochoir» ne sont guère d'une grande utilité. Il arrive toutefois que les «crépisseurs» en mêlent au mortier des enduits pour lui donner de la consistance.

Le peignage

La filasse écochée, on la passe à travers les dents du peignoir, une planchette hérissée de pointes de bois ou de fer. Il en ressort des mèches de lin bien lisses, aux filaments réguliers et parallèles. Pour le peignage, il faut s'y prendre délicatement; des gestes trop brusques feraient se casser les fibres de qualité.

On conserve l'étoupe pour calfeutrer. Certaines femmes la filent et s'en servent pour la trame de la catalogne ou de la toile à sac. D'autres la vendent dans les chantiers navals de Québec, où on l'utilise pour calfater les navires.

Le filage

Le filage se fait au rouet, tout comme pour la laine. Toutefois, il faut pouvoir disposer d'une gamelle ou d'un godet. «C'est un petit plat en bois ou en fer-blanc qui s'adaptait au banc du rouet et qui contenait de l'eau. Fallait toujours se mouiller les doigts, les doigts de la main qui filait... Les gamelles en fer-blanc, on les faisait faire chez le ferblantier[43].» Au mouillage, la résine du lin encore présente se ramollit, ce qui permet de mieux étirer les fibres, d'accroître la finesse du fil et la régularité de sa texture. En séchant, la résine durcit et donne au fil une certaine glaçure. Mais le filage est une besogne longue et malpropre. Le tablier et la robe de la fileuse se couvrent vite de saletés et se mouillent de part en part. On estime qu'il faut environ dix heures d'ouvrage pour préparer une livre de fil de lin depuis la récolte jusqu'au filage.

Le tissage

Quand la provision de lin est fin prête à être tissée, on monte le métier. Et petit à petit, par temps perdu, les femmes de la maison fabriquent la toile dite «du pays». Là encore, on met dix heures

Une fermière de Saint-Denis de Kamouraska écoche le lin sur le dossier d'une chaise (Horace Miner, St. Denis, a French Canadian Parish, 1939).

d'ouvrage à tisser une laize longue de six pieds (deux mètres) et large de trois. Toute la lingerie de la maison — draps, torchons à vaisselle, serviettes, linges de table, nappes, essuie-mains — sera de lin, de même que la garde-robe d'été de chacun des membres de la famille.

Mais les vêtements n'ont pas la douceur du coton et certains s'en plaignent. D'ailleurs, on évite la confection de taies d'oreiller de lin, car la rudesse de la toile irriterait la peau du visage. À moins que la ménagère n'en découpe dans quelques vieux draps de lin adoucis par les nombreux lavages.

Les fêtes

Il y a diverses sortes de fêtes durant l'année. Certaines, plus vieilles que d'autres, remontent à l'époque où l'être humain célébrait la régénération périodique du temps, le grand rythme du monde. Ces premières fêtes ont été païennes avant d'être chrétiennes. D'autres, plus récentes, furent créées de toutes pièces par l'Église et s'attachent plus immédiatement à rappeler la mémoire d'un saint. Quoi qu'il en soit, ces fêtes en sont venues à prendre la couleur de la saison où elles se déroulent. Les fêtes de l'automne, par exemple, tiennent du bilan, de la reddition des comptes, du règlement des affaires courantes, avant l'immobilité de l'hiver.

La Saint-Michel (29 septembre)

En France, les premières mentions d'un culte rendu au grand chef des anges date du début du 8e siècle. Mais, après enquête, l'ethnologue Arnold van Gennep signale que ce culte «ne présente rien de caractéristique[1]». Sans pouvoir en préciser l'origine, on sait tout de même qu'une coutume française veut que la Saint-Michel soit consacrée aux affaires. Lors de la signature d'un contrat, il est fréquent qu'on choisisse cette date en guise de début ou de terme à l'entente. On maintiendra cette tradition en Nouvelle-France. Des seigneurs, par exemple, prendront l'habitude de réclamer de leurs censitaires le paiement du cens et des rentes chaque année à la Saint-Michel. Les remises de dettes, la signature de quittances et le remboursement d'intérêts se feront le 29 septembre.

L'historienne Louise Dechêne affirme qu'à Montréal, jusqu'en 1675, le fermier qui loue une terre à bail prend possession de son habitation généralement à la Saint-Michel, plus rarement à la Toussaint ou à la Saint-Martin[2]. Peut-être s'agit-il là d'une habitude venue de la Saintonge, puisque dans cette région française la Saint-Michel était «la date d'achèvement des baux de fermage ou de métayage et par suite de déménagements[3]». Mais ce n'est pas là une date commode dans la vallée du Saint-Laurent. L'habitant qui prend alors possession d'une terre se trouve soudainement plongé dans une situation où tout a été défini, puis laissé en plan par son prédécesseur. À lui maintenant de s'accommoder, d'achever les récoltes, de labourer les terres, de préparer la maison pour l'hiver. Il doit travailler ardemment durant les quelques semaines qui restent avant les neiges, sans être responsable de la situation. C'est pourquoi, dès le début du 18e siècle, les fermiers à bail préféreront prendre demeure à la fin de mars plutôt qu'à la Saint-Michel. De même, ils pourront prétendre mener la tâche à leur guise, du début à la fin, du printemps à l'automne, en comptant bien sûr avec les éléments.

Au 19e siècle, la Saint-Michel demeure une date importante. En Beauce, par exemple, ce n'est pas avant 1880 qu'elle sera remplacée par la Toussaint à titre de journée consacrée aux affaires. À Yamachiche, en 1842, Émilie Comeau engage un potier de l'endroit, Jean-Baptiste Joubert, jusqu'à la Saint-Michel de l'année suivante, pour «faire et exécuter dans la boutique et au fourneau de la dite dame veuve Abraham Richer tous les ouvrages de poterie qui lui sera possible et que son métier et ses talens pourront lui permettre de faire et exécuter[4]...».

D'autre part, à compter de 1800, et ce à tous les neuf ans, le contrat entre le meunier et les Sulpiciens du séminaire de Montréal, touchant l'exploitation du moulin du Gros-Sault sur la rivière des Prairies, arrive à échéance à la Saint-Michel. D'ailleurs, dans leurs *Règles générales pour la conduite de tous les moulins* en leur possession, les Sulpiciens ordonnent que «chaque année, à la Saint-Michel, on règle les comptes de l'année dans tous les moulins; on fait un relevé des moutures pour chaque moulin et un relevé total des moulins. Cela sert à mettre de l'ordre dans les moulins et à comparer quelquefois une année avec une autre[5].»

C'est à la Saint-Michel également que ferment les terrains communaux où paissent les animaux. Le jour venu et le lendemain, les habitants se présentent aux barrières pour récupérer leurs bêtes. Habituellement, tout se déroule dans l'ordre, sauf là où on a omis de marquer le bétail. Alors, c'est le fouillis. L'un croit reconnaître sa vache, l'autre prétend que c'est la sienne. Plus loin, deux autres se disputent un mouton et il faut l'intervention d'un troisième pour les calmer. Tout de même, la commune se vide petit à petit, au milieu des cris des hommes, des bêlements et des mugissements des bêtes.

Dans les îles communales du lac Saint-Pierre, là où les animaux séjournent, tranquilles, durant quatre mois, on arrive généralement sans peine à rassembler et à ramener le bétail. On le fait traverser, d'île en île, sur des chalands. Mais tout ne va pas si bien avec les chevaux. Il est de ces bêtes qui, pendant les quelques mois d'été, ont pris goût à la liberté et refusent de s'approcher[6]. Même les hommes les plus habiles n'y peuvent rien. Alors il faut s'y mettre à plusieurs et l'on assiste à une poursuite qui peut durer des heures. Les hommes se tiennent par la main et repoussent l'animal au bord de l'eau. Le propriétaire s'approche de la bête, lui parle et tente de lui passer la bride. Mais c'est souvent peine perdue. Le cheval, affolé, ne reconnaît personne et risque de blesser par mégarde ceux qui s'approchent de trop près. On tient donc conseil. Les plus vieux sont d'avis d'amener sur le terrain de la commune des chevaux frais reposés qui, en courant, entraîneront l'indocile avec eux. D'autres font valoir qu'un cheval blanc a le don de se faire suivre de ses semblables. Les plus jeunes, de guerre lasse, proposent de laisser plutôt le rebelle à lui-même. Souvent, d'ailleurs, tout se termine ainsi. Jusqu'aux premières neiges, le cheval erre de-ci de-là; finalement, un matin de novembre, affamé, il s'approche de la barrière pour quêter sa pitance. Alors on s'en saisit pour le remettre à son propriétaire.

La Toussaint et le jour des Morts (1er et 2 novembre)

La Toussaint, comme la Chandeleur, compte parmi les fêtes chrétiennes empruntées directement au calendrier celtique. Avant même l'existence du christianisme, les peuples celtes fêtaient à ce temps de l'année le *Saman* ou *Samhain*, soit le passage de la vieille année à la nouvelle, le début du Temps noir, la période de la Terre stérile. «Comme toutes les fêtes principales celtiques, le Saman comptait trois jours de solennités. Le premier était consacré à la mémoire des Héros, le second à celle de tous les défunts et le troisième, tranchant brusquement sur la gravité des deux premiers, était livré aux réjouissances populaires et familiales d'un jour de l'An[7].»

Durant ces trois jours, qui n'appartenaient ni à une année ni à l'autre, on admettait qu'il puisse survenir des choses étranges. Le monde des vivants et celui des morts s'interpénétraient. Un vivant pouvait s'engager dans le royaume d'Ankou, et, réciproquement, il était loisible aux morts de passer dans le monde des

Page suivante:
Photo: ANQ, fonds Communications.

vivants. «Il semble que par la fissure ainsi laissée au point où les deux années jouxtent, tout le surnaturel se précipite, prêt à envahir le monde humain[8].»

Cela donna lieu à un grand nombre de croyances, de pratiques et d'usages propres à ce temps de l'année. À Tlachtgha, en Irlande, avait lieu le Freig, sorte de parlement en plein air qui réunissait l'ensemble de la population. Au début, on y brûlait des humains et des bêtes pour se concilier les morts. On procédait également à la révision de toutes les lois et l'on rédigeait la chronique de l'année écoulée. Au bûcher central, chacun prélevait le feu nouveau, pour le rapporter à la maison.

Avec le temps, les pratiques se modifièrent. On en vint à se regrouper dans les maisons autour de l'âtre, où rougeoyait la bûche qui devait apaiser les âmes des morts. En guise de sacrifices expiatoires, on brûlait des noix, des noisettes, des glands, des amandes et des marrons. En Écosse, des cérémonies faites autour de la dernière gerbe de blé avaient pour but de tuer «l'esprit du blé qui pousse». On entrait les troupeaux à l'étable et on mettait à l'abri les moissons, afin que bêtes et céréales soient protégées des influences démoniaques qui se manifestaient au tournant de l'année. Aux repas du soir, on réservait au visiteur défunt une place à la table.

Au 9e siècle, l'Église s'inquiète de la persistance de pareilles croyances, malgré l'évangélisation des contrées celtiques, et cherche à les remplacer par une fête, la Toussaint (1er novembre). Un siècle plus tard, Odilon de Mercœur, le cinquième abbé de Cluny, institue le jour des Morts (2 novembre). «Pour rendre la transition aussi douce que possible, les autorités ecclésiastiques, en abolissant les anciens rites, instituèrent à leur place, aux mêmes jours, ou peu s'en faut, des cérémonies de caractère à peu près analogue, comblant ainsi le vide spirituel, dont elles étaient responsables, par la création de nouvelles fêtes qui se substituaient parfaitement à celles que les fidèles avaient perdues[9].» Mais ces nouvelles fêtes ne semblent guère avoir eu beaucoup d'attrait, puisqu'on n'en retrouve aucune mention dans les manuscrits d'époque rédigés par les moines irlandais et leurs élèves[10]. Les vieilles croyances se transforment à peine sous couvert de catholicisme.

En Bretagne, jusqu'à la fin du 19e siècle, on répétera que le peuple immense des Trépassés sort des cimetières la nuit de la Toussaint et s'en va par les chemins. Sur le littoral normand, les pêcheurs croient que si les âmes des pauvres naufragés n'ont pas reçu, le jour des Morts, l'assistance spirituelle de leurs frères, de

«Chutes géantes» de Allan
Aaron Edson, aquarelle sur
papier, 1872 (MBAM,
963.1434).

«Paysage» de Marc-Aurèle de
Foy Suzor-Côté, huile sur toile,
1897 (MBAM, 964.1474).

«Paysage d'automne» de
Cornelius Krieghoff, huile sur
toile, 1858 (MBAM, 945.941,
Philippe Bérard).

«Bûcherons sur la Saint-Maurice»
de Allan Aaron Edson, huile sur
toile, 1868 (MBAM, 940.719,
Brian Merrett).

My first shot at a moose 27 Feby 1840.

«Mon premier coup de feu sur
un orignal» de J. Hope-Wallace,
dessin à la plume, v. 1858-1860
(ROM, 966.2.9).

«Fête de la moisson»
de William Berczy Jr., aquarelle,
v. 1850 (MBAC, 16648).

«Transport de bêtes à cornes sur
un radeau» de Cornelius
Krieghoff, huile sur toile (Musée
McCord d'histoire canadienne,
M967.100.2).

L'église Saint-Joseph, à Deschambault, bâtie entre 1834 et 1837 d'après les plans de Thomas Baillairgé (MLCP).

lugubres apparitions ne manquent jamais de convier soudainement les familles oublieuses ou négligentes touchant l'accomplissement de leurs devoirs[11]. Et pendant cette nuit, les pauvres des paroisses, quand ce n'est le bedeau ou le crieur, passent par les rues et les chemins quêter pour les âmes. «Réveillez-vous, gens endormis! Priez pour les Trépassés!»

À compter du 16e siècle, l'Irlande et l'Écosse modifieront cette quête. Le soir du 31 octobre, veille de la Toussaint, des enfants plutôt que des adultes iront de porte en porte, masqués et

Lutins et feux follets

L'homme a toujours eu un irrépressible besoin de croire en un au-delà merveilleux, en un monde transcendant la matière. Il n'est jamais arrivé à se satisfaire du caractère fini de tout ce qui l'entoure. Aussi, à toutes les époques et de toutes les manières, il a cherché à prêter forme à cet ailleurs surnaturel et à en reconnaître les manifestations dans son propre monde.

Au 19e siècle, dans la vallée du Saint-Laurent, on partage les conceptions judéo-chrétiennes de l'au-delà et l'Église jouit toujours du pouvoir de définir le sacré. Toutefois, en marge des dogmes officiels, survivent de vieilles croyances européennes, comme celle du lutin ou du feu follet, que l'institution ecclésiale n'approuve ni ne condamne.

Le lutin est ce petit être qui peut, en tout temps, chercher à élire domicile chez l'habitant et qui jamais ne se laisse apercevoir. Seules les traces de son passage font croire à sa présence. À l'occasion, il s'incarne bien en un animal domestique, comme un chien, un chat, un lapin ou une souris. Mais comment en être certain? Selon qu'on se montre conciliant ou non avec lui, il se fait gentil ou malfaisant.

Les pouvoirs d'un bon lutin sont sans limite. Il permet, par exemple, le beau temps pour les récoltes, protège les enfants et hâte la guérison

«Un lutin et un homme» d'E.-J. Massicotte *(Almanach du peuple, 1925).*

d'un membre de la famille. Il s'en est même vu dans la nuit du samedi arriver à raser leur maître durant son sommeil et préparer ses bottes pour la messe du dimanche. Par ailleurs, le lutin maltraité est capable de mille tours. La nuit, il remplit de pois les bottes sauvages et les souliers de bœuf; le jour, il poivre le thé, remplace la viande par des cailloux dans la soupe et fait brûler les plats au four. Subrepticement, il cache les ob-

jets minuscules qu'on a le malheur d'échapper par terre. L'hiver, il fait geler l'eau du puits. Mais il aime surtout épuiser les bêtes.

Si, un matin, en entrant à l'étable, on trouve les chevaux harassés, les naseaux blancs d'écume et le crin tout noué, c'est qu'un lutin a profité de la nuit pour les faire courir à travers champs, en leur battant les flancs. Fourbues, poussives, les pauvres bêtes n'auront pas assez de toute la journée pour se reposer. Et il faudra couper les crinières et les queues impossibles à démêler.

Pour éloigner de l'étable un lutin malfaisant, il suffit de tracer une grande croix sur la porte d'entrée. La vue de ce signe le rebute. Des habitants cherchent aussi à se payer sa tête. Ils savent, par exemple, que le lutin se fait un point d'honneur de remettre patiemment chaque chose à sa place, à l'aube, avant de quitter les lieux. Aussi disposent-ils à l'intérieur de l'étable, derrière la porte d'entrée, un demi-minot de cendre ou de mil qui invariablement se renverse quand le lutin se présente. Celui-ci doit passer alors la nuit entière à tout ramasser, graine à graine, avant de fuir. On raconte qu'un lutin revient rarement là où on l'a attrapé de la sorte.

Les feux follets, eux, aux allures de langues de feu bleues, rouges ou vertes, au vol rapide et erratique, importunent les voyageurs qu'ils rencontrent sur leur chemin et cher-

déguisés, pour réclamer le paiement du tribut aux morts. On appellera cette manifestation «Halloween», terme anglais abrégé de *All Hallowed Even* ou veille de la Toussaint. Là où ils seront mal reçus, les enfants pourront se livrer à des tours pendables autour de la maison.

Dans la vallée du Saint-Laurent, à partir du régime français, on célèbre la Toussaint et le jour des Morts à la manière catholique. Ces fêtes sont chômées et on y attache l'obligation d'assister à la messe. Dans toutes les paroisses, le Jour des morts, on sonne chent, dit-on, à les projeter dans quel-que fossé ou marécage. Ils semblent abondants de juin à novembre. Les enfants morts sans baptême et ceux qui décèdent en état de péché mortel sont condamnés à prendre cette for-me et à vivre pareille errance. Vers 1850, le père Dargis, de Saint-Grégoire-de-Nicolet, soutient que les feux follets sont «cruels, menteurs et moqueurs» et n'abandonnent leurs victimes qu'après les avoir égarées dans les bois, à de grandes distances de leur domicile.

On connaît quelques moyens fort simples d'éloigner un feu follet. L'un consiste à disposer les deux bras en croix, ce qui l'effraie. On laisse aussi sur une pagée de clôture quelques objets métalliques, ce qui l'attire et le distrait. On peut également lui demander quel jour tombe Noël cette année. Comme le malheureux ignore tout de notre calendrier, il s'éloigne de honte dès qu'il entend la réponse.

En fait, dès la première moitié du 19e siècle, on arrive à bien expliquer l'existence des feux follets. Ceux-ci n'ont rien à voir avec les âmes des disparus. Bien sûr, on les retrouve généralement dans les cimetières, les tourbières et les marécages; mais il s'agit de petits feux produits par la combustion spontanée d'hydrogène phosphoré venu de la putréfaction. Et, en 1848, dans son *Cours de lecture sur l'univers*, sous le patronage de l'Institut canadien de Québec, un

Dessin d'E.-J. Massicotte (Almanach du peuple, *1920*).

certain A. Painchaud met en garde les naïfs à ce sujet. «De misérables filous ont joué à cette occasion plus d'un tour à nos bonnes gens de la campagne, qui croient généralement que le feu follet s'amuse volontiers avec le fer et l'acier et que lorsqu'on veut s'en débarrasser, on n'a qu'à planter sur un piquet son couteau de poche ou sa hache. Le feu follet va ensuite danser autour de ces outils et vous êtes en sûreté tout le long de votre route! De misérables escrocs ont ainsi commis de vrais larcins et sur une grande échelle. Ils attendent le retour des gens des noces, qui d'ordinaire s'en reviennent tard chez eux. Nos filous fixent une boule de feu au bout d'une perche; ils la font aller et revenir en zigzag: voilà un feu follet; et vite, chacun de tirer de sa

poche et de son gousset, canifs, couteaux, fourchettes, etc.; les grand'mères tirent leurs aiguilles et leurs ciseaux; les filles n'hésitent pas à détacher leurs belles épinglettes; tout enfin est déposé sur la clôture, dans l'espérance bien sûr de retrouver le butin le lendemain au matin. Mais le feu follet se plaît tant avec ces bagatelles, qu'il a jugé à propos de les emporter avec lui, pour en jouir plus longtemps.»

Voir Philippe Aubert de Gaspé, *Les anciens Canadiens* (1925): 255; Sylva Clapin, «Le lutin», *BRH*, 5 (1899): 78; Alfred Désilets, *Souvenirs d'un octogénaire* (1922): 47; Hubert Larue, «Les légendes de nos ancêtres», *BRH*, 5 (1899): 100-103; *Le Canadien*, 10 oct. 1821; E.-Z. Massicotte, «À propos de lutins», *BRH*, 26 (1920): 159; Victor Morin, «Superstitions et croyances populaires», Société royale du Canada, *Mémoires*, 1937, sect. 1, p. 55; Gérard Ouellet, *Ma paroisse* (1946): 180; A. Painchaud, «Cours de lecture sur l'univers», sous le patronage de l'Institut canadien de Québec, 1848, dans James Huston, dir., *Le Répertoire national, ou recueil de littérature canadienne*, 4 (1893): 265 s.; P.-G. Roy, «Les légendes canadiennes», *Cahiers des Dix*, 2 (1937): 52.

le glas et — vieille coutume française — on procède à la criée des âmes*. Les paroissiens apportent de tout: un minot de grains, une citrouille, une main de tabac, une pièce d'étoffe du pays, un coq, quelques anguilles salées, etc. Après la messe, le crieur prend place sur le perron de l'église ou à la tribune publique et, avec toute la verve dont il est capable, soumet ces biens à l'encan. Les sommes recueillies vont au curé, chargé de chanter des messes pour les âmes des fidèles défunts. C'est souvent l'une des quêtes paroissiales les plus lucratives de l'année. Après la criée, on se

* Dans certaines paroisses, on reprend la criée des âmes chaque dimanche de novembre et quelques autres fois durant l'année.

rend au cimetière, appelé le «champ des morts», pour se recueillir sur la tombe des disparus. On passe aussi une partie de la journée à faire des visites à l'église. Celles-ci rapportent aux morts des indulgences plénières ou partielles, c'est-à-dire qu'elles permettent aux âmes du purgatoire d'obtenir la rémission de la peine due au péché et d'accéder ainsi plus rapidement à la félicité éternelle. Autant de visites, autant d'indulgences. Il suffit d'entrer à l'église, de réciter les prières voulues, d'en ressortir pour quelques instants et d'y retourner.

On ne connaît rien de plus des manières de vivre la Toussaint et le jour des Morts. Toutefois, des histoires de paroisse et des travaux d'ethnologie, portant tantôt sur le 19e siècle, tantôt sur le 20e, montrent des traces de vieilles croyances celtiques. À Saint-Jean-Port-Joli, Saint-François-de-Montmagny, Sainte-Brigitte-de-Laval et en Beauce, on se garde de sortir le soir de la Toussaint, car les morts rôdent sur la Terre. La veillée se passe à la maison, recueilli. Et le lendemain avant-midi, jour férié, on évite de labourer la terre, car il y coulerait du sang dans les sillons*. D'autre part, la coutume de fêter l'Halloween dans la vallée du Saint-Laurent, un phénomène d'abord urbain, pourrait être venue à la fin du 19e siècle ou au début du 20e, soit des immigrants irlandais ou écossais, soit des Américains.

Par ailleurs, au même titre que la Saint-Michel, la Toussaint apparaît une date importante pour la reddition des comptes courants. Déjà, dans de nombreuses régions françaises, l'engagement des domestiques de ferme ne valait que pour la période de la Saint-Jean à la Toussaint. Le 1er novembre, ils pouvaient alors changer de maître ou rester à la ferme si on avait encore besoin d'eux, et cela jusqu'à la Saint-Jean prochaine. Le long du Saint-Laurent, certains seigneurs prennent l'habitude de réclamer de leurs censitaires le paiement du cens et des rentes à la Toussaint, plutôt qu'à la Saint-Michel. Les remises de dettes, la signature de quittances et le remboursement d'intérêts se font souvent ce jour-là.

* Cette croyance est à rapprocher de celle du Vendredi saint. On évite alors d'entailler les érables, car il en coulerait du sang.

La Saint-Martin *(11 novembre)*

Contrairement à la Toussaint, voilà une fête bien française et bien catholique! En France, saint Martin serait peut-être le saint à la notoriété la plus grande et la plus répandue. On compte plus de 3600 paroisses placées sous son vocable. Il est le symbole même de l'évangélisation de tout l'ouest de la Gaule. Né vers 316, peut-être de race slave, fils d'un légionnaire militaire, enrôlé à 15 ans, il se fait baptiser trois ans plus tard à Amiens où, selon la tradition, il partage son manteau avec un pauvre. Ordonné prêtre et devenu exorciste, c'est lui qui convertit au catholicisme les habitants du Morvan, de la Bourgogne et des pays du Val-de-Loire. À la vérité, il est à la Gaule ce que Patrick, son contemporain, est à l'Irlande.

Déjà, de son vivant, Martin voit sa renommée se répandre partout en Gaule. Immédiatement après sa mort, les populations commencent à lui vouer un culte. Sa biographie, *La vie de saint Martin*, rédigée par Sulpice Sévère, son disciple, ne fait qu'ajouter à la ferveur. Pour tous, l'«apôtre des Gaules» est un saint. Son culte n'ira qu'en s'amplifiant. Comme ce sera le cas de beaucoup d'autres personnages, l'Église devra reconnaître cette canonisation populaire et placera même la fête de saint Martin au calendrier.

Cela dit, malgré cette grande popularité, on ne relève en France que peu de cérémonies qui soient caractéristiques à la fois du saint et d'une puissance spéciale qu'on lui attribuerait comme intercesseur. Les rites pratiqués appartiennent aux catégories ordinaires, interchangeables d'un saint à l'autre selon le pays et l'occasion. Tour à tour, on invoque saint Martin pour la pluie ou la fécondité, pour des maladies de toutes sortes, pour un prochain mariage ou pour quelque espoir de succès.

La Saint-Martin apparaît surtout comme un moment juridique important. Selon la nature du sol et des cultures, les occupations pastorales et artisanales, le climat et les conditions atmosphériques, cette fête, plutôt que la Saint-Michel ou la Toussaint, tient lieu de terme de paiement des redevances diverses, des baux et loyers, des fermages et des déménagements. Les documents historiques signalent ce fait dès le haut Moyen Âge. Cette coutume de caractère juridique et social s'est maintenue — quoique fortement atténuée — au cours des siècles. Elle est nettement indépendante du culte du saint comme tel, puisque nulle part, en France tout au moins, saint Martin n'est présenté comme protecteur agricole, pastoral ou artisanal, au même titre, par exemple, que saint Blaise ou saint Éloi; il n'est pas non plus invoqué par des prières ou des incantations lors de l'occupation d'un nouveau logis.

Au 17e siècle, les colons venus s'établir le long du Saint-Laurent ont continué à fêter la Saint-Martin à la manière française. Après la Saint-Michel et la Toussaint, elle est la dernière journée de l'automne consacrée aux affaires. Beaucoup de seigneurs, par exemple, perçoivent ce jour-là le cens et les rentes de leurs censitaires. Ces derniers se rendent au manoir seigneurial acquitter leurs dettes. Ils apportent de l'argent, quelques «chapons vifs en plumes», des minots de céréales et des poissons. Le montant des redevances, bien que peu élevé, varie d'une seigneurie à l'autre et se trouve fixé une fois pour toutes lors de la concession de la terre.

Le 11 novembre donc, le seigneur garde ouvertes les portes de son manoir, accueille les habitants de son domaine et les reçoit un à un dans une chambre à l'écart. Il prend possession de son dû, prévient des grands travaux à faire à l'intérieur de la seigneurie et s'informe des disponibilités de chacun en vue d'une corvée. Bien que les charges d'un censitaire ne soient pas très lourdes, celui-ci est tout de même tenu à trois ou quatre jours de corvée par année.

On ne compte pas que des individus seigneurs; des communautés religieuses d'hommes et de femmes détiennent aussi de grands domaines et touchent, à la Saint-Martin, les revenus de leur seigneurie. Jusqu'en 1801, par exemple, les Ursulines de Québec possèdent les seigneuries de Portneuf et de Sainte-Croix. Chaque année, à la Saint-Martin, c'est l'affluence au monastère. La scène est haute en couleur. La petite rue du Parloir a les allures d'une place de village. Les habitants de Portneuf apportent jusqu'à 332 chapons vivants et le onzième de tout le poisson pêché[12]. Des religieuses consignent dans un registre, le «terrier», l'acquittement des redevances annuelles, comptent le nombre de chapons et pèsent le poisson. Les volailles vont occuper les poulaillers de la communauté, et le poisson, le plus souvent salé, est conservé à la remise dans des tonneaux.

Au cours de la première moitié du 19e siècle, ces coutumes reliées à la Saint-Martin se maintiennent. Toutefois, les seigneurs doivent lâcher du lest, se faire plus accommodants. Le régime seigneurial, ce mode de division, de distribution et d'occupation des terres assez utile sous le régime français, agonise maintenant. Aussi certains seigneurs préviennent-ils leurs censitaires de venir acquitter le cens et les rentes uniquement quand les chemins d'hiver le permettront, c'est-à-dire quand le froid et la neige auront durci les routes. D'autres, pour simplement maintenir la tradition, n'obligent qu'un petit nombre de censitaires à se présenter au manoir le 11 novembre. Les autres peuvent attendre les chemins d'hiver pour payer leurs dettes. De toute manière, le 18 décembre 1854, le parlement du Canada-Uni abolit les titres de seigneur et censitaire, mettant ainsi un terme aux coutumes reliées à la Saint-Martin.

Page suivante:
«La criée», huile sur toile d'Henri Julien (Album, 1936).

La Sainte-Catherine (25 novembre)

Catherine, vierge chrétienne, aurait vécu à Alexandrie, subi le supplice de la roue et eu la tête tranchée vers 307 sur l'ordre de l'empereur romain Maxence qui avait vainement tenté de l'épouser. Son culte, tardif et légendaire, se serait répandu en Occident grâce aux Croisés. Elle devient alors la patronne des jeunes filles.

Au Moyen Âge, à l'occasion de certaines cérémonies, on entreprend de vêtir et de coiffer les statues des saints et des saintes se trouvant dans les églises. Sainte Catherine, dont le nom Catharina signifierait vierge en grec, étant la patronne des jeunes filles, ne peut alors être parée et coiffée que par une pucelle. Cette mission honorifique, recherchée des toutes jeunes filles, n'est pas de celles que l'on désire toutefois conserver longtemps, sous peine d'être l'objet de moqueries. Et de fait, très rapidement, souvent en guise de dérision, on en viendra à répéter des filles célibataires avancées en âge qu'elles refusent mari pour «coiffer sainte Catherine». L'expression demeurera dans le langage populaire: on dira de toute célibataire qui atteint 25 ans qu'elle coiffe sainte Catherine. À ce propos, peut-être faut-il d'abord voir dans la Sainte-Catherine une fête s'en prenant au célibat?

Le long du Saint-Laurent, on fête la Sainte-Catherine dès le régime français. Et la coutume se maintiendra jusqu'au 20e siècle*. Au 19e siècle, il semble d'ailleurs qu'on la fête avec beaucoup d'entrain. Le journaliste Hector Berthelot écrit en 1884: «Dans le bon vieux temps, cette fête était célébrée dans presque toutes les maisons canadiennes. C'était un jour de grande liesse. Le travail était suspendu et le plaisir était partout à l'ordre du jour. La ménagère passait la journée à préparer le festin de rigueur. Dans toutes les familles, c'était une fête à rendre des points aux noces de Gamache. La soirée et la nuit entière étaient consacrées à la danse. Tout le monde sautait, les vieux comme les jeunes, au son du violon et de la clarinette. Dans la maison du pauvre, où l'on ne pouvait se payer le luxe d'un violoneux, on dansait 'sur la gueule'[13]...»

La Sainte-Catherine ne se passe pas sans «tire». On raffole de cette friandise de sucre et de mélasse bouillis, appelée «tire Sainte-Catherine» ou «tire à la mélasse». Cette tradition remonte probablement au régime français. Des auteurs affirment que Marguerite Bourgeoys, fondatrice de la Congrégation de Notre-Dame de Montréal, aurait mis au point la recette de cette sucrerie. «La bonne religieuse aurait inventé le bonbon du pays, pour attirer à elle les petits sauvages qu'elle voulait instruire, et comme

* La Sainte-Catherine disparaîtra du calendrier romain en 1969.

les jeunes Indiens s'y laissaient prendre comme des oiseaux à la glu, sœur Bourgeoys aurait baptisé le sucre ainsi préparé et qui attirait si bien du nom de tire[14].» Cette interprétation tient cependant de la légende. En fait, la dénomination de tire Sainte-Catherine viendrait tout simplement du fait que le mélange d'ingrédients mis à cuire, puis refroidi, est étiré aussi vivement et aussi longtemps que possible, devenant alors d'un beau jaune clair.

Quoi qu'il en soit, hors de toute considération historique, la Sainte-Catherine demeure une date importante pour les populations de la vallée du Saint-Laurent. Météorologiquement, c'est la fin de l'automne, bien qu'astronomiquement cela ne se produise qu'un mois plus tard, au solstice d'hiver. Les froids sont là pour rester. Novembre présente des moyennes de température partout inférieures à 32 °F (0 °C). Souvent la neige qui tombe la dernière semaine de novembre durera tout l'hiver. D'ailleurs une tempête de neige survient-elle autour du 25 novembre, qu'on la nomme «bordée de la Sainte-Catherine».

«La Sainte-Catherine» d'E.-J. Massicotte (Almanach du peuple, *1923*).

À Québec, la navigation ferme officiellement le 25 novembre, jour de la Sainte-Catherine. On considère comme des retardataires les navires qui partent pour l'étranger passé cette date. Si le climat s'envenime le moindrement, ils risquent d'être immobilisés tout l'hiver au port de Québec.

La chasse et la pêche

Dans la vallée du Saint-Laurent, parce que le climat connaît des variations annuelles prononcées, de grandes migrations d'oiseaux se produisent au printemps et à l'automne. «Sans doute, y a-t-il peu de coins de la Terre qui soient animés d'aussi puissantes migrations. L'Amérique du Nord dispose des plus vastes territoires d'estivage nordique du globe; le continent va en s'évasant vers le pôle, auquel il adhère largement par le Labrador et les archipels polaires. Pour les oiseaux, d'immenses zones de nidification s'étalent au long des côtes poissonneuses, baie d'Ungava, côte du Labrador[1]...» Au printemps, de grands voyages d'oiseaux s'espacent suivant les espèces. Certains s'arrêtent pour l'été; d'autres ne font que passer. À l'automne, ils repartent ou repassent, encore plus nombreux. Alors on se cache et on tire.

Les oiseaux migrateurs

Au 19e siècle, on chasse surtout les oiseaux. Depuis le début du régime français, avec le «trappage», les tueries répétées, le déboisement et la colonisation, les grands cervidés, comme l'orignal et le caribou, ont fui loin des rives du fleuve. Le wapiti est en voie d'extinction. Difficile désormais de trouver rapidement, à portée de fusil, l'une de ces bêtes. Partir à leur recherche tient maintenant d'une quasi-épopée. Seul le chemin de fer dans la seconde moitié du siècle permettra de les poursuivre dans leurs derniers refuges. Pour l'heure, l'habitant de la vallée du Saint-Laurent se contente fort bien de la chasse aux oiseaux.

La chasse elle-même est en pleine mutation. Avant 1800, les gens trouvaient là le moyen d'obtenir une partie importante de leur nourriture. Maintenant, dans les vieilles paroisses du Saint-Laurent, la chasse apparaît de plus en plus comme une occupation de loisir. D'un bout à l'autre du Québec habité, le dimanche devient jour sacré, jour béni, jour de chasse... Une véritable

* Canadianisme signifiant quitter ses habits du dimanche.

fièvre s'empare des Québécois dès l'arrivée des noirs, des cendrés, des cailles et des «barneiches». Revenu de la messe, on «se déchange*», on décroche le fusil et le sac à poudre, on chausse les bottes sauvages pour aller au petit gibier. «On a presque l'impression d'un laisser-faire généralisé jusqu'au milieu du 19e siècle, écrit l'ethnologue Paul-Louis Martin. Quand la manne passe, chacun la ramasse. Et c'est ainsi, les ajoutant à la moisson des tourterelles, qu'habitants, ouvriers des faubourgs, officiers et soldats récoltèrent en les enfilant les longs voiliers d'oies et de canards[2].»

Tout de même, dans certaines localités, une réaction à ces tueries répétées commence à se faire jour. Le 23 octobre 1803, une trentaine d'habitants de Cap-Saint-Ignace, sur la Côte-du-Sud, se rendent chez Hébert Fournier, l'un des leurs, pour signer une convention mettant un terme à la chasse désordonnée sur la batture. La démarche vise à déterminer un espace communal et à en formuler les conditions d'accès et d'usage. Le document fera date. Pour la première fois, on reconnaît collectivement la valeur sportive d'un gibier en s'obligeant à des règles et des contrôles pour mieux le chasser mais aussi pour mieux le protéger.

Dans la vallée du Saint-Laurent, les endroits giboyeux, propres à la chasse, abondent. Les champs marins, les fonds mouilleux, les battures, les rives des lacs, les derniers marais laissés par le retrait de la mer de Champlain, quand ils ne servent pas d'aires de nidification durant l'été, forment à l'automne autant de haltes pour la sauvagine qui descend passer l'hiver sous des cieux plus cléments. Il suffit de s'embusquer, de tirer, et le tour est joué. James LeMoine signale en 1860 quelques-uns des meilleurs postes de chasse: «les battures couvertes de joncs des Îles-aux-Grues, aux Oies, de St. Joachim, de l'Île d'Orléans, de Kamouraska, de Sorel, la batture de Mille-Vaches, des Grondines, la rivière Jupiter sur l'Île d'Anticosti, la Baie de Quinté, les affluents de l'Ottawa[3]...»

Jusqu'en octobre avancé, on chasse bien sûr la tourte, mais également une centaine d'espèces d'oiseaux. Cela commence à la fin d'août, à l'île aux Grues, quand se pose sur les battures le bécasseau Sanderling, appelé «alouette de mer». «C'est qu'en effet le mois d'août est, par excellence, le mois des alouettes, le premier gibier de grève de la saison de chasse. Vers le vingt de ce mois, les bandes commencent à arriver des pays du Nord. Leurs volées sont peu nombreuses d'abord; puis, elles deviennent plus considérables... Vous entendez leur voix dans les airs, qui cependant à peine arrive jusqu'à vous, tant leur vol est élevé... Elles finissent par s'abattre sur les bancs de sable qu'elles couvrent de

Photo: OFQ.

leurs flocons mouvants. Il faut ainsi les voir tomber, comme une grosse bordée de neige grise... Les Sanderling passent leur temps à guetter et à enlever, entre chaque vague, ces petits bivalves que la mer rejette sur le sable. Le chasseur épie le moment où la vague rentrante poursuit la troupe pour prendre le gibier à la file: les survivants, à chaque coup de fusil, prennent leur essor, font une évolution au plus et reviennent sans plus de façon se poser à l'endroit qu'ils ont quitté[4].» On comprend qu'il soit possible de tuer par centaines un tel oiseau, si peu effarouché par les détonations du fusil.

Dans la région du lac Saint-Pierre, la chasse aux oiseaux migrateurs a toujours constitué une part importante des activités de l'habitant. À tel point, dit-on, que dans certaines seigneuries

Embarquement pour Château-Richer

Au 19ᵉ siècle, à la ville, sous l'influence des Britanniques, la chasse semble un loisir de bonne société. Chez les militaires et les bien nantis, la mode est aux excursions de courte durée, accompagnées de tout un cortège de guides et de porteurs, avec force bouteilles. On se rend aux alentours, à moins d'une vingtaine de kilomètres, en voiture à cheval, par le chemin du Roy ou en chaloupe à voile, sur le Saint-Laurent. À Québec, il est de bon ton d'aller chasser dans les marais de Château-Richer ou au chemin Gomin à Sainte-Foy. À moins qu'on ne leur préfère l'anse de Sillery ou la côte à Bonhomme. On y voit là un «divertissement raffiné, cérémonieux, épicurien», qui tient de tout un art de vivre et confère l'aura de l'aristocratie des régimes féodaux.

L'Anglais Frederic Tolfrey, séjournant à Québec en 1816, raconte son embarquement en chaloupe à voile pour les marais de Château-Richer. La chasse semble être un prétexte pour faire bonne chère.

«Le lendemain matin, écrit-il, vers neuf heures trente, une charrette bien chargée se frayait un chemin vers les quais de la basse-ville; elle était remplie de lourds paniers contenant toutes sortes de pâtés, de viandes froides, de volailles, de jambons, de langues. On n'avait pas oublié le madère, la bière brune, la blonde Hodgson et l'excellent Brandy, trésor que l'on confia aux soins du fidèle Dan, le *Leporello* du major... Nous descendîmes à la basse-ville où notre petite barque mouillait à quai, bien chargée de provisions que nous y avions fait porter... Au départ de la maison, un valet bien dressé nous précéda d'un pas alerte, portant d'une main ferme un panier à vins d'où s'élançaient, comme autant de canons du bordage d'une frégate, une demi-douzaine de cols de bouteilles... De l'autre main, il portait un fort joli panier contenant trois bouteilles de rhum de Jamaïque, vieux de trente ans, une douzaine de limes, du café, du thé, du sucre et des cigares de La Havane. Sur le quai, nous trouvâmes nos valets avec nos fusils, nos chiens, la poudre, les munitions, etc. Puisque nous devions aller par bateau et non par route, le major avait fait venir sa cantine au quai, sachant d'expérience que couteaux, fourchettes (en argent, bien sûr), sauces à poisson, poivre de Cayenne et autres choses indispensables étaient plutôt rares dans les maisons canadiennes. Madame Françoise, chez qui nous devions loger, quoique très obligeante et affable, n'était guère pourvue de ces objets d'aristocrates.»

Voir P.-L. Martin, *Histoire de la chasse au Québec* (1980): 61; *Tolfrey, un aristocrate au Bas-Canada* (1979): 93 s. Traduction et présentation de P.-L. Martin.

comme celle de Baie-du-Febvre, on y a délaissé la culture des champs. En 1812, lors de l'invasion du Canada par les Américains, l'envoyé du gouvernement à Sorel, Robert Jones, hésite à réquisitionner les fusils appartenant aux habitants. «Dans cette partie de la paroisse, écrit-il, tous sont chasseurs; la plupart se nourrissent du gibier qu'ils tuent au printemps et à l'automne[5].»

On chasse plusieurs variétés de canards, dont les sarcelles à ailes bleues et à ailes vertes. Pour ce faire, «on construit dans l'eau, sur le bord des îles ou des battures, un affût avec des branches garnies de feuilles vertes, longues d'environ dix pieds, plantées les unes près des autres... On a dû auparavant mettre à l'eau autour de l'affût et à portée de fusil plusieurs couples de canards domestiques, qu'on nomme appelants, attachés par la patte à une corde que retient une pierre au fond de l'eau[6].» Dès l'été d'ailleurs, les chasseurs entretiennent le lieu où ils feront le feu. «Les mares de chasse, d'un diamètre de quelques dizaines de pieds, sont fauchées au ras de l'eau de telle sorte que la surface miroite. Les canards sauvages ne 'se jettent' pas dans une mare qui ne miroite pas. En principe, l'entretien d'une mare garantit

une bonne chasse d'automne, car des canards s'y seront *aroutés* pendant l'été.»

Le long du Saint-Laurent, quand les conditions s'y prêtent, on chasse aussi l'oie blanche et l'outarde. On prend la gélinotte huppée, populairement appelée perdrix, au collet. «Le plus grand nombre des Perdrix exposées en vente sur nos marchés ont été prises *au collet* et non tirées au fusil. La Perdrix du Canada diffère de celle d'Europe en ce qu'elle n'est pas susceptible d'être apprivoisée comme elle: les jeunes pris au nid sont toujours farouches et intraitables[7].» Dans la région de Québec, on tue même le vacher à tête brune. «C'est en septembre qu'on les voit réunis en grandes bandes sur les clôtures ou sur les arbres, le long des ruisseaux et des endroits humides; les habitants de la côte de Beaupré, comté de Montmorency, les immolent alors par douzaines et les exposent en vente sur les marchés. Gras et succulents en cette

Lithographie de A. Borum d'après un tableau de Cornelius Krieghoff (ANQ, coll. initiale).

*Un orignal, ou élan du Canada.
Le nom lui-même est un des rares
mots québécois empruntés à la
langue basque. Il vient d'oregnac,
le pluriel d'oregna, signifiant cerf
(MLCP).*

saison, ce sont de véritables éprouvettes gastronomiques, que le prince de la bonne chère, Brillat-Savarin, eut sans aucun doute appréciées convenablement[8].»

L'habitant arrive à capturer vivants beaucoup d'oiseaux, comme la tourte, l'outarde, l'oie blanche et diverses espèces de canards. Lors de chasses subséquentes, il s'en servira comme appelants vivants. D'autres fois, il les tue, l'hiver venu, quand ils sont devenus gras. De cette manière, les habitants des environs de Québec peuvent approvisionner le marché local longtemps après le départ des migrateurs. Il semble aussi qu'on sache conserver pendant plus d'un mois les oiseaux déjà tués. En 1837, le journal *Le Glaneur* fait état à ce sujet d'une méthode qu'il dit «déjà assez répandue». «Elle consiste à placer les pièces dans un tas de froment ou d'avoine, sans aucune préparation; mais on réussit mieux en ouvrant chaque pièce et en la vidant. On ôte aux oiseaux jusqu'au jabot, mais on les laisse dans leurs plumes, ainsi que les lièvres dans leur poil. On les remplit ensuite de blé et, après les avoir recousus, on les place au milieu d'un tas de grain, de manière qu'ils en soient entièrement recouverts. On dit qu'on peut garder ainsi de la volaille dans un état parfait de conservation pendant plus d'un mois[9].»

L'anguille

Sous le régime français, la pêche la plus importante est celle de l'anguille. Le gouverneur Frontenac parle de ce poisson comme de la «manne» de l'habitant. Abondante et facile à conserver, elle se pêchait d'août à octobre. Au 19e siècle, les sources documentaires étant moins bavardes, il est permis de penser que la consommation d'anguilles diminue. La pomme de terre semble maintenant l'aliment premier des populations. Malgré tout, on pêche encore l'anguille. Chaque année, en août, les riverains du Richelieu et du Saint-Laurent commencent à surveiller son arrivée. Ils savent que ce poisson entreprend alors sa lente migration vers la mer. Peut-être se doute-t-on qu'il se rend vers son lieu de reproduction, mais personne ne sait où précisément. Depuis la Grèce antique, on cherche le lieu du frai, mais ce poisson, pourtant si commun, garde son secret. C'est seulement en 1922 que le biologiste et océanographe danois Johannes Schmidt découvre que toutes les anguilles d'Europe et d'Amérique se rendent frayer dans la mer des Sargasses. Il s'agit d'une grande région de l'Atlantique, de forme ovale, située entre les Antilles et les côtes de la Floride et s'étendant sur environ quatre millions de kilomètres carrés. Ses eaux azurées contiennent d'innombrables quantités d'algues brunes de type sargasse arrachées aux côtes les plus proches par les courants marins et dont la masse totale est estimée à 15 millions de tonnes. Milieu d'une forte densité biologique, véritable soupe originelle, la mer des Sargasses abrite une faune très originale, formée de diverses espèces de mollusques et de crustacés.

Les frayères de l'espèce américaine se trouvent à l'est de la Floride et au sud des Bermudes. L'aire de frai de l'anguille

Les Leclerc de Saint-Jean-Port-Joli empochent les anguilles à marée basse (ANQ, coll. EOQ).

européenne est située un peu plus à l'est. Bien que les détails de ce frai ne soient pas encore tout à fait connus, les anguilles semblent attirés vers la mer des Sargasses par la température et la salinité qui y sont plus élevés qu'en aucun autre endroit de l'océan Atlantique. Peut-être faut-il faire remonter ce phénomène à l'époque où les continents s'emboîtaient comme les pièces d'un puzzle et où la mer des Sargasses n'était qu'un large bras séparant l'Amérique du Sud de l'Amérique du Nord. Les anguilles, habituées d'abord à de courts trajets, en seraient peut-être venues, avec la dérive des continents, à des courses de plus en plus longues. Chose certaine, elles fraient aujourd'hui entre 1300 et 1600 pieds (390 et 480 mètres), là où la mer atteint quelque 3 milles (4,6 kilomètres) de profondeur et où la température de l'eau varie entre 59 et 61 °F (15 et 16,5 °C).

Comme les lamproies et les saumons, les anguilles meurent après le frai. Mais, à l'inverse du saumon, elles naissent et se reproduisent dans la mer. Par contre, elles croissent dans les eaux douces et leur coloration varie selon les phases de leur développement. Les petites anguilles, couramment appelées «fouets», au corps arrondi et aux yeux noirâtres comme les adultes, sont transparentes. Bientôt, sous l'influence de l'eau douce, elles se colorent de gris et deviennent des «civelles». «Après un séjour de quelques années en eau douce, avant d'atteindre leur maturité, elles prennent une coloration jaunâtre ou verdâtre, plus foncée sur le dos, plus pâle sur le ventre; elles peuvent mesurer alors de 2 à 4 pieds (de 0,6 à 1,2 mètre) de longueur. Il arrive parfois que l'on trouve des individus d'une teinte rose orangée. Quand l'anguille a complété son développement, à l'approche de sa maturité sexuelle, elle revêt une 'livrée de migration'. Elle brille alors d'un éclat métallique: son dos et ses flancs prennent une couleur foncée, presque noire, avec des reflets bronzés ou pourpre[10].» Les habitants appellent «anguilles noires» celles qu'ils capturent l'automne.

Sur les rivières de la région de Montréal, cela commence à la mi-août. Lentement, les anguilles se mettent en marche et entreprennent de gagner le Saint-Laurent. Elles voyagent, semble-t-il, en longeant les rives par les nuits de mauvais temps, sans lune. On les signale à Deschaillons au début de septembre et à Québec deux semaines plus tard. Bien que les pêches se pratiquent sur les deux rives du Saint-Laurent jusqu'à la hauteur de Charlevoix et de l'île Verte, les plus abondantes se font au Platon-de-Lotbinière, à Lauzon et à Rivière-Ouelle. Là, des pointes de terre qui s'avancent dans le fleuve obligent le poisson à frôler davantage le rivage. Il suffit de lui tendre alors des pêches à fascines pour le capturer à volonté. À marée haute, l'anguille se bute à ces clôtures. Cherchant alors à gagner les bas-fonds, elle longe ces barrières et pénètre dans les coffres où elle se retrouve prisonnière. Un fort vent du nord-est augmente les prises.

À Rivière-Ouelle, une croyance populaire veut que l'anguille arrive entre la Saint-Mathieu (21 septembre) et la Saint-Michel (29 septembre). Aussi, dès le mois d'août, on commence à «greyer» les pêches, car on ne dispose que de quelques heures entre chaque marée. À la mi-septembre, on discute de la date possible de l'ouverture de la pêche. Les vieux pêcheurs ne s'inquiètent pas outre mesure; ils savent bien que ce n'est qu'une question de temps pour que le poisson «donne». Une fois par jour, on se rend visiter les pêches. Serait-ce aujourd'hui? Ou plutôt demain? Soudain, une marée fructueuse apporte les premiers poissons. L'anguille est arrivée!

Pendant tout le mois d'octobre, marée après marée, nuit et jour, il faut vider les coffres. «Les pêcheurs doivent visiter la pêche à la fin de la marée baissante, mais avant le début de la marée montante. Trois heures après la fin de la marée haute, le pêcheur se rend sur les lieux de sa pêche. Déjà la mer a découvert les premiers coffres; à mesure que le pêcheur visite ses coffres, la marée descend de plus en plus et assèche les coffres du large. Si l'anguille est abondante, le pêcheur doit se hâter, car la marée ne tarde pas à revenir[11].» Entre chaque marée, il faut aussi nettoyer la pêche du varech qui s'y trouve et rejeter ces algues sur le rivage; sinon le baissant aurait tôt fait de les rapporter dans la pêche, bouchant ainsi l'entrée des coffres.

L'anguille rapportée sur le rivage est plongée dans la saumure. «On mettait un sac de sel, raconte un témoin, dans une tonne défoncée sur le bout et puis on mettait de l'eau à peu près à moitié de la tonne. On brassait ça avec un bâton et on envoyait l'anguille là-dedans. L'anguille ne tardait pas à mourir dans cette saumure et elle devenait blanche sous l'effet du sel; il fallait la brasser fréquemment sinon elle risquait de se gâter. On entreposait les tonneaux dans un fournil ou un hangar[12].»

Habituellement, la quantité de poissons pêchés diminue progressivement lors de la dernière semaine d'octobre. Du reste, quand les «bossues» sont descendues, la saison de la pêche à l'anguille est finie. «Les bossues sont des anguilles qui ne suivent pas les autres; elles ont des bosses et souvent la queue coupée. Toutes ces anguilles-là sont en retard; et quand on en prend de celles-là, l'anguille tire à sa fin[13].» Alors, on démonte les installations et on range les claies, les ansillons et les bourroles sur le rivage, à l'abri des plus hautes marées. L'heure est venue de gagner la maison. On reprendra la pêche l'an prochain.

Au fil du temps, la plupart des observateurs signalent que la chair de l'anguille, bouillie, rôtie à la broche, fumée en filet ou salée, est un mets succulent. Ce n'est pas là cependant l'avis du jésuite Pierre François-Xavier de Charlevoix, l'auteur d'une *Histoire et description générale de la Nouvelle-France* publiée en 1744. Selon lui, peu importe la sauce qui l'accommode, l'anguille conserve toujours «un goût sauvage auquel on ne s'accoutume pas sans peine». «La meilleure manière d'apprêter le poisson, ajoute-t-il, est de le suspendre dans la cheminée et de l'y laisser cuire lentement et toute l'huile s'écoule[14].» Mais faut-il croire Charlevoix? Le 27 septembre 1749, alors que le botaniste Pehr Kalm se prépare à retourner dans son pays, il reçoit la visite surprise du missionnaire sulpicien François Picquet. «C'est un curieux homme, écrit-il, qui a beaucoup voyagé au Canada. Il cherche à me convaincre que le *Père Charlevoix*, qui a donné une description du Canada, est un grand menteur, qui s'est trompé sur beaucoup de choses[15].» De toute manière, l'anguille ne constitue pas seulement un mets, apprécié ou non. Sa peau, découpée en fines lanières, donne la «babiche» d'anguille, sorte de lacet servant à l'empaquetage et à la réparation des harnais et des chaussures. On l'utilise aussi pour attacher les cheveux et lier la batte au manche du fléau. L'ethnologue Paul-Louis Martin signale que la babiche d'anguille a connu une grande utilisation dans presque tous les villages riverains du Saint-Laurent[16].

Une variété de poissons

Si la pêche automnale la plus importante demeure celle de l'anguille, on capture également à ce moment de l'année une grande variété de poissons. En 1831, dans les îles de Kamouraska, par exemple, on remarque six pêches à fascines: «deux à l'île aux Corneilles, une à l'île aux Harengs, une près du Cap-au-Diable, une à l'île aux Patins, une à l'île Brûlée». «On y prend du hareng, rapporte Joseph Bouchette, de l'alose, du saumon, du carrelet et de l'éperlan. Régulièrement la production annuelle en plus de ce qui est consommé par la population locale se chiffre ainsi: hareng, environ 370 barils; sardine, environ 300 barils; alose, environ 150 barils; saumon, environ 150 barils... La pêche se fait durant

Corvée de construction d'une pêche à fascines à Saint-Denis de Kamouraska. Dans l'estuaire, où l'écart entre deux marées atteint parfois cinq mètres, il faut prévoir des perches d'une pareille hauteur (Horace Miner, St. Denis, a French Canadian Parish, *1939).*

Photo: ANQ, coll. Livernois. les mois de mai et de juin, et du 15 août au 15 octobre; la meilleure qualité de poisson se prend l'automne[17].»

En fait, partout dans l'estuaire, soit au large, soit le long des rives ou à l'embouchure des rivières, on prend le hareng, le capelan, l'éperlan, la «sardine», le saumon, l'alose, le bar et l'esturgeon. Même le marsouin blanc qui, à la mi-juin, faute de poissons, avait déserté les environs de la rivière Ouelle et de l'île aux Coudres, revient dans la région en septembre et octobre pour se nourrir de harengs, de capelans, d'éperlans et même d'anguilles. Alors on le capture à nouveau dans ces gigantesques pêches à marsouins, élevées à l'aide d'alignements de perches de bois franc.

En Gaspésie, la pêche à la morue, commencée au printemps, se poursuit. Chaque matin, les pêcheurs accompagnés de leur aide partent dans leur grosse barque et se rendent pas très loin de la côte jeter leurs lignes à deux hameçons. Ils ne peuvent s'éloigner davantage, incapables qu'ils sont de bien conserver leur poisson. Aussi, dès la fin de l'après-midi, ils regagnent en toute hâte le littoral, où les attendent les plus jeunes, les femmes et les vieillards. Les morues déchargées sont décapitées, vidées et mises dans le sel. Souvent, quand la pêche est abondante, ce travail se termine à la lueur du fanal. Le lendemain matin, les pêcheurs repartent et les autres sortent la morue du sel pour l'étendre sur les «vigneaux».

Barques de pêche à l'ancre à proximité de Percé (OFQ).

Photo: ANQ, coll. EOQ.

On travaille ainsi pendant six mois, de mai à novembre. Toutefois la pêche ne rapporte pas également tout au long de la saison. «Les mois de juin, juillet et août, explique en 1859 le commandant Pierre Fortin, sont les mois les plus favorables à la pêche de la morue, non seulement parce que pendant cette période de douze semaines les calmes sont fréquents, les beaux temps de longue durée et les tempêtes plus rares que dans aucun autre temps de la saison; mais parce que la morue afflue le plus vers les côtes, soit pour frayer, soit pour courir à la poursuite des bancs de caplan et de lanson... et qu'ainsi ces poissons qui servent d'appâts sont abondants et faciles à prendre. La période annuelle d'activité maritime se divise en deux parties appelées 'pêche d'été' et 'pêche d'automne'. La pêche d'été est la plus considérable. Le 15 août, une fête la sépare de celle de l'automne. Les compagnies ont alors fixé le prix du quintal de morue et elles commencent à recevoir la production des pêcheurs autonomes. La morue pêchée jusqu'à la fin de septembre est séchée et préparée pour l'exportation alors qu'après cette date, elle est seulement salée, mise en barils et destinée surtout aux marchés de Québec et de Montréal[18].» Le Canada exporte aussi beaucoup de morue salée aux Antilles.

Les transports

Dès le 18ᵉ siècle, l'économiste écossais Adam Smith écrivait que «des routes, des canaux et des voies navigables de qualité, en permettant de diminuer le coût du transport, placent les régions éloignées d'un pays au même niveau que les bourgs entourant les villes. À ce titre, ils sont le meilleur des progrès[1].» Pareille affirmation sera maintes fois reprise. Toujours au 18ᵉ siècle, l'historien et philosophe français Guillaume Raynal, par exemple, fera du réseau routier le critère premier de la civilisation. «Sur la terre, écrit-il, il est permis de qualifier de barbares les peuples qui ne disposent pas de bonnes routes pour aller des villes aux villages et des villages aux hameaux[2].»

Un peu partout en Occident, on en viendra rapidement à croire qu'une économie saine repose en particulier sur la facilité et la rapidité des échanges. En 1834, dans un document envoyé à la Chambre d'agriculture des États-Unis, un quidam écrit: «À l'intérieur d'un pays, les avantages et les bénéfices que l'on retire d'une communication libre et facile entre les différentes régions sont à ce point variés et importants que l'on ne devrait épargner aucun effort de travail et d'argent pour l'améliorer. On doit considérer les routes, les canaux et les rivières comme les veines et les artères à travers lesquelles circule le développement[3].»

Au cours de la première moitié du 19ᵉ siècle, on fera donc de grands efforts pour maîtriser davantage les éléments naturels en vue d'accélérer les transports et bien sûr d'accumuler du capital. Le mécanicien américain Robert Fulton lance en 1807 le premier navire à vapeur. En 1814, l'ingénieur anglais George Stephenson met au point la première locomotive à vapeur. Cependant, l'application de la vapeur se fera plus lentement sur terre que sur mer. Des voitures dangereuses, beaucoup trop bruyantes, aux émissions de fumée et de déchets incommodantes, retarderont l'avènement du chemin de fer.

Pour l'amélioration des routes terrestres, l'ingénieur écossais John Loudon McAdam met au point en 1815 un procédé

Calèche et quatre-roues sur un chemin de bois ronds. Dessin de W.O. Carlisle (APC).

efficace de revêtement des chemins. Du nom de son inventeur, le macadamisage est une opération qui part du principe qu'un milieu parfaitement libre d'humidité peut supporter tout type de charge sans céder. Des couches superposées de pierres concassées, de silex et de chaux permettent un rapide assèchement des chaussées, même dans des contrées au climat pluvieux. L'adoption de ces procédés, ajoutés au dragage des voies d'eau et au percement des canaux, suscitera une grande révolution dans le monde des transports. Désormais, on voyagera plus vite et mieux; toutefois, on se verra imposer le respect fidèle de l'horaire, la royauté du temps, «ce bourreau implacable». L'heure sera maintenant aux pendules, aux horloges et aux montres de poche.

La vallée du Saint-Laurent n'est pas en reste. Dès 1809, John Molson lance à Montréal le premier navire à vapeur, l'*Accommodation*. Celui-ci met 36 heures à parcourir la distance de Montréal à Québec, à une vitesse de 4 milles et demi (8 km) à l'heure. Bien sûr, les armateurs, peu impressionnés par une telle performance, continueront de miser pour un temps sur le voilier qu'ils tiennent pour supérieur. Mais on améliorera la mécanique.

En 1850, Henry David Thoreau ne mettra plus qu'une douzaine d'heures à faire le même parcours. Si bien que, sur le Saint-Laurent, à compter de la seconde moitié du 19e siècle, c'est le navire à vapeur, plus puissant et moins sensible aux effets des marées, des vents et des courants, qui assurera les liaisons maritimes régulières entre les villes et les villages.

D'autre part, en 1835, quelques hommes d'affaires fondent la Champlain and St. Lawrence Company, qui entreprend la construction d'une voie ferrée entre Laprairie et Saint-Jean. On inaugure cette ligne d'une longueur de 27 kilomètres le 21 juillet 1836. Elle constitue en quelque sorte un portage entre deux biefs navigables qui évitent les hauts-fonds de la rivière Richelieu. Comme aux États-Unis, il semble qu'à l'origine, le chemin de fer ne soit que le complément du système fluvial. De 1840 à 1852, on prolonge cette première ligne jusqu'à la frontière américaine, de manière à la relier au réseau de voies ferrées des États-Unis. En 1848, on évalue le trafic à 20 780 tonneaux et le nombre de passagers à 50 993[4]. Entre-temps, la St. Lawrence and Atlantic Company inaugure en 1847 un tronçon de voies ferrées allant de

L'Accommodation, le premier vapeur à naviguer sur le Saint-Laurent. Dès son lancement, le Daily Mercury *de Québec reconnaît que «le grand avantage du bateau ainsi construit est que l'on peut calculer avec certitude le temps du passage et l'heure de l'arrivée: ce qui est impossible à faire avec un bateau à voiles»* (Boréal-Express, *1760-1810).*

Longueuil à Saint-Hyacinthe. Mais c'est plutôt au cours de la seconde moitié du 19e siècle que le chemin de fer, tout comme le navire à vapeur, connaîtra son plein essor. Les historiens Jean Hamelin et Yves Roby rappellent que si le Québec comptait une cinquantaine de milles (82 kilomètres) de voies ferrées en 1850, on en dénombrera 3481 (5800 kilomètres) en 1900, soit 70 fois plus[5].

Par ailleurs, le transport routier dans la vallée du Saint-Laurent est appelé à connaître de grandes transformations. Bien sûr, en 1800, les grandes routes sont pour ainsi dire inexistantes et les rares chemins, dans un état pitoyable, font pester ceux qui les empruntent. La marche du peuplement se fait donc toujours suivant les axes hydrographiques. Mais les temps changent. Le long du Saint-Laurent, les meilleurs sols sont maintenant occupés. Des colons gagnent la pleine forêt pour y fonder des communautés nouvelles et commencent à réclamer des chemins. En 1810, le gouverneur James Craig charge le major Robinson et ses soldats d'ouvrir une route pour relier les Cantons de l'Est à la région de Québec. Long de 75 milles et doté de 120 ponceaux, le chemin Craig part de Saint-Gilles-de-Lotbinière et emprunte les cantons de Leeds, Inverness, Halifax, Chester et Tingwick. On améliore aussi le chemin du Roy sur la rive nord du Saint-Laurent. En 1813, un premier pont de bois est construit entre Repentigny et l'île de Montréal, «sur le modèle de celui jeté sur le Rhin à Schaffhausen». On fait de même en 1820 sur la rivière Jacques-Cartier à la hauteur des Écureuils. Et, de 1841 à 1843, on rajoute neuf autres ponts entre Québec et Montréal. Sur le chemin Kempt qui relie Québec et Fredericton, au Nouveau-Brunswick, on jette quatre ponts sur les rivières Matapédia, Causapscal, Saint-Pierre et Assametquagan. Plus à l'est, en Gaspésie, le Grand chemin de la baie des Chaleurs, qui relie Restigouche et Gaspé, est complété et réparé entre 1842 et 1847. En outre, de 1847 à 1852, on y termine le Grand chemin entre Métis et Matane. Ailleurs, dans les régions de Montréal, des Cantons de l'Est, de Québec, de Charlevoix et du Saguenay, on s'attache à ouvrir de nouveaux chemins ou à parfaire des routes déjà existantes; si bien qu'en 1850, le réseau routier a gagné sa place dans l'ensemble du système des transports.

Toutefois, durant la première moitié du 19e siècle, malgré l'amélioration de ce réseau, les voitures à cheval restent fort simples. Ces véhicules sont d'abord destinés au travail. La variété des voitures de promenade ne viendra qu'après 1850. L'habitant doit songer aux travaux des champs avant de penser aux balades.

Doit-on se rendre à l'église qu'on attelle le cheval à la charrette, sans ses échelettes. À Saint-Aimé, on monte sur la «charrette à poche», une voiture plus petite, reposant par son milieu directement sur l'essieu. Dans certaines paroisses, peut-être préfère-t-on s'y rendre simplement à dos de cheval, comme cela se faisait beaucoup sous le régime français.

Mais quand arrive la fin des récoltes, il faut penser à remiser les véhicules à roues. Avec les pluies de novembre, les routes de terre se transforment en bourbiers. Comme au printemps, lors de la fonte des neiges, on se retrouve entre deux saisons. Ce n'est plus l'été et pas encore tout à fait l'hiver. Ni les voitures à roues, ni celles à patins n'arrivent à bien circuler. À ce temps de l'année, faute de bons chemins, des cultivateurs refusent de venir vendre à la ville, ce qui occasionne une montée du prix des denrées. Le journal québécois *Le Canadien* lance un appel en 1818 pour l'amélioration du chemin de la Côte-de-Beaupré. «Les habitans de la côte du Nord depuis le Pont Dorchester jusqu'à St. Joachim, sont obligés d'attendre que la mer soit basse pour se rendre en ville par rapport à ces mauvais chemins. Voilà pourquoi les denrées sont rares et si chers sur les marchés le printemps et l'automne... Le chemin qui va à Charles Bourg est aussi en très mauvais état; il seroit à souhaiter que les Magistrats voulussent y porter attention[6].» Il semble que le journal sera entendu, puisqu'en 1850, une trentaine d'années plus tard, Thoreau dit qu'après avoir traversé le pont Dorchester qui enjambe la Saint-Charles, il s'est retrouvé «sur une excellente route en macadam, appelée *Le Chemin de Beauport*».

Aquarelle de James Peachey datée de 1783 et montrant le pont construit sur la Maskinongé. Pour mieux renseigner l'Angleterre, beaucoup de militaires britanniques envoyés au pays avaient pour mandat d'illustrer les lieux ou les objets qu'ils jugeaient stratégiques. Certains ont fait montre alors d'un véritable talent d'artiste (APC).

À partir de novembre, on prépare aussi les routes pour l'hiver. Dès la messe de la Toussaint, le crieur public annonce qu'il revient à chacun de baliser la portion de chemin qui passe devant chez lui. Certains hivers, de fortes poudreries nivellent de neige les petits accidents de terrain et font disparaître la route. Seules des balises faites d'épinettes ébranchées permettent alors de localiser aisément les voies de circulation. On conserve à la cime de l'arbre ce qu'on appelle le bouquet, soit une touffe de branches visible à distance. Sans ces balises, les chevaux risqueraient de perdre la trace et de s'enfoncer dans la neige molle.

Chez le forgeron du village, l'enclume résonne du matin au soir. C'est une grosse saison pour cet homme de métier. À titre de charron souvent, il répare les patins des voitures d'hiver et les remet en état de glisser. À titre de maréchal-ferrant, il remplace les fers plats des chevaux par des fers à crampons. Cette tâche est importante: sans les fers d'hiver, les chevaux pourraient glisser sur la glace et se blesser gravement aux pattes. Pour éviter l'accumulation de neige ou de glace sous les fers, certains appliquent une plaque de cuir préalablement huilée entre le sabot et le fer.

Un bon forgeron peut ferrer une quinzaine de chevaux par jour. Mais tous n'exercent pas leur métier avec brio. En 1875, par exemple, la *Gazette des campagnes* dénonce les bourreliers et les forgerons. «Voici ce qui se pratique généralement dans notre pays. Nous achetons des chevaux qui coûtent de $100 à $150... Dès qu'il est notre propriété, nous le confions au bourrelier pour harnacher et au forgeron pour le ferrer. Mais qu'est-ce qu'il arrive le plus souvent? C'est que le bourrelier lui fait au hasard un collier de la longueur et de la largeur de ses épaules, sans se préoccuper si elles sont régulières ou difformes; il le fait comme pour la généralité de sa clientèle. Or il arrive trop souvent que ce harnais, fait au hasard par un ouvrier qui n'a pas la moindre connaissance théorique de son art, blesse le cheval, lui cause une certaine douleur dans le tirage, le gêne considérablement dans ses allures et l'empêche de mettre à profit toute sa vigueur... On peut se demander comment ces pauvres bêtes doivent se trouver de ces colliers, qui parfois présentent une bosse là où l'épaule du cheval en offre également une et qui, en général, sont tout à fait défectueux... Nous arrivons maintenant à la ferrure, qui laisse bien à désirer dans nos campagnes. Plusieurs de nos forgerons sont des ouvriers qui à peine savent poser un fer avec des clous selon la rondeur et la longueur du sabot. S'il en est de plus experts, ils sont bien rares. Souvent ils ne connaissent pas le pied du cheval; aussi ils appliquent le fer trop chaud, ce qui leur donne la facilité

Le bac à Roberge

Le 23 novembre 1837, un groupe de Patriotes se portent au secours des leurs à Saint-Denis-de-Richelieu. Entre Saint-Antoine et Saint-Denis, ils prennent le bac à Roberge.

«Une quarantaine d'hommes, bien résolus, la plupart de Contrecœur, s'embarquèrent dans le bac de Joseph Roberge, le traversier. Ils apportaient quantité de balles et surtout celles que François Giard avait fondues pendant la nuit et la matinée précédentes. La rivière, à cet endroit, entre les deux villages, est d'une dizaine d'arpents de largeur. Vers le milieu, les patriotes s'aperçurent que les artilleurs anglais braquaient leur canon sur le bac. Loin d'avoir peur, les rameurs déployèrent toutes leurs forces, pendant que les autres, montrant le poing aux canonniers, rageaient de ne pouvoir atteindre ces derniers avec leurs fusils à pierre et à courte portée... À un moment donné, la passerelle d'atterrissage de l'une des extrémités du bac fut emportée par un boulet. Le choc imprima au bateau un mouvement giratoire sans cependant faire chavirer l'embarcation à fond plat... Personne ne fut blessé, mais Roberge, craignant un autre boulet, fit coucher tout le monde, à l'exception des rameurs... Les canonniers anglais s'apprêtèrent aussitôt à expédier un autre boulet. Mais le chargement de leur canon par la gueule exigeait quelques minutes; les rameurs du bac arrivèrent à portée de leurs fusils, et une grêle de balles força les artilleurs à déguerpir et à se mettre à l'abri...»

Voir O.-M.-H. Lapalice, *Histoire de la seigneurie Massue et de la paroisse de Saint-Aimé* (1930): 252; Rémi Tremblay, *Pierre qui roule* (1923): 23.

de former bien vite l'empreinte dans la corne; mais ce moyen produit un très mauvais effet, car il attendrit et dessèche la corne outre mesure. D'un autre côté, le fer, en serrant sur certaines parties beaucoup trop, finit toujours par gêner le cheval et l'entraver dans sa marche. Pour redresser les défectuosités de cette ferrure, on râpe toutes les parties saillantes de la corne et même tout le sabot jusque près de la couronne. Cette opération porte préjudice à la sole; elle enlève le vernis qui la recouvre et nuit à sa conservation. Ainsi chaussé, l'animal doit marcher quand même. Est-il possible que, dans cet état, le cheval rende les mêmes services...[7]?»

En novembre, si la circulation sur terre se trouve perturbée pour quelques semaines, la navigation, elle, tire à sa fin. Sur la rivière, le passeur prévient ceux qui emprunte son bac que la saison achève. Il demande aux habitants du voisinage de venir l'aider à hisser le bateau sur la rive. On le placera hors de portée des eaux du printemps. Partout le long du Saint-Laurent, on profite des grandes marées de novembre pour sortir de l'eau les goélettes et les barques. Et quand les marées se sont retirées, on place les bateaux sur des échafaudages de bois pour les protéger

La fin de la navigation au port de Québec

	Départ du dernier navire pour la haute mer	Fin de la navigation intérieure
1830	4 décembre	4 décembre
1831	30 novembre	30 novembre
1832	30 novembre	30 novembre
1833	25 novembre	25 novembre
1834	24 novembre	9 décembre
1835	26 novembre	1er décembre
1836	25 novembre	1er décembre
1837	18 novembre	12 décembre
1838	20 novembre	26 novembre
1839	23 novembre	19 décembre
1840	29 novembre	2 décembre
1841	28 novembre	14 décembre
1842	28 novembre	2 décembre
1843	28 novembre	1er décembre
1844	23 novembre	29 novembre
1845	26 novembre	2 décembre
1846	27 novembre	9 décembre
1847	26 novembre	3 décembre
1848	21 novembre	5 décembre
1849	25 novembre	7 décembre
1850	28 novembre	10 décembre

Voir *Rapport général du Commissaire des Travaux publics pour l'année 1867* (1868): app. 47 s.

des glaces et de l'humidité. On mène ce travail avec joie, puisqu'en fin de saison, dit-on, on est «tanné» de naviguer.

À Québec, les derniers navires en partance pour l'étranger lèvent l'ancre la dernière semaine de novembre. Quelques jours plus tard, les glaces, les vents et les brumes obligent les vapeurs à gagner leur lieu d'hivernage. En 1817, l'Anglais Frederic Tolfrey a assisté à la fermeture de la navigation à Québec. «Les marchands sont très actifs à la fin de l'année, raconte-t-il; toute la basse-ville s'agite. Les jetées et les quais grouillent de voitures de bois, de portefaix, de marins et d'ouvriers de tous genres. Les merrains, les billes, les madriers et les planches vous entourent de toute part et vous tombent dans les jambes, surtout s'il vous arrive d'être sur le chemin d'une brouette menée par un Canadien. Il ne déviera pas d'un pouce de son chemin et j'ai vu plus d'un nouveau-venu se faire renverser pour ne pas s'être méfié du *marche donc** si peu courtois. Pendant qu'on charge les derniers vaisseaux de la saison,

* Sobriquet donné aux charretiers, venu du commandement qu'ils adressent à leurs chevaux.

avant la venue des glaces, les militaires ne voient guère leurs amis marchands de la basse-ville. Mais dès le départ du dernier navire, toutes les affaires cessent, les comptoirs et les magasins ferment leurs portes et les marchands nous ouvrent leurs demeures et leurs celliers. La première chute de neige donne le signal des fêtes, de la détente et des plaisirs. D'un côté, le port scelle ses activités maritimes et de l'autre, les marchands descellent leurs caves et offrent leur bon porto aux invités[8].»

Les migrations

L'automne est la grande saison des migrations. Où que se porte le regard, on dirait que tout migre. De nombreuses espèces d'oiseaux quittent leur lieu de vie estival pour filer vers le sud. Les oiseaux d'hiver se rapprochent des habitations. Des bêtes s'enfouissent sous terre pour hiberner. Le saumon remonte les rivières pour le frai, alors que l'anguille descend vers la mer. À la ferme, les bêtes passent du pâturage à l'étable. L'habitant et sa famille quittent la cuisine d'été pour rentrer dans la maison. Vraiment tout migre.

L'ouvrier

Chez les ruraux, l'automne entraîne des migrations encore plus importantes que le simple fait de réintégrer la maison. Ainsi les chantiers navals de Québec, de Lévis et de l'île d'Orléans, tout à fait florissants de 1820 à 1860, attirent un bon nombre de cultivateurs de la région. Quand les travaux des champs se terminent, pourquoi ne pas aller gagner quelque argent à la ville, puisque l'activité maintenant marque le pas? Ces gens se font «hommes à tout faire» ou bien menuisiers, charretiers, peintres ou faiseurs d'agrès, laissant l'épouse et les enfants à la maison.

On ignore l'importance des populations touchées par le phénomène. Mais, en 1864, alors que les chantiers navals de Québec commencent à décliner sérieusement, l'attrait reste le même. La *Gazette des campagnes* dénonce ces migrations. «Rien n'est plus précaire, comme on l'a dit souvent, que ce genre de travail. C'est pourquoi il reste toujours incompréhensible que des cultivateurs des paroisses de l'intérieur laissent là leurs champs pour affluer, l'automne et le printemps, aux lieux où sont établis des chantiers de construction. De même pourtant que la meilleure de toutes les mines pour le laboureur canadien est celle de la culture de sa terre, de même pour lui le meilleur de tous les

Colonisation dans le Témiscouata (ANQ, coll. EOQ).

chantiers est le travail journalier de son champ. On ne veut pas comprendre, d'ailleurs, que cette affluence indue des habitants de la campagne dans les paroisses et les villes à chantiers, qui sont déjà pourvues d'une population suffisante à tous les besoins, tend à rendre tout le monde pauvre et à faire naître les plus graves dangers pour les bonnes mœurs, la paix publique et la santé générale. C'est ce que l'expérience confirme tous les jours. On voit par là combien il reste encore à faire pour rendre le cultivateur canadien attaché à son fond, qui est son trésor, dès qu'il saura, ou plutôt dès qu'il voudra l'exploiter avec science, avec courage, avec persévérance[1].» Cet appel du journal agricole de Sainte-Anne-de-la-Pocatière n'enraiera pas le phénomène. En 1900, quelque 35 ans plus tard, des habitants de la Côte-du-Sud iront toujours travailler dans les chantiers de Lévis, l'automne venu.

Les cageux

C'est à l'automne aussi que des fils de cultivateurs partent ouvrir de nouvelles terres. Il n'y a plus de place le long du fleuve. Les terres, déjà subdivisées, ont rendu les fermes exiguës. Bien sûr, jusqu'en 1850, il s'en trouve encore un certain nombre de libres, mais on les dit de moins bonne qualité. Il faut donc partir. Et on le fait à l'automne. Mais les fils d'habitants ne se font pas tous colons. Un certain nombre d'entre eux cherchent à s'engager comme «cageux», pour des patrons, marchands de bois, dans les chantiers de l'Outaouais et du lac Champlain. Dès 1809, «les jeunes gens de Saint-Luc allaient travailler en Vermont à la coupe des bois aux bords du Lac Champlain d'où ils rapportaient de très fortes gages[2].» À la même époque, de jeunes Beaucerons vont couper du bois dans le Maine, quand l'automne arrive. En 1834, vingt-cinq ans plus tard, les chantiers du lac Champlain et des rivières qui s'y jettent sont plus florissants que jamais et continuent d'attirer la jeunesse.

Si l'on satisfait aux désirs du patron, on est cageux à l'année. De mai à octobre, en passant par le Richelieu et l'Outaouais, il faut descendre à Québec le pin blanc (ou Pin strobus) à destination de l'Angleterre. Pour ce faire, on assemble des «cages», ces grandes plates-formes de bois flottantes, faites de longs radeaux attachés les uns aux autres. À Québec, les radeaux sont défaits et les poutres qui les formaient hissées une à une dans les flancs des navires.

Après dix, quinze ou vingt voyages, les cageux «remontent aux bois». Dorénavant, pour le reste de l'automne et durant tout l'hiver, ils ne quitteront plus la forêt. Leurs journées se passeront à scier, à bûcher et à équarrir. On préparera le bois pour l'an prochain.

Le voyageur

C'est aussi l'automne que les «voyageurs» partent pour les Pays d'en Haut en quête de fourrures. Vers 1800, ils peuvent être près de 1000 à travailler pour les deux grandes compagnies, celle du Nord-Ouest et celle de la Baie d'Hudson. Ils laissent leur famille pour une, trois ou cinq années. «Ordinairement, les hommes partaient pour trois ans. Pour les récompenser le jour de la signature de leur engagement, la compagnie leur donnait un acompte sur leurs gages et une 'régale', c'est-à-dire une mesure de vin ou de rhum. Par la suite, leur salaire s'élevait à environ six cents livres par année, plus une carotte de tabac[3].» Seuls les plus forts et les plus robustes s'engagent comme voyageurs.

Le départ a lieu de Québec et de Montréal et tous les canots se donnent rendez-vous à l'entrée du lac des Deux-Montagnes. Quelques femmes, se rendant à Grand-Portage, sont parfois du voyage. «C'est un peu au-dessus de la Petite-Nation que commençait alors, pour ainsi dire, le voyage à travers les solitudes. Si je voulais vous dire tous les rapides qu'on remonte ou qu'on portage, toutes les rivières et tous les lacs qu'on passe, je n'en finirais pas... Les rapides du Long-Sault, des Chaudières, des Chats, du Calumet, de la Culbute, des Allumettes... Les rivières Outaouais, Mataouanne, des Français, Camisnistikouya, Oui-nipeg... Les lacs Nipissingue, Huron, Supérieur, la Pluie, des Bois, Ouinipeg et le reste! Pendant tout ce temps, on *nage à l'aviron*, depuis *la petite barre du jour* jusqu'au soir, ou bien on porte les canots et les sacs sur le dos dans les portages; on campe la nuit à la belle étoile, on reçoit tous les orages, on endure tous les temps et on ne s'arrête que lorsqu'on est rendu au bout de son voyage; à moins qu'une tempête ne nous prenne sur un lac, dans ce cas on met à terre, on dort, on fume, on danse et on conte des histoires[4].»

Chemin faisant, les «avironneurs» ne cessent de chanter. Anna Brownell Jameson, femme de lettres anglaise, venue visiter les Pays d'en Haut en 1837, raconte que «les hommes chantaient leurs gaies chansons françaises, ceux de l'autre canot reprenant le refrain en chœur. Ces chants singuliers ont souvent été décrits; ils sont très animés, sur l'eau et en plein air, mais pas toujours harmonieux. Les voyageurs chantent à l'unisson, élevant la voix et marquant la mesure avec leurs avirons. Un seul entonne toujours la chanson, mais en cela ils manifestent une diversité de goût et de talent. Si je désirais entendre *En roulant ma boule, roulant*, je m'adressais à LeDuc. Jacques excellait dans *La belle rose blanche* et Louis était délicieux dans *Trois canards s'en vont baignant*[5].»

Les voyageurs se rendent jusqu'au grand dépôt du lac Supérieur; d'autres filent jusqu'au lac à la Pluie. Les canotiers font généralement le voyage aller-retour, mais les autres restent pour plusieurs mois, voire plusieurs années. «Je vous ai dit que j'étais engagé pour cinq ans à la Compagnie du Nord-Ouest et que pendant ces cinq années-là, j'ai parcouru bien du pays! Oui, bien du pays depuis la baie d'Hudson jusqu'aux montagnes Rocheuses à l'ouest, et depuis la rivière Rouge jusqu'au grand lac d'Esclave

Photo: APC.

au nord. À l'expiration de mon engagement, la Compagnie me proposa un second marché pour quatre ans avec des gages presque doubles de ceux que j'avais auparavant. Comme je voulais emporter un peu d'argent pour m'établir, j'acceptai[6].»

Ceux qui font ce métier cherchent à amasser le plus de fourrures possible. Ils doivent se montrer fins renards avec les Amérindiens. En échange, ils leur offrent un lot d'articles de traite fournis par la compagnie, soit des chaudrons de cuivre, des aiguilles, des couteaux, des haches, du tabac, des lainages et de l'alcool. «Deux techniques de traite existent: l'une consiste à traiter avec les Amérindiens aux divers postes construits le long des parcours de chasse. L'autre moyen employé est la 'dérouine', c'est-à-dire aller au-devant des Amérindiens avec des articles de traite pour les échanger ensuite contre des fourrures, soit sur les territoires de chasse ou dans les camps indiens. Au printemps, lorsque les cours d'eau sont navigables, les hivernants apportent les fourrures à Kaministiquia où elles sont classées et emballées pour être transportées à Montréal[7].» Arrivées à Montréal, les fourrures sont ré-empaquetées selon leur lieu de destination, soit l'Angleterre, la Russie, l'Allemagne, la France, la Hollande ou la Chine.

À l'expiration de leur contrat, quand les voyageurs en ont ras le bol ou qu'ils jugent leur capital suffisant, ils rentrent à Montréal. Finie la course des bois dans les Pays d'en Haut! À Lachine, au magasin de la Compagnie de la baie d'Hudson, lieu d'arrivée des canots, c'est l'euphorie. Le journaliste Hector Berthelot raconte que «c'était une grande fête au retour des coureurs des bois. Le voyageur, après avoir passé cinq et souvent dix ans dans les forêts vierges du Nord-Ouest, revenait avec une bourse joliment garnie. Les voyageurs, très fréquemment, épousaient des métisses et ils arrivaient à Montréal avec femme et enfants. À l'arrivée des aventuriers du Nord-Ouest, c'était des ribottes terribles dans les auberges de la rue Saint-Paul et du bord de l'eau. Le voyageur n'était à Montréal que depuis quelques minutes qu'il courait chez un marchand s'acheter un chapeau à larges bords qu'il ornait d'une longue plume. Nos gaillards après avoir bu du rhum à tire-larigot se promenaient dans les rues de Montréal comme en pays conquis. La nuit, ils faisaient le diable à quatre dans les estaminets du coin flambant. Si le guet intervenait, il était sûr d'être rossé. Le voyageur, après avoir nocé pendant plusieurs jours à Montréal, se rendait dans sa famille et souvent, au lieu de prendre un nouvel engagement avec la Compagnie de la baie d'Hudson, il s'achetait une terre avec ses économies[8].»

L'Amérindien nomade

Quand vient l'automne, l'Amérindien nomade entreprend également sa migration. Il quitte les bords de la rivière pour s'enfoncer dans la forêt. À Cacouna et à Kamouraska, les Malécites du Témiscouata plient bagage, après avoir vendu tout l'été des paniers, des corbeilles et des éventails tressés aux villégiateurs de passage. À La Malbaie, les Montagnais du plateau laurentien font de même. Ils s'en vont sur leurs terres pour chasser au fusil ou à la trappe.

Toutes ces migrations, tous ces changements de lieu, tant chez les humains que chez les bêtes, que l'on gagne la ville ou la forêt, que l'on parte vers le sud ou que l'on s'enfouisse sous terre, redéfinissent les conditions de vie. L'automne semble être la saison par excellence de l'adaptation.

Départ pour les Pays d'en Haut (London Illustrated News, 1860).

Les derniers travaux de l'automne

À la ferme, au début de novembre, sauf pour les choux, les récoltes sont terminées. Ne restent que les labours et l'épandage du fumier. Il est vrai que le cultivateur prévoyant n'a pas attendu novembre pour labourer. Après chacune des récoltes, quand le beau temps le permettait, il retournait immédiatement la terre. En 1828, la charrue à rouelles, celle qui repose sur deux roues, est toujours en vogue. On s'en sert depuis les premières années de la Nouvelle-France. Mais son règne achève. Fort allongée, elle est à elle seule presque un équipage et il lui en faut long pour tourner. Sans compter que son versoir de bois franc, même s'il est de chêne ou d'orme, se détériore à l'usage.

Les pays les plus avancés en agriculture travaillent à mettre au point une charrue moins encombrante et plus résistante. Déjà, depuis 1807, les cultivateurs écossais labourent avec la petite charrue de fer forgé et en semblent très satisfaits. En 1837, un Américain de l'Illinois, originaire du Vermont, John Deere, invente la charrue d'acier. Il ne faudra pas plus de trente ans pour que les habitants de la vallée du Saint-Laurent l'adoptent. En 1863, à Trois-Pistoles, on signale que des instruments perfectionnés ont remplacé l'antique charrue canadienne[1]. Deux ans plus tard, le correspondant de la *Gazette des campagnes* affirme qu'«aux versoirs en bois, on a substitué dans bien des localités ceux en fer battu ou en fonte, plus durables et plus solides[2]». En 1866, le secrétaire de la Chambre d'agriculture du Bas-Canada confirme que «la vieille charrue de bois disparaît pour faire place aux charrues de fer et d'acier, et celles-ci même subissent des améliorations notables[3]».

Mais quelle que soit la charrue, le labourage à l'automne avancé déplaît. Le cœur n'y est plus. On se convainc difficilement de l'utilité de cette tâche à ce temps de l'année. La température

Labours d'automne à Saint-Henri
de Lévis (ANQ, coll. EOQ).

est froide et maussade. La terre lourde et boueuse colle au versoir. Quand vient le temps de tourner avec la charrue à rouelles,
les bœufs ou les chevaux s'empêtrent dans leurs «cordeaux». On
se prend à jurer. Bref, on est «tanné» des travaux extérieurs et on
en vient à souhaiter s'abriter bien au chaud.

Aussi, beaucoup d'habitants se contentent d'épandre le
fumier et reportent le labourage au printemps. Cinq mois plus
tard, le travail n'est guère plus facile, mais on dirait l'entrain
revenu. Les spécialistes agricoles le leur déconseillent cependant.
De bons labours menés à l'automne permettent au froid de
l'hiver de pulvériser la terre retournée et remettent le sol en
condition. Le printemps suivant, il suffit de pratiquer un labour
léger, avant de herser et de semer.

La première partie du mois de novembre termine habituellement les travaux des champs de toute espèce. La terre est dite
désormais «fermée». L'habitant et son engagé passent en revue
les outils, les instruments et les voitures. Au besoin, ils les répa-
rent pour la saison prochaine. Puis ils les rangent. La *Gazette des*

campagnes conseille de tout mettre à l'abri des intempéries. «À la fin de l'automne, quand les travaux des champs sont terminés, tout cultivateur doit se faire un devoir de mettre à couvert ses outils, ses instruments aratoires, ainsi que ses voitures d'été. S'il néglige de le faire, les ferrures de ses outils et de ses voitures, exposées aux pluies et à la neige, se couvrent de rouille et se détériorent promptement. Parce que trop négligents, des cultivateurs sont obligés de réparer ou faire réparer ces ferrures presque tous les 2 ou 3 ans; ce qui entraîne des dépenses souvent considérables. Donc une remise suffisamment grande pour mettre à couvert charrettes, calèches, tombereaux, brouettes, charrues, herses, pioches, bêches, etc., est d'une grande économie[4].»

Après avoir remisé tout le matériel agricole, on visite soigneusement les dépendances une dernière fois pour s'assurer qu'elles résisteront aux grands vents et aux froids intenses de l'hiver. C'en est fini alors du travail agricole proprement dit.

Terre labourée à Saint-Basile de Portneuf (ANQ, coll. EOQ).

Passé ce temps, la grange-étable est un lieu tranquille où il ne fait jamais bien clair. On dirait que la nuit y vient plus tôt qu'ailleurs. Elle s'emplit alors de mystère et de silence. Les charpentes s'enfoncent dans les ténèbres. Les quelques instruments qu'on y a remisés présentent des silhouettes distordues. Avec tant d'ombre partout, la grange deviendrait effrayante, n'étaient le voisinage de l'étable et le bruit des bêtes, monotone et doux, qui en monte. À l'entendre, une quiétude semble émerger, ce qui a pour effet de rassurer celui qui, d'aventure, y pénètre.

Voilà. C'était l'automne, la saison transitoire, le dernier temps des récoltes. Déjà la fin de novembre. On s'est réencabané. Le temps des neiges n'est plus loin. Que vienne l'hiver, la saison longue!

L'hiver

Fin novembre, début décembre, c'est déjà l'hiver. Des quatre saisons, c'est de loin la plus longue: sa durée moyenne varie de 120 à 160 jours. «Ce n'est plus du tout le même paysage, écrit le géographe Pierre Deffontaines; la campagne est méconnaissable et paraît un autre monde... À la suractivité bruyante, succède un engourdissement silencieux; toute la terre, toutes les eaux, en leur forme et couleurs variées, disparaissent sous l'uniforme carapace des neiges et des glaces[1].»

Un hiver de neige

La caractéristique première de l'hiver québécois est d'être neigeux. Quel que soit le lieu, la neige est abondante. Avec le Kamchatka, en Sibérie orientale, la vallée du Saint-Laurent est le pays aux hivers les plus neigeux du monde. Chaque hiver apporte une couche de neige rarement inférieure à sept pieds (plus de deux mètres). C'est à une vingtaine de kilomètres au nord de Québec qu'il tombe le plus de neige en chiffres absolus: treize pieds et demi par année (environ quatre mètres). Les régions de Québec et de Charlevoix sont celles où la neige demeure le plus longtemps: de seize à dix-huit semaines, soit cinq ou six semaines de plus que dans la région montréalaise.

D'une année à l'autre, cependant, le nombre de chutes de neige et leur moment précis varient. Certaines années sont plus neigeuses que d'autres. On a longtemps parlé, par exemple, de «l'hiver de la grande neige», celui de 1828-1829. Cette année-là, la neige commença à tomber peu après la Toussaint et ne s'arrêta qu'«aux premiers jours du printemps». Jamais on avait vu autant de neige! Une telle abondance obligea les bûcherons en forêt «à des fatigues extrêmes». En ville, les chantiers navals furent paralysés. Travaillant en plein air, les ouvriers durent déneiger constamment le lieu de leur travail, plutôt que de se livrer à leur besogne habituelle.

La plus importante tempête de neige rapportée par les documents est celle des 17 et 18 janvier 1827. En 48 heures, il tomba à Montréal six pieds de neige (près de deux mètres); à certains endroits, il se forma des bancs de douze à quinze pieds de haut. «Les villages, raconte le journaliste Hector Berthelot, disparurent littéralement de la surface de la terre, quand les cultivateurs virent la neige, poussée par le vent, s'amonceler jusqu'à la toiture de leurs demeures. Pour faire leur 'train', les

Pages précédentes: Barrière à péage, chemin Saint-Louis, à Québec MTLB).

Chemin balisé à l'île d'Orléans (ANQ, fonds Communications).

braves terriens se virent forcés de pratiquer des tunnels depuis leurs maisons jusqu'à la grange. Les bêtes à cornes et les chevaux y allaient et venaient ensuite pour élargir le passage[2].» Chaque famille se retrouva isolée et les communications entre les villages furent interrompues pendant plusieurs jours.

Si, bon an mal an, il neige tant, c'est que la vallée du Saint-Laurent est le lieu de passage de fréquentes dépressions atmosphériques allant d'ouest en est, des Grands Lacs à l'Atlantique, ou du sud au nord, de la côte est américaine au Labrador. «Les précipitations hivernales se produisent quand les cyclones développés dans la partie sud du continent montent vers le Nord-Est à la rencontre des masses d'air polaires venant de l'Ouest... La fréquence de ces cyclones dans la Nord-Est du continent est plus grande que partout ailleurs[3].»

La chute de neige s'accompagne habituellement d'un relèvement de la température, d'un temps plus doux. Et le dicton populaire le confirme. «La neige, c'est le froid qui tombe.» S'il neige légèrement, on dit qu'il neigeasse ou qu'il neigeotte. S'il neige abondamment, on parle alors de «bordée» ou d'«abât».

Quand la neige est tombée, tout s'arrête. Les chemins sont trop «boulants» pour voyager. «Les chevaux et les boeufs sont captifs dans les étables, les charroyeurs de bois se croisent les bras et l'on attend que les chemins soient refaits pour se remettre à faire provision de bois de chauffage[4].» Ainsi, dans les villes, il arrive qu'on manque de bois de chauffage après les grandes tempêtes, et les quelques cordes à vendre s'arrachent à prix d'or. Mais il est par contre des hivers où la neige se fait attendre. En 1848, des habitants de Saint-Rémi-de-Napierville labourent leur champ au commencement de janvier et la neige ne commence vraiment à tomber qu'en mars.

Un hiver de vent

L'hiver québécois est aussi la saison des grands vents. Qu'ils viennent d'une direction ou d'une autre, c'est en hiver qu'ils soufflent le plus fort. Les bilans météorologiques le montrent.

Le vent du sud-ouest, le «surouêt», marque toujours un réchauffement du temps. En hiver, quand une tempête s'amène du sud-ouest, «la précipitation peut être très variée et passer de la neige à la pluie verglaçante, pour revenir à la neige ou tomber en pluie[5]». Parfois c'est le grésil, qui oblige à marcher en sens contraire de la rafale. «Porté par le vent, il se joue comme un lutin de tous les êtres exposés à ses tracasseries; il frappe les joues, pince le nez, s'introduit dans les yeux, dans les oreilles; il siffle, bourdonne, s'éloigne, revient en pirouettant, fait les cent coups, sous lesquels le plus fiers sont obligés de courber la tête[6].»

Il arrive que la neige ou le grésil se change en pluie qui, elle-même, se transforme en verglas à l'arrivée au sol. On compte ainsi chaque hiver de 25 à 50 heures de pluie verglaçante dans les paroisses le long du Saint-Laurent. Cela occasionne de grands dommages aux arbres alourdis de glace, surtout si le vent se met de la partie. La cime se casse, de nombreuses branches également. Là où il y a rupture, il y a déchirure plus ou moins grave de l'écorce sous le point d'attache. On reconnaît les régions où le verglas fait des siennes aux nombreux bouleaux gris pliés en arc

Paysage de la vallée de la Matapédia (MLCP).

de cercle. Cet arbre, au bois très flexible, garde longtemps la courbure que lui impose le verglas. Quand survient un verglas, les Sulpiciens de Montréal craignent pour les ailes de leurs moulins à vent. Dans leurs *Règles générales pour la conduite de tous les moulins*, ils obligent les meuniers à leur emploi à déshabiller les ailes de leurs moulins «pendant les temps de verglas, l'hiver[7]».

Le «nordet», lui, un vent du nord-est venu du golfe et des eaux glacées de l'Atlantique, amène les tempêtes de neige les plus violentes. «C'est pour le district de Québec un véritable fléau que le vent du nord-est, écrit le romancier Pierre-Joseph-Olivier Chauveau. C'est lui qui, durant l'hiver, soulève ces formidables tempêtes de neige qui interrompent toutes les communications et bloquent chaque habitant dans sa demeure... Dès qu'il commence à souffler, tout ce qui, dans le paysage, était gai, brillant, animé, velouté, gazouillant, devient terne, froid, morne, silencieux, renfrogné. Un ennui, un malaise décourageant pénètre tout ce qui vous touche et vous environne[8].» La neige, que le vent soulève «comme le simoun pour les sables du désert», fait à l'occasion disparaître toute trace de chemins. C'est la poudrerie.

On évite de parcourir de longues distances quand se lève la tempête. Beaucoup se sont perdus, rappelle un journaliste en 1866. «Nous pourrions dresser ici une liste funèbre d'une longue étendue, si nous voulions rappeler le nom de tous ceux qui se sont égarés sur les glaces du St. Laurent ou dans les bois, par suite des tempêtes de neige. Mais pourquoi réveiller d'aussi tristes souvenirs[9]?»

Après la tempête, souffle le noroît, aussi appelé «noroua». C'est le vent dominant en hiver. Dès 1805, des expériences menées avec des girouettes le prouvent. Il souffle du nord-ouest et on le dit venir des steppes du nord, où aucune chaîne de montagnes ne peut lui faire obstacle. Sec et très froid, il est synonyme de beau temps. Cependant, comme le disait Volney, il est perfide[10].

Par ailleurs, souvent en janvier, il survient un redoux — les habitants disent «un démolissement de la saison» — un événement connu mais tout aussi aléatoire que l'été indien de l'automne. C'est la fonte de janvier. «Jusqu'ici, on n'a découvert aucune séquence définie de temps humide ou froid, beau ou mauvais. Toutefois, il semble y avoir une tendance pour un temps doux vers la dernière semaine de janvier. C'est la fonte du mois de janvier. Elle est généralement suivie de froid au début de février[11].» Quand le temps doux s'amène, les pluies abondantes brisent les chemins. La neige baisse dans les champs. Les riverains du Saint-Laurent craignent la disparition du pont de glace. Un témoin raconte: «On surveillait surtout le dégel qui pouvait survenir sans avertissement, même en plein mois de janvier: c'était le phénomène du 'January thaw' comme disent les Anglais, qui, en faisant gonfler le fleuve, fendillait la glace en de sourds craquements, capables de faire sursauter les mieux initiés. L'eau alors s'infiltrait par ces 'craques', imbibait la neige de part en part, courait partout et réussissait à couvrir le fleuve en quelques heures si le 'coup d'eau' était rapide. Alors, de deux choses l'une. Ou bien une mini-

«Avant la tempête», huile de William Raphael, 1869 (Musée du Québec, Luc Chartier).

débâcle se produisait en libérant le chenal, ou bien la glace de fond tenait bon jusqu'au 'changement de lune'. Dans ce dernier cas, oh! délices, une immense patinoire naturelle s'offrait à nous, avec des horizons infinis[12].»

De grands froids suivent habituellement ces périodes de temps doux et de pluies abondantes. Le mercure peut chuter de trente degrés en quelques heures. Ces brusques changements de température sont souvent néfastes pour les arbres fruitiers. Les racines, gorgées d'eau, puis brusquement soumises à un gel à pierre fendre, commencent bientôt à pourrir. Le printemps suivant, l'arbre arrive à faire ses feuilles; mais on le voit mourir en quelques semaines.

L'hiver québécois n'a jamais eu bonne presse. Montréal a l'été de Milan, en Italie, et un hiver aussi froid que celui de Stockholm, en Suède. Québec, à la hauteur de la Loire, en France, est aussi froid en janvier que Mourmansk en Laponie. La navigation cesse à la fin de novembre pour ne reprendre parfois qu'en mai. En 1808, un voyageur invoque en partie le poids de l'hiver pour expliquer le médiocre succès financier des Canadiens. Il écrit: «Ici... il est difficile... pour l'habitant de la campagne

Photo: MLCP.

surtout d'aspirer à l'espèce d'opulence relative qui sous un ciel plus heureux et dans des contrées plus avantageusement situées pour le commerce, peut être le fruit des travaux de tous les individus qui font des efforts constants pour parvenir à la fortune[13].»

Mais on arrive tout de même à y trouver des avantages. L'abondance de la neige, le pont de glace sur le fleuve ou les rivières permettent de se déplacer avec aisance et rapidité. «La neige dont les étrangers s'effraient, écrit Joseph-Charles Taché, nous fait les plus beaux chemins du monde, et l'hiver est à la campagne le temps des charrois, des travaux dans les bois et des promenades[14].» Sans compter que la neige, croit-on, enrichit le sol. Dès 1685, l'intendant Jacques de Meulles attribue la grande fertilité des terres à la neige et aux grands froids. En 1719, Michel Bégon, un autre intendant, affirme que les eaux d'avril, venues de la fonte des neiges, engraissent la terre. Le père Charlevoix reprend les mêmes propos quelques années plus tard. Au 19ᵉ siècle, un dicton populaire veut que «chaque couche de neige vaut une couche de fumier». «Les neiges, écrit *La Bibliothèque canadienne* en 1829, donnent un engrais assez profitable. Plus les clôtures sont hautes et fortes, plus elles arrêtent et retiennent les neiges qui, par leur fonte, laissent à la terre une substance saline et huileuse, qui contribue beaucoup à la fertiliser et à l'améliorer[15].» En 1866, *L'écho du cabinet de lecture paroissial* renchérit: «Aujourd'hui on s'accorde généralement à reconnaître à la neige une action fécondante, à la regarder comme un excellent engrais; c'est ce qui paraît ressortir clairement des faits observés[16].» À vrai dire, ce n'est qu'au 20ᵉ siècle qu'on contestera vraiment cette affirmation. Bien sûr, on admettra que les champs recouverts d'une épaisse couche de neige produisent plus de foin l'été suivant que ceux balayés par le vent durant tout l'hiver. Mais cela ne tiendra pas tant aux propriétés fertilisantes de la neige qu'au fait que cette dernière protège la terre du gel et permet au sol de regagner plus rapidement sa fertilité première.

L'hiver et le milieu naturel

L'hiver oblige le milieu naturel à se protéger. Ainsi, quand beaucoup d'animaux se terrent et hibernent ou ont préféré émigrer, les arbres, eux, sont en état de repos. Les biologistes d'ailleurs parlent de leur «dormance». Mais, chez les mammifères, nombre de bêtes, comme le loup, l'orignal ou le lièvre, continuent de s'activer. Chez les oiseaux, la plupart sont partis. Tout de même, il reste une quarantaine d'espèces à passer l'hiver dans la vallée du Saint-Laurent, dont des variétés de geais, de bruants, de pics et de mésanges.

Cependant, dans la première moitié du 19ᵉ siècle, des espèces aujourd'hui présentes en hiver ne sont pas encore arrivées. Il n'y a pas de moineaux domestiques, par exemple. Ce n'est qu'en 1852 que plusieurs couples de cette espèce, importés d'Europe, sont mis en liberté à New York. Quelques années plus tard, un citoyen de Québec, William Rhodes, importe à son tour des moineaux. En juin 1868, dans une lettre adressée au maire de la ville et aux citoyens, il annonce avoir reçu d'Irlande «cinquante oiseaux connus sous le nom de Moineaux ordinaires ou Common

House Sparrow», qu'il libérera dans le parc des Gouverneurs, et demande qu'on leur accorde «la même protection que celle prévue par la loi pour nos diverses espèces d'insectivores indigènes[17]». Généralement plus robuste que la plupart des bruants américains, le moineau domestique s'acclimatera facilement à l'hiver. Mais certains spécialistes constateront par la suite que ce fut une erreur de l'introduire en Amérique. «C'est un forban querelleur qui chasse nos oiseaux indigènes des cavités propres à leur nidification pour les utiliser à son profit[18].» On dénoncera de la même manière l'étourneau sansonnet introduit à New York en 1890 et qui se répandra par la suite à travers l'Amérique. L'ornithologue William Earl Godfrey n'est pas tendre à l'égard de ceux qui l'ont importé. L'introduction de l'étourneau, selon lui, est «l'exemple le plus remarquable de l'incompétence de personnes dont les connaissances scientifiques se résument au plus à de bonnes intentions et qui se permettent malgré tout de déranger le précaire équilibre qui existe dans la nature[19]».

Mais un pareil jugement ne fait pas aujourd'hui l'unanimité. «Bien avant son importation en Amérique, écrit l'ornithologue Michel Gosselin, l'étourneau sansonnet voyait déjà ses effectifs croître; il était déjà, par conséquent, lancé à la conquête des territoires nouveaux que l'Homme ne manquait pas de lui offrir. L'étourneau a colonisé de cette façon des endroits éloignés comme l'Islande et les Açores. On ignore souvent que la première mention de l'étourneau, à l'état sauvage au Canada, vient de la côte du Labrador en 1878 et coïncide avec une invasion de l'espèce en Islande. De même, la première mention québécoise, sur la Basse-Côte-Nord en 1917, faisait suite à l'arrivée au Labrador du vanneau, un autre oiseau européen, et précédait de cinq ans l'arrivée dans le sud du Québec des étourneaux new-yorkais... On peut facilement conclure, étant donné l'avènement et l'accroissement des habitats disponibles, que si l'étourneau n'avait pas été introduit en Amérique, il s'y serait, tôt ou tard, implanté de lui-même, comme l'ont fait bien d'autres espèces avant et après lui, puisque l'habitat lui était désormais convenable... Ce qui nous apparaît, ajoute-t-il, comme l'équilibre de la nature n'est en fait qu'une image arrêtée dans le long métrage de l'évolution[20].»

L'histoire du gros-bec errant, elle, est différente. Au 19e siècle, cet oiseau habite l'ouest du Canada. Jamais on ne l'avait vu dans l'est. Soudain, en 1890, voilà qu'on aperçoit les premiers individus à Montréal et à Québec. Par la suite, lentement, d'année en année, il se fera de plus en plus présent dans la vallée du Saint-Laurent, en particulier l'hiver. Comment expliquer la

Page suivante:
Photo: MLCP.

soudaine dissémination de cette espèce? Certains affirment que l'introduction de l'érable à Giguère dans l'est de l'Amérique, au début du 20ᵉ siècle, y est pour quelque chose; l'oiseau raffole des samares de cet arbre. D'autres remarquent que l'arrivée des premières bandes importantes a coïncidé avec les premières grandes invasions de la tordeuse des bourgeons de l'épinette, une petite chenille qui s'en prend aux sapinières et dont le gros-bec aime bien se nourrir[21]. Chose certaine, le gros-bec trouvera le long du Saint-Laurent une terre qui répond à ses besoins.

Les activités domestiques

La neige est maintenant arrivée. On «hivarne», dit-on, comme les animaux qui séjournent à l'étable ou les bateaux déjà tirés hors de l'eau. La maison devient le centre du monde. La vie se fait tout intérieure. Les romanciers ont dit l'importance toute particulière de la maison au Canada où, sans abri convenable en hiver, l'homme périrait. Le poêle chauffe à plein. On le surchauffe même. Des voyageurs étrangers s'en plaignent. Dehors, le soleil éclatant laisse pourtant deviner de grands froids, à moins que le ciel soudainement ne se couvre et n'annonce une chute de neige imminente.

Jusqu'au solstice, les jours raccourcissent. Bientôt le soleil en vient à se coucher avant quatre heures de l'après-midi. La nuit est maintenant beaucoup plus longue que le jour. «Nous voilà dans la saison des longues soirées, écrit la *Gazette des campagnes* en 1864; on ne sait comment tuer l'ennui. On va tantôt chez un voisin, tantôt chez l'autre pour passer le temps[1].» Certains reprennent, comme «une interminable mélopée pleine de redites..., l'éternelle lamentation canadienne: la plainte sans révolte contre le fardeau écrasant du long hiver[2]». «Nous n'avons donc plus jusqu'au 1er mai suivant qu'à nous chauffer, faire notre train et peloter des pipes, nos filles bredassent ou se lissent les cheveux, nos garçons se promènent[3].» Des épouses maugréent contre leurs maris oisifs; pour elles, les hommes en hiver ne sont que pur embarras dans une maison. Ils traînent, l'âme en peine, et grognent si on les incite à s'activer.

Mais on sait aussi s'amuser. «L'hyver se passe parmi eux dans un mélange d'enjouement et d'inaction, écrit l'Anglais William Fermor. Leurs momens de gaieté sont remplis par la danse et les festins. Ils fument et boivent de l'eau-de-vie auprès d'un poele bien échauffé pendant tout le reste du temps... Le

Un habitant pensif, de Horatio Walker (ANQ, IBC).

goût universel pour les amusemens dans cette saison donne une habitude de dissipation et de fainéantise qui rend le travail plus difficile, plus fâcheux, plus incommode lorsque la belle saison reparaît[4].»

Le train

Tout de même, il y a de la besogne à abattre pour l'homme qui veut s'occuper. Outre les gros travaux, comme la coupe du bois, le battage des céréales, le foulage de l'étoffe et les grandes boucheries, il faut faire le train deux fois par jour, matin et soir, même si le troupeau est peu nombreux. Le père et ses fils se lèvent à l'aube et se rendent immédiatement à l'étable, le falot à la main. «On nourrit d'abord les animaux: les vaches reçoivent du foin que l'on descend du fenil par une trappe; les chevaux, du foin aussi, mais en plus, ils ont droit à un plat d'avoine; les truies, elles, leur 'bouette à cochons'. Celle-ci contient de l'avoine moulue, de la balle de foin et des lavures de vaisselle. On puise ensuite l'eau, souvent à même le puits creusé dans la grange; puis on écure les déchets des animaux qu'on accumule dans un tas au bout de l'allée. Les filles viennent alors traire les vaches... Vers six heures et demie, tout est terminé. Cependant, le soir, avant le souper, encore au fanal, tout sera à reprendre[5].» Bien sûr, quand l'homme est absent, parti travailler dans les chantiers, c'est la mère et ses enfants qui assurent le train.

*«Porteur de sirop d'érable»
d'Henri Julien (Musée McCord).*

La menuiserie

En hiver, l'habitant dispose aussi du temps voulu pour fabriquer ou simplement réparer un meuble ou une voiture. Installé dans la maison ou le fournil, il découpe le bois nécessaire pour un coffre, une chaise ou la boîte d'un traîneau. Le «merisier*», un bois au grain serré, plus souple que l'érable, qui se polit facilement et prend bien la teinture, est le bois d'œuvre par excellence pour la fabrication des meubles. L'habitant n'aime pas le hêtre, contrairement à son confrère d'Europe, car il le juge trop difficile à travailler. Par contre, pour les chaises à fond tressé, au dossier à multiples voliches, il prend le «frêne blanc», un bois à la fois dur et flexible.

Pour les fonds de chaise, les cultivateurs utilisent bien la paille de blé et le foin de mer durant les premières années de la

* Nom fort répandu pour le bouleau des Alléghanys.

colonie, mais on les délaisse rapidement pour trois autres matériaux: la «babiche», la lanière d'orme et la clisse de frêne. La babiche d'abord, une lanière de peau crue, de chevreuil, d'orignal, de caribou, de veau ou d'anguille, vient des Amérindiens qui l'utilisent pour foncer les raquettes. Mais on ne sait trop à quel moment au 18e siècle l'habitant commence à foncer ses chaises de la même manière. Par ailleurs, on ignore l'origine de la lanière d'orme, autre matériau populaire de fonçage, fait de l'écorce intérieure de l'orme blanc récoltée en été. Est-elle venue de France? Fut-elle plutôt empruntée aux Amérindiens? Personne ne peut le dire. «En bandes, ou tordue comme la paille, la lanière d'orme donnait un fonçage durable qui prenait l'aspect du cuir[6].» Quant au fonçage en clisses de frêne, il s'agit d'une technique apprise des Amérindiens Abénaquis. Moins répandue que la babiche et la lanière d'orme, sans doute parce que moins résistante, la clisse de frêne se retrouve sur la rive sud du Saint-Laurent, depuis Rivière-Ouelle jusqu'à Saint-François-du-Lac, là où ont d'abord vécu les Abénaquis.

Fauteuil berçant pour enfant, foncé de lanières d'orme, 1880 (coll. privée).

La quincaillerie

Tous les outils ou instruments d'usage courant peuvent aussi être fabriqués l'hiver. Les râteaux, les pelles, les pioches, les fourches, les charrues, les herses, les rouets, les brayes, les cardes, les battoirs, les cribles et les vans, tous de bois, sont faits à la maison. Jusqu'en 1850, même les versoirs de charrue et les dents de herse sont de bois et faits maison. Par la suite, on se contentera longtemps d'acheter les ferrures et de fabriquer les instruments de bois à domicile.

Le «frêne blanc», ou frêne d'Amérique, un bois dur, cassant, mais flexible sous l'action de la chaleur, est le bois d'œuvre par excellence pour la confection des outils et des instruments. Pour les pelles cependant, vendues chaque hiver sur les places de marché, on prend le «bois blanc», ou tilleul d'Amérique, un bois tendre et léger. Le même bois sert aussi pour faire les sabots. C'est en hiver d'ailleurs que les sabotiers prennent la route, «étalant sur les longues ridelles de leurs traînes leur marchandise consistant en sabots..., chaussures dont on se servait pour circuler autour de la maison, sur le sol argileux, et qu'on laissait à la porte afin de ne pas salir le plancher[7]». Chaque famille possède quelques paires de sabots de bois fabriqués à la maison ou achetés du sabotier ambulant.

Une vendeuse de pelles au marché de Québec. Chaque citadin doit déneiger le trottoir devant chez lui et accumuler la neige au centre de la rue (ANQ).

Dans la première moitié du 19e siècle, les populations rurales habitant près des villes commencent à s'en remettre aux véritables artisans. Mais un grand nombre de familles continuent à fabriquer tous les outils et instruments d'usage courant, profitant du temps mort de l'hiver. Chez les Casaubon de Saint-Justin, par exemple, aussi tard qu'en 1900, on travaille beaucoup l'hiver. «Trois mois durant, tandis que les garçons charroient à la maison le bois de la montagne ou le foin de la baie Bélair, le père s'occupe dans sa 'boutique', attenante à son habitation, à des travaux de menuiserie et de charronnage. Il répare les voitures et en fait des neuves; il fabrique des traîneaux pour le transport des 'billots'. Toutes les voitures de travail en usage sur la ferme ont été faites par lui, à l'exception des ferrements... Casaubon et ses fils ont fait eux-mêmes la plupart de leurs outils de culture, fourches, râteaux à main et jusqu'au râteau à cheval utilisé pour la rentrée du foin. Pierre fait des bois de chaise en frêne et en plaine;

Charles et sa femme foncent ces chaises en peau; le père les fonce en écorce d'orme. À l'occasion, on vend de ces chaises. Il y a quelques années la famille confectionnait des raquettes pour la neige... Les hommes sont encore à leurs heures tonneliers. Les trois cents seaux de pin de la sucrerie ont été faits à la maison. C'est Charles qui a fait les seaux en forme de barillets qui servent à puiser l'eau pour les besoins journaliers. Avec les harts de merisier, le chef de famille fabrique des licous et des liens grossiers. Au moyen d'un instrument spécial transmis par son père, il fait avec l'écorce de tilleul (comme aussi avec l'étoupe de lin) une corde résistante et de belle apparence. Enfin les rameaux de thuya servent à la mère à confectionner des balais grossiers[8].»

La confection des vêtements

Pour les femmes et les filles habitant la campagne, le problème de l'inactivité ne se pose pas l'hiver. La moitié de décembre se passe à préparer la nourriture du temps des Fêtes. Et les Fêtes ne sont pas sitôt terminées qu'il faut se remettre à la confection des vêtements. Les filles se placent dans un coin, pour ne pas gêner les activités courantes de la maison, ou près d'une fenêtre, pour la clarté du jour. Elles passent leur temps à filer ou à tisser. Les jours de grands froids, elles se rapprochent du poêle. Grand'mère tricote les «chaussons*», les foulards, les mitaines et les «tuques**». D'ailleurs on porte la tuque bleue, si on habite Montréal, blanche Trois-Rivières, et rouge Québec.

* Appellation populaire des chaussettes.

** Appellation populaire du bonnet de laine. On l'appelait aussi «mâle».

Pour les courtepointes ou «couvre-pieds», ces grandes couvertures piquées faites de plusieurs morceaux de tissus de différentes couleurs, la mère de famille convoque une corvée des femmes du voisinage. Elle demande à chacune d'apporter ses ciseaux, ses aiguilles et son dé à coudre, et fournit le fil et les épingles. Le jour venu, raconte un témoin, «on étendait le couvre-pieds sur un grand cadre de bois (le 'métier à piquer') et les femmes se rangeaient tout à l'entour... Elles savaient disposer sous différentes figures des triangles, des carrés et des rectangles coupés dans du coton et de l'indienne hors d'usage. Et les aiguilles se promenaient des heures et des heures. Est-il besoin d'ajouter que les langues aussi marchaient et souvent se faisaient piquantes[9]!» Mais le piquage d'une courtepointe ne se fait pas toujours «en corvée». Souvent l'artisane préfère travailler seule. Elle se sert alors du grand métier à piquer ou d'une sorte de cerceau, habituellement

Croquis d'E.-J. Massicotte
(Musée du Québec).

utilisé pour la broderie, qui lui permet de travailler assise en tenant l'ouvrage sur ses genoux.

La courtepointe est faite d'étoffe ou de toile du pays, soit de laine, soit de lin. Les couleurs employées reflètent les teintes à la mode pour les vêtements. «En 1820, ce sont les bruns et les rouilles, en 1840 les bleus et les pourpres[10].» Mais de 1840 à 1870, les courtepointes sont l'objet d'une véritable révolution. Finis les tissus faits maison! Finies les couleurs obtenues des teintures végétales! L'indienne, un coton imprimé, aux couleurs vives, fabriqué industriellement en Angleterre et aux États-Unis, gagne les faveurs de toutes les ménagères. Dans les années 1870 et 1880, les femmes commencent même à assembler ces couvertures de lit à la machine à coudre; le piquage continue d'être fait à la main. «Le travail à la machine est précis et solide et il n'enlève rien à la beauté du motif ou du piquage à la main[11].»

C'est en hiver aussi que les femmes de la maison fabriquent les chapeaux de paille. Les plus belles tiges de blé mises au grenier l'été précédent sont sorties, pour être trempées dans l'eau froide, afin de les amollir. Quelques familles prennent aussi de la paille de seigle ou d'avoine pour la fabrication des chapeaux. Une petite auge de la longueur des pailles sert de bassin. Mouillée, la paille se tresse beaucoup plus facilement que sèche. On entrelace les brins de paille par groupe de cinq, sept, neuf ou onze, suivant la largeur

«Le métier» d'E.-J. Massicotte
(Almanach du peuple).

des tresses désirée. «Quand on avait fini de tresser, la mère
demandait une petite fille pour finir la paille: on mettait la paille
sur un fond de chaise, la petite fille tenait son bout raide et la
mère passait le fond d'une bouteille trois ou quatre fois dessus
pour l'unir. La maman, pour encourager la petite, lui promettait
le plus beau chapeau de son atelier. On mesurait la paille par
brasses (la longueur de deux bras) et on disait: 'J'ai fait une grosse
journée; j'ai tressé six brasses.' Il fallait d'ordinaire quinze brasses
pour faire un grand chapeau[12].»

La fabrication proprement dite d'un chapeau demande une
journée d'ouvrage. En commençant par le milieu de la calotte, on

Les plus beaux chapeaux de paille

Au 19ᵉ siècle, les chapeaux de paille fabriqués à Livourne, en Italie, sont les plus réputés d'Occident. Un membre de la Société d'agriculture de Québec présente en 1828 une Note sur la manière de faire des chapeaux de paille semblables à ceux de Livourne.

Ces chapeaux de Livourne (Leghorn) qui sont si beaux, si forts, si durables, qui se vendent de dix piastres à cent piastres, et que tant de dames portent sur leurs têtes, ne diffèrent de nos chapeaux de paille que dans la qualité de la paille, (ce qui dépend de la manière de la cultiver et préparer) et dans la manière de la tresser et coudre. Ils sont de «paille de bled», comme les nôtres, et chacun peut en avoir tant qu'il en voudra. Le bled qui fournit la paille «la plus blanche», et la plus difficile à casser, est le meilleur. Mais la paille dont nous nous servons est coupée lorsque le bled est «mur». Celle des chapeaux de Livourne est coupée quand le bled est «vert», c'est-à-dire, lorsque le bled est en fleur, lorsque la tige qui porte l'épi est suffisamment dure pour que le bout d'en bas, qui s'arrache avec l'épi, soit ferme de manière à ne pas s'écraser plus facilement que le haut. Les Italiens ont eu l'esprit de se servir de leur paille lorsqu'elle est jeune, souple et forte; nous nous en servons lorsqu'elle est roide et cassante par l'âge...

Ébouillanter la paille. On met dans une grande cuve ou autre vaisseau net, autant de poignées de la paille «verte» et attachée comme il est dit ci-dessus, que la cuve peut tenir; on verse dessus, à les couvrir entièrement, de l'eau «bouillante», bien nette, et on en retire les poignées attachées, dans une dizaine de minutes, pour les porter aussitôt à l'endroit où on veut

«Le tressage de la paille» d'E.-J. Massicotte (Almanach du peuple*).*

les faire blanchir. À chaque cuvée, il faut se servir d'eau nette: et il faut ébouillanter la paille en entier, comme elle a été coupée.

Faire blanchir la paille. On étend les poignées sur l'herbe rase, une prairie ou verger fauché, par exemple. On l'étend bien claire, et elle peut y rester sept à huit jours, en la revirant chaque jour, jusqu'à ce qu'elle soit d'une belle couleur. On la ramasse par un tems sec; on l'attache par poignées ou petites gerbes, pour être serrée dans un endroit bien sec et propre, pour s'en servir au besoin.

Trier la paille. On la trie à loisir comme on trie la paille ordinaire pour les chapeaux. Il n'y a que la partie entre l'épi et le joint le plus proche, qui serve. On l'assortit ensuite, pour être tressée lorsqu'on en a le tems.

Tresser et coudre. La tresse des chapeaux de Livourne ne diffère pas beaucoup de celle de nos chapeaux de paille. La couture est différente, en ce que les tresses des nôtres dépassent l'une sur l'autre, tandis que celles de Livourne sont comme si elles étaient collées l'une contre l'autre. On dirait qu'elles sont toutes d'un morceau.

La Bibliothèque canadienne, janv. 1828; article reproduit en entier dans la *Gazette des campagnes* du 6 sept. 1883.

**Pommade contre
les crevasses aux mains**

Beaucoup de personnes sont sujettes, surtout pendant l'hiver, aux crevasses, qui se manifestent ordinairement aux mains et quelques fois aux pieds. Un des meilleurs remèdes à employer, ce sont les onctions avec la pommade suivante: moelle de bœuf crue, 7 onces; graisse de rognons de veau, 2 onces; miel et huile d'olive, 1 1/2 de chacun; camphre, 1/2 gros. Faire fondre sur les cendres chaudes en mêlant avec une spatule en bois. On étend un peu de cette pommade sur les crevasses et on graisse la main, et, s'il y a lieu, le pied; on porte nuit et jour un gant ou un chausson de peau, qu'on ne change point, qui suffit pour tout appareil, et qui, devenu gras, contribue efficacement à rendre aux ligaments la mollesse et l'onctuosité qu'ils ont perdues.
Gazette des campagnes, 30 déc. 1875.

coud les tresses de paille en rond jusqu'à ce qu'on obtienne la grandeur de tête désirée. On lui donne par la suite la profondeur voulue, avant de faire boire à nouveau la paille pour les rebords du chapeau. Les chapeaux féminins sont généralement plus beaux que les masculins. Une lisière de mousseline blanche, de soie ou de coton imprimé, borde souvent la calotte, et deux attaches provenant du même tissu pendent de chaque côté.

Des chapeaux de paille, il s'en fait partout. D'abord, bien sûr, des chapeaux de travail. Mais certaines modistes du faubourg Saint-Roch à Québec, du village de Beaumont et de celui de Verchères arrivent à produire des chapeaux presque aussi beaux que ceux de Livourne, en Italie[13]. En plein été, tous portent un chapeau de paille. Celui du cheval est percé de deux trous pour laisser passer les oreilles.

Filer, tisser, tresser, coudre et tricoter semblent si courants dans la vie des femmes qu'en 1810 un chroniqueur, décrivant les activités de Boucherville, sent le besoin d'ajouter: «Les bas, les gants, les mitaines et autres ouvrages de tricotage, et les chapeaux de paille ordinaires pour hommes et femmes étant une branche d'industrie générale chez les Canadiens, il est peut-être inutile de remarquer qu'il s'en fait dans cette paroisse et seigneurie[14]». Quand vient l'hiver, dans toutes les demeures, on trouve une femme qui tricote ou tresse un chapeau de paille. Et cette part de travail domestique, venue des temps lointains, se prolongera jusqu'au début du 20e siècle.

Les menus travaux

Les boucheries

On parle longtemps à l'avance des boucheries. D'année en année, il faut se résoudre à ne garder que quelques têtes. Les hivers sont trop longs, répète-t-on. Comment arriverait-on à nourrir toutes ces bêtes? Aussi, au plus tard en novembre, il faut arrêter ses choix. Des animaux doivent mourir. Et assurément des porcs. On abat bien à l'occasion un bœuf, une vache ou un veau; mais il se tue plus de porcs que d'animaux de toute autre espèce. La viande de porc est celle que l'on préfère entre toutes.

On «fait boucherie» la première semaine de décembre, dans le croissant de la lune. Décembre est suffisamment froid pour que la viande se conserve bien, et la lune qui croît retarde le rancissement du lard. Ce matin-là, quatre ou cinq voisins s'amènent chez un cultivateur pour lui prêter main-forte. L'un d'eux fera office de «saigneur», à moins qu'on ne recoure au boucher du village, l'homme qui connaît bien l'art d'enfoncer une longue lame au bon endroit. Comme tous désirent faire boucherie en même temps, ils doivent s'entendre avec le saigneur qui va d'une place à l'autre toute la semaine.

On suspend d'abord un grand bac à des perches, sous lequel on fait le feu. On approche l'auge qui servira à la toilette du cadavre. On incline une échelle sur le mur de la grange. On sort la hache, les couteaux et les cordes. Les enfants montent se cacher à l'étage de la maison. Curieux, ils s'installent à la fenêtre donnant sur la boucherie, mais ils se bouchent les oreilles pour ne rien entendre des cris insupportables de l'animal. De furieux grognements éclatent dans l'étable. Cerné dans un coin, saisi par les oreilles et par la queue, le porc proteste de toutes ses forces. Il secoue violemment la tête et montre les crocs. Mais on est nombreux pour l'encercler, et bientôt il n'y peut rien.

Tant bien que mal, il est traîné à l'extérieur et couché de côté sur une boîte de bois, un banc ou un chevalet. La tête est

«Jour de boucherie, 1913» de Clarence-A. Gagnon (Musée du Québec).

pendante pour faciliter la saignée. Les hommes ont la poigne forte. «Allons-y!» Sans même crier gare, le saigneur enfonce son couteau dans le cou de l'animal, lui rompant la jugulaire. «Tenez la poêle!» La bête crie. Son appel rauque, écrit le poète Alfred Desrochers, «répand sur la campagne une telle tristesse qu'un hurlement de chien se mêle à sa clameur[1]». Le couteau brusquement retiré, le sang gicle. On transvide la poêle aussitôt pleine dans la chaudière. L'animal sent ses forces le quitter. Ses cris s'atténuent. Bientôt un voile noir tombe sur son regard. Quelques instants encore et il cesse tout mouvement.

On garde le sang au frais jusqu'à ce que le «ventre du

cochon» — les tripes — arrive. La mère, d'ailleurs, appelle un enfant à le remuer; pour du bon boudin, il ne faut pas qu'il fige. L'enfant ne dit mot. Encore sur le coup de l'émotion, il obtempère. Dehors, on ébouillante d'abord l'animal, avant de le gratter soigneusement sur chacune de ses faces. Il faut compter une bonne heure d'ouvrage pour bien échauder un cochon de commune grosseur. Dans certaines paroisses, plutôt que d'échauder la bête, on brûle ses soies avec de la paille enflammée. «Ce moyen, dit-on, aide à conserver la qualité du lard et donne une plus grande fermeté à la chair[2].» De toute manière, échaudé ou brûlé, l'animal est pendu, la tête en bas, à l'échelle de la grange, car il faut le vider.

On l'ouvre donc de la queue à la tête. Les intestins, placés dans un plat, sont portés à la maison où les femmes les «déraillent», c'est-à-dire les dégraissent. Nettoyés, lavés à grande eau et retournés à l'envers, ils sont remplis du sang de l'animal, auquel on ajoute du lait, du sel, de l'oignon et du lard. C'est le boudin. Cuit vingt minutes dans l'eau chaude, le boudin se conserve longtemps. On le mange chaud, rôti au four, avec un peu de graisse. Le corps de l'animal, complètement vidé, est suspendu

De retour du marché, on échange quelques propos. Photo de Livernois (Musée du Québec, Patrick Altman).

dans une pièce obscure pour 24 heures, dans la grange, le hangar, le fournil ou le bas-côté. Il faut que la viande repose un certain temps avant le dépeçage. On évite cependant qu'elle gèle de part en part, car une viande trop rapidement congelée se conserve mal lorsque mise en baril.

«Le 'dur' est apporté à la cuisine, car sur le coup de onze heures, l'équipe ayant achevé sa besogne et avalé d'un trait un rude apéritif, s'approchera de la table et mangera de bon appétit son morceau de foie. Les amateurs de 'mou', s'il s'en trouve, auront aussi leur part[3].» Le soir, pour souper, on mangera le premier boudin de la saison.

L'abattage du bœuf diffère de celui du porc. On lui passe d'abord un licou, avant de l'assommer du revers de la hache ou d'un coup de masse. Puis on le saigne, sans cependant recueillir son sang. Ouvert, il est nettoyé et scié en deux dans le sens de la longueur, avant d'être pendu aux poutres de la grange pour toute la nuit. Le lendemain, on le débite en morceaux de grosseur moyenne qu'on met dans des quarts entreposés à la cave. Les viscères — on dit «le mou» dans ce cas-ci — sont donnés aux chats, alors que la peau, ultérieurement tannée, sert de cuir pour les chaussures et les harnais.

La préparation des viandes

Le cochon est débité de semblable manière. Mais, dans son cas, on garde tout, car il se mange de la tête à la queue, y compris les oreilles et les pieds. Avant Noël, les femmes de la maison préparent la charcuterie et les autres mets à base de viande de porc. Elles passent plusieurs jours à cuisiner. Dans un premier temps, elles font des tourtières; tous les membres de la famille raffolent de ces pâtés de viande de porc haché, bien assaisonnée, cuits au four. Quand la viande est trop grasse, elles y ajoutent un peu de veau et de bœuf ou des pommes de terre pilées.

Après la tourtière ou «pâté à la viande», le mets le plus populaire est encore le ragoût de pattes. On amène à ébullition une ou deux pattes de porc mélangées à une viande de bœuf, de veau ou de poulet bien cuite, ainsi qu'un oignon haché. Quand le tout bout, on y ajoute un composé de farine grillée délayée dans de l'eau, des épices, du sel et du poivre. On laisse mijoter le tout une quinzaine de minutes.

Les cuisinières confectionnent aussi des crépinettes, appelée «plârines». Il s'agit ici d'un mélange assaisonné de lard salé, de bœuf et d'oignon finement hachés, enveloppé dans un morceau de péritoine de porc, que l'on fera revenir dans la poêle une dizaine de minutes, à la manière d'un bifteck. Pour préparer le fromage de tête, ou «tête fromagée», on prend une tête entière, une patte de porc, une carotte, une gousse d'ail, un gros oignon piqué de trois clous de girofle, une feuille de laurier, quelques branches de céleri, du sel, du poivre et de l'eau. La tête du porc est d'abord bien nettoyée, une opération plus facile si on la coupe en deux. On arrache les dents avec des tenailles et on enlève les yeux. Puis tous les ingrédients, placés dans une grande marmite d'eau froide, cuisent trois ou quatre heures. Quand la viande se détache bien des os, on la retire pour la hacher finement. Le bouillon, lui, est passé au tamis. Et le tout, assaisonné une dernière fois, est mis à nouveau à mijoter pour une quinzaine de minutes. Finalement, on verse dans des moules rincés à l'eau froide, et le mélange prendra rapidement en gelée.

Le boudin, les pâtés à la viande, le ragoût de pattes, les plârines et la tête fromagée ne sont que quelques-uns des mets préparés avec la viande de porc. On consomme aussi le cochon sous forme de jambons, de rôtis, de rillettes — les «cretons» —et de saucisses. Le jambon est fumé dans l'âtre de la cheminée, là où il s'en trouve encore un*. On éloigne la pièce de viande des parois de la cheminée et on la suspend assez haut pour que la fumée ait le temps de se refroidir. De la sciure de bois de chêne ou de hêtre mêlée de feuilles de genièvre, des branchages verts, des herbages, des arbrisseaux odoriférants brûlent sans s'enflammer. Certaines familles disposent de petits fumoirs, des cabanes hautes et étroites qui peuvent contenir plusieurs jambons à la fois. Par ailleurs, là où il n'y a pas d'âtre ou de fumoir, on peut fumer le jambon dans le four à pain, sur un trépied rectangulaire.

Mais de toutes les parties du porc, le lard est celle que l'on mange à l'année. Après le débitage, lorsqu'on a prélevé et découpé en morceaux tout le lard de l'animal, on s'apprête à le saler dans le saloir ou la jarre. Les meilleurs saloirs sont de chêne ou de frêne. Pour un lard de qualité, il vaut mieux disposer de plusieurs petits saloirs plutôt que d'un seul de plus grande contenance. Le lard finit par s'altérer dans un saloir qui se vide trop lentement. On nettoie d'abord à fond les saloirs, surtout s'ils ont déjà contenu des viandes tournées. Comme le bœuf est de conservation plus difficile que le porc — parce qu'il contient plus de viande maigre et plus d'os — il est presque impossible de bien conserver du porc dans un quart qui a contenu auparavant du bœuf. On

* Depuis la fin du 18ᵉ siècle, l'usage du poêle à deux ponts, et cinquante ans plus tard celui de la cuisinière à bois, se généralise, ce qui fait lentement disparaître la cuisson dans l'âtre.

Page suivante:
Boucherie à Beaumont (ANQ, fonds Communications, O. Beaudoin).

peut cependant garder du bœuf dans des vieux «quarts à porcs» stérilisés à l'eau bouillante.

Tout au fond du saloir, on dispose d'abord une couche de sel. Puis on y place les morceaux de lard, précédemment roulés dans le sel. On évite bien sûr d'utiliser du lard taché de sang, sinon l'ensemble prendrait vite mauvais goût. La couche de lard est recouverte d'une couche de sel, et l'on procède ainsi, alternativement, jusqu'au sommet du baril. On laisse le lard dégorger pendant deux jours, avant d'emplir le saloir à ras bord d'une saumure assez forte pour porter un œuf. Et on ferme le quart d'une planche circulaire que l'on charge d'une grosse pierre pour coincer le tout. Un lard qui flotte jaunit, devient terne et se perd.

La famille est satisfaite quand les saloirs sont descendus un à un à la cave. La provision de viande salée est assurée pour l'année à venir. Souvent, on fait boucherie pour des besoins supérieurs à ceux de la famille. Alors on envoie aux amis et aux voisins les plus proches un plat de saucisses, quelques boudins, une flèche de lard, une échine — un «soc» — ou toute autre pièce de choix, toujours bien reçue. Les cultivateurs habitant à proximité des villes et des villages vendent le surplus de viande aux bouchers qui passent à domicile chercher le produit. À moins que les habitants ne se rendent eux-mêmes aux marchés. Mais la qualité de la viande n'est pas toujours la même d'une ville à l'autre. En 1808, par exemple, la viande offerte au marché de Québec est moins belle et plus chère qu'au marché de Montréal. Selon un observateur, cela s'explique du fait qu'à Québec, un règlement de police interdit aux cultivateurs de débiter les bêtes sur place. Alors, plutôt que de «faire un voyage en Ville sans espérance d'un beaucoup meilleur prix», on reste chez soi et on vend au boucher ambulant. «À Montréal, les habitants peuvent débiter leurs bœufs sur place, ce qui crée une concurrence aux bouchers. Ceux-ci sont obligés de se pourvoir de viande plus belle et plus grasse, de donner aussi à un meilleur marché et de suivre leur métier aussi avec plus d'attention et de soins pour conserver leurs pratiques[4].»

La fabrication des chandelles

Mais on ne fait pas boucherie seulement pour des raisons alimentaires. Dans la première moitié du 19ᵉ siècle, la bougie de suif, dite chandelle à l'eau, venue de la graisse des animaux de la ferme, est le mode d'éclairage le plus répandu. Les huiles de loup-marin, de baleine et de marsouin ne sont guère utilisées pour éclairer l'intérieur des maisons, sauf dans les régions où on se livre à la chasse à ces animaux. Ailleurs, on juge qu'elles coûtent trop cher, fument beaucoup, encrassent les plafonds et répandent une odeur nauséabonde. Aussi leur préfère-t-on la simple chandelle faite maison, une tradition que l'on dit remonter au Moyen Âge.

Sitôt donc qu'on a terminé la salaison des viandes que l'on désire conserver, on entreprend la fabrication des bougies. Parfois, s'il y a trop à faire, on attend plutôt après les Fêtes. Les enfants y participent, non sans avoir été avertis du danger des brûlures. Une quantité impressionnante de suif est mise à fondre dans un chaudron d'une profondeur égale à la longueur des mèches de bougie. Tout à côté, un second chaudron est rempli d'eau froide. La mèche de coton, attachée à une baguette et gardée tendue par un clou, est d'abord plongée dans le suif bouillant, puis dans l'eau froide. Le bain d'eau froide fige le suif sur la mèche. Et on la replonge à nouveau dans l'un, puis dans l'autre chaudron, jusqu'à ce que la chandelle ait acquis la grosseur voulue. Pour donner plus de consistance à la bougie, certaines ménagères ajoutent de la résine ou de l'alun au suif bouillant. Mais les spécialistes agricoles déconseillent la résine; elle fait davantage couler la chandelle. On produit ainsi 60 livres de chandelles en une journée.

C'est beaucoup plus rapide cependant lorsqu'on dispose de moules à chandelles. Le suif fondu est versé dans les moules déjà garnis d'une mèche. Ceux-ci, lorsque pleins, sont portés dans la cuisine d'été. Et là, le froid vif fait rapidement figer le suif. Il ne reste plus qu'à plonger le moule dans l'eau bouillante pour sortir les chandelles glacées, de couleur ivoire ou ambre.

Pour s'éclairer, on prend le bougeoir de fer-blanc ou le chandelier. Les chandeliers se vendent le plus souvent par couple, et toujours accompagnés de leur complément indispensable: la paire de mouchettes. «C'était là, raconte Louis Fréchette, un accessoire de première nécessité, car la mèche de la chandelle de suif, après avoir brûlé un certain temps, se changeait en lumignons fuligineux en forme de champignons, qu'il fallait faire disparaître sous peine d'être mal éclairé et de voir le suif se fondre le long de la chandelle en coulées malpropres. Deux chandeliers ou deux flambeaux simples suffisaient pour une table ordinaire; mais quand la compagnie était nombreuse, on suspendait aux murs des chandelles en appliques, que quelqu'un se chargeait d'aller moucher par intervalles[5].» Dans certaines paroisses, tout comme en France, les bougies sont l'objet d'une tournée. La veille ou l'avant-veille de la fête de Noël, les garçons font la «tournée des chandelles», allant de maison en maison demander des chandelles

La nuit venue, on s'éclaire au bougeoir. Détail du tableau d'Henri Julien, «Le rigodon chez Batissette Auger» (Musée du Québec).

pour bien éclairer l'église dans le temps des Fêtes. À Berthier-sur-Mer, bien après l'arrivée des lampes à huile, on maintiendra la tradition de s'éclairer à la chandelle à la messe de minuit, fruit de la quête des garçons[6].

Ceux-ci auront d'ailleurs pris beaucoup plaisir à cette quête. «L'on aimait tant s'attarder, ici ou là, raconte l'un d'eux, à jaser avec le vieux, près du poêle où il fumait sa pipe et réchauffait ses quatre-vingts ans, à causer avec la vieille qui arrêtait un moment d'écharpiller sa laine pour s'informer des voisins! On recommençait si volontiers, partout, les conversations banales ou plaisantes, s'entretenant avec les amis du train de la ferme, des 'bûchages' d'automne fâcheusement retardés, du 'battage' qui n'était pas fini, des divertissements prochains, des longues veillées des 'fêtes', des bans de mariage que les commères avaient déjà publiés[7].»

Mais, malgré ses charmes, l'époque de la chandelle de suif tire à sa fin. Bien sûr, dans certaines familles, on continue de s'en servir jusqu'en 1900 pour s'éclairer; mais il n'empêche qu'au fil du 19e siècle on recourt de plus en plus à la lampe à l'huile. Le combustible provient, entre autres, des puits du Haut-Canada et s'achète chez le marchand général. Toutefois, on est sujet aux hausses subites du prix de l'huile. Ainsi, en 1863, *Le Défricheur*, un hebdomadaire des Cantons de l'Est, écrit: «L'huile de charbon vient d'augmenter considérablement aux sources d'huile dans le Haut Canada, en conséquence de la tournure extraordinaire que viennent de prendre les affaires de cette industrie. Les sources comme on le sait rejetaient naturellement l'huile sans aucun travail manuel excepté celui que l'on accomplissait pour percer la terre et permettre à l'huile de rejaillir à la surface. Plusieurs puits viennent de cesser tout à coup de produire l'huile ainsi et il faut maintenant employer des pompes pour la tirer de la terre. Ceci fait croire que les sources tariront complètement avant longtemps peut-être et de là l'augmentation subite du prix de cette huile qui était devenue si populaire qu'on l'employait pour l'éclairage ordinaire dans les campagnes comme dans les villes, dans le hameau du pauvre comme dans le château du riche. Une dépêche télégraphique de Stratberoy, datée de samedi dernier, annonce que l'on demandait $3.00 le gallon, aux sources, pour l'huile. Si cette nouvelle se confirme, le suif va bientôt reprendre son empire d'autrefois[8].» Cette dernière prévision du journal *Le Défricheur* ne se réalisera pas; l'huile de charbon était arrivée pour rester. Et, en 1878, la *Gazette des campagnes* confirme qu'elle est désormais «d'un usage universel[9]».

La cordonnerie

À la ferme, rien ne se perd lorsqu'on tue un animal. Ainsi, la vessie de cochon est transformée en blague à tabac. Après l'avoir soufflée, on l'attache pour la laisser ainsi sécher pendant deux jours. Puis on la découpe en forme de sac à tabac, en prenant soin de lui laisser une ouverture assez grande pour y plonger la main. Et on ourle le bord d'un lacet de coton. Heureux le fumeur de la maison qui hérite de cette nouvelle blague! Certains l'assouplissent avec du son; elle devient alors «très douce et traitable[10]».

On extrait aussi de l'huile des sabots de bœuf. Chez les Goulet, de Saint-Pierre de l'île d'Orléans, «quand on avait fini la boucherie, on ramassait les pattes de bœuf, on les fendait dans le sens de l'os et on les jetait dans un chaudron. Puis on les faisait bouillir jusqu'à temps que l'huile s'en dégageât. L'huile vient à la surface, on l'écrème, puis on la fait bouillir de nouveau. Cette huile est très bonne pour les harnais et les chaussures, et s'employait aussi pour le graissage des rouets[11].» Quatre pieds de bœuf produisent environ une chopine d'huile (570 ml). Les boucheries fournissent aussi à la famille sa provision de cuir. Quand il ne reste plus que la peau de l'animal, l'habitant la tanne dans une fosse ou une cuve remplie d'eau et d'écorce de pruche pulvérisée. «Certains enfouissent les peaux dans la terre au début de décembre en les recouvrant de sel et de fumier de poule. Déterrées au printemps, les peaux sont alors pelées et bien rincées. Il en résulte un cuir vert qu'il faut étendre et clouer au mur d'un bâtiment pour le teindre en brun avec de l'écorce[12].» Juste avant de se mettre à l'ouvrage, l'habitant laisse tremper le cuir dans l'eau «jusqu'à ce qu'il soit mou comme du linge»; puis il s'installe pas très loin du poêle pour tailler la chaussure désirée autour d'une forme imitant lc pied. La peau de bœuf ou de vache fournit un cuir épais et résistant propre à la confection des empeignes, c'est-à-dire des dessus de chaussures. Le «goudrier», soit le gros cuir provenant de la croupe du bœuf, va pour les semelles. Le cuir de veau, lui, plus souple, sert à la fabrication des hausses de bottes et de la «babiche», une fine lanière de cuir utilisée comme ligneul.

Parfois, l'artisan prend plutôt du fil de lin pour coudre ses chaussures. «Déroulant son peloton de fil de lin, le cordonnier en coupe quelques brins, environ sept ou huit pour les bottes sauvages, qu'il rassemble en les tordant sur son genou. Pour mieux lier les brins entre eux, il fait glisser sur les fils un morceau de brai, mélange de goudron, d'huile, de graisse et de résine. Ensuite il

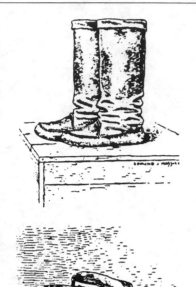

En haut: bottes sauvages.
En bas: souliers de boeuf.

perce une extrémité du ligneul avec l'alêne pour y enfiler une soie, poil raide qui pousse sur le dos du porc. Le fil tordu à nouveau avec la soie constitue alors un ligneul dont la pointe aiguillée facilite le passage à travers les trous percés dans le cuir avec l'alêne. Si le ligneul ne glisse pas aisément, on l'enduit de graisse ou de suif[13].»

Le «soulier sauvage», aussi appelé «soulier de bœuf», est une chaussure rustique qui recouvre le pied jusqu'au-dessus de la cheville. La «botte sauvage» est semblable à un soulier auquel on rajoute une hausse. D'ailleurs, pour la botte, l'habitant s'y prend de la même manière que pour le soulier; mais il rallonge la langue et y place une hausse. Bien sûr, la botte sauvage n'a pas le chic de la «botte française». Cette dernière, œuvre d'un professionnel, faite de cuir de veau noirci, avec talon rehaussé, se vend cher et représente l'élégance même. À l'église, on reconnaît rapidement celui qui porte la botte française au bruit des pas sur le plancher. Plutôt que le frottement des bottes sauvages, on entend le claquement des talons, ce qui fait se détourner les têtes.

Quoi qu'il en soit, la chaussure faite maison doit être soumise à un entretien régulier, afin qu'elle garde son étanchéité et sa souplesse, car le contact répété avec la neige et l'eau entraîne inévitablement le rétrécissement et la rigidité du cuir non protégé. Aussi faut-il la passer régulièrement à l'huile de pied de bœuf.

Le cuir de bœuf ou de vache fournit aussi les harnais. D'ailleurs, sitôt que les travaux des champs sont terminés et qu'il dispose de quelque temps libre, le cultivateur diligent brosse tous ses harnais de cuir à l'eau chaude et, le lendemain, les imbibe d'huile de pied de bœuf.

La corvée du bois de chauffage

Sitôt qu'arrive décembre, le cultivateur doit «monter dans le bois» pour refaire sa provision annuelle de bois de chauffage. Le chauffage est l'élément premier de la vie domestique québécoise. Il faut chauffer les maisons de septembre à mai, affronter les sièges successifs et réguliers des hivers. Aussi la terre de tout habitant comprend-elle une forêt qui occupe toujours plus du tiers de la superficie totale de l'établissement. Partout on considère comme de moindre valeur une terre sans «bois debout». Où trouverait-on alors son bois de chauffage ou de construction, le sucre d'érable et, à l'occasion, un lièvre ou une perdrix?

Pour être sec et bien flambant, il est bon que le bois soit

coupé depuis l'année précédente. Un bois trop humide dégage moins de chaleur qu'un autre. «Le 'bois vert', c'est-à-dire fraîchement abattu et ayant une teneur en eau de 50 à 60%, possède environ 2000 calories. Le même bois séché (ayant une teneur en eau de 15 à 20%) en possède 3000[14].»

Habituellement, le cultivateur se rend faire son bois de chauffage au moment de l'Avent, précisément au décours de la lune. C'est le meilleur temps pour couper du bois de chauffage. Autrement, répète-t-on, le bois sèche mal, a tendance à moisir et fournit moins de chaleur. Sans compter qu'à ce temps de l'année l'habitant profite des chemins durcis par la gelée pour circuler en forêt.

«Le charroyage du bois» d'Henri Julien (Album, 1916).

Il prend soin d'abord de calculer la quantité de bois à abattre pour ses besoins prochains de chauffage et de construction. Bien sûr, le bois de chauffage nécessaire varie selon les années; des hivers sont plus froids que d'autres. On dit cependant qu'il faut généralement de 25 à 30 «petites» cordes de bois pour passer l'hiver. Mais la consommation de bois de chauffage fluctue d'une année à l'autre et parfois considérablement. Outre la rigueur de l'hiver, elle dépend de divers facteurs, comme les dimensions de la maison, l'état de son isolation contre le froid, le système de chauffage et la qualité même du bois utilisé. Mais, après quelques années, l'habitant connaît bien sa consommation habituelle de bois de chauffage.

Avant de partir en forêt, il lui faut aussi prévoir les planches, les poutres, les madriers ou les piquets pour les constructions à venir. Puis il part pour la journée, accompagné de quelques-uns de ses fils ou de son engagé. Sur place, il identifie les arbres à couper et on se partage la besogne. Abattus à la hache, les arbres sont par la suite ébranchés et sciés en «longères*» de 12 pieds. L'abattage est délicat. En 1818, Joseph Laroche, un cultivateur de Cap-Santé occupé à faire son bois de chauffage, est écrasé à mort par la chute d'un arbre. «On le retira sans vie de dessous cet arbre[15].» Le travail de coupe dure de trois à sept jours. Les premiers jours, seuls les hommes s'y rendent, sans cheval. Mais sitôt que le nombre d'arbres abattus est suffisant et que la neige le permet, on attelle le cheval à la traîne à bâtons pour rapporter ces longères à proximité de la maison. On espère ainsi «traîner» tout son bois avant les Fêtes. Après les Rois, les neiges maintenant trop hautes compliqueraient la tâche.

* On parle aussi de «longes» de bois

Les longères sont appuyées debout, les unes contre les autres, sur le mur de la grange. Pendant l'hiver et au début du printemps, comme l'habitant dispose de temps libre, il scie ces arbres en bûches qu'il fend par la suite à la hache en deux, quatre, six ou huit quartiers, suivant leur volume. Ce travail ne peut attendre, car plus le bois est gelé, mieux il se fend. On ne tarde pas non plus à corder ce bois sous un toit; un bois laissé trop longtemps à la pluie commence à moisir et perd beaucoup de ses propriétés.

L'hiver suivant, jour après jour, il faut rentrer le bois pour chauffer le poêle. C'est là la tâche des garçons. Ils s'y prêtent d'ailleurs avec beaucoup de joie, farauds qu'ils sont de pouvoir faire la navette entre le hangar à bois et la maison, les bras chargés de bûches.

Pour allumer le poêle, on se sert du «batte-feu» et de la «boîte à feu», renfermant l'amadou. «Cette boîte était en tôle

d'une hauteur et d'un diamètre d'environ cinq pouces... L'amadou était préparé en faisant brûler du vieux linge et en l'étouffant
avant qu'il fût entièrement consumé. Lorsque le feu était éteint
dans le poêle ou dans le foyer on avait recours au briquet. On
battait le briquet d'acier contre un morceau de silex ou de pierre
à fusil au-dessus de l'amadou de la boîte à feu jusqu'à ce qu'une
étincelle l'enflammât. Alors on prenait une longue allumette
soufrée et on la plongeait dans la boîte jusqu'à ce qu'elle prît
feu[16].»

L'allumette soufrée avait été inventée en 1681 par l'Anglais
Robert Boyle. Elle ne pouvait s'enflammer qu'au contact d'un
corps brûlant. En 1844, le Suédois Johan Edward Lundström
met au point l'allumette à friction, au phosphore rouge, capable
de s'enflammer à la moindre friction. C'en sera bientôt fini de
l'allumette soufrée. Rapidement, tout l'Occident se met à l'allumette au phosphore. On la voit apparaître à Montréal en 1847.
Mais cela ne va pas sans résistance. «Car moi qui vous parle, raconte l'écrivain Louis Fréchette, je les ai vues apparaître pour la
première fois dans nos cantons, les allumettes. Je parle des
allumettes chimiques, bien entendu; ce qui s'appelait allumettes
avant mon temps n'était que de minces tiges de cèdre d'à peu
près dix à douze pouces de long, dont l'extrémité trempée dans le
soufre ne s'enflammait jamais que mise en contact avec le feu ou
la braise. Quand le feu ou la braise manquaient, la seule ressource
était de battre le briquet ou d'aller chercher un tison chez le
voisin. En général, on avait la précaution de recouvrir de cendres
quelques charbons de bois dur, qui duraient suffisamment, d'un
repas à l'autre ou du soir au matin, pour fournir un aliment à la
baguette de cèdre et épargner aux pauvres gens une plus désagréa-
ble corvée. Quand les allumettes chimiques se répandirent chez
nous, les gens ne s'y habituèrent que difficilement. J'ai vu des
vieux qui ne consentirent jamais à s'en servir: ils préféraient le
briquet — qu'ils appelaient 'batte-feu'. Il me semble les voir
encore allumer leurs pipes, le dimanche, à la porte de l'église, le
pouce sur la pierre à fusil, le morceau de tondre ou l'amadou[17].»

Comme bois d'allumage, on utilise l'écorce de bouleau et le
cyprès. Les autres variétés de conifères, ainsi que le tilleul, le
tremble, le saule et le peuplier, sont considérées comme des bois
mous. Ils prennent feu et se consument rapidement. Les bois
durs, eux, ou bois francs — érable, orme, chêne, hêtre, merisier et
bouleau jaune — se consument plus lentement et donnent plus
de chaleur. Pour la préparation de certains aliments ou pour un
chauffage passager de la maison tôt à l'automne ou tard au

*«Le bûcheron» de Marc-Aurèle de
Foy Suzor-Côté (Musée du
Québec, Patrick Altman).*

Sorties de la forêt, les «longères» sont appuyées debout les unes contre les autres (ANQ, fonds Communications).

printemps, la maîtresse de maison recourt aux bois mous. Quand les besoins de la cuisson demandent un feu plus vigoureux, elle prend du bois dur ou, mieux encore, elle mélange les deux sortes de bois dans des proportions variables. En plein hiver, quand le poêle doit chauffer ardemment à longueur de journée, on brûle surtout du bois dur. Le soir, en fin de veillée, on bourre le poêle de bois dur avant de gagner sa couche pour la nuit. «En hiver, écrit John Lambert, les hommes couchent souvent sur le sol battu, devant le foyer ou près du poêle, enroulés dans une peau de bison. Ils se lèveront au beau milieu de la nuit pour attiser le feu, fumer une pipe et se recoucher ensuite jusqu'au matin — jusqu'à la 'barre du jour', comme ils disent[18].»

Pour beaucoup de cultivateurs des paroisses riveraines du Saint-Laurent, en particulier pour ceux habitant près des villes, la vente du bois de chauffage fournit un revenu d'appoint important.

On part de partout, en radeau ou en traîne à bâtons, selon la saison, pour se rendre à Montréal ou à Québec. À Montréal, pour charger leurs voitures, les charretiers s'avancent dans l'eau, jusqu'aux radeaux amarrés à proximité. À Québec, les vendeurs de bois de chauffage s'amènent en si grand nombre sur le fleuve qu'ils empêchent l'accostage des navires. Joseph Bouchette s'en plaint en 1815. «Entre le Quai de la Reine, écrit-il, et celui de McCallum est la principale place de débarquement, d'environ deux cents pieds de largeur, où les bateaux et les canots débarquent ordinairement leurs passagers, mais où l'on éprouve souvent des inconvéniens par le grand nombre de radeaux de bois de chauffage qui descendent la rivière pour l'usage de la ville et qui sont amarrés aux environs, quelquefois de manière à boucher entièrement le passage. Si les règlemens du port, convenablement mis en force, ne suffisent pas pour empêcher cet inconvénient, la législature devrait s'occuper d'y remédier[19].» On mettra du temps à corriger la situation. Ce n'est qu'en 1846 que la ville de Québec passe un règlement selon lequel aucun radeau de bois de chauffage ne doit obstruer les lieux de débarquement sous peine d'amende.

À la vérité, les villes ne peuvent pas se montrer trop sévères. Elles ont grand besoin de bois pour se chauffer. Quand les cultivateurs s'amènent, les cours à bois s'animent. Bois dur, bois mou, bois d'allumage s'entassent dans les hangars des marchands. À l'intérieur de la ville, la distribution se fait de diverses manières. Certaines familles se rendent sur place pour acheter leur bois. Mais des vendeurs ambulants vont également par les rues, en traîneau, offrir aux citadins le bois qu'il leur faut. À Québec, des journaliers font même travail de fendre du bois. «Avez-vous du bois à fendre, chère madame?» Les autorités de la ville ne s'opposent pas à pareille besogne, à la condition qu'on s'y livre ailleurs que dans la rue. À compter de 1843, après l'adoption d'un règlement municipal, une amende de dix chelins attend celui qui fend du bois dans la rue.

Par contre, quand les chemins sont trop mauvais, le bois de chauffage se fait rare et la ville gèle. En temps de crise, le bois se fait cher. Les pauvres sont les premiers touchés, en souffrent et se chauffent mal. Certains hivers, dans les années 1830 par exemple, quelques fois la semaine, les municipalités prennent sur elles de distribuer de la soupe et des rations de bois de chauffage à leurs nécessiteux[20].

Le foulage de l'étoffe

Quand la laine est filée très fine et tissée lâchement, elle donne de la flanelle; filée plutôt en gros brins et tissée serrée, elle donne de l'étoffe. Mais pour épaissir l'étoffe et la rendre plus résistante, il faut lui faire subir l'épreuve du foulage, un travail qui se pratique l'hiver. Sitôt donc qu'une famille dispose d'un certain nombre de pièces d'étoffe, elle convoque une corvée de foulage. L'aide des voisins est nécessaire pour une pareille besogne, et on se rend service à tour de rôle, de maison en maison.

Le jour venu, on installe la grande auge, creusée à la hache et à l'herminette, sur le plancher du fournil ou sur la «batterie» de la grange. On s'éclaire, bien sûr, au falot. À l'heure fixée, une pièce d'étoffe est déroulée dans l'auge et arrosée d'eau chaude et savonneuse. Et les fouleurs s'approchent, au nombre de huit, armés de «foulons». «Quatre fouleurs, deux à chaque bout de l'auge, poussaient ensemble le tissu vers le centre, au moyen de leurs foulons qu'ils tenaient presque horizontalement. Quatre autres fouleurs, vers le milieu de l'auge, deux de chaque côté, 'écrasaient' le tissu ramassé devant eux, en élevant et en abaissant verticalement leurs foulons. Par intervalles, les fouleurs d'une des extrémités dirigeaient leurs foulons vers un des côtés de l'auge, tandis que ceux de l'autre extrémité poussaient les leurs vers le côté opposé. Cette manœuvre avait pour effet de déplacer l'étoffe dans l'auge, 'de la faire virer' et de rendre le foulage égal dans toute la pièce[21].»

Le foulage d'une pièce dure quelques heures. Pour rompre la monotonie et garder le rythme, les fouleurs y vont de chansons dites de foulon. À Saint-Sébastien-de-Beauce, faute de foulons, on travaille pieds nus dans l'auge. «Les hommes tiraient leurs souliers et leurs bas, prenaient quelques gorgées de boisson forte et sautaient dans l'eau fumeuse. Là, bras dessus, bras dessous, ils se mettaient à danser en riant, en chantant et en criant. C'était une corvée, mais joyeuse. Patauger dans l'eau chaude et renifler l'air glacial, cela n'allait pas sans danger pour la santé; et puis, à quarante ou cinquante ans, on n'a plus des jambes de jeunesse. Autant de prétextes pour renouveler les rasades. Ces coups de rhum donnaient d'abord du nerf, puis tombaient dans les jambes. 'Eh! Joe! tu as la jambe molle!' Malheur au chef de famille qui ne savait pas doser son breuvage avec poids et mesure. Son travail restait à demi-terminé car les ouvriers ne pouvaient mener l'ouvrage à terme[22].»

EDMOND·J·MASSICOTTE

La corvée du foulage et les instruments requis.

6 PIEDS

FOULON DU BOUT

16 A 20 POUCES — 18 POUCES

4½ PIEDS

FOULON DU CENTRE

COUPE TRANSVERSALE

4 A 5 pcs — 4 PIEDS

AUTRE GENRE DE FOULON DU CENTRE

16 PIEDS

18 POUCE — 2 PIEDS

3 POUCES D'EPAISSEUR

COUPE LONGITUDINALE

* Vieux terme d'origine française pour désigner le paletot à capuchon.

Au foulage, une pièce d'étoffe rétrécit du dixième de sa longueur. Séchée sans être tordue, puis pressée au fer chaud, elle devient quasi inusable. Un bon «capot*» d'étoffe dure facilement «le règne d'un homme». Jusqu'au milieu du 19ᵉ siècle, l'étoffe dite «du pays» est d'un usage universel. Lors des troubles de 1837-1838, tous les Patriotes se font une gloire de porter l'étoffe du pays. On traitait de «Chouayens» ou de «bureaucrates» ceux qui ne s'habillaient pas de ce tissu. Souvent, l'habitant porte même l'étoffe du pays à l'année. De passage sur la Côte-de-Beaupré en septembre 1850, Henry David Thoreau note qu'on porte même l'étoffe du pays à la fin de l'été. «Nous vîmes aussi, écrit-il, quelques échantillons de l'habit d'hiver le plus caractéristique du Canadien et je l'ai depuis fréquemment reconnu en Nouvelle-Angleterre à l'étoffe rude et grise de son manteau à capuchon, sa pittoresque ceinture rouge, son bonnet bien fourré, fait pour lui protéger les oreilles contre la sévérité du climat[23].»

L'étoffe du pays a l'avantage d'être solide et peu chère; mais elle n'est pas aussi belle que les étoffes européennes. À l'exposition universelle de Paris de 1855, on constate que l'Angleterre, l'Autriche et la France produisent les étoffes les plus belles.

Le costume du pays

Le costume de l'habitant est simple; il consiste en un manteau descendant jusqu'aux genoux et fabriqué d'une étoffe d'un gris foncé, muni d'un capuchon qu'on remonte sur la tête en hiver ou quand il pleut. Une large ceinture multicolore ornée de verroterie serre la taille. Le gilet et le pantalon sont de la même étoffe que le manteau. Des mocassins ou des bottes molles complètent cette toilette. Ses cheveux sont tressés en arrière en une queue longue et épaisse retenue par une lanière de peau d'anguille; et, de chaque côté de son visage, pendent quelques boucles de cheveux, que nous nommons en Angleterre des «rat's tails» (queues de rats). Il se couvre la tête d'un bonnet rouge ou «tuque». Le «tout ensemble», comme on dit ici, comprend encore une courte pipe, qu'il a à la bouche du matin au

«*Type d'habitant*» d'Henri Julien.

soir... En été, l'habitant remplace son manteau par une épaisse chemise grise et sa tuque par un grand chapeau de paille; mais il arrive souvent qu'il s'habille de la même façon en été qu'en hiver. La toilette des femmes est ancienne; car les articles qui la composent n'atteignent jamais le Canada qu'ils ne soient déjà passés de mode depuis longtemps en Angleterre. Je parle en ce moment de celles qui se parent de robes de coton imprimé, de tabliers de mousseline, de châles et de mouchoirs; mais il en est un grand nombre qui ne portent que des vêtements de leur propre fabrication, tout comme le font les hommes. Un jupon et un mantelet sont les articles les plus en usage.

Texte écrit en 1807 par le voyageur John Lambert, traduit et cité par B. Dufebvre, «John Lambert veut savoir et comprendre», *Concorde*, mai 1954, p. 10 s.

L'Angleterre excelle dans les tissus de laine légers, alors que l'Autriche fabrique les laines foulées et drapées de la meilleure qualité. Quant aux cachemires français, ils sont «les seuls qui font concurrence à ceux de l'Inde». Il est normal que les étoffes produites dans la vallée du Saint-Laurent soient moins belles que celles de l'Europe[24]. Quoi qu'il en soit, au cours de la seconde moitié du 19e siècle, on cessera de fabriquer des étoffes de laine à la maison, préférant acheter celles manufacturées aux États-Unis ou en Angleterre.

Le battage des céréales

Depuis la fin de l'été, les gerbes de céréales reposent dans la grange. Elles ont eu le temps de s'assécher. Il faudra bien maintenant se décider à les battre. La paille pour les animaux est à la veille de manquer et la réserve de farine s'épuise. À la première journée froide donc, on commence le battage. Le grain se bat mieux par temps froid que par temps doux. Il se sépare mieux de la paille et de la balle. «Un matin donc que le vent était mort, mais que le froid était bien vif, nous entendions dire à la maison, après le train du matin: Avec ce froid qui pince, il faudrait bien faire une petite 'battée' aujourd'hui. Ça se battra, 'une vraie bénédiction' [25]!»

Sitôt dit, sitôt fait. Après le repas, les hommes partent pour la grange*. Ils sont toujours au moins deux. On ne bat jamais seul. L'homme sans enfant et sans engagé proposera à son voisin de battre avec lui sa récolte et la sienne. Si l'on décide d'une corvée, que l'on se retrouve plus nombreux, alors on forme équipe et on se remplace à l'ouvrage.

Sur place, on balaie d'abord le plancher de la «batterie», là où se fera le battage. On le recouvre d'une toile pour éviter que le grain ne tombe dans les entre-deux. Et on descend les gerbes de la tasserie pour les étendre les unes à côté des autres, de manière que seule la tête des plants puisse être battue. On travaille dans la pénombre; à moins qu'on ne s'éclaire aux falots, à la lumière vacillante, tenus à distance.

L'«airée de grain» prête, place au battage! Le fléau qu'on empoigne est un instrument vieux de 2000 ans, venu des pays du nord de l'Europe, dont l'origine tout de même demeure obscure. Au début, ce n'était qu'une simple perche flexible. «Il serait devenu seulement au IVe siècle l'instrument que nous connaissons, composé de deux morceaux de bois reliés par des lanières de

* Dans certaines paroisses, le battage est assuré par la mère de famille et les enfants les plus vieux, quand l'époux est parti travailler dans les chantiers.

cuir[26].» Dans la vallée du Saint-Laurent, on parle du «flô». Le bâton principal, le manche, appelé «maintien», est fait d'un bois léger, de hêtre ou de merisier, alors que la batte, la partie qui frappe, plus grosse, plus courte et plus pesante, est d'érable, un bois dur et résistant. On lie solidement les deux bâtons, de peur que l'un d'eux ne se décroche et ne blesse le voisin. Et, pour ce faire, la peau d'anguille est le cuir le meilleur: très flexible, elle permet tous les moulinets possibles avec le bâton.

Après avoir pris leurs distances, les batteurs s'activent. Il n'est pas facile de bien battre au fléau. Il faut d'abord apprendre à faire pivoter la batte au bout du maintien. Au début, on se l'envoie sur la tête et le voisin se tient loin. Mais sitôt qu'on sait tordre le poignet de la manière voulue, voilà qu'on prend goût à l'ouvrage. «Ensuite, il faut savoir se déplacer sur l'aire selon une sorte de pas de danse qui rappelle celui des dindons faisant leur cour; et réussir le mouvement sans se déhancher, ni se donner un tour de reins et aussi en ne se baissant en avant qu'à peine; sinon on est vite fourbu[27].»

De bons batteurs trouvent vite le rythme. On bat à deux, à trois ou à quatre temps, suivant le nombre des batteurs... Les batteurs qui se font face avancent et reculent à tour de rôle. Il faut garder la cadence imposée et, pour ce faire, économiser son souffle, combiner à la fois les mouvements des bras et ceux des pieds. «Je ne connais pas de besogne qui plus que celle-là soit énervante, porte à la révolte, écrit un témoin. Manœuvrer le fléau constamment du même train régulier pour conserver l'harmonie obligée de la cadence; ne pouvoir un instant s'arrêter; ne pouvoir même disposer d'une de ses mains pour se moucher, pour enlever le grain de poussière qui vous fait démanger le cou: quand on est encore malhabile et non habitué à l'effort soutenu, c'est à devenir enragé[28].»

Mais les batteurs s'aident de formules fredonnées. Le chant permet de soutenir le rythme et d'oublier la fatigue. On dirait une danse. «Si vous aviez jeté un coup d'œil par la petite porte de la batterie, vous auriez vu les 'batteux' se faisant vis-à-vis, en se renvoyant la révérence, absolument comme dans une gigue simple. Si l'un faisait un pas en avant, l'autre l'exécutait en arrière. Et c'était une série de petits pas très courts, comme gênés, hésitants et timides, mais toujours ponctués de saluts. Et tout cela, sans perdre une mesure indiquée par les 'pofs' du fléau[29].» À ce temps de l'année, pour peu qu'on y prête attention, toute la campagne résonne du bruit des fléaux. D'une certaine façon, cela donne naissance en saison à une musique rurale originale, variant selon les différentes sortes de bois des fléaux, les divers planchers des batteries, les rythmes variables des batteurs et leurs chants fredonnés.

Quand une airée est bien battue, on retourne les gerbes sens dessus dessous et on recommence à frapper. Un bruit plus sourd, plus profond, est le signe d'un battage complet. On ramasse alors les longues pailles au moyen d'un râteau, pour les donner bientôt aux bêtes, soit comme nourriture, soit comme litière. Certains habitants en profitent pour mettre de côté la paille de blé, qui recouvrira les versants du toit de leurs dépendances, et la paille de seigle, plus longue et plus souple, pour les larmiers. Le grain, lui, est balayé dans un coin et mis en sac.

C'est un rude travail que celui du battage. Les vieillards, répète-t-on, et les hommes de faible constitution ne peuvent s'y faire. Cela dure parfois jusqu'en février. En saison, certains journaliers font métier de batteurs; ils vont par les campagnes, fléaux à la main, offrir leurs services pour battre les grains.

Le vannage des céréales

Battu, le grain doit maintenant être nettoyé, c'est-à-dire séparé de la paille, des poussières et des menus déchets qui s'y entremêlent. L'instrument employé, le van, a l'allure d'une grande demi-lune de bois, parfois de toile de lin, qui peut contenir jusqu'à un demi-minot de grain*. Il faut une journée de bon vent pour vanner et on s'installe dans l'embrasure de la porte de la grange. «Debout sur le seuil, le dos voûté et tourné contre le vent, les jambes arquées, le vanneur soulève régulièrement le van en s'aidant de son genou droit. Le grain vole en l'air et se décharge graduellement de ses impuretés légères qui s'élèvent en tourbillon dans la brise. La chute du grain sur le van rend un son de plus en plus métallique, à mesure que la masse se purifie[30].» On met une bonne journée de travail pour vanner de 25 à 30 minots de grain. «Et le soir on se sentait des pointes dans les saignées des bras.»

Au 19e siècle, le règne du battage et du vannage à la main achève. Vers 1840, apparaît la première véritable machine agricole, la batteuse à vapeur, ou «moulin à battre», importée d'Angleterre. On date précisément de cette époque les débuts discrets de la mécanisation des fermes dans la vallée du Saint-Laurent[31]. Le recensement de 1844 dénombre 479 batteuses dans tout le Bas-Canada, dont près de la moitié dans les districts de Kamou-

* Soit un boisseau ou dix litres.

raska et de l'Islet. Dans cette région, on fabrique même localement des batteuses entièrement de bois, actionnées à vent. En
juillet 1849, par exemple, un artisan québécois, Joseph Paradis,
s'adresse aux cultivateurs des environs, par la voix des journaux,
pour leur offrir de semblables «machines à battre les grains».
«Fabriqué par un menuisier, l'engin consiste en un châssis de
madriers de pin, à chaque extrémité duquel on a fixé une paire de
grandes roues de bois à jantes et un 'silon' de tôle. Des courroies
relient les roues au 'silon'. Une 'passe', sorte de plate-forme de
bois percée à la mèche, est placée sous la machine pour recueillir
la paille et laisser tomber le grain. L''égreneuse' est actionnée par
une roue à vergues, installée à l'extérieur du bâtiment. Roue et
'égreneuse' sont reliées, entre elles, par une chaîne sans fin. À
l'intérieur de la grange, la machine est juchée sur des 'perchauds',
jetés sur les sablières à une dizaine de pieds au-dessus de la
'batterie'. Cette particularité s'explique du fait que la poulie de la
batteuse doit être placée à la même hauteur du sol que la roue à
vergues, afin que le mouvement requière le moins d'énergie
possible[32].»

Bientôt toutes les fermes de la Côte-du-Sud posséderont
leur batteuse à vent; la *Gazette des campagnes* le constate en
1863. «Presque chaque grange a son appareil à vent, se composant
d'une grande roue sur laquelle sont attachées des planches en
guise de voiles. On emploie peu de moulins à battre construits
d'après les nouveaux principes, mais l'on se sert d'anciennes
machines en bois qui sont un véritable objet de curiosité pour
tous ceux qui résident au-dessus de Québec. L'appareil à vent et
la machine sont presqu'exclusivement faits de bois et coûtent
environ $40.00[33].»

On trouve aussi des batteuses à cheval, actionnées par un ou
deux chevaux marchant sur un manège. C'est le «haspard» (de
l'anglais *horse power*), le «piloteux» ou la «piétineuse». Ce tablier
roulant, incliné vers l'arrière et bordé de ridelles, met en marche
une grande roue, qui active à son tour la batteuse. À l'occasion,
on recourt aussi au bœuf pour actionner ce manège.

Mais qu'elles soient à vent, à cheval, à bœuf ou à la vapeur,
toutes les machines à battre sont construites sur le même principe. Au lieu de frapper sur l'épi comme le fléau, elles le forcent à
passer entre deux cylindres cannelés, tantôt dotés de battes,
tantôt dotés de dents. On pousse les gerbes vers ces cylindres et le
grain se sépare de la paille en empruntant de petits godets de bois.
Toutefois, à tant vouloir alimenter les machines, les hommes se
blessent. En 1861, la *Gazette des campagnes* prévient les habitants

«Le vanneur», fusain de Marc-Aurèle de Foy Suzor-Côté (Musée du Québec, Patrick Altman).

«de ne pas approcher les mains du cylindre en présentant le grain à l'entrée des machines». «Il ne se passe pas d'hiver sans que dans presque chaque paroisse où les machines sont en usage, il n'y ait plusieurs accidents à enregistrer, causés par l'imprudence des batteurs. De la précaution, s'il vous plaît, et vous ne serez pas à la peine de livrer votre main meurtrie et déchiquetée à l'aiguille ou à la scie du chirurgien[34].»

Néanmoins, blessure ou non, la batteuse est arrivée pour rester. Certains la dénoncent. «Depuis sept ou huit ans, raconte en 1849 l'abbé Marquis, de Saint-Grégoire, on promène dans nos campagnes des moulins à battre que l'on transporte de grange en grange et moyennant lesquels on fait en 4 ou 5 jours l'ouvrage de deux ou trois mois; une foule de pauvres qui gagnaient leur pain à cet ouvrage sont maintenant désœuvrés et crèvent de faim. Fatigués de mener ici une vie misérable, sans espérance d'y rencontrer un avenir plus heureux, nos habitants se sont vus forcés d'abandonner le sol qui les a vus naître pour aller chercher ailleurs une existence que celui-là leur refusait[35].» Vingt-cinq ans plus tard, on se plaint toujours de ces batteurs ambulants nouvelle manière qui parcourent les campagnes avec une batteuse à vapeur. «Il vient des hommes noirs, écrit un quidam, au chapeau goudronné, moustachus et barbus, traînant une machine qui fait en peu de temps l'ouvrage... Elle remplit les champs de stridentes clameurs et vomit en hurlant une infecte fumée[36].»

Bien que bruyante, la batteuse abat plus de besogne en moins de temps que le fléau et ne laisse aucun grain dans l'épi. Pourvue d'un éventail à la sortie, elle permet du même coup de vanner le grain. À l'heure où la notion de rendement commence à compter, la batteuse est l'instrument tout désigné pour un tel travail. Si bien qu'à la fin du 19ᵉ siècle, la batteuse a partout remplacé le fléau, sauf dans les paroisses à batteuses à vent. Là, quand le vent tombe, il faut sortir à nouveau le fléau, pour renouveler la provision de paille ou de grain.

Quoi qu'il en soit, le grain battu et vanné à la main ou à la machine est à nouveau mis en poche. Si l'on escompte devoir se rendre sous peu au moulin, on le garde ainsi, dans un endroit sec. Sinon on monte les poches au grenier pour les vider dans les «carrés à grains». On évite de faire des couches trop épaisses, «parce que c'est alors que l'échauffement est le plus à craindre, et encore faut-il remuer le grain à la pelle très souvent[37]».

La mouture des céréales

Un bon matin, le maître de la maison décide d'aller faire moudre le grain. Il tient d'ailleurs à se rendre lui-même chez le meunier, pour être certain de rapporter la farine de son propre blé. La jument attelée, il charge le berlot ou la traîne à bâtons de poches de céréales et file vers le moulin.

On compte dix fois plus de moulins à eau que de moulins à vent dans la vallée du Saint-Laurent. À travers les siècles, il se serait construit quelque 2000 moulins à eau pour 200 à vent. Les moulins à vent, ordinairement placés le long d'un cours d'eau, offrent au vent de grandes ailes, disposées à angle droit et habil-

Page suivante:
Le moulin Laterrière, aux
Éboulements, construit vers 1812
(OFQ).

lées de toiles de lin. «On pose cette toile pour capter le vent lorsque l'on veut moudre et on l'enlève quand on a fini[38].»

Le moulin à eau, lui, souvent placé en plein bois, s'accroche à une falaise. Pour s'y rendre, on descend la côte et on passe le petit pont qui enjambe la rivière. Déjà le bruit de la chute se fait entendre. Et soudain se montre le moulin. Une solide digue de bois retient l'eau en amont; mais un dalot l'amène en partie vers la grande roue. Cinq ou six chevaux attendent la fin de la mouture. L'un d'entre eux y va de hennissements aigus, effrayé peut-être par le tapage de la chute ou le roulement de tonnerre de la grande roue. Le meunier apparaît, la «manivolle*» plein le visage. «Rangez-vous! Il y a du monde, mais il n'y a pas de soin! La journée est jeune!»

Chaque poche de grain descendue de voiture est marquée par le meunier et placée à la suite des autres. Ici, c'est chacun son tour; premier arrivé, premier servi. Et ceux qui sont présents ont priorité sur ceux qui s'absentent. Cela semble une convention tacite pour favoriser la marche continue des moulins.

Les visiteurs attendent dans la «salle des habitants», là où ils peuvent se chauffer et deviser entre eux. Beaucoup s'y rendent expressément la nuit et y passent de longues heures. On laisse libre cours à tous les potins du village, aux derniers mauvais coups des «ratoureux» et aux suprêmes exploits des maquignons. S'il s'y trouve un violoneux, la nuit est encore plus gaie. Mais il est souvent défendu aux femmes de se présenter au moulin. Ainsi les Sulpiciens de Montréal, propriétaires de tous les moulins de l'île, craignant le scandale, interdisent aux meuniers à leur emploi de laisser entrer les femmes. «Il ne faut jamais souffrir, selon eux, qu'un meunier qui n'est pas marié ait à son service ou laisse venir dans le moulin des filles ou des femmes, à moins que l'âge ne lève tout soupçon et ne donne pas occasion aux habitants de tenir de mauvais propos. Les meuniers établis ne doivent pas souffrir non plus que leurs engagées aillent sans raison dans les endroits où se chauffent les habitants[39].» Le monde de la mouture est un monde d'hommes.

Par ailleurs, au fil des siècles, le métier de meunier a connu une certaine évolution. À l'origine, comme les moulins appartiennent aux seigneurs, les meuniers sont à leur emploi. Là où il n'y a pas beaucoup à moudre, un meunier fait le travail à contrat, pour une courte période de temps; ailleurs, il est engagé à l'année. Au 19e siècle, cependant, tout va changer. Comme le régime seigneurial est de plus en plus remis en question, un meunier peut désormais acheter un moulin ou en louer un pour

* Se dit tout autant de la fine poussière de farine que de celle qui, au fil des jours, s'incruste dans les rideaux et les tapis. On désigne aussi de cette manière une chose de peu de valeur.

deux, trois ou cinq ans. En 1818, par exemple, à la criée du dimanche, on offre en location les deux moulins de Nicolet. «À louer, pour cinq années et plus, annonce la *Gazette de Trois-Rivières*, 1) Le moulin à vent de Nicolet, bâti sur le Domaine, près le lac St. Pierre, avec une jolie maison et terrain nécessaire. Le tout en bien bon ordre. 2) Le Moulin à farine situé au Grand Saint Esprit, en bon ordre, avec sept ou huit arpens de terre en culture y adjoignant. Le tout sera crié à la Porte de l'Église de Nicolet, à l'issue du Service divin, pendant trois Dimanches, s'il n'en est pas disposé autrement, Dimanche prochain[40].»

Dans la première moitié du 19e siècle, c'est même l'âge d'or de la meunerie dans la vallée du Saint-Laurent. Les tarifs préférentiels mis en place par l'Angleterre favorisent les exportations canadiennes de blé et de farine au détriment de celles des États-Unis. Pour trouver preneur sur les marchés anglais, les Américains doivent faire transiter leurs céréales par le Canada. Dans la vallée du Saint-Laurent, afin de répondre à la demande américaine de mouture, on multiplie les moulins à farine. De 324 en 1827, le nombre de moulins s'élève à 422 en 1844 et à 541 en 1851. En deux ans, de 1844 à 1846, le Canada exporte en Angleterre près d'un million et demi de barils de farine de 100 livres, soit plus que tous les autres pays fournisseurs réunis. «Cette abondance de grain sur nos marchés, écrit l'historien Marc-André Perron, ne serait-elle pas aussi une des causes de l'augmentation rapide du nombre des distilleries et des brasseries[41]?» De 50 qu'il était en 1827, leur nombre s'élève à 66 en 1844.

Mais, bien que populaire, le métier de meunier n'est pas de tout repos. Il demande disponibilité, vigilance et habileté. En période d'abondance, un meunier travaille nuit et jour, à moins que l'absence de vent, les basses eaux, les grandes crues ou les froids de loup ne provoquent le «chômage des moulins». Sitôt qu'un bris mécanique survient, il doit y remédier. Les «moulanges*» ont-elles perdu de leur mordant qu'il lui faut les rhabiller, c'est-à-dire y creuser de nouvelles stries au moyen du marteau de moulin. Des meules trop lisses aplatissent les grains plutôt que de les réduire en poussière.

* Vieux terme venu du patois de la Saintonge, utilisé couramment pour désigner les meules d'un moulin à farine.

Par ailleurs, le meunier averti évite de moudre ensemble le seigle et le blé. Le grain de seigle étant plus petit que celui du blé, les moulanges ne portent pas de la même manière sur l'un et l'autre. D'autre part, «lorsque les meules du moulin vont trop fort ou sont trop serrées, le son devient menu comme de la farine, et passe avec celle-ci dans le bluteau, et alors la farine reste humide et moisit promptement[42]». Un quintal de bon blé parfaitement nettoyé et moulu donne 75 livres de farine et 25 livres de son.

La farine la plus belle est de couleur jaune clair. «Pressée dans la main, elle reste en une espèce de pelote[43].» Quand le père revient du moulin, toute la famille se presse à la porte. «Vous pensez bien, quelqu'un guettait longtemps à l'avance le retour de l'attelage. 'Nous apportes-tu de la belle fleur, au moins? Est-elle blanche[44]?'» Et chacun d'y aller de sa main dans les sacs. Mais on ne tarde pas à monter la farine au grenier. «Elle se conserve plus facilement que le grain, écrit Joseph-François Perrault, pourvu qu'elle soit sèche, séparée du son, tassée, à l'abri de l'air et de l'humidité, dans des sacs isolés les uns des autres[45].» Désormais, la provision annuelle de farine de la famille est assurée.

Certaines années cependant, en raison des mauvaises récoltes et du prix prohibitif de la farine disponible sur le marché, il faut se passer de pain de blé. Ainsi, à l'été de 1828, à Cap-Santé, des pluies continuelles ruinent les cultures de céréales. «Il suivit de cet état de la récolte une disette et un manque général des choses nécessaires à la vie. Dans l'hiver de 1828 à 1829, ceux qui mangèrent du pain de froment ne furent qu'en très petit nombre... Pour un grand nombre rien autre chose que des patates, telle fut la nourriture de la presque généralité des habitants... La majeure partie des habitants de cette paroisse souffrit beaucoup, pendant cet hiver, du manque des choses nécessaires au soutien de la vie; et au printemps, à la vue de la quantité de figures blêmes et amaigries qu'on rencontrait fréquemment, il était facile de juger combien ces personnes avaient dû souffrir, et de la mauvaise qualité et de la quantité de la nourriture au moyen de laquelle ces personnes avaient soutenu leur existence[46].» Cette situation n'est pas unique à Cap-Santé; régulièrement, ici et là, il faut se passer de pain. Un témoin raconte avoir même vu, vers 1855, des familles de Cap-Chat, de Mont-Louis et de Sainte-Anne-des-Monts ne manger que de l'orge bouillie pendant tout un hiver. «Heureusement, ajoute-t-il, les bois étaient pleins de porcs-épics, et cette viande a sauvé la vie à beaucoup de pauvres gens[47].»

Les fêtes

Si chaque saison a sa part de fêtes et de rites, l'hiver apparaît la plus riche entre toutes, sans doute en raison de sa longueur et de la relative inactivité qu'elle entraîne. En hiver, une fête n'attend pas l'autre.

Noël (25 décembre)

Bien avant la naissance du Christ, les Perses, les Phéniciens, les Égyptiens et les Teutons fêtaient, lors du solstice d'hiver, le retour de la lumière, la phase ascendante et lumineuse du cycle annuel, la régénération périodique du temps. Partout, on élevait alors des bûchers en signe de joie. Les Romains, eux, fêtaient leurs Saturnales, marquées par l'abolition de toutes les normes sociales, un renversement des valeurs, une licence générale et des excès sexuels. La fête de Noël, conclut l'historien français Marc de Smedt, est «une fusion de plusieurs coutumes et croyances païennes fondées sur des archétypes remontant aux origines de l'humanité et du sacré[1]».

Mais ces manifestations païennes eurent tôt fait de choquer l'Église. Comment accepter plus longtemps de semblables désordres? Aussi, en l'an 354, le pape Libère, ignorant la date exacte de la naissance du Christ, fixe au 25 décembre la commémoration de cet événement. Désormais, plutôt que de se livrer à la débauche, on fêtera Noël. Le mot lui-même vient de l'hébreu «Am'man El», qui signifie l'Homme cosmique, père ou archétype de l'homme terrestre. La fête chrétienne mettra du temps à supplanter la fête païenne, mais elle finira par s'imposer.

Toutefois, dans le monde chrétien, jusqu'au 12ᵉ siècle, la grande fête de l'année n'est pas Noël, mais Pâques; et la grande nocturne, la nuit de la Résurrection. «Le christianisme de ce Moyen Âge, écrit l'historien Georges Duby, est avant tout un christianisme du printemps. Non pas de la naissance, mais de la

«Le fricot» d'E.-J. Massicotte
(Almanach du peuple, *1925*).

renaissance, de la résurrection dans la lumière. Le Christ de Pâques sort du tombeau. Il ne sort pas du ventre d'une femme[2].» Puis, petit à petit, se fait le retournement au profit de Noël, venu d'une attention nouvelle à l'incarnation de Jésus. Duby explique que les voyages de plus en plus nombreux en Orient mettent les pèlerins en rapport avec les chrétientés orientales, où la réflexion sur la naissance de Jésus et sur la Vierge elle-même est beaucoup plus poussée. Alors on voit arriver en Europe de nouvelles images illustrant la nativité. On les retrouve bientôt dans les cathédrales, comme à Saint-Denis et à Chartres. «Toutefois, ajoute Duby, on ne sait pas s'il y avait, revêtue de l'enseignement chrétien, la survivance d'une fête du solstice, du renversement de l'année.»

Chose certaine, la tradition de la crèche de Noël commence à apparaître à cette époque. Elle s'inspire de l'évangile de saint Luc qui décrit avec plus de détails que les autres la naissance de Jésus, la venue des anges et la visite des bergers. «L'usage tout méridional de faire des crèches aux fêtes de Noël date du pontificat de Jean XXII, né à Cahors, deuxième pape d'Avignon de 1316 à 1334. D'après certains auteurs, la création de la crèche doit être attribuée à saint François d'Assise (1182-1226). Néanmoins, la crèche, telle qu'elle s'est cristallisée avec son décor et ses personnages, ne semble avoir pris force de coutume qu'au XVIe

«Le retour de la messe de minuit»
d'E.-J. Massicotte (OFQ).

siècle, époque florissante des 'noëls nouveaux', chants auxquels servait de cadre et d'illustration figurée la scène de la Nativité[3].»

En Nouvelle-France, dès le début de la colonie, on fête Noël à la manière française. À Québec, dans leur chapelle, les Ursulines élèvent une crèche, entourée de sapins, au grand étonnement des Hurons. «Déjà, écrit la chroniqueure du temps, l'on avait dressé dans la chapelle une grande et belle 'crèche', où figuraient de hauts sapins verts, arbres chéris des sauvages; à l'ombre de ces sapins paraissaient les trois personnes de la Ste. Famille, Jésus, Marie et Joseph, tandis que dans le lointain se révélaient aux yeux des sauvages étonnés, les anges, les pasteurs et leurs troupeaux[4].»

Sur le coup de minuit, après avoir fait la salve, on assiste à une grande et à une basse messe. Des chants, disparus depuis, comme le «Venez mon Dieu» et le «Chantons Noé», sont entonnés. Parfois des paroissiens commencent même à fêter avant le temps, au grand mécontentement des Hurons. La nuit de Noël

1645, écrit le chroniqueur des Jésuites, «deux de nos françois s'estant mis à boire, attendant la messe de minuit, s'enyvrèrent avec beaucoup de scandale de quelques françois et sauvages qui les virent; on prescha fortement contre, à raison de ce que les sauvages disoient: 'On nous fait prendre la discipline quand nous nous enyvrons et on ne dit rien aux françois.' Il n'en falloit pas davantage que ce qui fut dit en public. Monsieur le gouverneur les fit mettre sur le chevalet exposés à un nord-est espouvantable[5].»

Au 19e siècle, on se prépare fébrilement à fêter Noël. Par delà la commémoration de la naissance de Jésus, la fête de Noël est le début d'une période de réjouissances qui ne se terminera qu'avec le Mardi gras. Jamais durant l'année on ne fêtera aussi intensivement. Aussi, les semaines précédant Noël, les femmes de la maison cuisinent. On dirait qu'elles font des provisions pour un état de siège. L'écrivain Clément Marchand décrit avec abondance ce que put être l'après-midi du 24 décembre: «Les femmes brassaient des pâtes, plantaient le coutelas dans des fesses de bouvillons, assaisonnaient les viandes, truffaient les volailles. Sur les rondelles du poêle, les marmites chantaient... chant de quiétude et d'abondance auquel répondait la voix d'un cri-cri vieux comme la maison. Mon oncle coulait son vin de cerise. Mon grand-père s'entourait de fioles et de carafes pour réduire le whisky. Vers le soir, sur les dressoirs de la laiterie, s'alignaient les corbeilles de beignets dorés, les croustillants pâtés au lard, les mokas glacés au chocolat. Des rôtis plantureux baignaient dans leur graisse. Des chapelets de saucisses pendaient au-dessus des pots de confiture. Les tablettes étaient si chargées qu'elles faisaient un ventre. On avait devant soi assez de victuailles pour régaler cent convives[6].»

La maison cependant n'est guère décorée. La tradition de l'arbre de Noël, venue d'Alsace, puis répandue en Allemagne, en Angleterre et aux États-Unis, ne s'implantera dans la vallée du Saint-Laurent qu'à la fin du 19e siècle. Bien sûr, dès 1781, Frederika von Riedesel, épouse du baron allemand Frederick-Adolph, placera un arbre de Noël bien en évidence dans sa maison de Sorel. Mais il faudra attendre encore au moins cent ans pour que la coutume se répande. D'ailleurs, jusqu'en 1900, on signale que la décoration de la maison «est réduite au minimum». De simples festons courent au plafond. «Quelques familles seulement ont un arbre de Noël qu'elles décorent de papier de couleur et de guirlandes, sans crèche cependant[7].»

En soirée, on tue le temps. Les enfants «s'étrivent*». On rappelle à l'ordre les plus vieux, leur répétant qu'ils ont maintenant l'âge d'assister à la messe de minuit. Finalement, vers dix

* «Étriver» provient du Maine, de la Normandie et de la Picardie, et a le sens d'agacer, d'exciter par de légères provocations.

heures trente, il faut atteler le cheval. Mieux vaut partir tôt pour avoir le temps d'aller à confesse. La mère, la grand-mère ou la plus vieille des filles reste à la maison pour prendre soin des plus jeunes; du reste, à pareille heure, ceux-ci dorment déjà.

Les écrivains ont laissé des récits colorés du trajet à l'église: cette longue route parcourue à une heure si tardive au son des grelots, le crissement des lisses sur la neige durcie, le scintillement des étoiles, la caresse des fourrures sur les joues et la chaleur transmise de corps à corps sous les peaux de bêtes. Il est sans doute vrai que le voyage, certaines nuits de Noël, peut porter à l'émerveillement. Mais les conditions climatiques sont variables d'une année à l'autre. Certaines années, il peut geler à pierre fendre; d'autres fois, il neige ou il pleut. Et quand il fait tempête, que les chemins sont mauvais, on n'envoie que quelques représentants à la messe de minuit.

«Le réveillon de Noël»
d'E.-J. Massicotte (OFQ).

«Le réveillon de Noël» d'Henri Julien (MTLB).

Au village, toutes les petites rues semblent mener à l'église. C'est l'arrivée joyeuse des paroissiens. Ils surgissent de partout sur la place de l'église. Là où il y a des écuries, les chevaux sont dételés et mis à l'abri. Ailleurs, on les attache aux poteaux et aux «limandes» ou on les immobilise simplement avec un poids reposant au sol, attaché à la bride ou à la patte, et on les revêt d'une grosse couverture pour les protéger et leur éviter les coups de froid.

Les familles entrent à l'église, les unes après les autres, et gagnent leur banc respectif. Tous écarquillent les yeux. Malgré la nuit noire, l'église n'a jamais été aussi éclairée. On a vite repéré la crèche, tout à l'avant, bordant la Sainte Table. Quand le curé et le vicaire ont fini de confesser les paroissiens, la grand-messe commence, sérieuse, solennelle. Il faut y mettre le temps: c'est Noël. La basse messe qui suit est beaucoup plus rapide. Et les cantiques, maintenant permis, éclatent plus joyeux et plus distraits.

L'on y va à pleins poumons, tant que dure cette seconde messe. Puis on quitte l'église.

Les chevaux sont sortis des écuries et attelés à nouveau. Cela donne le temps de se parler, d'un équipage à l'autre, de s'échanger les vœux de Noël. Mais sitôt que tout est paré, on prend vite le chemin de la maison. Depuis longtemps qu'on se promet de faire bombance. Au retour, les femmes courent à la maison mettre à réchauffer les plats préparés, alors que les hommes détellent le cheval.

On prête attention aux bruits de l'étable en allant reconduire la bête pour la nuit. Un vieil adage français, repris sur les bords du Saint-Laurent, veut que les animaux se parlent la nuit de Noël; on pourrait donc les surprendre en pleins palabres. À vrai dire, cette nuit-là, il semble se passer des choses étranges. On répète, par exemple, que les montagnes s'entrouvrent et laissent voir le minerai qu'elles contiennent. Les morts sortent des tombes et viennent s'agenouiller en silence au pied de la croix du cimetière, là où le dernier curé de la paroisse, habillé du surplis et de l'étole, leur chante la messe. Puis, toujours en silence, ils se relèvent, regardent le village où ils ont vécu, la maison où ils sont décédés, et gagnent à nouveau leurs cercueils[8].

Quoi qu'il en soit, on ne se laisse guère distraire à l'extérieur la nuit de Noël. Le réveillon attend tout le monde. Les enfants en bas âge qui déjà dormaient sont réveillés. Quelle surprise d'ailleurs pour eux de se retrouver debout à pareille heure! Certains se montrent vite guillerets, mais d'autres arrivent mal à sortir de leur sommeil et se laissent tirer l'oreille. Toutefois, l'entrain du plus grand nombre a vite fait de les dérider, et tous gagnent la table.

Les mets se succèdent: dinde, ragoût de pattes, tourtière, charcuterie, croquignoles et petites douceurs. Adultes et adolescents ne se privent pas de rhum. Les farces fusent. C'est Noël, moment unique, ne serait-ce que du simple fait du repas pris ensemble dans la nuit. On s'attarde. Les plus jeunes commencent à «cogner des clous». Les bruits de la conversation, les éclats de voix, n'arrivent plus à les secouer. Il faudra bien penser à aller dormir. Et la nuit se passe ainsi.

Les hommes attendent l'aube avant d'aller au lit. Il faut bien faire le train. Puis l'on gagne sa couche. Mais les heures de sommeil ne sont pas très longues, la nuit de Noël. Les vieillards ont tôt fait de se lever. Les enfants n'arrivent pas longtemps à se contenir et réveillent les autres. La journée se passe calmement à jaser ou à jouer. À un moment donné, on met les enfants turbulents dehors, en leur disant d'aller se faire «éventer». Ceux-ci

Les croquignoles

L'un des desserts favoris de l'hiver est le beigne ou «croquignole». On le sert avec des boissons, des confitures, des gelées ou des crèmes et il se mange froid. À Québec, on le fabrique en famille, un soir peu avant Noël.

C'était positivement un grand soir au succès duquel chaque membre de la famille... revendiquait le privilège de collaborer activement. Sous la direction suprême de la mère de famille, grande-prêtresse de ce culte ancestral, laquelle avait préparé la pâte rituelle sur la fin de l'après-midi, le père avait charge d'entretenir dans le poêle un feu égal, ni trop doux, ni trop violent, cependant qu'à chacun des enfants, par ordre d'âge, était dévolue une opération particulière. L'un maintenait, à une ligne près, le niveau du saindoux bouillant dans le chaudron, l'autre découpait la pâte et la tortillait sur ses doigts avant de la plonger dans la graisse, un troisième armé d'une louche à claire-voie élevait les croquignoles un à un au-dessus du récipient pour les soumettre au coup d'œil infaillible de la mère qui décrétait d'un signe de tête, sans appel, s'ils étaient à point ou non, un dernier, enfin, rangeait avec des précautions minutieuses, dans les plats et des assiettes, les pâtisseries croustillantes et parfumées dont la cuisson avait été reconnue parfaite.

Aimé Plamondon, «La 'saison' à Québec en 1900», *Concorde*, déc. 1954, p. 7 s.

d'ailleurs n'en ont cure, car ils se retrouvent en pleine nature. En soirée, on peut se livrer à un tour de chant, et chacun y va de ses chansons préférées, souvent reprises en chœur. Et le tout se termine tôt, histoire de reprendre le sommeil perdu la nuit précédente.

La vente des bancs de l'église

La semaine qui suit Noël, la dernière de l'année, est une semaine comme les autres. La routine journalière reprend place. Pour les affaires de l'Église, cependant, la semaine est importante. Le dernier dimanche, par exemple, le curé procède à la vente des bancs, propriétés des paroissiens décédés durant l'année. Après la messe, à la sacristie, il adjuge ces bancs aux plus hauts et derniers enchérisseurs. Sur versement de la somme promise, les adjudicataires obtiennent leur banc pour la vie durant. Il ne leur restera plus qu'à payer annuellement une rente peu élevée pour en garder la propriété.

Lors de l'événement, le curé de la paroisse s'efforce assurément de se montrer conciliant, mais ces ventes de bancs ne vont pas sans certains déchirements. Ainsi, il arrive parfois que des familles dans le deuil, incapables de couvrir l'enchère, se voient dépouiller du banc qu'elles occupaient depuis longtemps, précisément à cause du décès du propriétaire. On en viendra à corriger cette lacune à la fin du 19e siècle en remettant annuellement à l'enjeu la propriété de tous les bancs de l'église.

L'«élection» des marguilliers

Dans la vallée du Saint-Laurent, la fabrique, la forme religieuse de la communauté des habitants, a une longue histoire. Ainsi, au début du régime français, l'organisation est la même qu'en France. L'assemblée des habitants est souveraine; elle procède annuellement à l'élection du nouveau marguillier et reçoit du marguillier sortant un bilan des activités du conseil de la fabrique, qui doit être rendu public et approuvé par l'évêque. «Puis lentement le peuple est de plus en plus tenu à l'écart des affaires de la paroisse... La charge de marguillier, que ne méprisent pas les gens en vue, représente une forme de consécration sociale pour ceux dont la fortune n'est pas encore faite[9].»

Si bien qu'au début du 19e siècle le conseil de la fabrique, formé du curé et des trois marguilliers, a la haute main sur la direction des affaires de la paroisse. Chaque année, lors du dernier dimanche de l'année, le curé, sur recommandation des marguilliers en poste, nomme un nouveau marguillier, en remplacement de celui qui quitte. Les marguilliers tiennent les livres, voient aux améliorations nécessaires à l'église, au presbytère et au cimetière, conduisent l'évêque et sa suite lors de la visite pastorale, portent le dais lors des processions et, au moment des offices, prennent place au banc d'œuvre, dans le chœur.

Habituellement, dans une paroisse, plusieurs notables convoitent les postes de marguilliers. La rivalité est si grande qu'en 1808 la Législature doit adopter un projet de loi «pour assurer le bon ordre dans les églises». Le curé de Cap-Santé, l'abbé Jean-Baptiste Dubord, est l'un de ceux qui s'en font les défenseurs. «Ce règlement devait être mis en force dans les paroisses où l'on se chamaille à chaque élection d'un marguillier comme s'il s'agissait d'une question de vie ou de mort. Il aurait l'effet, croyons-nous, de tempérer un peu une trop grande soif des honneurs[10].»

Fort de cette nouvelle loi, le curé Dubord non seulement fait taire les oppositions bruyantes dans sa paroisse, mais oblige dorénavant ses marguilliers à assurer le bon ordre à l'arrière de l'église. «Un banc élevé et destiné aux trois derniers marguilliers sortant de charge fut dressé près de la porte de l'église; une robe à peu près semblable à celle du bedeau, une écharpe en bandoulière, enfin un bâton de connétable furent faits, et chacun des trois derniers marguilliers pendant un an, le second ou le troisième au défaut des autres, quand ils étaient absents, fut décoré de ces ornements et fit l'office de connétable. Cet ordre de choses durera jusqu'à 1820, où un marguillier (Augustin Richard), rebuté des désagréments, des grossièretés et des impertinences auxquels il avait vu exposés ses prédécesseurs dans cette charge, refusa de continuer en sa personne cet emploi. Ainsi l'établissement de M. Dubord cessa d'avoir lieu. Il n'y eut plus de connétables ou gardiens placés à la porte de l'église; et les marguilliers en charge établis par la loi les premiers gardiens du bon ordre, soit dans l'église, soit dehors, ont continué à être seuls chargés de ce soin et sans occuper dans l'église d'autre place que leur banc, c'est-à-dire celui des marguilliers[11].»

Mais les fabriques québécoises ne sont pas au bout de leurs peines. En 1830, «plusieurs individus dans la province» demandent à la Chambre d'assemblée d'adopter une nouvelle loi afin que tous les paroissiens tenant feu et lieu soient admis aux assemblées de fabrique et votent aux élections des marguilliers. Ils dénoncent «le mode d'administration des Fabriques par le seul corps des marguilliers anciens et nouveaux, présidé par les curés, sans l'intervention d'aucun autre individu». Le Parlement, perplexe, met sur pied un comité chargé de faire enquête sur ces différents griefs. Celui-ci fait parvenir un questionnaire à tous les curés qui opposent rapidement une fin de non-recevoir au projet de démocratisation. «On s'appliquera à faire voir et à démontrer jusqu'à l'évidence, écrit l'un d'entre eux, que si toutes ces personnes étaient une fois admises aux assemblées des Fabriques, alors on devait s'attendre à ne voir que troubles, confusion et désordre... On fit remarquer dans ces réponses que si une mesure semblable était malheureusement adoptée, on serait exposé à voir figurer dans le banc de l'œuvre, si respectable et toujours jusqu'au moment actuel si respecté, on serait exposé à y voir les personnes les plus viles et les plus méprisables, les plus immorales. On faisait voir enfin que les qualités civiles, morales et religieuses de ceux qui composaient les différents corps de marguilliers, dans les diverses paroisses, le soin avec lequel on choisissait ceux qui devaient chaque année en augmenter le nombre, ne laissaient ordinairement rien à désirer de la part de ceux dont ils étaient les représentants...»

Quant à l'objection que les paroissiens n'avaient pas choisi leurs représentants, «on répondit que, quoique ce choix ne fût pas

«Ite missa est», fusain de Marc-Aurèle de Foy Suzor-Côté (Musée du Québec).

précisément le choix personnel de chaque individu représenté, néanmoins ordinairement et presque toujours, ce choix rencontrait l'approbation de tout ce qu'il y avait de gens sages, judicieux, paisibles, et qui n'auraient pas fait eux-mêmes un autre choix, s'ils eussent été appelés à donner leur voix à ce nouvel élu». Et le nouveau curé de Cap-Santé, l'abbé Félix Gatien, d'ajouter que si on en était venu au fil du temps à un pareil mode de nomination des marguilliers, ce n'était pas pour «ôter aux représentés leurs droits, supposés tels actuellement, mais [pour] leur procurer un avantage plus grand que l'exercice de ce droit, en leur ôtant l'occasion de tomber infailliblement dans les inconvénients les plus graves qu'entraînerait l'exercice de ce droit[12]».

Après trois sessions du Parlement, le projet de loi visant à démocratiser l'élection des marguilliers est adopté à l'Assemblée, mais rejeté au Conseil législatif. L'affaire est alors soumise aux tribunaux, mais ceux-ci refusent de trancher la question. En 1843, l'évêque de Montréal, Ignace Bourget, après consultation des évêques Joseph Signay et Pierre-Flavien Turgeon, autorise les conseils de fabrique à inviter aux assemblées les marguilliers anciens et nouveaux, ainsi que les paroissiens propriétaires, «quand même ce ne serait pas l'usage dans votre paroisse, pourvu que ce soit l'opinion de la majorité de vos marguilliers exprimée en assemblée régulière». Mais c'est seulement en 1860 qu'une loi de la Législature donne «le droit à tous les francs-tenanciers d'élire les marguilliers». Ce droit cependant ne sera pas appliqué partout, puisqu'aussi tard qu'en 1930, à Saint-Denis-de-Kamouraska, seuls les marguilliers anciens et nouveaux prennent les décisions et nomment leurs successeurs, de concert bien entendu avec le curé[13].

La quête de l'Enfant Jésus

Dans la semaine qui suit Noël, le curé se rend chez chacun de ses paroissiens faire sa visite de paroisse et quêter pour l'Enfant Jésus. Cette collecte annuelle tire justement son nom du fait qu'elle se pratique au moment où, à l'église, l'Enfant Jésus repose dans la crèche. Les trois marguilliers accompagnent le curé dans sa tournée. «Tu parles d'un temps pour la visite de paroisse!» L'un d'eux prend place avec le curé, et les deux autres suivent avec leurs berlots, destinés à recueillir les offrandes des paroissiens. On placera dans l'une des voitures les pièces de viande, la laine, les chandelles, le tabac, le sucre et le savon du pays, alors que la seconde voiture sera réservée aux céréales et aux pommes de terre. L'équipage se rend d'abord dans les rangs les plus éloignés et se rapproche par la suite du village. Les familles sont prévenues du jour de la visite au prône du dimanche précédent.

Quand le curé se présente flanqué de ses marguilliers, on s'agenouille pour recevoir sa bénédiction et tous, du père jusqu'au petit dernier, lui serrent la main. La visite de paroisse importune les fidèles libertaires, mais impressionne les fervents pratiquants. Un couple vit-il hors des lois de l'Église que le curé le rappelle à l'ordre. Il s'informe de chacun, annonce les dernières décisions du conseil de fabrique, exhorte à la piété et recommande aux prières les paroissiens malades. Avant de repartir, il accepte bien un beigne et une rasade de rhum. Et les marguilliers emportent avec eux ce qu'on leur offre pour l'Enfant Jésus.

Cette quête dure toute la dernière semaine de l'année. Dans les paroisses populeuses, elle se prolonge jusqu'aux premiers jours de janvier. Quand la visite de paroisse est terminée, le curé, pour les remercier, convoque à souper ses marguilliers et passe avec eux la veillée à fumer la pipe et à jaser. Il ne tarde pas à mettre en vente les fruits de sa quête sur la place de l'église, car les produits périssables pourraient se perdre.

La guignolée

Le temps des Fêtes se caractérise par des tournées de quêtes; on demande aux mieux nantis de partager leurs biens avec les plus démunis. Aussi, repus et en pleine célébration, les paroissiens sont d'abord sollicités par le curé à l'occasion de la quête de l'Enfant Jésus. Dans certaines paroisses, le bedeau passe aussi de maison en maison afin de subvenir à ses besoins. Mais la quête la plus importante est sans doute celle dite de la guignolée.

On ne s'entend pas sur l'origine de cette très vieille coutume venue de France. Des ethnologues la font remonter à l'époque druidique, quand les prêtres de la Gaule antique cueillaient le gui au jour de l'An sur les chênes des forêts sacrées, en poussant le cri de réjouissance «Au gui l'an neuf!». D'autres affirment que la guignolée vient des Phéniciens qui avaient l'habitude de s'échanger une fois l'an des pots de blé vert en signe de réjouissance, tout en répétant «Eghin on eit!», c'est-à-dire «le blé naît, la vie ressuscite!».

Chose certaine, dans la vallée du Saint-Laurent, la guignolée, aussi appelée gnignolée, ignolée ou lignolée, continuera de se pratiquer. La veille du jour de l'An, des jeunes gens se réunissent en bandes pour battre les rangs de la paroisse au son de la musique. On espère recueillir pour les indigents des aumônes en nature afin d'égayer leur temps des Fêtes. À Saint-Justin, dans le Trompesouris, on court la guignolée pour le vieux Dubé et la veuve Crochetière; dans l'Ormière, on le fait pour le père Lafontaine[14].

Le 31 décembre donc, les enfants ont le nez collé à la vitre pour surveiller la venue des guignoleux. Les «ignoleux» se voient de loin; ils forment une joyeuse bande défilant en désordre. «V'là la guignolée!» s'écrie soudain l'un des marmots. Alors, du plus jeune au plus vieux, on «se poussaille» pour s'habiller et aller au

La chanson de la guignolée

Bonjour le maître et la maîtresse
Et tous les gens de la maison
Nous avons fait une promesse
De v'nir vous voir une fois l'an.
Une fois l'an...
    Ce n'est pas grand-chose
Qu'un petit morceau de chignée.

Un petit morceau de chignée,
Si vous voulez.
Si vous voulez rien nous donner,
Dites-nous lé.
Nous prendrons la fille aînée,
Nous y ferons chauffer les pieds!
La Ignolée! La Ignoloche
Pour mettre du lard dans ma poche!

Nous ne demandons
    pas grand-chose

Pour l'arrivée.
Vingt-cinq ou trent'pieds de chignée
Si vous voulez.

Nous sommes cinq ou six
    bons drôles,
Et si notre chant n'vous plaît pas
Nous ferons du feu dans les bois,
Étant à l'ombre;
On entendra chanter l'coucou
Et la colombe!

Version rapportée en 1863 par Joseph-Charles Taché, «telle qu'on la chantait encore en Canada, il y a quelques années, dans les paroisses du Bas du Fleuve». Voir la *Gazette des campagnes*, 15 juin 1863.

devant des quêteurs. Le père et la mère de famille préparent une collation et mettent sur la table les dons faits aux pauvres.

La troupe qui pénètre dans la cour ne prend pas d'assaut la maison; il y a un cérémonial à respecter. On entonne d'abord la chanson «La guignolée», que tous connaissent par cœur, battant la mesure avec de longs bâtons. Le maître et la maîtresse de maison ouvrent alors la porte et invitent les guignoleux à entrer. Là où la bande est trop nombreuse, on n'en fait venir que quelques-uns. Après un beigne, un morceau de pain, une rasade de rhum et l'échange de quelques nouvelles, les quêteurs s'en retournent, portant dans les voitures les dons qu'on a bien voulu leur faire. Et le groupe reprend son chemin, escorté de tous les enfants et des chiens du voisinage. La musique reprend de plus belle; l'heure est à la joie.

Presque toutes les maisons de la paroisse sont ainsi visitées. La quête terminée, on divise en lots les produits récoltés, avant de se rendre cette fois-ci chez les plus démunis. Quel bonheur alors pour eux de recevoir des vivres, des vêtements et une provision de bois de chauffage! Tout juste la veille du Nouvel An, ces biens prennent l'allure d'étrennes.

Le jour de l'An (1ᵉʳ janvier)

Chez tous les peuples, il s'est toujours trouvé un jour de l'An. Certes les divers calendriers ne concordent pas, mais tous se sont donné un nouvel an. Selon l'historien du sacré, Mircea Éliade, l'homme, pour se régénérer, a toujours éprouvé le besoin de se fixer dans le temps un commencement du monde et de le revivre périodiquement. En Europe, c'est depuis l'année 1564, soit 30 ans après la découverte du Canada par Jacques Cartier, qu'on fête le jour de l'An le 1ᵉʳ janvier, plutôt que le 1ᵉʳ avril. Et la coutume se maintiendra.

Le jour du nouvel an, c'est la fin d'un certain passé et le commencement d'une «vie nouvelle». Sous le régime français, dès la «barre du jour», on tire des coups de canon et on se livre à des décharges de fusil, ce qui alarme les Autochtones qui se demandent pourquoi une pareille pétarade. Après l'échange

«La bénédiction paternelle au jour de l'An» d'Henri Julien (MTLB).

d'étrennes et les souhaits d'usage, on se rend à l'église assister à la grand-messe.

Au 19e siècle, la coutume de la salve se poursuit dans certaines régions du Québec. En Gaspésie, par exemple, dans les paroisses de colonisation, on brûle ainsi «une quantité incalculable» de poudre à fusil. «Le 1er janvier, raconte un témoin de l'époque, dès la première heure, des groupes se formaient et allaient de maison en maison éveiller les gens à coups de fusils. Plus la fusillade était vive, mieux était réussi l'effet. Le maître de la maison ouvrait alors sa porte. On se souhaitait la bonne année. On prenait un 'petit coup'; on mangeait des 'croquignoles' puis on se rendait à une autre maison dont on réveillait le maître en tirant de 80 à 90 coups de fusils. Là se répétait la même cérémonie. Le soir on avait fait le tour de toutes les maisons du poste et même des postes voisins. Pendant toute la journée c'était une fusillade ininterrompue[15].»

Par ailleurs, sur l'île d'Orléans et la Côte-du-Sud, on élève des bûchers de place en place plutôt que de tirer du fusil. «Un assez grand nombre des habitants de la rive sud de l'île, écrit Hubert Larue, sont unis avec ceux de la Côte du Sud par les liens de la parenté ou de l'amitié; et cette union a donné origine à une cérémonie bien touchante qui se renouvelle régulièrement, au jour de l'an de chaque année, entre les deux rives opposées. Ce jour-là, vers cinq heures et demie ou six heures du matin, vous voyez apparaître sur les grèves de Saint-Vallier, de Saint-Michel et de Beaumont, un grand nombre de feux, auxquels correspondent également d'autres feux allumés à Saint-Jean et à Saint-Laurent. Toutes communications entre les deux rives étant rompues durant la rude saison de l'hiver, c'est par le moyen de ces feux que les parents et les amis font l'échange des souhaits du jour de l'an[16].»

Les manifestations de la salve et du bûcher tiennent du spectaculaire. Mais le jour de l'An est surtout «un de ces jours exceptionnels, uniques, où les enfants du riche comme ceux du pauvre se couchent la veille en pensant aux étrennes du lendemain[17]». «La veille, raconte l'un deux, on comptait les heures et les minutes, puis on cherchait à connaître si les étrennes étaient arrivées. Ces étrennes consistaient en paquets remplis de raisins, d'amandes, de dragées... qu'on apportait en secret de la ville et qu'on préparait le soir après le coucher de la jeunesse. Enfin l'heure du réveil du jour de l'an arrivait. Il n'était pas nécessaire ce matin-là de prononcer deux fois notre nom pour nous éveiller. On se levait dans un demi-silence commandé par les aînés qui

Cette gravure, comme celles des pages qui suivent, comptent parmi les premières représentations du Père Noël dans la presse québécoise. Elles datent des années 1860 et 1870 (MTLB).

aidaient à faire la toilette des plus petits. Mon père et ma mère se tenaient dans leur cabinet, comme dans un sanctuaire, où l'on devait entrer avec joie mais en même temps avec respect. Quand tout était prêt, la procession se mettait en marche, les plus vieux en tête, pour aller demander la bénédiction. Cette bénédiction étant donnée avec les souhaits généraux et particuliers, venait la cérémonie des étrennes. Les paquets de bonbons étaient placés dans une petite armoire de ce cabinet. 'Je ne sais pas, disait notre père, si le petit Enfant Jésus vous a apporté des étrennes cette année, vous n'avez pas toujours été bons, obéissants... voyons pourtant... tiens... en voilà.' Ça ne manquait jamais d'y être[18].»

Généralement, on répète aux enfants que l'Enfant Jésus est passé pendant la nuit et qu'il a distribué les étrennes; dans

certaines paroisses, on leur parle plutôt de saint Nicolas. Cependant, depuis le 16e siècle, l'Église déconseille aux parents d'entretenir leurs enfants de saint Nicolas. Il s'agirait, selon elle, d'un personnage relativement inconnu, tenant de la mythologie nordique, auquel il ne faut pas croire. Quoi qu'il en soit, on ignore encore tout du Père Noël. C'est aux États-Unis, en 1822, sous la plume de Clement Clark Moore, que naît cette nouvelle figure légendaire. Moore, un professeur de théologie, imagine alors, en

guise d'étrennes à ses petits-enfants, «un poème où apparaît pour la première fois un personnage que nous connaissons»:

> Avec son balluchon de jouets
> Flanqué sur son épaule
> Il avait l'air d'un chiffonnier
> Paré pour le marché.
> Ses yeux, comme ils brillaient.
> Ses fossettes joyeuses
> Ses pommettes fleuries
> Et son nez, tel une cerise, rutilait...
> Il avait un large visage
> Une petite bedaine toute ronde
> Qui tremblotait comme de la gelée
> Quand le rire le secouait[19]...

L'image du personnage proposé par Moore apparaît bientôt dans les livres d'enfants. Des dessinateurs, comme Thomas Nast, s'amusent à le représenter comme un être jovial et rubicond, et tous les éléments des distributions légendaires de cadeaux, la nuit, la cheminée, les chaussures ou les chaussettes, et le grand

sac de jouets, s'y retrouvent. Dans la seconde moitié du 19ᵉ siècle, quand les journaux illustrés s'emparent de lui, le Père Noël
conquiert toute l'Amérique, la vallée du Saint-Laurent y compris.
Les années passant et, le commerce aidant, on parlera de moins
en moins de l'Enfant Jésus et de plus en plus du vieillard joufflu à
la barbe blanche. D'ailleurs, les étrennes elles-mêmes changeront;
plutôt que des bonbons, les enfants recevront des jouets usinés
ou faits maison, tels que des polichinelles, de petits instruments
de musique, des chevaux mécaniques ou à roulettes, des arches
de Noé, etc.

Si le jour de l'An est une journée d'étrennes, il est aussi le
moment par excellence dans l'année pour se visiter et s'offrir les
souhaits les meilleurs. «Bonne et heureuse année, répète-t-on, et
le paradis à la fin de vos jours!» Après la grand-messe, les femmes
vont bien rendre visite aux membres de leur famille, mais seuls les
hommes peuvent aller ici et là, de maison en maison, transmettre
les vœux du jour. «Le nouvel an est une des fêtes les plus exactement observées, écrit le journaliste irlandais Edward Allan Talbot,
et est spécialement consacré à se visiter et à se fêter mutuellement.
Tout maître de maison, soit à la ville, soit à la campagne, a, ce
jour-là, sa table chargée de vins délicieux, d'excellentes confitures
et de gâteaux de toute espèce. Les hommes doivent aller de
maison en maison, pour porter réciproquement les vœux et les
compliments de leur famille, et prendre leur part des friandises
qui se trouvent partout préparées. À leur entrée dans l'appartement
de réception, les hommes embrassent sans cérémonie toutes les
femmes. Les dames françaises présentent leurs joues; mais les
Anglaises, suivant l'usage de leur pays, reçoivent le chaste baiser
sur leurs lèvres[20].»

Par ailleurs, si Noël ne réunit souvent que les membres de la
petite famille, le jour de l'An, lui, rassemble toute la parenté pour
les repas du midi et du soir. Avec leur «trâlée» d'enfants, les frères
et les sœurs se retrouvent chez les «aïeux». Il n'est pas rare que les
oncles, les tantes, les cousins et les cousines les y rejoignent. Dès
leur arrivée, avant même de s'être dévêtus, les enfants demandent
à leur père sa bénédiction. À table, on laisse une place vide, la
«place du pauvre»; si quelque étranger se présente, il aura part
aux réjouissances. Le patriarche y va du *Benedicite*. Le repas est
copieux; les femmes ont beaucoup cuisiné. La conversation s'ani-
me; il faut bientôt élever la voix pour arriver à se faire entendre.
L'heure est à la joie; la famille entière se retrouve réunie... à
moins qu'un des fils ne soit parti «bûcher».

En après-midi, on range la table le long du mur pour faire la

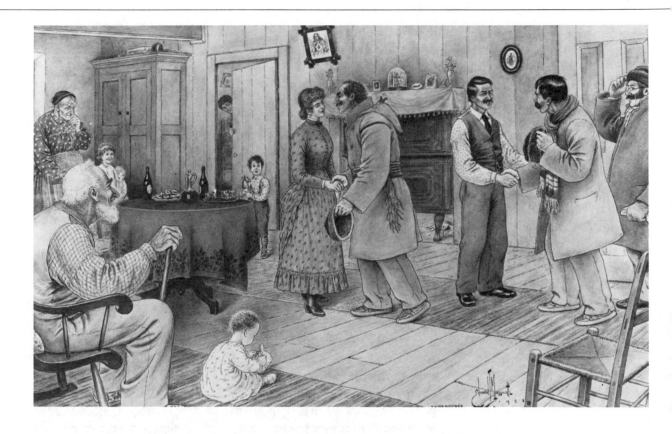

«Les visites du jour de l'An» d'E.-J. Massicotte (OFQ).

fête. N'était l'heure du jour, on dirait une «veillée». On invite le plus fin conteur à s'exécuter. Puis chacun y va d'une chanson, si courte soit-elle, souvent reprise en chœur. Les plus timides se laissent tirer l'oreille. La salle commune s'enfume. Près de la fenêtre, sur le panneau, des mordus font une petite partie de cartes. Le rhum aidant, un oncle ou un beau-frère, devant une nièce ou une belle-sœur, montre une main légère ou tient des propos équivoques. Cousins et cousines se font des façons. Les marmots courent dans les jambes des adultes. C'est le jour de l'An chez les grands-parents.

Au plus tard en soirée, on commence à danser. Mais les enfants les plus jeunes se mettent à rechigner. Il sera bientôt dix heures; il faut penser à rentrer. Le signal est donné quand les hommes partent atteler les chevaux. Petit à petit, la maison se vide. Chaque traîneau s'amène près de la porte. La mère et les enfants y prennent place, «abriés» d'une «couverte» ou d'une «robe de carriole». Un dernier bonsoir à la maisonnée, un coup de fouet au cheval et voilà les traîneaux disparus dans la nuit. Un autre Jour de l'an s'achève. Grand-père «barre» la porte avec un «coin» de bois, place une bûche dans le poêle, souffle les bougies, éteint la lampe et gagne finalement sa couche dans le silence retrouvé.

Le plaisir du jour de l'An se prolongera toute la période des Fêtes, surtout si la plupart des enfants de la famille habitent la paroisse. Alors, à tour de rôle, jour après jour, chacun d'eux donne un grand repas pour ses père et mère, ses frères et sœurs.

Les Rois (6 janvier)

Le temps des Fêtes proprement dit se termine avec les Rois, une très vieille fête préchrétienne. Chez les Juifs, les Grecs et les Romains, on élisait ce jour-là un «roi du festin» pour tourner le pouvoir en dérision. «Celui qui étoit élu 'roi' chez les Juifs recevoit une couronne de fleurs ou de feuillage, que les conviés lui posoient en cérémonie sur la tête. Les Grecs choisissoient aussi par le sort un Chef, un Législateur, un 'roi de la table' pour présider à leurs festins. Ce 'roi' avoit la suprême inspection sur tout ce qui se passoit; il prescrivoit sous de certaines peines ce que chacun devoit faire, comme de boire, de chanter, de haranguer la compagnie, ou d'employer tel autre talent qu'on possédoit pour la réjouir. Les Romains, pendant plusieurs siècles, observèrent scrupuleusement cette coutume; vers les derniers temps, elle fut négligée et ne servit que d'une ressource au milieu des repas, lorsqu'on s'apercevoit que la langueur s'emparoit de la compagnie[21].»

La tradition de «faire les rois», fort tenace, se répandit dans tous les pays d'Europe. Ce soir-là, il y avait un roi dans chaque logis, fût-il couvert de chaume. On faisait bonne chère et l'alcool coulait à flots. On choisissait roi la personne qui trouvait la fève dissimulée dans une galette ou un gâteau dit des Rois.

En 1512, le pape Jules II décide de donner un nouveau sens à la fête des Rois. Dorénavant, les catholiques sont tenus d'assister à la messe. On fêtera l'Épiphanie, pour rappeler la visite des rois mages à la crèche, un événement précédemment confondu avec la fête de Noël. À vrai dire, on sait peu de choses des Rois mages. Seul l'évangéliste Mathieu en parle; et encore ne donne-t-il pas leur nombre. «Le chiffre trois est généralement déduit des trois présents mentionnés: l'or, l'encens et la myrrhe. Tout le reste relève des textes apocryphes et de la légende, y compris les noms de Gaspard, Melchior et Balthazar[22].»

De toute manière, mages ou non, les populations continueront à «faire les rois». La tradition est bientôt importée de Fran-

ce dans la vallée du Saint-Laurent. Ce jour-là, les paroissiens se présentent à la messe, mais se retrouvent par la suite à la maison pour le repas des Rois. Comme au Moyen Âge, on élit roi, fût-elle femme, la personne qui trouve la fève du gâteau des Rois. Celle-ci doit prendre la parole, une coiffure spéciale sur la tête, avant qu'on ne boive à sa santé. Le repas terminé, on fait à nouveau la fête, parfois jusque tard dans la nuit.

«Le gâteau des Rois» d'E.-J. Massicotte (OFQ).

La Chandeleur (2 février)

La Chandeleur, comme la Toussaint, compte parmi les fêtes chrétiennes venues directement du monde païen. Avant même l'existence du christianisme, les Celtes célébraient à ce temps de l'année le retour de la lumière. Pour souligner l'événement, ils allaient par les chemins en brandissant des torches enflammées. Les Romains, eux, fêtaient les Lupercales, en hommage à la louve qui avait nourri Romulus et Rémus, les fondateurs de la ville. À moins que ce ne fût la course aux flambeaux organisés en hommage à Cérès, la déesse des Moissons. On rappelait ainsi sa fuite éperdue pour retrouver sa fille Proserpine, enlevée par Pluton, le dieu de l'Ombre et des Enfers.

L'Église prend rapidement partie contre ces fêtes païennes, qui s'accompagnent souvent de débordements licencieux. Mais cela est sans effet, puisque ces dernières se sont maintenues pendant des siècles. Il ne suffit pas de les dénoncer pour qu'elles disparaissent d'elles-mêmes. À la direction de l'Église de 687 à 701, le pape Sergius Ier, un adepte du culte marial, imagine placer le 2 février la commémoration de la Purification de la Vierge. En vertu de la loi de Moïse, toute femme ayant enfanté était tenue pour impure et devait par la suite se présenter au temple pour se laver du péché. Dorénavant, le 2 février, plutôt que de se laisser aller à des manifestations païennes, les chrétiens fêteront la Chandeleur. Et les courses aux flambeaux dans les rues sont remplacées par les processions aux chandelles à l'intérieur des églises.

Dans la vallée du Saint-Laurent, les paroissiens se rendent d'abord à l'église pour la bénédiction des cierges. Chacun apporte les siens. «Monsieur le curé allait vite, raconte un témoin. Nous avions peine à suivre... Nous pouvions comprendre que l'on bénissait les cierges pour l'usage des hommes, contre les maladies du corps et des âmes, contre les dangers de la terre et des eaux. Cela se faisait au nom de la sainte Vierge Marie, au nom de la splendeur de l'Esprit Saint. On y parlait aussi du vieillard Siméon, que nous étions tentés d'identifier avec le deuxième chantre du jubé, de Moïse, de ténèbres éclairées par la divine Lumière venue en ce monde pour l'enseignement des nations[23].» Les cierges bénis, puis allumés, on défile dans l'église de chaque côté de la nef au chant de l'antienne *Lumen ad revelationem gentium*. Le curé, flanqué des enfants de chœur, ouvre la marche. Suivent les hommes et les femmes. Et, après la procession, la messe.

Les cierges de la Chandeleur sont apportés à la maison et gardés précieusement. Ils fournissent protection, comme les rameaux, l'eau bénite et le crucifix. Quelqu'un tombe-t-il malade, faut-il veiller un mort, qu'on allume un cierge de la Chandeleur. Quand survient l'orage, que le tonnerre gronde, on fait de même. Le cierge de la Chandeleur préserve du malheur.

Ce jour-là, on mange des crêpes, une vieille tradition venue de France, signalée déjà à la fin du 14e siècle. Quant à la croyance populaire voulant que la marmotte prédise, le 2 février, le temps qu'il fera, elle trouve sans doute son origine en France. On répète, dans les Alpes et les Pyrénées, que l'ours sort de sa tanière le jour de la Chandeleur pour observer le temps qu'il fait. «Si le ciel est clair et qu'il fait beau, il rentre en se disant que l'hiver n'est pas fini, qu'il y aura encore 40 jours de mauvais temps; s'il pleut, s'il neige, si le ciel est nuageux, il ne retourne pas dans sa tanière, car l'hiver est fini[24].» Dans certaines régions de France, on prête un pouvoir semblable au blaireau plutôt qu'à l'ours ou à la marmotte.

La Saint-Valentin (14 février)

On ne sait quand précisément saint Valentin est devenu le patron des amoureux. Bien plus, on ignore de quel personnage il s'agit. La *Bibliotheca sanctorum*, le registre officiel des saints de l'Église, n'énumère pas moins de 16 saints Valentin, originaires d'Italie, de France, d'Allemagne et d'Espagne. Deux d'entre eux, des Italiens ayant vécu au troisième siècle, sont fêtés le 14 février. Mais «on ne sait pas grand-chose à leur sujet» et l'Église se refuse toujours à faire de l'un ou l'autre le patron des amoureux.

D'autre part, des ethnologues affirment que cette fête vient d'une croyance médiévale selon laquelle le 14 février est le début de la saison des amours chez les oiseaux, ce qui en ferait une date tout appropriée pour la fête des amoureux. Mais comment attacher foi à une pareille affirmation, quand on sait que le moment de la pariade ne survient que plus tard, en Europe comme en Amérique?

Chose certaine, «le valentinage ne paraît pas avoir été une coutume très populaire en France. D'origine anglaise, elle fut introduite [en France] par Charles d'Orléans* et semble avoir été pratiquée surtout dans les cours [Savoie, Lorraine], être passée ensuite dans la bourgeoisie et n'avoir atteint que tard les milieux populaires sans avoir le temps de s'y implanter fortement[25].» Dans la vallée du Saint-Laurent, sous le régime français, il ne semble pas qu'on ait particulièrement fêté la Saint-Valentin. Les documents sont muets à ce sujet. En fait, ce n'est pas avant la

* Poète français (1391-1465), prisonnier des Anglais durant vingt-cinq ans.

Photo: MTLB.

seconde moitié du 19ᵉ siècle que les amoureux commencent à s'échanger de menus présents, des lettres, des images ou des cartes illustrées, le jour de la Saint-Valentin[26]. Des taquins, profitant d'ailleurs de cette fête, prennent alors un malin plaisir à semer la confusion, à brouiller les pistes et à faire parvenir ici et là des cartes grotesques, des promesses d'amour, des mots non signés.

Les jours gras

Les jours gras terminent le long temps des réjouissances commencé avec la fête de Noël. Voilà maintenant plusieurs semaines qu'on organise veillée sur veillée. Le temps est venu de fêter une dernière fois avant le Carême.

Sous le régime français, il semble que les jours gras durent sept jours, puisque les Relations des Jésuites mentionnent qu'il y eut un «balet... le mercredy gras», 27 février 1647[27]. Au 19e siècle, les jours gras se tiennent du samedi au mardi. Ce sont les derniers jours avant Pâques où il est permis par l'Église de faire bombance, en particulier de manger de la viande. Au cours des repas accompagnés de force libations, on engouffre toute la viande possible, sauf celle des saloirs. D'ailleurs, mieux vaut agir ainsi; car le retour du temps doux fera bientôt se perdre ce qui n'aura pas été consommé.

Et on ne se laisse pas prier pour fêter. «Dans les derniers jours qui précédaient le carême, écrit Joseph-Edmond Roy, et que l'on appelle plus spécialement encore le 'carnaval' ou les 'jours gras', les chevaux s'attèlent, les carrioles glissent sur la neige et l'on va par bande festoyer gaiement chez les parents et les amis. Les violoneux battent la mesure de leurs talons, l'archette grince et chacun choisit sa 'compagnie'. En avant, la danse! c'est la gigue, le cotillon, qui font tourner les couples endiablés[28].» Dans certaines demeures, comme à Sainte-Scholastique, une des manières de fêter les quatre jours gras est de remplacer par de la bière l'eau fraîche des seaux reposant sur le «banc à sciaux»; chacun vient alors y puiser à plein gobelet[29].

Mais le grand soir est celui du Mardi gras. Tous alors participent à une veillée, chez soi ou chez un voisin. Des hommes et des femmes masqués ou au visage noirci de suie, qui ont le plus souvent échangé leurs vêtements, font la tournée des maisons. Ils «courent le mardi gras». Le geste est plusieurs fois centenaire; il remonte au Moyen Âge et peut-être avant. Partout où ils s'amènent, on cherche, sous leurs masques, à connaître leur identité. Qui peut bien ainsi se travestir? On tente d'abord de les faire parler, espérant les reconnaître à la voix. On leur demande de danser, pensant pouvoir les nommer uniquement à l'allure. Les «Mardis-gras» ne sont pas tenus de s'identifier. Un habile curieux s'approchant par surprise aperçoit sous un masque difforme un fort doux visage. Il en devient complice. La farce dure le temps d'une plaisanterie, d'une petite danse et d'un verre de rhum. Et les travestis s'en retournent, comme ils sont venus. Plus tard

*A Saint-Raymond de Portneuf,
des mardis-gras de passage chez Jos
Parent en 1910 (coll. privée).*

seulement, vers les dix heures, s'arrêtent-ils quelque part définitivement et laissent-ils tomber le déguisement, pour terminer la soirée à danser.

On danse tout son soûl, car l'Église défend de danser en carême. Bien plus, il faut s'arrêter à minuit sonnant. Certaines familles ont l'excuse de ne pas savoir l'heure; dans les campagnes, jusqu'en 1850, pendules, horloges et montres de poche ne sont encore que fantaisies de luxe. Mais il s'est vu des maisons, du moins le répète-t-on, où l'on continuait à danser «sur carême entrant», recevoir tout à coup une visite étrange. Un traîneau tiré par un cheval noir et fringant s'arrête devant la maison et un étranger, fort bien mis, tout habillé de noir, se présente. Il dit qu'étant de passage dans le rang et voyant de la lumière, il n'avait pu résister au plaisir de se joindre à une aussi aimable compagnie. Et il demande à danser avec la plus jolie fille. Intimidée, celle-ci se présente. Lui-même, danseur habile et infatigable, entraîne sa partenaire dans des figures étonnantes. Elle se laisse bien sûr porter, mais s'aperçoit bientôt qu'il la pique au dos à chaque fois qu'il l'étreint. Comment ne pas être subitement soupçonneuse? Pourquoi n'a-t-il pas daigné enlever ses gants noirs? Furtivement elle fait le signe de la croix, ce qui provoque chez l'étranger un blasphème et le fait fuir d'épouvante. En sortant, il emporte même la porte de la maison avec lui. Les «veilleux», médusés, n'en croient pas leurs yeux. On se précipite à l'extérieur. Dehors,

on ne trouve plus trace du grand étranger, de son cheval et de son traîneau, sinon que la neige a complètement fondu là où l'animal et le véhicule ont séjourné.

Pour mater de semblables paroissiens et faire «cesser les divertissements, les danses, les bals et autres désordres des jours gras», des curés imaginent certains stratagèmes. Ainsi, l'abbé Félix Gatien, curé de Cap-Santé, obtient en 1819 la permission de son évêque de célébrer une neuvaine à saint François-Xavier dès les premiers jours du Carême, avec une indulgence plénière pour chacun des neuf jours. «Si l'effet désiré et attendu n'a pas lieu entièrement, constate le curé, du moins le désir de gagner l'indulgence et par là de se mettre en état de passer saintement le temps de la pénitence a-t-il engagé le plus grand nombre à passer ces malheureux jours, dit les 'jours gras', dans l'éloignement des désordres et des excès qui s'y commettent si ordinairement[30].»

«Le mardi gras»
d'E.-J. Massicotte
(ANQ, coll. EOQ).

Le Carême

Le Carême remonterait aux premiers temps de la chrétienté, quand les Apôtres, pour associer tous les membres de l'Église à la passion, à la mort et à la résurrection du Christ, imaginèrent une période annuelle de jeûne d'une quarantaine de jours. En 136, le pape Télesphore Ier publie un décret officialisant l'existence du Carême. Mais ce n'est qu'en 590 que le pape Grégoire le Grand fera commencer le Carême le mercredi des Cendres plutôt que le dimanche suivant.

Sous le régime français, quand vient le mercredi des Cendres, les fidèles sont tenus de se présenter à la messe. Avant le saint sacrifice, le célébrant bénit les cendres et en dépose une pincée sur la tête de chacun des paroissiens en répétant la phrase de la Genèse «Souviens-toi, ô homme, que tu es poussière et que tu retourneras en poussière». Au seigneur revient le privilège de s'approcher le premier de la balustrade pour recevoir les cendres. Ses enfants mâles le suivront, tandis que son épouse et ses filles se présenteront après les hommes, mais avant les autres femmes.

Le mercredi des Cendres, commence la longue période de jeûne. Dans son *Catéchisme du diocèse de Québec* publié en 1702, Mgr de Saint-Vallier écrit que jeûner, «c'est s'abstenir de l'usage de la chair, se contenter d'un seul repas, sur le midi, d'une légère collation le soir[31]». Tous les fidèles bien portants, de 21 à 60 ans, y sont tenus. En tout temps également, on fait maigre, sauf les dimanches. Du reste, on ne lésine pas sur l'application de cette loi tant civile que religieuse. En 1670, un habitant de l'île d'Orléans, Louis Gaboury s'avise de consommer de la viande un jour de semaine sans la permission de son curé. Dénoncé par un voisin, Étienne Beaufils, il doit comparaître devant le juge de la cour seigneuriale, qui le condamne séance tenante à être attaché au poteau public durant trois heures. Le capitaine de la milice le conduit par la suite à la porte de l'église où, à genoux, mains jointes et tête nue, il demande pardon à Dieu, au Roi et à la Justice. Il doit en outre verser une amende de 20 livres aux œuvres pies de la paroisse et donner à son dénonciateur une vache ou une somme équivalente à son profit pendant un an[32].

En 1761, le carême est adouci. Déjà, depuis le début de la colonie, l'Église tolère à ce temps de l'année la consommation d'œufs et de produits laitiers, tout en prescrivant, bien sûr, le jeûne; mais elle permet dorénavant de manger de la viande quatre jours sur sept et d'utiliser la graisse animale pour la cuisson des aliments. Au 19e siècle, plusieurs curés se montrent tolérants quant au jeûne, en particulier à l'égard des personnes qui se livrent à un travail physique intense. Pour respecter la loi du jeûne, on leur demande simplement d'éviter de manger à leur faim, de rester sur leur appétit. Et les jours maigres, les familles consomment de l'anguille ou de la morue salée, du hareng fumé, des pommes de terre ou une béchamel aux œufs. En temps de carême d'ailleurs, des poissonniers ambulants vont de maison en maison offrir une variété de poissons qu'ils conservent dans des coffres de bois. Ils passent seulement les jours de grands froids, sinon leur cargaison, mal conservée, se perdrait rapidement.

Le Carême lui-même est interrompu par une journée de réjouissances. En effet, le troisième dimanche après le mercredi des Cendres, on fête la Mi-Carême. Ce soir-là, comme au Mardi gras, tous participent à une veillée, chez soi ou chez un voisin. Dans certaines familles, on prépare de la «tire Sainte-Catherine», une friandise de sirop d'érable et de mélasse bouillis, «parce qu'un Mi-carême ou une Sainte-Catherine sans tire, ç'aurait guère plus d'bon sens qu'un jour de Pâques en maigre». «Sur le poêle, et dans le fourneau du poêle, on pouvait admirer d'énormes chaudrons remplis de mélasse et de sirop d'érable, qui bouillonnaient avec un grésillement tout à fait appétissant. La maîtresse du logis elle-même agitait de temps à autre, avec une large cuillère de bois, la précieuse liqueur de plus en plus épaisse, mais qui n'avait pas encore atteint le degré de consistance et de ductilité requis pour la métamorphose qu'on se proposait de lui faire subir. Deux enfants accroupis sur leurs talons, près du poêle, suivaient avec un intérêt tout particulier la cuisson de la mélasse... Les convives arrivaient les uns après les autres, secouant la neige de leurs vêtements et échangeant ensemble des quolibets plus ou moins heureux sur la vitesse de leurs chevaux. La gaieté était devenue si bruyante qu'il n'y avait presque plus moyen de s'entendre[33].»

Le repas servi est plantureux et bien arrosé. Soudain on frappe à la porte. Des hommes et des femmes masqués ou au visage noirci de suie, vêtus d'étranges défroques, font irruption. Ils «courent la mi-carême». Comme lors du Mardi gras, on cherche à connaître leur identité; mais ils ne sont pas tenus de s'identifier et repartent après quelques instants pour continuer leur tournée. Sur la Côte-du-Sud, c'est plutôt une vieille dame à la voix nasillarde qui se présente. «J'sommes ben fatigués, dit-elle. J'marchons sans arrêter depuis l'Mercredi des cendres... Vous avez trouvé que j'mettions ben du temps à v'nir vous autres, hein, les jeunesses? Mais c'est égal. Ceuze-là qui m'ont-z-attendu avé patience, j'vas les récompenser... et ceuze-là qui ont pas voulu m'attendre vont s'en repentir. On va voir tout ça tantôt.»

«Le personnage allégorique qui s'exprimait ainsi, écrit le romancier Pierre-Joseph-Olivier Chauveau, était une vieille femme littéralement courbée en deux et dont on découvrait difficilement le visage au fond d'un vieux chapeau en forme d'entonnoir, lequel avait dû servir à quelqu'un de ces mannequins que l'on met dans les jardins pour en éloigner les oiseaux. Elle marchait appuyée sur un gros bâton ferré et portait une énorme poche sur son dos. Le plus apparent de son costume consistait en un affreux assemblage de torchons de cuisine et de guenilles de toute espèce, auxquels étaient suspendues des queues et des arêtes de poisson. Le peu que l'on voyait de son visage était tout barbouillé de jus de tabac, et une paire de lunettes sans vitres, à cheval sur son nez déjà bien grotesque par lui-même, complétait cette étrange toilette. De francs et fous éclats de rire accueillirent cette réjouissante apparition, et la 'Mi-Carême' seule dut conserver un sérieux imperturbable.»

La vieille dame, après avoir avalé une rasade de rhum, fait le tour de la salle, s'adressant à chacun avec la même franchise impertinente, soit pour le semoncer, soit pour le complimenter. «Aux enfants qui avaient veillé exprès pour recevoir cette visite impatiemment attendue depuis plusieurs semaines, elle fit des cadeaux calculés sur la bonne ou la mauvaise conduite de chacun d'eux. À ceux qui avaient été sages, des dragées ou du sucre; à ceux qui avaient été méchans, des patates gelées ou des écales de noix soigneusement enveloppées dans du papier, mystification qui fesait beaucoup rire les parents et pleurer les pauvres petits malheureux.»

Après avoir épuisé sa besace et son lot de facéties, elle enjoint tous les fêtards de respecter le carême et s'en retourne comme elle est venue. Mais la journée n'est pas terminée pour autant. Tant que minuit n'est pas sonné, on danse à en perdre haleine. Il sera toujours temps demain de reprendre la stricte observance du carême. D'ailleurs, la Mi-Carême passée, on s'accommode des dernières semaines de jeûne. Bientôt viendra le temps pascal, riche de rites populaires et de cérémonies religieuses fortement dramatisées. Sans compter que la fête de Pâques elle-même, fête printanière par excellence, mettra un terme aux privations.

«En traîne sauvage» de
William H.E. Napier, aquarelle
et crayon (ANC, C-98710).

«Paysage d
F.S. Cobu
1929

«Le blizzard»
de Cornelius Krieghoff,
huile sur toile, 1857 (MBAC,
9012, John Evans).

«Habitants traversant le Saint-Laurent
pour se rendre au marché» de Allan
Aaron Edson, aquarelle sur papier
(MBAM, 1963.1419, Brian Merrett).

«Le pont de glace entre Québec et Pointe Lévis» de James P. Cockburn, aquatinte colorée à la main, 1833 (ANC, C-95618).

«La maison de ferme en
hiver (d'après Krieghoff)»
de V. Cochrane, aquarelle,
1875 (ROM, 961.110.9).

La vie de chantier

Bien que l'état de la recherche ne permette guère d'en donner le nombre, plusieurs cultivateurs, l'hiver, vivent loin de leur famille et travaillent dans le bois comme bûcherons ou dans un chantier naval comme «hommes à tout faire». Lors des recensements, la plupart d'entre eux préfèrent le titre d'agriculteurs ou d'ouvriers agricoles et taisent leur métier d'hiver. Aussi est-il difficile de les dénombrer.

Les chantiers navals

De 1800 à 1850, le fleuve est le «boulevard du pays», «la chose la plus digne d'intérêt au Canada», selon le poète américain Henry David Thoreau. Les rares routes terrestres sont dans un état pitoyable et font pester ceux qui les empruntent. «Ce n'est que lorsqu'elle atteint une certaine densité qu'une agglomération en bordure d'un cours d'eau commence à tisser un filet de chemins vers l'intérieur. La communauté peut alors croître, tout en restant en contact avec le fleuve, générateur de civilisation[1].» Sur de longues distances, il n'existe aucun autre moyen de transport que le bateau. Et les chantiers navals sont nombreux de l'île aux Coudres à Montréal et de Gaspé à Sorel.

En hiver, une saison propice à la construction, au radoub, au carénage, ils bourdonnent d'activité. Beaucoup d'agriculteurs y travaillent. Maintenant que la vie agricole marque le pas, pourquoi ne pas gagner quelque argent à travailler dans un chantier naval? Une variété de métiers leur est offerte. Beaucoup se proposent simplement comme «hommes à tout faire»; mais les patrons cherchent aussi des charpentiers, des menuisiers, des forgerons, des peintres, des calfats, des cordiers, des voiliers, des fondeurs, des faiseurs d'agrès et même des sculpteurs pour les figures de proue.

Albert Jobin, fils et petit-fils de charpentiers, décrit avec force détails la vie d'un chantier naval. «En entrant dans le chantier, dit-il, que voyait-on tout d'abord? C'était l'équarrissage des plançons à la grand'hache. Les éclats de bois tombaient dru. Puis, un peu plus loin, se tenaient les scieurs-de-long, juchés sur leur pièce de bois et en frais de travailler avec leur scie-de-long. Ça prenait deux bons hommes pour manier cet outil lourd et cela des heures durant. À ces travaux pénibles, il faut ajouter les longues heures de travail. On trimait dès 7 heures du matin jusqu'à 6 heures du soir avec une heure d'interruption pour le dîner. Plusieurs même prenaient leur repas sur le chantier...»

«S'agissait-il de transporter une membrure de moyenne pesanteur, telle qu'un genou, une allonge, une varangue, un groupe d'hommes s'amenait; et au cri de 'ensemble', lancé par le chef d'équipe, la pièce de bois était hissée sur les épaules. Alors, au pas cadencé d'un refrain populaire, les porteurs transportaient la pièce à la 'chaufferie', ou escaladaient les échafauds. Mais il y avait un chant qu'on aimait par-dessus tout à entendre, c'était celui de 'Charley-men'. Ce chant ne s'entendait que lorsqu'il s'agissait de placer une pièce lourde comme la quille, l'étrave, l'étambot, un mât, etc. Il n'y avait pas de treuil... Au moyen de cordes, de leviers, etc., tous les ouvriers du chantier s'attelaient, et le transport de la pièce se faisait par à-coups. La plus belle voix dirigeait la manœuvre. Au moment de faire l'effort voulu, le chanteur 'fionnait' 2 ou 3 notes musicales, puis lançait, en le chantant, son cri de 'Charley-men'. À ces mots, tous les travaillants se contractaient les muscles, faisaient un effort d'ensemble et la pièce de bois avançait de quelques pas. Puis l'on recommençait ce rite. Ainsi il nous était donné d'entendre ce chant de 'Charley-men', jusqu'à ce que la pièce fut mise en place. C'était réellement agréable d'entendre ce chant des charpentiers. Ceux qui l'ont entendu ne me contrediront certainement pas[2].»

Voilà la vie d'un chantier de la région de Québec, spécialisé dans la construction de bateaux de bois. Elle s'apparente en tous points à celle du chantier de Sorel, reconnu dans la seconde moitié du 19e siècle pour ses navires à coque de fer mus à la vapeur. «Durant l'hiver, écrit l'abbé Couillard Després, le port de Sorel offre un réel intérêt. Toute la flotte est là sous nos yeux. Dès que le sifflet ou la cloche d'appel au travail se fait entendre, le matin, une nuée d'ouvriers se précipite vers chaque navire ou bâtiment. Quelques instants après, quand chacun a pris le poste qui lui est assigné, commence un vacarme d'enfer. Ici, on frappe le fer, là on calfate. Tantôt ce sont les cris de dix ouvriers s'accordant à tirer un plançon, tantôt dix autres, sur le même air, sont à replacer le

tuyau d'un steamer qui a passé l'hiver à découvert. Enfin, partout, c'est l'agitation, le mouvement et chaque jour amène quelque chose de nouveau. C'est le temps où la plupart font toilette neuve, s'ornent des couleurs les plus gaies et se préparent aux courses qu'ils entreprendront bientôt[3]...»

Le chantier Gingras-Vallerand à Lauzon (ANQ, coll. initiale).

La plupart des chantiers échelonnés sur le littoral du Saint-Laurent sont de modeste dimension; ils produisent les bateaux nécessaires à la navigation locale, dont le cabotage. La goélette à voiles à fond plat, la «voiture d'eau» la plus courante sur le fleuve, et la «barge», la chaloupe de pêche des Gaspésiens, sont construites ou réparées dans ces chantiers. Mais il est des chantiers de plus grande importance, aux navires à fort tonnage, qui exportent une bonne partie de leur production. Ainsi, de 1820 à 1860, ceux de Québec se classent parmi les premiers chantiers du monde. Les propriétaires, des Anglais et des Écossais, y accumulent des fortunes colossales.

Quand l'un de ces grands chantiers s'implante dans une

petite paroisse, cela perturbe toute la vie de la communauté. Le village de Portneuf en fait l'expérience en 1806. Le nouveau seigneur de l'endroit, W. B. Coltman, ouvre un chantier où il se construira «plusieurs grands vaisseaux». Dans un texte écrit en 1831, le curé de Cap-Santé, l'abbé Félix Gatien, fait état des bouleversements survenus dans la paroisse. «Tous ces travaux attirèrent en ce lieu un grand nombre d'étrangers, tant ouvriers de divers métiers que journaliers; tous gens de mœurs, de langage et de conduite à former un tableau bien varié, et la plupart du temps, bien éloignés de pouvoir servir de modèle en fait de bonnes mœurs. Il arriva ce qui a lieu ordinairement et nécessairement en pareilles circonstances. De grandes sommes d'argent furent dépensées par ceux qui avaient établi ces chantiers: beaucoup d'argent répandu chez les particuliers qui demeuraient auprès de ces chantiers et dans la paroisse en général; car Portneuf était devenu, pendant le temps que durèrent ces travaux, un marché où chacun trouvait à vendre, et très avantageusement, le surplus que lui fournissait pour vivre ou sa terre ou son industrie. Mais, en même temps, beaucoup de désordres furent la suite de ce ramassis d'étrangers et de leur séjour dans ce lieu. Plusieurs dépensaient, le dimanche, en parties de plaisir, en boisson, en débauches, ce qu'ils avaient gagné dans la semaine; et à plusieurs reprises différentes, il se passa, à Portneuf et aux environs, des scènes qui étaient loin d'être édifiantes. Quant aux particuliers de la paroisse, plusieurs qui trouvaient dans la culture de leurs terres de quoi vivre honnêtement avant ces travaux, après avoir gagné beaucoup d'argent à ce chantier, en négligeant pendant ce temps-là le soin et la culture de leurs terres, se trouvèrent, quand ces travaux cessèrent, plus pauvres qu'ils ne l'étaient auparavant, parce que tout ce qu'ils avaient gagné à ces chantiers avait été employé, partie en superfluités, partie plus mal encore, et le reste pour se procurer ce que leurs terres ne leur fournissait plus, depuis qu'ils les avaient ainsi négligées[4].»

De toute manière, qu'ils apportent ou non la richesse, les chantiers navals n'ont pas bonne presse, précisément parce qu'ils bouleversent la vie sociale. «Les chantiers démoralisent notre jeunesse, écrit un journaliste du *Glaneur* en 1837. Elle y apprend des vices qu'on ne rêve pas seulement dans la paisible maison paternelle et au milieu d'une population religieuse et honnête; elle y contracte l'amour des liqueurs enivrantes, du vagabondage, des scènes sanglantes ont lieu entre des étrangers fanatisés et de jeunes Canadiens qui ne peuvent comprendre qu'un homme puisse être l'ennemi de l'autre parce qu'il n'a pas la même ori-

gine, la même religion, parce qu'il ne parle pas la même langue.
Et quant au gain, aux écus à mettre dans le coffre, j'en appelle à
tous les Canadiens, s'ils ont vu beaucoup de leurs compatriotes
livrés au commerce du bois, qui à la fin ne se soient pas ruinés[5].»
Bien que des dénonciations semblables apparaissent régulièrement
dans les journaux, l'attrait pour les chantiers navals reste le même,
quand vient l'hiver. Et tant qu'il se trouve des patrons pour
ouvrir des chantiers, il se trouve aussi des hommes de métier,
dont beaucoup d'agriculteurs, pour y travailler.

Les chantiers forestiers

On peut aussi facilement «travailler dans le bois», l'hiver. De
1800 à 1850, le nombre de nouveaux chantiers forestiers ne cesse d'augmenter. Un peu partout, le long des rivières, on fait
chantier. On exploite les forêts près des cours d'eau pour pouvoir
faire flotter le bois au printemps. En aval, à l'embouchure des
rivières et sur les rives du fleuve, de nombreuses scieries, propriétés
de petits marchands, transforment ce bois. En 1830, la seule
paroisse de Cap-Santé compte une vingtaine d'«usines à scie,
toutes destinées à scier des planches et des madriers d'épinettes».
En 1844, on en compte 911 de Hull à Gaspé. Le travail en forêt
est la grande activité économique de l'hiver.

Il arrive souvent que l'agriculteur, avec l'aide des voisins,
tienne chantier sur ses propres terres et vende sa production à un
prix convenu au début de l'hiver. D'autres fois, il s'engage comme bûcheron pour un grand entrepreneur, déjà propriétaire des
forêts des alentours. Au 19e siècle, des marchands de bois,
souvent d'origine anglaise, font fortune de cette manière. L'un
d'eux, par exemple, William Price, un Londonien d'origine,
fonde en 1820 à Québec sa propre compagnie de bois. «Comme
les autres marchands de bois... il achète de divers entrepreneurs
les 'cages' de pin et de chêne qui descendent chaque printemps
de l'Outaouais, du Haut-Canada et des seigneuries en amont de
Québec. Souvent il consent des avances à ses clients pour les aider
à 'faire chantier' et à acheminer le bois à Québec... Jusqu'en
1830, la compagnie achète presque tous ses madriers dans divers
petits établissements du Bas-Canada. Puis Price encourage les
propriétaires à accroître leur production, les soutient financiè-
rement, après quoi il reprend une à une les scieries hypothéquées.
Ainsi sont portés aux livres avant 1838 les scieries de Batiscan,
Saint-Vallier, Bic, Rimouski, Métis [Métis-sur-Mer], La Malbaie,

Défrichement dans un territoire
de colonisation vers 1870
(MTLB).

celles de l'Anse-à-l'Eau et Moulin-Baude près de Tadoussac, celles de Bytown [Ottawa] et de Crosby dans le Haut-Canada. Il s'agit souvent de copropriétés et, ordinairement, Price est propriétaire en fait, longtemps avant de l'être en titre... Pour alimenter les manufactures, Price acquiert des réserves de bois considérables... Habile et discret, Price sait circonvenir les agents de la couronne, évincer les concurrents, prévoir longtemps d'avance les besoins de son entreprise et mettre ainsi la main sur environ 7700 milles carrés de forêt, sans compter d'autres 'limites' dans l'Outaouais, dont il est difficile de déterminer l'étendue[6].»

«Les objets nécessaires pour une expédition de bûcherons du Canada et de la Nouvelle-Écosse, écrit un journaliste en 1832, sont les cognées, une scie, des vases culinaires, un tonneau de rhum, des pipes, du tabac, du porc, du bœuf, des poissons salés, des pois, de l'orge, et un petit tonneau de mélasse pour sucrer une espèce de thé qu'ils font avec une décoction de plantes inconnues. Trois jougs de bœufs et le foin pour les nourrir sont

Photo: ANQ, IBC.

encore indispensables pour sortir les arbres abattus des forêts. Ainsi approvisionnés, ces hommes, après avoir passé des marchés avec des marchands de bois, remontent les rivières pour se livrer à leurs travaux d'hiver. Arrivés sur le lieu de l'exploitation, ils abattent quelques arbres, forment une espèce de hutte couverte en écorce de bouleau, au milieu de laquelle ils allument un grand feu. Autour de ce feu, ils étendent des lits de branchages, de feuilles ou de paille, sur lesquels ils reposent la nuit, les pieds tournés vers le foyer. Avec eux ils ont amené un homme chargé de faire la cuisine, de préparer le déjeuner avant l'aube du jour, époque à laquelle ils se lèvent et prennent ce repas, qui est toujours précédé d'un verre de rhum. Le déjeuner, ainsi que le dîner et le souper, consistent en pain, bœuf, porc ou poisson et soupe aux pois, aliment qu'ils délaient par une grande quantité de leur thé indigène. Ces bûcherons mangent au-delà de toute expression et boivent des quantités énormes de rhum[7].»

Sur un chantier, on trouve la «cambuse», qui tient à la fois lieu de dortoir et de réfectoire, l'écurie et le garde-manger. Le personnage le plus important est assurément le contremaître, «le dépositaire absolu, par la volonté du 'bourgeois' propriétaire, de

«La messe au chantier» d'E.-J. Massicotte. Des bûcherons étonnamment recueillis (ANQ, coll. EOQ).

l'autorité sociale de la communauté». «Il pose et résout les questions, écrit Joseph-Charles Taché, donne des ordres, tranche et agit selon son bon plaisir, et ne doit compte de son administration qu'à celui qui l'a envoyé... Les devoirs et les attributions de ces divers états, les droits et les prérogatives qui en découlent sont réglés et définis par les 'Us et coutumes' des chantiers, sans constitution écrite et toujours sous le bon plaisir législatif, administratif et judiciaire du Contre-maître[8].» Homme de métier sorti du rang, il a la confiance de ses patrons, tout comme celle de ses hommes. Dans les années 1820 et 1830, Jos Montferrand, l'homme fort montréalais, est contremaître dans les chantiers de Joseph Moore, puis de Baxter Bowman, des marchands de bois. «L'automne, il quittait Montréal avec ses hommes qu'il conduisait sur le haut Outaouais s'arrêtant à toutes les buvettes qui jalonnaient la route. Des mois durant, les hommes s'affairaient à la coupe du bois, se levant à la 'barre du jour' et trimant ferme jusqu'à la tombée de la nuit[9].»

Taché, en visite dans un chantier de l'Outaouais, rencontre d'abord un contremaître «qui, monté sur ses raquettes et armé d'une hache légère, parcourait la 'talle', pour 'marquer' les pins qu'il fallait abattre». «Il me disait comment il distinguait les pins blancs des pins jaunes par l'écorce, les pins sains des pins gâtés par l'apparence générale de l'arbre et les signes particuliers. 'Tenez, regardez ce bel arbre, c'est un pin jaune et du bois de premier choix; mais il y a de la perte. Voyez-vous cette toute petite branche sèche à environ trente pieds de terre, c'est la marque d'une 'tondrière'; le pourri descend environ sept pieds en bas de la branche et remonte environ cinq pieds plus haut. Malgré cela, c'est encore un pin qui vaut la peine d'être mené au moulin, je vous en réponds.' Il riait, de temps en temps, de me voir lui signaler des pins, en apparence magnifiques, qui rendaient un son caverneux, quand il les frappait de la tête de sa hache pour toute réponse à mon officiuseté[10].»

Le cuisinier, ou «couque», assure l'intendance. Taché l'appelle «le ministre de l'intérieur». Il tient les livres de compte de la compagnie et paie les hommes. Il se procure la nourriture nécessaire à tous, veille à sa bonne conservation et prépare les repas. Dans les chantiers sans forgeron, il répare les attelages brisés ou le godendart* disloqué. Un homme se blesse-t-il qu'il prépare la pommade nécessaire ou l'écharpe voulue.

Les bûcherons, eux, travaillent six jours par semaine, du matin au soir. En forêt, «ils se divisent en trois bandes, dont l'une abat les arbres, la seconde les émonde, et la troisième... les

* Vieux terme français pour désigner la scie passe-partout, cette longue lame flexible, tenue à ses extrémités par un court manche. Le long du Saint-Laurent, on dira aussi «galendart», «gadendart», «guedendart», «golendart» et «galondor». On appelle aussi de cette manière une personne ennuyante qui ne cesse de répéter les mêmes discours.

conduit au courant d'eau le plus voisin[11]». Dans certains chantiers, des hommes entretiennent les chemins. «Les 'claireurs' débarrassent les chemins de 'hâlage' des arbres et branches qui font obstacle..., les 'foulent' avec les pieds, les arrangent avec la pelle et les entretiennent ainsi tout l'hiver, dans le plus parfait ordre.» Tous les chemins secondaires, les «chemins de sortie», mènent au «maître-chemin», qui se rend lui-même au bord de la rivière, où se trouve la jetée.

Le métier de bûcheron n'est pas de tout repos. «Les hommes vivaient dans une promiscuité constante, quelquefois avec des chevaux, et en l'absence d'aménagements sanitaires, la lessive et la toilette personnelle se faisaient de façon sommaire, épisodique et parfois pas du tout. Les parasites s'y installaient à demeure, à telle enseigne, de rapporter un témoin, qu'il devait retourner son sous-vêtement de laine pour trouver le sommeil avant que les poux ne le traversent. Aussi les maladies contagieuses trouvaient là un foyer idéal de propagation[12].» Les hivers de grandes bordées de neige exigent une grande endurance. Le curé de Cap-Santé rappelle celui de 1828, «remarquable par la quantité extraordinaire de neige qui commence à tomber peu de temps après la Toussaint, et qui ne cessa... qu'aux premiers jours du printemps». «Pendant cet hiver, écrit-il, il se fit des travaux considérables dans les bois, au nord et au nord-ouest de la paroisse, pour préparer des pièces de bois de merisier, qu'on transportait des forêts où elles étaient coupées et équarries, au bord du fleuve, pour de là les mener à Québec. La coupe et le charroi de ces pièces, dont plusieurs étaient énormes par la longueur et la largeur, causèrent à tous ceux qui avaient entrepris ces travaux des fatigues extrêmes, sans compter les dangers souvent renouvelés d'être estropiés, écrasés, et même tués, auxquels ils furent exposés[13].»

Jour après jour, qu'il neige, qu'il pleuve, qu'il gèle à pierre fendre ou que le temps se réchauffe, les hommes des chantiers reprennent le travail. Le soir, ils regagnent le «camp» pour manger, avant de retrouver leur «couchette» pour la nuit. «Bientôt, raconte Taché, arrivèrent, par petites escouades, les travailleurs fatigués, affamés, bruyants et joyeux. Ils déposaient les haches, les pelles et les raquettes en bon ordre autour du camp, dételaient les chevaux, et les menaient aux écuries pour leur donner les premiers soins; puis enlevant, avec leurs couteaux de poche, la neige attachée à leurs habits, ils entraient les uns après les autres dans le 'camp'.»

«L'intérieur du logement des hommes de chantier, dit

Taché, se compose ordinairement d'une seule pièce. Tout autour de cette pièce règne une rangée de lits ou 'couchettes', dont les ais sont fixés aux lambris. Le plancher des couchettes est formé de petits barrotins, recouverts d'une couche plus ou moins épaisse et plus ou moins bien arrangée de branches de sapin, selon le 'sybarisme' de l'occupant: un oreiller, dont ni la matière ni la forme ne sont prescrites par le règlement, et des couvertures de laine complètent la literie des hommes de chantier. Un poêle, dont le tuyau traverse le toit, occupe d'ordinaire le centre du logis, entouré le soir de 'mitasses', de chaussettes, de mitaines qu'on fait sécher pour le lendemain. Une table à tréteaux, quelques sièges rustiques, des ustensiles de cuisine et de table, quelques outils, une meule et des pierres à aiguiser, un miroir, quelques montres, un ou deux fusils et le modeste nécessaire de toilette de chacun complètent tout l'ameublement du 'camp'[14].»

La nourriture servie aux hommes est fort riche en fécule et en calories; le travail de bûcheron est dur. Aussi, plus souvent qu'autrement, on mange de la soupe aux pois, du lard salé, du ragoût de pattes, des pommes de terre, du maïs lessivé et de la galette de sarrasin. Un médecin constate que «le désir des viandes grasses devient presqu'irrésistible, surtout lorsque les hommes sont obligés de faire des travaux très pénibles, à une température

Les fèves au lard

Dans la seconde moitié du 19e siècle, les cuisiniers des chantiers forestiers du Québec apprennent à apprêter le lard salé avec les fèves. Mets distinctif de la Nouvelle-Angleterre, les fèves au lard ont sans doute été préparées d'abord dans les camps de bûcherons de la côte orientale américaine. Et il faut supposer que les premiers bûcherons québécois, partis travailler dans le Maine et le Vermont dès 1809, ont rapporté avec eux la recette.

La plus ancienne mention connue de fèves au lard date de 1829. Elle apparaît dans le livre de recette d'une ménagère de Boston, S.M. Child, intitulé *The Frugal Housewife*. «Il est très simple, écrit-elle, de préparer de bonnes fèves au lard, mais plusieurs ne savent comment s'y prendre. Aussi sont-elles alors coriaces et sans goût. La veille de la cuisson, laissez tremper les fèves dans l'eau froide et déposez-les près de l'âtre toute la nuit durant. Au matin, égouttez-les avant de les mettre à chauffer dans un chaudron pendant plus d'une heure. L'eau cependant ne doit pas bouillir. Par la suite, placez les fèves avec des morceaux de lard dans un pot de terre. Couvrez tout juste d'eau chaude et laissez-les cuire pendant trois ou quatre heures. Une livre de porc suffit pour une pinte de fèves et c'est là une portion appréciable pour une famille moyenne. On devrait choisir des pièces de porc entrelardées. Un peu de poivre sur les fèves tout juste avant la cuisson les rendra plus digestibles.»

En 1844, un livre de recettes non signé, intitulé *Improved Housewife*, publié à Hartford, Connecticut, reprend la recette de S.M. Child, mais recommande en plus d'ajouter aux fèves avant la cuisson une cuillerée à thé de mélasse et une cuillerée à thé de bicarbonate de soude. On signale également que le fait de placer le lard tout au fond du pot favorise durant la cuisson une répartition égale du gras à travers les fèves.

Au Québec, on remplacera à l'occasion la mélasse par de la cassonade ou du sucre d'érable. Et les fèves au lard deviendront si populaires qu'on les considérera bientôt comme un mets typique de la cuisine traditionnelle québécoise.

A.W. Bitting, *Appertizing, or The Art of Canning; its History and Development* (1937): 404 s.; Raoul Blanchard, *Le Canada français* (1960): 90.

*Un camp de bûcherons illustré par
Henri Julien (Musée McCord).*

basse». «Les voyageurs dans le Nord-Ouest, ajoute-t-il, et les
bûcherons dans le haut de l'Ottawa sont de grands mangeurs de
viande. Les Français, dont la nourriture est principalement fa-
rinacée, le pain, le raisin et le vin, seraient étonnés de la grande
quantité de substance animale consommée par leurs descendants
dans le nouveau monde... Sur le St. Laurent, l'Ottawa et leurs
tributaires, c'est le lard que l'on consomme le plus, la quantité
variant de une à trois livres par homme[15].»

Pendant la semaine, les hommes vont au lit de bonne heure;
ils «ont leur journée dans le corps» et doivent se lever le lendemain
à l'aube pour retourner à l'ouvrage. Mais le samedi, c'est soir de
veillée. Aux tours de force succèdent les chansons, les contes et
les danses mimées. Dans le temps des Fêtes, ces veillées, bien que
fort joyeuses, apportent peut-être le vague à l'âme. On se prend

La chasse-galerie

On ignore qui précisément évoqua pour la première fois la chasse-galerie. Était-ce un coureur de bois du régime français, un «voyageur» des Pays d'en Haut ou un bûcheron de la Gatineau, mort d'ennui, qui rêvait de retrouver sa maison natale? Chose certaine, ce faisant, ce quidam reprenait une vieille légende européenne, probablement d'origine scandinave, qui veut qu'on puisse passer un pacte avec le diable pour être transporté par la voie des airs d'un endroit à un autre.

Le journaliste Honoré Beaugrand a raconté comment huit bûcherons de la Gatineau, dévorés d'ennui, une veille de jour de l'An, se résolurent à «courir la chasse-galerie». C'est Baptiste Durand, l'un d'eux, qui en avait eu l'idée. Il avait convaincu ses camarades qu'en deux heures, moyennant entente avec le diable, ils pouvaient se retrouver pour fêter, le temps d'une nuit, dans une maison de Lavaltrie, à cent lieues du chantier.

Empruntant le grand canot de la compagnie, il invite ses copains à y prendre place. «Répétez après moi, leur dit-il: 'Satan, roi des enfers, nous te promettons de te livrer nos âmes si d'ici six heures du matin nous prononçons le

nom de Dieu, ton maître et le nôtre, ou si nous touchons une croix durant le voyage. À cette condition, tu nous transporteras à travers les airs, au lieu où nous voulons aller, et tu nous ramèneras de même au chantier. Acabris, Acabras, Acabram! Fais-nous voyager par-dessus les montagnes!'» Aussitôt dit, aussitôt fait. Le canot s'élève dans les airs et les hommes, pagayant avec ardeur, arrivent deux heures plus tard à Lavaltrie.

La surprise est de taille chez les Auger qui n'attendaient pas pareil groupe de lurons. On les invite à entrer; ceux-ci ne se laissent pas prier. Et la danse reprend son cours. Toutefois, vers quatre heures, les bûcherons, non sans s'excuser, tirent leur révérence; il leur faut partir. «Acabris, Acabras, Acabram! Fais-nous voyager par-dessus les montagnes!» Et le canot d'écorce s'envole à nouveau. Le voyage de retour est sans histoire, du moins jusqu'à ce que Baptiste Durand, soûl comme une grive, se mette à proférer des jurons et à prononcer le nom de Dieu. Le canot heurte alors la cime d'un gros pin et voilà tous ses occupants «précipités

---

*La chasse-galerie vue par
E.-J. Massicotte (plus haut)
et Henri Julien (ci-dessous).*

en bas, dégringolant de branche en branche comme des perdrix que l'on tue dans les épinettes».

À Saint-Grégoire de Nicolet, des riverains du fleuve ont vu un jour passer la chasse-galerie. «Elle leur apparut sous la forme d'un grand canot monté par des hommes dont la figure n'était pas visible, à cause de ses tons noirs. Ces hommes ramaient en cadence, sur un air qui blessait les oreilles. Ils passèrent avec la vitesse de l'éclair. C'était après minuit. Ce canot était suivi par un corps de cavalerie dont les chevaux et les cavaliers qui les montaient étaient également noirs. Ils opéraient des mouvements si vifs qu'ils étaient presque insaisissables. Bien qu'ils fussent à une grande hauteur, il y avait un tel ébranlement de l'air que l'on crut que le ciel allait s'écrouler. Un instant après, la vision était disparue, sans autre trace qu'une forte odeur de soufre.»

Edmond Buron, «La Chasse Gallery», *Le Canada français*, 22 (1934-1935): 78-86, 166-175; Alfred Désilets, *Souvenirs d'un octogénaire* (1922): 46 s.; E.-Z. Massicotte, *Conteurs canadiens-français du XIXe siècle* (1908): 209-224.

La danse du barbier

Vers 1875, l'une des danses mimées les plus populaires dans les chantiers est celle du barbier.

Cette curieuse pantomime, écrit É.-Z. Massicotte, se joue à trois personnages: le barbier, le client et le violoneux qui pourraient s'appeler: le raseur, le rasé et le racleur. Comme accessoires, le barbier avait un énorme rasoir de bois taillé à la hache et au couteau, un vase quelconque, cuvette, bassin, bassine ou seau servant de plat à barbe, enfin, un balai ou un «blanchissoir» faisait office de blaireau...

Pendant que le client, serviette au cou, se tient immobile sur une chaise ou un banc et que le violoneux «zigonne» consciencieusement sa musique, le barbier va, vient, virevolte sur un pied, sur l'autre, autour du rasé, imitant sans perdre un pas tous les mouvements d'un professionnel à l'œuvre. Il ne faut pas d'arrêt, c'est une condition formelle, ce qui signifie que pour réussir cette saynète agitée, il faut un danseur agile, doué d'une endurance remarquable. L'opération terminée, le barbier constate que son client est sans connaissance. Affolé, le raseur prend le rasé dans ses bras et s'efforce de le planter debout. Pour sûr, il ne peut être frappé que d'une syncope. Mais non, l'inerte masse croule à terre.

Dansant toujours, le barbier réfléchit; son client est mort; on l'accusera d'être la cause de son trépas; donc il faut ensevelir le défunt et le faire disparaître. Mais l'être inanimé gît sur le dos, les bras écartés. Pour le rouler dans un linceul, il faut lui rapprocher les bras du corps. Aussitôt pensé, aussitôt fait. Hélas! ce geste a pour résultat de faire écarter les jambes. Autre embarras! Puis lorsque le barbier ramène les jambes l'une près de l'autre, les bras s'étendent en croix. Le barbier est au désespoir. Finalement, par un moyen qui varie (...) suivant l'inspiration comique du pseudo barbier, le rasé recouvre ses sens et la scène se termine par une gigue double de vive allure.

É.-Z. Massicotte, «Les danses mimées du Canada français», *BRH*, 34 (1928): 184 s.

alors à regretter les veillées passées avec les siens «où, au son d'un violon endiablé, on danse des 'reels' et 'one step', et où les filles, serrées de près, gloussent des petits rires hystériques[16]». Pour se remettre «d'équerre», un des bûcherons évoque sans doute la possibilité de «courir la chasse-galerie». Mais on a tôt fait de s'en moquer, prétextant qu'il s'agit là d'une histoire à dormir debout.

De toute manière, les bûcherons travaillent tout l'hiver. Jour après jour, ils abattent les arbres, les ébranchent et les mènent à la rivière. Le bois s'amoncelle sur la glace et, le printemps venu, «il fallait ordinairement plusieurs personnes employées à mettre à flot ces énormes amas de bois». Mais ce travail est risqué; à ce temps de l'année, les eaux impétueuses sont traîtresses. En 1819 et 1820, par exemple, sur la rivière Portneuf, «il en coûta la vie à un frère de M. Graves et à un jeune homme de la paroisse, qui, étant sur ces tas de billots pour les mettre à flot, se noyèrent malheureusement en passant au travers de ces billots, dans le moment où en s'écoulant ils se séparaient les uns des autres, entraînés par le courant de la rivière[17]».

Quand les arbres sont envoyés en vrac sur la rivière, on les récupère en aval avec des estacades disposées tout près de la scierie. Souvent, par contre, les arbres sont d'abord assemblés sous forme de radeaux, avant d'être mis à l'eau et menés ainsi à leur lieu de destination. Les dimensions de ces trains de bois sont

proportionnelles aux lots convenus avec chaque marchand de bois. Dans les chantiers de l'Outaouais et du lac Champlain, un bon nombre de bûcherons font aussi le métier de «cageux». D'avril à octobre, ils mènent à Québec ces grandes plates-formes de bois flottantes, les «cages», pour le bénéfice de leurs patrons. Par les grosses saisons, les cageux effectuent ainsi jusqu'à vingt voyages.

En revanche, de simples cultivateurs utilisent aussi le procédé de la cage pour aller vendre leur bois; mais ils n'obtiennent pas toujours le succès escompté. En 1829, notamment, après une année de grandes pluies et de disette dans la région de Portneuf, «plusieurs milliers de pieds de ce bois de merisier furent tirés des forêts et conduits à Québec. Quelques-uns de ceux qui avaient préparé de ces bois, plus malheureux que les autres, en perdirent une partie en les conduisant à Québec et furent sur le point de se perdre eux-mêmes, surpris par des vents contraires qui brisèrent

«Scène de chantier» de F. S. Coburn (Musée du Québec, Patrick Altman).

leurs cageux; d'autres, rendus à Québec avec leur bois, ne trouvant plus d'acheteurs, parce qu'il n'y avait plus de demandes pour cette espèce de bois, furent obligés de l'abandonner pour ainsi dire sur les grèves, ou de le donner presque pour rien. Cependant quelque modiques que furent les gains que produisirent ces travaux, ils procurèrent à quelques-uns plus heureux que les autres, les moyens nécessaires pour achctcr une partie des grains qu'il leur fallait pour ensemencer leurs terres; car, à raison de la perte de la récolte dont nous avons parlé précédemment, plusieurs manquèrent de blé, surtout pour ensemencer leurs terres; d'autres n'en purent semer qu'une quantité moindre que celle qu'ils avaient coutume de semer[18].»

Tout ce bois apporté à Québec, sous forme de poutres é-quarries, de madriers ou de planches, est hissé dans les flancs des navires et part pour l'Angleterre. Là-bas, c'est l'époque de la révolution industrielle, des grandes constructions de chemins de fer, de canaux, de ports et d'usines. Et comme les forêts de la mer Baltique lui sont fermées de 1806 à 1846, l'Angleterre trouve tout le bois qu'il lui faut dans ses colonies nord-américaines et particulièrement dans la vallée du Saint-Laurent.

Quand le printemps arrive, que le bois a pris le chemin de la rivière, les agriculteurs retrouvent leur famille. Par ailleurs, il est des bûcherons qui, après avoir mené leur cargaison de bois à Québec, flânent ici et là tout l'été, avant de reprendre leur travail à l'automne. «Après la vente et la livraison du bois, écrit un journaliste à leur sujet, ils passent ordinairement, à leur retour, plusieurs semaines à boire, à fumer et à briller. C'est alors qu'on les voit dans les villes en habits élégants, gilets de fantaisie, pantalons à la cosaque ou à la Wellington, bottes fines, cravates nuancées des plus vives couleurs, montre d'or suspendue à une chaîne et munie de nombreuses breloques, et ce qui est plus original, avec un parasol sous le bras, pour se mettre à l'abri des pluies légères de la saison d'été. Avant le commencement de l'hiver, ils dépouillent tous ces vêtements, passent leurs marchés, et vont gaiement reprendre leurs rudes et sauvages travaux[19].»

CINÉ-PHOTO
PROVINCE DE QUÉBEC

Les transports

«Nos hivers, que l'Européen est accoutumé à regarder comme affreux, sont pour nous la saison des plaisirs, et vous entendez souvent dire par des étrangers, durant un hiver passé au Canada: 'Mais après tout c'est charmant votre hiver, et c'est qu'on en souffre pas du tout.' La neige dont les étrangers s'effraient nous fait les plus beaux chemins du monde, et l'hiver est à la campagne le temps des charrois, des travaux dans les bois et des promenades[1].»

Les routes terrestres

Bien sûr, en écrivant ces mots, Joseph-Charles Taché force un peu la note. Mais il n'empêche que, sitôt le sol suffisamment gelé et les premières neiges tombées, on se remet à sortir et à voyager. Les grandes pluies de novembre avaient rendu les chemins «pas allabes»; maintenant on peut circuler partout. Les premières neiges, d'ailleurs, réjouissent les habitants. En 1821, par exemple, une bordée de neige à la fin de novembre inaugure l'hiver, au grand plaisir de la population. «Notre hiver, peut-on lire dans le journal *Le Canadien*, est présentement commencé en apparence, par une grande chute de neige qui a eu lieu dimanche dernier. Les chemins dans la campagne n'ont besoin que d'être un peu battus, et le son bruyant des grelots et des clochettes du grand nombre de carioles qui se promènent dans les rues de la ville, font voir qu'on peut présentement voyager par plaisir ou par affaire commodement et promptement[2].» À l'inverse, les hivers sans neige paralysent la circulation. L'hiver de 1807-1808 fut si doux et si peu neigeux «que les habitans avaient été, à plusieurs reprises, privés du plaisir de se promener en carrioles».

L'hiver facilite les déplacements de tous ordres. L'habitant en profite alors pour couper son bois de chauffage et le «traîner» à la maison. Les chantiers forestiers s'activent; on bénéficie de la

«Village laurentien (1915)» de Clarence A. Gagnon (Musée du Québec, Patrick Altman).

couverture de neige pour mener les arbres à la rivière la plus proche. Un peu partout à la campagne, on ne peut plus prétexter le mauvais état des routes pour éviter les livraisons nécessaires. Le voyageur irlandais Isaac Weld déclare qu'«au moyen de leurs carrioles, les Canadiens vont de place en place, sur la neige, de la plus agréable manière, avec une douceur incroyable[3]». En décembre et pour tout l'hiver, précisément grâce à la qualité des chemins, les marchés des villes sont mieux fournis qu'en novembre et le prix des denrées baisse, ce qui fait le bonheur des consommateurs. Bref, l'arrivée du froid et de la neige présente aussi de nombreux avantages.

Pour faciliter en tout temps le repérage de la route, l'habitant prévoyant dispose de part et d'autre du chemin des balises d'épinettes ou de saules ébranchés qui servent de jalons. Il

*«Ouverture d'un chemin, 1894»,
huile sur toile de William
Cruikshank (Galerie nationale
du Canada).*

conserve seulement à la cime de l'arbre ce qu'il appelle le bouquet, soit une touffe de branches visible à distance, mais qui ne
donne pas prise au vent. Sans ces balises, les chevaux risqueraient
de perdre la trace, les lendemains de tempête, et de s'enfoncer
dans la neige molle.

À chaque nouvelle chute de neige, le chemin devient «bou-
lant»; alors le cultivateur doit à nouveau le «battre» ou le «lever»,
c'est-à-dire refaire la trace. Pour lever un chemin, «on dispose
d'un cheval spécialisé, un cheval 'bon au chemin'; on le guide à
peine, il sent le chemin dur sous la neige; parfois un cheval ne
suffit pas quand la neige est trop épaisse; on met deux chevaux en
file, le premier relève la piste, le second la tasse[4]...» D'ailleurs, dès
le régime français, les habitants sont tenus de «battre les chemins»
en y faisant passer les bestiaux; c'est même là une des fonctions du
bétail. «Une fois la 'trace levée', il faut écarter, tasser, égaliser la
neige; pour cela, on passe la 'gratte', tirée par un robuste cheval;
c'est une lourde planche oblique, qui rejette la neige sur un bord;
pour les grands chemins, il y a des 'grattes' plus larges et plus
lourdes, en gros madriers, dessinant un triangle; deux chevaux
sont nécessaires pour les tirer[5].»

Il n'empêche cependant que beaucoup se plaignent de l'état
des routes, l'hiver. Bien sûr, on ne risque pas d'y laisser sa peau,

À l'île d'Orléans, bœuf attelé à une traîne à bâtons en route pour le moulin (National Geographic).

La traîne à bâtons

...Tout simplement deux madriers disposés de champ (sur le cant), de sept ou huit pieds de longueur, parallèles, unis par quatre barres ajustées en mortaise, arrondis en avant pour ne pas planter dans la neige et surmontés chacun par quatre bâtons, unis ensemble par une barre horizontale. Mais les limons (le travail) avaient ceci de particulier, qu'on n'a vu à aucune autre voiture. Ils s'emboîtaient en dessous de la traîne, à laquelle ils étaient liées par le milieu de la barre, à environ un pied du devant, par une chaîne d'attache. La traîne à bâtons était étroite, et frayait un chemin de trente à trente-deux pouces de largeur. Les limons, encore plus étroits dans leur partie emboîtée sous le devant, étaient faits en courbure et en élargissement pour permettre au cheval de s'y loger commodément... Elle contenait juste une demi-corde de bois endedans des bâtons, reliées deux-à-deux aussi par des «hariers» de frêne, pour empêcher l'écartement.

O.-M.-H. Lapalice, *Histoire de la seigneurie Massue et de la paroisse de Saint-Aimé* (1930): 371 s.

mais les trop nombreux cahots ralentissent les voyages. Cela tient au fait que les habitants se baladent avec des véhicules étroits, entièrement faits maison, aux patins larges et très bas, et à l'attelage à chaîne plutôt qu'à festons. La voiture à fond bas, dont les mouvements n'obéissent pas à ceux de l'attelage, tantôt râpe la route, tantôt épouse les sinuosités les plus prononcées. Et bientôt l'on ne va plus que cahin-caha.

Ceux qui se plaignent s'en prennent à la «traîne à bâtons», la voiture la plus utilisée, qui sert tout autant sur la ferme, et la «carriole», un traîneau ouvert pour le transport des voyageurs. Ces deux petits véhicules, qui peuvent contenir tout au plus deux ou trois voyageurs, outre le conducteur, seraient responsables du pareil état des routes. De plus, la coutume du «chemin croche», qui ne prévoit l'ouverture que d'une voie et demie de large plutôt que de deux, ralentit la circulation. À chaque rencontre, il faut y aller de prudence.

Dès 1789, le grand-voyer du Bas-Canada, Jean Renaud, adresse des représentations au gouverneur Lord Dorchester au sujet de l'affreux état des chemins d'hiver. Selon lui, la traîne à bâtons, «avec sa limonière emboîtée en dessous, et tirée par un seul cheval», en est la cause. Et il suggère que la pratique des chemins doubles, en hiver, soit partout adoptée. Après ces avis du grand-voyer, on passe une loi obligeant la pose de hauts patins sur les voitures d'hiver et la généralisation des «chemins doubles». Mais cette loi reste sans effet. Les habitants n'acceptent pas que le gouvernement fixe les normes touchant la fabrication des voitures d'hiver et la circulation sur les routes. D'ailleurs on répète qu'un véhicule à hauts patins, filant dans la neige molle, verse beaucoup plus facilement qu'une voiture basse. Quant aux chemins doubles, inutile d'y penser. La neige est si abondante qu'on arrive à peine à entretenir les «chemins croches». La loi est bientôt retirée.

En 1820, un journaliste du *Canadien* déplore à nouveau les cahots sur les routes et ne sait si le droit individuel doit primer sur le droit collectif. «Les Montréalistes, écrit-il, paroîssent sincèrement prendre des mesures pour améliorer les chemins d'hiver; particulièrement par rapport aux 'cahots' ou inégalités. Ils ont certainement grand'raison sur ce point, et on doit leur applaudir, comme leur objet le mérite. La question est sur les moyens: et ici se présentent beaucoup de difficultés. Nous nous rappelons d'une loi, qui a été passée, il y a plusieurs années, pour obliger d'adopter le mode de mettre de hauts patins aux voitures d'hiver, comme il se pratique en Amérique, dans la vue d'empêcher les

*«La promenade en traîneau»,
huile sur toile d'Henri Julien
(Musée du Québec, Patrick
Altman).*

cahots. Si notre mémoire est exacte, et nous croyons qu'elle l'est, l'essai dura depuis une session jusqu'à l'autre; lorsqu'une révocation de la Loi eut lieu, et qu'il fut laissé à chacun le loisir de suivre sa propre méthode: alors tous revinrent à leur ancienne pratique. Il y a, en vérité, quelque chose de révoltant dans l'idée de forcer un homme à faire sa voiture non suivant sa propre idée, mais suivant la volonté des autres. Il y a, cependant, quelque chose d'analogue à cela adopté en Angleterre, à savoir, de régler la largeur des roues des chariots, etc., de manière à être le moins dommageable aux chemins que possible[6].»

Le 6 février 1827, le gouvernement du Bas-Canada, à la suite d'«une foule de requêtes plusieurs fois réitérées», revient à la charge et défend «d'arranger les timons ou menoires des traînes d'hiver, fixées par une chaîne sous le devant de la traîne, pour éviter les cahots». Mais la nouvelle loi n'a pas plus d'effet que la première. On ne fera pas changer d'idée à l'habitant. Il recourt à la petite traîne à bâtons depuis le régime français; en tout temps,

sans l'aide d'un homme de métier comme le charron ou le forge-ron, il peut en fabriquer une et la réparer au besoin. En hiver, c'est le véhicule le plus pratique. Il n'est donc pas question de modifier la traîne à bâtons, y compris sa limonière, pas plus d'ailleurs que la carriole.

En 1863, les voitures d'hiver demeurent toujours très étroi-tes et les routes fort cahoteuses. Un journaliste dénonce à nou-veau la situation: «Dans cette partie du pays [la région de Qué-bec] comme dans la grande partie du Bas-Canada, écrit-il, toutes les voitures se ressemblent. Ce sont des traîneaux de deux pieds et demi de largeur, propres à faire des chemins pour les lièvres et à creuser des trous qu'on appelle cahots. Quand il vente un peu pour pousser la neige, les petits chemins que tracent ces voitures disparaissent si bien que très souvent les chevaux perdent pied et s'enfoncent dans la neige à côté de la trace... Est-ce que l'on finira par comprendre la nécessité, l'utilité et les grands avantages de ne se servir que de voitures larges et d'avoir des chemins doubles?

Des travailleurs de la voirie déneigent une rue de Montréal (MTLB).

Huile de Cornelius Krieghoff montrant un vendeur d'eau arrivant mal à se faire payer (ANQ, IBC).

L'emploi des traîneaux doubles rend presque nul l'entretien des chemins où il ne se forme plus ni cahos, ni pentes. Les chemins ainsi battus résistent plus longtemps au soleil quand vient l'époque des dégels, et sont praticables alors qu'ailleurs il est impossible de sortir.»

Le journaliste écarte du revers de la main l'argument voulant que la neige soit trop abondante pour se donner des chemins doubles. «Ce préjugé a bientôt disparu quand nous avons fait la connaissance des hivers des Cantons de l'Est et des magnifiques chemins doubles des comtés de Richmond, Compton, Stanstead, Shefford, Missisquoi et d'une forte partie de notre propre comté... On serait étonné de savoir combien il se perd de journées d'hommes sur les chemins du Bas-Canada, l'hiver, pour les entretenir, simplement parce que l'on ne veut pas se servir de voitures plus convenables au bon entretien des chemins. La différence du coût d'entretien et le confort que l'on éprouve à voyager par de bons chemins sont d'excellentes raisons qui militent en faveur

Une rue de Québec vers 1870. Les hivers sont parfois si neigeux qu'on n'arrive même pas à entretenir les trottoirs (ANQ, fonds Ayre).

d'un changement, mais il ne faut pas non plus oublier le ménagement opéré dans l'entretien des voitures. Dans nos chemins doubles, le bris d'un harnais ou d'une voiture est chose exceptionnelle, tandis que dans les passages de lièvre que font les carioles et les traîneaux en usage dans la grande majorité des comtés du Bas-Canada on est fortuné quand l'on fait un voyage quelconque sans accident. Si l'on ne voulait pas abandonner la forme de la cariole, du 'berleau' ou du traîneau il n'y aurait rien de plus facile que de faire une amélioration qui répondrait au but en conservant la forme 'nationale' de ces voitures. Ce serait de faire des traîneaux plus larges et dont les 'membres' ou patins seraient de trois pouces plus élevés que ceux d'aujourd'hui. Mais la grande amélioration serait de faire disparaître le travail libre, la 'maille' et le bâton qui attachent ce dernier au traîneau aussi bien que les anneaux qui relient le travail à la cariole. C'est ce jeu qui existe continuellement entre le travail et la voiture qui occasionne les pentes et les cahos sur les chemins étroits. Si le travail du traîneau était fixe, solide comme ceux des 'sleighs', on s'apercevrait bien vite de la différence sur les chemins.»

Néanmoins, le journaliste prévoit la disparition à court terme des voitures traditionnelles au profit du *sleigh*, la voiture anglaise à hauts patins. «Le progrès, sous ce rapport, va lentement, mais cependant ceux qui connaissent le sud du district de Montréal savent que le traîneau disparaît rapidement. Dans les comtés de Soulanges, Laprairie, Châteauguay, Chambly, Verchères, Napierville, St. Jean et Iberville, le sleigh remplace déjà en grande partie la cariole. Une cariole à une porte d'église dans les comtés de St. Jean et de Napierville est un phénomène de nos jours... Ce qui va tuer le traîneau, c'est la mode. Oui, la mode qui tue la cariole dans le district des Trois-Rivières, qui l'a tué dans le district de Montréal finira par faire comprendre qu'un voiture à patins élevés est préférable au traîneau. Tous les jeunes gens veulent des 'sleighs à grands patins' pour se promener et le goût s'en répand comme une épidémie dans toutes les campagnes au-dessus des Trois-Rivières, soyez en certain, cette mode va enfoncer la cariole et plus tard le bon vieux traîneau[7].» Malgré ces dires, les voitures traditionnelles continueront de circuler sur les routes du Québec. Ce seront les véhicules à roues du 20e siècle qui auront finalement raison d'elles.

Entre-temps, l'unique amélioration que l'habitant aura consenti à apporter à ses voitures est la mise en place de grelots ou de clochettes en guise d'avertisseurs. Isaac Weld signale déjà le fait en 1799. Auparavant, surtout les nuits sombres, il fallait crier quasi continuellement pour signaler sa présence sur la route. Dans les villes cependant, cela n'ira pas de soi et les autorités municipales devront adopter des règlements pour obliger les citadins à doter leurs voitures de grelots ou de clochettes en hiver.

Par ailleurs, malgré la rigueur du climat, les voitures traditionnelles d'hiver sont largement ouvertes. Le voyageur John Lambert signale en 1807 qu'il y a bien des carrioles fermées, avec

Page suivante:
L'église Notre-Dame vue de la rue Saint-Urbain, à Montréal (APC).

Au début du 20e siècle, on utilise de pareils rouleaux pour fouler la neige dans les rues des villes (coll. abbé Jean Robert, Trois-Rivières).

portes latérales et ouvertures à l'avant, mais elles ne sont guère populaires. «Comme tout le plaisir d'un voyage en carriole consiste à voir et être vu, les carrioles ouvertes, même si elles exposent le voyageur aux froids les plus sévères, auront toujours les faveurs[8].» De toute manière, dans une carriole, on ne gèle pas nécessairement. La plupart du temps, on «s'abrie» avec une «robe», c'est-à-dire d'une peau d'ours, d'orignal, de bison ou de mouton, «qui couvre les jambes et les pieds de telle manière qu'on peut voyager sans souffrir du froid[9]».

Du reste, les voyageurs ont moins à craindre le froid que la hardiesse des cochers qui les voiturent. En effet, ceux-ci se lancent souvent dans des courses folles sans se soucier du sort de leurs passagers et, par orgueil, tolèrent mal qu'on les double. D'ailleurs, «le voyageur qui désire faire une course rapide n'a qu'à vanter l'excellence des chevaux étrangers et l'habileté de leurs conducteurs; alors l'amour propre de l'habitant canadien est piqué au vif, sa tête s'échauffe, sa colère s'allume, il accable son cheval de coups de fouet répétés, lui crie sans cesse 'marche donc', et l'on va de la sorte le train que l'on veut[10]».

Généralement les cochers n'ont pas bonne presse; mais le métier n'est pas facile. Par beau temps, le voyage est assurément une partie de plaisir; en revanche, par mauvais temps, le cocher doit défier les éléments. Il subit alors les affres du vent et du froid.

Un jour, par exemple, un cocher doit porter le courrier depuis Lorette jusqu'à Québec, alors que le mercure marque –40 °C. Le cheval et la voiture se présentent à l'heure aux écuries Hough de la rue Sainte-Anne à Québec; on découvre cependant que le conducteur est mort de froid, toujours assis à son siège, très droit, les cordeaux à la main[11]. Les passagers également doivent parfois beaucoup souffrir. Ainsi, par un jour de tempête, on met 16 heures à aller des Écureuils jusqu'à Québec, une distance de quelque 55 kilomètres. Les voyageurs doivent maintes fois descendre de voiture pour remettre sur la route la carriole enlisée et se présentent à Québec le visage et les oreilles gelés[12].

Le fleuve

En 1848, dans une conférence prononcée devant l'Institut canadien de Montréal, Guillaume Lévesque déclare: «Le fleuve, qui est aujourd'hui la grande route de tout le pays, était alors [sous le régime français] le grand chemin et le chemin unique pour communiquer avec les voisins et avec la ville. En été, en effet, on ne voyageait guère que par eau et en canot, ce que rapportent tous les mémoires du temps; et en hiver, la glace offrait un chemin facile et rapide que l'on préfère encore aujourd'hui et qui sera toujours préféré à la route de la côte[13].» Ces propos sont fort justes. Quand, à la fin de décembre ou en janvier, une épaisse couche de glace se forme sur le fleuve, voilà un nouveau chemin à emprunter, souvent plus beau que les autres. Le fleuve devient carrossable. Le phénomène est particulièrement sensible en amont de Trois-Rivières, là où le jeu des marées cesse de se faire sentir. Alors, année après année, le «pont de glace» se forme.

Cela commence à la hauteur du lac Saint-Pierre, aux eaux peu profondes; le Saint-Laurent s'égare là en de multiples chenaux. Le tapis de glace apparaît habituellement «autour de Noël». Puis, de jour en jour, les glaces flottantes, refoulées en amont, font s'allonger le pont vers l'ouest. Alors l'eau monte à Montréal et les blocs de glace s'empilent parfois «jusqu'à 25 pieds dans les airs». «Devant la ville, écrit W. E. Logan en 1853, il a d'ailleurs fallu construire un mur de pierre de cette hauteur pour se protéger des glaces. Précédemment les glaces s'empilaient jusque dans les potagers des maisons bordant le fleuve. Il s'est même vu des entrepôts de quelques étages tomber comme des maisons de cartes[14].»

Les habitants de Montréal remarquent que l'eau se remet à

Le pont de glace devant Québec. Gravure au burin de J. Archer, 1859 (Musée du Québec).

baisser et que les glaces cessent de s'empiler quand le puissant courant Sainte-Marie, qui passe devant la ville, redevient visible au large. Cela signifie que les eaux vives ont trouvé un passage sous le pont de glace. Et jamais plus durant l'hiver, malgré parfois des températures extrêmes, le courant Sainte-Marie ne gèlera. «Alors le paysage sur le Saint-Laurent, devant Montréal, est formé d'amoncellement de blocs disparates, s'apparentant à des collines au milieu d'une vallée[15].»

Sitôt que le pont de glace est pris, les habitants, réquisitionnés par le grand-voyer, établissent de place en place des «chemins d'hiver», balisés d'épinettes, reliant les deux rives du fleuve. «À cet effet l'on fait un trou jusqu'à l'eau qui se gèle à l'instant qu'on plante la balise[16].» À Laprairie, Longueuil, Boucherville, Verchères, Sorel et Saint-François-du-Lac, on trouve de ces traverses et, quand les habitants prennent soin d'aplanir les «bourguignons», c'est-à-dire les morceaux de glace faisant saillie, «les carrioles y vont d'une rapidité inconcevable».

Le pont de glace entre Québec et Lévis vu de la Citadelle (AVQ).

Sur le fleuve, on aime bien les courses en carrioles, «le sport favori de l'habitant canadien». À l'occasion, on s'arrête pour boire un coup dans une des nombreuses cabanes qui jalonnent les traverses. Mais aucun règlement ne régit ces débits de boisson et il survient parfois de graves accidents. Le jour de Noël 1827, un habitant de Laprairie, Alexandre Raymond, se tue après s'être enivré dans une des ces cabanes. Quelques jours plus tard, le journaliste de *La Bibliothèque canadienne* déplore l'incident et réclame une réglementation. «Cet accident, écrit-il, m'a suggéré une foule de réflexions, au sujet des cabanes érigées sur la glace, pendant l'hiver. Sous certains rapports, je regarde ces cabanes comme utiles, même d'après ma propre expérience, et je conçois que par un coup de mauvais temps et un froid excessif, l'on peut être bien aise d'y trouver à se chauffer. Mais d'un autre côté, de combien d'accidents fâcheux et de malheurs même ces cabanes n'ont-elle pas été, au moins indirectement, la cause? On a vu des hommes venant de la ville sobres, en repartir ivres et périr en chemin; des chevaux partir d'après seuls, s'égarer et se noyer. Et quand on considère qu'il ne se passe presque pas d'hiver qu'il n'arrive de ces sortes d'accidents, n'a-t-on pas sujet d'être étonné, je ne dis pas que ces espèces de maisons publiques ne soient point prohibées, mais que ceux qui les tiennent ne soient assujétis à aucun règlement de police? Peut-être dira-t-on que ces petites tavernes étant établies sur le milieu du fleuve, elles ne tombent sous la juridiction ni des magistrats de Montréal, ni de ceux de

*Des canotiers se fraient un chemin
à travers les glaces du Saint-
Laurent. Photolithographie de
R.A. Carlisle (Musée du Québec).*

La-Prairie. Ne tombent-elles pas au moins sous la juridiction des magistrats du district? Je serais assez porté à le croire; mais s'il n'en est pas ainsi, il me semble qu'il ne serait pas indigne de la législature de prendre le sujet en considération, pour donner, si elle le jugeait à propos, aux juges de paix le pouvoir qu'ils n'auraient pas, et que, suivant moi, ils devraient avoir[17].»

Quoi qu'il en soit, l'arrivée du pont de glace suscite entre les deux rives du fleuve des échanges économiques souvent plus intenses qu'en été. Les marchandises lourdes, comme le bois, le foin, la pierre et la brique, qui en d'autres temps nécessiteraient l'usage de la goélette ou du chaland, sont alors l'objet d'un commerce important. Dans les Cent-Îles du lac Saint-Pierre, par exemple, c'est l'hiver qu'on traverse ces marchandises. «De tous les petits pays de la vallée du Saint-Laurent, écrit le géographe Rodolphe De Koninck, celui des Cent-Îles est sans doute l'un de ceux qui, en hiver, ont le moins vécu repliés sur eux-mêmes. Selon une notion traditionnelle, un grand nombre de régions

*Des hommes de la poste royale à
l'assaut du fleuve devant Québec
(MTLB).*

rurales du Québec ne connaissent une activité soutenue que pendant la belle saison, l'hiver étant la saison du repos, les travailleurs
émigrant alors vers les chantiers. Il semble que les Cent-Îles
n'aient jamais connu ces migrations saisonnières... Le transport
de ce foin et du bois que l'on bûchait en novembre-décembre se
faisait presqu'essentiellement en hiver. Selon une expression
populaire, 'les îles étaient le grenier de Sorel'. Aux îles on ne 'prenait pas son hiver', on le 'travaillait'. Les relations entre les habitants des Cent-Îles et ceux de Sorel et Berthier étaient beaucoup
plus fréquentes en hiver que pendant toute autre saison. La terre
étant exploitée en été, on attendait l'hiver pour faire traverser les
produits non périssables[18].»

Si, en amont de Trois-Rivières, le pont de glace sur le fleuve se forme tous les hivers, en aval, en revanche, le phénomène est
fort aléatoire. Il tient aux variations de la température et au jeu
important des marées qui ne favorise pas la prise de la glace. Ainsi,
entre Québec et Lévis, le pont ne se forme que onze fois au cours

de la première moitié du 19ᵉ siècle. Le reste du temps, le fleuve est parcouru de frasil et de glaces flottantes qui vont et viennent au gré du flux et du reflux des eaux.

Les années sans pont, du côté de Lévis, on traverse à Québec avec les canotiers, qui mènent leur lourde embarcation à travers les bancs de glace. Joseph Bouchette, l'arpenteur général du Bas-Canada, décrit longuement leur travail. «Par presque tous les temps, dit-il, ils traversent dans leurs canots, qui sont grands, très forts, et faits d'un seul tronc d'arbre creusé, ou souvent de deux troncs joints ensemble et fortement assujettis en dedans; ils les manœuvrent avec beaucoup de dextérité, et ils prennent quelquefois jusqu'à huit passagers outre trois ou quatre hommes qui les conduisent. Dans l'hiver, lorsque de grandes masses de glace montent et descendent avec la marée, et souvent lorsque par une forte brise elles sont poussées sur le pied de trois ou quatre milles par heure, ce passage est singulièrement pénible, et suivant toute apparence extrêmement hasardeux... Il n'est pas rare de voir plusieurs de ces grands canots chargés de provisions pour le marché, traverser la rivière sur une ligne presque aussi droite qu'ils peuvent la garder; les cargaisons sont ordinairement attachées par une forte corde; ils sont pourvus de fortes perches garnies par le bout de crocs de fer pour accrocher la glace, et de cordes pour tirer.»

«Quand de grands glaçons s'opposent à leur passage, les hommes, au moyen des perches et des cordes dont ils se servent avec une habileté peu commune, font monter le canot dessus, et à force de bras ils le tirent quelquefois l'espace de 25 ou 30 toises, jusqu'à ce qu'ils trouvent une ouverture convenable pour le lancer de nouveau parmi des glaçons plus petits, et alors se servant de leurs pagaies ils avancent jusqu'à ce qu'ils soient arrêtés par un autre glaçon sur lequel ils lèvent le canot comme auparavant, continuant ainsi cette suite d'opérations pénibles à travers la rivière... Souvent, tandis qu'ils poursuivent leur route à travers un canal étroit entre deux masses énormes de glace, ils sont tout à coup enfermés, et dans le moment où un étranger s'imaginerait que la canot doit être mis en pièces par le frottement, ils trouvent adroitement le moyen avec leurs perches de faire agir la pression des deux corps sur la partie inférieure du canot, et avec un peu d'aide de leur part, ils le soulèvent sur la surface de la glace, où ils le poussent et le tirent comme auparavant. Ils sont extrêmement constans dans ce travail pénible, et il semble qu'une longue habitude ait entièrement détruit dans leur esprit le sentiment de danger; ils paraissent dans ces occupations insensibles à la rigueur du froid, ils ne sont point surchargés d'habits et les leurs sont

A Québec, le pont de glace se forme jusqu'au début du 20e siècle (ANQ, coll. Livernois).

aussi légers et aussi chauds qu'ils peuvent se les procurer: si l'un d'eux vient malheureusement à plonger dans l'eau, il est retiré par ses camarades aussi promptement que possible, et un bon coup de rum, dont ils sont toujours pourvus, et qu'ils boivent tous à la ronde, est le remède ordinaire pour cet accident[19].»

En hiver, les canotiers de Lévis ont la haute main sur le transport entre les deux rives du fleuve. Soumis à bien peu de règlements, ils sont conscients d'exercer un travail difficile et indispensable, dès lors de détenir un certain pouvoir. Les citoyens s'en plaignent. Ils seraient rudes, arrogants et grossiers avec les passagers et prendraient souvent la mer en état d'ivresse. Du reste, il survient parfois des accidents, peu nombreux cependant. Le 17 mars 1832, un canot chavire devant Lévis; cinq des dix passagers se noient. Le 11 février 1839, un gros canot est rompu par les glaces; 17 des 21 passagers se noient. «C'est ordinairement lorsque l'équipage s'embarquait après avoir bu copieusement ou encore lorsque les canots étaient chargés trop lourdement que ces sinistres arrivaient[20].»

Les canotiers fixent les prix. En décembre 1809, ils doublent le coût d'une traversée, sans aucun avertissement, ce qui suscite la colère des usagers. Un mois plus tard, un article du journal *Le Canadien* laisse croire qu'ils pourraient être de connivence avec la vingtaine d'aubergistes-cantiniers de Lévis pour tromper les habitants de la rive sud. «On a vu dernièrement affichée à la porte de l'Église de la Pointe Lévi, écrit-on, une défense à toute personne résidant en cette Paroisse d'acheter aucunes denrées en chemin pour le marché de Québec. Pour porter remède à un mal si invétéré et si préjudicieux aux intérêts et au bien-être du Public, je crois qu'il ne seroit pas hors de propos d'en faire connoître l'origine... Les habitans de toutes les Paroisses au sud du fleuve depuis la Baie du Febvre jusqu'à Rimousky arrivent à la Pointe Lévi avec des denrées de toute espèce par convois de 10 à 15 voitures, ils arrivent toujours chez ces Cantiniers avant que de se rendre chez leurs passagers; plusieurs même d'entre eux ont les deux professions. Ces Cantiniers ont toujours plusieurs parents et amis qui viennent à l'instant comme sans dessein. On boit, on parle, et on mêle dans le discours plusieurs paroles qui donnent à entendre à ces étrangers qui viennent de loin, que depuis quelques jours le marché est tombé, que les traverses sont devenus impraticables, qu'il est difficile de retirer de l'argent en ville de ceux à qui on a vendu, que tous les jours plusieurs y sont trompés, etc. Enfin on intimide si fort ces pauvres étrangers, qu'on a souvent leur butin au prix les plus médiocres, lequel butin est porté ensuite sur le marché et vendu à des prix extraordinaires.» Après avoir évoqué «plusieurs cas de cette espèce», le journal conclut: «On pourrait encore citer quantité de faits de cette nature, mais on se bornera seulement à faire observer que de tous les effets qui arrivent à la Pointe Lévi pour être portés au marché, une grande moitié est ainsi retenue[21]...»

Mais les canotiers ne sont pas tous des brigands. La chronique locale fait parfois état de décorations que certains reçoivent pour des actes de bravoure. Ils ne forment pas non plus nécessairement un front uni. Quand arrive l'hiver, ils se mettent à huit ou dix pour partager l'usage d'un canot le temps d'une saison. Chacun touche une partie de la somme perçue à chaque traversée. Comme on compte au moins une centaine de canots en opérations, la concurrence est vive et certains canotiers «brisent les prix». En

décembre 1863, quelques-uns tentent bien de former une asso-
ciation mutuelle pour le maintien des prix, mais la plupart n'en
veulent rien savoir et l'organisme disparaît de lui-même l'année
suivante[22].

Les hivers rigoureux, quand se forme le pont de glace
devant Québec, les canotiers assistent impuissants à la scène. La
glace prend d'abord sur les bords du fleuve — on dit les «bordages»
— en amont de Québec, et sur les «battures» en aval. Quand ces
bords glacés s'avancent de plus en plus loin, on commence à
penser au pont. Matin et soir, les citadins se rendent sur les
hauteurs de Québec et de Lévis pour constater l'état de la situation. On discute sans fin avec ses voisins, faisant valoir tel fait
plutôt que tel autre, se rappelant telle année plutôt que telle
autre. Dans le fleuve, pendant ce temps, le «charriot» se promène.
«En haut de la clef, écrit un journaliste, vis-à-vis de la ville, la
glace monte et descend deux fois par jour avec la marée et les
Québecquois appellent cette glace mouvante, mais solide, le

*À l'hiver de 1847-1848, les glaces
du fleuve sont si accidentées devant
Montréal qu'on ne peut traverser
en ligne droite. Aquarelle de
James Duncan (Musée du Québec,
Patrick Altman).*

La traversée d'hiver à l'île aux Coudres et à l'île aux Grues

L'hiver, les insulaires du Saint-Laurent en aval de l'île d'Orléans se retrouvent plus isolés qu'ailleurs. À l'île aux Coudres, par exemple, le pont de glace n'arrive jamais à se former et seules de grosses barques, pointues aux deux bouts, manœuvrées par cinq hommes, peuvent relier l'île au village côtier de Saint-Joseph-de-la-Rive.

La traversée s'effectue à un point déterminé de la marée, en vue d'éviter la rencontre de courants contraires. On dérive à la fin du baissant pour arriver au quai des Éboulements à marée étale et revenir avec le commencement du montant... Souvent, ayant en vain cherché les cours d'eau, on doit, au prix d'efforts épuisants, haler le canot dans le frasil. Les traverseux débarquent et, sautant de glaçon en glaçon, dans l'eau jusqu'aux genoux, parfois jusqu'à la ceinture, s'appliquent à faire progresser le canot. La règle est de ne jamais laisser la serre, de se soutenir sur le canot en attendant quelque débris qui ne s'affaisse point, de sauter à l'intérieur lorsqu'il ne se présente pas... Cependant qu'ils font leur chemin sur le fleuve d'hiver, la mère

Mailloux les regarde évoluer du haut de l'île, elle les surveille ainsi depuis des années, n'ayant de repos qu'ils soient «dans la belle eau claire».

À l'île aux Grues, la situation est la même.

Il n'y a plus que le canot d'hiver qui maintienne les communications entre Montmagny et Cap-Saint-Ignace... Aux premières neiges, les habitants, tous établis du côté nord de l'île, distribuent les canots avec leurs agrès de place en place, sur la rive sud. Est-il nécessaire, par exemple, de courir vite au médecin, le jour ou la nuit, on traverse l'île à pas redoublés, à travers champs, sûr de rencontrer le canot déjà mis à portée. En deux ou trois temps, il est poussé à l'eau, voilé, s'il vente, flanqué de ses avirons, munis de crochets de fer, que des bras nerveux et sûrs manœuvrent avec une adresse incomparable... Le grand obstacle de la navigation d'hiver en canot, c'est «la bouillie», faite de neige mi-fondante qui rend l'eau épaisse et inerte. Le canot engagé dans cette pâte est prisonnier; la manœuvre y est presque impossible. L'aviron ne le fait que peu ou point bouger et le canotier n'en peut sortir, pour le pousser ou le traîner. Le vrai danger de cette navigation, c'est la chute d'une neige épaisse, ou bien le brouillard qui fait perdre de vue les

côtes de l'Île-aux-Grues. Il est arrivé que d'infortunés voyageurs sont venus s'échouer, à la tombée de la nuit, sur les bords d'une des petites îles et y ont passé une lamentable nuit, avec la faim au ventre, le froid et la peur dans les veines.

De mémoire d'homme, le pont de glace entre l'île aux Grues et Cap-Saint-Ignace ne se forma qu'une fois, en janvier 1844.

Ce pont ne se désagrégea que le 16 mars. Jamais les solitaires habitants de l'Île-aux-Grues ne reçurent tant de visiteurs. Il vint sur la glace des gens de toutes les paroisses de la rive sud, depuis la Pointe Lévy jusqu'à Rimouski. Dans les annales de l'île, on mentionne certaines journées où l'on compta de cinquante à soixante voitures venant d'un peu partout et chargées de visiteurs. On dit qu'il était temps que vînt la débâcle car les hospitaliers insulaires étaient à la veille de manquer totalement de provisions.

Jean Desgagnés, «Traversée de l'Île-aux-Coudres en hiver», *Revue de l'Université Laval*, 6 (1951-1952): 537-540. A. Pré, «L'Île-aux-Grues», *BPFC*, 15 (1916-1917): 343-345. D. Potvin, *Le Saint-Laurent et ses îles* (1945): 85.

'charriot'.» Quand il s'arrête, on dit que le pont est formé et on commence à circuler. Mais il arrive que tout à coup la marée montante vient encore une fois soulever le «charriot» avec tout ce qu'il contient. Et le charriot remonte le fleuve. Alors les canotiers partent pour secourir les personnes qui se trouvent... sur le charriot[23].

Quand le pont prend les jours de mortes-eaux, que le fleuve est à l'étale, la surface glacée est comme un miroir. Alors on dit que le pont est «à la glace fine». Certaines années, les eaux se figent à la faveur d'un vent du nord-est ou au moment des grandes marées. Dans ce cas, les blocs de glace s'accumulent et composent entre Québec et Lévis un étrange paysage. Ainsi parlera-t-on longtemps du pont de glace de l'hiver 1835-1836. Jamais n'avait-on vu une surface aussi accidentée.

Quand le fleuve gèle à la hauteur de la Chaudière, on parle à ce moment-là du «pont du Sault». Entre l'île d'Orléans et la Côte-de-Beaupré, c'est le «pont de l'île». Entre Québec et Lévis, c'est le «grand pont». Par contre, le pont ne se forme jamais entre l'île d'Orléans et la Côte-du-Sud, sauf lors des hivers très rigoureux comme en 1817. Cette année-là, une couche de glace continue recouvre le fleuve jusqu'à Saint-Jean-de-l'île-d'Orléans, sur la rive nord, et Berthier-sur-Mer, sur la rive sud.

Sitôt que le pont est formé, le grand-voyer demande aux habitants de la rive sud de Québec de venir y tracer un chemin et y disposer les balises nécessaires. Le 18 février 1811, par exemple, «d'après les ordres du grand voyer du district, 50 hommes de chacune des paroisses de St. Henry, St-Nicolas, Beaumont et St-Michel, réunis avec tous les habitants de la Pointe-Lévi, sous la direction d'Augustin Dubuc, inspecteur de cette dernière paroisse, ont commencé à 8 heures du matin, l'ouverture des deux chemins actuels que nous avons sur la traverse. Les glaces étaient étonnamment amoncelées; néanmoins, par le bon ordre qui a régné pendant le travail, dès midi, plusieurs voitures ont traversé sur le fleuve, et à 2 heures le tout était achevé: les chemins ont environ 30 pieds de largeur et sont bien nivelés et balisés[24].»

C'est aux populations habitant la rive sud du fleuve que profite d'abord le pont de glace. Sans doute s'en réjouissent-elles. Le fait ne se produit que quelques fois par décennie et il est permis de penser que la nouvelle se répand comme une traînée de poudre d'une paroisse à l'autre. Désormais on peut se rendre à Québec à volonté et y écouler, fût-ce à bas prix, les marchandises que l'on veut. Chemin faisant, on peut toujours s'arrêter dans ces «huttes de bois» chauffées, «où l'on vend des gâteaux et des liqueurs». «Quand la rivière prend, écrit Joseph Bouchette en 1815, c'est-à-dire quand elle est gelée de Québec à la Pointe Lévi, ce qui n'arrive pas chaque année, non-seulement il en résulte beaucoup d'amusement mais aussi de grands avantages pour la ville, aussi-bien que pour les habitans de la rive méridionale, qui peuvent alors apporter en grande quantité leurs productions au marché sans inconvénient; le foin, le bois à brûler, et tous les gros articles de consommation arrivent en abondance, et les consommateurs éprouvent ordinairement une grande diminution de prix en conséquence d'un tel concours[25].»

Quand la glace prend les jours de mortes-eaux, les citadins jouissent d'une grande patinoire (ANQ, coll. initiale).

Seize ans plus tard, Louisa Ann Call, épouse du gouverneur Matthew Whitworth-Aylmer, confirme les propos de Bouchette. Du haut du cap Diamant, logée au Château Saint-Louis, elle décrit la scène. «Le magnifique fleuve Saint-Laurent, écrit-elle, que l'on peut voir de nos fenêtres, est maintenant entièrement gelé, ce qui est un grand événement à Québec et l'on peut traverser le fleuve, dans n'importe quelle direction, en carrioles... Un plus beau Corso que celui dont nous jouissons en ce moment ne pourrait certainement se trouver nulle part au monde. Des milliers de personnes patinent, glissent et conduisent... Les communications par le pont de glace, entre Québec et la rive opposée (tout près d'un mille) sont très favorables aux habitants de la campagne; elles leur permettent d'apporter leurs produits aux marchés de Québec et les traîneaux chargés de bois profitent de ces communications. Cette facilité de transport a pour effet de faire baisser les prix aux marchés; elle est donc accueillie avec joie, mais les pauvres chaloupiers qui tombent en chômage, ne saluent pas

Photo: MTLB.

l'établissement du 'Pont' avec plaisir et la police dut, en une occasion, intervenir dans leurs tentatives pour briser la glace près du 'bordage'[26].»

Certaines années, le pont se forme en décembre; d'autres, uniquement en mars. Il peut donc durer plusieurs mois, comme en 1806, ou simplement quelques semaines, comme en 1819, car habituellement, fin avril, le pont est parti. La chambre d'Assemblée et la ville de Québec aimeraient bien trouver le moyen de faire prendre le pont à date fixe et le faire partir pareillement. De 1830 à 1880, on examine une douzaine de projets dans ce sens; mais aucun ne se révèle réalisable. On garde à l'œil les canotiers de Lévis que l'on soupçonne de briser les bordages durant la nuit. Il arrive même que l'armée leur tire dessus, du haut de la Citadelle. Les villes de Lévis et de Québec se donnent bientôt un règlement prévoyant de fortes amendes «aux propriétaires des bateaux ou des canots qui tentaient de faire partir le pont ou même de le détériorer». En 1865, le Parlement du Canada-Uni

La récolte de la glace

En février et mars, au moment où la glace sur le fleuve et les rivières est la plus épaisse, des marchands y dépêchent des journaliers, armés de longues scies, pour la découper en blocs. Les «coupoirs à glace» que ces derniers utilisent sont mis au point aux États-Unis à la fin des années 1820. Dotés de fortes dents, ils permettent de scier la glace la plus épaisse. Les blocs, sortis de l'eau au moyen de gaffes et de grosses pinces, sont posés sur des traîneaux pour être apportés dans de vastes glacières, à doubles murs et à doubles portes, conçues sur le principe des compartiments à glace aménagés dans les navires exportant de la glace aux Antilles.

Au 19e siècle, chaque ville a ses compagnies locales possédant de semblables entrepôts et qui, grâce à des marchands ambulants, approvisionnent les citadins en glace. Dans le sous-sol de la plupart des maisons, on retrouve de «grands trous» où l'on place la glace en été, ce qui permet de conserver «les liqueurs, le beurre et la viande». Les citadins n'ont pas le choix. Le voyageur irlandais Isaac Weld note qu'en ville, par temps chaud, la viande s'altère en une journée, la volaille en quatre heures et le lait en deux heures. Cependant l'approvisionnement régulier en glace semble un phénomène proprement urbain, car bien peu de maisons rurales posséderaient de ces glacières. En été, à la campagne, on boit plutôt du lait frais, on sale le beurre davantage et on ne mange souvent que des viandes très salées.

Quoi qu'il en soit, le règne de ces trous pratiqués dans le sous-sol des maisons achève. Bientôt les magasins offrent de petits meubles, aux ouvertures bien étanches, qui permettent d'y déposer la glace sur la tablette du

Photo: MTLB.

bas et les vivres qu'on veut garder au froid sur celle du haut. Sans compter qu'en 1860 le Français Ferdinand Carré construit le premier réfrigérateur à gaz d'ammoniaque. Son gros appareil arrive à produire un kilo de glace en deux heures. Il constitue une grande attraction pour les visiteurs de l'exposition de Londres de 1862, qui peuvent voir d'énormes blocs de glace se fabriquer continuellement sous leurs yeux. Ce n'est toutefois qu'en 1916-1917 que de grandes sociétés mettront au point les premiers réfrigérateurs domestiques, de dimensions nettement plus réduites que celles de la machine de Carré. Finie dès lors la

récolte de la glace sur le fleuve et les rivières! Le réfrigérateur, au même titre que la cuisinière électrique, devient bientôt un élément indispensable du foyer moderne.

B. Dufebvre, *Cinq femmes et nous* (1950): 93 s., 145; Jean et Françoise Fourastié, *Histoire du confort* (1973): 61 s.; *Gazette des campagnes*, 10 mars 1870, 7 nov. 1878; Siegfried Giedion, «La mécanisation du froid», dans *Culture technique*, 3 (sept. 1980): 187-189; An Officer, *Travels through the Interior Parts of America* (1789): 181 s.

adopte une loi défendant, sous peine de prison, d'empêcher la formation du pont de glace devant Québec ou de le briser une fois formé.

Mais le règne du pont de glace et des canotiers achève. Dans les années 1860, plutôt que de recourir aux canotiers, on peut emprunter le traversier à vapeur, à coque de fer, qui fait la navette entre Québec et Lévis. Et le pont de glace a d'autres adversaires que les canotiers. En 1884, la Chambre de commerce de Montréal demande au Parlement de Québec de rappeler la loi de 1865. Au moyen de statistiques couvrant la période de 1830 à 1884, cet organisme démontre qu'à chaque année où se forme à Québec le pont de glace, l'ouverture de la navigation au port de Montréal retarde de quinze jours. «Ce qui avait pour effet de nuire considérablement aux affaires commerciales de la métropole[27].»

La Chambre de commerce de Montréal est entendue. La loi de 1865 est abrogée. Rapidement des navires à vapeur, à la coque renforcée, au moteur plus puissant, assurent la liaison entre Québec et Lévis. Des brise-glace les secondent. Désormais la traversée se fait de plus en plus régulière. Finis bientôt les aléas de la nature, de même que les ponts de glace et les canotiers!

La chasse et la pêche

Dans la vallée du Saint-Laurent, on chasse et on pêche toute l'année, même l'hiver. Les espèces tuées varient d'une saison à l'autre, à moins que ce ne soient plutôt les techniques de chasse ou de pêche. L'hiver, par exemple, un certain nombre de mammifères, dont l'ours, la marmotte et la mouffette, deviennent introuvables. Tapis dans un espace à peine plus grand que leur corps, ils passent plusieurs mois dans la terre, roulés en boule, dans la position «qui conserve le mieux la chaleur». D'autres bêtes, comme l'orignal, le caribou, le loup, le lynx, la martre, le renard et le lièvre, plutôt que d'hiberner, fourragent continuellement, à la recherche d'une nourriture frugale. Et certains, comme le castor et le rat musqué, habitent surtout leur repaire, grugeant parcimonieusement les plantes qui s'y trouvent ou les provisions accumulées durant l'automne.

L'hiver, l'habitant chasse surtout au piège plutôt qu'au fusil. Après la tombée d'une neige fraîche, les traces laissées sur le sol permettent de distinguer les espèces présentes, les chemins qu'elles empruntent et de disposer les pièges en conséquence. La vie forestière inscrit ainsi ses secrets, et le chasseur qui sait les lire peut en tirer profit.

Le lièvre d'Amérique

Très abondant, peu méfiant de nature, le lièvre d'Amérique se capture facilement et fournit une bonne viande vite trouvée. Comme la plupart des animaux à fourrure, il vit surtout le soir et la nuit. En hiver, il sort en après-midi, dès que le temps s'assombrit. «Pendant le jour, il demeure tapi sous un fourré, une souche ou une bûche. Il s'assoupit par intermittence, mais n'est d'aucune façon immobile... Le soir venu, le lièvre quitte son abri pour aller en quête de nourriture. Il suit des sentiers familiers pour se rendre à ses broutages favoris. Son territoire est sillonné d'un

Les chasseurs dressaient ces parcs de branches mortes pour forcer le lièvre à emprunter les ouvertures piégées à l'aide de collets fixés sur des perches flexibles. Ce fut surtout au 20e siècle que la chasse au lièvre au fusil commença à s'imposer, mais le trappage n'a jamais cessé d'être populaire (MTLB).

réseau compliqué de pistes, qui deviennent de larges cercles piétinés autour des fourrés ou marécages qu'il fréquente[1].»

Il est facile d'attraper le lièvre. Il suffit de bien reconnaître un de ses chemins et d'y placer un collet de boyau, de crins de cheval ou de laiton, bordé de part et d'autre de petites branches. On ouvre le collet de la largeur du poing. Quand la bête y passe, le nœud coulant se resserre et bientôt l'animal meurt étranglé. Jusqu'en 1870, on ne chasse le lièvre qu'au collet. Par économie d'effort et pour éviter de «gaspiller de la poudre», on évite de le chasser au fusil, avec l'aide d'un chien. Parfois on le tue à la «gibouère», que certains appellent aussi la «ripousse», la «balancine», l'«attrape» ou la «brimbale». Il s'agit d'un collet attaché au bout d'une longue perche flexible, tendue en arc de cercle dans le sentier du lièvre. Quand l'animal s'y prend, la perche se détend et le projette en l'air. La bête meurt ainsi pendue. «C'est une excellente façon de tendre un collet à lièvres, surtout en hiver. Elle permet de retrouver le gibier, malgré la bordée de neige et empêche les belettes ou autres carnassiers de la dévorer» avant que le chasseur ne revienne[2]. On ne chasse pas le lièvre quand il y a apparence de grosses tempêtes. Les nuits de bourrasques, le lièvre reste dans son trou; sans compter qu'on peut perdre ses pièges dans la neige.

Le lièvre est apprécié, en particulier dans les régions plus éloignées. Quelques mois par an, les colons des nouvelles terres lui doivent souvent leur subsistance, parfois leur survie. Mais le lièvre est moins bon à manger l'hiver que l'été. Comme il se nourrit de beaucoup de pousses de sapinages, il finit par «goûter le sapin».

Sa peau sert aussi à l'occasion pour les mitaines et les couvertures. Mais fort mince, elle se déchire facilement; aussi les fourreurs ne l'utilisent guère. En médecine populaire, on réduit les enflures et on fait aboutir les abcès avec une peau de lièvre. À Sainte-Anne-de-la-Pocatière, on connaît la recette. «Ces jours derniers encore, écrit le journaliste de la *Gazette des campagnes*, un brave journalier de notre village avait une main à faire frayeur, par suite du froid entré dans une petite blessure. On avait essayé tour-à-tour tout ce que nos commères regardaient comme devant le guérir indubitablement. À la fin, toutes avaient jugé le mal incurable, quand on apprit par hasard combien la peau de lièvre attire. Après avoir lavé la plaie avec une petite lessive douce, on pose la chair de la peau humide sur la plaie. Dans peu de temps on est guéri. On peut encore s'en servir pour tout animal dont le pis est enflammé, en lavant avec une lessive douce et en appliquant la peau sur l'inflammation[3].»

Le loup-cervier, ou lynx du Canada

On capture aussi le loup-cervier au collet; mais alors, dit-on, on «tend au parc» ou «à la passée». «Ces termes canadiens de chasse expriment deux façons de tendre les collets pour la capture des bêtes sauvages. 'Tendre au parc', c'est placer le collet à l'entrée d'un petit enclos soigneusement fait de branches et au fond duquel est déposé un appât. 'Tendre à la passée', c'est tendre un collet sans enclos ni appât sur un chemin que l'animal a coutume de suivre, ou qu'on lui fait prendre par quelqu'expédient de chasseur[4].» Au fond d'un parc à loup-cervier, on place «la peau d'un lièvre écorché pour servir de leurre». Le lièvre d'Amérique constitue sa principale proie, et des études montrent que le nombre de loups-cerviers diminue dans une région dès que décroît celui des lièvres. Un seul loup-cervier consomme de 170 à 200 lièvres par année, sans compter bon nombre de souris et d'oiseaux.

Certains chasseurs habiles arrivent à capturer le loup-cervier sans l'aide du parc. Un ingénieux mélange d'essence de lavande, d'assa-fœtida et de rognons de castor laissé à proximité d'un simple collet, amène l'animal à suivre le chasseur à la trace et à se laisser prendre au piège. «Si bien, raconte un vieux chasseur, que je ne tendais presque plus au 'parc'; je les prenais quasiment tous 'à la passée'[5].» On chasse le loup-cervier pour sa longue fourrure, douce et lustrée, très estimée pour la confection de cols, de garnitures de manteaux, de chapeaux et de manchons.

Le castor

On ne chasse pas le castor de la même manière que le lièvre et le loup-cervier, car il vit tout l'hiver sous la glace, dans sa «ouache», aussi appelée «cabane». «Les cabanes de castors, écrit le naturaliste Henri de Puyjalon, sont construites sur les rives des lacs et sur le bords des rivières affluentes et des mares qui les avoisinent. Elles ont deux étages, l'un au-dessus de l'eau, l'autre immergé. Les deux étages communiquent ensemble, ce qui permet à l'animal de sortir à son gré par l'une des portes de son habitation, porte toujours placée à l'étage inférieur et sous l'eau. Le compartiment supérieur est divisé en loges, où chaque habitant se fait un lit de mousse qu'il entretient avec la plus scrupuleuse propreté... Les matériaux qui servent à la construction de l'édifice sont le bois, la mousse et la vase. Il gâche la vase, y mêle la mousse et soutient le tout au moyen de morceaux de bois. Quelquefois, il place de petits cailloux dans ce torchis. Les cabanes sont arrondies au sommet et ressemblent assez, de loin, à de grandes ruches[6].»

La chasse au castor se pratique surtout l'hiver. Sitôt qu'on a reconnu une hutte au bord d'un lac, on la décape de sa neige avant de la percer de larges trous. Le castor effrayé fuit à l'étage inférieur. Mais il doit montrer bientôt le nez pour respirer. Alors

Le piège métallique

Le piège métallique, produit de la technologie européenne, fut vraisemblablement introduit en Amérique du Nord par les premiers Européens. Néanmoins, bien que beaucoup utilisé en Nouvelle-Angleterre, on ne le voit guère le long du Saint-Laurent avant 1760. Robert-Lionel Séguin, qui aurait dépouillé un grand nombre de greffes de notaires du régime français, n'en retrouve qu'une douzaine. Et ces pièges sont évalués à bon prix, signe de leur rareté. À vrai dire, jusqu'au début du régime anglais, on capture les animaux à fourrure à l'aide d'attrapes de bois ou de collets. Les quelques pièges retrouvés dans les greffes de notaires de la Nouvelle-France sont dit à renards, à martes et à castors. Ce sont les Anglais qui généraliseront l'usage du piège métallique.

on le harponne ou on le tue au fusil. «C'est dans l'hiver, dit Edward Allan Talbot, lorsque les rivières et les lacs sont gelés, que ces animaux sont détruits en plus grand nombre. Le chasseur, en approchant de leur retraite, fait plusieurs trous dans la glace, à une distance considérable au-dessus de leurs habitations. Alors, en brisant les appartements supérieurs, il parvient à les attirer sous la glace; mais comme ils ne peuvent exister dans l'eau sans reprendre fréquemment leur respiration, ils se montrent par les trous et sont immédiatement percés par des individus postés à cet effet. De cette manière, on en détruit souvent plus d'un cent dans une heure[7].»

On chasse aussi le castor au piège métallique. «Des petites branches de bouleau ou de tremble, piquées au fond de l'eau, servaient d'appât. On plaçait les pièges au pied de ces branches. Pour manger ces feuilles, l'animal devait nécessairement poser ses pattes de derrière au fond du lac et c'est à ce moment qu'il se prenait[8]...» Des chasseurs «tranchent» également le castor et provoquent la noyade. «Il s'agissait de bloquer toutes les issues de la cabane par lesquelles la famille du castor pouvait sortir puis de provoquer l'inondation. Le rongeur, ne pouvant plus monter à la surface pour respirer, se noyait.» Mais cette pratique ne profite qu'une fois. Les vieux chasseurs affirment qu'elle a pour conséquence d'éloigner pour longtemps tous les autres castors à la ronde, s'ils s'en aperçoivent.

Le castor vit bien en société. «C'est un animal très laborieux qui, lorsqu'il est réduit à l'isolement par les chasseurs, va demander à la cabane la plus voisine une hospitalité et une part de travail qui ne lui sont jamais refusées[9].» Mais il se trouve aussi des castors solitaires, par obligation ou autrement. «Le castor isolé existe, écrit de Puyjalon. C'est le castor paresseux! Celui qui, pour une cause ou pour une autre, refuse de prêter son concours aux travaux entrepris par les habitants de la cabane. Lorsque son inaction est constatée, il est expulsé sans pitié et condamné à vivre seul. C'est lui qui habite en toutes saisons les terriers; c'est lui qui 'portage' tout l'hiver à la recherche de sa nourriture, car il ne se fait pas d'"amas" et son imprévoyance semble égaler sa paresse[10].» Plutôt que de paresse, Joseph-Charles Taché parle d'errance. «Les chasseurs appellent 'castor errant' un castor qui, privé de son associé ou de ses compagnons par un accident quelconque, mène une vie complètement solitaire, sans 'chaussée' et par conséquent, sans 'étang', sans 'cabane' et sans 'amas'; il cherche, dans les berges des rivières, dans les tas de bois charroyés par les courants et arrêtés sur les îles ou en travers des ruisseaux, un abri où l'eau pénètre. Ainsi placé seul en un coin, il est facile de voir que les moyens de garde et de fuite sont réduits à peu de choses: d'ailleurs, comme l'habileté d'un chasseur de castor consiste à prendre les uns après les autres ces intéressants animaux, sans alarmer le reste de la troupe, on conçoit pourquoi la capture d'un 'castor errant' n'est pas comptée pour une très grande prouesse[11].»

Quoi qu'il en soit, c'est en hiver que la fourrure du castor est la plus belle. Les poils plus longs qu'à l'habitude et le duvet plus épais lui donnent toute sa qualité. Au 19e siècle, même si le Canada exporte plus de bois et de produits agricoles que de fourrures, le castor continue d'être beaucoup chassé. C'est pour lui que les «voyageurs» partent chaque année pour les Pays d'en Haut. On le chasse tellement qu'il vient tout près de disparaître. Finalement, seule la chute de la demande européenne de fourrure permet de sauver l'espèce.

L'orignal, ou élan d'Amérique

Pour chasser l'orignal, il faut désormais franchir de grandes distances. Dès 1700, il est si rare dans la région de Montréal que sa viande se vend aussi cher que le bœuf. En 1777, deux officiers anglais cantonnés à Batiscan et à Sainte-Anne-de-la-Pérade affirment qu'«il n'y a plus de grandes chasses possibles... près des villages, les habitants ont déjà exterminé le gros gibier aux environs des habitations[12]». En 1825, le voyageur Talbot, de passage le long du Saint-Laurent, prétend que l'orignal «n'y est jamais vu». Bref, depuis le début du régime français, avec le «trappage», les tueries répétées, le déboisement et la colonisation, les orignaux ont fui loin des rives du fleuve. Ils ne sont plus qu'«un

Photo: MTLB.   gibier d'arrière-pays, de terres de colonisation, s'éloignant sans cesse au rythme du peuplement».

On chasse l'orignal surtout l'hiver. Le printemps, l'été et l'automne, quand les eaux sont libres de glace, la bête vit sur le bord des lacs et des rivières, où elle passe ses grandes journées et la plus grande partie de ses nuits à brouter les plantes aquatiques, les pieds dans l'eau, ou à ruminer, allongée dans un sous-bois. Au moment de la canicule, l'orignal s'immerge complètement pour se protéger des moustiques et de la chaleur, «et cela, la nuit aussi bien que le jour». Aux premières neiges, il quitte le bord de l'eau pour les pentes plus sèches, couvertes de buissons, où abondent souvent l'érable de Pennsylvanie et le viorne à feuille d'aulne, appelés précisément «bois d'orignal». De petite taille, donc à bonne portée de la bête, ils présentent des pousses qui résistent bien aux grands froids de l'hiver grâce à leur revêtement cotonneux.

Sitôt qu'il a reconnu son lieu de vie pour l'hiver, l'animal y établit son «ravage». L'endroit est sillonné de sentiers et de litiè-

Photo: MTLB.

res de neige battue. «Les arbustes y sont dénudés de la moitié de leur écorce et de leurs bourgeons, écrit James LeMoine, à une hauteur de dix ou douze pieds, jusqu'où l'animal peut atteindre en se dressant sur ses pieds de derrière; il n'y a généralement qu'un côté de l'écorce endommagé, indice qui sert au chasseur à déterminer par où la bête a passé dans sa course. À mesure que la couche de neige s'épaissit et devient plus laborieuse à fouler, l'orignal restreint le circuit de son ravage et broutera de plus près les branches et les sapinages. La femelle et ses faons font ravage à part, jusqu'à ce que les jeunes aient atteint une année en âge. Les mâles, depuis l'âge de trois à dix ans, font aussi bande à part; les mâles très vieux ont des goûts prononcés pour la solitude, choisissant pour 'ravage' le pic solitaire d'une montagne, ou bien pendant l'été, les bords d'un étang ou encore les rives d'un petit ruisseau ombragé[13].» À la vérité, l'orignal est le moins sociable de tous les cervidés. Il passe toute sa vie plus ou moins seul, sans guère apprécier ses semblables, et devient aigri en vieillissant.

Photo: ANQ, coll. Livernois.

«Les jeunes demeurent avec leur mère pendant la première année, mais celle-ci les chasse à l'approche d'une nouvelle naissance. Au cours des mois qui suivent, ils errent tristement dans les bois jusqu'à ce qu'il se familiarisent avec leur habitat. Il arrive que plusieurs bêtes viandent dans le même pré, sans se soucier les unes des autres. Même en hiver... ce n'est que par nécessité qu'elles se rassemblent à l'intérieur d'un même territoire[14].»

Un groupe de chasseurs qui s'engage dans un ravage, l'hiver, peut arriver à tuer plusieurs orignaux. Ceux-ci sont fort vulnérables. La hauteur des neiges les empêche de bien courir. Raquettes aux pieds, on part à leurs trousses et on les chasse au collet ou au fusil. Ils ont l'oreille fine cependant et l'odorat tout aussi développé. Aussi les attaque-t-on toujours «en se ménageant l'avantage du vent». Jusqu'en 1900, ce mode de chasse à l'orignal est fort populaire; mais on doit bientôt l'abandonner, car de nouveaux règlements publics limitent la saison de chasse à quatre mois, du 1er septembre au 1er janvier.

On chasse l'orignal d'abord pour sa viande, tendre et de bon goût, que l'on dit même avoir des vertus curatives contre l'anémie. Le mufle de l'orignal, tout comme la queue de castor, apprêté de la bonne manière, constitue même un mets de luxe servi à la société raffinée de l'époque. Son cuir résistant se prête bien à la confection de toiles ou de vêtements. On fabrique aussi des mitaines, des mocassins et des sacs à feu en peau d'orignal. Les larges lanières de cuir servent de traits pour les traînes sauvages, et les lacets — la «babiche» — pour foncer les raquettes.

Il arrive parfois qu'on capture de jeunes orignaux errant dans les bois. Pour peu qu'on y mette de la douceur, ils se laissent apprivoiser et acceptent bientôt de porter l'attelage. Il est de ces hommes de bois qui, aux limites du peuplement, étonnent les curieux en se présentant au village avec une voiture tirée par un orignal. «Mais il faut se garder de les insulter ou de les maltraiter, car ils sont vindicatifs.» À l'époque du rut, ils peuvent être dangereux, et ils deviennent plus farouches en vieillissant.

Le petit poisson des chenaux

Il est facile aussi de pêcher, l'hiver. Il suffit de percer un trou dans la glace du fleuve ou d'une rivière et d'y introduire un hameçon appâté, pour prendre les mêmes variétés de poissons d'eau douce que l'on attrape en d'autres saisons. Et certains poissons, comme le brochet, la lotte et le catostome, sont nettement plus savoureux l'hiver.

Le lac Saint-Pierre est l'un des lieux de pêche les plus fréquentés en hiver. Les multiples chenaux qui s'y trouvent regorgent de brochets, de maskinongés et d'achigans. En 1754, dans son *État présent du Canada*, le commerçant et seigneur Nicolas-Gaspard Boucault affirme qu'il s'y pêche en hiver «des poissons d'une beauté sans pareille», longs parfois de cinq pieds[15]. Par ailleurs, un autre témoin raconte qu'«en hiver, des cultivateurs allaient camper sur les chenaux du lac Saint-Pierre où, après avoir creusé des trous dans la glace, ils faisaient la pêche au petit poisson blanc[16]». Sitôt pris, le poisson est jeté sur la glace, où il gèle rapidement, puis chargé «sur une traîne comme du bois de corde qu'ils apportent dans les marchés des villes». Certains habitants font aussi du porte à porte pour vendre le surplus de leur pêche.

En face de Trois-Rivières, on pêche également la lotte, aussi appelée loche, selon une vieille méthode apprise aux colons français par les Algonquins. «Pour la prendre on coupe la glace par petits trous, à une verge de distance les uns des autres, dans le sens du fil de l'eau. Une corde à laquelle sont suspendues de

Les chevaux n'ont pas de prise sur la glace vive (MTLB).

courtes lignes garnies d'hameçons est enfilée sous l'eau, de la première ouverture à la dernière, et ses deux bouts réunis par dessus la glace forment une chaîne sans fin. Le poisson approche de la lumière du jour, qui brille par ces sortes d'yeux ouverts, aperçoit les appâts, mord et se trouve pris. De deux heures en deux heures un homme ou un enfant relève la corde en la faisant glisser comme une courroie sur ses poulies; et à mesure que le poisson se présente au bout des lignes, on le décroche, on pose un autre appât pour une nouvelle victime. La loche est excellente à manger surtout si elle est frappée par la gelée en sortant de l'eau. Celle que l'on prend l'été ne vaut guère[17].» Mais la pêche d'hiver la plus attendue est sans doute celle du «poisson des chenaux», aussi appelé loche, poulamon, petite morue, poisson des Trois-Rivières ou poisson de Noël. Ce petit poisson, dont la longueur maximale atteint 30 centimètres, revient annuellement frayer sur les fonds sablonneux, là où la marée cesse de se faire sentir. On ne sait trop où il vit. Les spécialistes affirment qu'il s'agit d'une espèce unique à l'est de l'Amérique du Nord, fréquentant les eaux du golfe Saint-Laurent et de l'Atlantique, depuis la côte du Labrador jusqu'à celle de la Virginie. Quand arrive le temps des Fêtes, c'est par milliers qu'il remonte le fleuve. Au 19e siècle, il se rend jusqu'au lac Saint-Pierre. Mais les pêches les plus abondantes se pratiquent à l'embouchure de la rivière Saint-Maurice et à la hauteur du Cap-de-la-Madeleine et de Champlain.

«Entre Noël et le Jour de l'An, si les bordages ont bonne mine, les pêcheurs s'apprêtent à tendre. Il faut voir l'ardeur qu'ils y mettent. L'activité se communique de proche en proche, se fait grande partout. Ici, on fait les 'claies', là les 'rigoles'. Plus loin, on transporte cabanes, coffres, bois, poêles, pelles et râteaux. L'entrain devient intense, irrésistible même à plusieurs des plus rebutés... Déjà les 'claies' sont assemblées, cointées, garnies de sapin, les ailerons et les coffres sont réparés. C'est bientôt le moment de 'tendre'. Les rigoles et les ouvertures, qu'il faut pratiquer à cet effet dans la glace des bordages, commencent à se dessiner. Les agissements précipités des pêcheurs, leurs va-et-vient incessants indiquent que bientôt tout sera mis en place et qu'on aura sous les yeux une place de pêche, ou si l'on veut, une 'barricade'[18]...»

De Trois-Rivières à Champlain, on pêche le «petit-poisson» au coffre, alors que, de Batiscan à Deschambault, on le prend à la ligne, appâtée de foie de porc. «Le pêcheur établit un cabanage sur la glace... Il pratique une ouverture qui a la forme d'un carré allongé, mesurant huit pieds dans sa longueur. Par cette bouche, il enfonce ce qu'il appelle un 'coffre', sorte de grande boîte formée de rêts tendus sur une mince carcasse de bois. L'appareil est ouvert par le bout qui doit recevoir le poisson. Celui-ci re-montant le fil de l'eau en masses très pressées, s'engouffre sans hésitation dans l'impasse ou coffre et s'y empile faute de trouver passage plus loin. Lorsque le pêcheur juge que la nasse ou varvau (car c'est tout cela ensemble) est chargée, il la lève par le bout et verse sur la glace un ou deux minots de ces petits êtres, qui frétillent, se tortillent, bondissent, font le saut de carpe, tournoient, s'entrecroisent, et luttent contre la mort en se jetant de tous côtés. L'air atmosphérique finit par en avoir raison. Le froid les raidit dans la pose qu'ils ont en expirant. Rien de plus pittoresque. Les uns tordus et repliés sur eux-mêmes, les autres enlacés et formant des chaînes ou des groupes fantaisistes. Ramassés à la pelle, on en charge des voitures entourées de planchcs, c'est ainsi qu'ils arrivent chez le commerçant[19].»

Mais la pêche au poisson des chenaux n'est pas un travail de tout repos. Plus souvent qu'autrement on passe la nuit debout, car le poisson n'est jamais aussi abondant qu'à ce moment-là. De plus, il faut se battre avec le frasil, ces «cristaux de glace très ténus,

Photo: MTLB.

qui s'attachent au coffre et à tout objet plongé dans l'eau». «Il a
la consistance d'une marmelade de pommes. Plus il fait froid,
plus il y a de frasil. Avec le temps, il s'accumule en si grand amas
autour des objets qui sont au fond de l'eau, qu'il les soulève et les
transporte au loin. On l'a vu enlever et charrier des roches de
plusieurs cents livres, voire même des ancres d'un poids considérable. Si le temps s'adoucit, le frasil diminue graduellement pour
disparaître tout à fait, si le thermomètre vient à zéro ou au-dessus
de zéro. Le frasil est le cauchemar des pêcheurs. D'un coup à
l'autre lorsqu'il surabonde, il charge tellement le coffre que deux

hommes ont peine à le sortir de l'eau[20].» Sans compter que le poisson refuse de s'engager dans un contenant qui lui semble sans issue. Par temps froid, donc, on craint le frasil; mais par temps doux, on craint le dégel. Alors les «bordages» risquent de se défaire, la glace de se disloquer et les cabanes de partir à la dérive. De cette manière, des pêcheurs sont venus bien près de perdre la vie.

Toutefois, «à la cabane, il fait bon vivre, quand le poêle est chaud et que les pêcheurs ne fument pas plus que de raison». Et les pêches sont «quasi miraculeuses». «Ce que l'on retire du Saint-Maurice durant sa courte visite est incroyable. Au mois de janvier 1853, raconte le journaliste Benjamin Sulte, j'ai vu Théophile Pratte en prendre quatre cents minots en quatre-vingts heures[21].» Commencée au jour de l'An, la pêche bat son plein durant les trois premières semaines de l'année. «Elle finit vers le 24 janvier ordinairement par une tempête.»

Le petit poisson des chenaux est gardé dehors, au froid. Certains l'enfouissent dans la neige; mais on prend garde de ne pas l'enterrer trop profondément de peur qu'il ne dégèle. Sans compter qu'on risque de le perdre de cette manière; des bêtes rôdent souvent, la nuit, autour de la maison et peuvent découvrir la cache.

En janvier, ce poisson constitue un mets de choix pour les populations habitant les rives du Saint-Laurent. On le fait généralement frire dans la poêle avec du lard salé. À Saint-Barthélemy, on le prépare sous forme de bouillabaisse, avec des cubes de lard salé, des pommes de terre et les assaisonnements voulus. Le meilleur mode de cuisson du poisson des chenaux, selon Sulte, est à l'étouffée. «On place dans le chaudron un rang de tranches minces de pommes de terre. Par dessus un rang de poisson, le tout saupoudré d'oignon en miettes et d'épices. Encore un rang de tranches de poisson, d'épices. Encore la même chose. Ajoutez de l'eau en suffisance, couvrez bien clos et au feu! C'est l'étouffée classique. Les tranches s'imprègnent du jus du poisson et des condiments[22].»

Les veillées

Dans la vallée du Saint-Laurent, on ne fête pas à proprement parler le carnaval. Du moins évite-t-on les grandes manifestations publiques en plein air, comme celles qui se déroulent en Europe. Sans doute le climat y est-il pour quelque chose. On préfère fêter bien au chaud, et des Rois jusqu'au Carême chaque soirée «que le bon Dieu amène» est le prétexte pour une veillée. La saison d'ailleurs s'y prête bien. Comme le travail de la ferme se réduit presque à rien, on en profite pour s'amuser. «Lorsqu'on a passé un hiver en ce pays, écrit l'Irlandais Isaac Weld en 1799, on commence à ne plus tant redouter la rigueur de cette saison; et quant aux Canadiens, il la préfèrent à toutes les autres. C'est pour eux le temps du repos et des plaisirs. Dès que les neiges sont tombées et qu'un froid clair et piquant a succédé aux brouillards épais et humides, toutes les affaires et tous les travaux sont mis de côté; chacun ne songe qu'au plaisir. Les festins, les visites, les assemblées, les parties de musique, de danse, de jeu, emploient tout le temps et fixent l'attention du riche comme du pauvre, des jeunes comme des vieux, en un mot des habitants de tout état, de tout âge, de tout sexe[1].»

Les territoires de colonisation n'échappent pas non plus à la règle de la veillée. Dans les Bois-Francs, par exemple, «il se passait rarement une journée, surtout en hiver, sans qu'il y eût une veillée à quelque endroit et à propos de n'importe quoi, et souvent à propos de rien du tout. On avait l'habitude de donner chacun son repas. On commençait ordinairement à Noël et on finissait au mardi gras. Tout le temps du carnaval, ce n'était ni plus ni moins qu'une succession de soupers, d'un voisin à l'autre... Les visiteurs — les 'veilleux' comme on disait alors — arrivaient par charges, à travers les sentiers de bois, sur des 'bob-sleighs' ou des 'swiss'. À l'arrivée de chaque visiteur, c'étaient des embrassades, des poignées de main et des cris de joie. Les lits s'encombraient de vêtements; on entassait sur la table dressée dans l'unique appartement qui formait ces résidences, les rôtis de porc frais, les chaudronnées de fricot, les pâtés à la viande[2].»

Les veillées de danse

On se réunit bien sûr pour manger, mais surtout pour veiller. Et les veillées les plus populaires sont les veillées de danse. «Quelle race de danseurs!», s'écrie l'Anglaise Bella Fermor. Tous, du plus jeune au plus vieux, du seigneur jusqu'à l'engagé, «sont remarquablement fous de la danse[3]». Les habitants de Saint-Irénée-de-Charlevoix, par exemple, auraient passé leurs nuits à danser, n'eût été l'opposition du curé de la paroisse[4]. La danse grise les populations. Bien sûr, des curés et même des évêques vont jusqu'à l'interdire. Mais il semble bien qu'on passe outre, du moins durant la première moitié du 19e siècle. En 1830, par exemple, le curé de Saint-Jean-de-l'île-d'Orléans, l'abbé Antoine Gosselin, écrit à son évêque qu'avec la grâce de Dieu il est parvenu «à

«La danse chez Batissette Auger» d'Henri Julien.

supprimer les bals et danses publiques; mais ajoute-t-il, on s'échappe dans des petites veillées assez fréquentes en hyver[5]».

On danse de tout; tant un vieux cotillon français endiablé qu'une danse «anglaise» fraîchement apprise des Irlandais ou des Écossais. La danse ne connaît pas de frontières linguistiques, et il semble qu'après 1760 les Canadiens ne se soient pas fait prier pour adopter de nouvelles danses. La danse aurait peut-être même été la première tête de pont entre eux et les nouveaux arrivants. Parfois les genres s'entremêlent. Les gigues simples et doubles, anglaises ou irlandaises, s'apparentent aux «reels» écossais, du moins quant à la musique qui les accompagne.

Pour certaines danses, les danseurs eux-mêmes crient les figures qu'ils doivent exécuter; pour d'autres, on recourt au «câleur». La gigue, elle, ne supporte pas de cris, sauf les manifestations d'encouragement de ceux qui regardent. Différente des autres danses, elle est avant tout une performance individuelle, soit théâtrale, soit plus simplement démonstrative. Le bon gigueur se tient droit et rigide, les bras disposés le long du corps, la tête légèrement inclinée vers l'arrière, et les yeux à demi fermés. Il rythme la danse en frappant fortement le plancher du pied. Lorsqu'il n'arrive pas à se faire entendre à cause du bruit ambiant, il invite quelqu'un à l'accompagner au moyen de cuillers d'étain. Frappées l'une sur l'autre, celles-ci produisent un son franc et percutant qui d'emblée s'impose.

Mais l'instrument de musique préféré est le violon. «Il était partout, au village, dans les rangs et jusque dans les concessions les plus éloignées[6].» Dans certains cas, c'est un violon acheté en magasin; dans d'autres, un instrument fait maison. Une citoyenne de Saint-Irénée-de-Charlevoix raconte que son frère se faisait luthier à l'occasion. «Son violon, dit-elle, était bien tourné. Seulement il n'avait pas un beau son. Il était un petit peu trop épais. Mon frère n'avait pas le bois qu'il fallait. Il faisait ses cordes avec de la tripe de chat, de la tripe qu'il grattait, étirait, tordait et tendait sur quelque chose. À part la corde en métal, il faisait toutes ses cordes comme ça. Je ne sais pas où il avait pris cette idée. Il faisait son archet en bois et en crin de queue de cheval. Il prenait modèle sur un violon et un archet achetés[7].»

On a tous les égards pour le «violoneux», car «s'il faut des danseurs pour la danse, il faut un violoneux pour faire danser». Au sortir de l'église, par exemple, lorsqu'on forme le cortège après une cérémonie de mariage, le violoneux occupe la troisième voiture, précédé seulement des nouveaux mariés, de la fille et du garçon d'honneur. Pour les veillées, l'hiver, il est l'invité du

«Une veillée d'autrefois»
d'E.-J. Massicotte (OFQ).

maître de maison, moyennant rémunération, bien entendu. «Fidèle
à son engagement, il arrivait portant gravement sous le bras, et
précieusement enveloppé dans un mouchoir de poche, l'instrument désiré. Sous le doigt exercé qui les met d'accord, tour à tour
les cordes vibrent pendant que les clefs tournent en criant...
L'archet, que la résine a rendu agaçant, commence à se promener
légèrement de la chanterelle à la grosse corde, en caressant la
seconde et la troisième, comme pour essayer ses forces[8].» Le
musicien se prépare. Quelqu'un d'avisé lui «paye la traite», histoire de lui «donner du bras».

Les danseurs trépignent, mais ils ne perdent rien pour attendre. Évidemment, tous ne pourront danser en même temps; la
salle commune n'est pas assez grande. On se relaiera donc. Tout
à coup, sans crier gare, le violoneux attaque une première pièce
musicale, vive et entraînante. Il n'en fallait pas plus. La sauterie
est commencée. On s'en donne à cœur joie. «Là où il y a de la
gêne, il n'y a pas de plaisir.» Un bon violoneux tape du pied,
«sans cela, le danseur ne se sent pas poussé, soutenu». La fête
dure une partie de la nuit. Le rhum a bon goût. Tantôt on chante

pour permettre un repos au violoneux; tantôt on danse. Un air n'attend pas l'autre. Le musicien a réponse à toutes les demandes. Finalement, tard dans la nuit, il se rend, avec la dernière corde de son violon ou le dernier crin de son archet.

Là où on ne dispose pas de violon, on prend la guimbarde, appelée «trompe» dans la région de Montréal et «bombarde» partout ailleurs. On tire de ce petit instrument porté à la bouche tous les rythmes de danse habituels. Faute de violon et de guimbarde, on arrive encore à danser en sifflant les airs ou en les chantant. «On 's'apointissait le bec', raconte un témoin, et on dansait 'sur le siffle'.» Un autre ajoute: «On dansait 'sur le gargoton', on dansait 'sur la gueule', je veux dire, on chantait les airs[9]».

Les veillées de chants

Certaines veillées, d'ailleurs, se passent entièrement à chanter. C'est à qui en trouverait une meilleure. «Envoyez! Il y a encore de l'huile dans le fanal!» «Le nombre de chansons alors chantées était extraordinaire; il y en avait pour toutes les circonstances, tous les sentiments et presque toutes les différentes nuances d'intensité de sentiments. Souvent les amoureux se contaient fleurette au moyen de chansons. Si un garçon était invité à chanter et

La chanson de mensonges

Dans les veillées de chants, on ne déteste pas la chanson de mensonges. «Pour être à point et bien venu, écrit E.-Z. Massicotte, un morceau de ce genre devait présenter des faits impossibles. Plus les assertions étaient absurdes, plus les gens s'amusaient.» En voici une de 1840, «chantée par un nommé Champagne, cultivateur de Sainte-Rose, milicien de 1812».

J'ai vu passer trois corbeaux,
Qui chantaient des airs nouveaux,
Qui chantaient toute la nuit,
Sur le mat d'un navire,
Qui chantaient toute la nuit,
Sans pouvoir s'étourdir-e.

Une saut'rell' bien greyée,
Qui les regardait danser,
Elle est tombé d'haut en bas,
S'est cassé la cervelle,
Elle est mort' pour le certain,
J'ai ai su la nouvelle.

Un caross' bien agreyé,
Quatr' crapauds pour le mener,
Un ouaouaron frisé, poudré,
Qui est dans ce carosse,
Un' fourmi à son côté,
Je crois qu'ils vont aux noces.

Il avait pour son laquais,
Un gros taon qui marmottait,
Il avait pour son cocher,
Un maringouin d'automne,
Qui sacrait comm' un char'tier,
Encor, faisait-il l'homme.

J'ai vu au pied d'un sapin,
Une carpe avec un lapin,
Qui se tenaient par la main,
C'est pour monter sans doute?
Je crois qu'ils vont dénicher,
Un gros nid de grenouilles.

J'ai vu passer la rivière,
Par dessus trois grands clochers,
Trois bateaux en quantité,
Tous chargés de citrouilles,
Je crois qu'ils vont mener c'là,
Aux gens de Vir-l'andouille.

J'ai vu le vingt cinq de mai,
Sur la glace, un gros bélier,
Qui fricassait des oignons,
Avec des p'lott' de neige,
Dans l'oreille d'un pigeon,
Ou sur le dos d'un lièvre.

E.-Z. Massicotte, «Les chansons de mensonges», *BRH*, 36 (1930): 138-140.

avait sur le cœur quelque chose, il chantait une chanson appropriée. L'amoureux ou le rival concerné ne manquait pas de répondre par une autre chanson à la première occasion. Tout le monde chantait à tour de rôle, naturellement et sans apprêts[10].»

Le répertoire de contes, de chants et de chansons connus est alors si riche qu'on parle de l'«âge d'or de la littérature orale au Canada». Parmi les chants, on retrouve des ballades, des complaintes, des récits et des lais. Les chansons, elles, sont sans nombre. Lorsqu'on se retrouve à plusieurs, les «chansons à répons» sont les plus populaires. «Ces pièces dramatiques, dont quelques-unes ressemblent à des vaudevilles, sont des dialogues chantés par deux exécutants qui se tiennent en face l'un de l'autre, debout, au milieu d'un rassemblement[11].»

Les veillées de contes

Parfois on se rend veiller chez quelqu'un pour écouter un conteur. «Dès qu'une veillée de contes avait lieu quelque part, les parents, les amis, les voisins accouraient aussitôt. On avait hâte d'écouter ceux qui savaient dire des 'histoires' remplies de scènes gaies ou navrantes, agrémentées de péripéties extraordinaires et d'aventures prodigieuses, mais qui se terminaient toujours par la défaite des méchants et la victoire des bons[12].»

Le conteur invité habite souvent la paroisse ou la localité voisine. Certains viennent de loin et gagnent en partie leur vie à conter. Peut-être est-ce plutôt un quêteux, à la faconde intarissable, qui paie son écot de cette manière. À moins qu'il ne s'agisse du vieil oncle de retour d'un pays étranger. Chose certaine, le vrai conteur possède un répertoire. Avant de se rendre conter, il se remet les contes en mémoire et répète, comme un comédien, ses effets, ses silences et ses montées de timbre.

Partout où il passe, on le reçoit avec beaucoup de respect. On admire ceux qui font preuve d'un belle maîtrise de la langue parlée. Le conteur s'installe au mitan de la place. La performance qu'il s'apprête à donner peut durer des heures. Il saura bien sûr s'accommoder de l'enfant «rechigneux», tournera même l'incident à son avantage; mais il prévient les assistants de se garder de l'interrompre, de peur de briser ses effets. Bien entendu, une fois le conte terminé, il permettra volontiers à chacun de lui poser des questions.

Puis il attaque. Les bavards sont poliment rappelés à l'ordre. Tel qu'entendu, c'est le conteur «qui a le crachoir». Prière de se

«Une veillée de contes dans une maison d'habitant» d'Henri Julien (Almanach, 1898).

taire. Le conteur doit se livrer à une véritable opération de charme. Foncièrement gai, possédant un sens du récit, prompt à la riposte amusante, il y va d'expressions justes et très colorées. Sur son banc, il bouge beaucoup, dramatise à outrance et reprend en les accentuant les gestes de ses personnages. Bientôt l'assistance, dépaysée, plongée dans un monde imaginaire où la fatalité n'a plus cours, se laisse emporter par le récit. Le conteur tient son auditoire. Doué d'une voix entraînée, qu'il assouplit volontiers d'un petit verre de rhum, il n'hésite pas à l'occasion à y aller d'une complainte, qu'il reprend périodiquement. Cela a son effet.

Puis, lentement, après s'être permis les plus surprenantes digressions, le conteur amène la fin. Sa chemise de chanvre est noire de sueur. On demeure un instant béat. Le maître de maison le remercie et de nouveau lui «paye la traite». Tous boivent à sa santé. On espère bientôt le réentendre. Ce soir-là, les enfants vont au lit, de nouvelles images plein la tête.

Ainsi donc, durant l'hiver, des Rois jusqu'au Carême, une veillée n'attend pas l'autre. Chaque famille offre la sienne et assiste aux autres. Mais les soirées ne sont pas toutes trépidantes. Souvent, on se réunit simplement pour «jaser», «placoter». En ce

Scène de la vie quotidienne à Place-Royale, à Québec. Aquarelle de J. P. Cockburn (ROM).

L'hiver en ville

En 1818, le voyageur J.M. Duncan séjourne à Montréal. Il décrit un hiver passé en ville:

Quant à la société et au genre de vie de cette ville, il est possible que les étrangers qui en parlent ne soient pas d'accord entre eux. Quiconque aime la bonne chère, les cartes, la danse, la musique et la joie, s'y trouvera parfaitement bien, et pourra satisfaire ses goûts. Si, au contraire, on recherche la société des hommes instruits, on aura, je le crains, de la peine à rencontrer ce qui convient; si enfin on est d'un caractère grave et porté aux entretiens religieux, on sera encore plus au dépourvu. Je fus surtout frappé de l'ardeur avec laquelle on se livre aux jeux de cartes et de dés; ces passe-temps semblent être l'unique ressource dans les réunions du soir, lorsqu'elles n'ont pas lieu expressément pour danser. Je serais ingrat si je ne rendais pas un éclatant témoignage aux habitans de Montréal, pour leur hospitalité et pour les attentions pleines de bonté dont ils comblent un étranger; mais, à moins qu'un voyageur ne soit disposé à prendre part à leurs divertissemens, il doit s'attendre à paraître quelquefois un peu singulier, lorsqu'il est en compagnie.

J.M. Duncan, dans E.A. Talbot, *Cinq années de séjour au Canada*, 3 (1825): 72 s.

cas, il n'y a pas de repas. Les invités s'amènent de bonne heure après le souper. «Ce soir, ce seront les Bouffard, les Baillargeon, les Gagnon; un autre soir, les Lemelin, les Roy et les Dion[13].» Les femmes apportent leur tricot. Le père répare une paire de bottes. Le poêle chauffe à plein. On fume une pipe. On commente les derniers événements: les grands froids des derniers jours, la maladie du père Lapierre, le mariage du petit Laliberté, l'incendie de la grange de Jos Breton. «Il va bien falloir faire un 'bi' pour le r'bâtir!» Un fort vent de «noroua» se plaint dans la cheminée. «Une p'tite partie d'cartes, Madame Côté?» Et la mère tire la table, approche la chandelle, prend place pour jouer au quatre-sept, à la crêpe, au gros-major ou à la brisque. Malheur à elle si elle fait «vilaine» ou «capot»; le fils à Antoine lui «renotera». Deux autres sortent le jeu de dames. Et la veillée se passe ainsi, beaucoup plus calme que les précédentes.

La consommation d'alcool

Mais, tranquilles ou non, les veillées sont l'occasion de boire, de boire beaucoup; tous les documents le confirment. Les Canadiens prennent un coup solide, surtout dans les veillées et lors des voyages à la ville. «C'est alors, écrit Nicolas-Gaspard Boisseau, que vous les rencontrez couchés dans leur voiture et laissant aller

Mascarade sur glace à l'aréna Victoria de Québec (ANQ, coll. initiale).

* Le Bas-Canada compte alors environ 300 000 habitants.

leurs chevaux qui les conduisent à demi-mort de boisson et toujours sans accident à la porte de leur maison[14].» Le voyageur John Lambert confirme cette assertion. «Ils aiment, dit-il, cette boisson pernicieuse, et il leur arrive souvent de se saouler quand ils viennent vendre leurs produits au marché de la ville[15].»

Comme en Hollande et en Angleterre, on boit surtout du rhum et de la «guildive», un rhum de moindre qualité appelé aussi «tafia». «C'est le baume... censé adoucir tous les maux[16].» En 1806, on en importe 380 000 gallons; en 1808, 450 000; en 1810, 726 000[17]*. La plupart gardent à la maison une tonne de rhum de la Jamaïque qu'ils renouvellent lorsqu'elle est vide. Le père et l'aîné de ses fils prennent quotidiennement trois ou quatre coups de rhum, «car il faut qu'ils aient quelque chose de même, et la femme aussi, à moins que la famille ne soit dans la dernière misère; et, si en six semaines ils ne consomment pas leur gallon et demi, ils sont bien sobres; s'ils consomment plus, ils sont des ivrognes[18]». Un historien de Kamouraska raconte qu'en

faisant l'inventaire de leur magasin, le propriétaire et ses assistants ont bu 28 des 80 gallons de rhum qui s'y trouvaient[19]. Outre le rhum, on boit aussi des vins rouges, forts en alcool, venant d'Espagne, de Sicile et du Portugal, que l'on appelle «cuir noir».

Mais certains citoyens réagissent de temps à autre. En 1808, l'un d'eux y va d'une dénonciation prudente mais ferme. «J'ai été frappé d'étonnement, écrit-il, en apprenant de science certaine que dans deux paroisses situées vis-à-vis l'une de l'autre, il y a quelques années, il s'était débité pendant le cours d'une seule plus de cent vingt tonnes de Rhum ou eau-de-vie des Îles. La consommation n'en a guère diminué depuis. Il y a peu de charretiers ou autres gens de travail dans les Villes de Québec ou de Montréal, sauf les exceptions, je ne prétends attaquer personne en particulier, qui ne dépensent tous les mois à l'auberge à peu près deux fois autant qu'il faudrait pour fournir aux frais de l'éducation de leurs enfants, dont l'esprit reste sans culture... On dit que les amis d'un homme qui en ville aspirait à la faveur du peuple et voulait en obtenir les suffrages, lui représentèrent qu'il n'était pas assez connu pour obtenir les succès qu'il se promettait de ses démarches. Bon, répondit-il, avec un jambon trempé dans

L'auberge Neptune à Québec, lieu de rencontre favori des marchands, qui y fondent le Merchants' Exchange *en 1816. La figure de proue qui orne la devanture de l'édifice proviendrait du navire* Neptune *échoué à l'île d'Anticosti vers 1817. Aquarelle de J. P. Cockburn, 1830 (ANQ).*

du rhum, je puis faire courir tous les Canadiens à ma suite... Ces vérités ne sont pas flatteuses, elles sont cruelles. Si j'ai tort, qu'on me démente. Je me trouverais heureux d'être détrompé. Personne ne rend plus de justice que moi à mes concitoyens. Les crimes sont rares ici, beaucoup de ceux qui déshonorent fréquemment d'autres pays sont inconnus parmi nous. Mais il y a de fortes ombres dans ce tableau, l'ignorance et dans beaucoup de particuliers ce goût effréné pour la boisson, il faudrait les faire disparaître[20].»

Dans certaines paroisses, des curés refusent l'absoute aux personnes décédées en état d'ivresse. «Dans l'hiver [de 1808], écrit l'un d'eux, il arriva un de ces accidents funestes, que Dieu permet quelquefois pour inspirer une crainte salutaire à ceux qui en sont témoins. Un nommé Joseph Labécasse, français d'origine et ivrogne déterminé, fut trouvé mort gelé sur le chemin qui conduisait à sa demeure, au village Saint-Joseph. Sa bouteille, compagne inséparable de tous ses voyages et de toutes ses démarches, fut trouvée à ses côtés. Il fut enterré à la porte du cimetière, sans aucune cérémonie religieuse[21].»

En 1831, quand le curé de Cap-Santé se livre à un portrait moral de ses paroissiens, il doit reconnaître l'alcoolisme d'un grand nombre. «Il y a des ivrognes dans la paroisse, constate-t-il; cependant le nombre, quoique toujours plus grand, n'est pas excessif, et tel qu'on aurait lieu de le soupçonner d'après la population et le nombre de cabarets. Ce qu'il y a de plus, ce sont les hommes puissants à boire, des hommes qui ne passent pas pour ivrognes, parce qu'ils ne boivent pas habituellement, et que lors même qu'ils boivent ce n'est pas jusqu'aux derniers excès et jusqu'à perdre la raison. Ce sont pourtant des personnes qui aiment trop la boisson, et qui dans l'occasion en font un usage que la raison et que la religion réprouvent également. Or le nombre de cet ordre de personnes n'est pas médiocre, et il se compose peut être plus de jeunes gens que de personnes avancées en âge. Quelle triste perspective pour l'avenir[22]!»

Dans les années 1830, de nouvelles boissons commencent à concurrencer le rhum et le vin. À la ville, on boit de plus en plus de bière, une bière de type «ale», forte en alcool. Par contre, à la campagne, le whisky, plus économique et de fabrication plus facile que le rhum, gagne des adeptes. Des journaux encouragent d'ailleurs les habitants à délaisser le rhum au profit du whisky. Petit à petit, on verra surgir ici et là des alambics dont on tirera le whisky fait maison, appelé «bagosse», «boucane» ou «clair de lune».

Des membres du clergé s'alarment à leur tour. À compter de

Deux buveurs se souhaitent la bonne année. Œuvre d'Henri Julien (Album, 1916).

1839, de grands prédicateurs, au verbe imagé et au ton convain-cant, comme l'évêque français de Nancy, Mgr de Forbin-Janson, et l'abbé Charles Chiniquy, parcourent les paroisses de la vallée du Saint-Laurent pour demander rien de moins que l'abstinence. En 1842, le curé de Saint-Denis-de-Kamouraska, l'abbé Édouard Quertier, fonde la Société de tempérance, dite de la Croix noire. Les nouveaux croisés font serment d'observer l'abstinence et accrochent la croix de tempérance, une croix noire et nue, à un mur de la maison. Les campagnes portent fruit. Bientôt, plusieurs foyers arborent cette croix. On note une diminution de la con-sommation d'alcool. De manière générale, de 1840 à 1850, un retournement s'opère en faveur du clergé et la pratique religieuse se raffermit. En revanche, on ne voit pas disparaître pour autant le goût pour l'alcool. En 1861, le consul de France à New York, de passage à Saint-Irénée, signale qu'«il est malheureusement à regretter que les réunions de ce genre [les veillées] servent de prétexte à des actes d'intempérance, dont les auteurs sont du reste punis les premiers par les accidents dont ils deviennent les victimes[23]».

Mais la situation n'est pas particulière à la vallée du Saint-Laurent. À la même époque, des voyageurs, de passage dans le Haut-Canada, rapportent que là aussi on boit beaucoup. L'Europe, elle, boit plus que jamais. Selon l'historien français Fernand Braudel, elle trouve dans l'alcool «un des excitants quotidiens, des calories à bon compte, sûrement un luxe d'accès facile, aux conséquences brutales[24]». En Angleterre, de 1828 à 1854, le gouvernement doit adopter quatre lois pour réduire la consommation d'alcool. En Irlande, de 1839 à 1845, Father Matthew mène de grandes campagnes en faveur de la tempérance, ce qui provoque, semble-t-il, une baisse de 23% de la consommation d'alcool[25].

La consommation de tabac

Au 19e siècle, dans la vallée du Saint-Laurent, si on mène des campagnes contre l'alcool, on ne dit mot du tabac. Et pourtant on fume beaucoup. L'habitude remonte au régime français. Rapidement, on apprit alors des Hurons et des Iroquois à cultiver le tabac à fleurs jaunes, une plante sauvage originaire du sud-ouest des États-Unis. En 1672, le ministre français Jean-Baptiste Colbert s'oppose à la culture du tabac dans la vallée du Saint-Laurent. «Le pays, dit-il, a beaucoup plus besoin de tout ce qui peut porter les habitants au commerce et à la navigation, aux pêches sédentaires et aux manufactures[26].» En 1676, un règlement de police défend de consommer du tabac dans la rue. Mais cette interdiction demeure sans effet; le tabac est de plus en plus populaire chez les hommes comme chez les femmes, auprès des adultes comme des enfants. On fume, on chique et on prise.

En 1766, l'Anglaise Bella Fermor écrit qu'«un des grands plaisirs du peuple est de fumer». «C'est une chose curieuse que de voir des petits garçons de trois ou quatre ans, assis sur leur porte, la pipe à la bouche, et fumant aussi tranquillement et avec autant de gravité que leurs grands'pères[27].» En 1789, l'officier Thomas Anburey confirme ces dires. «Ils vont toujours la pipe à la bouche, écrit-il, une habitude qu'ils contractent dès leur plus tendre enfance. En me rendant dans une de leurs demeures, dans une famille nombreuse, tous les garçons fumaient, du plus jeune jusqu'au père. Un enfant de trois ans avait la pipe à la bouche[28].»

Détail d'une danse. Dessin d'Henri Julien.

«Un Canadien, raconte le voyageur irlandais Isaac Weld, qu'il soit à l'aviron ou à la charrue, à pied ou à cheval, est à peine un moment sans sa pipe à la bouche. C'est pour eux une occupation tellement dominante qu'ils ont coutume de mesurer la distance d'un lieu à un autre, par le temps que prend le tabac à brûler dans leur pipe. Quand ils disent que tel lieu est éloigné de trois pipes, entendez par là que, pendant que vous accomplirez le trajet, vous aurez le temps de fumer trois pipes à tabac[29].» John Lambert, lui, affirme que le Canadien va la pipe à la bouche du matin au soir. Il est même, selon lui, un plus grand fumeur que le Hollandais, pourtant réputé le plus grand fumeur de l'époque.

Mais tout comme pour l'alcool, cette rage pour le tabac n'est pas particulière aux habitants de la vallée du Saint-Laurent. Au début du 19e siècle, le tabac est même devenu d'un usage universel. La plante, note Fernand Braudel, «possède une grande souplesse d'adaptation à l'égard des climats et des sols les plus divers, et un lopin de terre suffit à assurer une récolte profitable[30]». En 1818, l'abbé de Courval, un botaniste, affirme que le tabac est la seule plante à s'être répandue aussi rapidement sur la terre. «Sorti de l'Amérique vers le seizième siècle seulement, écrit-il, il a depuis longtemps envahi les trois parties de l'ancien monde. Le Riz, le Froment, le Blé sarrasin, etc., plantes de première nécessité et beaucoup plus anciennement connues, se partagent à peine les peuples de la terre, et le Tabac, d'un besoin factice et d'un usage souvent dangereux, a réuni tous les suffrages. Le Chinois, l'Arabe, le Tartare, l'Européen ont cru augmenter leurs jouissances en usant du Tabac, et l'aversion qu'il inspire au premier abord ne les a pas rebutés. Lorsque cette plante fut connue en Europe, elle occasionna une guerre parmi les docteurs. Les uns la prescrivoient comme pernicieuse, et d'autres s'en déclaroient les panégyristes. Mais ces disputes n'avoient pas de suites funestes. Après avoir beaucoup disputé, chacun s'en tenoit à son premier avis, comme c'est l'usage. En Turquie, au contraire, Amurat IV le croyoit dangereux, et après en avoir défendu l'usage, il fit couper le nez aux personnes convaincus d'en avoir fait usage. Le pape Urbain VIII excommunioit ceux qui en prenoient dans les Églises (il publia une bulle contre le tabac). Un Roi d'Angleterre, Jacques Stuart (Jacques Ier), écrivoit contre le Tabac; néanmoins l'usage prévalut contre les bonnes raisons ou les ordres les plus sévères, et la consommation alla toujours en augmentant[31].»

La mort lente de l'hiver

L'hiver québécois est long. L'abondance de la neige, qui réfléchit les rayons du soleil plutôt que de les absorber, et les vents froids du nord-ouest retardent jusqu'en avril le véritable réchauffement de la température. Ainsi, en mars, partout dans la vallée du Saint-Laurent, les températures moyennes sont inférieures à 0 °C. Dans les Cantons de l'Est, pourtant situés au sud du Saint-Laurent, la température moyenne du 21 mars, début astronomique du printemps, atteint à peine –1 °C. Au temps doux peuvent succéder des gelées violentes et les dernières bourrasques de neige. À vrai dire, ce n'est vraiment qu'en avril que l'hiver, lentement, cède le pas.

Tout de même, dès le mois de mars, des signes avant-coureurs laissent croire que bientôt viendra le printemps. Le retour des premiers oiseaux migrateurs, la naissance des animaux dans l'étable, l'éclosion des chatons de saule ne sauraient mentir. Petit à petit, la couche de neige s'abaisse. Au début d'avril, la fonte s'accélère. Désormais, au cours des semaines à venir, le paysage est en perpétuel changement. Le ruisseau s'enfle. On distingue des trouées sur le tapis de neige qui couvre les champs. À mesure que le temps se réchauffe, ces percées s'agrandissent, si bien que, de jour en jour, on peut observer la marche rapide de la fonte.

Puis, un matin, une pluie lente commence à résonner sur le toit de bardeaux de la maison. «Il mouille», dit celui qui d'aventure met le nez dehors pour voir ce qui s'y passe. Il exprime à sa manière son soulagement, son plaisir. «Le printemps n'est pas loin, le printemps n'est pas loin.» Le ciel est blanc. Un vent chaud du sud-ouest apporte la pluie, une pluie chaude, une pluie de printemps aux larges gouttes pesantes, une pluie qui annonce la délivrance. Il pleut lentement tout le jour. Soudain, en début de

L'hiver cède le pas... (MLCP).

soirée, voilà que le temps semble s'arrêter. Comme lors des accalmies d'été avant le coucher du soleil. Dans les arbres du verger, ne restent plus que les gouttes tombant des branches dans les flaques d'eau. On dirait un milieu premier. Comme si tout cela était né dans une semblable immobilité, avec pour seul bruit celui des gouttes des arbres ou du clapotis de la vague. Comme si tout allait finir, alors que tout ne fait que commencer.

Que vienne le printemps et le versant chaud de l'année!

Notes

Le pays

1. «La région des Laurentides», *Notre milieu. Aperçu général sur la province de Québec* (1942): 110. La hauteur de 1500 pieds équivaut à 462 mètres.
2. *Le Canada français* (1960): 54.
3. *Ibid.*, p. 58. À noter que la forêt mixte est la limite méridionale des principales espèces d'animaux à fourrure.
4. Cité par François Vézina, «La région du Saint-Laurent», *Notre milieu. Aperçu général sur la province de Québec* (1942): 60.
5. Jean Provencher, *Les modes de vie de la population de Place-Royale entre 1820 et 1859* (1987): 133. Rapport inédit, ministère des Affaires culturelles.
6. *Le Glaneur*, mai 1837.
7. Cité par *La Bibliothèque canadienne*, fév. 1826.
8. *Léon Gérin et l'habitant de Saint-Justin* (1968): 117. Présentation de J.-C. Falardeau et Philippe Garigue.
9. *Ibid.*

La «terre»

1. 21 fév. 1807.
2. Janv. 1837.
3. *Ibid.* Une température de 8° à 10° Réaumur correspond à 10° et 12,5 °C.
4. J.-F. Perrault, *Traité d'agriculture pratique*, 2 (1831): 62.
5. Michel Gaumond et P.-L. Martin, *Les maîtres-potiers du bourg Saint-Denis, 1785-1888* (1978): 142.
6. *Ibid.*, p. 64.
7. *La Bibliothèque canadienne*, juil. 1829.
8. *Ibid.*, juil. 1826. Le journal ajoute: «On dit qu'il y en a aussi dans plusieurs endroits. Nous citons ceux-ci en particulier, parce que nous en avons eu des renseignements certains sur le sujet.»
9. *Le Spectateur*, 28 oct. 1813. Plusieurs journaux mentionnent le fait que des bûcherons abattent parfois des arbres contenant une ruche «sauvage».
10. *Le Canadien*, 21 fév. 1807.

La maison

1. *Le Glaneur*, juil. 1837.
2. R.-L. Séguin, «Quelques techniques et métiers traditionnels», *Cahiers des Dix*, 34 (1969): 169.
3. *Le Spectateur*, 29 juil. 1813.
4. Michel Lessard et Huguette Marquis, *Encyclopédie de la maison québécoise* (1972): 266.
5. *Le Spectateur*, 29 juil. 1813.
6. Basil-Hall, *Voyage dans les États-Unis de l'Amérique du Nord et dans le Haut et le Bas-Canada* (1834): 179.
7. *La Bibliothèque canadienne*, 15 nov. 1829.
8. Henry David Thoreau, *Un Yankee au Canada* (1962): 93. Traduction d'Adrien Thério.
9. *La maison: fournil, poêle et combustible* (1978): 17. Radio-Canada, Présence du passé, cahier n° 8.
10. *Le Canada et l'exposition universelle de 1855* (1856): 300, 311.
11. Jean Provencher, *Les modes de vie de la population de Place-Royale entre 1820 et 1859* (1987): 25. Rapport inédit, ministère des Affaires culturelles.
12. Lorraine Tremblay, (1978): 15. Radio-Canada, Présence du passé, cahier n° 7.
13. Jean Provencher, *op. cit.*, p. 41.
14. P.-L. Martin, *La maison: sièges et tables* (1978): 18. Radio-Canada, Présence du passé, cahier n° 6.
15. É.-Z. Massicotte, «Jours gras, mardi gras, mercredi des cendres», *BRH*, 27 (1921): 90.
16. *Voyage de Pehr Kalm au Canada en 1749* (1977): 84.
17. *Les maîtres-potiers du bourg Saint-Denis, 1785-1888* (1978): 115.
18. J.-G. Paradis, *Petit traité d'hygiène à l'usage de l'école primaire* (1906): 55.
19. V.-P. Jutras, «La maison», *BPFC*, 11 (1912): 205.
20. J.-G. Paradis, *op. cit.*, p. 33.

Le printemps

1. *L'Agriculteur*, 12 (1859-1860): 38.
2. J.-F. Perrault, *Traité d'agriculture pratique*, 2 (1831): 5.
3. Rodolphe de Koninck, *Les Cent-Îles du lac Saint-Pierre* (1970): 16s.

Les fêtes

1. Marcel Rioux, *Belle-Anse* (1961): 34.
2. *Le Glaneur*, mai 1837.
3. H. de Lamothe, *Cinq mois chez les Français d'Amérique* (1879): 44.
4. Félix Gatien et autres, *Histoire du Cap-Santé* (1955): 147.
5. Louise Dechêne, *Habitants et marchands de Montréal au 17ᵉ siècle* (1974): 471.

Les activités domestiques

1. *Voyage de Pehr Kalm au Canada en 1749* (1977): 130. Traduction de Jacques Rousseau et Guy Béthune, avec le concours de Pierre Morisset.
2. *Ibid.*, p. 471
3. *Le Glaneur*, mai 1837.
4. *La Bibliothèque canadienne*, juil. 1829. Notons que la «plaine» (érable rouge) donne un moins bon produit que l'érable à sucre.
5. Fernand Ouellet, *Histoire économique et sociale du Québec, 1760-1850* (1966): 345.
6. J.-C. Taché, *Le Canada et l'exposition universelle de 1855* (1856): 176.
7. M.F. Goddard, «La fabrication du sirop et du sucre d'érable dans le passé et dans le présent», SPPQ, *Rapport annuel* (1906): 141-143.
8. E.-Z. Massicotte, «Le vent des moutons», *BRH*, 39 (1933): 719. Dans certaines paroisses, on tond les moutons au printemps et à l'automne. Mais on s'accorde pour dire que le printemps est le meilleur moment.
9. Basil-Hall, *Voyage dans les États-Unis de l'Amérique du Nord et dans le Haut et Bas-Canada* (1834): 180.
10. Louis Morin, *Le calendrier folklorique de Saint-François de la Rivière-du-Sud* (1972): 25.
11. Cité par Fernand Ouellet, *op. cit.*, p. 448.
12. Frère Marie-Victorin, *Flore laurentienne* (1964): 170.
13. 29 août 1807.
14. *Le Spectateur*, 15 juil. 1813.
15. *Le Courrier du Bas-Canada*, 20 nov. 1819.
16. Rodolphe de Koninck, *Les Cent-Îles du lac Saint-Pierre* (1970): 86.
17. L.-G. Godin, *Mémorial trifluvien*, série B, n° 1 (1933): 11 s.
18. *The Seigneurial System in Early Canada* (1968): 71.
19. F.-J. Audet, *Contrecœur* (1940): 131.

Le travail de la terre

1. *La Bibliothèque canadienne*, mai 1829.
2. *Ibid.*
3. *Ibid.*, juil. 1829.
4. *Ibid.*, 15 juil. 1829.
5. *Journal of a Tour from Montreal thro' (...) Port St. Francis* (1840): 18.
6. *La Bibliothèque canadienne*, 15 juil. 1829.
7. Stanislas Drapeau, *Études sur les développements de la colonisation du Bas-Canada depuis dix ans (1851-1861)* (1863): 31.
8. 15 nov. 1829.
9. Avril 1837.
10. J.-A. Richard, *Historique de la paroisse de Saint-Sébastien de Beauce (1869-1944)* (1944): 127.
11. J.-F. Perrault, *Traité d'agriculture pratique*, 2 (1831): 66.
12. *La Gazette de Québec*, citée par *Le Courrier du Bas-Canada*, 30 oct. 1819.

Les cultures

1. J.-F. Perrault, *Traité d'agriculture pratique*, 2 (1831): 69.
2. Alice Lévesque-Dubé, *Il y a soixante ans* (1943): 11. Le passe-pierre est un plantain maritime qui ne pousse qu'en aval de Québec.

3. *Le Magasin du Bas-Canada*, août 1832.

4. Fernand Ouellet, *Histoire économique et sociale du Québec, 1760-1850* (1966): 452.

5. *Ibid.*, p. 251.

6. *Le Glaneur*, mars 1837.

7. Fernand Ouellet, *op. cit.*, p. 340.

8. *Le Glaneur*, *op. cit.*

9. *Voyage de Pehr Kalm au Canada en 1749* (1977): 385.

10. *La Bibliothèque canadienne*, fév. 1826.

11. *Ibid.*, mai 1827.

12. Alec Santerre, *Le potager* (1903): 26.

13. Thomas Anburey, *Travels through the Interior Parts of America*, 1 (1789): 71.

La chasse et la pêche

1. W.-E. Godfrey, *Les oiseaux du Canada* (1967): 481.

2. Frère Marie-Victorin, «Croquis laurentiens», *Le Canada français*, 4 (1920): 143. Les Madeliniens ont aussi chassé le phoque en goélettes à voiles; mais les dangers inhérents à une telle pratique et la concurrence des Terre-Neuviens les ont vite réduits à la chasse à pied.

3. *La Bibliothèque canadienne*, janv. 1830. Paul Hubert, *Les Îles-de-la-Madeleine et les Madelinots* (1926): 146.

4. Fernand Ouellet, *op. cit.*, p. 160, 248, 316.

5. «Histoire naturelle et aménagement de la Grande Oie Blanche», *Le Naturaliste canadien*, 86 (1959): 145.

6. Marcel Moussette, *La pêche sur le Saint-Laurent* (1979): 80.

7. J.-B.-A. Ferland, «Journal d'un voyage sur les côtes de la Gaspésie en 1836», *RHG*, 8 (1970): 89.

8. Joseph Bouchette, *Description topographique de la Province du Bas-Canada* (1815): 603.

9. A. Thomazi, *Histoire de la pêche, des âges de la pierre à nos jours* (1947): 240.

10. H.-R. Casgrain, «La pêche aux marsouins dans le fleuve Saint-Laurent», *Œuvres complètes*, 3 (1875): 115.

11. *Ibid.*, p. 117.

La navigation

1. *Tolfrey, un aristocrate au Bas-Canada* (1979): 139. Présentation de P.-L. Martin.

2. Réal Brisson, *La charpenterie navale à Québec sous le régime français* (1983): 124.

3. *Le Journal de Québec*, 31 juil. 1852.

4. *Almanach de Québec*, 1796.

5. Félix Gatien et autres, *Histoire du Cap-Santé* (1955): 120.

6. Réal Brisson, *op. cit.*, p. 104.

7. Ce qui fera dire d'ailleurs à Joseph-Charles Taché en 1856: «On emploie dans l'exploitation des bois du Canada tout juste l'intelligence qu'il faut pour écarrir les plançons et scier les madriers du commerce... On ne connaît que deux choses, pour ainsi parler, le «bois carré» (nom populaire du bois équarri) et le madrier de trois pouces.» Voir *Le Canada et l'exposition universelle de 1855* (1856): 301.

8. Cité par L.-A. Martel, *Notes sur le Saguenay* (1968): 33.

9. Prosper Cloutier, *Histoire de la paroisse de Champlain*, 1 (1915): 443. L'appellation de «béguine» viendrait peut-être du fait que ces personnages s'apparentaient à des religieuses. On nomme ainsi les religieuses postulantes en Belgique et aux Pays-Bas.

Les métiers ambulants

1. Louis Fréchette, *Mémoires intimes* (1961): 66.

2. André Vachon, *Histoire du notariat canadien, 1621-1960* (1962): 118-132.

3. L.-A. Martel, *Notes sur le Saguenay* (1968): 34.

4. Mars 1837.

5. F.-X. Chouinard, «Le vieux Québec», *Concorde*, 5 (juin-juil. 1954): 17.

6. *Le Canadien*, 26 sept. 1807.

L'été

1. J.-L. DesGranges, Peter Lane et Liane Colpron-DesGranges, «Étude de l'activité journalière des oiseaux», *Bulletin ornithologique*, 22 (1976-1977): 29.
2. *Le Canadien*, 18 juil. 1807.
3. J.-E., Roy, *Histoire de la seigneurie de Lauzon*, 4 (1904): 83 s. Cité également par Honorius Provost, *Sainte-Marie de la Nouvelle-Beauce*, 2 (1970): 760.
4. Aujourd'hui, l'Indonésie. Voir à ce sujet Henry et Elizabeth Stommel, «L'été sans été», *Pour la science*, août 1979, p. 46-52. Et Reid A. Bryson, «Volcans et climats», *La Recherche*, juil.-août 1982, p. 844-853.
5. On ignore le nom du volcan responsable de l'éruption de 1601. Tout de même, pour une chronologie intéressante des éruptions volcaniques depuis 8000 ans av. J.-C., voir C.U. Hammer, H.B. Clausen et W. Dansgaard, «Greenland Ice Sheet Evidence of Post-Glacial Volcanism and its Climatic Impact», *Nature*, 288 (20 nov. 1980): 230-235.
6. C.-V. Wilson, *Le climat du Québec. Mise en application des renseignements climatologiques* (1973): 12, 55 s., Environnement Canada, Études climatologiques n° 11.

Les menus travaux

1. Cité par Madeleine Ferron et Robert Cliche, *Quand le peuple fait la loi* (1972): 80 s.
2. Antonio Drolet, «Les conditions de vie d'un 'engagé' du seigneur Taschereau», *BRH*, 68 (1966): 73. Nous avons corrigé les chiffres de Drolet qui se base sur la valeur du dollar en 1966.
3. 1er juin 1865.
4. 1er oct. 1829.
5. *Ibid.*
6. *Gazette des campagnes*, 2 déc. 1861, 28 mai 1862.
7. *L'Abeille canadienne*, nov. 1832.
8. *Voyage de Pehr Kalm au Canada en 1749* (1977): 466.
9. *La Bibliothèque canadienne*, août 1826.
10. *Gazette des campagnes*, 1er fév. 1864.

Les activités domestiques

1. «Vie de crapaud», *Québec Science*, juil. 1975. p. 9.
2. Cité par *La Bibliothèque canadienne*, avril 1828.
3. 31 oct. 1807.
4. *La Bibliothèque canadienne*, août 1827.
5. P.-J.-O. Chauveau, *Charles Guérin. Roman de mœurs canadiennes* (1852): 269.
6. *Cinq années de séjour au Canada*, 1 (1825): 346.
7. C. Rocheleau Rouleau, *Laurentian Heritage* (1948): 42 s.
8. *Gazette des campagnes*, 2 mai 1864.
9. *Ibid.*, 16 mai 1864.
10. *Le Canadien*, 16 fév. 1820. Selon Joseph Bouchette, la population de Québec s'élève à 18 000 habitants en 1815.
11. *Gazette des campagnes*, 8 janv. 1881.
12. Félix Gatien et autres, *Histoire du Cap-Santé* (1955): 123.
13. *Journal of Education of Lower Canada*, 1 (1857): 182.
14. *Gazette des campagnes*, 2 sept. 1857.
15. P.-J.-O. Chauveau, *op. cit.*, p. 201. Il s'agit ici d'un des meilleurs témoignages sur l'épidémie de choléra de 1832.
16. *Ibid.*, p. 287.
17. *La petite histoire des paroisses de la Fédération des Cercles de fermières du district régional n° 4* (comtés de Lévis, Bellechasse, Dorchester et Lotbinière) (1950): 509.
18. 22 oct. 1818.
19. Cité par Fernand Ouellet, *Histoire économique et sociale du Québec, 1760-1850* (1966): 255.
20. *La Bibliothèque canadienne*, nov. 1825.
21. 2 oct. 1865.
22. *La Bibliothèque canadienne*, nov. 1829.
23. *Gazette des campagnes*, 25 sept. 1873.
24. *Le Canadien*, 8 mai 1822.
25. *Op. cit.*, p. 168.
26. *Description topographique de la province du Bas-*

Canada (1815): 550.

27. Cité par J. M. LeMoine, *L'album du touriste* (1872): 322.

28. Charlotte Holt Gethrings. Citée par B. Dufebvre, *Cinq femmes et nous* (1950): 190 s.

29. *Gazette des campagnes*, 16 mars 1863. Avant même l'arrivée des Européens en Amérique, il était fréquent, semble-t-il, que des Malécites et des Micmacs passent l'été le long du fleuve à chasser et à pêcher. Voir *Mosaïque rimouskoise* (1979): 30.

La vie de colon

1. 5 sept. 1862.
2. *Les Bois-Francs*, 4 (1925): 50.
3. *Ibid.*
4. *Habitants et marchands de Montréal au 17ᵉ siècle* (1974): 273.
5. *Gazette des campagnes*, 12 sept. 1862.
6. Étienne Hulot, *De l'Atlantique au Pacifique à travers le Canada et le nord des États-Unis* (1888): 132.
7. Cité par Richard Dubé et autres, «L'Est du Québec au 19ᵉ siècle», *Revue d'histoire du Bas-Saint-Laurent*, 6 (janv.-avril 1979): 14.
8. *Le Canadien*, 24 avril 1822.
9. Cité par D.-M. Doyon, «La fabrication de la potasse», *Les archives de folklore*, 4 (1950): 31.
10. Charles Trudelle, *Trois souvenirs* (1878): 26 s.
11. *Gazette des campagnes*, 15 avril 1868.
12. Charles Trudelle, *op. cit.*, p. 21-23.
13. *Ibid.*
14. Jean Hamelin et Yves Roby, *Histoire économique du Québec, 1851-1896* (1971): 182 s.
15. Louise Dechêne, *op. cit.*, p. 273.

Les récoltes

1. *Gazette des campagnes*, 15 août 1863.
2. *Ibid.*, 2 déc. 1861.
3. Adjutor Rivard. Cité par Marcel Trudel, *La terre et ses dépendances: la terre et le jardin* (1979): 11 s. Société Radio-Canada, Présence du passé, cahier n° 12.
4. *L'Ami du peuple*, 25 juil. 1832.
5. Frère Gilles, *Les choses qui s'en vont...* (1945): 91.
6. Damase Potvin, *Sur la grand'route* (1927): 113.
7. «Le dernier voyage», *Le foyer rural*, août 1947, p. 16.
8. *Gazette des campagnes*, 15 oct. 1866.
9. *Léon Gérin et l'habitant de Saint-Justin* (1968): 61 s. Présentation de J.-C. Falardeau et Philippe Garigue.
10. Lionel Groulx, *op. cit.*, p. 17.
11. Adjutor Rivard, *Chez nous* (1914): 53 s.
12. Lionel Groulx, *op. cit.* Les conditions de la fenaison pouvaient beaucoup varier. Derrière la montagne du Marais, près de Sainte-Louise de L'Islet, il y a une vallée tourbeuse où les engagés sont contraints de faire les foins chaussés de grandes bottes. On transporte le foin sur des brancards entre les flaques d'eau, après l'avoir fauché. Voir à ce sujet la *Gazette des campagnes*, 15 fév. 1944.
13. *La Revue canadienne*, 53 (1907): 506.
14. *Gazette des campagnes*, 1ᵉʳ sept. 1863.
15. *Mémoires d'un cultivateur* (1936): 142 s.
16. 28 fév. 1878.
17. *La Campagne*, 25 sept. 1886.
18. Louis Morin, *Le calendrier folklorique de Saint-François de la Rivière-du-Sud* (1972): 78.
19. *Il y a soixante ans* (1943): 134 s.
20. *Fêtes et corvées* (1898): 33.
21. Georges Bouchard, *Vieilles choses, vieilles gens* (1926): 167 s.
22. *L'homme et la forêt* (1969): 48.
23. *Gazette des campagnes*, 13 juil. 1882.
24. *Voyage de Pehr Kalm au Canada en 1749* (1977): 108.
25. 15 août 1863.
26. Cité par R.L. Séguin, «Nos anciens ustensiles à confire», *RHAF*, 24 (1970): 405.
27. *Un Yankee au Canada* (1962): 125 s. Traduction et présentation d'Adrien Thério.
28. *Voyage de Pehr Kalm au Canada* (1977): 337.
29. *Gazette des campagnes*, 1ᵉʳ juin 1865.
30. Août 1837.
31. *Gazette des campagnes*, 13 juin 1862.
32. *Ibid.*, 2 juil. 1868.
33. Lars Kardell, «Occurrence and Production of Bilberry, Lingonberry and Raspberry in Sweden's Forests», *Forest Ecology and Management*

(Amsterdam), 2 (1980): 296.

34. Juil. 1837.

35. «Causerie scientifique», *La Revue canadienne*, 16 (1879): 65.

36. Jean Hamelin et Yves Roby, *Histoire économique du Québec, 1851-1896* (1971): 270. Voir aussi M.-A. Bluteau, J.-P. Charland, Maryse Thivierge et Nicole Thivierge, *Les cordonniers, artisans du cuir* (1980).

37. *Gazette des campagnes*, 28 nov. 1878.

38. Jacques Rousseau, «La saga du bouleau», *Le Devoir*, 19 août 1944.

39. «Ethnobotanique abénakise», *Les archives de folklore*, 2 (1947): 160.

40. Cité par Normand Lafleur, *La vie traditionnelle du coureur de bois aux 19ᵉ et 20ᵉ siècles* (1973): 234.

41. J.-A. Richard, *Historique de la paroisse de Saint-Sébastien-de-Beauce (1869-1944)* (1944): 132.

42. *Ibid.*

43. Cité par Marcel Moussette, *La pêche sur le Saint-Laurent* (1979): 96.

L'aviculture

1. Antoine Gérin-Lajoie, *Jean Rivard* (1958): 259. Il s'agit d'un roman écrit en 1862.

2. *Gazette des campagnes*, 1ᵉʳ avril 1864.

3. A. M. Rick, «The habitations of Champlain: a study of the French subsistence at Quebec, 1608-1701», annexe au rapport de Françoise Niellon et Marcel Moussette, *Le site de l'Abitation de Champlain à Québec: étude de la collection archéologique, 1976-1980* (1982).

4. «Pierre Boucher, naturaliste et géographe», dans Pierre Boucher, *Histoire véritable et naturelle* [...] *de la Nouvelle-France* (1964): 394.

5. *Gazette des campagnes*, 28 mars 1878.

6. *Traité d'agriculture pratique*, 2 (1831): 39.

7. Juil. 1837.

8. *Gazette des campagnes*, 11 avril 1878.

9. *Cinq années de séjour au Canada*, 1 (1825): 237 s.

10. Mars 1837.

11. J.-F. Perrault, *op. cit.*, p. 37.

12. *Voyage de Pehr Kalm au Canada en 1749*

(1977): 194.

13. *Op. cit.*, p. 41.

14. *Gazette des campagnes*, 11 avril 1878.

15. *Ornithologie du Canada*, 1 (1860): 68.

16. *Gazette des campagnes*, 11 avril 1878.

17. *Op. cit.*, p. 42.

18. Cousin d'Avalon, *Le parfait agriculteur* (1810): 237s.

La chasse et la pêche

1. *Histoire de la chasse au Québec* (1980): 205. Sauf avis contraire, les renseignements sur la chasse à la tourte sont tous extraits de cet ouvrage.

2. «À travers les mémoires d'un fils du sol», *BPF C*, 15 (1916): 65.

3. 12 juin 1822.

4. *Cinq années de séjour au Canada*, 1 (1825): 239.

5. *Album canadien* (1870): 110.

6. *Histoire véritable et naturelle* [...] *de la Nouvelle-France* (1964): 14 s., 76 s.

7. *The Journal of Education of Lower Canada*, 1 (1857): 184.

8. Robert Prévost, *Le moulin du Gros-Sault* (1939): 44.

9. *Ibid.*, p. 43.

10. *Le Canadien*, 7 mars 1818.

11. Marcel Moussette, *La pêche sur le Saint-Laurent* (1979): 58 s.

12. J. U. Gregory, *Récits de voyage* (1913): 56.

13. «Journal d'un voyage sur les côtes de la Gaspésie en 1836», cité par Pierre Rastoul et Alain Ross, *La Gaspésie, de Grosses-Roches à Gaspé* (1978): 226.

14. *Le Canadien*, 24 avril 1822.

15. Cité par Marcel Mousette, *op. cit.*, p. 59. Bien que la chasse à la baleine franche soit interdite depuis 1920 dans toute la zone septentrionale de l'Atlantique, on estime en 1974 que la population ne dépasse pas quelques centaines d'individus. Voir J.-M. Fleury, «Nos grandes baleines nationales», *Québec Science*, sept. 1974, p. 25.

16. *Ibid.*, p. 60.

17. Stanislas Drapeau, *Études sur les développements de la colonisation du Bas-Canada depuis dix ans (1851 à 1861)* (1863): 539.

Les fêtes

1. «La Saint-Jean-Baptiste, 1636-1836», Société royale du Canada, *Mémoires* (1916), sér. 3, vol. 10, sect. 1, p. 2.
2. Cité par André Vachon, «Le feu de la Saint-Jean», *Concorde*, 11 (mai-juin 1960): 16.
3. *Ibid.*
4. Félix Gatien et autres, *Histoire du Cap-Santé* (1955): 129.
5. Camille Roy, *Propos rustiques* (1930): 115.
6. Philippe Aubert de Gaspé, *Les anciens Canadiens* (1925): 104 s.
7. Benjamin Sulte, *op. cit.*, p. 6 s.
8. J.-E. Roy, *Histoire de la seigneurie de Lauzon*, 4 (1904): 261.
9. Hector Berthelot, *Le bon vieux temps* (1924): 43.
10. Émile Chartier, «Le Canada français», *La Revue canadienne*, 17 (1922): 182.
11. Cité par Lucien Gagné et Jean-Pierre Asselin, *Sainte-Anne de Beaupré, trois cents ans de pèlerinage* (1967): 11.
12. *Voyage de Pehr Kalm au Canada en 1749* (1977): 335.
13. «Le chômage de la fête de S. Louis, roi de France au Canada», *BRH*, 27 (1921): 209.
14. J.-J. Grignon, *Le vieux temps* (1921): 60.

Le dimanche

1. O.-M.-H. Lapalice, *Histoire de la seigneurie Massue et de la paroisse de Saint-Aimé* (1930): 371.
2. *Ibid.*, p. 374.
3. Gérard Ouellet, *Ma paroisse, Saint-Jean Port-Joly* (1946): 81.
4. M.-G. de Molinari, *Lettres sur les États-Unis et le Canada* (1876): 133 s.
5. *Gazette de Trois-Rivières*, 14 juil. 1818.
6. «Le paysan du Bas-Saint-Laurent, colonisateur du Saguenay», *Le type économique et social des Canadiens* (1938): 48.
7. Rémi Tremblay, *Pierre qui roule* (1923): 40 s.
8. G.-E. Marquis, *Aux sources canadiennes* (1918): 28-30.
9. M.-G. de Molinari, *op. cit.*, p. 136.

L'automne

1. Janv. 1826.
2. *Gazette des campagnes*, 31 mai 1872. Au 20e siècle, l'écrivain français Louis Hémon reprendra les mêmes propos. «Ils comparaient toujours dans leur esprit, dit-il, la saison écoulée à quelque autre saison miraculeuse dont leur illusion faisait la règle; et c'est ce qui mettait constamment sur leurs lèvres cette éternelle lamentation des paysans, si raisonnable d'apparence, mais qui revient tous les ans, tous les ans...» Voir *Maria Chapdelaine* (1980): 85. Présentation de Nicole Deschamps.
3. Frère Marie-Victorin, *Flore laurentienne* (1964): 26.
4. Frère Marie-Victorin, «La flore du pays laurentien», *Le Pays laurentien*, 1 (1916): 90.
5. *Le Canada français* (1960): 58.
6. Jean Ferrara, «6 mois de vie des feuilles égalent 80 ans de vie humaine», *Science et Vie*, mai 1984: 46.
7. «Essay on the Indian Summer, read at a meeting of the Maryland Academy of Sciences, by one of its members», *New York Farmer, and American Gardener's Magazine*, new series, appendix, 2 (1834): 77 s. Robert de C. Ward, «The Indian summer as a Characteristic Weather Type of the Eastern United States», American philosophical Society, *Proceedings*, 62 (1923): 48-56.
8. J. Gariépy, C. Calvet et R. Leduc, *L'ensoleillement au Québec* (1981): 8. Brochure du Service de la météorologie du ministère de l'Environnement du Québec.
9. Raoul Blanchard, *Le Canada français* (1960): 35.

Les activités domestiques

1. Cité par *La Bibliothèque canadienne*, mai 1829.
2. An Officer (Thomas Anbury), *Travels through the Interior Parts of America in a Series of Letters* (1784): 95.

3. *La Bibliothèque canadienne*, août 1827.
4. Alice Lévesque-Dubé, *Il y a soixante ans* (1943): 75.
5. Nora Dawson, *La vie traditionnelle à Saint-Pierre (Île d'Orléans)* (1960): 95.
6. *L'équipement de la ferme canadienne aux XVIIᵉ et XVIIIᵉ siècles* (1959): 94 s.
7. Alice Lévesque-Dubé, *Il y a soixante ans* (1943): 77.
8. Cité par *La Bibliothèque canadienne*, mars 1828.
9. Sept. 1837.
10. Alice Lévesque-Dubé, *op. cit.*, p. 71-74.
11. Hélène de Carufel, *Le lin* (1980): 157 s.

La conservation des aliments

1. *Le Glaneur*, mars 1837.
2. *Ibid.*
3. Cité par Bernard Dufebvre, *Cinq femmes et nous* (1950): 94 s.
4. Cité par Serge Saint-Pierre et Paul-Louis Martin, *La terre et ses dépendances; bâtiments et aménagement agricoles* (1979): 16. Société Radio-Canada, Présence du passé, cahier n° 18.
5. Cité par le *New York Farmer, and American Gardener's Magazine*, new series, 2 (1834): 299. Traduction de l'auteur.
6. *Traité théorique et pratique de l'agriculture, adapté à la culture et à l'économie des productions animales et végétales de cet art en Canada* (1836): 220.
7. Cité par Redcliffe N. Salaman, *The History and Social Influence of the Potato* (1949): 345.
8. William Evans, *op. cit.*, p. 157.

Les récoltes

1. *Voyage de Pehr Kalm au Canada en 1749* (1977): 266, 411.
2. Témoignage de l'ethnologue Paul-Louis Martin. Deux variétés de ce blé d'Inde hâtif, le Québec 28 et le Gaspé Flint, constituant un véritable patrimoine génétique végétal, sont conservées au Bureau des ressources phytogénétiques du Canada à Ottawa. Voir à ce sujet Jean Provencher, *Le patrimoine agricole et horticole du Québec* (1984):

57. Rapport préparé pour le compte de la Commission des biens culturels du Québec.
3. P.-J.-O. Chauveau, *Charles Guérin. Roman de mœurs canadiennes* (1852): 27.
4. 23 juil. 1866.
5. *L'Agriculteur*, 12 (1859-1860): 30.
6. 20 janv. 1810.
7. *Travels through the Canadas* (1813): 247.
8. 23 juil. 1866.
9. *Traité d'agriculture pratique*, 2 (1831): 143.
10. *Recensement du Canada, 1870-1871*, 5 (1878): 138.
11. Pierre Boucher, *Histoire véritable et naturelle [...] de la Nouvelle-France* (1964): 83.
12. *Les Ursulines de Québec depuis leur établissement jusqu'à nos jours*, 1 (1863): 270 s.
13. *Op. cit.*, p.413.
14. *Op. cit.*, p. 215.
15. *Un Yankee au Canada* (1962): 80.
16. P.-A. Sévigny, «Le commerce du blé et la navigation dans le Bas-Richelieu avant 1849», *RHAF*, 38 (1984-1985): 5-21.
17. 2 août 1819.
18. *Op. cit.*, p. 238.
19. *Gazette des campagnes*, 8 juin 1876.
20. *Récapitulation, par districts et comtés, des retours du dénombrement des habitants du Bas-Canada, et d'autres informations statistiques obtenues durant l'année 1844* (1846).
21. *Op. cit.*, p. 167.
22. *Le Canadien*, 1ᵉʳ et 28 août 1818.
23. Mai 1837.
24. *Op. cit.*, p.142.
25. *L'Agriculteur*, 12 (1859-1860): 143.
26. *Ibid.*, p. 191.
27. *La Bibliothèque canadienne*, fév. 1826.
28. *Le Canada et l'exposition universelle de 1855* (1856): 96.
29. *Gazette des campagnes*, 1ᵉʳ mai 1863.
30. *Ibid.*, 29 août 1862.
31. Johanne Bérubé, «Cueillette de la mousse de mer. Étude comparative: région de L'Isle-Verte au Québec et région du Cotentin en France» (1983): 43. Mémoire de maîtrise, université Laval, Québec. Les citations sur la récolte de l'herbe à bernaches proviennent toutes de cette étude.

32. A. Béchard, texte rédigé en 1879 et cité par J.-M. Lemieux, *L'Île aux Grues et l'Île aux Oies* (1973): 17.
33. Jean Hamelin et Yves Roby, *Histoire économique du Québec, 1851-1896* (1971): 265 s.
34. *Gazette des campagnes*, 1ᵉʳ déc. 1865.
35. *Op. cit.*, p. 200.
36. J.-F. Perrault, *op. cit.*, p. 139.
37. *Ibid.*
38. *Léon Gérin et l'habitant de Saint-Justin* (1968): 64s.
39. 22 avril 1946.
40. Sept. 1832.
41. Hélène de Carufel, *Le lin* (1980): 98. Sauf avis contraire, les renseignements sur le broyage du lin proviennent de cet ouvrage et de celui de Prosper Cloutier, *Histoire de la paroisse de Champlain*, 1 (1915): 254-261.
42. Frère Gilles, *Les choses qui s'en vont* (1945): 105.
43. «Mémoires d'un vieillard recueillis par François Brassard», *Les archives de folklore*, 4 (1950): 153.

Les fêtes

1. *Manuel de folklore français contemporain*, I, 6, 4 (1953): 2804.
2. *Habitants et marchands de Montréal au XVIIᵉ siècle* (1974): 309.
3. Arnold van Gennep, *op. cit.*, p. 2807.
4. Michel Gaumond et Paul-Louis Martin, *Les maîtres-potiers du bourg Saint-Denis, 1785-1888* (1978): 70 s.
5. Ces règles sont tirées d'un cahier manuscrit intitulé *Notes sur les moulins et les meuniers*, conservé aux archives du séminaire de Montréal. Voir Robert Prévost, *Le moulin du Gros-Sault* (1939): 106.
6. Rodolphe de Koninck, *Les Cent-Îles du lac Saint-Pierre* (1970): 84. Les communes du lac Saint-Pierre datent du régime français.
7. E. Coarer-Kalondan, *Le Druidisme* (1971): 161.
8. Marie-Louise Sjoestedt-Jonvals, citée par Helen Sewell Johnson, «November Eve Beliefs and Customs in Irish Life and Literature», *JAF*, 81 (1968): 135.
9. G. J. Frazer, cité par Nicole Belmont, *Mythes et croyances dans l'ancienne France* (1973): 68. L'ethnologue Arnold van Gennep, *op. cit.*, p. 2811, demeure cependant sceptique quant à cette filiation entre les fêtes celtiques et les fêtes chrétiennes.
10. Helen Sewell Johnson, *op. cit.*, p. 140.
11. Oscar Havard, *Les fêtes de nos pères* (1898): p. 226.
12. C'est là une partie de la redevance annuelle en 1789. Voir *Les Ursulines de Québec, depuis leur établissement jusqu'à nos jours*, 2 (1864): 129 s.
13. Hector Berthelot, *Le bon vieux temps* (1924): 57. Texte publié d'abord en 1884.
14. Le mot canadien «tire», *BRH*, 6 (1900): 349; voir aussi E.-Z. Massicotte, *Anecdotes canadiennes* (1913): 213.

La chasse et la pêche

1. Pierre Deffontaines, *L'homme et l'hiver au Canada* (1957): 44 s.
2. *Histoire de la chasse au Québec* (1980): 62.
3. *Ornithologie du Canada* (1860): 67.
4. *Ibid.*, p. 372. Voir aussi J.M. LeMoine, *Chasse et pêche au Canada* (1887): 171 s. Texte publié d'abord en 1863.
5. Cité par Rodolphe de Koninck, *Les Cent-Îles du lac Saint-Pierre* (1970): 94.
6. *Ibid.*, p. 100 s.
7. J.M. LeMoine, *op. cit.*, p. 311.
8. *Ibid.*, p. 232. LeMoine l'appelle l'étourneau ordinaire; mais il s'agit ici manifestement du vacher à tête brune.
9. Mai 1837.
10. V.D. Vladykov, *L'anguille* (1955): 3. Brochure du ministère des Pêcheries du Québec.
11. Roger Martin, *L'anguille* (1980): 102.
12. *Ibid.*, p. 118.
13. *Ibid.*, p. 131.
14. Cité dans «Notice sur l'anguille», *BRH*, 36 (1930): 703.
15. *Voyage de Pehr Kalm au Canada en 1749* (1977): 537.
16. *La berçante québécoise* (1973): 26.
17. Cité par Alexandre Paradis, *Kamouraska (1674-1948)* (1948): 170.

18. Jules Bélanger, Marc Desjardins et Yves Frenette, *Histoire de la Gaspésie* (1981): 222 s.

Les transports

1. Cité en exergue sur la page de titre du *New York Farmer and American Gardener's Magazine*, new series, 2 (1834).
2. *Ibid.*
3. *Ibid.*
4. Fernand Ouellet, *Histoire économique et sociale du Québec, 1760-1850* (1966): 527.
5. *Histoire économique du Québec, 1851-1896* (1971): 129.
6. 16 mai 1818.
7. 23 déc. 1875.
8. *Tolfrey, un aristocrate au Bas-Canada* (1979): 179 s.

Les migrations

1. 15 juil. 1864.
2. Cité par Raoul Blanchard, *Le Canada français* (1960): 90.
3. Michel Lemay, «Le voyageur des pays d'en haut à travers quelques romans et quelques récits», *Ethnologie québécoise*, 1 (1972): 101.
4. J.-C. Taché, *Forestiers et voyageurs*, cité par la *Gazette des campagnes*, 15 fév. 1864.
5. Bernard Dufebvre, *Cinq femmes et nous* (1950): 273.
6. J.-C. Taché, *op. cit.*, 1er avril 1864.
7. Michèle Guitard, Le commerce de la fourrure à Montréal dans la première moitié du XIXe siècle (1981): 11. Parcs Canada, rapport interne de recherche.
8. *Le bon vieux temps* (1924): 52 s.

Les derniers travaux

1. *Gazette des campagnes*, 1er juil. 1863.
2. *Ibid.*, 14 nov. 1865.
3. *Ibid.*, 15 juin 1866.
4. *Ibid.*, 15 nov. 1862.

L'hiver

1. *L'homme et l'hiver au Canada* (1957): 23 s.
2. *Le bon vieux temps* (1924): 106.
3. G.-O. Villeneuve, «Bref aperçu climatique du Québec méridional», *Mélanges géographiques canadiens offerts à Raoul Blanchard* (1959): 154 s.
4. *Gazette des campagnes*, 30 déc. 1875.
5. Alcide Ouellet, *La météo* (1971): 118.
6. J.-C. Taché, «Forestiers et voyageurs», *Gazette des campagnes*, 15 août 1863.
7. Ces règles sont tirées d'un cahier manuscrit intitulé *Notes sur les moulins et les meuniers*, conservé aux archives du séminaire de Montréal. Voir Robert Prévost, *Le moulin du Gros-Sault* (1939): 106.
8. P.-J.-O. Chauveau, *Charles Guérin. Roman de mœurs canadiennes* (1852): 25.
9. *L'écho du cabinet de lecture paroissial*, 8 (1866): 160 s.
10. Cité par *La Bibliothèque canadienne*, mai 1828.
11. Alcide Ouellet, *op. cit.*, p. 63 s.
12. Jacques Duhaime, *"Les habitants de l'Isle" Sainte-Angèle-de-Laval* (1970): 77 s.
13. *Le Canadien*, 2 janv. 1808.
14. *Le Canada et l'exposition universelle de 1855* (1856): 92.
15. 15 août 1829.
16. 8 (1866): 73.
17. *Gazette des campagnes*, 18 juin 1868.
18. W.E. Godfrey, *Les oiseaux du Canada* (1967): 407.
19. *Ibid.*, p. 361.
20. «L'ornitho-racisme», *Bulletin ornithologique*, 30 (1985): 75.
21. Jean Giroux et Pierre Laporte, «Le Gros-bec errant: hôte coloré de nos mangeoires», *Franc-Nord*, 1 (hiver 1984): 30. Le lecteur intéressé trouvera une histoire de la tordeuse des bourgeons de l'épinette dans l'ouvrage de Marcel Lortie, *Arbres, forêts et perturbations naturelles au Québec* (1979): 87-96.

Les activités domestiques

1. 1ᵉʳ fév. 1864.
2. Louis Hémon, *Maria Chapdelaine* (1980): 24 s. Présentation de Nicole Deschamps.
3. *Gazette des campagnes*, 15 juil. 1863.
4. Cité par B. Dufebvre, *Cinq femmes et nous* (1950): 50 s.
5. Louis Morin, *Le calendrier folklorique de Saint-François de la Rivière-du-Sud* (1972): 88.
6. P.-L. Martin, «Chaises et chaisiers québécois», *Ethnologie québécoise*, 1 (1972): 149. Il s'agit ici du premier numéro de ce qui devait par la suite devenir la *Revue d'ethnologie québécoise*.
7. Rémi Tremblay, *Pierre qui roule* (1923): 40. Pierre Boucher signale qu'au début du régime français on recourt aussi au noyer cendré pour la confection des sabots. Voir *Histoire véritable et naturelle (...) de la Nouvelle-France* (1664): 46. Texte réimprimé par la Société historique de Boucherville en 1964.
8. *Léon Gérin et l'habitant de Saint-Justin* (1968): 61. Présentation de Pierre Savard.
9. J.-A. Richard, *Historique de la paroisse de Saint-Sébastien de Beauce (1869-1944)* (1944): 140.
10. *Courtepointes québécoises* (1977): 8. Brochure du ministère des Affaires culturelles accompagnant une exposition tenue sur ce thème.
11. *Ibid.,*
12. Nora Dawson, *La vie traditionnelle à Saint-Pierre (Île d'Orléans)* (1960): 107s.
13. *La Bibliothèque canadienne*, nov. 1825; fév., nov. 1826.
14. *Ibid.*, fév. 1826.

Les menus travaux

1. *À l'ombre de l'Orford* (1979): 38.
2. *Gazette des campagnes*, 26 août 1880.
3. G. Maheux, «Boucherie chez Jos», *Concorde*, janv. 1956, 46 s.
4. *Le Canadien*, 27 août 1808.
5. Louis Fréchette, *Mémoires intimes* (1961): 88.
6. Camille Roy, *Propos rustiques* (1930): 96.
7. *Ibid.*, p. 96 s.
8. 22 janv. 1863.
9. 28 nov. 1878.
10. Nora Dawson, *La vie traditionnelle à Saint-Pierre (Île d'Orléans)* (1960): 117.
11. *Ibid.*, p. 109.
12. *Cordonnerie traditionnelle* (1977): 17 s. Brochure publiée par le ministère des Affaires culturelles à l'occasion d'une exposition tenue sur ce thème.
13. *Ibid.*, p. 20 s.
14. Louis de Gonzague Dubois, «L'utilisation du bois de ferme comme combustible», *La forêt québécoise*, 12 (1947): 591.
15. Félix Gatien et autres, *Histoire du Cap-Santé* (1955): 117.
16. Hector Berthelot, *Le bon vieux temps* (1924): 77.
17. *Mémoires intimes* (1961): 86 s.
18. Cité par B. Dufebvre, «John Lambert veut savoir et comprendre», *Concorde*, mai 1954: 10.
19. *Description topographique de la province du Bas-Canada* (1815): 471 s.
20. *Le Glaneur*, fév. 1837.
21. E.-Z. Massicotte, «Le foulage de l'étoffe», *BRH*, 52 (1946): 343.
22. J.-A. Richard, *Historique de la paroisse de Saint-Sébastien de Beauce (1869-1944)* (1944): 140 s.
23. *Un Yankee au Canada* (1962): 76 s.
24. J.-C. Taché, *Le Canada et l'exposition universelle de 1855* (1856): 200.
25. Frère Gilles, *Les choses qui s'en vont* (1945): 71.
26. *Histoire générale des techniques*, Maurice Daumas, dir., 1 (1962): 484.
27. Arnold van Gennep, *Manuel de folklore français contemporain*, 1, 6 (1953): 2674.
28. Émile Guillaumin, cité par Arnold van Gennep, *ibid.*
29. Frère Gilles, *op. cit.*, p. 72-74.
30. Georges Bouchard, *Vieilles choses, vieilles gens* (1926): 180.
31. Claude Blouin, «La mécanisation de l'agriculture entre 1830 et 1890», dans Normand Séguin, *Agriculture et colonisation* (1980): 96.
32. R.-L. Séguin, *La civilisation traditionnelle de l'«habitant» aux 17ᵉ et 18ᵉ siècles* (1967): 661 s.
33. 15 oct. 1863.
34. 15 nov. 1861.
35. Cité par Fernand Ouellet, *Histoire économique et*

sociale du Québec, 1760-1850 (1966): 457.

36. *Album de la Minerve*, 20 nov. 1873.

37. C.-E. Rouleau, *Le guide du cultivateur* (1890): 214.

38. *Voyage de Pehr Kalm au Canada en 1749* (1977): 303 s.

39. «Notes sur les moulins et les meuniers», cité par Robert Prévost, *Le moulin du Gros-Sault* (1939): 105.

40. 14 juil. 1818.

41. *Un grand éducateur agricole, Édouard-A. Barnard, 1835-1898* (1955): 21.

42. *Gazette des campagnes*, 1ᵉʳ sept. 1864.

43. *Ibid.*, 30 déc. 1875.

44. Lionel Groulx, *Les rapaillages* (1948): 88 s.

45. *Traité d'agriculture pratique* (1831): 52 s. Texte repris par la *Gazette des campagnes*, 23 déc. 1875.

46. Félix Gatien et autres, *op. cit.*, p. 143 s.

47. Antoine Bernard, *La Gaspésie au soleil* (1925): 285.

Les fêtes

1. «La grande fête du soleil», *Le Nouvel Observateur*, 22 déc. 1974.

2. *Ibid.*

3. Jean Poueigh, «Noël en pays d'Oc», *Hommes et mondes*, janv. 1951, p. 82.

4. *Les Ursulines de Québec depuis leur établissement jusqu'à nos jours*, 1 (1863): 317 s.

5. La Relation de décembre 1645 du père Jérôme Lalemant, cité par Ernest Gagnon, *Choses d'autrefois* (1905): 11 s.

6. *Courriers des villages* (1940): 200.

7. Louis Morin, *Le calendrier folklorique de Saint-François de la Rivière-du-Sud* (1972): 95. Voir aussi Florentine Morvan Maher, *Florentine raconte...* (1980): 90.

8. L.-P. Lemay, *Fêtes et corvées* (1898): 48 s.; J.-E. Roy, *Histoire de la seigneurie de Lauzon*, 4 (1904): 190; C.-E. Mailhot, *Les Bois-Francs*, 1 (1914): 137.

9. Louise Dechêne, *Habitants et marchands de Montréal au 17ᵉ siècle* (1974): 457.

10. Félix Gatien et autres, *Histoire du Cap-Santé* (1955): 103.

11. *Ibid.*, p. 102 s.

12. *Ibid.*, p. 163-165.

13. Horace Miner, *St. Denis, a French-Canadian Parish* (1939): 54.

14. *Léon Gérin et l'habitant de Saint-Justin* (1968): 117.

15. Thimothée Auclair, «Gaspé Nord en 1860», *Revue d'histoire de la Gaspésie*, 1 (1963): 183.

16. *Soirées canadiennes* (1861): 160; cité par P.-G. Roy, *L'île d'Orléans* (1928): 473.

17. *Gazette des campagnes*, 2 janv. 1866.

18. Charles Trudelle, *Paroisse de Charlesbourg* (1887): XIII.

19. Catherine Lepagnol, «Les ancêtres du Père Noël», *La Recherche*, janv. 1982, p. 93. Par ailleurs, Françoise Lebrun affirme que Moore, l'auteur du poème, était professeur de littérature grecque, plutôt que professeur de théologie.

20. *Cinq années de séjour au Canada* (1825): 246 s.

21. *Gazette de Trois-Rivières*, 30 déc. 1817.

22. Michel Tournier, *Gaspard, Melchior et Balthazar* (1980): 277.

23. Jean Garnier, «Chandeleur», *Le Canada français*, 15 (1927-1928): 424 s.

24. Nicole Belmont, *Mythes et croyances dans l'ancienne France* (1973): 70.

25. *Ibid.*, p. 56.

26. M.-B. Hogue, «La Saint-Valentin, fête de l'amour», *Le Canada français*, 29 (1941-1942): 459-463.

27. É.-Z. Massicotte, «Jours gras, mardi gras, mercredi des cendres», *BRH*, 27 (1921): 89.

28. *Histoire de la seigneurie de Lauzon*, 4 (1904): 192 s.

29. É.-Z. Massicotte, *op. cit.*, p. 90.

30. *Op. cit.*, p. 117 s.

31. Cité par André Vachon, «Mais où sont donc les carêmes d'antan?», *Concorde*, mars-avril 1960, p. 31.

32. P.-G. Roy, «Nos coutumes et nos traditions françaises», *Cahiers des Dix*, 4 (1939): 72 s.

33. P.-J.-O. Chauveau, *Charles Guérin. Roman de mœurs canadiennes* (1852): 116 s. Les citations qui suivent sur la Mi-Carême proviennent de cet ouvrage.

Les noces

1. *Histoire du Cap-Santé* (1955): 176.
2. P.-J.-O. Chauveau, *Charles Guérin, Roman de mœurs canadiennes* (1852): 201.
3. Cité par Louise Dechêne, *Habitants et marchands de Montréal au 17ᵉ siècle* (1974): 434.
4. *Ibid.*, p. 443.
5. *Ibid.*, p. 436 s.
6. Madeleine Ferron et Robert Cliche, *Quand le peuple fait la loi* (1972): 57.
7. Louise Dechêne, *op. cit.*, p. 437.
8. J.-E. Roy, *Histoire de la seigneurie de Lauzon*, 4 (1904): 188.
9. E.-Z. Massicotte, «Une noce populaire il y a cinquante ans», SRC *Mémoires* (1923), sect. 1, p. 25.
10. Louise Dechêne, *op. cit.*, p. 419.
11. Madeleine Ferron et Robert Cliche, *op. cit.*, p. 65 s.
12. J.-E. Roy, *op. cit.*
13. E.-Z. Massicotte, *op. cit.*, p. 26.
14. *Cinq années de séjour au Canada*, 2 (1825): 245.
15. N.-G. Boisseau, «Mémoires inédits», cité dans *BRH*, 12 (1905): 180 s. Il s'agit ici d'un document non daté vraisemblablement écrit au début du 19ᵉ siècle.
16. E.-Z. Massicotte, *op. cit.*, p. 27.
17. E. A. Talbot, *op. cit.*, p. 246.
18. E.-Z. Massicotte, *op. cit.*, p. 28.
19. *Op. cit.*, p. 182 s.
20. *Ibid.*, p. 183.
21. B. Dufebvre, *Cinq femmes et nous* (1950): 189 s.
22. E.-Z. Massicotte, «De la durée des noces», *BRH*, 36 (1930): 392.
23. Cité par E.Z. Massicotte, «Le charivari au Canada», *BRH*, 32 (1926): 713 s.
24. Alfred Rambau, «Jean-Baptiste de la Croix de Chevrières de Saint-Vallier», *DBC*, II (1969): 345.
25. Cité par P.-A. Leclerc, «Le mariage sous le Régime français», *RHAF*, 14 (1960-1961): 231.
26. Ægidius Fauteux, «Le charivari, ancien divertissement», *Canadiana*, janv. 1941, p. 6.
27. *Ibid.*, fév.-mars 1941, p. 12.
28. «Un charivari à Québec», *BRH*, 44 (1938): 242.
29. P.-J.-O. Chauveau, *op. cit.*, p. 352. Voir aussi J.-M. Lebel, «Ludger Duvernay», *DBC*, VIII (1985): 288.
30. E.-Z. Massicotte, *op. cit.*, p. 720-722.
31. *Ibid.*, p. 722 s.
32. *Ibid.*, p. 719.
33. *Ibid.*, p. 722.

La vie de chantier

1. Jean Hamelin et Yves Roby, *Histoire économique et sociale du Québec, 1851-1896* (1971): 142.
2. *Histoire de Québec* (1947): 137 s.
3. A. Couillard Després, *Histoire de Sorel* (1926): 312.
4. Félix Gatien et autres, *Histoire du Cap-Santé* (1955): 99 s.
5. Mars 1837.
6. Louise Dechêne, «William Price», *DBC*, IX (1977): 705 s.
7. *Le Magasin du Bas-Canada*, sept. 1832.
8. «Forestiers et voyageurs», *Gazette des campagnes*, 1ᵉʳ juil. 1863.
9. Gérard Goyer et Jean Hamelin, «Joseph Montferrand», *DBC*, IX (1977): 620 s.
10. *Op. cit.*, 2 janv. 1864.
11. *Le Magasin du Bas-Canada*, *op. cit.*
12. René Hardy et Normand Séguin, *Forêt et société en Mauricie* (1984): 122. Ici les auteurs citent en particulier un travail de Claire-Andrée Fortin sur le profil de la main d'œuvre forestière en Mauricie d'après le recensement de 1861.
13. Félix Gatien et autres, *op. cit.*, p. 144.
14. *Op. cit.*, 1ᵉʳ juil. 1863.
15. E. Lef. de Bellefeuille, «De l'alimentation du peuple en Bas-Canada», *La Revue Canadienne*, 5 (1868): 842 s.
16. Maurice Constantin-Weyer, *Un homme se penche sur son passé* (1928): 85.
17. Félix Gatien et autres, *op. cit.*, p. 118.
18. *Ibid.*, p. 144 s.
19. *Le Magasin du Bas-Canada*, *op. cit.*

Les transports

1. J.-C. Taché, *Le Canada et l'exposition universelle de 1855* (1856): 92.
2. 5 déc. 1821.
3. Cité par R.-L. Séguin, «L'habitant et ses véhicules», *RHAF*, 11 (1957-1958): 263.
4. Pierre Deffontaines, *L'homme et l'hiver au Canada* (1957): 146.
5. *Ibid.*.
6. 16 fév. 1820.
7. *Le Défricheur*, 22 janv. 1863.
8. Cité par R.-L. Séguin, *L'équipement de la ferme canadienne* (1959): 68.
9. George Heriot, *Travels through the Canadas* (1813): 280.
10. Isaac Weld. Cité par J.-E. Roy, *Histoire de la seigneurie de Lauzon* 4 (1904): 186.
11. George Gale, *Quebec twixt old and new* (1915): 125.
12. *Ibid.*, p. 126.
13. «De l'influence du sol et du climat sur le caractère, les établissements et les destinées des Canadiens», dans James Huston, *Le Répertoire national*, 4 (1893): 307.
14. «Winter Phenomena in the St. Lawrence», *The Canadian Journal* (1853-1854): 75.
15. *Ibid.*, p. 76.
16. Louis Franquet, *Voyages et mémoires sur le Canada* (1889): 52.
17. Janv. 1828.
18. *Les Cent-Îles du lac Saint-Pierre* (1970): 41s.
19. *Description topographique de la Province du Bas-Canada* (1815): 490-493.
20. J.-E. Roy, *Histoire de la seigneurie de Lauzon*, 5 (1904): 402.
21. 6 janv. 1810.
22. P.-G. Roy, «Les canotiers de Lévis, une race disparue», *Cahiers des Dix*, 12 (1947): 26 s.
23. *Le Défricheur*, 19 fév. 1863.
24. *Gazette de Québec*, 21 fév. 1811, citée par J.-E. Roy, *op. cit.*, p. 405.
25. *Op. cit.*, pp. 493 s. Voir aussi George Heriot, *op. cit.*, pp. 86s.
26. Bernard Dufebvre, *Cinq femmes et nous* (1950): 224.
27. Albert Jobin, *Histoire de Québec* (1947): 303.

La chasse et la pêche

1. A.W.F. Banfield, *Les mammifères du Canada* (1977): 76 s.
2. J.-B.-S. Huard, «Pour prendre des lièvres au collet», *La Ferme*, nov. 1966, p. 23.
3. 1er avril 1864. E.-Z. Massicotte rapporte qu'on utilise de la même manière la peau de lièvre à Champlain. Voir «Remèdes populaires d'autrefois», *BRH*, 40 (1934): 361.
4. J.-C. Taché, «Forestiers et voyageurs», *Gazette des campagnes*, 15 juin 1863.
5. *Ibid.*
6. *Histoire naturelle à l'usage des chasseurs canadiens et des éleveurs d'animaux à fourrure* (1975): 198 s. Il s'agit d'abord de la réimpression d'un livre paru d'abord en 1900.
7. *Cinq années de séjour au Canada*, 1 (1825): 231 s.
8. Normand Lafleur, *La vie traditionnelle du coureur de bois au XIXe et XXe siècles* (1973): 108.
9. Henri de Puyjalon, *op. cit.*, p. 200.
10. *Ibid.*
11. *Op. cit.*
12. P.-L. Martin, *Histoire de la chasse au Québec* (1980): 53.
13. *Chasse et pêche au Canada* (1887): 26 s.
14. A.W.F. Banfield, *op. cit.*, p. 368.
15. Cité par Jean Hamelin et Jean Provencher, «La vie de relations sur le Saint-Laurent entre Québec et Montréal au milieu du XVIIIe siècle», *CGQ*, 23 (sept. 1967): 249.
16. Pierre Tremblay, *Pierre qui roule* (1923): 39.
17. Benjamin Sulte, «Le petit-poisson», *Mélanges historiques*, 20 (1933): 87 s. Voir aussi *BRH*, 35 (1929): 623.
18. Prosper Cloutier, *Histoire de Champlain*, 1 (1915): 234 s.
19. Benjamin Sulte, *op. cit.*, p. 85 s.
20. Prosper Cloutier, *op. cit.*, p. 239 s.
21. Benjamin Sulte, *op. cit.*, p. 86.
22. *Ibid.*, p. 90.

Les veillées

1. Cité par Albert Tessier, «La vie rurale vers 1800», *Cahiers des Dix*, 10 (1945): 186 s.
2. C.-E. Mailhot, *Les Bois-Francs*, 1 (1914): 139 s.
3. George Heriot, *Travels through the Canadas* (1813): 269. Voir aussi J. Long, *Voyages chez les différentes nations sauvages de l'Amérique septentrionale* (1794): 297.
4. C.-H.-P. Gauldrée-Boileau, «Paysan de Saint-Irénée», dans Pierre Savard, *Paysans et ouvriers québécois d'autrefois* (1968): 39.
5. Cité par J.-C. Bonenfant, «Une querelle paroissiale à l'Île d'Orléans», *Cahiers des Dix*, 38 (1973): 35.
6. J.-E. Prince, «Les violons d'autrefois», *BPFC*, 6 (1907-1908): 330.
7. Madeleine Bouchard, «Mémoires d'un vieillard recueillis par François Brassard», *Les archives de folklore*, 4 (1950): 153.
8. C.-E. Mailhot, *op. cit.*, p. 141.
9. *Veillées du bon vieux temps à la bibliothèque Saint-Sulpice de Montréal, les 18 mars et 24 avril 1919* (1920): 85.
10. C.-E. Mailhot, *op. cit.*, p. 140 s.
11. *Veillées du bon vieux temps à la bibliothèque Saint-Sulpice de Montréal, les 18 mars et 24 avril 1919* (1920): 35.
12. E.-Z. Massicotte, «Les veillées de contes», *BRH*, 35 (1929): 284.
13. J.-G. Paradis, *Feuilles de journal* (1923): 124.
14. *La Revue canadienne*, 53 (1907): 508.
15. *Concorde*, mai 1954, p. 10.
16. Ivanhoé Caron, *La colonisation de la Province de Québec, Les Cantons de l'Est, 1791-1815* (1927): 249.
17. *Ibid.* Voir aussi *Le Canadien*, 18 mai 1809.
18. *Le Glaneur*, mai 1837.
19. Alexandre Paradis, *Kamouraska (1674-1948)* (1948): 176.
20. *Le Canadien*, 2 janv. 1808.
21. Félix Gatien et autres, *Histoire du Cap-Santé* (1955): 100 s.
22. *Ibid.*, p. 176.
23. C.-H.-P. Gauldrée-Boileau, *op. cit.*, p. 35.
24. *Les structures du quotidien: le possible et l'impossible* (1979): 211.
25. J.A. Spring et D.H. Buss, «Three Centuries of Alcohol in the British Diet», *Nature*, 15 déc. 1977, p. 569.
26. É.-Z. Massicotte, «Notes sur la culture et l'usage du tabac dans la Nouvelle-France», *BRH*, 27 (1921): 291.
27. B. Dufebvre, *Cinq femmes et nous* (1950): 29.
28. *Travels through the Interior Parts of America*, 1 (1789): 71.
29. Cité par Lionel Groulx, *Chez nos ancêtres* (1933): 28 s.
30. *Op. cit.*, p. 226.
31. «Notions sur la botanique», *Gazette de Trois-Rivières*, 22 sept. 1818.

Liste des abréviations

ANQ	Archives nationales du Québec
APC	Archives publiques du Canada, maintenant appelées les Archives nationales du Canada (ANC)
AVQ	Archives de la ville de Québec
BRH	*Bulletin de recherches historiques*
DBC	*Dictionnaire biographique du Canada*
EOQ	Éditeur officiel du Québec
IBC	Inventaire des biens culturels
MAPAQ	Ministère de l'Agriculture, des Pêcheries et de l'Alimentation du Québec
MBAC	Musée des beaux-arts du Canada
MBAM	Musée des beaux-arts de Montréal
MLCP	Ministère des Loisirs, de la Chasse et de la Pêche du Québec
MTLB	Metropolitan Toronto Library Board
MQ	Musée du Québec
OFQ	Office du film du Québec
RHAF	*Revue d'histoire de l'Amérique française*
ROM	Royal Ontario Museum

Index

Table des matières

Maquette intérieure,
typographie et mise en pages sur
ordinateur: MacGRAPH, Montréal

1er tirage: 8000 exemplaires

Ce second tirage
de 4000 exemplaires
a été achevé d'imprimer
en juillet 1990

TRI-GRAPHIC